U0557253

喻园新闻传播学者论丛

传媒符号世界的
波动与恒定

新闻传播与大众传媒现象观察

（上 卷）

**FLUCTUATION AND CONSTANCY
IN THE WORLD OF MEDIA SYMBOLS**

OBSERVATION ON THE PHENOMENON OF
NEWS COMMUNICATION AND MASS MEDIA (Vol.1)

欧阳明　著

社会科学文献出版社
SOCIAL SCIENCES ACADEMIC PRESS (CHINA)

总　序

  置身于全球化、媒介化的当下，我们深刻感受与体验着时时刻刻被潮水般的信息所包围、裹挟和影响的日常。这是一个新兴的信息技术快速变革和全面应用的时代，媒介技术持续地、全方位地形塑着人类社会信息传播实践的样貌。可以说，新闻传播的形态、业态和生态，在相当程度上被信息技术所决定和塑造。"物换星移几度秋"，信息技术的迭代如此之快，我们甚至已经难以想象，明天的媒体将呈现什么样的面貌，未来的人们将如何进行相互交流。

  华中科技大学的新闻传播学科，就是在全球科技革命浪潮高涨的背景下开设的，也是在学校所拥有的以信息科学为代表的众多理工类优势学科的滋养下发展和繁荣起来的。诚然，华中科技大学新闻与信息传播学院还是一个相对年轻的学院。1983 年 3 月，在学院的前身新闻系筹建之时，学校派秘书长姚启和教授参加全国新闻教育工作座谈会。会上，姚启和教授提出，时代的发展，尤其是科学技术的日新月异，将对新闻从业者的媒介技术思维、素养和技能提出比以往任何时代都高的要求。当年 9 月，我们的新闻系成立并开始招生。成立后，即确立了"文工交叉，应用见长"的发展思路，强调培养学生的动手能力和应用能力，强调在科学研究和人才培养中，充分与学校的优势理工类专业交叉渗透。

  1998 年 4 月，新闻系升格为学院。和其他新闻传播学院的命名有所不同，我们的院名定为"新闻与信息传播学院"，增添了"信息"二字。这是由当时华中科技大学的前身华中理工大学的在任校长，也是教育部原部长周济院士所加的。他认为，要从更为广阔的视域来审视新闻与传播活动的过程和规律，尤其要注重从信息科学和技术的角度来透视人类传播现象，考察传播过程中信息技术与人和社会的关系。"日拱一卒，功不唐捐"。长期以来，这种思路被充分贯彻和落实到我院的学科规划、科学研究、人才培养、社会服务等各项工作中。

因此，华中科技大学新闻与信息传播学院的最大特色，就是我们自创立以来，一直秉承文工交叉融合发展的思路，在传统的人文学科和"人文学科+社会科学"新闻传播学科发展模式之外，倡导、创新和践行了一种全新的范式。在这种学科范式下，我们以"多研究些问题"的学术追求，开拓了以信息技术为起点来观察人类新闻传播现象的视界，建构了以媒介技术为坐标的新闻传播学科建设框架，确立了以"全能型""高素质""复合型""创新型"为指向的人才培养目标，建立了跨越人文社会科学、科学技术和新闻传播学的课程体系和师资队伍，营造了适合提升学生实践技能和科技素质的教学环境。

就学科方向而论，30 多年来，学院在长期的学科凝练和规划实践中，形成了相对稳定的三大支柱性学科方向：新闻传播史论、新媒体和战略传播。在本学科于 1983 年创办之时，新闻传播史论即是明确的战略方向。该方向下的教学和研究工作主要包括：马克思主义新闻观与思想体系、新闻基础理论、新闻事业改革、中外新闻史、传播思想史、传播理论、新闻传播学研究方法等领域；在建制上则包括新闻学系和新闻学专业（2001年增设新闻评论方向），此后又设立了广播电视学系和广播电视学专业（另有播音与主持艺术专业）、新闻评论研究中心、马克思主义新闻观教研平台等系所平台。30 多年来，在新闻传播史论方向下，学院尤为重视新闻事业和思想史的研究，特别是吴廷俊教授关于中国新闻事业史、张昆教授关于外国新闻事业史的研究，以及刘洁教授和唐海江教授关于新闻传播思想史、观念史和媒介史的研究，各成一家，卓然而立。

如果说新闻传播史论方向是本学科的立足之本，那么积极规划新媒体方向，则是本学科凸显自身特色的战略行动。20 世纪 90 年代中期，互联网进入中国，"新媒体时代"正式开启。"不畏浮云遮望眼"，我们积极回应这一趋势，成功申报并获批国家社科基金重点项目"多媒体技术与新闻传播"（主持人系吴廷俊教授），在新闻学专业下开设网络新闻传播特色方向班，建立传播科技教研室和电子出版研究所，成立新闻与信息传播学院并聘请电子与信息工程系主任朱光喜教授为副院长。此后，学院不断推进和电子与信息工程系、计算机学院等工科院系的深度合作，并逐步向业界拓展。学院先后成立了传播学系，建设了广播电视与新媒体研究院、媒介技术与传播发展研究中心、华彩新媒体联合实验室、智能媒体与传播科学研究中心等面向未来的研究平台，以钟瑛教授、郭小平教授、余红教授和笔者为代表的学者，不断推进信息传播新技术、新媒体内容生产与文化、新媒体管理、现代传播体系建设、广播电视与数字媒体、新媒体广告与品牌传播等领域的研究和教学工作，引领我国新媒体教育教学和科学研究风气之先。

2005 年前后，依托于品牌传播研究所、广告学系、公共传播研究所等系所平台，学院逐步凝练和培育了一个新的战略性方向：战略传播。围绕这个方向，我们开始在政治传播、对外传播与公共外交、国家公共关系、国家传播战略、中国特色网络文化建设等诸领域发力，陆续获批系列国家课题，发表系列高水平论文，出版系列学术专著，对人才培养起到了积极支撑作用，促进了学院的社会服务工作，提升了本学科的影响力。可以说，战略传播方向是基于新媒体方向而成形和建设的。无论是关于政治传播、现代传播体系、对外传播与公共外交、国家传播战略方面的教学工作还是研究工作，皆立足于新媒体发展和广泛应用的现实背景和演变趋势。在具体工作中，对于战略传播方向的深入推进，则是充分融入了学校在公共管理、外国语言文学、社会学、中国语言文学、哲学等学科领域的学科资源，尤其注重与政府管理部门和业界机构的联合，最大限度整合资源，发挥协同优势。"既滋兰之九畹兮，又树蕙之百亩"。近年来，学院先后组建成立了国家传播战略研究院和中国故事创意传播研究院，张昆教授、陈先红教授等领衔的研究团队在提升本学科的社会影响力方面，起到了非常积极的作用。

"却顾所来径，苍苍横翠微。"本学科诞生于 20 世纪 80 年代初信息科技革命高涨的时代背景之下，其成长则依托于华中科技大学（1988～2000 年为华中理工大学）信息科学和人文社会科学的优势学科资源，规划了新闻传播史论、新媒体和战略传播三大支柱性学科方向，发展的基本思路是学科交叉融合。30 多年来，本学科的学者们前赴后继、薪火相传，从历史的、技术的、人文的、政策与应用的角度，观察、思考、研究和解读人类的新闻与传播实践活动，丰富了中外学界关于媒介传播的理论阐释，启发了转型中的中国新闻传播业关于媒介改革的思路，留下了极为丰厚和充满洞见的思想资源。

现在，摆在读者诸君面前的"喻园新闻传播学者论丛"，即是近十多年来，我院学者群体在这三大学科版图中留下的知识贡献。这套论丛，包括二十余位教授的自选集及相关著述。其中，有吴廷俊、张昆、申凡、赵振宇、石长顺、舒咏平、钟瑛、陈先红、刘洁、何志武、孙发友、欧阳明、余红、王溥、唐海江、郭小平、袁艳、李卫东、邓秀军、牛静等诸位教授的著述，共计 30 余部，涉及新闻传播史、媒介思想史、新闻理论、传播理论、新闻传播教育、政治传播、新媒体传播、品牌研究、公共关系理论、风险传播、媒体伦理与法规等诸多方向。可以说，这套丛书是华中科技大学新闻传播学者最近十年来，为新闻传播学术研究所做的知识贡献的集中展示。我们希望以这套丛书为媒介，在更广的学科领域和更大知识范畴的学者、学人之间进行交流探讨，为当代中国的新闻传播学术研究提供华中科技大学学者的智慧结晶和思想。

当今是一个新闻业和传播业大变革、大转折的时代，新闻传播业正在经历人类历史上"百年未有之大变局"。首先是信息科技革命的决定性影响。对当前和未来的新闻传播业来说，技术无疑是第一推动力。大数据、云计算、区块链、物联网、人工智能等技术，持续带来翻天覆地的变革，不断颠覆、刷新和重构人们的生活与想象。其次是国际化浪潮。当前的中国越来越走近世界舞台中央，"讲好中国故事""传播好中国声音"，中国文化"走出去"和提升文化软实力，是国家层面的重大战略，这些理应是新闻传播学者需要面对和研究的关键课题。最后是媒体业跨界发展。在当前"万物皆媒"的时代，媒体的概念在放大，越来越体现出网络化、数据化、移动化、智能化趋势。媒体行业的边界得到了极大拓展，正在进一步与金融、服务、政务、娱乐、财经、电商等行业建立更紧密的联系。在这个泛传播、泛媒体、泛内容的时代，新闻传播研究本身也需要加速蝶变、持续迭代，以介入和影响行业实践的能力彰显学术研究的价值。

由是观之,新闻传播学的理论预设、核心知识可能需要重新思考和建构。在此背景下,华中科技大学新闻传播学科正在深化"文工交叉,应用见长"的学科建设思路,倡导"面向未来、学科融合、主流意识、国际视野"的发展理念,积极推进多学科融合。所谓"多学科融合",是紧密依托华中科技大学强大的信息学科、医科和人文社科优势,在新的时代条件下,以面向未来、多元包容和开放创新的姿态,通过内在逻辑和行动路径的重构,全方位、深度有机融合多学科的思维、理论和技术,促进学科建设和科学研究的效能提升和知识创新。

为学,如水上撑船,不可须臾放缓。展望未来,我们力图在传统的新闻传播史论、新媒体和战略传播三大支柱性学科方向架构的学术版图中,在积极回应信息科技革命、全球化发展和媒体行业跨界融合的过程中,进一步凝练、丰富、充实、拓展既有的学科优势与学术方向。具体来说,有如下三方面的思考。

其一,在新闻传播史论和新媒体两大方向之间,以更为宏大和开阔的思路,跨越学科壁垒,贯通科技与人文,在新闻传播的基础理论、历史和方法研究中融入政治学、社会学、语言学、公共管理学、经济学等学科的思维方式和理论资源,在更广阔的学科视域中观照人类新闻传播活动,丰富学科内涵。特别的,在"媒介与文明"的理论想象和阐释空间中,赋予这两大学术方向更大的活力和可能性,以推进基础研究的理论创新。

其二,在新媒体方向之下,及时敏锐地关注5G、人工智能、云计算、区块链等新兴技术日新月异的发展演变,以学校支持的重大学科平台建设计划"智能媒体与传播科学研究中心"为基础,聚焦当今和未来的信息传播新技术对人类传播实践和媒体行业的冲击、影响和塑造。在此过程中,一方面,充分发挥学校的计算机科学与技术、电子信息与通信、人工智能与自动化、光学与电子信息、网络空间安全等优势学科的力量,大力推进学科深度融合发展,拓展本学科的研究领域,充实科研力量,提高学术产能;另一方面,持续关注和追踪技术进步,积极保持与业界的对话和互动,通过学术研究的系列成果不断影响业界的思维与实践。

其三,在新媒体与战略传播两大方向之间,对接健康中国、生态保护、科技创新等重大战略,以健康传播、环境传播和科技传播等系列关联领域为纽带，充分借助学校在基础医学、临床医学、公共卫生、医药卫生管理、生命科学与技术、环境科学与工程、能源与动力工程等学科领域的优势，在多学科知识的有机融合中突破既有的学科边界，发掘培育新的学术增长点，产出标志性的学术成果，彰显成果的社会影响力和政策影响力。

1983~2019 年，本学科已走过 36 年艰辛探索和开拓奋进的峥嵘岁月，为人类的知识创造和中国新闻事业的改革发展贡献了难能可贵的思想与智慧。在人类的历史长河中，36 年的时间只是短短一瞬，但对于以学术为志业的学者们而言，则已然是毕生心智与心血的凝聚。对此，学院谨以这套丛书的出版为契机，向前辈学人们致以最崇高的敬意！同时，也以此来激励年轻的后辈学者与学生，要不忘初心，继续发扬先辈们优良的学术传统，在当今和未来的时代奋力书写更为辉煌的历史篇章！

"潮平两岸阔，风正一帆悬。"在技术进步、全球化发展和行业变革的当前，人类的新闻传播实践正处于革命性的转折点上，对于从事新闻传播学术研究的我们而言，这是令人激动的时代机遇。华中科技大学新闻传播学科将秉持"面向未来、学科融合、主流意识、国际视野"的思路，勇立科技革命和传播变革潮头，积极推进多学科融合，以融合思维促进学术研究和知识创新，彰显特色，矢志一流，为建设中国特色、世界一流的新闻传播学科，为我国新闻传播事业的改革发展，为人类社会的知识创造，为传承和创新中华文化做出应有的贡献！

张明新

华中科技大学新闻与信息传播学院教授、博士生导师、院长

2019 年 12 月于武昌喻园

目 录
CONTENTS

传媒文化与传媒法研究

新闻叙事与新闻话语研究

下　卷

新闻史研究

新闻实务研究

出版业研究

非虚构写作研究

大众传媒教育与学术研究

报业研究

当新闻真实性与互联网、市场遭遇

——关于当前我国虚假新闻的思考

一 近年我国虚假新闻的两大推手

近年来，我国新闻真实性面临新的挑战。这种新的挑战主要来自互联网与市场。21 世纪以来，互联网的蓬勃发展和社会主义市场经济的持续深入既改变着中国社会的面貌，也推动着我国新闻业格局的演化。而这样的推动作用也影响了新闻报道真实性的走向与内在结构。

2010 年，著名作家金庸逝世的假新闻源自一家主流媒体旗下的网站——中国新闻社子刊《中国新闻周刊》所主办的网站。肇始于网站的虚假新闻还有不少。如贾亦凡等人的《2010 年十大假新闻》① 介绍：《一女生世博排队被强奸怀孕》一文先在北大未名站发布，继而被百度贴吧转载，后经天涯、宽带山、猫扑、红网论坛、东方纵横等虚拟社区跟进转发。而四川新闻网、山东新闻网、荆楚网、西部网、中国日报网、大众网等新闻网站的转载则让这条假新闻拥有了主流新闻的背景。假新闻《鲁迅作品大撤退》同样始自互联网。这种虚假新闻是单个报道的内容信息与事实真相完全不符，伪在微观，或曰具体新闻报道失实。② 此即新闻真实性与互联网遭遇所出现的变形。贾亦凡等人的《2010 年十大假新闻》

<hr />

① 贾亦凡等：《2010 年十大假新闻》，《新闻记者》2011 年第 1 期。
② 姚福申主编《新时期中国新闻传播评述》，复旦大学出版社，2002，第 104 页；杨保军：《新闻真实论》，中国人民大学出版社，2006，第 44~47 页。

介绍的十大假新闻中有四条来自都市报、晚报、商报等大众化报纸；有三条来自党委机关报，其中两条始自西部的党委机关报；还有一条出自《中国新闻周刊》的主办方——中国新闻社，这家新闻通讯社同样属于主流媒体。大众化报纸基本不在公款订阅范围内，没有计划发行支持，而主要依靠党和政府特许经营下的市场一端。离开受众和广告两大市场，我国的大众化报纸是难以发展的。相形之下，党委机关报和新闻通讯社较少与市场直接对接，但在互联网和电视的双重冲击下，也承受着来自市场的并不算轻松的压力，而其内部利益调配的失衡同样对新闻真实性构成明显的冲击。不过，两相比较，我国大众化报纸所承荷的市场压力要远重于党委机关报、新闻通讯社。

西方社会的虚假新闻既在主流大报中现身，也在以发行量取胜的大众化报纸中出没。2003 年，美国《纽约时报》执行主编与总编辑因黑人记者杰森·布莱尔新闻造假而引咎辞职；1981 年《华盛顿邮报》因刊发假新闻《吉米的世界》而招致市场重创，造假者被永远逐出美国新闻业的采编就业市场。这两家报纸是闻名世界的响当当的大报。2004 年，《今日美国报》新闻造假事件东窗事发，总编辑卡伦·于尔根森被迫去职。这是扎根美国市场的以发行量见长的小报。不过，就惩处与自我约束看，西方社会历经新闻业百年的市场应对而形成明确的行业、专业共识，在对待虚假新闻上绝不因质报、量报之分而允许有任何的厚此薄彼。

纵观近年我国的虚假新闻并和西方社会对比，互联网和市场所构成的压力已经成为假新闻在华夏大地出现的重要推手，可谓我国新闻界面临的新课题。尽管我国 2010 年的虚假新闻远不足百条，十年来数量最少，但虚假新闻的性质并未有根本变化，反而伴随文化体制改革的推进表现得更为复杂，如 2010 年查实的虚假新闻的涉假者几乎清一色是新闻记者。这些当引起我国新闻界的高度关注。

二　新闻真实性的现实意义

杨保军的《新闻真实论》是我国近年专注于新闻真实性探讨的一部力作。该著述认为虚假新闻危害有三：一是危害社会，影响信息正常交流，败坏社会风气，损害有关社会组织、社会群体的形象；二是有害于受众或报道对象；三是对新闻业构成损害。① 但笔者认为，这种事关新闻真实性的看法是不全面的，还存在重大遗漏。

当前，新闻真实性有两大现实意义需要强调。

首先，新闻真实性是新闻报道的生命所在，事关社会新闻业的成熟与否。新闻真实，主要指新闻媒体所刊发的新闻报道在事实信息尤其是新闻信息上与新闻事实相一致。这也是新闻言论能够正确生发的一个特别重要的前提。失去新闻真实性，新闻报道即失去存在基础和社会价值。

其实，虚假新闻集中出现本身就是社会新闻业尚未成熟的一个重要表征。从西方社会发展看，西方新闻业进入资本主义时期，在其走向成熟的过程中经历了一个相当长的摸索阶段，中间交了不菲的"学费"。经过资产阶级革命，西方资产阶级新闻业获取社会统治主导权之后的一个基本任务，是建立一个超越手工业作坊而历经工业革命洗礼，能够与资本主义社会相适应的资本主义新闻业。在这样的摸索过程中，资本主义新闻业告别封建主义官媒、资产阶级政党传媒而依市场规律步入传媒业的市场化，画出的却是一条发展的曲线，对新闻真实性有一个从认识不正确到认识正确并确立专业主义性质行规的过程。19世纪中叶的廉价报纸对虚假新闻缺乏自觉抵制，如美国贝内特父子主持的《先驱报》刊发过月球有人且"月球人"翅膀状如蝙蝠的假新闻，一时吸引了特别多的受众眼球。19世纪末，美国报业大王赫斯特在经办《纽约新闻报》时制造虚假新闻更是肆无忌惮：命令身在古巴哈瓦那的职员雷明德"提供图片，我将提供战争"。② 然而，市场优胜劣汰支配下的长期搏杀最终让奥克斯的《纽约时报》胜出，恪守新闻真实性在工业革命完成后终于成为整个西方新闻业的共识：离开新闻真实性，整个行业势必垮台；离开新闻真实性，具体的新闻媒体只有灰溜溜惨败的唯一结局。这样一来，经过普利策、奥克斯等人的努力，以美国为首的西方社会的新闻业终于建立了一个和资本主义社

① 杨保军：《新闻真实论》，中国人民大学出版社，2006，第267~283页。
② 欧阳明：《外国新闻传播业史稿》，武汉大学出版社，2006，第236页。

会相适应、相协调的资本主义新闻业。新闻真实性是包括新闻报道在内的新闻业生存、发展的第一块也是最重要的基石。这一规律对新闻业的约束，中外概莫能外。这一道理虽属老生常谈，但因我国社会转型、市场经济发展历史不长，机会主义还有不算小的生存空间，故加以强调就并非多余。

其次，新闻真实性事关社会主义中国乃至中国共产党的公信力。新闻事业是党的事业的有机组成部分。当前我国新闻业不存在私有私营，外资也不允许进入传媒生产的采编环节，因此虚假新闻所损害的公信力就不仅局限于涉及新闻造假的个别人员、具体媒体，而且牵连到整个社会主义新闻业，考验着其后的领导力量——中国共产党。社会主义中国新闻报道失实严重甚至失控，势必为国外反华势力、反共势力提供攻击的口实。这绝非耸人听闻。相较于西方新闻业的主流从业者，我们不少的新闻工作者的政治觉悟不高、政治立场不够坚定，一些人甚至被来自域外的有关"高论"洗了脑，忘记了生养自己的土地，缺少和祖国、同胞同甘苦、共患难的坚定信念。

三　治理虚假新闻，防范新闻失实的主要对策

如何治理虚假新闻，防范新闻失实，相关的论述数不胜数。这些探讨既来自学界，也源自业界。许建国的《浅谈新闻失实的原因及对策》（《改革与开放》2010年第14期）提出三条治理、防范的对策：一是树立职业意识，明确职业规范；二是用法律规范新闻报道；三是提升公众的媒介素养。这样的对策缺乏针对性，缺少实用性。高文静的《简论假新闻的成因及预防》（《新闻采编》2001年第2期）提出五条对策：一是加强从业人员的职业道德教育；二是提高从业人员的素养，增强识别真假新闻的能力；三是转变作风，深入基层，掌握第一手材料；四是规范出版程序，严格审稿制度；五是加大对假新闻制造者的惩罚力度，绝不姑息养奸。这样的对策虽实用且相对全面，但仅限于采编环节，视野还不够开阔。而由主管机关提出的对策大多颇为有力。比如，中共山西省委宣传部2010年底在关于全省新闻打假的工作部署中，提出四大对策：一是健全

新闻单位采编工作制度；二是严格宣传纪律；三是建立责任追究制度；四是完善社会监督机制。[①] 这样的对策立足于打击，刚性强，但对策的系统性、深度也还有进一步强化的空间。

虚假新闻、新闻失实的成因非常复杂。它既涉及人，又涉及物；既涉及制度，又涉及观念；既涉及当前，又涉及长远；既直接关系新闻业内部，也牵扯着新闻业之外。因此，恪守新闻真实性原则，杜绝虚假新闻是一个系统工程，需要全面斟酌，统一谋划。有关专家、媒体提出来的治理虚假新闻、防范新闻失实的好对策，本文不再赘述，现提出如下九大对策。

第一，进一步加强党的领导。在杜绝虚假新闻报道上，现在有一种将中国同西方社会简单类比的倾向，主要表现为横向照搬、纸上谈兵、生吞活剥。中西国情不一，下药若不依具体情况而有所调整则难免危机重重。社会主义新闻业是党的事业的一部分，如新闻传媒领导班子的配备由党委组织部专司，因此削弱党的领导则难免让新闻打假工作雷声大，雨点小。对此，业界尤其是学界当有清醒的认识。在改革而不是革命的社会语境下，企图通过弱化党的领导来治理虚假新闻、防范新闻不实是对国家和民族不负责任的一种表现。

第二，强化行业协会在党的领导下的行业管理职能。西方社会在大众传媒业的管理上，政府介入相当有限，相形之下倒是特别倚重行业协会。这一点，我国可适当借鉴。所谓"适当"，指的是坚持党的领导；所谓"借鉴"，指的是强化行业协会的行业管理职能。相比党委宣传部，行业协会的记协组织和新闻业的联系更为紧密，对新闻业的介入更为直接而具体。记协的领导班子成员一般来自新闻一线，新闻实战经验更丰富。相比报业协会、电视协会等行业协会组织，记协的工作侧重于新闻采编而不是经营。显然，在党委领导和各方的配合下，进一步强化记协在治理虚假新闻、防范新闻不实上的权利、责任，尤其是工作统领的权利、责任则于这一工作更为有利。

---

① 高宏亮：《山西新闻界打响"杜绝虚假报道"战役》，http://www.sxldykxb.com/showArticle.php? aid = 2841。

第三，进一步强化制度与法规的建设。先说强化制度建设。完善、推广新闻采编分离制度，有助于减少"红包新闻"，有益于遏制虚假新闻的泛滥。新闻失实完全消失难度甚大，切实可行之举在于预防和补救，因此在通过健全新闻单位采编工作制度、严格宣传纪律等来预防新闻报道的重大失实、恶性失实的同时，有必要完善、推广在西方社会行之有效的新闻失实的更正制。更正制更为重要的益处在于，确立体制内解决问题的基本路径，给全社会、全行业以通过协商来解决矛盾、解决争端的信心。再说强化法规建设。杜绝虚假新闻，既要德法并重，又应立足于社会转型的当下实际，在一个时期内实施法先德后的基本原则。制度的统领和法规的刚性有助于打压虚假新闻、失实新闻出笼过程中的钻空子和投机的心理。

第四，遏制过度竞争。20世纪90年代中期以来的新闻改革在为新闻业带来活力的同时，也存在矫枉过正的倾向，不少媒体对记者的成熟、进步、成长缺乏必要的耐心。这就是说，我国新闻界在一定程度上是竞争过度的。这主要表现为：一是实施无条件的末位淘汰制；二是对采编人员使用有余，培养不足；三是忽视为采编人员提供住房、户口等方面的必要的物质基础和长远安排。如此环境下从事采编工作的记者缺乏充分的甚至基本的安全感、尊严感和幸福感。既然缺乏这些基本生存条件，又怎么能够产生实实在在的敬业精神呢？而敬业精神的悄然流逝，也就为虚假新闻、新闻失实的活跃开凿了一条汹涌的暗河。时下的"新闻民工"即其典型。如此做派，实际是在弱化传媒工作、新闻工作的严肃性，削减新闻品质的制造成本。据介绍，《时尚》杂志社的资深编辑原文娟2006年身患绝症时却遭到所供职媒体解除劳动合同。[1] 类似的例子还有山西的"兰成长事件"。中国贸易报社的试聘人员兰成长在浑源县一煤矿采访时被不明身份暴徒打成重伤后死亡。兰成长"去煤矿的目的是采访"，报社山西记者站的站长却说"没有派兰到该矿去采访"[2]。2007年7月，北京电视台"纸馅包子"假新闻的出现固然在于报道者訾北佳等缺乏起码的新闻工作职

---

① 陈力丹、阎伊默：《新闻从业者应具备的职业素养》，《现代传播》2007年第7期。

② 《中国贸易报社：是因采访被打　报社必定维权》，搜狐新闻，http://news.sohu.com/20070116/n247645496.shtml。

业素养，但媒体对记者的过度使用而生发的之于从业人员的从物质到精神的双重压迫，同样在其间扮演了不光彩角色。可惜，这一点还不能说已在业界引起充分重视。从这个意义上讲，媒体还需强化工会的协商作用，让保障职工的根本利益真正成为工会的中心工作。

第五，将包括新闻传媒在内的大众传媒的第一功能——产生社会效益真正落到实处。在 GDP 的贡献上，我们不应对大众传媒业期盼过高。大众传媒业的第一功能不可能是获取经济效益。即便那些依赖市场化路径来发展传媒业的西方社会，其大众传媒业对整个社会 GDP 的贡献也占比极小，远不如石油、电力、煤炭、钢铁、矿产、电信、汽车这些国民经济的支柱产业。在中国，情况同样如此，如中国能源企业五百强的营业收入占 2009 年度中国 GDP 的 28.4%。① 传媒业的中心任务是为一个国家或地区的社会成长与经济建设保驾护航。我们不能将大众传媒业视为替国家下金蛋、银蛋的"造财机器"。大众传媒业的"骨干行业说"必须废弃，否则后患无穷，势必导致文化体制改革满盘皆输。对此，我们应有清醒的认识，并葆有坚定的立场。为此，有如下措施供参考：其一，根据不同媒体生存环境的变化，有所区别，进一步从减免税上支持相关大众传媒的生存、发展。《2010 年十大假新闻》一文所披露的重大假新闻，均来自平面媒体。这说明在互联网和电视的合围下，我国纸媒的生存环境有持续恶化之虞。鉴于纸媒直切深度阅读、中度阅读，在社会主义物质文明、精神文明建设中具有无可替代的特殊而重要的作用，故党和政府应注意在政策、法规、经济等诸方面对纸媒加大扶持力度。其二，制止互联网对平面媒体的不当压迫。这种不当压迫主要表现为互联网采用纸媒原创性新闻报道却少支付甚至不支付经济报酬的行为。为此，国家应完善著作权法，加强执法力度，实施对网站侵权的惩罚乃至退出机制，推动互联网对来自传统媒体的原创性新闻报道充满敬畏。其三，认真研究文化体制改革下媒体非市场化和市场化之间的利益格局，妥善进行制度安排，努力避免投入产出因体制内外而出现过分的收益悬殊。还是应当秉持公正第一、效益第二的基

---

① 《石化双雄与国家电网列能源集团三甲 营收占 GDP28.4%》，凤凰网–财经，http：//finance.ifeng.com/news/corporate/20110108/3174083.shtml。

本原则，维持传媒行业间、体制内外利益的大体均衡。这些问题若解决不好，杜绝虚假新闻报道就易陷入治标不治本的境地。

第六，克服急躁情绪。古今中外新闻史和新闻业经验证明，由假新闻、新闻失实构成的虚假新闻问题可谓新闻业的牛皮癣，不好治理，还容易复发，故新闻打假宜理性和激情相结合，运动战和持久战相结合，经常化和阶段化相结合，常抓不懈，露出苗头即打，决不手软。

第七，充分依靠群众，弘扬我党开门办报办广电的优良传统。对于既往的好经验、好做法，要注意继承，善于改良，不应轻易和过去一刀两断。人民群众是虚假新闻的天敌。可以通过开设专职信箱、有奖举报等途径动员广大受众积极参与打击虚假新闻活动。充分依靠群众，假新闻的生存空间将大大被挤压。

第八，党和政府的新闻阅评机构应率先树立健康之风。阅评机关实际是新闻产品的质检机关。然而，面对所监管的新闻采编工作，目前我国的阅评机关做"加法"多，做"减法"少，还未能充分承担大猫的捕鼠职能。这就使得新闻界的一些不良风气得不到及时而有力的制止。建议各级党组织和政府进一步加强对新闻阅评工作的领导，完善新闻阅评的制度建设，强化新闻阅评的可操作性，严格好处说好、坏处说坏的新闻阅评原则，并在此基础上明确坏处说坏阅评在整个新闻阅评中的适当比例。只挑好处说好的新闻阅评必须结束。

第九，强化对未来新闻工作者的培养。对新闻工作者后备军的主力，即新闻传播学专业学生的教育，时下有三大重点要抓：一是抓好专业学生的实习，通过竞争和遴选相结合的途径建设好一批专供专业学生实习的示范性新闻单位，让这些新闻工作者的后备军上好入行的第一课。对于新闻传播学专业学生的实习，不可放任自流。二是抓好新手的入行培训平台，要求所有得以入行的新人必须在党和政府所指定的媒体学徒性工作若干时间（可先以一年为试点），此即入行见习期，且合格后方有从事媒体采编工作的资格。这一任务，中央媒体可委托新华社、人民日报社来承担，地方媒体可委托省委机关报来承担。对此，国家一方面应投入必要的人力、物力进行入行培训基地的建设，另一方面则应取消入行见习期不合格人员申请记者证的资格。三是控制我国新闻传播学的教育规模。目前，我国新

闻传播学的教育规模远远超过大众传媒业的实际人力需求（相关情况可
见拙文《对我国内地新闻传播学专业教育改革的几点思考》，《现代传播》
2010 年第 9 期；《新闻学专业硕士研究生培养的困局与转变》，《中国出
版》2009 年第 4 期）。由于就业困难等原因，时下新闻传播学专业的学生
普遍厌学，情绪低落，专业忠诚度弱。对此，仅靠教师、学校是解决不了
问题的。我国新闻传播学学术硕士，新闻与传播、出版两大专业硕士的培
养的进展，仍在推动我国新闻传播学专业大类研究生教育规模膨胀，其背
后的重要动机依然是新闻传播学教育机构的单位经济创收欲望、利益。其
规模与培养质量实在让在新闻传播学教育领域耕耘多年的笔者心生忧虑，
坐卧不宁。

本文完成于 2010 年，发表于《声屏世界》2011 年第 10 期，

收入本书时题目有改动

关于我国厚报发展的思考

　　走向厚报，是市场经济条件下报业发育进入成熟阶段的必然方向。我国报业自 20 世纪 90 年代中期开启了以都市报为标志的市场化，于 2010 年左右进入厚报阶段。2007 年，报纸的厚度再次成为我国报业市场的焦点。是年，武汉地区发行量最大的日报《楚天都市报》将日平均版面由过去的 40 多版升至 50 版以上（见表 1）。其中，周一至周五的武汉地区版版面在 56~88 版，五天工作日日均版由 2006 年 7 月的 49.6 版分别增至翌年 7 月、8 月的 59.2 版、62.7 版。本地其他四家面向市场的综合性大众化日报在感受到压力后，版面的厚度微涨。2007 年 8 月，《武汉晚报》《武汉晨报》与同属湖北日报传媒集团的《武汉金报》周一至周五版面数为 40~68 版。如，《楚天都市报》《武汉晚报》《武汉晨报》《武汉金报》《长江商报》的版面数：9 月 4 日分别为（周二）56、48、40、40、32；5 日（周三）为 56、40、40、56、32；7 日（周五）为 72、68、56、56、32。

表 1　《楚天都市报》2004~2007 年 8 月版面数量

版数 日期	版面总数（版）	日平均版数（版）	同期增长率（%）
2004 年 8 月	1344	43.35	23.30
2005 年 8 月	1552	50.06	15.48
2006 年 8 月	1512	48.77	-2.58
2007 年 8 月	1668	53.81	10.32

鉴于广告占报纸版面的 30% 左右，有学者认为，四开报纸版面≥40版，对开报纸版面≥20 版是报纸进入厚报的临界点。[①] 显而易见，2007年武汉地区与我国东部中心城市等政治与工商业发达城市的综合性大众化日报已远离厚报门口正向厚报的纵深地带挺进。厚报现象是近年我国报业演变的重要现象之一，但对此问题的随意议论多，专门研究少，笔者发现的专门研究文献仅有喻国明的《"厚报"的标准、成因与限度》与朱德泉的《中国厚报体检报告》（均见《青年记者》2005 年第 9 期），且以 2004年我国报纸广告收入近年首次出现负增长为背景对厚报发展持以反对为主的意见。对此，笔者另有主张。本文拟采用文献与实地调查方法，以我国报业竞争最激烈地区之一的武汉地区厚报最新变化为例，探讨我国厚报发展中存在的问题。

一 跨世纪前后：我国厚报的基本特点

（一）由初厚向更厚：我国厚报已进入第二阶段

20 世纪 90 年代中后期是我国厚报诞生的分界线。党的十一届三中全会之前，我国报纸不厚，无论中央的机关报还是地方报纸，一般只有 4~6版，这之后则渐次增加到 8~16 版。以《人民日报》每年 8 月 15 日的版面为例：①1975 年至 1979 年 5 年间，无论工作日还是休息日，均为 6 版；②1980 年至 1995 年 16 年间，无论工作日还是休息日，均为 8 版。悉非厚报。然而，20 世纪 90 年代中后期，尤其是 1998 年以降，我国面向市场的综合性大众化日报蓬勃兴起，不断扩版增容，终至突破 40 版大关，厚报初具轮廓，是为我国厚报发展的第一阶段。

不过，进入 21 世纪不久，随着国家对医药、房地产等有关广告市场的整顿，中国报业广告收入放缓，个别年份甚至还出现了负增长，2002~2005 年厚报总体走势是版面增添少而大多持平，并出现一定的减版。但2004 年《中国报业年度报告》预测我国报业从 2006 年起将迎来第四个增

---

① 喻国明：《"厚报"的标准、成因与限度》，《青年记者》2005 年第 9 期。

长周期。2007年武汉等地区的厚报变化在一定程度上证实了上述预测。目前，我国已经进入厚报发展的第二阶段：厚报更厚，动辄50版、60版、70版、80版，有的已逾百版。如《齐鲁晚报》2007年8月21日、23日两日，版面高达112版，将厚报的临界线远远抛至身后。2007年，武汉地区的厚报的再加厚，不过是我国厚报由东而西蔓延之必然。

（二）厚报主要集中在大众化报纸，机关报不在其列

首先，我国的党委机关报常规出版现与厚报基本无缘。据笔者统计，2007年8月20日~9月2日有关报纸版面数量，《人民日报》《光明日报》与《北京日报》《解放日报》《重庆日报》《湖北日报》《云南日报》《黑龙江日报》这些省级党委机关报版面数为9.7~16.5版，均不是厚报。例外出现在市委机关报。如《广州日报》既是地方党委喉舌，又直接为市民服务，代表广州日报报业集团在报业市场上与本城另外两大报团旗下的《南方都市报》《羊城晚报》《新快报》三家综合性大众化日报比拼。

其次，厚报主要集中在面向市场的综合性大众化报纸与有关的专门报纸。后者仅具厚报雏形，如《南方周末》（2007年8月30日）的32版，尚不足以与《扬子晚报》《齐鲁晚报》《楚天都市报》等综合性大众化报纸比"厚"（见表2）。

表2 我国部分综合性大众化日报（2007年8月20日~9月2日）版面数量

单位：版

报纸 版面日期及其他信息	《扬子晚报》	《齐鲁晚报》	《华西都市报》	《新民晚报》	《新京报》	《羊城晚报》
8月20日周一	56	60	30	40	84	36
8月21日周二	64	112	28	40	72	36
8月22日周三	96	104	30	56	88	44
8月23日周四	80	112	44	56	88	36
8月24日周五	84	104	52	56	96	64
8月25日周六	48	28	14	32	48	32

续表

报纸 版面日期 及其他信息	《扬子晚报》	《齐鲁晚报》	《华西 都市报》	《新民晚报》	《新京报》	《羊城晚报》
8月26日周日	24	28	36	44	40	16
8月27日周一	56	48	32	40	84	36
8月28日周二	76	84	32	48	72	40
8月29日周三	88	64	32	56	88	56
8月30日周四	80	76	43	52	96	36
8月31日周五	88	104	44	56	96	60
9月1日周六	48	28	16	32	48	32
9月2日周日	24	28	36	48	40	16
日平均版面	65.14	70	32.4	50.46	80.00	38.57
是否分叠	是	是	是	是	是	是
开张	四开	四开	四开	四开	四开	对开

最后，我国厚报以四开为主。国外厚报以对开为主，主流大报《纽约时报》《泰晤士报》，德国的《世界报》与日本的《朝日新闻》均为对开；四开厚报多为量报，厚度上通常不如质报，如美国《今日美国报》为 78 版左右，[①] 英国《太阳报》一般为 80 版。[②] 台湾地区、香港地区厚报也以对开为主，如《联合报》《苹果日报》。我国内地厚报除《羊城晚报》《北京青年报》等个别报纸外，俱为四开。

（三）在厚度上，我国报纸与欧美发达国家的报纸差别已不特别突出，厚于一般的发展中国家的报纸

首先，与那些社会发展处于中上游的发展中国家相比较，我国厚报的厚度有过之而无不及。东南亚的泰国、菲律宾、马来西亚与拉美的秘鲁的报纸厚度一般不及我国京沪穗的顶级厚报。2007 年泰国曼谷出版的《暹

---

① 辜晓进：《走进美国大报》，南方日报出版社，2004，第 139 页。
② 唐亚明：《走进英国大报》，南方日报出版社，2004，第 204 页。

罗早报》《超晰日报》均为 32 版，马来西亚的华文报纸《光明日报》为 36 版左右，菲律宾的英文报纸《马尼拉公报》（*Manila Bulletin*）为 66 版左右，华文报纸《世界日报》为 32 版左右。发行量与社会影响力均为秘鲁第一的《商报》（*EI Comercio*）平常出刊 40 版。[1] 相形之下，我国东部的一些厚报如《新京报》《齐鲁晚报》则更厚一些。

其次，与我国台湾地区相比，中国大陆厚报已可与之匹敌。台北偏绿的《自由时报》为 66 版左右（2007 年 7 月 17 日周二），偏蓝的《中国时报》《联合报》也大体如此。

与香港相比，香港厚报稍厚些，不过除《苹果日报》与英文的《南华早报》外，其余与台湾也差不多，中文的《明报》为 70 版左右，《信报》为 32 版左右。在厚度上，内地厚报与香港已比较靠近。

最后，在厚度上，我国厚报与欧美发达国家差距不断缩短，差别远不及过去突出。西方国家主流大报多在百版左右。美国的《纽约时报》一般在百版以上，英国的《泰晤士报》工作日版面有 108 版左右。[2] 德国政治立场持中的《世界报》版面数过百，立场偏左的《南德意志报》版面数近百，为 98 版左右（2007 年 7 月 14 日周末）。相对落后的西班牙，其第二大报《阿贝赛报》发行量近年居该国第二位，版面仍高达 120 版。[3] 不过，世界报纸大国日本是个例外。该国报纸无高级报纸、大众报纸之分，而是雅俗共赏。日本三家全国性日报《朝日新闻》《读卖新闻》《每日新闻》早版为 36～40 版，晚版为 16～20 版，合计为 52～60 版。在厚度上，我国报纸现已与日本报纸旗鼓相当，距欧美主流大报不算太远，可望追及，毕竟我国也有少量厚报版面逾百。

（四）我国厚报版量仍处于调试中，版面数量有较大起伏

欧美、日本等发达国家的主流报纸已相对稳定，周间、日间版面数量变化不大。相形之下，我国厚报版量则不稳定。其主要表现有二：一是单

[1] 白凤森编著《秘鲁》，社会科学文献出版社，2006，第 365 页。
[2] 唐亚明：《走进英国大报》，南方日报出版社，2004，第 31、26 页。
[3] 刘连祥：《西班牙〈阿贝赛报〉创新之路》，《中国记者》2007 年第 5 期。

元版面数量有较大出入，即周一至周五的工作日单元与周六、周日的双休日单元之间版数反差大，数量上甚至可以翻倍。二是报纸单元内部版面数量变化多。我国报纸双休日单元，周六、周日版大体相当，一般不足为厚报，但五天工作日报纸单元，总体呈上扬走向，即周一少，周二、周三版面渐增，周四、周五达到七天周版面数量峰值。

二　我国厚报增厚的社会原因

我国厚报产生的原因，有关学者已有论述，如社会需求的多元化、增量改革的渐进化、读者要求的一站式服务趋向。这些看法较为全面，有一定深度，惜主因、次因尚未分明。

纵观全局，我国厚报扩版增容加厚的根本原因，源自媒介的市场竞争。认识不到这一点，则难免将厚报及其加厚看坏。

首先，媒介竞争主体的多元化是厚报扩版增容的核心因素。显而易见，媒介市场若只有一家利益主体则只能形成行业的独家垄断局面。利益主体多元化是报业竞争的内在动力。在社会主义市场经济中，媒介行为选择受由各种因素所构成的综合利益形成的动机支配。目前，我国中心城市、省会城市一般存在多家各自独立的平面媒体竞争主体，竞争主要在两类对手之间展开：一是本城所属媒体与本城的上级所属媒体（如中央属或省属媒体）的竞争，二是新闻集团与出版集团之间的竞争。如北京报业市场竞争主体既有人民日报社、光明日报社等中央媒体，又有北京日报社等地方媒体。北京报业市场上的数家综合性大众化日报如《北京晚报》《北京青年报》《新京报》《京华时报》等背后真正的传媒利益主体正是这些从中央到地方的传媒集团。华南中心城市广州的报业竞争主体主要是三家，即省属的南方日报报业集团、市属的广州日报报业集团与羊城晚报报业集团三大报业集团，分别以《南方都市报》《信息时报》《新快报》等在综合性大众化日报市场比拼。华中地区最大的工商业城市武汉，报业市场也波谲云诡。2001 年《武汉晚报》与《今日快报》合并归属于长江日报报业集团之后，武汉地区随后只有省、市两家报业集团竞争。然而，自 2005 年、2006 年湖北知音传媒集团、湖北长江出版集团分别创办《第一生活》生活周报、新一家综合性大众化日报《长江商报》之后，武汉地区报业已经演变为新闻传媒集团、出版集团内外的一片混战，市场竞争主体增至四家。其中，综合性大众化日报形成湖北日报报业集团、长江日报报业集团、长江出版集团三家集团竞争的局面。为了集团利益以及报社的个体利益，厚报也成为报业市场竞争的一件利器。通过扩版增容，报社既可以为广大读者、广告商提供更多的版面以集中满足服务对象的多样化需求，又可以抬高竞争门槛，抑制对手，甚至拖垮对手，然后将对手逐出报业竞赛场地。

其次，媒介市场变化是我国厚报加厚的直接原因。由表1可知，《楚天都市报》在2006年出现了一个奇怪现象：在全国其他地区报业开始复苏时，该报却自创刊以来首次出现版面数量的负增长。原因除了互联网高速成长、广告业遭整肃等之外，还有《第一生活》《长江商报》的问世形成了更为直接的冲击。竞争新手的入场大口大口地吞噬着传统报业集团的盘中餐。而因此受到最大冲击的，就是本地报业市场的最大赢家——发行量与广告收入长期居首的《楚天都市报》。为了回击《第一生活》，湖北日报传媒集团针对对手的旗舰媒体《知音》半月刊发起回击，这就是软性期刊《城市情报》与本城期刊《大武汉》的相继面世。面对由传媒集团依托《长江商报》造成的更大威胁，湖北日报传媒集团在没有图书出版阵地的情况下亦做出了一系列的回击，而厚报正是其一。通过扩版增容，《楚天都市报》的最低目标是保持既有成果，最高市场目标是扩大市场份额，以厚报为经济杠杆之一去削弱对手力量，拖垮对手。

另外，厚报扩版增容还直接受国家尤其是报纸所在地的社会发展与经济水平制约。办报需要资金，二次赢利模式将报纸增版与社会的广告投入量挂钩。而报纸的本地化特点，又使办报与国家以及本地经济相捆绑，后者的好坏直接影响前者用以扩版增容的钱袋子的鼓与瘪。

三　我国厚报：削薄，还是适当增厚？

我国厚报增厚有其必然性，不可轻易否定。

我国大都市的社会发展需要厚报。中外厚报毫无例外地绽放于综合性大众化日报领域并非偶然。伴随我国社会主义市场经济的勃发,我国城市尤其是大都市城区不断向外拓展,人口高速增长,内外交往日益繁密,经济总量越来越大,信息聚集与扩散功能日益强大。北京、上海、广州、深圳、武汉、南京、天津等中心城市具有越来越强大的吸引力,成为人流、物流、金融流、信息流的聚集中心、生产中心,成为全国或地方社会发展、经济成长的领头羊。城市对信息的需求量大样多,快速无尽。而面向市场的大众化报纸在坚持社会效益第一的前提下尊奉读者本位方针,通过极尽所能地为读者与广告客户服务来获取自我生存、发展与壮大的资源。不过,与生活、体育、证券等专门性报刊不同,综合性大众化日报以信息量大面广、样多快速为核心竞争力。作为信息卖场,综合性日报如同大型商场、超级书店,而与类似专卖店的专门性报刊以专取胜不同。如超级书店通常占地 1 万平方米以上,上架图书品种不少于 10 万。① 如此宽广的卖场与丰富的品种可以保证每位顾客都能够选购到中意的商品。综合性报纸面向市场没有丰富的版面,则不足以应对读者与广告客户的多样化需求。英国《独立报》主编西蒙·凯尔纳曾试图减少报纸版面,“但事实证明这行不通,因为所有读者仍然希望得到尽可能多的板块”②。厚报与厚报的适当增厚是我国社会快速发展与经济高速成长对大都市综合性大众化日报的必然要求。

当然,厚报增厚必须考虑当地经济发展状况,但读者读报是否读完却不是主因。有学者以俄国寓言“杰米扬的鱼汤”为例,认为读者阅读能力是厚报应否增厚的关键:“版面提供量超过人们正常生活时间安排赋予报纸的时间,这种价值感就会迅速递减,甚至在一定情况下版面的增加还会造成人们无法阅读全部内容的遗憾和信息过量提供对人们所造成的困扰,致使读者对报纸的好评度下降甚至出现负评价。”③ 这不符合实际。其实,读报需求不像读书需求那样刚性,当今绝大多数读者读报是有选择地阅读。读者对报纸好坏的评价主要是看所需那部分信息的质量。面对读

① 欧阳明:《书刊编辑学》,华中科技大学出版社,2006,第 86 页。
② 唐亚明、王凌洁:《英国传媒体制》,南方日报出版社,2007,第 13 页。
③ 喻国明:《“厚报”的标准、成因与限度》,《青年记者》2005 年第 9 期。

者的多样性与阅读需求的多元化，综合性报纸离开厚报则难以应对、满足。

鉴于快速发展的我国远未达到世界中等发达国家的水平与超过 13 亿的人口总量，中国厚报之路当然远未结束。在未来相当长的一段时间内，我国厚报尽管会继续遭遇互联网、纸张价格起伏等种种挑战，难免出现短暂的低谷，但向世界报业大国靠拢的适当增厚的总趋势不会改变。

四　我国厚报应如何发展

我国厚报应该如何发展，有学者认为应抓信息质量，注意原创新闻、重大新闻，避免版面泡沫化。[①] 看法颇有见地，但仍需要深化。

（一）认真调研，科学决策，态度谨慎，行事稳健

当前，我国厚报发展并不稳定。而厚报增容扩版既是经济问题，又是编辑工作问题。厚报是否增厚，如何增厚，必须认真调研，科学决策，综合考量。

首先，厚报增厚与传媒经济活动密切相关。办报离不开经济成本与经济上的投入产出。纸张印刷是办报最大的经济投入。除此之外，办报的经济成本还有采编费用、办公费用、员工薪金、物品折旧等。2007 年，武汉地区大众化报纸每份售价 0.50 元，100 万份每个印张黑白印刷 0.17 元上下，彩色印刷略高，为 0.22 元。[②] 考虑到多种经济因素，武汉地区四开报纸版面若超过 20 版则极易出现发行亏损。这就是说，武汉地区 2007 年办报，四开 20 版以上的办报经济成本应由广告收入承担；100 万份每个印张 8 版的广告收入应不少于 20 万元。因此报纸扩版增容必须考虑本地经济活力与受众接受偏好。历史经验值得注意。我国台湾地区在 1988 年将实施了近 40 年的"报禁"解除后曾出现报纸扩版增容失控现象，一些报纸每期至少 422 版，多者甚至高达 1200 版。然而，读者的读报时间

---

① 朱德泉：《中国厚报体检报告》，《青年记者》2005 年第 9 期。
② 2007 年 9 月 6 日上午面访《湖北日报》发行人员张宝剑所得数据。

却未与报纸增厚所导致的办报成本同步上涨，巨大的经济亏损终令台湾地区报纸被迫减张。① 因此，面向市场办报扩版增容，若受众没反应、不买账，不仅偏离了"三贴近"的办报方针，而且势必出现边际效益递减，最终使厚报无以增厚或为厚。厚报增厚不能脱离于国家的经济状况，尤其是当地的经济活力情况。

其次，厚报增厚属于编辑工作的有机组成部分。我国报社的本质是社会主义精神文明建设的主战场，而扩版增容加大了编辑工作量，对编辑工作提出更多要求则在所难免。厚报增厚的编辑工作有三个注意事项。

一是在大胆探索的基础上努力缩短试验期，保持版面的相对稳定，尽力避免版面数量大起大落。从西方发达国家办报经验看，报纸厚度一旦确定则相对稳定。这与他们远离仅靠拍脑袋决策相关。能够实现版面相对稳定，则意味着前期调查深入，研究细致，办报方案成熟，采编实施得力，设计与落实大体吻合，便于读者养成读报的约会意识。而成熟则是办报走品牌之路的重要环节。

二是根据我国不同地区社会发展与经济成长的实际选取采取厚报的时间，决定其厚度。我国属于发展中国家，底子薄，东西南北各地区之间经济状况差别很大，故必须从各地实际出发，不搞厚报"一刀切"。第一，厚报及其增厚一般适合在我国经济发达的东部地区先行一步，然后再由东而西。第二，厚报适宜在那些经济发达、都市化程度高的中心城市进行。一线城市北京、上海、广州、深圳需要厚报，二线城市南京、武汉、杭州、济南等也具有一定的厚报发展物质实力。第三，一省之内要考虑省情，根据省内各地市的社会发育落差来区隔报纸厚度。2007年，《楚天都市报》扩版增容，依据省会武汉与省内其他地市之间在社会成长、经济总量与经济活力上的重大落差实行地区版。其中，武汉地区版工作日版面数为56~82版，非武汉地区版版面数维持在40~56版。这种因地制宜的报纸厚度切割增强了办报的针对性，有益于厚报的良性发展。

三是根据读者阅读便利而改进有关的编辑工作细节。其一，分叠。国外厚报讲求分叠：分叠多，分叠细。而我国有的厚报如《楚天都市报》

① 陈扬明等：《台湾新闻事业史》，中国财经出版社，2002，第117~118页。

《武汉晚报》却基本不分叠。这显然增加了读者阅读成本，无益于读者亲近报纸。其二，加强头版版面的导读功能。《广州日报》2007年将头版、二版改为导读版的例子值得参考。

（二）快速提高人民群众的经济收入水平，推动我国民众阅读偏好的良性发展

中外厚报在形态上有明显的不同。这就是中西厚报厚度变化周轨迹的双向逆转。由表2可知报纸厚度变化周轨迹。中国综合性大众化日报的版面工作日五天厚于双休日，先升后降；而西方国家则工作日薄于双休日，先平后升。此即中西厚报厚度变化周轨迹的双向逆转。那么，中西厚报厚度变化周轨迹的双向逆行曲线说明了什么呢？

首先，西方民众的读报与休闲、学习相关，我国民众的读报与工作、忙碌相连。五天工作日内我国民众上下班多搭乘交通工具，出行条件不如西方国家，故在车站、码头候车时人们习惯买报浏览，或者通过读报寻找对自己的工作、生活有用的信息。这说明，信息的实用或便于浅阅读打发时间是我国厚报的重要卖点。我国厚报在双休日的迅捷"瘦身"说明我国民众休闲期间学习偏少，娱乐偏多。而西方国家双休日报纸增厚并附赠报纸杂志，则说明他们更乐意将阅读准学习媒体报刊作为自己的重要休闲选择。2006年，中国"两基"人口覆盖率已经高达98%，[1] 然而，在人均新闻纸、印刷书写用纸消费量上，我国民众远不如西方国家民众：2004年，我国人均新闻纸、印刷书写用纸消费量为10.44公斤，美国为146公斤，日本为118公斤，英国为112公斤，德国为94公斤，荷兰为93公斤。[2] 中西厚报厚度变化周轨迹的双向逆行曲线说明，一个民族的文明修养并不总与物质收入的升降成正比。

我国民众业余时间读报率不高有主客观多方原因。从客观原因看，我国报业步入快速发展与繁荣轨道未久就遭逢电视、网络迅速蹿红，报纸、

---

[1] 《二〇〇六年全国教育事业发展统计公报》，外交部官网，http://jp.china-embassy.org/chn/lxsjl/fzgk/t329435.htm。

[2] 章仲林：《改制给出版社发行工作带来的机遇和挑战》，《出版发行研究》2006年第1期。

期刊、电视、网络几乎同时在传媒平台上争相怒放，争夺市场份额，没有明显的传媒发展代差。相反，各种传媒在西方发达国家曾独领风骚、先后称霸的媒体依次为图书、期刊、报纸、广播、电视，网络如今已呈后来居上之势。这种媒体的代际发展使早发媒介先发制人，便于打造历史惯性与文化传统，在长期的潜移默化中养成国民偏好读报的习惯、集体意识甚至集体无意识，为本民族的人力资源优化奠定重要基础。一个民族过度热衷于看电视、上网，于国家总体利益无益。所以，我们有必要在国民基础教育中适当添加或强化读报元素。

其次，中西厚报厚度变化周轨迹的双向逆行曲线说明中西民众上下班条件差别大。西方发达国家民众上下班资源占有较佳，用于路途的综合成本较低。而我国市民因经济收入、公共交通设施的限制，上下班往往风吹雨淋，一路奔波。途中阅读环境欠佳，使四开报纸阅读比对开方便。在一定意义上，五天工作日的辛苦也是我国民众疏远报纸的重要原因。因此，党和政府应注意改善人民群众的工作环境与生活条件，适当降低国民劳动强度，注意控制生活节奏，尽力舒缓高度竞争给人们带来的精神焦虑与心理疲倦，提升国民生活幸福感指数，并将这种幸福感与读报习惯挂钩。同时，我国人均经济收入远低于发达国家，故虽然我国民众一般支付购阅报纸款项无碍，但经济收入对我国读者是否购报仍存在一定的干扰。因此，如果条件允许，国家可不必干涉报纸售价下调，免费报纸也应提上议事日程。送民实惠，有助于提高我国民众的人均读报率。

本文完成于 2007 年，发表于《中国出版》2008 年第 1 期

论我国报纸对 PK 的使用

引　言

近年来，我国传媒用语随着互联网的发展出现了一个前所未有的新变化，即网络语言在大众传媒中的迅猛扩张与渗透。PK 一词是近期在我国大众传媒中出现最多的网络用语之一。PK 最初流行于网络游戏，因湖南卫视电视节目《超级女声》的火爆迅速出现在我国各类大众传媒之中，其中尤以娱乐新闻、体育新闻为最，"对垒、淘汰、竞争"等相关词汇变为主要表述用语，成为从 2005 年夏天至今我国传媒业最火爆的用语之一。网络语言的一大特点是因为简约、生动的需要而与当今世界上最具文化强势的英语相结合。外族文字有规模地进入汉字体系的状况在历史上出现两次：第一次发生在 1860 年第二次鸦片战争之后至 1949 年中华人民共和国成立之前，第二次则出现在 20 世纪 90 年代中后期以降。第一次是西方列强凭借武力全面侵略我国的必然结果，而当下的第二次则与全球化的扩张与互联网的蓬勃发展密切相关。PK 一词第二次大规模进入我国大众传媒恰恰处于外族文字进入汉字体系期间。然而，对于如此重要的传媒用语新现象，尚未见有除我们之外的相关新闻传播学研究，故本文拟通过内容分析法考察 PK 一词在我国大众传媒中的使用事实，并做一个初步的分析。

一　研究设计

（一）　本文核心概念的内涵

1. PK

作为网络游戏术语，PK 可以是 Player Killer 的缩写，也可以是 Player Kill 或 Player Killing 的缩写。其中，Player Killer 指在游戏中杀死其他玩家的玩家，可译为"玩家杀手"；Player Kill 或 Player Killing，指玩家之间以打败对方为目的打斗或对决，可译为"对打"或"单挑"。不过，PK 也可以表示 group versus group（G v G），意即群体之间对决状态下的对抗，可译为"对决"、"对垒"甚至"群殴"。[①] 我国大众传媒主要是从后者的意义层面使用 PK 一词的。

2. 机关报与大众报

20 世纪 90 年代中期以来，我国以都市报、晚报、早报为代表的面向市场、面向受众的大众化报纸蓬勃发展，出现了与西方发达国家相近的报业发展趋势，报纸基本可以分为两大类。一类为高级报纸，法国通称为"质报"，我国香港地区称之为"精英报"；另一类为大众报纸，法国通称为"量报"，我国香港地区称之为"大众报"。与西方发达国家有所不同的是，我国的高级报纸主要为各级党委的机关报，但也包括面向社会政经文化中上层的《南方周末》。

（二）　研究方法

本文采用内容分析法，属于定量研究。本文先提出假设，然后对不同地域、不同功能、不同时间的多家报纸对 PK 的使用进行编码和数据统计，从而进一步探讨并验证假设结果。

（三）　样本采集

1. 报纸样本采集说明

出于文本的稳定、接触的便利与传媒的可靠性，本文仅以国内几家大

---

① 　熊兵：《PK 及其翻译》，《中国科技翻译》2006 年第 1 期。

型报纸为取样的对象，不涉及期刊、电视、广播等其他大众传媒。

2. 入选报纸的编码说明

本文选择报纸的不同功能；报纸的不同地域；三个月使用 PK 的比例；娱乐新闻、体育新闻对 PK 的使用；使用 PK 的新闻与《超级女声》的相关度这五个方面来研究我国报纸使用 PK 的特点。

样本类型与娱乐新闻、体育新闻。考虑到传媒出版的地域、功能与级别的差异，本文分别在北京、杭州、广州与成都四地选取机关报、大众报各一份，并对 8 份报纸在 2005 年 6 月、7 月、8 月三个月中使用 PK（不包含一些专有名词的缩写）的情况进行统计。其中，北京的机关报为国家级报纸，穗、蓉两地的机关报为省级报纸，杭州的机关报为省会城市市委机关报。

样本地域、《超级女声》节目与三个月份。本文选择上述四地两类报纸 6 月、7 月、8 月三个月作为研究对象的主要原因如下：首先，上述四地是我国东、西、南、北区域报业发达城市，8 份报纸在当地的发行量和社会影响力均相当大，在我国东部与西部、沿海与内地、北方与南方、中央与地方均有代表性。其次，选取 2005 年 6 月、7 月、8 月三个月的报纸是因为此时《超级女声》正在全国热播。《超级女声》的火爆，是我国报纸广泛使用 PK 的重要因素。最后，通过北京和其他三个地区的报纸进行比较，可以分析中央和地方报纸语言规范的程度与态度，而同一个地区的机关报和大众报因为其功能、政策和管理的不同，对于 PK 的使用情况也有相当的差异。

3. 入选报纸的时间

2005 年 6 月 1 日至 2005 年 8 月 31 日。

（四）对我国报纸使用 PK 的假设

鉴于我国东部与西部地区、中央与地方、机关报与大众报之间的落差，再衡之以 PK 一词的非官方、非精英阶层的纠葛，我们根据社会刻板印象提出如下假设。

假设一：我国报纸对 PK 一词的使用，在数量上机关报要低于都市报，在时间上机关报应晚于都市报。

假设二：将北京与南方三城相比，在 PK 的使用上，中央的报纸、北方的报纸与西部的报纸，均比地方报纸、南方报纸与沿海报纸数量少，时间出现前者迟于后者，其中广东报纸使用 PK 数量最多。

假设三：PK 一词主要出现在报纸的娱乐新闻、体育新闻中，其中大部分是与《超级女声》相关的新闻。

假设四：在 2005 年 6 月、7 月、8 月这三个月中，报纸对 PK 一词的使用在数量上呈递增趋势。

二　资料分析

（一）PK 在不同功能报纸中的分布情况

由表 1 可以看出，四地八报三个月对 PK 一词的使用总计为 173 篇 546 次，大众报使用数量远高于机关报。四地大众报使用 PK 一词的文章共 158 篇，次数为 508 次，而机关报则只有 15 篇 38 次，不到都市报的 1/10。在四地报纸中，三个月内机关报使用 PK 的文章均未超过两位数。同时，在这三个月内，标题中使用 PK 一词有 36 次，为使用 PK 一词总数的 6.6%，尚有一定的节制。PK 入题，四地机关报共计 5 次，大众报则达 31 次，分别占总数 36 次的 13.89%、86.11%。另外，需要补充的是，《华西都市报》这一家报纸标题使用 PK 达到 14 次，远远超过机关报以 PK 作为标题的总次数，占总数 36 次的 38.89%。

表 1　PK 在不同功能报纸中的分布情况

报纸性质	出现 PK 的文章数（篇）	使用 PK 一词的总数（次）	其中标题中出现的次数（次）
机关报	15	38	5
大众报	158	508	31

（二）报纸的地域分布情况

1. 四地报纸 PK 使用数量

就地域论，处于西部地区的四川在数量上是沿海地区的约 3 倍，是北京的约 4.5 倍。这与人们对处于我国西部的四川的落后刻板印象即本文前面的假设正好相反（见表 2）。

表 2 四地报纸 PK 使用数量

地域	出现 PK 的文章数（篇）	使用 PK 一词的总数（次）
北京	26	63
浙江	46	99
四川	69	288
广州	32	96

2. 四地机关报的 PK 使用数量

在四家机关报当中，在 PK 的使用上同样出现了与假设不一样的情况。首先，《人民日报》使用了 6 次 PK，与其他三地机关报相比，使用 PK 次数是最少的。其次，毗邻港澳的广东省委机关报使用 PK 次数居然最少。最后，处于西部四川的省委机关报《四川日报》使用 PK 次数最多，出现的文章数量与使用 PK 一词的总数分别为《南方日报》的 5 倍与 22 倍（见表 3）。

表 3 四地机关报的 PK 使用数量

报纸	出现 PK 的文章数（篇）	使用 PK 一词的总数（次）
《人民日报》	2	6
《杭州日报》	7	9
《四川日报》	5	22
《南方日报》	1	1

3. 四地大众报的 PK 使用数量

在四地大众报对 PK 的使用上，《京华时报》居末位，南方报纸多于北方报纸，但沿海地区报纸仍远低于西部四川的《华西都市报》（见表 4）。

表 4　四地大众报的 PK 使用数量

报纸	出现 PK 的文章数（篇）	使用 PK 一词的总数（次）
《京华时报》	24	57
《今日早报》	39	90
《华西都市报》	64	266
《南方都市报》	31	95

（三）　四地八报三个月使用 PK 的情况

从四地 6 月到 8 月使用 PK 的情况来看，四地八份报纸的总走势是越来越多，且在 8 月才出现集中使用的情况，但具体到不同的报纸则各自发展轨迹不一。在大众化报纸中，《华西都市报》与《南方都市报》使用次数均提升迅猛，月度之间以 7 倍以上的速度攀升，《今日早报》发展轨迹为马鞍形，7 月低于 6 月、8 月两个月，但总体走势仍为由少到多。而《京华时报》和机关报《人民日报》《杭州日报》《四川日报》一样，均起步晚，6 月、7 月两个月并未使用 PK 一词。机关报中的《南方日报》颇为特殊，仅 6 月使用 PK 一次，显然未受《超级女声》节目的影响（见表 5）。

表 5　四地八报三个月使用 PK 的情况

单位：次

地域	报纸	使用 PK 的数量		
		6 月	7 月	8 月
北京	《人民日报》	0	0	6
	《京华时报》	0	0	57
浙江	《杭州日报》	0	0	9
	《今日早报》	25	13	52
四川	《四川日报》	0	0	22
	《华西都市报》	3	23	240
广州	《南方日报》	1	0	0
	《南方都市报》	0	2	93
	四地总量	29	38	479

（四）娱乐新闻对 PK 的使用分布情况

由表6可见，机关报娱乐新闻对 PK 的使用远少于大众报，其中《人民日报》《南方日报》的娱乐新闻无 PK 使用现象，西部成都的《四川日报》娱乐新闻的 PK 使用次数是东南沿海地区的《杭州日报》的近3倍。在大众报中，PK 一词的使用与娱乐新闻密切相关，四地的四家大众报有 4/5 以上均用于娱乐新闻之中，最低的《华西都市报》也有 83.1% 与娱乐新闻相关（见表6）。

表6　娱乐新闻对 PK 的使用分布情况

单位：次，%

地域	报纸	娱乐新闻中出现 PK 的次数	各报各类新闻使用 PK 的总数	娱乐新闻 PK 次数在各报各类新闻使用 PK 总量中所占的比例
北京	《人民日报》	0	6	0
	《京华时报》	50	57	87.7
浙江	《杭州日报》	8	9	88.9
	《今日早报》	78	90	86.7
四川	《四川日报》	22	22	100
	《华西都市报》	221	266	83.1
广州	《南方日报》	0	1	0
	《南方都市报》	90	95	94.7

（五）使用 PK 的新闻与《超级女声》的相关度

在使用 PK 的新闻与《超级女声》内容的关联上，机关报总体使用比例远低于大众报。在机关报中南北两端的《人民日报》《南方日报》对 PK 的使用与《超级女声》无关，但西部的《四川日报》、市场程度较高的市委机关报《杭州日报》与《超级女声》的关联度则不低于50%。在大众报中，《华西都市报》和《南方都市报》与《超级女声》的关联度均在80%以上，《京华时报》也高达56.14%，只有杭州的《今日早报》低于50%（见表7）。这些数据显示在2005年6月、7月、8月三个月间《超级女声》节目对 PK 一词进入我国大众传媒中所起的特殊作用。

表 7　使用 PK 的新闻与《超级女声》的相关度情况

地域	报纸	使用 PK 新闻中属于《超级女声》内容的篇数（篇）	使用 PK 新闻中属于《超级女声》内容的次数（次）	《超级女声》有关新闻使用 PK 次数在各家报纸各类新闻使用 PK 总量中所占的比例（%）
北京	《人民日报》	0	0（总数 6）	0
	《京华时报》	14	32（总数 57）	56.14
浙江	《杭州日报》	3	5（总数 9）	55.56
	《今日早报》	28	32（总数 90）	35.56
四川	《四川日报》	5	22（总数 22）	100
	《华西都市报》	45	221（总数 266）	83.08
广州	《南方日报》	0	0（总数 1）	0
	《南方都市报》	23	85（总数 95）	89.47

三　基本结论与相关讨论

本文设计的研究目的在前述关于统计资料的分析中多数得以实现，少数呈现为另外的结果。以下，本文对本研究的结论性认知进行阐析。基本结论如下。

（一）报纸的功能决定 PK 使用数量的多寡；PK 的使用是国家政治生活与文化生活的表征；对大众传媒使用 PK 一词应严格管理

从前述调查数据可以看出，PK 一词的使用与报纸的功能息息相关。首先，PK 一词的使用与政治生活相关。包括大众传媒在内的语言文字历来是我国社会政治生态的重要构成要素之一，先秦时期《诗经》中庙堂的"颂"与民间的"风"如此，五四新文化运动中陈独秀、鲁迅、胡适、林纾之间关于"文言文"与"白话文"的争论、分歧亦如是，"新华体""求是体"均有自己的语言范式，同样反映的是党和政府的意志、权威。2001 年 1 月 1 日开始实施的《中华人民共和国国家通用语言文字法》第 11 条规定："汉语文出版物应当符合国家通用语言文字的规范与标准。"该法第 2 条规定："本法所称的国家通用语言文字是普通话和规范汉字。"

《报纸编校质量评比差错认定细则》第31条规定："中文报纸不宜过滥地夹用外文。必须使用外文时，除了人们比较熟悉的（如CT、DNA）以外，外文在文章中第一次出现时，要有相应的汉译。"机关报是社会的主流媒体，党的重要舆论阵地与政策理论宣传园地，是国家与地方政治、经济信息的主渠道。机关报对PK一词的审慎态度既折射出党和政府的立场，也反映着各家机关报的政治自觉性。而我国的大众报立足城市，面向市场，贴近读者。由于党和政府与市场力量的双重作用，市民群众想知道什么，大众报则努力报道什么。作为流行文化的表征，PK一词涉及游戏、娱乐、体育等与百姓日常生活领域，与国计民生距离远，主要在大众尤其是年轻群体的口头上流传。而PK一词在大众报中的广泛使用，既折射出社会上主流、非主流甚至另类的各种政治实体的声音，又反映党的十一届三中全会以来党和政府对社会各个阶层的政治宽容。不过，由于语言文字的无阶级性，传媒语言背后的异端政治声音对主流社会的消解易为社会管理层所忽略。这需要引起社会管理层的警惕。

其次，PK一词的使用与文化生活相关。语言的基本功能一是交际，二是传播民族的文化、思维习惯甚至价值观。现PK的使用出现滥用之势，影响了语言的交际功能。新闻标题有曰："'黄鹤之声'歌手大赛落幕，唯一男选手PK击败'娘子军'"，此句中已有"大赛"，随后的PK纯属多余。同时，PK一词毕竟不属于表意文字系统，由此带来的英语文化对汉语文化的破坏需要引起全社会的高度警觉，并自觉反抗西方发达国家借口所谓"文化全球化"对中华文化的破坏。从2006年3月1日起，《上海市实施〈中华人民共和国国家通用语言文字法〉办法》开始在上海市实施，禁止在上海市行政区域内的中文大众传媒内夹杂滥用PK一类英文、网络用语。因此，机关报在PK一词上的文化保守立场值得肯定，《人民日报》《南方日报》对PK一词更为审慎的态度更有社会意义，而大众报对PK一词的使用已有滥用之嫌。显然，我国大众传媒使用PK一词已到必须严格管理的时候了。为此，国家权威机关或行业协会应早日制定国家通用语言文字法的实施细则，并通过制定、修订允许在国家通用语言文字体系内使用的网络语言表、外文词汇表来规范、应对大众传媒用语的新问题。

（二） 报纸在 PK 的使用上，标题谨慎于内文

看报看题，标题中使用 PK 的次数在 PK 使用总数中所占的低比例说明报社终极把关人对标题的重视，对新词入题远比新词入文要慎重。

但是，在用 PK 制作标题上，大众报与机关报仍有所不一。讲求视觉包装与新闻标题口语化成为近年我国报纸业务工作发展的重要特点。大众报要适应城市快节奏的生活和市民的"浅阅读"读报状态，故标题往往围绕吸引读者来选取新闻内容，突出信息卖点。PK 入题，以其时尚、简洁与在汉字群中特立独行的空间形态而容易成为受众视觉在版面上的先期落点，是大众报积极应对传媒市场的具体表现。而机关报以传播党和国家的各项方针、政策与执行、实施的诸般信息为主，是社会领导组织的工作报，而不是个人生活报，理应成为执行包括语言文字法在内的党和国家的各项政策、法规的模范。与此同时，机关报的读者群比较稳定，中年读者较多，中国社会各个阶层的决策层、领导层和思想库成员是该报目标读者的骨干。因此，PK 入题既影响机关报主流权威形象，又会为机关报目标读者造成一定的阅读障碍。

（三） 新闻的类型影响纸质传媒对 PK 用语的使用

报纸对 PK 的使用与新闻的类型相关。首先，硬新闻、软新闻使用 PK 有区别。娱乐新闻、体育新闻一般属于以趣味取胜且实用性弱的软新闻，不同于事涉国计民生的政治、经济等的硬新闻。本文的统计显示，PK 一词大多用于娱乐新闻、体育新闻中。这与 PK 一词始自娱乐活动与国家对距离主流文化较远的娱乐新闻管理较为宽松相关。

其次，受访对象《超级女声》属于娱乐圈事物，而对《超级女声》相关人物的报纸采访，或是对《超级女声》的专辑《超级女声终极 PK》的发行情况的介绍，都增加了大众传媒对 PK 一词的使用量。本调查显示，在《京华时报》对 PK 的 57 次使用总量中，其中的 6 次是关于《超级女声》专辑《超级女声终极 PK》的介绍。

最后，硬新闻软新闻化表现或软新闻在表现形式上更具感官冲击力，均影响着 PK 在传媒使用中的包装。在社会对《超级女声》有较多关注

时，都市报中所登载的博客、专栏、读者评论所包含的《超级女声》内容，也增加了 PK 一词的见报率。如《南方都市报》《京华时报》分别在 2005 年 8 月 9 日与 2005 年 8 月 30 日引用博客《第一次 PK 赛》和博客版的《超女新闻发布会》。

（四）各地报纸 PK 使用的差异与文化观相通

调查结果与本文假设之间也出现了出入：使用 PK 最多的不是地处我国改革开放最前沿的广东，而是地处西部地区的四川。

广东的机关报与大众报在 PK 的使用上出入较大。在 PK 的使用上，广东省委机关报《南方日报》与《人民日报》一样拒用 PK 一词。基于语言的交流功能与文化功能，而且文化功能是更高级的功能，因此，上述调查结果除了有助于证伪广东"文化沙漠"的刻板印象，说明改革开放为岭南文化带来更开阔的社会视野，又说明广东省委在党中央的领导下的文化自觉意识鲜明，意识形态立场坚定，对一些非主流文化保持高度的警惕性。但是，《南方日报》报业集团的子报《南方都市报》对 PK 则有较多的运用，以 95 次在四地八报中排名第二。在对 PK 一词的使用上，《南方都市报》与其他都市报最大的不同是立足背景材料综合、整合信息而不是孤立报道娱乐新闻。如 2005 年 7 月 31 日该报《声色周刊》的《PK》以 PK 为题，对 PK 的原意和新意分别做了解释，并以"超级女声"引出当时最流行的电视、电影、娱乐圈人物，整组报道使用 PK 次数高达 14 次。不过，《南方都市报》大量使用 PK 一词并不孤立。属于《人民日报》报业集团的《京华时报》同样使用 PK 较多，高达 57 次。这虽然折射了我国南北方传媒对 PK 等网络语言的反应有快慢之分，但大众报大量使用 PK 则是共同特点，说明国家与传媒管理层亟须加强对大众报语言文字工作的管理。

相形之下，四川以 288 次使用 PK 的总量居四地之首，颇耐人寻味。其中《四川日报》使用 22 次，在四地机关报中是使用次数唯一超过两位数的单位，《华西都市报》的三位数的使用量也远远高于其他三地的大众报。四川两家报纸对 PK 的大量使用有两大原因：一是人脉问题。四川是《超级女声》的重要赛区和李宇春、张靓颖等《超级女声》选手的故乡，四川当地的报纸关注"超女现象"合乎新闻的接近性原则。而地域因素使四川省在获取有关《超级女声》选手的独家资讯上自有优势。《超级女声》热播的 2005 年 8 月，《华西都市报》依靠地缘优势抓独家新闻，策划了"超级女声"父母专访、"超级女声"成长故事等颇具影响的系列报道，如 2005 年 8 月 20 日的《爱女被 PK 纪爸爸很镇静》是对"超级女声"选手纪敏佳父亲的专访。整个 8 月，《华西都市报》出现 240 次 PK，相当于其他三地报纸 8 月使用 PK 之和。在《华西都市报》主打"超级女声"议题时，其竞争对手《成都商报》《天府早报》也借助"超级女声"的火爆进行系列策划，力求抢占市场先机。这些对四川地区报纸在 2005 年 6 月、7 月、8 月三个月持续大量使用 PK 一词有重要影响。二是主观认识问题。要不要坚持民族语言文字的规范甚至纯洁？四川两报在社会主义市场经济与文化体制改革大潮中对此问题的立场是模糊的。主观认识是四川报纸滥用 PK 的根本原因。相形之下，《杭州日报》使用 PK 数为 9 次，其中 5 次关于"超级女声"，有 8 次是属于娱乐体育新闻。不过，《杭州日报》的问题虽然较轻，但又颇具代表性，值得我国各家报社尤其是机关报的高度警觉。机关报应该坚定准确运用祖国语言文字的坚定立场不动摇，在语言文字使用上为全社会做表率。

四 结论

综上所述，本文可以推出如下结论。

第一，我国报纸的不同性质决定着机关报和大众报对 PK 一词在态度、行为上的不同。总体上说，机关报使用 PK 的次数比大众报要少；从时间上来说，机关报普遍比大众报使用得晚。我国报纸对 PK 一词的使用在 6 月、7 月、8 月三个月间呈逐月增加趋势，尤其是 8 月，PK 使用的数量要远远大于前两个月。

第二，PK 使用的地域差异的原因复杂。北方的地方报纸距离《超级女声》活动与有关当事人比其他地方报远，在对 PK 的使用上相对谨慎。广东地处我国改革开放前线，但意识形态斗争的警惕性与开阔的文化视野反而使广东传媒对 PK 一词的使用相当有节制。而四川的两报对 PK 使用最多既有地理、人脉因素，也与四川报社语言文字观、是非观模糊相关。

第三，四地大众报使用 PK 的新闻大部分是娱乐新闻，并且和《超级女声》娱乐节目有着密切的关系，虽然机关报的政治性比都市报强，但也受到传媒娱乐节目的影响。

第四，对 PK 的使用折射出我国政治生活、文化生活的变迁：党和政府对非主流文化态度日趋宽容，但 PK 的广泛使用也造成对主流政治与主流文化的消解，对大众传媒的信息传播造成一定的负面作用。党和政府应该对我国报刊用语进行进一步的规范。

本文完成于 2008 年，发表于《黄冈师范学院学报》

2009 年第 2 期

参考文献：

〔美〕爱德华·萨丕尔：《语言论》，陆卓元译，商务印书馆，1985。

于根元主编《应用语言学概论》，商务印书馆，2003。

俞香顺：《传媒·语言·社会》，新华出版社，2005。

本书编写组编《新闻出版实用核心法规》，中国方正出版社，2003。

海冰、欧阳明：《新闻报道中的网络语言》，《新闻前哨》2006 年第 6 期。

简论理论性副刊的新闻性

　　理论性副刊是专门刊载理论学术类文章的副刊专版，可分为综合的理论性副刊与专题的理论性副刊。前者容纳了社会科学的不同学科，如《人民日报》的《学术动态》；《光明日报》的《理论周刊》；《工人日报》的《世纪潮》；《解放军报》的《学习与研究》；《中国教育报》的《思想者》；而后者只限于某一具体的学科，如《光明日报》的《历史周刊》《文艺观察》等。理论性副刊是报纸的一个有机组成部分，有自己的任务分工。它是新闻性与理论学术性的有机统一。一方面，新闻性是报纸的共性，也是理论性副刊存在的前提，理论性副刊如果与现实没有联系，则失去了存在于报纸中的必要。另一方面，理论学术性是理论性副刊的个性，是其在一张报纸内安身立命的基础。理论性副刊没有理论学术性，就混同于其他版面。因此，理论性副刊不能没有新闻性，但其新闻性又有自己的特点。

　　第一，新鲜的理论动态。理论性副刊的新闻性不同于新闻版。新闻版的新闻性集中体现为对当下发生的新闻事件的迅捷报道，而理论性副刊虽然也要有动感，及时传播新鲜的信息，但它的这个动感与新鲜却只能限制在理论学术领域，即传播当下最新的理论、学术成果和动态。

　　第二，鲜明的时代特征。新闻版的新闻性重在"事"，理论性副刊的新闻性重在"神"，即所传播的信息重在精神观念层面。如果说新闻版的信息以"实"、以现象见长的话，那么，理论性副刊则以"虚"、以信息的深度为特色。但是，报纸的理论性副刊又不同于纯学术性的期刊，它所刊载的文章要折射出当前社会正在关注或应该关注的这样或那样的时代焦点、热点，迅捷有力。与时代关系不大的学术信息一般不适合刊登于理论性副刊。

第三，意识形态的战斗性。作为一个社会政治与哲学概念，意识形态指的是作为社会的观念的上层建筑，有政治、法律、道德、哲学、艺术、宗教等各种形式。理论性副刊的指导性突出，没什么明显的娱乐成分，刊发的文章观点明确，讲求理论的逻辑性与学科的学术规范。这样，理论性副刊就必然便于与社会思想联系广泛、密切，成为引导社会舆论的重要阵地与思想斗争、学术争鸣的重要场所。具体到社会主义传媒，理论性副刊所能容纳的只能是在不违背马克思主义前提下的理论、学术探讨。鉴于理论性副刊基本集中在以机关报为主的一些报纸中，因而比较重要的思想、理论、学术上的论争常常会在理论性副刊得到及时反映。

既然理论性副刊有独特的新闻性，那么如下对策于其是有益的。

第一，紧扣时代的最新变动做应答。重大的社会变动往往带来深刻持久的社会变化，并为读者所关注，理论性副刊当然应及时为读者解惑去疑。2000年春，中国加入世贸组织的谈判紧锣密鼓进行，加入世贸组织一时成为中国老百姓的街谈巷议。同年4月26日，《光明日报》的《教育周刊》刊发《WTO与中国教育市场》一文，分析了中国教育市场的现状、西方现在与中国加入世贸组织后对中国教育市场的争夺，提出了教育界进行教育改革的紧迫性，因而具有强烈的现实针对性。不过，理论版的这种应答不能被动、走过场，还要讲求理论学术上的深度。理论性副刊实际上可与新闻版遥相呼应：后者对现实的反应快，但往往深度不足，即便其中的深度报道、分析性报道也常缺乏深厚的理论支撑，而前者则可以将新闻引向理性的深度。比如，世纪之交，西方媒体将马克思评为"千年风云人物""千年思想家"，新闻报道对此浅尝辄止，说明不了马克思的当代意义。2000年2月24日，《人民日报》理论版刊文《"千年思想家"马克思——访我国著名〈资本论〉研究专家卫兴华教授》，认为"二战"后资本主义国家出现的新的经济因素为它转向社会主义与偏左方向提供了日益坚实的基础，《资本论》所揭示的商品经济规律对社会主义商品经济也有适用性，因此，马克思是其他西方经济学大师所不可比拟的。这种专业深度信息就充分体现了理论性副刊的优越性。

第二，紧扣时代新潮来设置议题。大众传播学认为，报纸的受众倾向于关注、思考大众传媒所关注的问题，并按传媒对各个问题确定的重要性次序来分配自己的注意力。但这有个前提，即传媒能及时传播广大读者应知而未知的信息。因此，理论性副刊要立足时代新潮，结合党的中心工作与受众的兴奋点去选取具有重大价值的理论学术话题，而决不能眉毛胡子一把抓。1995年，中国理论学术界出现了一种否定革命、倡导改良的社会思潮，认为辛亥革命搞糟了，间接地否定中国的新民主主义革命。《人民日报》《光明日报》及时开展了这方面的讨论，既注意区分维新运动的功过得失，又分析了近代中国革命的必然性。两报的理论版因而迅速引起国内外的关注，既满足了读者的求知欲，又努力用科学的理论武装人。

第三，关注理论学术的争锋。理论学术上的争论不仅是研究的活水，而且关系着时代精神的建构，蕴藏着广大读者欲知的新闻资源。20世纪90年代中期，我国城镇店铺起洋名成风，已有市场的个别中国名牌被换为外国品牌。有人因此夸大中国传统文化的负面因素，强调殖民主义在中国近代史上的所谓积极作用。1996年2月27日，《光明日报》刊文《清除殖民文化心理，挺起中华民族的脊梁》，对上述现象、看法进行了针锋相对、理直气壮的批判。文章说理透彻，激浊扬清，既澄清了是非，清除了思想垃圾，又吸引了广大读者的注意力，扩大了读者队伍。需要指出的是，理论性副刊对当下理论学术争锋的关注，无论话题或大或小，或好或坏，都宜立足于时代、立足于正确的导向来进行。

第四，选好读者定位。由于先天素质与后天学习的习性不同，广大受众的阅读倾向差异很大，因此，一张报纸的理论版不可能适合所有的读者。它应对服务群细分并确定自己的读者对象。只有找准读者定位，理论性副刊才能形成个性，充分满足不同读者群的阅读需求。如《长江日报》是中共武汉市委机关报，其理论版的读者主要是本地广大市民中的知识阶层。它一方面刊发《重组武汉国有经济发展》（2000年3月12日）、《探索武汉特色的文艺发展新路》（2000年1月16日）之类的地域研究文章，另一方面也刊发《寻找低成本反腐败措施》（2000年4月17日）等一般理论研究文章。理论性副刊的这种点面结合的办刊策略，符合《长江日报》作为华中大都市武汉的主流报纸的地位。

第五，注重读者参与。让读者参与好处明显：弥补理论性副刊抽象、亲和力的不足，增加亲和力；突出群众性，优化社会思想感应，壮大读者队伍。因此，笔者认为，理论性副刊可适时开展征文活动，调动读者的积极性，变单向传播为双向传播。编辑还可自行提出或请读者提出理论学术性话题，让群众广泛参与。《长江日报》设有《大家出题大家谈》专栏，其《外地人是二等公民么》《民工潮，贫困的蔓延?》（2000 年 3 月 26 日）就由应征的来稿择要而成，发言人既有专家，又有工人、学生、干部等。这种力求让群众掌握理论的努力，体现了人文关怀精神，也有益于优化国民素养，成为人的现代化建设的有机组成部分，意义重大。

第六，方式灵活多样。近来的理论性副刊如下新的办刊方式值得借鉴：

一是版面语言有机组合。理论版既有文字，又注意穿插图片、表格，增强版面的视觉冲击力。

二是精心设置专栏。近年来《光明日报》的《史林》《历史周刊》版的专栏设置很有特色，如《读者随笔》《学人行踪》《史家风采》《博士论坛》《专题讨论》《史学新论》《学术话题》等，理论与信息相结合，端庄与活泼相结合，长短相交，深浅搭配，充分兼顾了理论性副刊的新闻性与学术性相统一的特点。

三是话语方式多样化。既有独语式，也有对谈式，还有多人纵谈式，将理论学术生动活泼化，很不容易。

四是学术信息的传播方式多样化。除会议综述、近期学科研究综述等常规方式外，2000 年《光明日报》还使用了《学术行踪》等方式，如 3 月 24 日集中介绍了吉林省三位史学家的当下研究现状，有文字有图片，而版面却只有巴掌大。

本文完成于 2000 年，发表于《新闻通讯》2000 年第 11 期

电视业研究

试论我国电视新闻评论的困局与解困

　　电视新闻评论节目应如何制作，对此我国电视节目制作行业至今仍认识模糊甚至糊涂。这种模糊甚至糊涂，集中表现为将电视深度报道与电视新闻评论混为一谈。央视《道德观察》《海峡两岸》《焦点访谈》诸栏目中的节目明明大多为深度报道，但电视台与学界却认为这些栏目属于新闻评论栏目。中央电视台唯一以"央视"命名的新闻评论节目《央视论坛》也于 2006 年 6 月寿终正寝，至 2008 年 8 月我国并无真正的电视新闻评论栏目。我国电视行业对新闻评论话语权的把握严重滞后，远远落后于报纸、期刊、网络。一些有识之士如中国传媒大学雷跃捷教授 2008 年 6 月 25 日在华中科技大学的一次会议上，呼吁尽快找出路径以便为电视新闻评论解困。因此，探寻我国电视新闻评论困局的病因，拿出行之有效的根治良方迫在眉睫。本文以媒体符号学理论并结合电视实务理论对此予以探讨。

一　电视深度报道不等于电视新闻评论

　　深度报道不等于包括电视新闻评论在内的新闻评论。所谓深度报道，指的是新闻传媒在相对集中的时间和版块中，努力运用广视角、大容量、深层次、多手法的思想视域与报道方式对某新闻事件、新闻现象所进行的专门话题报道或问题研究报道。① 而新闻评论是新闻传播工具中一种对最新发生的新闻提出一定看法和意见的文章。② 深度报道是一种新闻报道，

---

① 欧阳明：《深度报道写作原理》，武汉大学出版社，2006，第 6 页。
② 丁法章主编《新闻评论学》，复旦大学出版社，1997，第 9 页。

以传播新闻信息为中心任务，尽管这种信息因为全面、开阔、多层次而难免夹有少量的非新闻信息。电视新闻评论仍然属于新闻评论，以传播意见信息，具体讲以传播政论性意见信息为中心任务，尽管其间难免夹有少量的非意见信息如新闻信息。这应是电视新闻报道与电视新闻评论的根本性区别，为各自的传播功能所决定。双方在中心信息传播上的截然不同衍生有如下四个子差异。

第一，双方在文类上不同。深度报道属于一种记叙文，新闻评论属于一种议论文。离开了对新闻信息的集中传播，包括深度报道在内的新闻报道就失去了存在的基础。而证实或证伪一种意见则构成新闻评论的核心诉求。离开了论点、论据与论证，新闻评论也就失去了存在的根基。

第二，双方在新闻文类上不同。深度报道属于新闻报道，新闻评论属于新闻言论。向受众传播新近发生什么样与怎么样的新闻信息，仍然是深度报道的中心任务。在这一点上，包括电视深度报道在内的深度报道与其他新闻报道并无本质区别。而新闻评论不过是就新近发生的具有普遍意义的新闻事件和迫切需要解决的问题发议论、讲道理，属于新闻言论。在这一点上，电视新闻评论与其他新闻评论也并无二致。

第三，双方在表达方式上不同。包括电视深度报道在内的深度报道以叙述为主，包括电视新闻评论在内的新闻评论以议论为主。深度报道的表达要害是叙事，事实信息离开叙述则无以呈现；新闻评论的表达要害是议论，意见信息离开议论也无以外现。深度报道属于非议论话语体系中的叙事话语，新闻评论属于非叙事话语中的议论话语。

第四，双方在结构上不同。包括电视深度报道在内的深度报道讲求依时间结构全文。新闻事实总是发生在一定的时空之内，深度报道无论怎么变化终要按照现实世界的逻辑与关系将在时间轴上生发的同一空间或不同空间的新闻事实，组织、安排在新闻报道的线性叙述时间轴内。深度报道可以顺叙，可以倒叙，可以插叙，可以预叙，也可以加入少量的非叙事话语来连贯新闻报道的不同层次，分析新闻事实，但无法漠视通过恪守新闻真实性原则求得叙事文本对新闻事实的镜像式的再现。所以，深度报道的结构只能围绕时间线性进行。新闻评论则依提出问题再分析问题后解决问题结构文本。离开这一逻辑链条，评论意见就无法得以证实或证伪，新闻评论也就只能成为伪新闻评论。

显而易见，那种将电视深度报道视作电视新闻评论的主张、做法不符合实际，无助于电视新闻评论的健康发展，反而成为电视新闻评论陷于困局不能自拔的重要推手。

二 将电视深度报道与电视新闻评论混为一谈的原因

将电视深度报道与电视新闻评论混为一谈，是造成我国电视新闻评论长期陷于困顿的重要原因，因此唯有追根溯源才易于对症下药，找到突破电视新闻评论困局的出路。

将电视深度报道与电视新闻评论混为一谈，原因复杂，大体有内因、外因两大类。

先看内因。纸媒报刊的新闻评论历经数百年已相当成熟，而电视传媒历史较短，远不足百年。纸媒新闻评论改头换面移入银屏，有口播评论、录像评论等。但抽象的思想、观念属于"非影视的内容"①，并不适合影视的镜头及镜头组合，纸媒范式的电视新闻评论如口播评论、录像评论与电视传媒的介质特性存在严重冲突，不符合电视受众的接受期待，收视率不高，故仅可偶一为之而不宜成为电视新闻评论常态。正是电视新闻评论电视化的不到位，将深度报道推入新闻评论厅堂，使后者勉为其难地承担起新闻评论的任务。

再看外因。电视新闻评论误将深度报道作为自己的承载者，与深度报道的特点是相关的。深度报道主要由两大文体构成，一为解释性报道，二为调查性报道。深度报道发轫于解释性报道，目前更为常见、更易操作的也是解释性报道。所谓解释性报道，重在传播何因新闻要素，是一种充分运用背景材料来说明新闻事实的来龙去脉，揭示新闻事实的原因、实质意义或预测新闻事实发展趋势的分析性报道。解释性报道不拒绝报道者表达己见，在一定程度上颠覆了自19世纪末以来一直被新闻界尊奉为圭臬的"客观报道原则"。由于夹叙夹说，故解释性报道在以叙事话语为主的同

---

① 朱辉军：《电影形态学》，中国电影出版社，1994，第271页。

时，则较一般的新闻报道有更多的非叙事话语。当然，解释性报道的非叙事话语以说明而非议论为主。这是解释性报道不能作为新闻评论的一个重要表征。不过，解释性报道在表达方式上也因此与新闻述评颇为接近。新闻述评介于新闻报道与新闻评论之间，是一种边缘文体。由于述大于评，且"评"实为说明，故新闻述评仍属于新闻报道。这样的新闻述评与解释性报道在表达方式上完全一致，并无本质区别。不过，个别的新闻述评若评大于述，且"评"的表达方式多为议论，那么，这样的新闻述评显然已经溢出新闻报道的范围而跨入新闻评论领域，且是否仍可称作新闻述评也值得商榷。新闻述评的这一由边缘而形成的生存状态，一方面使新闻述评与解释性报道有了不解之缘，另一方面又使新闻述评偶尔客串新闻评论的角色，并进而推动新闻述评、深度报道在电视新闻评论的领域内漫游。总之，以新闻述评为中介进入电视新闻评论，依纸媒新闻评论范式进入银屏而未能实现电视新闻评论电视化，是深度报道被误认为电视新闻评论的基本原因。

然而，电视新闻评论终究与电视新闻述评有别，与电视新闻报道更是不可同日而语。用电视深度报道替代电视新闻评论难免是缘木求鱼，只能导致电视新闻评论在困局内越陷越深，无法自拔。电视新闻评论的电视化当解放思想，另辟蹊径。

三　节目形态：解决我国电视新闻评论电视化的关键

电视新闻评论令电视业长期困扰的实际是如何在新闻评论与电视传媒之间寻找恰当的结合点，即怎样才能实现新闻评论的电视化，或曰怎样促进电视银屏绽放真正的新闻评论之花。现实生活有取之不尽，用之不竭的新闻事实需要评判，电视工作站队伍中并不缺少具备政治头脑、经济眼光、法律意识的新闻评论人才，因此新闻评论与电视的"两结合"矛盾，主要不在节目内容，而在节目形式，即电视怎样才能够成为适合新闻评论的容器。电视新闻评论电视化的关键是意见视听化，拒绝以新闻事实的叙述替代意见的议论。在目前的特殊情况下，我国电视新闻评论的症结与解困的焦点已转移至形式，即电视节目形态。

电视节目形态是当前解决我国电视新闻评论节目的关键。形态，是形式的别样称呼。用形态取代形式有两个原因。一是形式、内容的提法容易割裂内容与形式的有机融合，故亦可代之为"形态"与"意蕴"。[①] 二是电视的符号为四维，而"形式"忽视形式的造型性，相形之下"形态"一词能够更为恰当地传达影视传媒的视听符号化特征。所谓电视节目形态，指的是在电视传媒希望传播的信息和电视观众乐意接收的信息中寻找的一种最能体现电视节目生产和创作规律的可复制的模板。[②] 在电视新闻评论节目电视化过程中，电视节目形态作用非凡。首先，具有形式的造型性。电视节目形态通过形式邀约合适的内容尽入彀中，便于电视节目的日常化生产，是节目质量的重要保证。其次，不同节目形态的元素相互交叉，互为文本，是我国当代电视节目演变的一个重要特征。目前，我国电视节目形态正从"内容为王"时代进入"元素为王"时代。因此，电视节目形态，既关系着电视栏目的个性化，又在内容已定的前提下可以成为电视新闻评论的电视化的关键。

四　双方论辩：一种重要的电视新闻评论节目形态

电视新闻评论节目形态多元而开放，贵在发现与恰如其分。从电视节目发展看，双方论辩作为一种电视节目形态，能够充分体现电视传播特点，适应电视新闻评论电视化要求，足以成为当前我国电视新闻评论走出困局的重要途径。

双方论辩节目形态合乎电视新闻评论电视化的内在要求，符合电视受众的接受期待。所谓双方论辩的节目形态，指的是这么一种电视节目生产与创作的模板，即电视节目依电视谈话类节目轮廓而将正反两种观点设置为电视演播厅内或有关电视演播空间内的对立双方，并依这种正反双方的针锋相对、相互证实或证伪的路径构成节目形态的基本模式。电视新闻节目族群由电视新闻节目、电视新闻现场直播节目、电视谈话节目、电视纪

---

① 朱辉军：《电影形态学》，中国电影出版社，1994，第271页。
② 孙宝国：《中国电视节目形态研究》，新华出版社，2005，第3页。

录片等六大类组成。① 双方论辩是电视谈话节目的一种具体的节目形态，现以香港凤凰电视台的《一虎一席谈》《时事辩论会》两个栏目为例说明我国电视新闻评论的双方论辩节目形态。

双方论辩电视节目形态能够适合电视新闻评论节目电视化的原因，主要有以下三点。

第一，双方论辩节目形态可建构矛盾冲突现场，实现"非影视内容"的影视化转型。本来，意见的表达最适合于报刊，"争辩、讨论和访谈节目很适合于广播，却不很适合于电视"②，然而，双方论辩的节目形态在同一时空内依据观点对立，构建面对面冲突，就使节目具有鲜明的戏剧性，有助于电视新闻评论的视听化。冲突的成立离不开三个条件：一是要有两个方面；二是两个方面必须截然不同，相互对立；三是对立的双方必须接触、交锋。只有满足如此条件，电视演播现场的双方才能产生矛盾，生发言语冲突，推动论辩波澜前赴后继，在电视评论新闻节目内部生成戏剧因素，并因此带来电视节目的观赏性。戏剧性是将人物的内心活动通过外部的动作、台词、表情等直观外现出来，直接诉诸观众的感官。它存在于紧张、深刻的冲突之中，没有冲突就没有戏。而戏剧冲突是表现人与人之间矛盾和人的内心矛盾的特殊艺术形式。双方论辩节目形态，一方面使原本抽象的思想观念形象化为电视演播厅内对立、冲突的人物双方，议论外化为叙述，意见外化为演播厅内单一的故事情节与发生在一天之内、一个地点的冲突行动，戏剧"三一律"要素齐备；另一方面则使电视新闻评论节目因为人际关系的戏剧化冲突而具有观赏性乃至娱乐性的基础，软化着新闻评论，让电视新闻评论武装了一套风情万种的柔软外装。娱乐性是电视传媒与纸媒的重要区隔，我国内地电视节目演进的趋势之一是娱乐化。③ 新闻节目关系着电视节目的品质与社会影响力，但任何品质、影响力脱离受众均难免无以为继。双方论辩节目形态将抽象的议论外化为具体的视听场面，让新闻评论的逻辑思路形象化为具象的时空，电视新闻评论

① 孙宝国：《中国电视节目形态研究》，新华出版社，2005，第6页。
② 〔美〕吉妮·格拉汉姆·斯克特：《脱口秀》，苗棣译，新华出版社，1999，第193页。
③ 孙宝国：《中国电视节目形态研究》，新华出版社，2005，第14页。

节目因此而身着叙事外衣粉墨登场，意见借助论辩双方的剑拔弩张、唇枪舌剑而挥舞出思想的刀光剑影，在媒体上演一场场波澜起伏的现实活剧。此种节目形态，一举克服了让广大电视工作者所长期苦恼的电视新闻评论电视化难题，使电视新闻评论真正姓"电视"，与纸媒化的电视新闻评论有了本质区别。

第二，双方论辩的节目形态可保电视新闻评论的新闻评论"金刚之身"不坏。电视新闻评论如果以失去新闻评论属性为代价来赢取节目的电视化，则意味着失败。判断电视新闻评论是否属于新闻评论的关键，是审察电视新闻评论节目是否坚定不移地贯彻以议论为信息传播的中心。唯有始终坚持提出问题再分析问题后解决问题的思路的电视节目，方为电视新闻评论节目。双方论辩节目形态实现的是新闻评论文本由平面媒体到电子视听传媒的符号体系的系统转换，变化的仅为电视节目形式，对节目内容并无革命性的更动。双方论辩节目形态，议论其里，表达其表，所执着的不过是新闻评论的电视化而已。双方论辩的电视节目形态，不会妨碍新闻评论以传播意见信息为核心，不会阻拦电视节目围绕观点的成立或不成立来结构全文，不会影响包括新闻事实在内的各种材料在双方论辩的节目形态中仍仅作为论据出场。采取双方论辩的节目形态，是不会改变电视新闻评论以议论为骨的新闻言论本性的。

第三，双方论辩节目形态合乎中国电视传播的发展趋势，合乎中国社会进步的时代潮流。社会主义市场经济的兴起推动中国向社会多元化、个性化的方向发展，以民为本，以人为本，尊重人民群众当家做主的权利已经成为中国社会不可阻拦的发展潮流。当前我国新闻传播正呈现平民化、互动化、后现代化的演进趋势。[①] 电视传播的平民化，表现为节目内容以社会生活为主，采取为广大受众所喜闻乐见的样式；电视传播的互动化，表现为传受双方通过手机短信、电子信箱、BBS、博客等虚拟方式进行信息交流，信息传播渗入了人际传播的成分；所谓电视传播的后现代化，表现为信息传播的反权威，普通人也可以成为影视明星，用观众投票取代评委亮分，节目形态之间的界限趋于模糊，雅俗之间不再泾渭分明。因此，

---

① 孙宝国：《中国电视节目形态研究》，新华出版社，2005，第13~19页。

传者引导舆论的前提是尊重舆论，允许信息传播的及时、透明，让谣言止于信息公开。而意见表达的多元化而非一言堂，已经成为目前中国大众传媒进行社会主义民主建设所必须直面的客观存在。

在社会转型的今天，中国的新闻评论出现了较为重大的变化。一是言论立论多元化。纸媒已经推出容纳多篇短论的版面空间，如《羊城晚报》每日用对开半个版面集中刊发"时评"。多篇时评构筑的开阔版面不仅具有强烈的视觉冲击力，而且可以让针对不同事实或针对同一事实的多篇时评并肩陈列；意见可以相同，可以相近，也可以截然相反。二是言者来源多头化。新闻评论的作者既可以来自党政机关、媒体，也可以是来自各行各业的平民百姓。只要议论言之成理、别具一格，足以自圆其说，那么不论社会地位，不计社会身份，都可以发言甚至畅所欲言。三是作者、读者身份模糊化。这以网络新闻评论最为突出。网民读到有关的新闻报道或新闻评论，只要心有所感，不得不发，就可以马上动手，以贴吧、BBS 等方式即席发言，转瞬之间实现读者与作者相互易位。四是言论形式多样化。时下的新闻评论可长可短，可正襟危坐，也可嬉笑调侃。不过，新闻评论的这种重大变化，目前主要表现在电视传媒之外的报纸、期刊与网络。电视新闻评论的失语或少言寡语呼唤电视业解放思想，寻找窍门，在激烈的媒介竞争中赢取自己应得的那一份言论份额。而双方论辩节目形态恰能于此领域大有作为。与传者本位的新闻言论不同，双方论辩节目形态下的电视新闻评论在一定程度上呈现出新闻评论的言论立论多元化、言者来源多头化、作者与读者身份模糊化与言论形式多样化的演进趋向。这样的电视新闻评论节目，一般并不由节目主持人等来传达媒体的主张，而是通过大家的见仁见智实现对真理的拷打与逼近，孰是孰非任受众判定，让受者有了较多的主动空间。

不过，谈话类节目成为新闻评论的平台是有条件的。一是要以议论为中心。央视《实话实说》栏目着重于说明、分析，《央视论坛》栏目着重于探讨，均未形成观点间的冲撞，甚至现场嘉宾并肩而坐面对主持人，而不是面对面对决，故两个电视栏目俱属讨论型谈话。而非双方论辩型谈话，不为新闻评论栏目。二是要集中传播时政言论信息。在央视《12 演播室》栏目的《磁悬浮和高速转轮》节目中，两位嘉宾争论不休的焦点磁悬浮列车与高速铁轨谁更有优势的话题缺乏时政特质，不属于新闻评论范畴。三是"一言堂"的言论方式不适合电视新闻评论。央视《国际双行线》栏目的《谭盾来了》，因为节目只任嘉宾卞祖善畅所欲言而让受指责方谭盾无法插嘴，最后导致嘉宾谭盾愤而离场。

总之，作为节目形态，双方论辩样式合乎电视新闻评论的传播规律、受众的接受期待与节目的生产路径，符合社会主义中国的社会进步方向，只要处置得当则不失为一剂化解长期困扰我国电视新闻评论难题的良方。

五　双方论辩电视节目形态的修辞问题

采用双方论辩节目形态是当前我国电视新闻评论走出困局的重要出路，但同样取此节目形态的电视新闻评论节目仍会在质量上有明显的高下之别。同为香港凤凰电视台的电视新闻评论栏目，《一虎一席谈》与《时事辩论会》都未将深度报道与新闻评论混为一谈，但双方在节目形态上却明显不同，两个栏目在可看性、收视率与社会影响力上出现了不小的落差。总体看，《一虎一席谈》的质量优于《时事辩论会》。那么，两个电视栏目在选题、立论等要素上并无本质差异的前提下，为何会存在明显的节目质量落差呢？这显然需要我们调转刀锋，将内容的对立方，即节目形态放在解剖台上推敲。

对比《一虎一席谈》与《时事辩论会》两个栏目的节目形态，可以发现后者呆板，前者丰满，但后者在内容表达上优于前者。电视要素是否丰富，电视手段是否多样，运用是否恰如其分，这些问题属于电视符号的修辞范畴。因此，在内容相近、双方论辩节目形态大局已定的前提下，节目形态的修辞则转而成为制约栏目节目水平的一个关键性因素。

《一虎一席谈》胜过《时事辩论会》一筹的要诀，在于精心于电视节目形态的修辞。这里的修辞借自语言学。语言学中的修辞指的是适应特定的题旨和语境，运用恰当的语言材料以提高表达效果的言语行为。[①] 修辞与语音、文字、词汇、语法的一大不同，是研究的重点不在解决语言表达

---

① 武占坤主编《现代汉语》，河北人民出版社，1985，第526页。

的是非，而是着重于解决语言表达如何得体、生动。电视传播与语言文字一样，都是一种符号，那么，依托符号体系表达内容就不仅有表达是否正确的问题，而且有表达是否生动的问题。不过，就符号而言，有声言语、有形言语与电视传播是不一样的。有声言语为一维，有形言语即文字为二维，而电视传播符号则为四维，除了时间，还有空间的上下左右与由平面到立体的透视。影视的形态要素为乐音、语音、色块、线条，并在此基础上发展为画面、体积、舞姿、动作与镜头。镜头间的不同组合可以构成不同的电视品种。[①] 而电视节目形态则由包括主持人在内的人物、同期声、解说词、画面、音响与字幕图形图表六大元素构成节目的基本组成单位。[②] 显然，电视符号修辞与语言文字修辞有同有异。所谓电视符号修辞，指的是电视传播在信息正确的基础上如何提高电视传播的观赏性、生动性，即适应特定的题旨与传播环境，运用恰当的电视传播要素、手段或材料以提高电视传播效果的电视符号的编码行为。电视符号修辞具有一定的表演特征。同样是采取双方论辩节目形态，《一虎一席谈》与《时事辩论会》在电视要素、手段的运用上既有相同之处，又有不同之处。两个电视栏目都采用的电视要素、手段有三：①都在演播厅内进行；②都有一位节目主持人；③都有观点截然对立的论辩双方。但是，两个栏目在电视要素、手段的运用上又有所不同，《一虎一席谈》远较《时事辩论会》丰富多彩。对比《"先跑老师"该不该受到指责？》与《官员实名上网应否成为工作常态？》，《一虎一席谈》栏目则具有《时事辩论会》栏目所无的如下电视要素、手段：①出现在演播厅内的重要嘉宾；②演播厅内的大量观众；③场内嘉宾、观众对论辩双方的意见通过掌声、举牌、叫声表示支持或反对；④重要嘉宾中途入场，各自站队，发表意见，并成为论辩双方论证过程的有机组成部分；⑤场内观众现场发言，表明观点，证实或证伪某一观点，也成为论辩双方论证过程的有机组成部分；⑥论辩双方之一的评论员郭松民中途愤怒离场，后又被劝回，郭氏也因此被受众戏称为"郭跳跳"；⑦电话或电视连线，两处空间一时互动。《一虎一席谈》的节

---

① 朱辉军：《电影形态学》，中国电影出版社，1994，第 26~27 页。

② 童宁：《电视传播形态论》，四川大学出版社，2003，第 2~5 页。

目交织了主嘉宾对决、副嘉宾对决、专家对决与现场观众对决，将专家讨论、公共论坛熔于一炉。相形之下，《时事辩论会》则仅有一种手段未为《一虎一席谈》所采纳，此即场外的观众通过手机短信与演播厅内的双方论辩人员沟通。显而易见，《时事辩论会》听重于视，靠近广播，而《一虎一席谈》视听并重，其对电视元素、手段的广泛调用，极大地强化了双方论辩节目形态的多样性，增强了节目表现的生动性，提升了电视新闻评论的观赏性。

电视节目是否受到受众欢迎的原因颇多，电视新闻评论亦然。然而，在内容相近、均采取双方论辩节目形态的前提下，《时事辩论会》对受众的吸引力却明显弱于《一虎一席谈》，说明电视节目形态的修辞是否到家在电视新闻评论的节目质量上担纲重要的角色。当然，电视节目形态及其修辞发挥作用是有前提的。这个前提主要有两点：一是内容。"修辞立其诚"① （《周易正义·乾》），毕竟媒体内容第一，形式第二。二是针对性。只有根据节目内容的特点、定位、受众个性与我国的社会环境灵活运用，节目形态的修辞才能够锦上添花而非弄巧成拙。比如，一言不合拳打脚踢可以出现在美国的谈话节目《珍妮·琼斯谈话》（*Jenny Jones Show*）栏目中，但这种行为因与"和为贵"的中华文化相冲突而不太适合中国的电视评论。再如，插科打诨若作为节目形态修辞手段，其在主流媒体电视新闻评论中的使用则因意蕴的冲突而不能不被严格控制。

本文完成于 2008 年，发表于《现代传播》2009 年第 2 期

---

① （清）阮元校刻《十三经注疏》，中华书局，1980，第 15 页。

电视"语言"：电视评论如何扬长避短？

——《东方时空·面对面》带来的启示

《东方时空》栏目是中央电视台的名牌节目，但相形之下，近年来其影响率却在下降。其中既有外部原因，如来自其他节目，尤其是短小精悍、占据黄金时段的《焦点访谈》的冲击；也有内部原因，其中《东方时空》的"面对面"版块电视"语言"符号的运用在笔者看来弊端明显，亟须改进。由于电视语言的一致，因此，本文对《东方时空·面对面》如何扬长避短、存利汰弊的分析，实际就不仅关涉着电视新闻评论，而且还与其他电视评论节目息息相关。

一 《东方时空·面对面》的失误

《东方时空·面对面》是以谈话为主的节目，从文体上看，属于电视新闻评论。由于电视评论当以言论为魂，以事实为据，因此电视评论的一个突出的外部表征就是银屏上少不得主持人或来宾在摄制现场上的讲谈。讲谈说什么？当然谈看法，讲主张，一句话，重在说理。但是，电视评论也离不开叙事做论据。所谓电视"语言"指的正是电视的这种符号传达系统。不过，《东方时空·面对面》跟一般电视评论节目不同的是，它只有讲谈，而且只有一人讲谈，即在3分钟左右的节目（用文字记录每则千字左右）里，每一次都是由一位节目主持人（而且几年来的节目主持人又总是那么三五位）面对无数看不见的观众就某种社会现象来阐述个中的人生哲理。正是这种"一言堂"的讲谈或"看讲谈"（talk show）令观众难以普遍接受这一节目版块，《东方时空·面对面》（以下简称《面对面》）的节目水平由此大打折扣。那么，广大观众为什么会因为这种"一言堂"而无法普遍喜爱《面对面》呢？一个事物的成因虽然有多方面的，但唯有制约全局的因素才能成为主要矛盾，在笔者看来，《面对面》节目版块的失误是传播形式上的错位，即混淆了电视媒体与报刊媒体、广播媒体在语言符号系统上的不同特征，没能扬己之长，避己之短。

二 《东方时空·面对面》传播形式错位的具体表现

《东方时空·面对面》的这种错位具体表现有三点。

第一，电视语言具体、直觉的特征与报刊的书面文字、广播的有声语言的间接性特征之间的错位。报刊采用的是有形语言，广播运用的是有声语言，但无论书面的文字还是有声的话语都有一个人工符号的重要特点——间接性，即传、收双方对客观事物认识的交流都要经过语言符号系统的中转。比如"树"，传方必须先将实物的树按照语言的约定俗成转换为文字的"树"或有声的"shù"，收方也要按照相应的语言规则才能将"树"或"shù"转换为树的表象。语言符号的人工化决定了语言不可先天而能，决定了语言的能指与所指间往往存在巨大的落差或含混。比如"绿树"，两个汉字是不可能将一棵绿树的信息百分之百地传达出来的，其间的空白呼唤读者根据个人的经验进行这样或那样的充填。而电视语言却主要是自然符号，是对客体形声运动状态的直接记录，见之有形，闻之有声，其类似性的编码原则拒绝约定俗成（当然，修辞学层面的约定俗成可以成立，如用"白宫"的影像代指"美国政府"，正如有的消息标题用"白宫"指代"美国政府"），"一棵绿树"形声的电视时空符号系统能直接作用于观众的感官而不需要中介破译。然而，《面对面》节目版块给观众的既没有图像的运动，也没有新闻事件的天然音响，有的只是一位主持人的端居不动与有声语言的滔滔不绝，这就使得《面对面》版块的电视语言因以有声语言为主而趋向间接性，将抽象的道理表达得远离具象与直觉。经常见面，次次如此，《面对面》让广大观众何堪忍受！

第二，电视语言的视听多元，以视为主、以听为辅的特征与广播的有声话语、书面的有形文字一元特性之间的错位。18 世纪的德国美学家莱辛说："绘画用空间中的形体和颜色而诗却用在时间中发出的声音；既然符号无可争辩地应该和符号所代表的事物互相协调；那么，在空间中并列的符号就只宜于表现那些全体或部分本来也是在空间中并列的事物，而在时间中先后承续的符号也就只宜于表现那些全体或部分本来也是在时间中先后承续的事物。"[①] 以此度衡，报刊的有形文字与广播的有声话语都属于一元的符号系统。相反，电视"语言"既有有形的画面，尤其是运动的画面，又有承续的声音，这就脱逸了莱辛的视野，成为时空共体的多元存在。但是，视听相较，视觉一元占据了电视语言的主导地位，法国著名导演克莱尔认为，盲人可以了解戏剧的大部分内容，聋人却可以了解电影的大部分内容，[②] 而电视语言近似于电影语言[③]，当然也应该以看为主。心理学的实验证明，在正常的情况下，一个人通过诸感受器官所获取的外界信息，有 80%~90% 来自视觉[④]，新闻传播学学者也承认"人所感知的信息 60% 以上来自形体（图像）对视觉的刺激"[⑤]，谚语"百闻不如一见"则从日常生活经验角度说明了这个道理。因此，在电视评论的语言中，视觉图像是本体，有声话语是必要的补充和提示，主要起立意、议论、解说、连接等作用，"电视记者应当尽可能少用语言"[⑥]（指解说词）。然而，在《面对面》的节目版块中，其电视语言却反其道而行之，视觉虚之，听觉实之，主持人实际上是在把一篇背诵好的短文即兴口播，论据也口语化，电视的主持人趋近于广播的播音员。而在口播评论中，有新闻价值的信息基本上来自听觉中的有声语言。在这种情况下，《面对面》的有声语言转瞬即逝，而固定不变的画面又分散了受众对声音接收的注意力，其

---

① 〔德〕莱辛：《拉奥孔》，朱光潜译，人民文学出版社，1979，第 82 页。
② 参见李幼蒸《当代西方电影美学思想》，中国社会科学出版社，1986，第 8 页。
③ 参见赵凤翔、徐舫州《文学与电视》，北京广播学院出版社，1988，第 134 页。那种认为电视语言近似于电影语言的看法同以为"电视语言是诉诸观众视觉和听觉的多层次、多因素的信息"的"说法之间并没有原则性的差别，第一种更概括一些，第二种更全面一些"。
④ 章志光主编《心理学》，人民教育出版社，1984，第 107 页。
⑤ 黄匡宇：《电视新闻：用语言叙述，用画面证实》，《现代传播》1998 年第 2 期。
⑥ 〔苏〕格·萨加尔：《苏联名记者写作经验谈》，徐耀魁、段心强、于宁译，新华出版社，1983，第 102 页。

结果是一方面导致了《面对面》版块在电视语言上视听两面不讨好，既败于报刊的文字，又败于广播的声音，另一方面则突出听觉，压抑视觉，与电视语言以视为主、以听为辅的多元特征背道而驰，往往令观众接受费力，稍坐即躁，长坐则倦。《面对面》的文字底本多不错，可惜只宜于纸上读或耳畔听而不宜于银屏上口播。①

第三，电视语言的以镜头为表意生成基本单位的特征与有声话语的由词到句子的语意生成的语言特征之间的错位。法国电影艺术理论家亚·阿斯特吕克说，"摄影机等于自来水笔"②，因此，"在视象（像）过程中由若干静态画面组成动态单元被称为'镜头'。严格说来，电影作品的真正表意单元是镜头而不是画面"③。这话也基本适用于电视 "语言"，因为镜头虽由画面组成，但一幅静止相片的含义往往是完整的，而电视中的一幅静止的画面缺乏声音，除非与其他画面联结起来，否则其意义常常是不完整的。因此，"电视节目是由数量不等的镜头构成的"④，电视的 "画面语言的最基本的单位则是镜头"⑤。虽然电视镜头与电影镜头大同小异，往往包括也关涉着语意生成的相关的画面群、新闻事实的自然声响、节目主持人的解说词、画外音、字幕、配乐等，但电视节目同样需要剪接编辑，并不是毛片的原始播放，因此，不同镜头的不同组接就会在表意上生成这样或那样的差异。电视评论中的论点与论据间的配合，一般重在论点镜头、论据镜头之间，而不在一个镜头之内的由一个主持人口播的论点与论据之间。同时，论点镜头为主持人面对观众主持时，观众成为隐在的被看者；而当论点镜头转为论据镜头时，观众则由缺席转为在场，可与论点镜头中的主持人一起审视论据镜头。比如，方宏进主持《焦点访谈》节目，在由论点镜头转为论据镜头时他常转身回望身后的电视大屏幕，这可达致观众与主持人视线方向的同一。因此，只有注重镜头的不同切割与组合，

---

① 例如，1998 年 7 月 23 日《东方时空·面对面》面对的似乎是负责教育管理的受众，其具体话语见本文附件。

② 〔日〕岩崎昶：《现代电影艺术》，张加贝译，中国电影出版社，1989，第 1 页。

③ 李幼蒸：《当代西方电影美学思想》，中国社会科学出版社，1986，第 37 页。

④ 刘志明：《电视学原理》，中国人民大学出版社，1993，第 119 页。

⑤ 巨浪编著《电视新闻摄制》，兰州大学出版社，1990，第 157 页。

才能使摄像机类似于自来水笔。但是，在《面对面》的节目版块中，由于拍摄对象只有主持人一人，摄像机就难以将一个场景分割成不同的部分（镜头），整个节目版块一般由一个镜头贯彻首尾，观众观看的空间被严格限制在一个始终呆滞不移的画面上，其他镜头的事实论据或事理论据根本没法合理地插入以进行逻辑配合，论点被淹没在主持人滔滔的话语中而很难被归纳、把握。场地或曰演播室内的某主持人成了画面中心。这样，"面对面"的语意基本上来自主持人的有声语言而不是镜头或镜头与镜头的联结。轻电视语言而重有声语言，又给观众造成了主持人好为人师与自己被硬性按头接受的印象。《面对面》并不平等，交流的主动权当然在独语者一方。如1998年7月20日《面对面》只有一个长达3分钟的镜头，由主持人水均益进行关于我国取消邮政快件的空口议论，给人一种居高临下的感受。可是，在今天，又有多少观众会喜欢主持人高高在上呢？这种语言的表达方式又怎能讨观众喜爱呢？

三　电视新闻评论的符号策略

　　电视评论还是以放弃如《面对面》的这种由一人独说的电视语言策略为上。电视语言属于电视传播的形式范围。当然，首先内容决定形式，但是，形式也决不消极，它反作用于内容，紧密地制约着电视评论的制作与发展，也制约着节目的观念。新洪堡特主义语言学派的瓦尔特布尔格认为，人们认为的掌握语言，实际上是人被语言所掌握。电视内在的强制性实际上不仅体现在看什么，更体现在怎么看。因此，电视"语言"形式具有粗暴性，绝不可等闲视之。那么，我们应该从《面对面》中吸取哪些经验教训？包括《面对面》在内的电视评论节目版块又应该如何遵循电视新闻评论规律、讲究电视言论艺术，从而扬长避短使广大观众乐于收看呢？笔者认为，除了组织好话题之外，电视评论的制作有三点语言策略值得注意。

　　第一，夹叙夹议，议为主脑，叙为根据。一般来说，在电视评论节目中，主持人或来宾的言论为论，而用以支撑这些言论得以成立的事实或事理（如被采访者的谈话）为叙。因此，电视评论必须讲求论点镜头和论据镜头之间的逻辑搭配。而《面对面》节目版块一个镜头到底，只有主持人的言论（一个镜头内的画中画的配合也很少），这就缺乏支持这个言论镜头的其他镜头材料。同时，同一个镜头内的口播事实因未画面化与蒙太奇而抽象化，效果远弱于论据镜头之于论点的配合，其结果是论点孤独而缺乏论据甚至没有论据，论点论据间得不到画声多元、以画为主的电视语言支持。相形之下，1998 年 7 月出现的几期另版《东方时空》则大有进步。1998 年 7 月 17 日另版《东方时空》只有一个题目《辞职以后》，讨论的问题是打官司的法律成本，中心论点是官司当打则打，不当打则尽力寻找其他更为简便的解决方法，不要从过去不敢打官司的极端跳到不分青红皂白什么都打官司的另一个极端。评论重价值判断，不同于报道的重事实判断。这就是说，评论不单要问事实真不真，还要追究人的做法对不对。相比报道，优秀评论则以见识见长，讲求思想含金量。因此，《辞职以后》的话题选得好，但这仅仅为电视评论打下了一个好的基础。由主持人与来宾驾驭的《辞职以后》，共分为五个组成部分。其中开头、结尾与第三部分由主持人、来宾分别点题、析题与归题，第二、第四两个部分则是关于一位叫王欣昭的女同志打官司的前后两个阶段的事实叙述。由于论点与论据能够有机结合，整个电视片就形成了一个提出问题—分析问题—解决问题的完整的逻辑程序。香港凤凰卫视中文台的电视评论节目《小莉看时事》也多持这种思路操作。

　　第二，在叙事内容的镜头或片段（镜头群）不多的电视评论中，要避免由一个人主持言说到底，就要以数人登场、主次分明为上。目前，电视新闻评论类节目大致有三种：第一种夹叙夹议，如《焦点访谈》；第二种基本沿袭报纸或广播的评论的方法，如电视短评、编者按（这种评论由于出镜很少，不分）；第三种则以论说语言为主，不做或很少做叙事画面或叙事镜头的配合①，有话剧倡"话"的特点，如中央电视台由杨东主持的《中国报道》。评论以论说语言为主，显然对电视评论如何遵循电

---

① 可参阅叶子《电视新闻学》，北京广播学院出版社，1997，第 232~235 页。另外，丁法章主编的《新闻评论学》（复旦大学出版社，1997）对电视新闻评论的界定也值得注意："电视新闻评论，是运用电视传播手段作出的新闻评论，是电视传播媒介对当前重大新闻事件或重大社会问题发表意见，作出分析判断或述评的一种电视报道形式。"

视语言提出了挑战。那么，如何打理以论说语言为主的电视评论呢？笔者认为，1998年7月17日中央电视台体育频道的Talk Show《五环夜话》节目可资借鉴。这一期的题目叫《看世界杯，想中国足球》，拍摄现场分台上台下。台下有数十名群众来宾，台上则有一位主持人与三位来自国家足球队的教练：迟尚斌、金志扬、桑廷良。相对于台下，台上为主；相对于来宾，主持人为主，但主持人不是去讲个中道理，而是控制全场、控制节奏、控制话题，这样，这一期的《五环夜话》节目就形成了台上主宾问答和谐，台上台下呼应和谐，电视机的机内机外说与听也多共鸣的良好氛围。这一期《五环夜话》采取的一个言说策略就是数人登场，主次分明。中央电视台由姜丰、白燕升主持的《文化视点》与此也大同小异。我们不难想象，《面对面》节目版块如果不是由一个主持人用嘴由头至尾而更之以双人说或多人说，那么，论点与论据就可由两人或数人分担，镜头也会不止一个，其局面一定会比现在好。另外，由于电视语言视听多元、以视为主，而"耳朵不像眼睛那么有耐性"①，因此，以有声的论说语言为主的电视评论一定要注意及时配加字幕。这是需要格外注意的。

第三，注意请专家与主持人共同主持或单独主持。电视评论讨论的话题关涉的客体十分广泛，而对问题的看法又要求在准确的基础上有相当的深度。但以主持人一人之力，无论其水平多高都难免入不敷出、捉襟见肘，因此，彻底的解决办法是巧借人脑，将有关专家请入演播室。这有助于形成将主持人的新闻传媒水平与专家的专业水平相结合的新局面。另版《东方时空》就是这样做的，其中1998年7月17日《辞职之后》请的专家是中国社会科学院法学研究所研究员刘兆兴，翌日《蔚蓝色的呼唤》请的是国家海洋局局长张登义，后者的话题是我国海洋的环保，两个节目都由主持人与专家共同主持。在主持人与专家共同主持节目时，主持人要善于提问、精于调度，要多听少说，淡化个人的喉舌意识而强化耳目观念，把讲说的中坚任务交给专家（这也正是《面对面》现有摄制语言的"一言堂"形式所难以克服的）。如确有必要改由有关几位专家单独主持电视评论节目，那一定要挑选具备必要的新闻传媒常识与录播经验的专家。

① 老舍语，参见《夏衍论创作》，上海文艺出版社，1982，第313页。

常变才能常新，变中不变才易稳健前进，因此，以上几种思路与方法还要根据具体情况灵活配置。

《东方时空》是中央电视台，也是社会主义中国电视事业中熠熠生辉的名牌电视节目，一向为广大观众所喜爱。《面对面》的设计者或制作者或许期望推出一个有特色的电视评论类型，比如突出主持人的言论作用，但对电视语言个性及其运行规律的违背则使《面对面》设计或制作的初衷大打折扣。《东方时空》如果能在电视语言上对《面对面》进行必要的调整，就必然能够突破旧有电视形式对于电视内容表达的限制，有助于其自身在竞争中繁荣发达，再上层楼。电视评论只有尊重电视语言符号的个性与运行规律才能扬长避短，由蛇而龙。

附：

1998 年 7 月 23 日《东方时空·面对面》

高考的考生们就要陆续知道自己的分数了。从走出考场到现在，考生和家长并没有获得如释重负的轻松，等待的滋味实在是很难熬。上海在高考以后呢，开通了考后心理咨询热线。这个热线呢，是收费的声讯台，但是考生和家长排着队咨询。记者在声讯台了解到，每个专家的热线上都有十来位听众在等待。有的家长说，考试结束以后家里的气氛比考前还要敏感和压抑，对孩子考试情况是想问又不敢问。有的考生说，自己精神都快崩溃了。

每年高考以后的这个时候，我们都会听到那句很耳熟的话："条条大路通罗马，何必单走独木桥。"对高考失利的考生，人们往往劝他走别的求学之路，像成人高考啊，电大呀，职工大学呀，可是无论道理怎么讲，不少考生还是觉得，走过独木桥就是一马平川，而其他的大道啊都是沟沟坎坎。前几天宁波有一位考生来电话咨询。他参加了 1998 年成人高考，报考宁波大学旅游管理专业，考分呢，超过了录取分数线，可是他迟迟没有收到录取通知书。后来一打听才知道，他报考的那个专业考生不够开一个班，结果呢就不办了。市招办、省招办都说这种事很正常，每年都有。可这位考生不愿意放弃自己考出的好成绩，也不愿意放弃对成人高考的那份感情和信任，于是呢，就打来电话问我们怎么办。我们咨询了宁波市、浙江省招办，那里的确有不足 15 个人不开班的规定，而我们咨询了教育部，了解到更不利于考生的规定：不足 40 人不开班，而采取调剂录取的办法。如果无法调剂呢，保留两年的资格。如果两年内还没有调剂成功，考生呢，只好自认倒霉。在全国的成人高考考生中，这样的考生不知道有多少。他们也许受到条条道路通罗马的启示走上了另一条求学之路，而这条路却是几多坎坷。入学尚且这么难，以后呢？教学过程能规范吗？文凭会不会打折扣呢？将来用人单位会同等对待吗？这条条道路理不顺，就只好去挤那独木桥了。那么，也许从学校和教育管理部门的角度讲，种种规定啊都有一定的道理，但这道理那道理，满足学生的学习愿望才是最硬的道理。

就在一些考生在成人高考中遇到种种麻烦的时候，我们也看到了让人欣慰的现象。今年自学考试原定在北京昌平师范设 20 个考场，但是考前呢，却只有两个混编考场，涉及 9 门课，只有半天，但是昌平师范校长说："只要是国家考试，一个考场我们也接。"结果这里按照高考的标准组织了考场。这种姿态如果能够体现在考试、录取、教学、录用的全过程中，那么，向往条条大道离开独木桥的人会不会多起来呢？

本文完成于 1999 年

《道德观察》栏目：
打造核心竞争力的智慧

　　创办一个有个性的栏目并不算难，难的是栏目在实现个性化之后还能够成长，形成竞争优势，产生响当当的社会影响力。武汉有家面向市场的综合性都市报在 2006 年创办了一个名为《歉意转播》的栏目，主要刊发由当事人口述、记者整理的各类当事人对有关相识者，尤其是自己亲友的愧疚，栏目不可谓不独出心裁。然而，这个别具一格的栏目却没能够活到今年，深层原因是栏目信息特长与受众接受偏好未能实现有机匹配，栏目所传播的信息在满足目标受众迫切需要的新闻价值、社会意义与文化含量上还不突出。电视栏目上承频道全局，下启具体节目，对办好电视传媒具有格局建构的特殊重要性。中央电视台的《道德观察》栏目，是一个个性鲜明、内容厚重并深受广大受众欢迎的优秀栏目。从数量看，在《道德观察》2005 年 2 月 5 日~3 月 7 日所做的受众网上调查中，对该栏目非常满意的受众占接受调查总人数的 53.55%，满意的占 30.33%，两者合计为 83.88%。从质量看，有多名涉嫌经济犯罪的嫌疑人在收看节目后与《道德观察》联系要求自首。① 《道德观察》栏目已经具有的不可小觑的社会影响，与编辑工作善于打造栏目核心竞争力息息相关，而总结其中的智慧对于如何办好电视栏目则不无裨益。

　　我国传媒的生态环境，要求栏目编辑正视栏目的核心竞争力。核心竞争

---

① 祁海琳：《社会与法：责任体现——专访央视社教中心副主任吴明训》，《中国广播影视》2007 年 2 月合刊；《逃犯的自由》，http://law.cctv.com/20070323/102210.shtml。

力的提法始自企业管理研究。1990 年，美国学者普拉哈拉德（C. K. Prahalad）与哈默尔（G. Hamel）在《哈佛商业评论》杂志上发表的《公司的核心竞争力》一文中首次提出核心竞争力（core competence）说。① 而我国的大众传媒首先是信息传播中心与舆论机关，其次才是产业机构。由事业单位企业化管理的实际与文化改制的有序推进所形成的我国大众传媒业的二元特征，在使我国大众传媒还不能完全按照企业的规则行事的同时，又必须对企业经营与企业管理的实战经验有所借鉴。由市场经济所带来的大众传媒业的竞争毕竟客观地存在着，媒体相互间的竞争日益激烈。如中央电视台《东方时空》栏目早在 1993 年就只能依靠 5 分钟的广告收入作为栏目的运作经费，成为央视第一个实行制片人制度的栏目。② 目前，在央视内部，如果栏目收视不理想，综合排名长期靠后则有遭末位淘汰之虞。③因此，打造核心竞争力之于电视栏目的生存与成长就显出不可或缺性与紧迫感。

《道德观察》需要栏目的核心竞争力。大众传媒的核心竞争力指的是栏目相对于竞争对手用于实现服务对象价值与栏目自身价值而形成的持续竞争优势④，栏目由此获取的是收视率、美誉度、社会影响力与广告收入。核心竞争力以传媒素质为主要内容，具有难以替代的独有特点。开头是重要的，没有先声夺人就难有广大受众对节目开头之后的主体部分的接受兴趣。《道德观察》通常由出镜的主持人以精辟的议论与对新闻事实的概述结合在节目的开头设置悬念，但是，这种由美国《华尔街日报》所开创的特稿结构技巧早已普遍用于我国的各类大中型纪实电视节目当中，因而也就无法构成《道德观察》的栏目核心竞争力。有人认为大众传媒的核心竞争力有三个层面 20 个着眼点。⑤ 笔者以为，从实务工作着眼，编辑人员在核心竞争力的打造上，应着重抓取受众、人才、内容与形式四大要素。

① 童利忠等：《企业核心竞争力新论》，人民邮电出版社，2006，第 7~9 页。
② 中央电视台编《中央电视台的第一与变迁 1958-2003》，东方出版社，2003，第 242 页。
③ 魏斌：《"社会与法"温暖亮色的频道》，央视网，http://big5.cctv.com/viponline/special/C15272/20061019/103865.shtml。
④ 童利忠等：《企业核心竞争力新论》，人民邮电出版社，2006，第 27 页。
⑤ 项仲平：《电视栏目与频道策划研究》，中国广播电视出版社，2007，第 230 页。

那么，《道德观察》的栏目核心竞争力何在？综观整个栏目，《道德观察》是在使用三大法宝来打造栏目的核心竞争力。

一 栏目设置：不做加法做减法，独辟栏目成长空间

所谓"不做加法做减法"，是种形象的比喻，指的不是在竞争对手较多的领域搏杀一片血腥的"红海"，而是另辟空间立桩划界创设栏目、经营栏目，错位发展。此即另类竞争的差异化成长方法。在不做加法做减法上，《道德观察》有三处做法可圈可点。

首先，回避那些一眼可知的新闻传播热点领域，长于在人们熟视无睹、习焉不察的新闻区域开掘耕耘空间，先声夺人。时政、财经、司法等领域向来被视为新闻资源丰富区域，但挤在同一区域设置栏目，稍不留神则难免出现同质化倾向。央视的法律栏目可谓不少，面对同一个频道中的《今日说法》《法制在线》《法治视界》《大家看法》《法律讲堂》《中国法制报道》《天网》《忏悔录》等栏目，广大受众要想将这些栏目区分清楚还真不容易。相形之下，《道德观察》则是一个可以让广大受众眼前一亮且过目难忘的栏目，其主要原因在于栏目以道德信息为核心诉求。传媒为内容产业，栏目设置应该在目标受众确立后先明确栏目的内容，并在此基础上规定形式要素，减少乃至消除栏目之间的模糊地带，突出栏目个性。《道德观察》仅仅选取从社会到家庭的道德生活耕耘，是中央电视台第一个系统、全面、深入报道中国道德生态的电视栏目与中国的第一个日播电视道德栏目。一个栏目不可能满足受众的所有需求，在传媒竞争激烈的今天，应根据自己的战略定位来确立服务对象与主攻领域。该栏目对道德生活的慧眼识珠显然得自另辟蹊径，而不是跟在他人背后亦步亦趋。

其次，《道德观察》以社会新闻为主，报道百姓生活，但自觉保持其新闻境界。作为行为准则，道德规范有家庭道德、职业道德与社会公共生活道德（社会公德）之分。[①] 在《道德观察》栏目内，《前妻后妻》《失

---

① 罗国杰主编《伦理学》，人民出版社，1989，第214页；中共中央制定的《公民道德建设实施纲要》称社会公共生活伦理为"社会公德"。

重的亲情》《重婚大战》事涉家庭伦理，《哭泣的骨灰盒》《给我一个身份》《生死抉择16秒》以职业伦理为主旨，《迟到19年的荣誉》、《想说宽容不容易》、"2006年的百姓英雄见义勇为"系列讨论的中心悉为社会公德。不过，无论何种道德伦理均离不开个体自律，故《道德观察》在注意保持三类道德节目在栏目内议题设置平衡的同时，则很少宏大叙事，阎闾、车间、厨灶与乡间土路成为栏目的视听场景常态。与此同时，《道德观察》自觉与社会新闻中的那种挂羊头卖狗肉一刀两断，坚持新闻的严肃品格，绝不让娱乐成为栏目的主心骨或曰编辑方针。

最后，《道德观察》具有浓郁的人情味。栏目不做加法做减法，意味着先要确立栏目不是什么、不做什么，然后再明确自己是什么、做什么。道德不是法律，不是经济，与政治互动突出但又不等于政治。道德是受经济基础决定的社会意识形态和上层建筑①，关涉的重点是人际关系与个体的内在操守，既要"内得于己"，让个人的身心共益，又要"外得于人"，使各方各得其所。《道德观察》栏目"观察的是世间百态，感受的是人情冷暖"②。由于道德规范属于非制度化的规范与内化的规范，故节目往往围绕个体，尤其是人物的命运展开。如《抱错的儿子住对面》报道的是湖北省黄石市两对夫妇因医院工作失误互将对方孩子养育19年的寻亲故事，栏目将与人的情感、意志与信念相关的柔嫩的内心道德走向置放在栏目的中心区域，让栏目有血有肉，具有浓郁的人性与人格色彩，成为构建栏目动人的重要因素。《道德观察》的有选有弃则使栏目操作起人情味元素来游刃有余而不生硬。

通过上述三个方面的放弃与选择，《道德观察》在我国的电视媒体中为自己开辟了一个独特的成长空间，栏目也由此定位明确，轮廓清晰，个性鲜明。万绿丛中一点红，《道德观察》独步于我国电视栏目之林，跳脱而打眼，在建构我国电视传媒的栏目平衡中起到了只手擎天的特殊作用。

---

① 罗国杰等编著《伦理学教程》，中国人民大学出版社，1985，第51页。
② 《〈道德观察〉栏目简介》，央视网，http：//www.cctv.com/program/ddgcrbb/20050203/101845.shtml。

二 栏目角色：勇担社会责任，高扬大台风范

电视栏目的个性应该建立在准确的受众定位之上。优秀的栏目必须自觉把握时代潮流，顺应社会需要，而远离孤芳自赏，自娱自乐。作为国家电视台节目的一部分，《道德观察》从国家精神文明建设高度打造栏目，以栏目分工来主动满足社会管理层与受众这两大服务对象的需求，进而彰显国家首席电视舆论机关的大台风范。

首先，立足大局，从国家精神文明建设高度设计栏目，执行规划。伴随社会主义市场经济的发展，我国旧的社会矛盾在消失或深入之际，新的社会矛盾又开始大量涌现。其中的一个突出问题就是人们的道德观念在出现新走向、新融合的同时，又出现了新困惑。两个精神文明同步，为社会主义建设创造良好的软环境，已经成为构建社会主义和谐社会的当务之急。党中央高瞻远瞩，适时提出以德治国、德法共治的治国理念。从2001年全国宣传部长会议、党的十五届五中全会到2006年党的第十六届中央委员会第六次全体会议，党中央先后推出了《公民道德建设实施纲要》、以"八荣八耻"为主要内容的社会主义荣辱观。作为党的喉舌，中央电视台在为受众、广告商服务的同时，还必须为党服务，服好务。而《道德观察》的推出恰恰是央视勇荷天之大任、自觉践行党和国家宣传重任的重要行动。该栏目集中关注国家道德建设大局，细心观察国家道德生活现状，静心体察我国思想道德的矛盾波涛，全力建构国家道德的良性生态，积极引领全社会思想道德的健康走向，在我国道德生活的电视新闻舆论建设上，担负起作为中流砥柱的重任。从这个意义上讲，相比于时政、经济、法律、娱乐栏目，我国亟须在央视《道德观察》的基础上从全局对道德电视栏目进行丰富与补充，《道德观察》自身也应进一步增加"道德"的分量，如在职业道德部分，增加关于如何正确处理封建社会所不存在的同事之间、上下级之间关系的道德文化的探讨。

其次，立足时代潮头，把握民意趋向，坚持社会主流价值观，斥恶扬善，旗帜鲜明。古今中外新闻传媒发展史证明：受众的迫切需要是栏目保持旺盛生命力的源泉，也是优化栏目核心竞争力的重要动力。权威传媒的

新闻栏目如果无法在社会管理层与广大受众之间寻找到兴趣的共同点，那么就难以避免自弹自唱而被渐次边缘化，所谓的主流也就只能剩下伪装。在新旧价值观的激烈碰撞中，新未必尽是，旧亦不会皆非。在一定意义上，近年伴随社会转型加快，我国的道德失范现象不是减少了，而是增多了；道德矛盾不是简化了，而是复杂了。正是在这样的社会背景中，"道德滑坡""道德沦丧"的惊呼一再响起，道德已经成为精神疾病兴风作浪的重要领域。依据马斯洛的五层次需求理论，爱的需要、尊重需要与自我实现需要是生命个体的高层次需要，是人与动物相区别的重要标志。时代的进步与小康社会的建设呼唤社会主义道德观与时代同步，不断丰富，不断完善，广大人民群众深切希望周边环绕良好的社会道德环境。因此，《道德观察》栏目就成为对社会思想共识讨论的集合，成为关于道德的社会舆论聚集平台，引发深思，培育向善，促进道德环境良性发展，推动社会主义和谐文化建设。《道德观察》选择的样本往往有一定的复杂性。如2006年3月播出的《一言成祸》，素材就颇棘手：在江苏省溧水区晶桥镇，村民芮春英自杀身亡。随后，芮家将死者的骨灰盒放到同村村民何木英的家里，双方互诉对方赔偿。那么，是什么导致芮春英自杀呢？似乎牵扯到几个方面。怪村民何木英吗？有村民证明，村民何木英在有关场合确曾公开表示芮春英与包括自己丈夫孔桃林在内的许多男人有染。此后，芮春英与何木英吵了一架，并服农药死在何木英家门前。怨同村的何根龙吗？已婚女性芮春英在死前已与同村的何根龙保持了8年的婚外情关系，何妻为此早在2003年就和丈夫离婚。而芮春英却因为孩子等原因，并未与在外地打工的丈夫离婚转而再嫁何根龙。随后，芮、何之间相互猜忌，忽冷忽热，何根龙甚至不允许芮春英与其他男人说话。怨芮春英自己吗？警方调查证明，芮春英的死亡属于自杀。逼芮春英自杀的是谁呢？几个人好像都是又好像都不是。对此，《道德观察》在节目最后进行的辨析颇为精彩："一个死人、两场官司，这场祸惹得可算不小。到底谁的错，谁惹的祸？毫无疑问，那几句流言是引燃祸事的导火索。背后嚼舌头的人当然可恨，可是因为别人嚼了舌头就自杀，自杀还是为了向自己的婚外情人证实自己的忠贞和清白，这道理怎么越说越别扭呢？因为这个事情本来就别扭。为了孩子，芮春英不想离婚；可为了自己，芮春英又像个痴情的少女一样离不开何根龙，这本来就是个死结。如果这是个数学方程式，所有的参数都是已知的，可你就是算不出它的解。死结解不开，芮春英连自己的活路也给断了。她喝的不是刘德华唱的'忘情水'，她喝的是农药。对死者的家属我们一般会说什么呢？节哀顺变。人已经死了，我们是应该节哀，顺便也把婚外情的恶果想想清楚吧。"

面对如此复杂的问题，《道德观察》一方面在对死者表示同情时并没有放弃否定婚外情的道德原则，另一方面又将批评的目标锁定为以婚外情为主，以公共场合散布闲言碎语为辅。这一段剖析实事求是，条分缕析，抽丝剥茧，鞭辟入里，一语中的，但又有理有节，既讲求现实针对性，又照顾到死者故去的不幸，显示出栏目敏锐的思想能力、精细的思辨水平与处理社会矛盾的高超艺术。《道德观察》顺应民意，因势利导，"文章合为时而著"①，成为我国道德思想建设的重要舆论领袖与广大受众精神生活的得力助手，是我国社会主义精神文明建设的重要文化阵地。

最后，注重栏目的思想性与负面信息的正面化表现，打造社会主义道德文明建设的舆论高地。一是节目选题往往从社会日常生活入手，集中关注由人们的生活态度、生活标准、生活方式所折射的道德是非，与国计民生等政治、经济、法律的刚性生活缺乏直接碰撞，内容相对温和。二是栏目的出发点不以曝光为宗旨，不以游戏为终端，而是与人为善，讲究分寸，在负面信息的传播中使用了正面化表现的力量。三是观点鲜明，思想性强，扶正祛邪，与鲁迅精神相通，着重国民性扬弃，有一定的言论色彩，抑制了猎奇、窥视接受心理的张扬。

上述三种举措在建构《道德观察》栏目的严肃、权威与社会责任中功不可没。

三 节目形态：夹叙夹议，调查与解释相结合

对于节目形态，现有的认识需要完善。冷智宏等认为："节目形态……是指节目的形式和格式……似乎更强调节目所表现的一种可以意会

---

① 白居易：《与元九书》。

而不能言传的略带抽象的气质和韵味。"① 这样的认识还是存在一定的偏颇的。所谓电视节目形态，指的其实就是电视节目的形式问题。由于电视传媒与印刷传媒之间介质的不同，电视传媒因画面而镜头再文本的流动，就使得电视节目文本在形式上又与印刷传媒同中有异，"形态"一词的出现不过是为了强调电视传媒在文本表现上所不同于印刷传媒的特质。电视节目形态由四大部分组成：符号、文体、结构与表现手法。其中，符号声画两轨，可再细分为人、声、词、画、音、字六大元素②，而那些不便纳入符号、文体与结构之内的其他形式要素，如在节目中偶用的象征手法可以归入表现手法当中。这些印刷媒体所没有的元素或者有关的表现，在电视传媒中就表现为电视节目形式的特有状态。

《道德观察》栏目最突出的节目形态是夹叙夹议，将调查与解释融于一体。

首先，《道德观察》取调查性报道之"调查"与解释性报道之"解释"并熔于一炉，节目形态别具一格。《道德观察》是一档深度报道栏目，而深度报道的主流类型有二：一是解释性报道，二是调查性报道。香港凤凰卫视的《时事开讲》属于解释性报道栏目，中央电视台的《新闻调查》属于调查性报道栏目。《道德观察》敢于提取两类深度报道的核心元素重新冶炼，使调查与解释既互融又区隔，从而形成夹叙夹议，以解释为主，以调查为辅的独特节目形态。

其次，《道德观察》栏目的调查元素主要体现在节目形态的叙述上。调查元素主要表现在如下四个方面。

（1）在题材上，以揭露现实生活的负面信息为主。调查性报道指的是报道者通过自己长期而完整的亲自积累、观察与最近的调查研究，对某一或某类社会事实或社会现象所进行的深入、系统、详细的报道。③ 调查性报道的中心位置是负面信息。在西方国家，调查性报道又叫揭丑报道，所揭露的新闻事实真相往往来自被社会强势集团遮掩后的呈现。中央电视

---

① 冷智宏等：《电视生活服务类节目定位、形态与包装》，中国广播电视出版社，2003，第95页。

② 童宁：《电视传播形态论》，四川大学出版社，2003，第2页。

③ 欧阳明：《深度报道写作原理》，武汉大学出版社，2006，第262页。

台的《新闻调查》栏目就将这类报道奉为调查性报道的正宗与栏目的终极追求。而《道德观察》栏目在题材上以负面信息为主主要基于两个方面的考量：一是频道因素。《道德观察》有日播版与周播版之分。其中的周播版见于央视的1频道（即综合频道）与10频道（即科教频道），而日播版则活跃在央视12频道（即社会与法频道），要求栏目要服从于以负面信息为主的法律频道大局。二是收视因素。在区分中西文化时，人们常称西方文化为"乌鸦文化"，中国文化为"喜鹊文化"。这其实是从传者立场进行的辨析。若从受众角度考察，中国老百姓同样喜欢"好事不出门，坏事传千里"，中西受众偏好负面信息的接受心态的区别仅在于西方更多为了求真，中国则因为环境限制而多了几重好奇的成分。文似看山不喜平，法律元素的介入有助于节目具备紧张、刺激、戏剧、热闹的成分，对优化栏目节目的可看性大有帮助。

（2）在信源上，逆向思维，讲求以独家新闻立栏。《道德观察》的这一特点与调查性报道相关。经典调查性报道的一大特点是原创，由媒体独立进行。在资讯发达、媒体竞争日益激烈的今天，独家新闻是克服媒体同质化的封喉杀技。但也正因如此，独家新闻特别珍贵与不易获得。《道德观察》之所以能够占有丰富的独家新闻资源，就在于栏目自觉放弃时政、经济、法律等热门区域，转而双眼下视，紧盯民间，不再以人物的显著性作为栏目取舍的核心标准。老百姓的日常生活活力无限，有栏目取之不尽、用之不竭的独家新闻资源。获取独家新闻的关键在于栏目要有一双发现重要新闻的慧眼。

（3）在结构上，讲求以记者的调查过程作为组织整个节目的结构方式。依记者的调查路径作为节目的结构，是调查性报道的常见结构方式之一。央视的《新闻调查》栏目自云，"以记者的调查行为为表现手段"[1]，这是该栏目践行这一特点的自我表述。2007年4月21日，《道德观察》周播节目《倾斜的古塔》可谓这种结构方式的典型代表。《倾斜的古塔》集中披露了山西省介休市义棠镇政府、当地小煤矿矿主缺乏社会公德、职

---

[1] 《〈新闻调查〉栏目解析》，央视网，http://www.cctv.com/program/xwdc/20050520/102483.shtml。

业道德，为了局部经济利益而置社会大义于不顾，在受国家保护的文物虹霁塔下的银锭山内乱挖滥采，以至于始建于唐代的古塔严重倾斜，摇摇欲坠。这个节目依记者的现场调查路径展开：①以倒叙开篇，由主持人讲述发生在山西省介休市的咄咄怪事从而引发全文悬念。②面对实地调查的记者，当地村民的欲言又止，山下的古塔看门老人在告知不能参观古塔后，却随后背着人拨打手机，均让古塔的倾斜不能不显出诡谲。③记者爬山拾级而上，却在石梯尽头遭遇两人堵截。④在记者的反复诘问中，两个阻拦者见势不妙而匆匆离去。⑤记者山头现场调查，发现古寺地面出现塌陷，古塔塔身存在巨大裂缝。⑥那么，古塔为什么会倾斜？记者举目发现山下的煤矿人来车往，一派生产繁忙景象。⑦古塔发生倾斜与如此近距离的采煤是否相关？记者带着疑问下山，走入南沟煤矿，却发现刚才还在生产的煤矿现已车去人稀，不再生产。蹊跷的是，面对记者的询问，现场的有关煤矿工作人员却撒谎说煤矿从未生产。⑧记者采访介休市、义棠镇等当地行政机构，除文物局外，其余受访政府机构要么见不到相关领导（如国土局），要么如义棠镇副镇长张有峰否定当地现仍在非法采煤，并出现死人、伤人事件。⑨记者采访受伤的煤矿矿工、镇中心卫生院副院长与知情人，最后获知，造成古塔倾斜的罪魁祸首就是山下的南沟煤矿等煤矿长期违规采煤；而煤矿之所以能够违法开工恰恰是因为其行为获得了当地政府的默许。在这一期节目中，新闻事实的叙述程序，与记者接触新闻事实的采访过程在历时态上是一致的。

（4）在表达上，栏目讲求通过修辞来强化节目符号的表现力。好酒也怕巷子深，再好的内容，缺乏形式上的恰当修饰也难免有广大受众敬而远之的遭遇。2007年，作家王朔放言，称电影导演张艺谋像个装修大师。王朔的一席话道出了张艺谋影片的一大特点：强化由符号装饰而生影片内容的艺术表现能力。人力资源是栏目核心竞争力的重要构成因素。《道德观察》最重要的主创人员多具备内容包装的学习背景：栏目主编朱韬曾任单位方圆文学社社长，先后主编报刊《季节河》与《音乐生活报》，发表过短篇小说、散文与诗歌。制片人倪俊1992年毕业于中央戏剧学院戏剧文学专业。①

---

① 《〈道德观察〉栏目简介》，央视网，http：//www.cctv.com/program/ddgcrbb/20050203/101845.shtml。

栏目主创人员的上述文学艺术学习背景，自然使精细打磨栏目形态有了良好的人才基础，便于将精神信息交流建立在精雕细琢的匠心之上。《道德观察》也因此生就了流光溢彩、顾盼生辉的外貌，成为广大受众所钟爱的传媒"情人"。

最后，《道德观察》栏目的"解释"元素主要体现在节目形态的论说上。在强化节目形态的"解释"上，栏目主要进行了三个方面的工作。

（1）夹叙夹议。解释性报道是一种充分运用背景材料来说明新闻事实的来龙去脉，揭示新闻事实的原因、实质意义或预测新闻事实发展趋势的分析性的报道。[①] 而《道德观察》对夹叙夹议的采用，具体表现为主持人对新闻故事的评价与对新闻故事讲述的相互结合，相互穿插。在节目的叙事上，栏目以叙为主，以议为骨，形成了叙事的基本模式：①开头，由主持人用精辟的议论与对新闻故事的概括性讲述形成全文悬念，先拔头筹。②主体，讲述新闻故事并在讲述中穿插对故事的评析。③结尾，由主持人就新闻故事的成因、得失、意义等从道德取向的立场进行议论，此即"卒章显志"，清朝的蒲松龄在《聊斋志异》中最爱使用这一手法。《道德观察》夹叙夹议的特点是鲜明的。

（2）思想犀利。解释性报道的常规表达方式是边叙述边说明，而不是《道德观察》栏目的边叙述边议论。论说之间接近，但又属于两种不同的表达方式。所谓说明，是对事物的发生、发展、结果、特征、性质、形态、功能等进行的解释、介绍，而议论则是作者对客观事物进行是非评价。在写作目的上，说明与议论不一。说明的根本目的是使读者有所"知"，晓事以人，说清真相，故重在对事物做客观、冷静、科学的解释。而议论的根本目的是让读者有所"信"，服人以理，明辨是非，故运用概念、判断和推理的形式明确提出作者的主张。在《道德观察》栏目的夹叙夹议中，议论虽然不多，但讲求质量：既一语中的，入木三分，又循循善诱，点到为止，言有尽而意无穷，求绕梁三日之效。与中央电视台《共同关注》栏目比较，《道德观察》的这一特点是十分鲜明的。2006 年 7 月 22 日上午，山西省太原市一位叫李良贵的老人出门看望亲人，但翌

---

① 欧阳明：《深度报道写作原理》，武汉大学出版社，2006，第 228 页。

日清晨却被以无名尸体名义火化为骨灰。对于这件事，《道德观察》报道在先，《共同关注》报道在后；后者报道材料基本来自前者。

两个电视栏目同题报道的收尾最能见出夹叙夹议与夹叙夹说的差别。《共同关注》节目：《没有骨灰的骨灰盒》的收尾内容如下所述：

　　画外音解说：无奈之下，在李良贵死亡之后的第七天，李良贵的家人、亲戚和邻居只能捧着一个空骨灰盒寄托自己的哀思，上演了节目一开始那悲哀的一幕。一纸证明让李良贵的尸体成了无名尸，并迅速被火化了，而今又因为一纸证明，却让李良贵至今无法安息。2006年8月10日，李良贵的家人将杏花岭公安分局和大东关办事处告上了法庭。

　　死者李良贵的妻子孟凤珍：这个骨灰都不给我们，逼得我们打官司，是他们逼得我们没办法了，走投无路了。

　　画外音解说：2006年10月17号，杏花岭法院做出一审判决，认为公安分局下属大东关派出所出具的证明，并不是无名尸的证明，只是一个情况说明，其行为显属不当，但该行为并不违法。大东关办事处将尸体送交殡仪馆火化的行为属于违法行为。

　　李良贵的家人和大东关街道办事处都向太原市人民法院提出了上诉。2006年12月22号太原市人民法院做出二审判决，维持原判。

　　死者李良贵的二儿子李辉胜：我觉得是，难度是很大的，可是我觉得我一定会尽力的。我要不尽力，我觉得我这口气都出不上来。

　　画外音解说（画面为黑底白字）：2007年1月18日，死者李良贵家人将永安殡仪馆起诉到太原市杏花岭人民法院，要求归还李良贵的骨灰。目前，在法院的调解下，永安殡仪馆的有关负责人已经口头答应将李良贵的骨灰归还给死者的家属。

《道德观察》节目：《哭泣的骨灰盒》（日播版）的结尾则是这样的：

　　画外音解说：面对判决，李良贵的家人只希望能尽快拿回骨灰。电话采访的"电话"画面。

张飞（大东关街道办事处代理律师）：作为殡仪馆来讲，他要求公安局也好，或者是办事处出证明，但是从确认身份这个角度来讲，只有公安局才能有权利确认这个身份。

画外音解说：如今李良贵家人还在为拿回李良贵的骨灰四处奔走着，不知何时才能让死去的李良贵得到真正的安宁。

主持人：这可真叫"活不见人，死不见尸"，现在还得再加上一条"烧不见灰"。李良贵从活人到死人，从死人到骨灰，我们来数一下，这要经历多少个过程。首先得确认他的死亡原因是什么，其次确定他是不是无名尸，再次确定是应该保存还是立即火化。这些过程杏花岭公安分局、大东关派出所、民政办事处、殡仪馆都参与了，可他们又都是怎么来完成这些过程的呢？法医在体表看看就排除了刑事案件，派出所在周围问问，人还没有查出来是怎么死的，就当作无名尸给移交了，民政局也就是问了两句，确认是无名尸。办事速度快，快得让人有点不适应。刚改革开放那会有个词儿叫时间就是金钱，效率就是生命。这回这个时间紧得，这个效率高得，不仅让死人差点成了孤魂野鬼，而且让活人失魂落魄。从生到死，这是每个人都要走的程序，为了保证生命的程序能够正常地进行，我们才有了司法程序、管理程序。如果这些制度的程序变得不再正常，那谁能保证自己生命的程序能够正常走完呢？我是路一鸣，明天见。

两相比较，《共同关注》叙中揉议、点到即止，而《道德观察》栏目则剖析有路，议论深刻、精辟，发人深思，向新闻评论靠近，意在传递传媒不可或缺的"声音"——立场与意见。

（3）主持人单人主持，冷静从容，尽显风流。典型的解释性报道常在演播室内外设计多人解释新闻事实。在多人主持上，主持人的节目形态有主宾式与非主宾式两类。在主宾式中，有的主宾式为一个主持人配若干嘉宾。如央视《海峡两岸》栏目中的"热点透视"版块因为话题的专业性、政策性较为突出而多请数位嘉宾介入。这除了有助于提升信息传达的准确、科学之外，问答的形式还有利于吸引受众的注意力与便于观众理解。有的主宾式为一个主持人配一位嘉宾，如央视的《今日说法》栏目。

这种形式比较适合规模短小、问题紧凑的栏目。二是难分主宾的多主持人式，即节目由若干主持人主持，其间还常加入表演的成分。央视《天涯共此时》2007年由一男一女两位主持人同时登场：有时专职主持人桑晨扮演女儿，客串主持人侯耀文扮演父亲，两人通过虚拟的父女等关系在节目中相互穿插、配合来介绍海峡两岸民众共同关心的社会问题。而2007年《每周质量报告》"五一"特别节目《消费者学校》则更为热闹：首席主持人为食品营养的介绍者、分析人，由中国农业大学食品学院的胡小松教授客串；设课代表二人，其中一人由央视的节目主持人等临时担当；真正的栏目主持人章秋伟扮演班主任，仅在节目的开头、结尾出现，或开场或总结，仅起串联作用。该栏还设立所谓的"食博士"一位，专门在演播室外的食品实验室现场进行食品营养方面的实验。但是，形式须服务于内容，这些具有游戏色彩的主持方式与《道德观察》栏目的庄重基调是不协调的。《道德观察》仅选用了一位男性做主持人，适当掺加评书元素，节目由演播室内的主持人与身在新闻现场的记者这两大部分组成。其中，记者承担新闻事实的调查功能，主持人担负报道的解释功能。《道德观察》的节目主持人头脑冷静、思维清晰、反应敏捷、口齿伶俐、专业素质到位，对伦理学与道德实践规范有着清醒的认识与较为深厚的积累。主持人唇间所迸射的串串话语如快刀切瓜，直奔心窝，淋漓酣畅。主持人推动节目形态轮廓明晰，特点凸透，虽年轻了些，但伴随栏目的成长，人到中年后势必进一步增强节目的说服力，让观众生发更为可靠的印象。

本文完成于2007年，发表在《中国电视》2007年第9期，

收入本书时题目有改动

《王刚讲故事》栏目：
省级卫视红海战略中的突围

一 《王刚讲故事》：辽宁卫视的红海战略抉择

《王刚讲故事》是辽宁卫视面对竞争日益激烈的全国电视传播市场的一次自我战略抉择。该栏目自 2008 年元旦问世之后成长迅速，在我国众多的新闻故事电视栏目中脱颖而出，后来居上。相对于报纸，电视更适合在全国性的传媒市场中生存，而省级卫视上星则为地方电视媒体跨越行政区隔走向全国乃至全球提供了可能性，我国的电视传播也因此形成中央电视台、地方卫视与局限在本地市场的地方电视台之间的三方拼杀格局。在全国范围内的电视传播竞争中，湖南卫视、安徽卫视凭借娱乐节目、电视剧拔得头筹，赢取了频道竞争的首因效应。在如此背景下，面向全国性市场的省级卫视应该怎么办？还有哪些资源可供省级卫视开发从而形成自家的竞争优势呢？这自然需要经由科学的市场调研而形成慧眼独具。而故事，尤其是纪实类的新闻故事成为近期我国众多电视媒体瞩目的焦点之一。河北电视台有《天下故事会》栏目，湖北电视台推出《故事中国》栏目，江西卫视拿出的《传奇故事》栏目早在2005 年还荣获第 16 届全国新闻奖的"新闻名专栏"奖，重庆卫视的《拍案说法》栏目在 2007 年 5 月改版时，总裁李晓枫指示"摒弃嘉宾演播室说法形态，拓宽题材领域，完全走讲故事的道路"。而四川卫视更绝，整个频道定位改为"中国故事"，[①] 在 2007 年元旦推出《天下故事》栏目带，有《真情人生》等栏目，2007 年各栏目收视排名多居省级卫视同时段的前五名。[②] 近年我国电视传播中"故事"信息浩如烟海。面对竞争对手如此密集的传播领域，辽宁卫视迎难而上，而其推出的《王刚讲故事》恰是其敢于中流击水的搏杀利器。

《王刚讲故事》栏目的推出体现了辽宁卫视对"红海战略"的自觉践行并依此寻求频道的破围。所谓"红海战略"，来自欧洲工商管理学院的W. 钱·金与勒妮·莫博涅两位教授的《蓝海战略》一书，指的是同类竞争，即投身于竞争对手密集的领域内，角逐打拼，谋取自身的生存发展空间，并因弱肉强食、厮杀激烈而将竞争的海域染成一片血海。沧海横流，方显出英雄本色，郭沫若《满江红》的词句可成为"红海战略"实施者襟怀的写照。在全国省级卫视已经有了那么多故事栏目的情况下，面对各路豪杰，辽宁卫视大胆推出《王刚讲故事》，杀出血路，并凭借一路血染的花朵打造栏目成功，恰为"红海战略"抉择中的突围利器。

二 情真意切：《王刚讲故事》栏目的内容路径

若仅凭勇气，"红海战略"不足以成就事业。《王刚讲故事》栏目的成就得力于栏目采编人员的缜思密虑，勇谋并举，打造出为其他栏目所不具备的综合实力。

《王刚讲故事》栏目的成功与栏目的内容路径密切相关。对内容为王的传媒生存、发展之道的恪守是胜出对手不可缺少的基石。相对于竞争对手，《王刚讲故事》栏目内容的突出特点是情真意切。何为情真意切？指的是栏目以真挚的情感与人生的常理相交织，叙事画人，揆情度理，故而电视节目热情扑面来，事理入胸怀。该栏目报道的是近期发生在全国各地的普通人，尤其是小人物所遭遇的不普通的甚至有浓郁的离奇色彩的新鲜事，大体以社会新闻为主，其中的不少属于法律题材或以法律生活为背

[①] 项仲平：《电视栏目与频道策划研究》，中国广播电视出版社，2007，第 264 页。
[②] 马涛：《2007 年省级卫视竞争新动向》，《市场观察》2007 年第 7 期。

景。在这一点上，《王刚讲故事》与其他省级卫视的新闻故事栏目大体相同，不同的则是《王刚讲故事》对题材的处理。电视人青睐此类题材，常意在提升栏目的收视率。听故事华夏大地有传统，而新闻故事中具体、离奇的内容与跌宕起伏的完整情节则远较那些事件性不强的、新闻价值一般的新闻事实吸引人。更何况社会新闻或与法律新闻相互融合的社会新闻流连于闾巷，俚俗而又牵动着人性人情，先生三分亲，让节目的可看性有了先在的基础。然而，这类选题的风险也是突出的：稍有不慎，节目就可能滑入猎奇、怪异、乖戾、血腥甚至低级趣味的泥淖之中。栏目倒是由此有了吸引受众眼球的资本，但缺乏思想超拔而后难以避免的自然主义采编立场则驱使栏目步入猎奇、低俗等病态的方向，得了市场少了良心。这样的收视率不要也罢。《王刚讲故事》则不是这样。该栏目讲求思想性，细心咀嚼题材，分寸拿捏得当，着意于亲情、爱情、友情，凭情真意切与自然主义一刀两断。《母女情仇》（2008 年 5 月 14 日）所报道的新闻故事世间少有，颇为离奇：在山东省烟台市，女大学毕业生邓俊莹与双目失明的按摩手艺师男青年侯俊宇相爱，遭到母亲反对；当恋人身患尿毒症后，邓俊莹在一番徘徊之后则义无反顾地为侯俊宇捐出自己的一颗肾，并为了满足捐肾的社会条件而瞒着家人与恋人结婚。邓俊莹为此遭到母亲的打骂并面临母女关系的断绝。不过，栏目并非为了离奇而离奇，而是以情真意切提升新闻故事的人生境界。节目主持人的卒章点志则集中体现了栏目的如是追求。

　　确实像莹莹说的，事情已经这样了，不能再回去了。不过，这事呢，也不完全怪当妈的。这么大的事，你怎么也该和老人商量商量，是不是？不该一而再，再而三地瞒着家里。这相当于人为地在积攒矛盾呢！当然了，我想母女俩之间这疙瘩就算再大，早晚能够解开。原因很简单，它也是爱结成的呀！啊，而爱是那么柔软，何况还有亲情血缘呢！是不是？

　　其实，这种事情我们还见过一些。我忽然想到，当李玉英的外孙女或者是外孙诞生的时候，老人的感觉一定不一样了。是啊！另外，我想，在这个世界上，没有一个父母想的是他自己。

节目主持人的文末故事点评有情有理。它切理，能说到事理的节骨眼上，思想一路引领，让受众产生经人生智慧点播后的心明眼亮，云开雾散，醍醐灌顶；它动情，掏心窝子的一席话春风扑面，暖人心脾，心扉不能不为之洞开。《兄弟情缘》《寻亲"启示"》《因父之名》《雷击不死之谜》《百万遗传，十年阴谋》《天使，谎言，录像带》等节目莫不如此。

《王刚讲故事》栏目的情意水乳交融，相辅相成。失去理的情是软弱，甚至是虚伪、有害的，节目很容易变味发馊，变为煽情、矫情、滥情。而没有情的理缺乏动力，常会妨碍节目的感染力。《X光片下的秘密》（2008年5月8日）讲述的是发生在云南省嵩明县的一个真实故事：罗翠芬出生后不久即遭身边人暗下毒手，被人在头、颈、胸、腹中插入26根缝衣针。然而，生命力顽强的罗翠芬硬是健康地活下来，长大成人，结婚生子。不过，在她即将迈入30岁的门槛时，隐藏在她身上的26根"炸弹"终于开始引爆，她为此出现了尿血症状。经过医院检查，罗翠芬体内钢针的罪恶阴谋始被发现。罗翠芬获悉真相后茶饭不思，寝食难安，恨透了当年暗害自己的人，并将仇恨指向重男轻女的生父。然而，当年的事情实在太久远了，罗翠芬的爷爷、奶奶早已故去，生父否认向婴儿体内下针与自己有关。在第一次手术成功地取出腹部的13根缝衣针后不久，罗翠芬出院时，她的生父也出现在接她回家的人群中。节目的情理交融在此处的卒章点志中是最为突出的：

> 罗翠芬体内剩余的13根钢针又将如何取出？她和生父之间的爱恨情仇能否最终释然？生活还在继续，我们的26根钢针的故事也没有讲完。在知道自己身体里有钢针游走之前，罗翠芬觉得自己的身体很健康，家庭美满，甚至她的行动也丝毫没有受到影响。然而，在知晓这一切之后，她变得忧郁、恐慌，抬手抬脚都难以为继。这其中很难说没有心理暗示的成分。说起来这心魔是比钢针刺体更难以忍受的痛苦。那么，对几十年前灰色往事的刨根问底又何尝不是一种心魔呢？即便知道了真相，那么除了加重这种心理的阴影又有什么意义呢？是的，那些该随着风消逝的人和事就让它们消逝吧！明天还会是新的一天。有些事啊，千万别回头看。

这段评述有情有理，情景交融。的确，即便当年的真相大白，暗害婴儿的行为确系父亲所为，生父因此被捕入狱，做女儿的在解恨的同时也会受到新的伤害，难保没有内疚伴随自己的后半生。节目的这段话在理，柳暗花明，烛照出大彻大悟的人生智慧，可谓意切。父女亲情是割不断的，双方无论谁发射伤害的子弹，伤害都会将双方一网打尽，双方不会有真正的赢家。节目紧紧依傍着人生真情，可谓情真。为了情感的表达，主持人还常常将自己摆进节目中去，以个人的经历、生活习惯入理动情，如主持人王刚在《千年剑，乱我心》中介绍自己的收藏心得，《一个酒鬼的离奇死亡》中谈及个人的戒酒人生，并以此分析事理，解剖人情。由此不难见出栏目编导，尤其是节目主持人对新闻故事的生发、开掘能力非常出色。思想性是形成《王刚讲故事》与其他省级卫视新闻故事栏目水平落差的一个非常主要的因素。而有的新闻故事栏目面对曲折、离奇的新闻故事缺乏思想消化的能力，往往任由事实牵着编导的鼻子信马由缰而行。比如，河北电视台《天下故事会》栏目的《白发魔石》（2008年7月30日）讲述的是辽宁省有位奇石爱好者1987年去东南沿海出差，以1.8万元买了一块一侧长有茂密的白色线丝的石头，状如白发披挂半身。20年后，科学家对这块奇石之奇给出了科学的解释：置身于深海的石头为头盘虫所吸附；所谓的白色线丝不过是头盘虫的分泌物而已。在一番离奇故事的讲述之后，节目亦由主持人卒章点志结尾："遇奇石白发苍苍，怪现象人心惶惶。众专家献计献策，信科学破解真章。"如此评述缺乏对新闻故事的深入思考，任新闻的离奇牵着编导的摄像机自由自在，故客观上难免有以猎奇吸引受众眼球之嫌。

《王刚讲故事》栏目的情真意切深深地植根于其足下的黑土地。我国的东北地区地处高寒，那里的民风粗犷豪爽。但与自然环境的天寒地冻形成鲜明比照的，则是关东地区人与人之间的交往讲情重义，把形容俄罗斯民族的"糙汉的柔情"拿来比喻我国东北地区的民情也相当贴切，以赵本山小品《红高粱模特队》里的歌词来讲就是"火辣辣的心哪，火辣辣的情"。情真意切在我国的东北大地有着深厚的社会土壤。因此，栏目以情真意切为特点又成为一个地方文化符号传播的窗口。

情真意切办栏目具有强烈的现实意义。在市场经济大潮中，人们在逐利的同时往往遗漏了情；在收视率的压迫下，电视人在千方百计、绞尽脑汁的时候常常双眼紧盯"手段"而遗忘了情真意切，恨不能将手伸到受众的腋下让受众开怀大笑。然而，人心终是肉长的，人不能脱离情感生活，不能离开智慧引航。物以稀为贵，恰恰在不少电视人忽视真情、真理的同时，《王刚讲故事》栏目却将这个素朴而又颠扑不破的真理高举在手，以之为栏目的个性而铸就成功。比如，《母女情仇》中邓俊莹的惊世骇俗之举为什么能让我们感动？皆因市场经济大浪淘沙，男欢女爱往往串了味儿，婚姻、性、情感均与功利紧紧纠缠，地位、权力、金钱反倒成为催情的春药。而那种只计情感不计功利的梁祝式的男欢女爱则被时人笑谑或尊称为"古典爱情"（我国当代作家余华曾以之为自己在《北京文学》1988 年第 12 期上发表的一篇小说命名）。笔者虽无意一概否定功利与爱情之间的相互渗透，但唯有那种毫不利己、专门利人的爱情而今才不仅珍贵，而且有资格荣登爱情的高位。办栏目要情真意切，为不少人遗忘久矣。而这恰恰是辽宁卫视的《王刚讲故事》栏目能在众多故事类电视栏目中脱颖而出的重要原因。

三　活色生香：《王刚讲故事》栏目的形态修饰

相对于栏目内容，《王刚讲故事》在栏目的形态上更为打眼，原因就在于该栏目讲究栏目的形态修饰，且颇有板有眼，其表现可概之以活色生香。

《王刚讲故事》在栏目形态上颇讲求修饰。所谓形态，实指形式。所谓电视节目形态，指的是在电视传媒希望传播信息和电视观众乐意接收的信息中寻找的一种最能体现电视节目生产和创作规律的可复制的模板，[①]主要由符号、文体、结构与表现组成。《王刚讲故事》在栏目形态上可谓绚丽灿烂，有活色生香的华丽美，其"一样的故事，不一样的讲述"的口号正是其着意于栏目形态修饰的写照。《王刚讲故事》对栏目的形态修饰集中表现为主持人、视听并重与讲求叙事技巧。

一看主持人。美国的电视栏目偏爱以人命名，尤其是以主持人来为栏

---

① 孙宝国：《中国电视节目形态研究》，新华出版社，2005，第 3 页。

目立名。这种情况在我国内地并不多见，少量的以人命名的电视专栏也多以主持人而非艺人命名。而主持人之成名主要得益于所供职的电视媒体。《王刚讲故事》栏目则不是这样。王刚不是专职的电视新闻工作者，成名凭借的是早年在广播电台讲述虚构类的故事。王刚虽多才多艺，但讲故事却为其本行，最为拿手，故请王刚主持讲故事栏目则比他主持鉴宝节目更能游刃有余。因此，请王刚主持讲故事栏目则栏因人显，借主持人的知名度便于形成栏目的号召力。同时，聘请文艺界知名人士主持电视栏目并不为少，单田芳、侯耀华、笑林等演艺名人都曾主持并正在有关电视台主持或联合主持电视栏目。然而，这些栏目均未以艺人之名为栏目命名。相形之下，新闻故事一类的电视栏目颇多，不易识记，而辽宁卫视以艺人主持人之名命名，则使得栏目在众多故事栏目中形成万绿丛中一点红，易识好记，对于推广栏目也有不可忽视的作用。另外，王刚主持节目的大方、亲切、机智、幽默、口齿伶俐、长于表演与丰富的故事讲述经验，均为栏目增色不少，对于增强栏目的观赏性有着特别的作用。

二说视听并重。电视的"讲故事"一类栏目与曲艺的说唱、广播的小说连播有着密切的渊源。然而，电视上"讲故事"不同于舞台上表演故事与广播中讲故事。若缺乏必要的警惕，讲故事的电视栏目则易流于舞台的人际传播与广播的重听重说。比如，两相比较，则不难发现河北卫视《天下故事会》的节目要比辽宁卫视的《王刚讲故事》节目呆板。论讲述功底与表演技能，前者的节目主持人单田芳并不输给王刚，而《天下故事会》栏目在观赏性上弱于《王刚讲故事》的一个重要原因是《天下故事会》拖着一条浓重的广播剧栏目的阴影，以至于栏目的节目视听失调，听重视轻。这显然有碍电视传播的内在规律。相形之下，《王刚讲故事》则不是这样。该栏目视听并重，声画俱佳，其具体表现是：①视听交叉，多声画对位；②说议画叙，夹叙夹议；③影视手段丰富，除了深入采访、精心选取新闻故事、背景材料等影视素材之外，还大量调用当事人出镜、视窗、画中画、三维动画、关键词的文字提要等手段。

三看叙事技巧。《王刚讲故事》栏目在新闻故事的讲述上有两点颇为讲究：一是故事讲述的切入点；二是叙事的修辞手法，这主要集中在预叙与设问上。

第一，讲究故事讲述的切入点。俗话说得好，"万事开头难"。而一个新闻故事事涉多头，起笔不同则自会带来故事的意蕴、巧拙大异。俄国文豪高尔基说："最难的是开始，就是第一句话，如同在音乐上一样，全曲的音调都是它给予的，平常得好久去寻找它。"以《母女情仇》为例，节目应自何处开头？摆在编导面前的线索颇多：可由邓俊莹初识侯俊宇处起笔；可由侯俊宇在医院检查发现患有尿毒症处写起；可自邓俊莹与侯俊宇在民政部门结婚登记处开头；也可以由邓俊莹爬上捐肾的手术台处开笔。然而，《母女情仇》放弃了这些线索，而以邓母李玉英在得知女儿捐肾之后赶到山东烟台一见面就打女儿处开头。如此开笔颇多思量：①邓俊莹与侯俊宇的爱情故事直到俩人结婚为筹手术费而引来当地媒体关注才得以广泛传播。辽宁卫视获取新闻线索当在此之后。这样一来，栏目则难以通过采访获取邓、侯二人婚前的影像资料。而缺乏丰富的影视素材势必影响节目视听并作的故事讲述。②相比于其他几处开笔线索，《母女情仇》最终选定的开笔线索因母女难以化解的矛盾使节目既充满戏剧冲突，便于生发波澜，又让故事有了内在张力的生成基础。冲突、斗争易于生长戏剧性，有助于节目告别平淡无奇，有助于提升节目的观赏性。

第二，讲求叙事修辞。这主要表现在栏目对预叙、设问的大量运用上。预叙将后面才发生的情节有选择地在前面适当披露，有助于形成悬念，生发波澜。设问同样如此。文似看山不喜平，《王刚讲故事》栏目的每一设问，则聚集了受众的注意力，既形成了节目的层次分明、环环相扣，又造成矛盾波澜的此起彼伏，层层推进。《母女情仇》一开始就由一个又一个的设问构成：

> 画面上这对撕扯的人是什么关系呀？
>
> 告诉您吧，母女俩！亲母女俩呀！您都看见了吧？当妈的狠狠地掐着女儿的脸，女儿脸上的抓痕清晰可见。……
>
> 您看，好不容易见着了，这当妈的不但没有嘘寒问暖，反而恶语相向，甚至憋足了劲儿掐女儿的脸，出手还那么狠！这是因为啥呀？……
>
> 对了，还忘记了，这个女儿啊，刚刚做了一个大手术，身体还相

当虚弱。可人家当妈的可不管这个。她心里话了，哼，你要不做这个手术我还不至于这么生气呢！

那女儿究竟做的什么手术呢？告诉你吧，她把自己的肾捐了！而且是瞒着母亲干的！

设问，给出谜底，然后再设问再解疑，《王刚讲故事》的节目就是这样以一个又一个的设问、解疑，设置悬念，环环相扣，推动故事不断前行，而广大受众也在一个又一个的谜团的设置与解疑中被深深吸引，不忍离开。相形之下，有的故事类电视栏目也注意使用设问技巧，但往往仅偶尔采用，而没有建构前呼后连、环环相扣的设问群。显而易见，即便是预叙、设问方法的具体运用，心思的粗细也会在叙事的效果上带来天差地别。

四　《王刚讲故事》栏目的成长空间

作为一档省级卫视栏目，《王刚讲故事》事实真实、鲜活，故事新颖、曲折，重人情世态，讲人生智慧，格调雅正端肃，形式活泼繁丽，深为广大受众，尤其是中老年受众所喜闻乐见，颇不易得。不过，计之以地方卫视发展中的普遍性与栏目的特殊性，《王刚讲故事》也还是存在再上层楼的发展空间。笔者择要仅及两点。

第一，取事看物的全面、动态与辩证。看待新闻事实唯有全面而不是片面，动态而不是静止，辩证而不是孤立，才有助于减少失误，增强栏目、节目的内容含金量。就此而论，《王刚讲故事》还是存在一定缺憾的。比如，《母女情仇》没有介绍侯俊宇面对邓俊莹家中的反对是否有过婉拒邓俊莹的举动，也没有介绍侯的家人是否有过为侯俊宇捐肾的打算。而这些内容的缺失，客观上则显出了侯俊宇的自私与侯家的冷漠。如果邓俊莹嫁给一个自私的男人，面对一个冷漠的婆家，她能有真正的幸福吗？她所全心全意投入的爱情还能够以感情为核心吗？相比于男性，女性更偏重于感性，为爱人而不顾一切的真实故事更多地发生在女性身上，况且爱情并不会停滞不前，因此，无论从保护邓俊莹的正当利益，还是从维护情感的纯洁、社会公正考虑，节目孤立地肯定邓俊莹的捐肾举动都难免现出绝对、片面的倾向。因而，交代侯俊宇接受邓俊莹的捐肾是否有过犹疑，交代侯家是否有人要主动为侯俊宇捐肾，就不是可有可无的闲笔。有时，少了一块砖头，是会造成整栋楼房的倾斜甚至坍塌的。《X光片下的秘密》也有类似的缺憾。罗翠芬可以也有必要原谅自己亲人当年的暗下毒手，但这种原谅是有条件的。对于重男轻女的封建主义思想，我们不可以原谅。正是重男轻女的封建主义思想导致人性泯灭。它是悲剧生发的根源，也与时代格格不入。因此，节目对重男轻女的思想未置一词就强调宽容，也难免愚蠢甚至是非不辨之瑕疵，无助于消除重男轻女的错误思想。这种看待问题的片面、静止、孤立显然与栏目采编人员的理性不足有关。因此，栏目的采编人员还需要多读书，多思考，善于理论联系实际。

第二，新闻栏目的设置问题。检视地方卫视，有一个现象令人不无担忧，这就是在信息传播上偏重于软信息，而硬信息严重不足。就新闻信息而论，唯有那些事关国计民生的时事、经济与文化结构建毁的信息才属于硬信息。显而易见，电视媒体过分关注"风月"而远离"风云"则容易导致自身滑向边缘化。离开了硬新闻，则不会有主流媒体。而省级卫视中大量的讲故事栏目所传播的信息基本上是与硬新闻无缘的。因此，建设以硬新闻为核心诉求的电视栏目，已经成为省级卫视彰显主流媒体本色，勇担社会责任的迫切要求。对于地方卫视硬新闻编辑空间的建设，有三点值得注意：其一，不可将活泼与油滑混为一谈。辽宁卫视中午12时的《说天下》栏目在报道重要新闻时调侃、戏谑，这与硬新闻的内蕴发生冲突，并演变为对硬新闻的亵渎。同时，该栏目所起用的男女主持人过于年轻，女主持人仅20多岁，男主持人也大不了多少。两位主持人在报道硬新闻时，时而戏仿使用天津等外地方言，时而插科打诨，也与硬新闻很难匹配。其二，硬新闻编辑空间的建设宜步步为营，稳健推进。地方电视台主客观局限不少，人力资源有限，故宜以立栏为起点，积累经验，积累声望，积累人脉。大树不是一天可以长成的。其三，注意开辟真正的主流新闻空间，直接承担本省喉舌任务的硬新闻仅仅是主流新闻的一小部分。

本文完成于2008年，发表于《中国电视》2009年第1期

《人间》：新闻故事栏目的
质量和节目形态

新闻故事栏目现已成为我国电视业的竞争与生发社会影响力的重要领域。而如何办好新闻故事类电视栏目，不独事关内容，还关系着形态，关系到内容与形态之间的互动。电视栏目的节目形态处理失当，内容与形态之间生隙，同样会生出麻烦，严重制约电视新闻故事栏目的运作与成长，成为影响栏目质量并进而影响栏目生存、发展的负面因素。江苏卫视的《人间》栏目恰恰在这方面存在典型的瑕疵。因此，运用新闻传播学的有关原理、研究方法，通过对《人间》进行个案剖析，探求新闻故事栏目编辑工作的基本规律、重要方法，既改进《人间》本身的编辑工作，又举一反三，为如何办好我国新闻故事类电视栏目提供积极而切实有效的镜鉴，就成为本文的撰写初衷。

一 当前新闻故事类电视栏目的竞争态势
与《人间》栏目的追求

新闻故事类栏目现已成为我国电视界，尤其是各家上星卫视频道在全国范围内用以提升频道收视率、强化频道影响力的重要利器之一。这些新闻故事栏目，以集中在社会伦理、法律题材的软新闻信息而不是硬新闻信息为主，有的成功，有的甚至说不上成功。河北电视台有《天下故事会》栏目；湖北电视台推出《故事中国》栏目；江西卫视的《传奇故事》栏目早在 2005 年即荣获第 16 届全国新闻奖的"新闻名专栏"奖；重庆卫视的《拍案说法》栏目在 2007 年 5 月改版时，按时任电视台总裁的指示，"摒弃嘉宾演播室说法形态，拓宽题材领域，完全走讲故事的道路"。《真相》是贵州卫视 2010 年重点推介的栏目。四川卫视则于 2005 年 8 月初次改版，"整个频道的全新定位就是讲天下故事"。清理了一些与"故事"定位无关的栏目；① 2007 年再进一步将定位明确为讲"中国故事"，元旦开始推出"天下故事"栏目带：有真情故事（《真情人生》）、法制故事（《司法档案》）、安全故事（《一级设防》）、传奇故事（《魅力发现》）、婚姻故事（《新婚碰碰碰》）、明星故事（《星随我动》）。这些栏目收视排名稳步增长，2007 年多居省级卫视同时段的前五名。这说明，"新闻故事"之于电视媒体具有一定的开发价值，但该领域市场容纳量终究有限，同类电视栏目在市场压力与社会效益的双重驱动下重新洗牌是难以避免的，故相关频道恐需虑之以长远。

那么，从编辑工作看，新闻故事类的电视栏目如何进行才能够顺利生存、健康发展？怎样方可人无我有、人有我优呢？对此，"内容为王"往往被业界视为应对的基本战略之一。2003 年，《北京青年报》总编辑张雅宾说："什么叫信息产业？信息产业无非就是内容产业。""传媒集团的核心实际上就是在内容提供商这样的一个总的定位。"如果泛泛而论，秉持"内容为王"战略自无错误；但若具体情况具体分析，事情又会变得复杂起来。从实际情况看，电视编辑工作若孤立地强调"内容为王"，忽视电视节目形态，未能妥善处理内容与形态之间的关系则难免产生纠缠，反而会对栏目的生存与发展造成不必要的牵制。江苏卫视《人间》栏目在处理内容与形态之间关系上的缺陷恰恰说明了这个道理。

综观整个栏目，江苏卫视《人间》栏目的内容与形态均不稀奇，稀奇的仅仅是栏目的内容与形态的对接。所谓内容，是现实生活在大众传媒中的反映，主要由思想、材料组成。而形态，即形式的别样称呼，是信息内容的媒介时空的外在表现。用"形态"取代"形式"有三个原因。一是形式、内容的提法容易割裂内容与形式的有机融合，故亦可代之为"形态"

---

① 卓宏勇、曹亚宁：《省级卫视：有特色就能"吃香喝辣"》，《中国新闻出版报》2005年10月18日，第8版。

与"意蕴"。① 二是形态与形式分属于信息制造的不同领域。两相比较，形式适用于稿件的采写活动，属于文章内容的外在表现，而形态则适用于大众传媒的编辑活动，属于传媒内容的外在表现。三是电视的符号为四维，而"形式"忽视形式的造型性，"形态"一词相形之下能够更为恰当而充分地传达大众传媒，尤其是影视传媒的视听符号化特征。而所谓电视节目形态，属于大众传媒媒体形态的有机组成部分，指的是在电视传媒希望传播信息和电视观众乐意接收的信息中寻找的一种最能体现电视节目生产和创作规律的可复制的模板。② 《人间》栏目是江苏卫视于 2007 年 3 月 5 日开辟的一档全新的情感类谈话节目，周一至周五播出，时长 60 分钟。③ 按照媒体规划，该栏目以"呈现正在发生的事件"为主要定位，讲述"正在发生的事件，共同经历的情感"，着力以人文的视角和与人为善的态度，去观察和表现种种化解矛盾的努力，并承担起媒体的社会责任，精心推动每一个事件趋向和谐的结果。它着力讲述散落在尘缘人世的故事，并深入挖掘故事背后的真善美。显然，这是一个以社会新闻为集中诉求的人际情感类电视栏目，内容和纸媒的《知音》杂志、电视的《王刚讲故事》栏目大同小异。不过，较之同类栏目如央视的《道德观察》、辽宁卫视的《王刚讲故事》、江西卫视的《传奇故事》，《人间》有一个突出的特点，即节目形态的不一般。这就是请有关新闻当事人在电视台演播现场"现身说法"，即所谓谈话，尤其是现场谈话。总体看，《人间》较之《王刚讲故事》等节目的不一般并无突出的不凡，不过在于将社会新闻的内容信息与谈话的节目形态予以对接。不过，该栏目这样一来反而和重庆卫视《拍案说法》栏目 2007 年之前的旧版差不多了。

二 《人间》：栏目形态与栏目内容的根本冲突

对于江苏卫视在新闻故事类栏目上的这一编辑举措或"点子"，即将

① 朱辉军：《电影形态学》，中国电影出版社，1994，第 271 页。
② 孙宝国：《中国电视节目形态研究》，新华出版社，2005，第 3 页。
③ 朱虹等主编《中国电视名牌栏目》，红旗出版社，2010，第 193 页。

社会新闻的内容信息与谈话的节目形态予以对接，我们应该如何认识呢？根据总的判断，笔者是不大看好这一举措的效果的。

栏目的设计应尊重大众传播规律，内容与形态并重。从栏目的实际看，相形之下，《人间》栏目因为介质差异既易和《知音》杂志相区隔，又因介质的相同而不容易和同为电视栏目的《王刚讲故事》相区别。因此，《人间》栏目力图通过节目形态的差异来建构栏目个性，形成同类栏目间的区隔，并进而打造独特的竞争力自然无可厚非。然而，作为形式范畴，栏目在节目形态设计上还应该服从一个编辑工作原则，即内容与形态并重的同时，节目形态又要与栏目的内容信息相适应，即编辑主体在恪守内容第一、形态第二的原则基础上来处置栏目的节目形态。从这样一个传媒编辑工作原则出发，《人间》请新闻当事人，尤其是社会新闻的当事人在电视台演播场所"现身说法"的节目形态安排，就有值得推敲的改进空间。

对于社会新闻这一类软新闻，采取当事人在电视台演播现场现身说法这样的电视节目形态，需要斟酌如下问题。一是新闻事实的性质。具体讲，应考虑：新闻事实是具有相对圆满，起码也较为平和的性质，还是所蕴含的矛盾达到不可调和的程度？二是当事人关于隐私的态度。具体讲，应考虑：新闻当事人是否忌惮将个人隐私公之于众？如果忌惮，栏目应该如何应对？如果不忌惮，有关隐私是否就一定可以公之于众？是否会触碰新闻职业道德的有关标准？三是媒体对新闻事实的作用。具体讲，应考虑：电视镜头、电视媒体的影像是否会对新闻事实及其施动、受动产生干扰？这种干扰是否会影响新闻事实的走向？这样的干扰是否合适？面对镜头，有关当事人是否会作秀？栏目应如何避免电视镜头、电视媒体的影像对新闻事实的不当干扰，或怎样才能化消极为积极？

从栏目诞生以来的4年多的运行情况看，《人间》问世初期存在较为严重的干扰问题；2010年后情况虽大有好转，但干扰新闻事实这一问题仍未被根治。这集中表现为以下几点。

一是所选取的新闻事实与栏目存在不可调和的矛盾，而这样的栏目内在矛盾主要表现为内容与形态之间尚难以和谐相处。依据栏目设计，《人间》初期节目几乎一律请有关矛盾的当事人进入电视演播室"现身说法"。不过，当事人各方，尤其处于矛盾对立的双方来到演播厅现场却经常争吵，有时争吵得还颇严重，场面很有些难堪。这些不雅的电视镜头，在社会示范上趋向非良性。而其值得反省的社会传播效果，往往在于栏目所选取的社会新闻趋向负面，信息内部具有难以调和的矛盾，并因而规定着选题的内容性质走向。《人间》2010 年 9 月 30 日播出的《58 岁怀孕的儿媳》足以说明这一点。该期节目所报道的新闻发生在四川省邛崃市：38 岁的陈家文爱上了大自己 20 岁并比自己母亲还大 3 岁的庄琼文。陈家文的父母，尤其是母亲杨发莲在坚决反对效果不好的情况下出了一道难题，即庄琼文如果能够给自己生孙子孙女就同意双方结婚。按照自然规律，58 岁的庄琼文此时已经丧失生育能力，故在与陈家文登记结婚后和丈夫决定悄悄领养孩子，并伪装经试管婴儿手术有孕在身。在未孕这一真相被揭穿后，庄琼文离开陈家文并提出离婚。不过，鉴于儿子陈家文异常痛苦，非要和庄琼文共同生活，做母亲的杨发莲最后在电视台演播厅内只好无奈地同意儿子和庄琼文继续做夫妻。在这一社会新闻中，陈家文、庄琼文夫妇和父母尤其是母亲杨发莲之间是存在难以调和的矛盾的，这就是陈家文、庄琼文夫妇的婚姻生活和父母尤其是母亲期盼孙辈等要求之间发生了难以调和的冲突：陈家文、庄琼文夫妇和父母尤其是母亲杨发莲之间，总有一方会受到伤害。那么，这个矛盾会因为当事人各方离开演播厅而真正结束吗？当然不会，心结各自依旧。自然，这样的矛盾属于二律背反，即当事双方的各方既均正当，两种正当之间所发生的冲突又难以调和。因此，《人间》栏目关于陈家文、庄琼文的结合是"冲破世俗的婚姻"的表述就值得斟酌。栏目以为陈家文、庄琼文的婚姻冲破"世俗"，势必否定了母亲杨发莲的以期盼孙辈为中心的要求。那么，母亲杨发莲期望有孙子错了吗？当然不是。希望儿子老有所养是任何一位像杨发莲一样的母亲的正当要求，而陈家文、庄琼文的婚姻并未因合理合法而对自己的亲人完全无伤。从演播厅现场母亲杨发莲愁苦的面容、儿媳庄琼文手足无措的尴尬看，当事双方在电视台演播厅内"现身说法"的大众传播对当事人所造成的伤害，要远大于演播厅之外对新闻当事各方的采访。其中的推波助澜者甚至罪魁祸首显然不能缺少栏目形态设计，即关于新闻当事人在电视台演播现场"现身说法"的处理。然而，对电视台演播厅内"现身说法"的可能影响，尚难见出媒体向受访各方，尤其是来自农村的杨发莲、陈家文母子已充分告知。2009 年修订的《中国新闻工作者职业道德准则》第 6 条规定："维护采访报道对象的合法权益，尊重采访报道对象的正当要求，不揭个人隐私，不诽谤他人；维护未成年人、妇女、老年人和残疾人等特殊人群的合法权益，注意保护其身心健康。"以此衡之，《人间》栏目让新闻当事人在电视台演播厅内"现身说法"的做法，在一定意义上是有违新闻工作者职业道德的。

二是栏目形态对新闻事实的有关当事人存在负面影响。在《人间》的节目中，面对演播厅现场和电视镜头，身陷矛盾旋涡的部分当事人的相互和解、动情缺乏扎实的社会基础，常常是临时因素在起作用。2010 年 3 月 4 日播出的《龙凤胎奇缘》可谓代表。该节目报道的是发生在江苏省张家港市的一件稀奇事：从河南省来张家港市打工的小伙子小马抛弃恋人小袁的同时，恋上了来自四川省的女孩儿胡双双。小袁经过调查认为小马和胡双双是双胞胎的姐弟而坚决反对两人结合。在电视台演播厅现场，胡双双揭明真相。胡双双一奶同胞的弟弟（伟伟）4 岁被拐，全家人为此一直苦苦寻找。当小马成为一个大小伙子之后，胡双双经过包括到小马河南省养父母家里的一系列调查，发现小马正是自己的同胞弟弟。考虑弟弟养父母的感受，胡双双决定春节过后再揭明真相。然而，面对亲热地对待自己的亲姐姐，蒙在鼓里的小马却出现了情感变化。在胡双双揭明事实真相后，小马家境殷实的姑姑也出现在电视台的演播厅现场，并要求小马必须善待小袁。在演播厅现场，早已出现严重情感隔阂的小袁、小马却相互拥抱，似乎和好如初。然而，事实果真如此吗？演播厅现场和亲人重聚欢庆刚刚结束，小马就收到了小袁的短信：一祝小马幸福，二明示分手，双方不再往来。显然，小袁在电视演播厅现场和小马的拥抱并非心甘情愿。小马和小袁之间的心结，因为演播厅及其镜头的干预而遭遇了一次短暂的遮饰。实际上，演播厅现场和电视镜头并不能彻底解决矛盾，处理不当还会有违新闻真实性原则。在电视台的演播厅现场，当事人的动情话和相拥大哭，有的是来自真心，但也有的仅源自一时激动，有的甚至由于顾及自身的电视媒体形象而将演播厅当作自己的表演舞台，说些表面动情的话，弄些表面动情的动作。其典型例子是"凤姐"做客《人间》栏目时的造假。据赵晓峰报道，在某电视栏目录制现场被问到江苏卫视《人间》两位男友是否造假时，"凤姐"明示造假："的确，他们都是聘请的群众演员，聘请的时间为一个星期。""他们说叫我去做一档节目，说会找几个人配合我，反正好玩啦，免费给我介绍一帅一丑两个男朋友，我当然笑纳了。"① 电视演播厅下有关当事人会说些动情话，甚至相互抱头痛哭，下台后常会反悔，我们对此还真不能总当真。

三是电视镜头有侵犯个人隐私之嫌。《人间》2010 年 11 月 23 日播出的《千万富姐夺子记》就存在这样的问题。该期节目报道了一件发生在江苏省苏州市的真实故事：34 岁的苏州女老板蒋治凤婚后 7 年一直和在上海工作的丈夫孙明昌过着周末夫妻的生活，长期的感情不和最后导致夫家派人在 2010 年 11 月 2 日悄然从蒋治凤处抢走 5 岁的男孩。对于这一家庭纠纷，蒋治凤及其父母求助于电视台，并自愿现身《人间》栏目，在演播厅内将男方孙明昌数落得一无是处。按照平衡原则等新闻制作要求，《人间》栏目在采访孙明昌无着后，则直奔孙明昌的老家江苏省阜宁，在未经当事人同意的情况下疑似暗访了孙明昌的姐姐，并将这样的采访片段通过电视媒体公之于众。那么，电视台是否有权利未经当事人允许强行采访并将之公开传播呢？答案是否定的。像《千万富姐夺子记》一类社会新闻所涉及的仅为个人的私生活，而并未触动公共权力和公共利益，因此，孙明昌及其家人有权利拒绝将个人隐私公之于众，大众传媒是没有权利在未经当事人允许的情况下将无关公共利益的公民隐私公之于众，并导致这样的公民隐私成为大众文化消费的对象与媒体提升收视率的手段的。相形之下，栏目主持人指责孙明昌"逃避"并要求其"站出来"公开回应实际是欠妥的。当然，《人间》栏目对个人隐私的不当侵犯不限于电视台的演播厅，演播厅现场当事人"现身说法"的电视节目形态却诱导、加剧了这种侵害。

三 《人间》：新闻故事类电视栏目的主要形态对策

《人间》栏目如上缺陷说明，作为社会新闻的电视化，新闻故事栏目

---

① 《凤姐爆〈人间〉作假 承认"凤姐夫"是节目的托》，《齐鲁晚报》2010 年 5 月 22 日。

在处理节目形态、内容与形态之间的互动上须格外谨慎。其主要对策有积极与消极两大类。

消极的对策是简单的，这就是回到"讲述"形态。在采取"讲述"形态上，栏目还是可以多样化的：第一，就讲述主体数量，可一人独述，可二人对述，亦可多人群述。第二，就讲述主体身份，可由台内人讲述，亦可由台外人讲述；既可由专业的主持人讲述，又可由非专业的新闻工作者或艺人讲述，亦可兼而有之。第三，就讲述场合，可在演播厅内，可在户外，可在受访人处，可在新闻现场，亦可兼而有之。

积极的对策相对复杂。总体看，若面对将社会新闻的内容信息与谈话的节目形态予以对接而采取积极应对举措，须对节目的性质与范围进行限制。其具体应对举措则主要有三：第一，所选取的新闻事实以具有相对圆满，起码也是较为平和的信息性质为宜。第二，涉及故事当事人的隐私应在向受访者告知可能的损害并获取同意的前提下公开传播。第三，努力减少电视台演播厅对新闻事实真相浮现的干扰，用之须适可而止。或许正是《人间》栏目形态与栏目内容信息之间的冲突，近年来该栏目不仅安排节目末尾由专家评析、开导的节目形态，而且2010年的有关节目中对电视台演播厅当事人"现身说法"这一栏目形态还大加节制，甚至采取了隐形使用的方式。比如，《人间》2010年11月8日播出的《不该发生的毁容悲剧》对2010年8月2日发生在四川省成都市的一起丈夫聘兄彭小军用硫酸损毁自己妻子小梅容颜一事进行报道时，对曾经做客电视演播厅的毁容幕后真凶彭永红的母亲、岳母影像均播放很少，且采取了黑白片的样式。

本文完成于2011年

《有奖有法》：一个贴近民生、
绚烂多姿的法律信息沟通平台

湖北卫视《有奖有法》栏目自 2008 年 12 月 4 日正式开播以来，受众反映较好，已经获得全国 20 多个省份观众的好评或收到有关法律咨询的来信来电。《有奖有法》已成为一个贴近民生、绚烂多姿的法律信息的沟通平台。

一 传播什么：贴近民生大旗高张

《有奖有法》栏目在内容信息传播上的突出优势是贴近民生。《有奖有法》在内容传播上有三大特点。第一，以传播知识，具体讲是传播法律常识为核心，用栏目主持人在节目录制现场强调的话就是"普法"。这有助于增加电视传媒的教养性，维护电视传播的信息平衡。目前，我国的广播有信息生态失衡之虞：有一次，笔者 22 时坐在汽车内打开调频广播想听一段新闻或知识类的节目很难，能够接收得到的大多是关于药品使用、两性情感困惑的节目或音乐节目。无论为了满足受众多样化的需求，还是从我国传媒所肩负的为西方传媒所不具备的宣传任务考虑，电视传媒都应该对娱乐信息在银屏上的无限扩张予以必要的节制。湖北电视台与湖北省司法厅等社会管理机构合作推出《有奖有法》栏目，是媒体落实依法治国国策的具体举措与自觉践行喉舌功能的一种表现，有助于公民素养的全面建设，也有益于栏目信息传播的科学、规范。

第二，以传播民众日常生活的实用信息为重点。法律所关涉的生活范围非常广阔，《有奖有法》以民法内容为主，对举凡婚恋、求职、遗产继承等百姓日常生活中的知法、用法无不钟情。栏目信息传播的焦点是法律与民众的日常生活。《有奖有法》着力于以法律信息服务的方式来惠及百姓，并因这种服务的准确、有针对性而使这种惠及稳健、实在。这是该栏目贴近民生的真谛所在。那么，我们应该如何看待媒体对包括法律在内的民生信息的特别关注呢？社会主义计划经济与社会主义市场经济对信息传播的要求是不一样的。在计划经济中，媒体仅仅是党和政府的职能管理机构，着力于面向党政机构的社会管理工作服务，故"规定动作"当头，信息传播也被严格计划。市场经济的兴起打破了党和政府包办一切的局面，现实中的微观、细节大多要交给市场这只"看不见的手"自动调节，民间与个体从既往的束缚中被解放出来。社会转型对媒体提出了新要求，我国媒体也开始分化为两大类：一是传统型，仍以面向党政机关服务为主，属于高端媒体；另一类则转而为非管理者的民众服务。纸媒中的都市报、新型期刊（如《三联生活周刊》）的涌现如此，电视中生长出来的娱乐类、实用类栏目也是这样。市场经济要求媒体走信息传播的多样化之路，在传播工作信息、管理信息之外还要多传播与民众的工作、生活密切相关的民生资讯。而所谓民生信息着力于衣食住行、吃喝玩乐、教育医疗与精神休闲。娱乐性、实用性与精神涵养构成民生信息的三大主力军。按照美国心理学家马斯洛的需要层次理论，民生信息对受众需求的满足从高到低可分为三个层次：低层次信息意在满足人生理需要的衣食住行，如昨日食盐每 500 克涨了 3 分钱，今天城市某公交线路调整了运行线路。高层次的民生信息以落实爱的需要、尊重的需要与自我实现的精神生活需要为中心，如影讯、书评、理论争鸣。中间层次的民生信息则以满足安全需要为主，如着重于介绍强制性社会行为规范的法律。显然，湖北卫视的《有奖有法》栏目大体属于一个以传播中间层次的民生信息为中心的电视栏目。那么，民生信息的高中低之间有贵贱之别吗？答案是否定的。这三类民生信息俱为民众所不可或缺，也不应缺失。因此，《有奖有法》并不仅仅只有普法与引导，它还有实用、服务功能并因而实现服务与引导之间的有机结合。

　　第三，丰富银屏，维护信息传播的平衡。多年来，我国电视的法律类节目大体可分为三类：一是篇幅中短的新闻资讯，二是大案、要案的报道、讨论，三是法律知识的传播。不过，从电视信息的传播密度看，上述三类信息并不均衡：关于大案、要案的信息一枝独秀，而有关法律知识的节目则颇为少见。这样一来，法律类的电视节目就不那么让人放心：不仅在收视率的驱使下容易出现追求猎奇、暴力、情色的感官刺激趋向，出现对犯罪手段、破案技巧的不慎泄密，而且干扰法律生活影像电视传播的全面、真实，有碍法律电视信息场的平衡建构，难以满足广大受众对法律资讯的全面需求与落实人民群众的根本利益。显而易见，《有奖有法》栏目之于银屏法律类信息生态安全的建构有着一份独特的功用。

二 如何传播：绚烂多姿丛中笑

相比于传播什么，《有奖有法》栏目在如何传播上则特别打眼。这种如何传播的特别表现主要体现为栏目形态的绚烂多姿。

《有奖有法》栏目节目形态的绚烂多姿在我国或许称得上独家。据了解，截至 2009 年 2 月 10 日，我国法律类的游戏电视栏目只有《有奖有法》一家。在中国，以法律类信息为核心的电视栏目远不止一家，但就节目形态的华丽计，笔者尚未发现有超越《有奖有法》者。

首先，《有奖有法》的节目形态是绚烂的。第一，栏目所采用的游戏形式丰富而变化多端。《有奖有法》的元素颇多。在人的元素上，栏目除了主持人之外，还设计了现场选手、百姓评论员、场外参与调查的 100 位观众与担任评判的律师专家。在空间元素上，有游戏现场与游戏现场之外的参与空间。在话语元素上，有以探讨、辩论为主的议论话语，以解释、介绍为主的说明话语与以栏目剧为代表的叙事话语。在心理元素上，娱乐、学习与激励并存。在行为元素上，选择、辩论、修改、奖励，二人当面对决与答对有奖、答错离场，千姿百态。在符号元素上，除听觉外，视觉则注意添加字幕、文字提要、答题板、计分器，等等。《有奖有法》栏目的要素多样，稳定中有变化，规范中含即兴。该栏目流程多样、多变。故事一与故事二的"约法三章"流程是：选择—讨论—修改—答对有奖、答错离场；最后环节"终极闯关"则只有选择、争辩而没有实验性的修改答案元素。栏目的参与者同样多样，富于变化。答题人员、评论人员、评判人员与调节人员，各司其职。而答题人员来自各行各业，栏目的评判人员也是五花八门，身份各异：有演艺人员、专家、干部、教师、媒体工作者，也有商人、学生、赋闲在家的市民；有中国人，也有外国人。他们或一场一变，或稳定中有调换。与这样的多变相比，栏目的评判人员、主持人则很少变化。这就使栏目在变与不变之间保持了一定的张力。第二，栏目所采取的节目形态完整。从节目形态的完整看，栏目的节目流程完整。整个节目采取三段式，共分三节。三大环节有繁有简，有轻有重，层次清晰，节奏分明，既讲求波澜起伏，又追求逐层推进，高潮殿后，收束戛然而止，豹尾般简短有力。同时，栏目的游戏参与者与游戏链条也是完整的。每节内分为设谜、猜谜与破谜：出题目，设疑问，有悬念，吊胃口；有讨论，有争锋，可参考，给二次机会，激发兴趣，调动参与，培育过程紧张；有解惑，当下公布答案，恍然大悟，领会法律知识，指导今后如何守法、用法。第三，节目互动性突出。这种互动性不单表现为场内主持人、评论员与现场众多选手之间在演播厅内的现场互动，而且还体现在场内选手与场外被调查参与者之间的互动，表现为通过热线电话、手机短信、书信等的栏目内外之间的互动，帮助场外更多的公众知法、懂法、守法与用法，极大地拓展了节目的传播空间，推动节目向信息海量方向发展。

其次，《有奖有法》栏目的节目形态较为得体。所谓得体，指的是栏目的节目形态与栏目的内容、定位、受众、媒体等的特点与需求相一致，而不是不顾一切地单独冒进，我行我素，不讲配合。《有奖有法》的得体主要表现为两处：一是为内容服务。该栏目是一档集中为民众日常生活服务的普法类栏目。这就要求节目形态必须充分尊重栏目的庶民特性，便于目标受众收看。《有奖有法》节目形态的绚烂多姿有助于集聚以普通民众为主体的受众的眼球。二是为媒体的媒介个性服务。与纸媒、电影不同，电视不仅视听并作，而且飞入千家万户的客厅、起居室，因此忽视电视便于娱乐的天然优势则无助于电视的有效传播。《有奖有法》将专业性的法律知识与娱乐性的游戏节目形态有机结合，有益于化解法律信息传播中不易避免的抽象感以及由此产生的接受的枯燥感，从而推动引导与接受水乳交融。

三 栏目的可调整空间

由于人力资源等主客观因素的限制，省级卫视新创栏目较易出现一定的缺陷。《有奖有法》栏目同样存在无碍大局的可调整空间。该栏目的可调整空间主要集中在百姓评论员与法律案例上。

1. 先看百姓评论员

第一，从越省传播角度看，个别百姓评论员的言谈举止与称谓易给受众留下不那么文明的印象。这主要有三种表现：一是个别百姓评论员争辩时不仅嗓门过高，而且强词夺理，声嘶力竭，咄咄逼人，形同吵架，缺少充分尊重事实、尊重事理的争辩意识。为辩而辩，有碍实事求是的落实。二是个别百姓评论员举止有欠礼貌，存在伸臂近指对方面部的情况。这一点常出现在两位百姓评论员李海春、蒋诗云，尤其是又名"四姨妈"的蒋诗云的身上。2009年1月21日首播的《有奖有法》中，男辩手辩论中还一再以手指女辩手的面部。三是个别百姓评论员的绰号值得斟酌。如李海春被称作"灭绝师太"，这不仅不能为大家所熟知（对该词的确切含义，笔者不知晓），而且还会让人望文生义，留下不雅印象。省级卫视的传播信号因为上星而不再限于本省，地域文化乃至民族文化之间的差异也颇易生发误读。2009年1月21日，笔者在北方某省收看《有奖有法》节目时，当时身旁有受众曾因节目内的个别百姓评论员的言谈举止而对《有奖有法》有了相当负面的评价。省级卫视是一省面向全国塑造本省形象的重要传媒渠道，故经营省级卫视的编导人员当有超越一省的全国办栏目意识。

第二，选择外国友人担任百姓评论员有需要推敲之处。《有奖有法》经常安排一位以留学生为主体的外国友人做节目的百姓评论员。适当吸收外国友人参与电视节目有助于栏目视野的开放，丰富资讯，增加往来，促进我国公民法律意识的进步。但是，只选白种人现身《有奖有法》栏目则问题不小：一是中外国情不一，各自法律不同在所难免，若不加分辨，则易因法律体系的差异而孤立地判定孰优孰劣。二是亚裔、非洲裔外国友人在《有奖有法》中的缺席，不仅不能体现我国同世界各国人民发展友谊的外交政策，而且容易在有意无意间传递种族歧视观念，甚至民族虚无主义的信号。萝卜白菜，各有所爱，审美具有强烈的主观性。那种以为白种人要比包括中国人在内的黄种人、黑种人漂亮的审美判断，实际上折射着曾经盛行过的数百年殖民主义的阴影。在全球化与西方文化对我猛烈冲击的今天，我们对此当格外警惕。近年来，外国友人在我国内地银屏上穿梭往来有无减有增的发展趋势。其实，这种对外国友人在我国电视传媒上的过度放大，既是与改革开放相悖的民族文化不自信的外化，又是一种对他人不友好、不尊重的无形流露。当外国友人在放大中成为被看的"他者"与供我们娱乐的"异端"，平等沟通也就离我们越来越远。三是无助于一个较为全面的法治生活镜像的建构。电视传播对广大发展中国家信息的漠视既片面，又容易在有意无意间遮蔽我国近年来在法律领域所取得的虽艰难却又扎实的进步。

第三，栏目对百姓评论员多达 5 位的安排或评论员每轮均一一表态的处理似可酌减。评论员的过多与评论员每轮的一一发言在增加节目讨论密度的同时，又往往因为所涉问题并不复杂而稀释了有效信息，削弱了节目质量。

2. 再看栏目对法律案例的安排

《有奖有法》在案例的安排上尚不完美。这主要有两种表现：一是个别法律案例因为所传达的法律知识缺少应有的难度而导致栏目受众存在一定的内在冲突。知识过于简单，一方面不利于有一定文化与社会地位的群体观看，另一方面又因内容的知识性而不适合那些着重于休闲的社会地位较低的群体收看。显而易见，栏目的这种矛盾是不利于对受众忠诚度的培育的。二是少量节目对三个案例的先后安排有违受众的接受心理。从节目内容与受众接受心理的关系看，节目的三个法律案例依内容难度以由低到高层层递进，或先低后高，末端的"终极闯关"对决难度持平略低为宜，而绝不能先难后易。然而，2009 年 2 月 10 日首播的《有奖有法》却偏偏选择了先难后易，一上来就给受众一个下马威。该期节目的第一个法律案例事涉家政服务：雇主李先生通过合法合格的中介机构聘请了一位家政服务员为自己提供家政服务。但不巧的是，一个月后，这位家政服务员在李先生的家中工作时却被行窃的小偷打伤。家政服务公司为此主张李先生向该受伤的家政服务员支付医疗费。那么，李先生是否应该承担赔偿责任，为家政服务员支付医疗费呢？场内60位选手最后的选择是45：15，45人因选择应该支付医疗费而答错，错误率为75%。第一个法律案例的回答难度显然不小。

第二个法律案例《名猫》，讲的是一位年轻女性到朋友家做客，在主人提示自己家的猫很凶，喜欢挠人的情况下，仍坚持看猫并最终被猫抓伤自己的面部。该案例的问题是：猫的主人是否应对伤者承担赔偿责任？回答这个问题就容易多了：猫的主人明知猫喜欢抓人还拿出来供客人观赏，那么在客人未存在用石头砸动物等明显或重大过错的情况下则理应赔偿。而场内剩余选手除两位选错之外，其他的13人悉选择应该赔偿，答题的错误率陡降至15.3%。

第三个案例的难度虽比第二个略高，但仍远低于第一个案例。该案例的概况如下：王、李两家相邻为伴。王家在紧靠李家院墙的自家院内种植了一棵核桃树。不过，这棵树长大后却将少一半的树冠伸到隔墙的李家院内。王家据此要求进入李家院内去拿属于自家的核桃时，却为李家所拒绝。节目现场剩下的13位选手，也只有3人选择了"可以"进入李家院子的错误答案，错误率为23%。这种问题先难后易的排序有碍调动受众接受的积极性，无助于形成逐层推进的接受峰谷。

3. 关于栏目的可持续发展问题

《有奖有法》栏目的节目形态是绚丽多彩的，那么，一个栏目要想长盛不衰应该依凭什么呢？不少人以为这要靠节目形态的非同凡响。于是，近年我国的电视就出现了一种对节目形态的高度依赖甚至不问其他的发展趋向。节目形态就是作品的形式。那么，将栏目可持续发展的关键放在节目形态上面是否合理呢？笔者酷爱舞文弄墨，在30岁时曾汲汲于写作形式的先锋性冒险，作品的形式倒是因此丰富多彩甚至有些光怪陆离而让自己有那么一点似乎要睥睨古人的自我陶醉。不过，经过时间的沉淀之后再分析作品华丽的外表，却陡然发现其间很少有作者对生活的独特观察、对世界的深刻思考与叩问苍生的悲悯情怀。这样孤独的冒险仅仅是形式大于内容而已。那么，决定一个栏目永葆青春的秘诀是什么？内容为王！与物质财富生产不同的是，大众传媒专职精神产品的创新，与节目形态的相对保守相比，内容恰因应该与时俱进而成为栏目取之不尽，用之不竭的创新源头。因此，在一般的情况下，决定包括栏目在内的媒体生存、发展的关键，只能是内容而不可能是形式或曰节目形态。传媒生产的特性，决定栏目发展一般当以内容为主，形态为辅。电视栏目在对形态苦苦追逐的同时，倘若未将更多的力量用于信息的采撷、挖掘，则易舍本逐末，风光得了一时，风光不了一世。那么，栏目怎样才可能将"内容为王"原则落实到编辑工作的行动上呢？这就与人力资源密切相关了。在探讨栏目创新的可持续发展问题时，笔者之所以敢于现身说法则只有一个意图，那就是：一个栏目的成熟管理者、操盘人自身是不能离开丰富的写作经验的。而这样的一种写作经验又绝不是一个单纯的技巧问题，而与当事人对国情、人生与社会基层的切身体验水乳交融。从这个意义上讲，笔者非常赞同有关媒体的这样一种安排：年轻的采编人员到基层挂职锻炼，时间不少于一年。毫无疑问，栏目的编辑人员应该比为栏目撰稿的采写人员具备更开阔的生活视野与更高的实务水平。而这样的视野与水平又与生活阅历、工作经历密切相关。老马识途，一个上佳的电视栏目在人力资源的配备上应注意老少搭配，善于重用真正的"老马"。从这个层面上说，《有奖有法》栏目在高度在意节目形态的同时，还应该将更多的精力投入到对内容信息的开拓、精耕细作及其背后来龙去脉的梳理中。

本文完成于 2009 年，发表于《中国电视》2009 年第 2 期

大俗大雅的交叉传播时空

——关于我国读书类电视节目的思考

一 读书类电视节目的处境

与娱乐类、新闻类电视节目的步步攀升、蒸蒸日上相比，我国读书类电视节目则面临下滑走势，处境比较艰难。是类节目的忠诚受众数量萎缩，收视率长期偏低，节目也因此在银屏上连遇红灯。从地方台看，读书类节目原本数量有限，而这有限的节目又被一再停播。1998年上海电视台的《阅读长廊》停播，2001年，北京有线电视台的《华夏书苑》、湖南电视台的《爱晚书亭》、青岛电视台的《一味书屋》被取消。[①] 2002年，湖北电视台原《文化潮》栏目的读书节目版块被叫停，改为在都市频道中《流行海报》节目内从流行文化的角度偶尔介绍一下有关作者如台北的几米及其图书销售榜。[②] 报纸看地方、电视看中央，作为我国电视业领军者的中央电视台在1996年所开办的《读书时间》节目，初在综合的第一频道播出，后移入教育科学的第十频道。2004年2月，《读书时间》并入新开设的《五日谈》栏目之内并成为其一个子栏目；同年9月，因为新节目《记忆》取代《五日谈》，存在长达8年的《读书时间》在央

---

① 魏曦英：《"大众化"和"精英化"之间摇摆的尴尬——解读央视〈读书时间〉的消逝》，《中华读书报》2004年10月27日；金屏：《追求大众化是电视读书栏目发展的一大误区》，《编辑之友》2004年第3期。

② 信息来自笔者电话采访湖北电视台《流行海报》制片人朱旻均（2004年11月）、李淘（2004年12月）。

视消失。不过，受众目前在央视少儿频道的《东方儿童》栏目内尚可见到读书类节目。总体来看，我国读书类电视节目呈现由中心到边缘、由边缘到难以存在的走势则是不争的事实。目前，全国保有读书类电视节目的电视台有 5 至 7 家，除北京电视台、上海东方卫视、浙江电视台、河北电视台 4 家之外，尚有央视的少儿频道，中国教育电视台也宣布在 2004 年 9 月 16 日开办《读书周刊》，播出时间还锁定在"黄金时间"。[①] 我国读书类节目的亮点目前来看应该只有一处，那就是由周晓丽主持的河北电视台的《读书》节目，周晓丽本人还一度入围中国电视金鹰奖最佳主持人奖前 20 名。[②] 显而易见，读书类电视节目处境艰难，生存不易。

读书类电视节目遭冷遇、被取消的原因复杂。其直接原因是经济问题。具体讲，节目收视率长期偏低直接造成读书类电视节目的处境艰难。[③]

对于读书类电视节目的命运，业内基本存在两种看法。一种认为读书类电视节目如此状态，电视台有不可推卸的责任，电视台在导向上存在缺陷；认钱不认效益将读书类节目驱向大众化方向，无异于慢性自杀；电视台不应该以收视率的高低来决定读书类节目的轻重与去留。[④] 另一种看法认为，图书与电视之间存在无以解脱的内在冲突，读书的抽象、高雅、思想性与看电视的娱乐、形象、休闲之间无法相容，读书类节目因此撤出银屏是难以避免的。[⑤]

上述两大看法互有依据，但均不无偏颇，而央视少儿频道的做法虽然耐人寻味，但同样存在重大缺憾。那么，我们应该如何认识读书类电视节目遭遇的严重困难？读书类节目遭窘的原因又是什么？电视媒体究竟有无条件开办读书类节目？为了回答这些问题，显然，系统地探讨读书类电视节目遭窘的原因与相关对策就有重大的科研价值与强烈的现实意义。

---

① 苏敏：《教育台设〈读书周刊〉，央视〈读书时间〉欲"复出"》，《中国青年报》2004 年 9 月 11 日。
② 王晓晶：《电视读书：曲高和寡，何去何从》，《法制晚报》2004 年 9 月 15 日。
③ 夏榆：《李潘："读书"没有"时间"》，《南方周末》2003 年 6 月 30 日。
④ 金屏：《追求大众化是电视读书栏目发展的一大误区》，《编辑之友》2004 年第 3 期。
⑤ 魏曦英：《"大众化"和"精英化"之间摇摆的尴尬——解读央视〈读书时间〉的消逝》，《中华读书报》2004 年 10 月 27 日。

二 读书类电视节目的有用或无用

实际上，人们对读书类电视节目的非议，仅限于节目的制作而未及节目自身。然而，人们虽然肯定读书类节目，但若深究节目的具体作用，包括有关电视节目制片人在内的业内人士的回答要么大而无当，要么浅尝辄止，甚至不着边际。这对于读书类节目显然不是福音。

其实，判断读书类电视节目的重要性，既要着眼于媒体自身的运动，也要考虑到媒体之间、传媒与社会之间的互动。

先看读书类电视节目与社会之间的互动。读书类节目的根本社会作用是打造国民素养。读书的核心是什么？是知识，是思想，是人类文化与民族文化的薪火相传与创造光大，是科学的人生观与高尚的价值观的普泛与张扬。一个国家整体国民素质的由弱到强离不开读书。读书类节目关涉着国家的整体利益与民族的长远利益，功在当代，利在千秋。作为党的喉舌与社会公器的电视传媒必须兼顾行业利益、单位利益与公共利益的有机统一，必要时必须为公共利益牺牲自己的局部利益。显然，电视传媒开办并办好读书类节目责无旁贷，义不容辞。全社会对此必须保持足够的清醒。

次看媒体之间的互动。目前的传媒大体分为两类，印刷传媒以书报刊为主，电子传媒以影视、广播、网络为主。总体看，印刷传媒偏向教养，偏向理性，偏向想象，而电子传媒则偏向娱乐，偏向感性，偏向坐实。具体到某一类传媒，内部也有所差异。在电子传媒中，影视之间反差鲜明。电影偏向艺术，电视偏向世俗。看电影，既要有钱又要有闲。限于经济收入与生活方式，电视传媒的娱乐性、休闲性在我国更为突出，看电视已经成为我国民众最日常化、民间化的娱乐、休闲活动。在印刷媒体中，报纸以短平快见长，重在传播新闻信息；期刊以创新见长，重在传播意见信息；图书以传承见长，重在传播稳定而完整、系统的教育信息。两相比较，电视与图书距离最远，电视的娱乐性最充分，图书的学习性最突出，因此双方存在内在矛盾在所难免。

但是，电视与图书之间存在内在矛盾并不意味着双方势若水火，无以互助。学习总比娱乐费力，就人的本性而言，受众在感性上天然地近电视而远图书。但是，就利益而言，个人与国家在理性上均必须近图书而与电视保持适度的距离。图书是刚性传媒，由国家的国民教育法规保证，电视是柔性传媒，由受众的天性依托。没有必要也不可能全民皆看电视或全民时时读书。电视固然没有必要也不可能取代图书而成为国民教育的主体力量，但电视必须将来自国家、民族与人民的具体利益构成的公共利益高悬在自己的头顶，尽自己所能去帮助图书传媒，努力营造良好的社会学习环境。如果任由一个国家的传媒环境由娱乐性来压倒学习性，那么，这就是任由包括电视在内的整个社会走向自我毁灭。

再看电视传媒内在结构的互动。电视传媒应该向社会提供什么样的服务，既要考虑传媒的特点，又要考虑传媒对社会的合理合法要求，并以秉持"软硬兼施"的多元化编辑方针为上。所谓"软"指的是要有趣味性突出的轻松愉快的休闲节目，所谓"硬"，指的是要有对国家与个人的工作、生活生发重要影响力的节目。前者以娱乐为主，要有必有的数量，后者以直接影响力为主，要有必要的质量。"硬"节目主要有两类，其中新闻时政性节目重在政治与经济上的影响力，教养性节目重在文化影响力。显而易见，大到一个国家，小到一家主流媒体，如果没有包括读书类节目在内的教养性节目，那么，这不仅无助于提升传媒的整体品质与形象，而且还必然破坏传媒内部应有的张力与生态平衡。

由此可见，我国电视传媒，尤其是主流电视传媒是不能没有读书类节目的。

三　读书类电视节目遭遇困境的客观原因

电视传媒对待读书类节目无外乎两种取向：一是节目有用，但惜乎收视率欠佳，平平的社会效益只好让位于经济效益。央视文化专题部主任魏斌说："不能因为你姓文化，你就出生高贵，可以超越淘汰和警示制度之上"。[①]　二是节目重要，收视率必须服从社会效益，读书类节目基于传媒

---

①　《央视文化类栏目是否面临危机》，央视网，http：//www.cctv.com/cu/ture/special/C10946/20031023/100510.shtml。

的政策或媒体领导人的个人意志而生存。但仅凭上级的意志是难以保证节目的生命长在与欣欣向荣的。

读书类节目处境艰难的客观原因主要有四点：

一是电视传媒感性化的制约。视听符号使电视的接受门槛甚低，先天而能，无学可受，而文字的后天习得必然造成看电视与读书之间的矛盾。如何化解矛盾，的确需要高度智慧。

二是市场经济冲击。读书积淀的知识与激发的思想锻造着学习者的内在素质，但这些素质属于个人的"长线投资"，往往无法产生立竿见影的效果。社会主义市场经济肇始之初，盛行投入产出短期化，而短期化则极大地遏制着接受者的读书热情。

三是中产阶层弱小的限制。中产阶层"至少拥有一些财产，受过教育"[①]，是中小资产者，与复杂劳动关系密切，具备较强的高品质文化消费能力。读书是中产阶层发育的天然温床。而 2003 年，我国人均国民生产总值刚刚突破 1000 美元，劳动者多以体力见长且劳动强度较大。当人们刚刚实现温饱，当一位公共汽车的司售人员在狭窄的工作空间挤来挤去一天后，他们是缺乏物质条件与精神积蓄去消费教养性的电视节目的。

四是一些落后的文化观念的冲撞。"读书做官"论等落后的传统文化观念与读书类节目水火不容，当读书类节目既难以带来娱乐，又无法制造个人的升官发财机遇时，即便是不少接受了高等教育的人们也远离读书类节目而更热衷于在麻将声中自我陶醉就似乎顺理成章了。

以上客观因素，有的来自传媒自身，有的与中国的历史或现实息息相关。

四 读书类电视节目遭遇困境的根本原因

与客观原因相比，主观原因才是构成读书类节目处境艰难的根本。这种主观失误主要表现为节目编导方针的"偏航"。

---

① 〔美〕约翰·基恩：《媒体与民主》，邵继红、刘士军译，社会科学文献出版社，2003，第 23 页。

　　办好任何节目都必须解决好节目的市场与受众的定位问题，读书类电视节目也不例外。除《新闻联播》等少数以主流文化为主导的电视节目外，在不与主流文化冲突的前提下，其他电视节目对受众的选择主要有二：一是意在服务流行文化范围内的普罗大众，二是瞄准肩负社会整合责任的社会精英。读书类电视节目在定位上也难逃如是二选。2004年2月之前央视的《读书时间》、河北电视台的《读书》节目的内容知识性、思想性突出，有相当的专业特色，适合于文化水平尤其是人文素质较强的受众接受。而2004年央视的《五日谈·读书时间》、北京电视台的《非常接触》则更宜于非高端受众接受。前者的定位是"初中文化以上的观众"，① 后者仅从栏目名称《非常接触》即不难看出节目编导对提升读书类节目大众性、贴近性、服务性乃至娱乐性的努力。不过，基于我国社会的现实与电视、图书传媒的特点，上述两种编导方针均针对性不强，存在方向性偏差。

　　先看读书类节目的偏颇。如果仅仅作为一种手段，娱乐化与流行文化因素之于读书节目并非一无可取之处，但如果意在娱乐与追逐流行文化，那么节目还不如放弃读书直奔娱乐。因此，读书类节目在编导方针上向流行文化、娱乐化倾斜，既脱离了读书的教养性特点，又无法与歌舞、游戏、电视剧一类娱乐性节目比拼愉悦力量，结果只有败下阵来。如是编导方针放弃了读书类节目的个性、优势，收获的只能是节目生存的苦涩与艰难。

　　再看读书类节目的精英文化倾向的编导方针。这类编导方针主要存在两大缺陷：一是社会精英阶层并不将读书类电视节目视为自家所不可或缺的需求。对于社会精英阶层而言，必不可少的只能是直接影响着他们工作、生活质量的以文字为主的平面传媒。读书看报是社会精英阶层的分内事。社会精英阶层看电视同样是为了休闲，只不过有自己的休闲品质要求而已。在思想的深度、知识的完整与系统上，电视先天不足，根本无法与印刷传媒抗衡。因此，读书类节目过于严肃而没有休闲因素，就很容易让

---

　　① 《立命方可安身：〈读书时间〉的位置在哪里?》，央视网，http://www.cctv.com/tvguide/tvcomment/special/C11876/20040709/100011_l.shtml。

精英阶层掉头而去。二是那些比较适合社会精英接受的读书类节目在编导方针上也存在自我矛盾。一方面，这类节目的编导方针如央视《读书时间》意在面向"社会的精英阶层"①，"读书做学问是三两素心人的事，在电视上做读书节目也大抵如是"②。另一方面，节目又被认为必须"关心百姓读书生活"，"读书更是离不开大众"，③ 2004年2月改版为《五日谈·读书时间》的栏目宗旨为"关心书业发展，服务大众阅读"④。如此编辑方针就存在这样在普罗大众与精英阶层之间的摇摆性。而这种摇摆必然导致节目出现严重内在撕裂：一方面是普罗大众对节目的敬而远之，另一方面则是精英阶层对节目的浅薄而生的鄙薄。读书类节目如是骑墙必然两头遭弃。另外，节目编导方针中的所谓"关心书业的发展"同样存在矛盾，表现出在图书的生产者与图书的消费者之间的犹疑不定。书业事关图书的生产、印刷、销售与消费。图书的生产、印刷、销售诸环节的自我生存与发展的智慧主要来自行业或专业的平面传媒，而不是未以也无法以上述三个环节为目标受众的读书类电视节目。两面讨巧，结果是处处遭受冷落。

相形之下，河北电视台的《读书》节目编导方针虽比较稳定，但仍然不够执着。该节目的编辑方针是办"给文化人看的"，"文化人则是读书人、写书人和出书人"。⑤ 但是，河北电视台《读书》所说的"出书人"，显然是指出版者而不是指著书人。由于现阶段经济对出版业生存与发展的压迫，作为出书人的出版者实际上更看重经济问题，将经济视为图书出版业生存的基础。这样一来，该节目在坚守节目文化品位的同时，又在文化与商业之间徘徊。河北电视台《读书》节目的编导方针企图兼顾文化品位与商业利益，同样会导致节目在文化与商业之间冲突，限制受众忠诚

---

① 聂丛丛：《公平的误区——以"窄众"视点看"大众"收视率》，央视国际，http：//tvguide.cctv.com/tvguide/tvcomment/special/C11876/10/index.shtml。

② 《五日谈·读书时间》之姚友霞，央视国际，http：//www.cntv.cn/program/wrt/dssj/20040518/101579.shtml，2004年5月18日。

③ 中央电视台《读书时间》栏目编《在电视上读书》，现代出版社，1999。

④ 《〈读书时间〉走过八年》，央视国际，http：//discovery.cctv.com/program/wrt/dssj/20040518/100301.shtml，2004年5月18日。

⑤ 周晓丽：《口味与品位——创办〈读书〉栏目的尝试》，《新闻战线》2003年第4期。

度的发育。由此可见，我国读书类节目在编导方针上都较模糊、混乱。

编导方针是决定节目成败的关键性因素，其得失必然对节目的全局与各个部分产生决定性的影响。我国读书类电视节目之所以长期走不出低潮，其要害在于节目的生产者未能根据我国实际推出科学的编导方针。

五　读书类电视节目发展对策

读书类电视节目能否摆脱窘境而健康发展呢？答案是肯定的。中国国情不同，域外经验如美国、法国的经验虽可借鉴，却不能全盘照搬。总体来看，读书类电视节目必须根据我国现实与未来发展趋势制定发展对策，而这种节目发展对策又是系统的，可以分为两个层面：一为根本性的对策，二为非根本性的对策。前者体现为节目编辑方针，后者则是由编辑方针所决定的具体节目制作方法。

（一）　编辑方针对策

编辑方针指的是传媒编辑工作的目的与宗旨，是决定节目特性、风格的准则，关系着节目制作机构的立场、观点与方法的取舍。编辑方针有共同方针与具体方针之分。共同方针是我国境内所有电视传媒必须遵循的总方针，如"二为"方向、"双百"方针、"两用"方针。具体方针是传媒在共同方针的指导下针对自身特殊情况与具体任务所制定的编辑工作总体规划。如央视《五日谈·读书时间》的栏目宗旨"关心书业发展，服务大众阅读"就体现了该栏目的具体编辑方针。目前读书类电视节目存在的缺陷主要体现在具体方针上。

读书类电视节目编辑工作的具体方针应该怎样确定呢？笔者认为，当奉行读者本位，而不是以图书生产者为本位，电视节目收视率上来了，有影响了，图书广告自然相伴相涨；在读者本位中，当以教养性为主，精英性或大众性为辅，而不是目前的或以精英性读书为主，或以大众性读书为主。目前我国什么人在读书？读书的最大群体在哪里？答曰：虽然有文化的社会各个阶层均有读书习惯，但我国目前读书的最大群体是学生。不过，作为国民教育接受者的大中小学生是在刚性压迫下进行读书的，读书与学业融成一体。与看电视不同，学生读书既是个人行为，又是国家行为。我们必须看到，中考、高考、考研与就业的压力所构成的文化消费现实是广大学生，尤其是中学生很少收看电视。2001年浙江徐力杀母事件的直接导火索是母亲对孩子看电视的呵斥，而大学生、研究生的宿舍则普遍没有电视。因此，读书类电视节目如央视少儿频道的《读书》节目将目标受众定位于学生群体，较之其他读书类电视节目虽然在向理想受众群体靠近，但仍然未对准节目定位的焦点。

那么，读书类电视节目的目标受众应该为谁？学生的家长虽然限制自己孩子看电视，但自己实际上却成为收视的主体，因此，读书类电视节目应该以学生家长为主要的目标受众。广大学生的家长关心孩子们的成长，望子成龙成凤的迫切愿望还常夹带着对一代人理想、失落的补偿。这些就构成读书类电视节目能够吸引学生家长的最大动力。同时，学生家长从整体上正处于社会的栋梁地位与人生收获的黄金期，手中握有丰富的社会资源，如是收视群体又是广告商们追逐的对象。显然，将读书类电视节目定位于以学生家长为主，有利于实现社会效益与经济效益的有机统一。央视《五日谈·读书时间》、河北电视台《读书》两期相当成功的节目均为教育话题也充分证明了笔者的上述判断的正确性。①

当然，既然以学生家长为收视主体，那就必须考虑目标受众的需求。显而易见，读书类电视节目通过读书与受众沟通的既不应该是流行文化与大众阅读，也不是形而上的思想漫游与精英情结，而应该是探讨如何理解学生、孩子，如何帮助学生、孩子。如，如何教育孩子德智体美劳全面发展，如何搞好孩子的学习，如何辅导孩子，如何寻觅、聘请家教，如何处理好学生、家长、同学、老师之间的良性循环，等等。这些领域范围宽广，探寻深邃，话题无尽。节目制作要以读书为缘，为线，既要有思想性，又要有实用性、应用性，既要联系历史，更要立足当下。正是在这个意义上，笔者充分肯定央视少儿频道《读书》编辑方针对理想受众目标的接近，终于将节目的焦点面向教育、学生的领域。但是，周晓丽在央视

---

① 央视的节目来自卢勤《告诉孩子，你真棒》一书，河北电视台的节目来自对《我家走出四个博士》一书作者的专访。

少儿频道主持《读书》节目时却依然沉溺于高蹈、虚幻的思想漫游，未重视学生家长与节目内容的应用性、现实性，这样的编辑方针对于身处基础教育阶段的学生，显然缺乏强大的吸引力。读书类电视节目必须强化节目的有用性。即便面向成年受众的读书类节目也应该加强节目的实用功能、应用功能。如果挑选经济管理类的图书做节目，那么该节目的受众显然在管理层。而要让这些成功或比较成功的中年人认可、接受节目的指导却相当不容易。这些受众最关心的是智慧，具体讲是企业如何生存、发展与壮大的方略，因此，以经济管理类图书为话题的读书类电视节目，就应该以企业经营的成功之道与失败所带来的教训作为节目的重心，在选择图书、嘉宾时均应围绕这一点进行。

当然，读书类节目以学生家长为主，并不等于不让读书类电视节目兼顾社会精英阶层或普罗大众。在全国读书类电视节目以学生家长为主的总格局不变的条件下，差异发展原则应该也允许个别读书类节目择以精英阶层或普罗大众为目标受众主体。读书类电视节目也要百花齐放。但是，无论怎么变化，唯有将学生家长作为我国读书类电视节目的主要收视群体，才是现阶段我国读书类电视节目摆脱窘境并进而走上良性发展的唯一值得选择的根本道路。

（二）编辑工作方法对策

编辑方针确定之后，编辑工作方法也必须随之调整。目前，读书类电视节目的编辑工作在人才、议题设置、主持人、节目形态等几个方面亦存在明显不足。

1. 人才

目前，读书类节目的制作人员主要有两类：一类出身于广播电视专业，如央视《五日谈·读书时间》的制片人华越；另一类是来自文科的毕业生，主要来自汉语言文学专业，如央视《五日谈·读书时间》的主编姚友霞，如湖北电视台《流行海报》节目。[①] 广电专业出身的电视人关注受众与市场，汉语言文学专业毕业的电视人强调文学、审美与思想的批

---

① 2004 年 12 月笔者电话采访湖北电视台《流行文化》负责人李淘。

判性。但是，读书类节目仅仅交由如是人才则使人才使用上出现结构性缺陷。上述两类人才要么懂电视而不懂书业，要么热心武器的批判而忽略了节目的应用价值，热心形而上的思想而忽略了形而下的现实存在。这样的人才结构不利于读书类电视节目的良好发展，既不利于找寻正确的节目编辑方针，也不利于将正确的编辑方针落向实处。

那么，读书类电视节目最迫切需要的是什么样的人才呢？在多元化的人才取向背景之中，读书类电视节目选用人才必须主体鲜明，应该着重于选用那些既懂书业又懂电视业的复合型人才。其中，对书业的精通将有利于内容信息的打造，对电视业的熟悉将有利于节目内容的电视化表达。显而易见，读书类电视节目制作者的知识结构当以书业为主，电视业为辅。鉴于我国当下读书类电视节目必须以学生家长为主要的目标受众，因此，节目最理想的人才结构还要加上一点，即既懂书业、电视业，还要懂得一些教育学、心理学。读书类电视节目对制作者的素质要求实际是相当高的。

2. 议题设置

办好节目的关键在内容。目前，读书类节目围绕话题成型，以谈话为主，但节目所选择的话题多为文学领域，偏重于修身养性，与现实尤其是学生的实际缺乏联系，封闭性使节目成为少数人孤芳自赏的园地，成为作者自身现身的场所，而讨论中的浅尝辄止更遏制了受众的投入热情。

作为大众传媒，读书类电视节目在议题设置上应正视社会矛盾，激浊扬清。因家庭贫富而带来的学生之间的歧视问题，恶霸学生收取所谓"保护费"问题，教师课余做家教问题，各省自主命题带来的高考试卷变化问题，择校生收费问题，中小学的重理轻文与偏科问题，学钢琴、小提琴与中考、高考的问题，湖北省黄冈高中现象，等等。切中时弊，均为热门话题。如河北电视台《读书》节目针对一些人拼凑所谓"哈佛小子""牛津天才"的教育经验并四处宣扬、牟取暴利这一热门现象，采访《我家走出四个博士》的作者，教子有方的母亲在节目中现身说法，倾心而谈，述说自己的"品质的培养是第一位"等经验，生动具体地帮助广大学生与学生家长明辨子女教育的是非曲直。广大观众受益匪浅，纷纷要求节目重播。因此，读书类节目选择节目话题必须紧密切中目标受众的实际利益，而主要不是为图书的作者服务。

3. 节目主持人

从既往的读书类电视节目看，节目主持人大体分为两种类型：一为学究型，如央视《读书时间》的主持人刘为、李潘；二为青春靓丽型，如央视《五日谈·读书时间》的主持人刘畅。湖北电视台《流行海报》介绍书情时的两位主持人更是如此：男主持人在演播厅，女主持人在外景，两人均30岁以下，其中女主持人模特出身，身材高挑，面容姣好。但是，这两类节目主持人做读书节目并不十分合适。学究型缺乏观众缘，给人以高深莫测感。如，李潘眼神过于单纯，说话时口型动作过大，给人以做作感；而刘为习惯于嘴角持讽刺性的微笑，均缺乏亲和力。而青春靓丽型主持人的年龄、喧闹与读书的雅气冲突，难以赢得读书类节目受众的信任。

读书类电视节目主持人的理想款型以中年人为佳，形象应睿智、温和、宽厚、稳重。周晓丽的主持人形象定位是恰当的。她认为：读书节目的主持人应"谈吐儒雅清新，头脑冷静清醒。……形象端庄稳重，举止大方得体。……提问平实明了，对话随和活跃。……注意锋芒内敛，既善于启发，又时有交锋"①。目前，读书节目主持人男性偏少，需要引起注意。另外，像中国少儿出版社的卢勤女士这样的形象、气质、素质俱佳的书业人士，电视台无妨聘为客座主持人，丰富节目的表现力。

4. 节目形态

节目形态亦可叫节目样式，指的是节目的"结构性、造型性方面"②。电视节目有六大元素：主持人、同期声、解说词、画面、音乐音响、字幕图形图表。因此，节目形态就包括节目的特定理念，节目内容设计的格式，由主持人出镜、节目内部声画字幕话语各环节串联等构成的节目编辑手法等。现有的读书节目在节目形态上还相当拘谨，多由一位主持人与一两位嘉宾谈书论文，镜头切换少，相关背景资料的视听信息穿插不足，忽视受众的参与。

---

① 周晓丽：《口味与品位——创办〈读书〉栏目的尝试》，《新闻战线》2003年第4期。
② 朱辉军：《电影形态学》，中国电影出版社，1994，第271页。

在节目的形态上，读书类电视节目有广阔的天地。其要点为：一是增强节目的视觉符号的表现力。心理学的研究发现，人在认知客观事物时，有不少于80%的信息来自视觉。[①] 因此，编导人员要强化节目的视觉信息量，从视觉的形状、色彩、运动、文字诸方面着手。二是加强节目录制现场之外的信息分量，注意穿插，如现场与背景材料之间，主持人、嘉宾与现场观众之间，演播厅与户外之间要交叉推进，努力化解谈话所带来的单调、枯燥。三是讲求人情味，注意以讲故事的形式来介绍书的内容、特点、原理、价值与相关的时代意义。首先，节目讲求从个别具体的人物、事物、事件、景色开场，善于依托某一位具体人物的视角、言说来结构整个节目，有故事，有细节。这有助于节目提升的个性化、具体化。其次，注意传播有关人物对读书或有关事物的体验、体会。这有助于增加节目的人情味与人性特点。再次，善于设问，注意把握阅读疑难程度、读者困惑，强化导读，通过设问来形成悬念，打造节目节奏。这有助于形成节目的起伏，增添节目的波澜。最后，注意边讲述故事，边分析。这有助于增加节目的理性成分，由作用受众的感性过渡到作用受众的智慧，以谋求节目与栏目影响力的长远、长久。比如，依托某一位读者的阅读，或读者与作者、专家在阅读与导读之间的互动来结构整个节目。以上要素有机组合，可以做到抽象与具体相结合，理性与感性相结合，叙述与分析相结合。四是注意权威性。读书类节目的骨子是爱智慧，尚美德，因此，节目还必须善于通过权威性强化节目的说服力。除了作者之外，节目要注意选择权威的嘉宾（如作者，专家，出版单位、有关管理机构的代表）、权威的表述在场内场外穿插，评说书里书外。

本文完成于 2006 年，发表于《中国广播影视》2007 年第 2 期

---

① 章志光主编《心理学》，人民教育出版社，1984，第 107 页。

由《冬至》等看涉案电视剧
避免低俗化的三种创作途径

　　2004 年 4 月 19 日，国家新闻出版广电总局曾下发《关于加强涉案剧审查和播出管理的通知》，要求全国所有电视台在观众收视最为集中的黄金时段，不得播放渲染凶杀暴力的涉案题材影视剧，而代之以适合青少年观看的优秀影视剧。这一通知说明低俗化正在妨碍涉案电视剧的健康发展。所谓低俗化，即影视剧的格调低下、内容庸俗，追求感官刺激，如对暴力、赌博、吸毒、色情、黑道等内容缺乏节制，认识偏颇，对社会有一定的危害性。对于涉案剧的低俗化，有专家归纳为四大死穴，即扭曲异化价值观念、错误诱导行为方式、直接刺激犯罪欲望与培训提供犯罪技能。① 那么，涉案电视剧的创作应该怎样避免低俗化呢？由管虎导演、四川映之杰文化传播有限公司等制作的 40 集涉案电视剧《冬至》对此不无启迪。该剧所采取的三种主要创作途径，对于我国涉案电视剧如何避免低俗化具有一定的示范价值。

一　秉持现实主义创作精神，坚持独特的艺术思考

　　与新闻报道不同，艺术创作的关键不在于写什么，而在于怎么写。《冬至》通过鲜活的艺术形象，体现了电视艺术家对时代的真切关注和与时俱进的深入思考，张扬了难能可贵的现实主义精神。作为精神层面的现

---

① 《涉案剧退出黄金档，专家解析"暴力影视"四大死穴》，《华商报》2004 年 6 月 1 日。

实主义，指的是影视艺术的真实性原则，即影视艺术家之于时代、社会与现实人生有敢于正视、热情拥抱、深刻体验与如实反映的精神，呈现的是影视艺术的精神价值追求。[①] 就艺术类型看，《冬至》可以归入警匪剧。警匪剧，亦为涉案剧，西方称之为犯罪剧（Crime Show），着重于表现警察或检察官、律师、便衣侦探与犯罪分子之间的斗智斗勇。这类电视剧故事曲折，情节波澜起伏，人物性格往往鲜明而单纯，主题善恶分明。其中的"武剧"场面开阔，动作繁多、硬朗，打斗讲求花样。涉案剧往往好看、娱乐性强，但又多不耐看，容易出现内容平面化甚至庸俗化、低俗化的倾向。电视剧《冬至》具备涉案剧的基本要素，但又具备一般涉案剧所不具有的生活思考深度。我国近年来的涉案电视剧对经济上的投入产出关注颇多，往往有意无意地回避当下的社会矛盾与时代主题，有的以玩的姿态操作电视剧，有的转移注意力，麻痹广大受众的时代感应神经。即便有比较好的涉案电视剧如《黑冰》《荣誉》，甚至管虎本人导演的另一部电视剧《黑洞》，也多高举反腐倡廉大旗，宣达惩恶扬善主旨，反以权谋私，揭官商勾结，愤领导班子集体腐败，均干涉社会矛盾有限，思想平平，难以洞击受众灵魂。较之以往，《冬至》最难能可贵的是善于结合社会矛盾与时代的重大命题将对生活的思考推向人性的深度。《冬至》带给我们的反思是什么？是银行行长刘家善及其同伙彭中华等人贪污公款吗？是，但这并不是最重要的。该剧最能引发我们深入思考的对象是那位银行的普通职员，即柜台会计陈一平为什么会窃取公款。陈一平，一向工作兢兢业业，为人本本分分，老实、谨慎而胆小。但是，就是这么一个看似不会向公款伸手的人却一步步走向犯罪的深渊，窃取银行库款多达1600多万元。那么，究竟是什么驱使再普通不过的陈一平跌入犯罪的泥淖中呢？原因有客观的与主观的两大方面。以刘家善为首的犯罪集团侵吞公款的猖獗，是最重要的客观因素。正是由于银行领导班子的集体腐败，陈一平在偶然间突然发现与自己朝夕相处的一些同事竟然利用职权和工作之便贪污、挪用公款，精神受到莫大刺激，再加上公安局工作的简单粗暴、家庭经济的窘迫，其人生观才渐次发生转变。什么转变？现有的制度一旦为整

---

① 欧阳明：《现实主义文学的三个层面》，《工人日报》1998年3月13日。

个领导班子胡作非为留下漏洞并无法根绝，那么，就很容易导致所有成员对制度乃至整个社会绝望，人人趁机自甘堕落也因而在所难免。制度的信誉是一个单位乃至一个社会正常运转不可或缺的软力量。就主观因素而言，则是个人欲望的控制问题。人性有两面，天使和魔鬼集于一身。而绝大多数人之所以能够以正气压倒邪气，外在的刚性约束是不可或缺的。即便在物质文明高度发达的美国，在 2005 年夏秋之际的飓风灾难临时打破国家法律的管制时，美国南部的佛罗里达同样出现了由普通美国人所实施的抢劫、强奸等犯罪行为。显而易见，当社会的外在约束无力时，如果我们对真善美失去起码敬畏，那么，所谓的好人与坏人之间就难有不可逾越的鸿沟。陈一平这么一个顾家的好男人要想仍然生活在阳光之下，最后一道防线就只能是自己的道德。制度的缺陷虽然为打开潘多拉魔盒提供了可能性，但道德对私欲的控制又可以将魔盒紧紧关闭。《冬至》揭示了一个与我们每一个普通人都不再遥远的时代命题：制度建设与道德重建之于我们每一个人拒绝变坏的重要性，市场经济越是五光十色，我们越是要看护好个人的节操。作为大众文化表征的电视剧，《冬至》的思想探索新颖而惊心动魄，关注我们每个人的灵魂，无论你是高级干部还是普通职员。这是该剧最值得我们尊重的地方。陈一平这一形象具有深刻的社会警示意义。正是由陈一平这一人物形象所聚集的思想性才使《冬至》成为一部寓言式的电视剧。严肃而深邃的思想性既表现了艺术家直面现实的勇气，也是电视剧《冬至》拒绝低俗化的法宝之一。

二　艺术形象的典型性

在商业文化背景下，电视剧在人物塑造上存在明显的类型化倾向，即扁平人物的精致化与圆形人物的简约化。① 正是由于艺术上的粗糙，我国的电视剧同样存在忽视人物塑造的倾向，人物性格往往概念化、扁平化，缺乏变化或缺乏生活的普遍性乃至逻辑性。无论是 20 世纪 90 年代初期的

① 欧阳明：《电视剧中圆形人物的简约化与扁平人物的精致化》，《云南社会科学》2004 年第 1 期。

电视剧《渴望》中的一号人物刘慧芳，还是 2005 年 9 月央视第八频道播放的电视剧《不能没有你》中的主人公李心田，尽管两个人物性别有别，但性格却相差无几，均善良、厚道、忍让，并因理想化而对现实有所超越，体现了浓郁的浪漫主义创作风格。至于《不能没有你》中的阳天集团总经理沈阳仅仅因重大经济问题受到法律的制裁就彻底否定自己的价值观，则难免显得性格变化的简单化，也有碍于创作者对人生进行深入的探讨。相形之下，电视剧《冬至》塑造人物则相当精致。这集中体现在电视剧对陈一平的刻画上。首先，陈一平是立体的。陈一平除了胆小、谨慎、老实，他还有小聪明或自作聪明而缺乏大智慧，有一定的城府但又经不起大风大浪。其次，陈一平又有性格上的变化。在电视剧的开始，陈一平是本分的，有一定的正义感，因维护同事老蔡生命而对银行领导的抗争乃至检举好友薛非贪污也显示出他性格中一定的侠义成分。但是，在面对银行领导的集体腐败、同事们的以权谋私与收到好友薛非死后秘密寄来的软盘而悄然进入以刘家善为首的犯罪集团的赃款账户后，陈一平的自我道德防线出现松动。在窃取赃款的虚幻正义感的自我欺骗与妻子的怂恿下，陈一平也终于由天使变为魔鬼。随后，面对犯罪成功之后的巨额金钱，陈一平的贪欲"与时俱进"，水涨船高，最终歼灭了他残存的最后一点良知，将罪恶的黑手由触摸赃款转而伸向拆迁款，最后一次盗窃竟高达 1000 万元，由自我欺骗犯罪走入赤裸裸犯罪。陈一平犯罪不再需要借口，不再需要外在的驱使，有的只是贪欲，有的只是自我驱动。最后，无论是性格的立体还是变化均符合艺术真实。通过对陈一平的性格刻画可以看出，《冬至》对人物性格的把握，既着眼于客观与主观的多种因素的共同作用，又将一个普通人由好变坏中的贪欲的萌发、成长、膨胀直至抹黑整个灵魂处理得节奏分明，丝丝入扣，有条不紊。与一般的电视剧不同的是，《冬至》以人物塑造为中心。该剧对人物性格塑造的成功，是《冬至》避免低俗化并趋向艺术精品化的另一个重要因素。

三　勇于探索艺术，艺术表现方法比较新颖、精致

涉案剧的低俗化与电视剧制作者的兴奋区域息息相关。电视剧编导如

果将生产的重点放在满足包括受众未必健康的接受心理之上，迎合有余，引导不足，那么就容易误入低俗化的邪路上去。反之，创作的重心如果放在对电视剧艺术的精益求精上，那么，所谓的低俗化往往只能敬而远之。不过，电视剧是新生的艺术，追求新生艺术的创新与精益求精，还需要不计较一时得失，有相当的勇气与责任感。纵观全剧，比较新颖、精致的艺术表现方法构成《冬至》的又一突出亮点。《冬至》对艺术精益求精的追求主要表现在两个方面：一是心理现实主义，二是叙事艺术。

先说心理现实主义。所谓心理现实主义，指的是艺术家强调通过准确把握人物的主观世界乃至主观世界间的冲突或内在冲突来直面现实人生。①《冬至》的心理现实主义特色主要来自内在冲突、话外音与画面间的配合。

内在冲突。《冬至》属于涉案剧中的"文剧"。涉案剧中的"文剧"以台词或情节见长。与一般涉案剧相比，《冬至》的外在节奏似乎是舒缓的，而广大受众之所以往往不觉其慢则在于电视剧内在节奏的紧张。《冬至》以人物的心理变化与人物之间的心理冲突结构剧情，在人物的心理变化与人物之间的心理冲突中融入性格的展示与心理分析。当然，类似的艺术探讨在有关电视剧中也有表现。如王冀邢导演的《黑冰》在对大毒枭、高智商犯罪分子郭小鹏的刻画中，力图通过人物的身世、社会环境来把握性格，注意在普通人性如孝敬母亲中刻画人物的邪恶。但是，《黑冰》将"坏"与"人性"相结合时又不无生硬，故使一些受众将郭小鹏视作英雄，有所模仿，客观上存在一定的消极性。相形之下，《冬至》通过把握人物的主观世界乃至主观世界间的冲突或内在冲突，来直面现实人生就较为圆融。其中的刘家善机场出逃一场可以说明这一点。当罪行败露，和平支行行长刘家善出于本能在仓促间欺骗儿子一起逃到机场准备出境。但是，公安人员此时已经来到机场张开捕人大网。刘家善这时的心情是绝望的。为了避免犯罪分子顽抗到底，案件的具体负责人蒋寒处长决定不在孩子面前抓捕刘家善。公安人员的选择对案件的侦破是有利的。当刘家善看到自己的儿子随飞机升空后，他除了主动向公安人员交赃款认罪，

---

① 林骧华主编《西方文学批评术语辞典》，上海社会科学院出版社，1989，第412页。

还在服毒自杀的弥留时间内配合公安人员核实案情的有关信息。刘家善机场出逃一场在没有枪来刀往、没有拳脚格杀的前提下之所以能够让观众看得惊心动魄，就在于电视剧紧扣人物心理冲突来展示剧情。

话外音与画面间的配合。《冬至》安排来自北京的破案高手蒋寒叙述齐州商业银行库款案。作为案件侦破的重要主持者，蒋寒熟谙案件，讲求通过进入罪犯与案件相关人的心理世界来把握案情，寻找疑点，寻找突破点，并进而侦破案件。第2集有陈一平夫妻携500元钱到商场为女儿买生日礼物一场戏。戴嘉在首饰柜台试戴自家根本无力购买的14000元一件的钻戒。当陈一平看见妻子可能因为从未戴过如此昂贵的戒指一时动作过猛从而难以将戒指从手指上取下前后，电视剧响起了叙事人蒋寒的话外音："对于普通人来讲，所谓尊严，未必是一定要金钱来构造的，但是，这一天，妻子的背影带给他的辛酸却实实在在击中了他作为一个男人的尊严。他知道这种隐隐的伤痛是不会很快消退的。"在这里，叙事人边叙述夫妻购物事实，边分析夫妻购物对主人公陈一平内心世界变化产生的推动作用，加深受众对人物最终自我毁灭及其综合因素的理解。再如，第4集中，在当时尚无辜的陈一平终于脱离公安局的拘押回到银行与家中时，叙事人多次借助话外音分析主人公的思想变化："一天之内，作为习惯普通生活的陈一平接连遭受了常人难以碰到的打击或者说刺激。如果说日后他的变化也源于这种他无法承受的刺激，那么此时的他应该已经开始了这种变化。陈一平在自己的内心深处，已经与以往不同了。""和大多数人不同，在经历了拘押和好朋友的突然车祸之后，陈一平此刻反而平静下来。一连串的事件促使他不得不反思这几十年来循规蹈矩的生活。他明确意识到自己正不由自主地期望着一种变化，虽然从表面上一切渐渐恢复如常，但是，只有他自己心里清楚，那种变化其实已经开始了。"在这里，叙事人同样边叙述齐州案件的演变，边分析案情，评点人物心理向犯罪方向的滑动及其内在逻辑性。《冬至》由话外音与画面的有机配合实现了对陈一平犯罪心理过程的精当分析。

再说叙事艺术。作为叙事文艺的电视剧，只有讲求叙事艺术，才能够讲好故事，强化作品的思想内涵，增强电视剧的可看性。《冬至》对叙事艺术的精致追求主要体现在叙事人的选取、叙事时间的开合处理。

第一，《冬至》对叙事人的选择是恰当的。近期我国涉案电视剧多采取不介入故事并缺乏个性的隐身叙事人，而《冬至》则选用介入故事当中的人物叙事人。在采取人物叙事人上，《冬至》可以选取普通警察如新手芦婷或陈一平的邻居杜占或陈一平的女儿幼幼作为旁观叙事人，可以选取陷入犯罪泥潭之中的戴葳或戴嘉的鬼魂甚至陈一平本人等当事人。但是，《冬至》选择的则是由北京下放到省里锻炼的省公安厅要案处处长蒋寒。选取破案高手蒋寒做全剧的叙事人，除了因为蒋寒在各位剧中人内最善于心理分析之外，还在于可以避免电视剧出现正不压邪或对犯罪者同情甚至羡慕的倾向，可以通过蒋寒外省异地的视角在观照齐州商业银行和平支行库款案件时生发间隔、陌生的艺术效果。当然，在我国近期的涉案剧中，也有个别电视剧采取非隐身叙事人。如《红问号》选用肖记者为叙事人并由她向一位政法专业的女教授讲述系列故事、分析罪犯犯罪原因。但《红问号》中的叙事人仅仅串联系列故事与总结人物犯罪活动，功能单一，作用往往止于结构并与作品的内容缺乏深入的联系。相形之下，《冬至》对叙事人的选取则不仅在于形式。在第36集，《冬至》借用蒋寒之口有一处破题之笔：无论陈一平，还是戴嘉和戴葳姐弟、刘益善、彭中华、郁青青、老柯、薛非、向书武，他们最终犯罪并走向自我毁灭的原因，"归根结底，是人皆有之的贪财之心"。那么，选择蒋寒作为电视剧《冬至》的叙事人就便于随剧情的进展探讨人性，紧扣主题，进行人物分析，让广大受众伴随剧情看清陈一平等人自我毁灭的来龙去脉与艺术细节，唤起包括你我在内对人性弱点的自我警觉。就《冬至》而言，能实现这样的作用的叙事人只有蒋寒。

第二，《冬至》对叙事时间开合的调度有方。这集中体现在电视剧对预叙的巧妙运用上。所谓预叙指的是在叙述有关事实之前，提前介绍未来将要发生的事实。在预叙的运用上，《冬至》有两点值得注意。其一，叙事人的声音在时间的直线上前后跳跃，上下穿插。叙事人蒋寒讲述陈一平等人的故事时齐州案已破，只能叙述已经"死亡"的定型故事，回顾过去唯有采用过去时。但是，《冬至》并未简单使用过去时，而是通过时间的前后穿插如一般过去时与过去将来时的你来我往，走向时间的高度与大气。比如，第3集由郁家老宅起头，蒋寒的话外音也在起点响起："后来我知道齐州古镇的百年历史是和一个郁姓大家族紧密相连的，在我们这个事件进程中，这个家族起到了颠覆性的作用，而发挥这个作用的中心，竟会集中在这个家族中遗留下的一个女孩身上。"故事的画面是顺叙，但这里的声音跳来跳去，是预叙，声音中的"后来"介于第3集开头与故事末尾陈一平疯癫之间，提前暗示人物功能，告诉受众不要忽视这个叫郁青青的姑娘。还是第3集，当戴葳第一次出场时，蒋寒的话外音再云："与此同时，本故事的另外一个重要人物也回到了这里，使这个故事变得热闹起来。往往有些时候，人是没有办法以好坏来分辨的，就像我们这位浪子戴葳出于本能，对于故事主人公的所有行为起到了推动作用。还是出于本能，他也将自己推向了无法挽救的深渊，但是我知道，那就是这个人，那就是有着和许多人一样的本能，只不过这个事偏偏让他碰上了。"这种时间的大跨度使受众可以将人物置于宏观时空中打量人物命运，看到人物自我毁灭的必然性。显然，《冬至》对预叙的调度是基于主题表达与电视剧的整体安排。通过这样的预叙，电视剧的主题就不能不昭然若揭：人物毁灭的在劫难逃，就在于人人都有的人性弱点未能受到控制。其二，由故事中的人物营构预叙。在第1集中，当陈一平从银行抢劫枪声而导致的晕厥中苏醒后，邻居邹老汉为陈把脉说："你心性还算扎实，四根也清净，就是遇事太少。今后遇到与自己利益相关的事，切记：勿妄动。"邹老汉的警告预示了后来的重大剧情与主人公自我毁灭的重要原因，即陈一平终于在条件具备后因为人性的弱点违背了邹老汉的警告而一步步陷入犯罪泥潭直到不可收拾，无法回头。《冬至》过去时的种种变化使电视剧这种大众文化也有了内容的弹性，极大地丰富了涉案电视剧的艺术张力。

当然，《冬至》也有缺点，如安排北京来的蒋寒处长与当地女青年发生情感纠葛，新来女民警卢婷在不长的时间内爱上有孩子的刑警大队队长谢嘉华，落入涉案剧情感的旧套路，纯属画蛇添足。但这是平庸，而不属于低俗。《冬至》小毛病很少，是近年来我国不可多得的优秀涉案电视剧，比较新颖与精致的艺术表现方法是该剧避免低俗化的第三条创作途径。

　　总之，深刻的思想性、人物的典型性与艺术创新的探索，是涉案电视剧拒绝低俗化的重要途径。当然，涉案剧避免低俗化的途径不会止于上述三条，但《冬至》的成就与有关涉案电视剧的失误却从正反两个方面说明上述三大创作途径对避免涉案剧低俗化的独到力量。

本文完成于 2005 年

关于涉案电视剧低俗化的思考

电视剧，尤其是涉案电视剧（下称"涉案剧"）的低俗化已经成为近期我国电视传播领域的重点整治对象之一。按照中央领导的重要批示，国家广播电视总局于 2004 年 4 月下发《关于加强涉案剧审查和播出管理的通知》，要求全国所有电视台在收视最为集中的黄金时段不得播放渲染凶杀暴力的涉案题材电视剧，特殊需要由国家新闻出版广电总局专项报批。[①] 但涉案剧往往剧情曲折、新奇，比较适合受众娱乐休闲，故较之其他题材更容易产生相当高的接受率，如公案小说在"三言""二拍"等明清小说中有甚大比重。那么，如何合理地处理涉案剧的生产、播放与低俗化之间的关系，牵动着包括行政资源在内的诸力量，相当复杂。不过，对于涉案剧低俗化这么一个重要的问题，现有的对策还存在继续完善之处，相关的研究数量十分有限且浅尝辄止，连对何为涉案剧的低俗化的认识都很模糊，以至于国家"广电总局有关负责人说，目前社会上对广电总局加强涉案剧审查和播出管理的政策理解上存在偏差"[②]。显然，认真冷静地探讨涉案剧的低俗化问题在当前具有相当的现实意义。

一 涉案电视剧低俗化的重要表现

涉案剧，大体相当于警匪剧，西方名之为犯罪剧（crime show），着重于表现警察、检察官、律师甚至便衣侦探等正式或非正式的公检法方与

---

① 胡占凡：《在 2005 年全国电视剧题材规划会上的讲话》，《中国电视》2005 年第 4 期。
② 《广电总局：一般涉案剧作处理后可上黄金档》，《北京青年报》2004 年 5 月 20 日。

犯罪势力之间的斗智斗勇。这类电视剧往往故事曲折，情节波澜起伏，人物性格鲜明而单纯，主题多张扬惩恶扬善。而涉案剧的低俗化，指的是剧作格调低下，内容庸俗，追求以暴力、赌博、毒品、色情等为主的感官刺激，选材缺乏节制，认识存在偏颇，并因此对社会、受众有一定的危害性与误导。涉案剧的低俗化主要存在于剧作的内容之中，分材料与思想两大方面，但与电视剧的结构、声像符号、台词等形式要素亦有牵连。对于涉案剧的低俗化，有专家归纳为四大死穴，即扭曲异化价值观念、错误诱导行为方式、直接刺激犯罪欲望与培训提供犯罪技能。① 不过，判断低俗化的立足点应在剧作本身，而非剧作的客观接受效果。纵观近年我国涉案剧，除数量过多之外，其低俗化主要有如下五种表现。

一是由人物或剧情所表现的价值判断存在一定的偏颇。一些涉案剧对犯罪分子的所谓"侠肝义胆"或挥金如土、纸醉金迷的糜烂生活缺乏足够的否定（如《插翅难逃》对张世豪、《荣誉》对桑震奎的刻画），在热衷于对女性犯罪活动的展示中流露的是对妇女人格的轻慢，在形象地展现对动物、弱小者的侵凌、杀戮过程、细节与对环境的破坏中传递了暴力崇拜、金钱崇拜与权力崇拜的倾向性信息。总之，一些涉案剧存在是非不分的缺点。不过，这些思想上的缺陷多不关涉政治生活禁忌而驰骋在道德伦理、文化价值与个人生活方式范围内且往往是间接折射，故其低俗化常具有隐蔽性与悄然而柔性伤人的特点。

二是对感官刺激有所追逐，存在一定的自然主义创作倾向。所谓感官刺激，指的是电视剧的声像信息止于受众的生理感官而不抵达受众的灵魂深处，作用于人的欲望而回避人的理智。一些涉案剧展示暴力残害的血腥场面时纤毫毕现，表现女性躯体的生理风情与性挑逗、性侵害时眉飞色舞、"才华横溢"。这些血腥暴力与情色暧昧的场景往往脱离主题乃至剧情需要，是可有可无甚至无胜于有的。需要指出的是，类似的感官刺激镜头并非涉案剧一家存在，如大型电视剧《三国演义》《水浒传》中血淋淋的人头滚来滚去，女性（潘金莲）裸浴洗了又洗，不厌其烦，但如是感官刺激却以涉案剧出现最为频繁。

---

① 《涉案剧退出黄金档，专家解析"暴力影视"四大死穴》，《华商报》2004年6月1日。

三是格调不高，有失大雅。作为审美对象的电视剧，不是什么内容都可以搬上银屏的。《黑冰》则存在类似低俗的内容：一是对一处推动剧情激变的"扣子"的处理：大毒枭郭小鹏为了救女同伙刘眉，指使罪犯杨春犯事入狱；杨则将装有自己精液的瓶子保温并隔着狱道投入刘眉牢内，刘眉通过注射器将精液注入自己体内怀孕。对此事，电视剧在表现手法上通过声画直接与转述间接双管并作，让人"欣赏"实在不无恶心。二是对女一号鲁晓非卧底的处理。鲁利用郭小鹏对自己的情感依赖屡屡获取犯罪方的机密信息。这种低级手段，有"软色相"利用之嫌，对我国警方形象不无污损。

四是展示犯罪手段详细、具体、生动，客观上有教唆犯罪之嫌。浙江省绍兴市一中学生绑架小学生勒索钱财，其手段克隆自叶鸿伟导演的电视剧《插翅难逃》。① 类似的情况多有发生，时见媒体报道。

五是脱离生活生编硬造，用剧情的离奇、古怪、乖张、刺激寻求的卖点。由广西明星影视文化传播公司等摄制的系列剧《红问号》在这点上表现得比较突出，其中的《迷仇记》尤为严重：生活放荡的吴小梅误以为自己染上艾滋病，心理失衡，并以滥交企图扩散疾病，报复花心男人。但是，电视剧在展示孤身一人的吴小梅报复向公安机关举报自己的安妮时无视生活逻辑，人为制造车祸、抢劫、搏斗、注射带有艾滋病毒的血液等刺激性剧情，内容荒诞不经，有悖于艺术真实。②

二 判断涉案剧低俗化的注意事项

对涉案剧的判断直接影响着所应实施的应对策略。为了准确把握涉案剧，有如下事项值得注意：

---

① 何用、王国伟：《中学生绑架小学生勒索 60 万》，《今日早报》2003 年 7 月 17 日。
② 剧情荒唐举四。一是安妮与吴小梅相互获悉对方秘密是通过出租屋中一面顶层仅糊以纸张的墙壁；二是吴小梅手无寸铁、窃车、开车撞人却屡屡得手；三是在记者周剑的陪同下，安妮为了躲避吴而躲在其他城市，吴不仅跟踪成功，而且在安妮于公共绿地休息时也能够绑架成功，将安弄到一无人居住的单元住房；四是吴向安妮注射有艾滋病毒的血液舍易求难：吴小梅在初次进入安妮房间并没有人的情况下不实施，却偏要在绑架安妮之后再注射。

第一，关于涉案剧低俗化的发育程度。

近年来的涉案剧是否已经到了泛滥成灾的地步呢？如果是，则必须全力封杀。笔者以为，涉案剧的低俗化是存在的，但还不能说已经到了肆无忌惮、泛滥成灾的程度。首先，社会各界对低俗化有反应。党和国家的有关行业管理部门对涉案剧的低俗化有警觉，也相继采取了一系列措施，近期国家新闻出版广电总局还增设了专门的管理机构"电视剧管理司"。广大受众对低俗化有所反应，有所批评。理论批评界虽未及时概括到"低俗化"层面，但警惕与指斥是存在的。其次，涉案剧的低俗化主要存在于电视剧的局部或细节之内，尚未对涉案剧整体质量构成颠覆性的冲击。最后，涉案剧的低俗化事涉宏观。伴随我国电视业的改革，业内利益的游动、收视率与广告收入的变化均关涉到低俗化，低俗化事关投资方、制作方、传播方与官方之间的互动，已经溢出艺术创作自身。总之，涉案剧的低俗化既存在，又有对之的控制；低俗化对电视剧与社会发展有妨碍、伤害，但这些妨碍、伤害又在控制范围之内，因此重在治理而不必闻之色变，草木皆兵。

第二，严格区分低俗化与其他艺术创作缺陷。

任何艺术作品终难免这样或那样的不足，作为大众文化表征的电视剧更难自外。比如，《冬至》是一部比较优秀的涉案剧，但导演也难免俗：安排由北京南下齐州的公安处长蒋寒与当地的一位女青年发生情感纠葛。判断是否低俗化的关键是看剧情有无为吸引受众眼球而寻求非理性的刺激。蒋寒处长的上述戏份没有激人欲望的情色成分。《冬至》的如是情感纠葛无助于人物性格的丰富与主题的深化，纯属蛇足，犯的错误是创作的模式化。因此，要区分低俗化与其他艺术创作缺陷，这既有助于避免将低俗扩大化，又有益于提升涉案剧的创作水平。

第三，坚持艺术批评第一原则，避免将低俗化变为打人的棍子。

对待涉案剧的低俗化要尊重电视剧的艺术制作规律。首先，要区分低俗化中的有意与无意，区分作用于低俗化中的艺术要素与经济要素。其次，文艺创作是异常复杂的精神劳动，唯有通过艺术途径才能从根本上解决涉案剧的低俗化问题。因此，涉案剧的低俗化既是社会现象，又不只是社会现象，要避免将低俗化问题泛政治化，不分具体情况地对涉案剧进行政治审判乃至道德审判。对于无益亦无害的涉案剧除了控制，也要给予其生存的权利。

三　抵制涉案剧低俗化的基本方针

取消涉案剧或不分具体作品一概将涉案剧逐出黄金时段是不足取的。其主要原因如下：一是广大受众喜爱涉案剧。在 2002 年，我国 33 个城市156 个频道 17:00~24:00 的电视剧收视监测显示，观众收看最多的是涉案剧，占收视份额的 17%。① 据有关机构的市场调查，在国家严格控制涉案剧播出的 2005 年 7 月，从京津沪穗蓉渝 6 市的电视剧收视率来看，悬疑推理剧占 4.30%，警匪/法制类剧仍然排第一，占 26.10%，比第二位的言情剧（13.00%）高出 13.10 个百分点。② 二是涉案剧有广阔的文化市场。国家新闻出版广电总局总编室副主任王丹彦认为，涉案剧不仅在中国，而且在世界都是影视作品当中最重要的类型。它被"追捧"的原因很简单，就是因为它的情节比较极端化、矛盾冲突比较强烈，且给创作者提供了很多影视表现的空间，既有人性的空间，也有故事的空间、场面的空间，非常适合影视作品表述。涉案剧在电视剧中的占比常年维持在 30% 左右。③三是电视剧的收视特点。与其他电视节目不同，观众是否收看电视剧主要不看频道、栏目与时段，而是看电视剧本身，即看电视剧的水平，看电视剧的趣味，看电视剧与自己的关系。央视-索福瑞媒介研究（CSM）的调查显示，2002 年，上星频道电视剧收视率最高的是非涉案剧题材的《刘老根》。④ 四是在电视剧的生产、传播中现已存在大量的非国有资本。2004 年国家出台的《广播电视节目制作经营管理规定》（总局34 号令）、《中外合资、合作广播电视节目制作经营企业管理暂行规定》

① 上海电视节组委会、央视-索福瑞媒介研究：《中国电视剧市场报告：2003-2004》，华夏出版社，2004，第 52 页。
② 《中国广播影视》2005 年 9 月下半月，第 90 页。
③ 赵文侠、周雪桐、佟奉燕：《涉案剧"拼杀"荧屏》，《武汉晨报》2003 年 9 月 14 日。
④ 上海电视节组委会、央视-索福瑞媒介研究：《中国电视剧市场报告：2003-2004》，华夏出版社，2004，第 53 页。

（总局 44 号令）均允许非国有资本进入我国电视剧的生产、传播领域，加之中国"入世"，中国电视业的当务之急是增强竞争力，提升包括民族文化安全在内的我国电视剧自身的制作水平。概而言之，控制涉案剧的基本方针是提高包括涉案剧在内的我国电视剧的水平，而不是取消涉案剧本身。

一味围堵而降低涉案剧制作水平势必逐渐造成严重后果。一是会降低我国涉案剧的制作水平。一方面，较之其他频道，电视台的影视频道产出比特别高。另一方面，目前我国电视剧的销售、播出市场比较透明。至2002 年，我国电视剧交易模式已经稳定，价格层次成型，业内规则明晰，黄金时段电视剧播出为电视台带来的广告收入大约为电视剧购买价格的10 倍。[1] 海润公司老总刘燕铭介绍，在电视收视的黄金时间，一部剧可以卖 10000 元一集，但过了 23 时，就只能卖 1000 元一集，在午夜时段播放对电视剧的投资方来说是收不回成本的。[2] 那么，面对上述状况，资本的趋利避害本性必然驱动涉案剧在制作上粗制滥造，形成另外一种低俗化，反过来构成对电视业与受众的另一种伤害。将 2005 年开始播放的《红问号》与前几年的涉案剧比较就不难看出，《红问号》的整体质量已下降得十分严重，个别系列实际上根本没有达到及格水平，该剧已经向我们发出了重要的警示信号。二是无益于电视银屏的文化生态平衡，容易造成电视剧发展的大起大落。涉案剧的过度减少，必然造成其他题材的急剧膨胀，如古装剧、言情剧比例过高，同样需要调控。与此同时，涉案剧的市场需求并不会因为行政干预而出现本质上的变化，因而对涉案剧的严格限制还加剧了旧涉案剧的重播比例，时过境迁涉案剧也可能卷土重来。三是受众会寻求其他渠道继续接受涉案剧。一方面，只要感兴趣，就会有相当的受众在 23 时以后收看涉案剧，而这无疑会影响人们的工作与生活。另一方面，人们可以租购涉案剧影碟，国外涉案剧还因此获取扩大其在华的生存、发展的空间。例如，韩国电视剧《大

---

① 上海电视节组委会、央视-索福瑞媒介研究：《中国电视剧市场报告：2003-2004》，华夏出版社，2004，第 20、25 页。
② 《黄金档屏蔽涉案剧》，《青岛广播电视报》2004 年 5 月 12 日。

长今》在我国的热播，打压了我国国产电视剧的生存天地。四是电视剧整体水平垂落，受众必然选择离开电视。在我们身边，这样的趋向已经出现。这不仅会造成国有资产损失，而且易使赌博等不健康的文化活动占据广大群众的业余文化生活。因此，面对涉案剧及其低俗化，我们应该采取的正确方针是用合格乃至优秀的涉案剧与其他题材电视剧替代低俗化的涉案剧，而不是打压涉案剧本身。2004 年第三批、第四批获得批准立项的涉案剧共 25 部 500 集，分别占该类电视剧申请总数的 2.4% 与 1.7%。[①] 数量乃至质量的通盘规划是否能够满足人民群众的文化需求，是需要仔细斟酌的。

总之，抵制涉案剧低俗化的基本方针是根据广大人民群众的文化需求不断提升包括涉案剧在内的我国电视剧的制作水平，用适合我国国情的优秀电视剧满足受众的文化生活需求，占据我国的电视收视市场。

四　抵制涉案剧低俗化的主要策略

控制涉案剧的低俗化是个长期的系统工程，控制涉案剧的策略包括社会控制与艺术控制两大层面。

（一）关于涉案剧低俗化的社会控制

既然电视剧不属于自我传播而属于大众传播，因此对涉案剧进行社会控制就难以避免。但电视剧又具有一般商品所不具备的特殊性，因此必须立足于社会公共利益立场来认识、处理涉案剧。除预警、直接奖罚等之外，如下社会控制策略值得考虑。

第一，控制电视剧的议题设置，将涉案剧的数量控制在一个合理的程度之内。

对涉案剧进行一定的社会控制是必要的。首先，与主旋律等褒性或中性题材的电视剧不同，涉案剧因为题材的先天因素而易出现负面信息压倒、淹没非负面信息的局面，易使受众形成错误判断。美国学者博格纳

---

① 胡占凡：《在 2005 年全国电视剧题材规划会上的讲话》，《中国电视》2005 年第 4 期。

（Gerbner）、马拉穆斯（Neil M. Malamuth）等的研究证明，由于电视的渲染，观众会将现实世界看成是电视经常表现的那样阴暗的世界。传媒对暴力、强奸的声画表现，未必会赢取受众对被害人的同情，有时反倒会激发受众的替代欲望与虐待情结。① 其次，"坏事传千里"的接受心理定式，好奇与窥探的心结使涉案剧在收视率、广告市场上具有强大的自我扩张力量。因此，如果任由涉案剧一味依市场化发展，势必助长电视剧制作上猎奇之风蔓延，促使社会反应与评价出现视听结构性失衡，弱化我国电视剧整体质量，打压其他题材电视剧的生产与传播，有悖于"百花齐放，百家争鸣"的文艺方针，难以满足广大人民群众多样化的文化生活需求。最后，一个时期以来，受经济利益驱使，涉案剧在生产与传播环节增长过快，比例过高。电视剧所带来的广告收入在电视台的广告总收入中所占比例甚高。2004 年年度电视剧广告投放总额占电视广告投放总额的 44.1%②，电视剧前后的广告收入占电视台广告总收入的 70%③，而涉案剧利润空间大，故 2003 年 8 月涉案剧的数量已经达到 2002 年全年的总量。④ 法国思想家利奥塔在《论弱者的力量》中说：游离于或外在于话语系统之外是不可能有效达到颠覆权力话语的目的的，而应介入其中。⑤ 因此，2004 年以来国家对涉案剧的控制是合理的，但要警惕矫枉过正，对如何控制要理性而慎重。

在用包括涉案剧在内的优秀电视剧替代低俗化涉案剧的方针指引下，我们应采取更为积极的应对策略。一是实行配给制管理。实行涉案剧的生产配给管理，实行涉案剧的播放配给管理，并根据形势变化给予其合理的比例。二是根据广大受众，尤其是青少年心智发育程度的差异，尽快实行适合中国国情的电视剧分级播放制度，以减少电视剧被"误读"。从这个意义上讲，让平庸的涉案剧退出黄金时段播出是正确的。但是，这种退出

① 〔美〕奥格尔斯等：《大众传播学：影响研究范式》，常昌富、李依倩译，中国社会科学出版社，2000，第 19、369~398 页。
② 《中国电视剧市场报告（2005~2006）发布》，《中国广播影视》2005 年 7 月上半月。
③ 上海电视节组委会、央视-索福瑞媒介研究：《中国电视剧市场报告：2003-2004》，华夏出版社，2004，第 20 页。
④ 赵文侠、周雪桐、佟奉燕：《涉案剧"拼杀"荧屏》，《武汉晨报》2003 年 9 月 14 日。
⑤ 转见于文秀《"文化思潮"研究导论》，人民出版社，2002，第 135 页。

应该规范化，从长计议，避免大起大落。三是建立奖优罚劣机制。充分运用行政、政策、经济等要素鼓励优秀的电视剧，抑制低劣的电视剧。比如，既然黄金时段播放资源有限，那么国家可以允许该时段向优秀涉案剧开放，通过时段的不同含金量拉大优秀电视剧与平庸电视剧之间的经济收入差距，用经济杠杆扶优灭劣。四是适当放开生产环节，重点控制播放环节。市场经济的特点是商品必须通过市场交换与消费才能够收回生产成本进而赢利。控制好播放环节，就是通过经济要素来调整资金向生产优秀电视剧的方向流动。这还有助于减少因行政力量对涉案剧的控制所带来的有关制片方、编导方对国家电视传媒政策的冲击。五是建立关于涉案剧的综合评价制度。一方面，评价应是刚性的。一部电视剧无法通过播放环节获取播放许可证势必证明投资决策失误，形成投入损失。另一方面，评价又是柔性的。美誉度可以为投资方、生产方与播放方带来难以估量的无形资产。当然，对涉案剧的评价应该建立一个有主有次的综合评价体系，实行评价者的来源多元化制度，由官方评价、行业评价、专业评价与受众评价共同构成，相辅相成。与此同时，评价机构应该保持评价的独立性，只对剧作负责；评价机构要实行责任制，评价者如恶意背离公正则必须让其为此付出特别沉重的代价。六是控制犯罪人物在剧中的戏份。为了避免有意无意间对犯罪人物的美化从而造成受众尤其是青少年受众的价值观出现是非混淆，涉案剧要尽量避免让犯罪人物充当电视剧的一号人物。

第二，出台政策，加强电视剧的编剧工作。

编剧是电视剧生产的基础与最重要的软力量。与我国的导演中心制不同，美国等西方发达国家实行编剧中心制。编剧在美国电视剧的生产中最有发言权，成熟的编剧还成为电视剧生产的总指挥与"唯一权威"，导演、演员反成为"技术工人"。[①] 韩国电视剧的编剧权力也大于中国。在韩国，一部电视剧前期筹划约两年半，由导演、编剧、制片人三方共同策划剧本，编剧有时可以直接介入演员的挑选。[②] 与导演、演员等相比，编

---

① 苗棣：《美国电视剧》，北京广播学院出版社，1999，第 108、129 页；苟世祥等：《美国电视剧产业运作解密》，《中国广播影视》2005 年 8 月上半月。

② 张卓：《韩剧的温情抓住了中国人的心》，《中国青年报》2005 年 10 月 24 日。

剧的劳动最为复杂，培养最为艰难，但我国编剧的经济回报却相当低。[①] 21 集涉案剧《荣誉》每集的制作成本为 50 万元，而 3 位编剧的片酬为 21 万元，均摊到每个编剧身上，每人每集的酬劳为 3000～4000 元。相形之下，演员片酬却占电视剧制作总成本的 40%～50%。[②] 实际上，包括影视编剧在内的我国文艺创作队伍，近 20 年来一直处于不断萎缩状态。有关的影视文学专业的学生不热爱编剧工作，曾公开对授课老师说："老师，不怕你难过，我们班其实没几个人想过要搞专业，即便想搞，也搞不了。"[③] 现阶段我国电视剧编剧的中坚力量是出生在共和国前 20 年间的几代"文学青年"，影视编剧业实际上是在吃老本。居安思危，国家应该采取得力措施，加大影视编剧的建设力度。除了完善奖罚制度之外，还要采取经济、法律等软措施来推动电视剧编剧队伍的良性发展。首先，尊重知识产权，对现有的片酬制进行一定的改革。目前，电视剧编剧的片酬制混淆了简单劳动与复杂劳动之分，不利于编剧队伍整体素质的增强，故宜改行版税制。版税制的特点是编剧与投资方、出版方利益一体，盈亏同步，既然电视赢利基本来自广告收入，因此，实行版税制，编剧就可以依据出版合同在电视剧的广告收入乃至音像制品的销售收入中，按比例获取个人的经济分成。涉案剧社会综合评价指数好，热播或重播率高，编剧就会与出版方一起增加经济收入，反之亦然。其次，建立编剧与制片人间的互动，通过有关的政策、法规支持、鼓励编剧涉猎制片人领域，提升编剧在电视剧生产中的地位，最终确立编剧为涉案剧生产的终极权威力量。美国著名影视编剧、制片人约翰·韦尔斯说："人们认识到，电视剧拍不好的主要原因是没有好编剧。而如果你想要聘用真正优秀的电视剧编剧，他却会伸手要更多的创作控制权。"[④]

除此之外，鉴于评论对电视剧生产、接受的特殊作用，国家还应该出

---

① 我国电视剧明星的片酬占全部制作成本的 1/4 左右，且为税后纯收入，见宋文娟《韩剧营销启示》，《中国广播影视》2005 年第 8 期。

② 上海电视节组委会、央视－索福瑞媒介研究：《中国电视剧市场报告：2003－2004》，华夏出版社，2004，第 107 页。

③ 陈晓春：《影视剧创作：理论·技巧·案例》，北京广播学院出版社，1999。

④ 苗棣：《美国电视剧》，北京广播学院出版社，1999，第 133 页。

台得力的政策、法规与措施，加强对电视剧评论力量与阵地的建设，大幅提高评论者的经济收入与荣誉收入。

（二）关于涉案剧低俗化的艺术控制

这里所谓的艺术控制，指的是电视剧艺术家，尤其是编剧遵循电视剧的艺术创作规律而进行的艺术探索、艺术完善与艺术自律。为了避免涉案剧低俗化，电视剧的生产者需要妥善处理如下关系。

1. 坚持涉案剧的思想性、艺术性与观赏性的有机统一

电视剧以声像符号为主，接受环境多为家庭客厅，因此没有观赏性，电视剧就势必失去受众，失去市场，有等于无。但是，电视剧又是文化商品，客观上总是存在这样或那样的价值导向，有一定的社会教育作用，因此，忽视涉案剧的思想性，不仅浪费受众时间，而且会在潜移默化中模糊、动摇受众的是非善恶观。同时，电视剧又属于艺术，涉案剧的生产必须遵循艺术生产规律，通过艺术性来实现思想性与观赏性。比如，一些涉案剧为什么会出现黑道人物、犯罪人物英雄化的低俗创作倾向呢？究其底里，是剧作在审丑上出现偏差。这里所谓的丑，指的是审美认识中的反价值，是在审美活动中所引起的否定性情感反应，在现实中具有的是消极、否定的价值判断。而黑道人物、犯罪人物的英雄化恰恰是必须被否定人物的无否定。对此，审丑既是原则，也是对策。具体的经验化处理有二：一是不单表现反面人物的行为之丑，更要揭示那些毒枭、腐败分子的精神之丑。只有把握好人物的精神性质，电视剧对反面人物的定性才是准确的。如果涉案剧仅仅表现犯罪分子的罪恶行为而不深入分析犯罪分子的精神世界之丑，那么剧作就没有实现对人物的否定，就在思想性、艺术性上出现了重大缺陷，善恶不分、美丑莫辨势必对犯罪分子无法形成根本上的否定性情感反应。二是适度表现受害人所遭受的伤害，尤其是所遭受的精神损伤。受害人的痛苦是审判丑恶之镜，可以强化、放大犯罪分子的消极与所应遭到的否定。共和国十七年红色文艺经典的成功经验之一就是善于通过表现敌人对英雄或无辜者的伤害来发动、聚集广大受众对反面人物的敌视与仇恨。

2. 坚持审美性与接近性、通俗性的有机统一

作为视听艺术的电视剧必须通过审美来实现电视剧的生产、流通与消费之间的良性循环，而作为大众文化的电视剧又必须将审美牢固地建立在为受众所喜闻乐见的接近性、通俗性上，而不能孤芳自赏。与一般涉案剧不同，由高群书导演的《命案十三宗》将所关注的犯罪对象由社会中上层的高官大亨转移到普通百姓，由权力犯罪、财富犯罪、高科技犯罪转向普通人的激情犯罪、性格缺陷犯罪与偶然性犯罪，并通过艺术概括与纪实化的创作风格展示社会缺陷、性格缺陷、偶然性与犯罪行为之间的互动共鸣所带来的社会悲剧与个人悲剧。而这对社会的管理层与电视机前的个体受众、家庭受众有相当深刻的警示意义与教育作用。《命案十三宗》雅俗共赏，化消极为积极，贴近群众并为受众所喜闻乐见。该剧的走红说明，坚持审美性与接近性、通俗性的统一是避免涉案剧低俗化的重要策略。

3. 坚持娱乐性与创新性的有机统一

与书报刊不同的是，电视是以娱乐为主的传媒，而电视剧则在电视媒体中占据十分重要的分量。由《中国广播影视》期刊主持的京津沪穗蓉渝6市的收视率调查中，居第二位的时政消息类占总数的 11.70%，而占第一位的电视剧则高达 36.70%，高出前者 25 个百分点。[①] 中国人每日收看电视剧为 52 分钟，居各类电视节目收视之首，所占比例为 30%。[②] 虽然涉案剧在电视剧中举足轻重，但求其上者得其中，艺术创新是对电视剧的最高要求，因此寻求娱乐性与创新性相统一则成为抵制涉案剧低俗化的天然良方。

涉案剧的艺术创新主要集中在人物创新与艺术表现方法创新上。先说人物创新。同为涉案剧，《冬至》虽然调子低沉些，但其总体质量之所以能够高出有主旋律涉案剧之称的《荣誉》一筹，就在于前者告别平面重复，为我国影视人物画廊增添了陈一平这一新典型人物。人物典型融多种艺术要素于一体，可以增加作品思想的丰富性，常见常新。再说艺术表现方法创新。它包括叙事方法的运用，艺术符码的排列，声光的调度，人

[①] 转引自《中国广播影视》2005 年 9 月下半月。

[②] 上海电视节组委会、央视-索福瑞媒介研究：《中国电视剧市场报告：2003-2004》，华夏出版社，2004，第 36 页。

物、剧情、主题之间的互动。《红问号》通过肖记者与教授之间的交流叙述故事，评说剧情人物有关法律、道德等的得失，在艺术形式上还有一点新意。当然，更多的艺术表现方法创新在非涉案剧，如根据中国现当代作家艾芜小说改编的同名电视剧《南行记》，其艺术创新精神，值得电视剧界敬仰。

4. 坚持艺术构思与生活积累的有机统一

一些涉案剧因剧情的离奇、古怪、乖张而堕入低俗化的原因主要有二。一是有的编导对公安司法工作与犯罪分子的习性、心理不熟悉，用想当然代替生活真实；二是有的编导对涉案剧有误解，以为涉案剧必然剧情曲折、离奇，以怪为美，片面求险。"学而不思则罔，思而不学则殆。"生产涉案剧应该将艺术构思与生活积累相统一。首先，生活高于市场，电视剧的编导要熟悉生活，熟而生巧。编导应尽量处理自己熟悉的生活题材，在无可回避时则必须深入生活，熟悉生活，积累生活。其次，从艺术需要与社会效益出发处理涉案剧所涉及的暴力、情色等内容。韩国电视剧《大长今》的有关处理值得注意。在该剧第31集中，有一处剧情如下：当崔尚宫发现长今是明伊的女儿之后回忆往事。明伊是韩尚宫最好的朋友。崔尚宫拟害皇后娘娘时为明伊发现，逼明伊喝毒药自杀，但明伊未死，崔再遣人以箭杀明伊。这样的剧情，若换由我国某些导演去处理，往往一边现代时的宫廷叙述，一边血淋淋的往事声画。但《大长今》仅仅采用现代时的回忆而放弃血腥旧事的倒叙。这除了表现出韩剧的唯美主义追求之外，也可以回避感官刺激。韩剧的创作手法值得借鉴。因此，除了尽力避免感官刺激性的声画之外，在确有必要的情况下，生产者也要拒绝渲染，点到为止，最好借鉴中国传统文化的含蓄化表达，如双关、比喻、暗示、象征等。比如，夫妻新婚喻以鸳鸯戏水画面，强暴场面无妨用茶盏坠地粉碎来暗示。再次，大力培养既熟悉影视艺术又熟悉公安司法工作的复合型人才。最后，在涉案剧的生产、传播环节增添来自公安、司法的顾问、审核力量，保障艺术真实，防止传播犯罪技能，杜绝安全信息泄密。

本文完成于 2005 年，发表于《现代传播》2006 年第 1 期

简析红色经典对历史题材影视
艺术创作的定位与校正

　　一个时期以来，历史题材创作成为我国影视艺术，尤其是影视剧出现较大创作缺陷与争议较大的文艺领域之一。其原因是多方面的，事关主客观诸多因素。对此，拙文《红色景观中的艺术魔幻》（《都市小说》2012年第3期）、《电视剧〈小姨多鹤〉：关于当前我国历史题材电视剧创作的思考》（《写作》2017年第5期）已有所讨论，但尚未发现学界对其中的创作主体因素有专文深究。文艺创作的复杂性与大众文艺的特殊性，决定消减历史题材影视艺术创作的重大缺陷必须实事求是，尊重艺术创作规律与大众传播规律，依据艺术创作的标准强化艺术创作主体的综合素养、艺术素养，为艺术创作提供良好的主观条件。而最近网站自制剧增加①与《中华人民共和国英雄烈士保护法》在2018年5月1日起实施，更加大了强化文艺创作主体素养的必要性与紧迫性。纵观一个时期以来，历史题材电视剧所存在的不良创作倾向，涉及红色经典的创作值得注意。红色经典可以成为我国文艺创作主体的营养渊薮，与历史题材影视创作之间的良性互动对保持创作水准具有无以替代的特别功用。不过，红色经典与历史题材影视艺术，尤其是影视剧的创作关系尚未引起学界与业界的关注，故专文探讨颇有必要。

---

　　① 徐颢哲：《网站自制剧迎来爆发式增长，自制剧蛋糕卫视还剩多少》，《北京日报》2018年5月23日。

一 当前历史题材影视艺术创作的主要缺陷与温习红色经典的必要性

相较于其他文艺创作，我国一个时期以来的历史题材影视创作，尤其是电视剧的缺陷是突出的。其主要表现有如下几点。

第一，题材时段集中于中国近现代史，尤其是中国共产党的诞生历程。1840 年爆发的第一次鸦片战争成为中国近代史的开端，中国从此告别传统的封建主义农耕社会，在漫长的现代化社会转型过程中被逼无奈成为半殖民地半封建社会。1949 年 10 月 1 日，中华人民共和国成立，华夏大地开始国家独立工业体系的大规模建设，初期以苏联为师，有成就，也有不小的挫折；1978 年党的十一届三中全会确立了以经济建设为中心的基本路线。引发争议的历史题材影视剧以 1840 年至 20 世纪 50 年代的历史时域为时代背景，重心在 1911 年至 1949 年间的民国时期。电视剧《白鹿原》的历史跨度大，从晚清直至 20 世纪 40 年代末，电视剧《小姨多鹤》、电影《活着》将故事的时间舞台集中在中国现代史后期至中国当代史的前期。至于破绽百出的所谓"抗日神剧"则将艺术舞台的时间幕布搭建在 20 世纪 30 年代至 40 年代的抗日战争时期。

第二，创作时点立足当下，体现时代要素。影视艺术创作者不可能脱离创作时代，创作总是一定的时代产物，创作的当下成为创作主体无法摆脱的前在，即意大利克罗齐所谓的"一切历史都是当代史"。历史题材影视艺术创作者在创作中总会有意或无意间留下其所处时代的要素，并主要表现在社会思想、文艺思想与表现手段上。首先谈社会思想。如果将与影视艺术内容中的历史知识、历史规律相关的当代社会思潮被生硬地植入作品，就很容易歪曲历史，如否定暴力革命在中国社会发展中的必然性，势必忽视甚至无视中国新民主主义革命中的一般性与特殊性，漠视中国国情，忽视暴力革命与背后支配性的中国文化之间的必然联系，不能不影响作品的内容深度与启迪力量。其次谈文艺思想。与历史题材影视艺术创作规律不相符的文艺观被强行贯穿于作品中，很容易影响作品的艺术表现力，如漠视艺术虚构、想象力对生活的依赖，作品很容易以偏概全，甚至歪曲生活，歪曲历史。有的影视剧刻意表现大地主对佣工、长工的兄弟般情谊，忽视了双方的阶级规定性与制度的决定性，不太懂得"咆哮虎""笑面虎"都属于"会吃人的老虎"的根本规定性、普遍性，用表象来模糊甚至掩盖主人与佣工的关系，难免产生一定的欺骗性。最后谈表现手段。艺术手段再繁复多样，若不适宜于艺术内容，很容易导致艺术创作的肤浅与一味游戏。如单纯追求视听符号的感官冲击力、愉悦性，片面追求让高颜值的年轻演艺明星出演八路军、解放军指战员角色的艺术安排，容易导致内容单薄甚至空洞，表演亦简单，游离于角色的性格规定性，甚至装模作样。毫无疑问，社会思想、文艺观念与表现手段若与作品的内容错位，则不仅不会产生艺术的陌生化，反而会降低甚至扭曲艺术创作的认识价值、审美价值。

第三，思想认识失当成为历史题材影视艺术出现重大失误的关键。艺术创作，重要的不是写什么，而是怎么写。选择什么样的题材或怎样的历史题材，是创作者的自由；选择一定的世界观、历史观、艺术观与历史题材互动，也是创作者的自由。但是，创作者的自由不是无限的，绝对的，还必须接受历史规律的限制，接受艺术创作规律的制约。一个时期以来存在较大缺陷与争议的历史题材影视艺术创作，在思想上的不足有大小之辨，即大处误断与小处误解。所谓大处误断，即创作主体对创作题材所涉及的历史发展规律的误断，对一定的历史现实特征与社会属性的误断。有的历史题材影视剧对我国 1840 年以来的革命，尤其是 1919 年五四运动以降的从新民主主义革命到 1949 年 10 月中华人民共和国诞生后的社会主义建设初期的社会性质与历史发展规律把握不准，存在重大误断。如电视剧《白鹿原》回避旧中国广大贫苦农民在中国共产党的领导下奋起反抗阶级压迫的合理性，有意无意间忽视了中国近现代左翼革命的必然性，也抹杀了新民主主义革命与封建社会农民起义之间的本质区别。电视剧《小姨多鹤》在反思"二战"后日本在华遗孤的普遍生存处境的同时，却漠视中国共产党人一贯坚持的将日本人民与日本军国主义分子相区别的立场与政策，在一定程度上歪曲了相关历史，并进而动摇作品的审美价值。所谓小处误解，指的是创作主体对创作题材所关涉的微观历史认知有误。如 2014 年 6 月 29 日，中央电视台"世纪花为媒"评剧大赛中，一位演员在出演经典评剧《刘巧儿》的"采桑叶"一段时，误以为20世纪中叶农村姑娘用手中的工具采回桑叶是直接纺线而不是喂蚕宝宝。我国文艺创作者时常表现出的历史无知令人触目惊心。如有的电视剧中的中国年轻女性从裤裆里掏出手雷与身旁的日本鬼子同归于尽（《一起打鬼子》），手撕日本鬼子（《抗日奇侠》）的雷人情节。同时，小处误解与大处误断之间往往存在一定的联系，小处误解容易生发大处误断。

第四，一个时期以来的历史题材影视艺术创作存在的不良倾向，具有一定的历史虚无主义色彩。历史虚无主义，20世纪20年代即已出现，但近年为盛，[①] 指的是重新解读历史时，通过否定马克思主义的指导地位和中国走社会主义道路的必然性，从而否定中国共产党执政合法性的社会思潮，实质是历史唯心主义。[②] 历史题材影视艺术创作中的历史虚无主义色彩呈现出如下特征：一是否定中国革命的历史必然性；二是否定中国近现代史存在阶级矛盾与阶级斗争的客观性；三是否定阶级分析的历史研究方法的合理性；四是"否定中国走向社会主义的历史必然性"。[③] 如电视剧《白鹿原》一方面淡化关中平原白鹿村地主与雇工之间的阶级矛盾，突出控制基层乡村政权与经济权力的族长、大片土地所有者白嘉轩与长工鹿三之间的情谊，淡化其间的所有制所形成的双方之间的根本性关系；另一方面鼓吹脱离社会实际的人际调和，模糊中国近现代史上各种暴力活动的正义与非正义的社会根源，在否定暴力革命对生命的戕害上缺乏社会因果的区别，放大红色革命的历史局限性，淡化了中国共产党所领导的新民主主义革命的伦理正义。

一个时期以来历史题材影视艺术存在的不良创作倾向，形成原因是复杂的。一方面，它和针对既往历史题材小说创作简单化与中国近现代史中的仁人志士对失误的矫枉过正惯性相连；另一方面又和中外商品流通、思想交流乃至市场上商品极大地供过于求而出现的面向全社会扩散的消费主义倾向相关，与后现代主义思潮扩散下的社会思想变迁相关，与社会现实

---

① 龚云：《历史虚无主义是种倒退的思想》，求是网，http://www.qstheory.cn/zhuanqu/qsft/2016-07/11/c_1119197142.htm。

② 本书编写组：《史学概论》，高等教育出版社，2009，第126页。

③ 《2013年6月25日中共中央政治局第七次集体学习时的讲话》，求是网，http://www.qstheory.cn/zhuanqu/zywz/2015-09/24/c_1116665737.htm。

和文艺创作互动而形成的一定的社会思潮、文艺思潮相关，与一定的社会现实、社会思潮与文艺思潮对创作主体的世界观、历史观、艺术观的冲击相关。2016 年面世的方方的小说《软埋》无视中国现代史严重的阶级矛盾、贫富分化实际，而孤立地凸显土改运动中的历史缺陷，进而否定中国现代史上土地改革的历史必要性，这是一定的世界观、历史观与文艺观的结合而形成的右翼思想在文艺创作中的必然产物。

一个时期以来，历史题材影视艺术出现的不良创作倾向，既说明了问题的严重性，又折射出文艺工作的复杂性、艰巨性与特殊性。文艺创作有自己的规律，单纯依靠行政手段或既往一度盛行的大批判方式是不能解决问题的，且会适得其反。历史题材又不同于现实题材，历史实际往往无法为创作者直接感受，单纯依赖想象创作自然轻松、省事、任性。内因是事物发展变化的根据，为此，心病心治的基本原则是应坚持的。一方面，尊重文艺创作的精神文明建设特点与文艺创作规律，依靠艺术原理实事求是，坚持科学的文艺批评。另一方面，追根溯源，加强直面历史实际的共识与非共识的有机统一，强化对策的针对性与工作的持续性。现有历史题材影视艺术的缺陷，充分说明不当创作积习的普遍性及其社会土壤的厚植，思想工作难度颇大。针对一个时期以来历史题材影视艺术创作所存在的不良倾向，坚持直面现实、直面史料、直面历史实际的基本方向，用历史实际教育作家，打动艺术工作者，用扎实的史料启迪人，用社会现实警醒人。一句话，用现实、史料、历史实际帮助创作主体接受辩证唯物主义和历史唯物主义，树立正确的历史观、文艺观。

红色经典由此大有用武之地。红色经典来自现实，来自史料或成为史料，历经历史淘洗而不灭恰恰在于内容可靠，体系具有一定的优越性。重温经典，可以有力地帮助创作主体开阔视野，明辨是非善恶美丑，认识历史的本来面目，在最大程度上逼近历史真相。红色经典，是帮助文艺创作者识别历史真相与历史发展规律并保持头脑清醒的重要精神渊薮。

二　三大红色经典与历史题材影视艺术创作

改变当前我国历史题材文艺创作所存在的背离历史发展规律现象以及

历史虚无主义的不良创作倾向的关键在教育，在于优化文艺创作主体的综合素养，而培育创作者良好的综合素养的重要途径之一是直面红色经典。红色经典，是当今我国历史题材文艺创作者不可或缺的精神食粮。

第一，温习红色文艺经典。所谓红色经典，喻指中国共产党成立后，在中国共产党人的感召下，由以左翼为主的进步人士所撰写的体现辩证唯物主义和历史唯物主义原则，集中反映中国人民反帝反封，追求社会公正的坚定社会主义方向并经历史淘洗而至今仍不乏重大精神价值的优秀著述。红色文艺经典，是红色经典的重要组成部分，以1942年毛泽东《在延安文艺座谈会上的讲话》之后20年为创作高潮，体现左翼进步思想追求。红色文艺经典，用艺术的形式形象地反映了中国近现代史100多年来中国人民追求民族独立、社会公正、祖国富强的前仆后继的奋争及其精神历程，表现了以中国革命为主导的社会变迁与精神改造的历史必然性，显示了中国左翼社会运动方向的伦理正义性。梁斌的《红旗谱》、周立波的《暴风骤雨》、丁玲的《太阳照在桑干河上》、梁信的《红色娘子军》反映中国人民在中国共产党的领导下推翻压在中国人民头上的封建主义、帝国主义、买办资本主义三座大山的艰苦卓绝、英勇牺牲及其历史复杂性的同时，又表现了阶级压迫下广大贫苦农民革命的自发性，通过艺术张力雄辩了新民主主义革命的必要性及其胜利的必然性。茅盾的《子夜》《林家铺子》《春蚕》反映了半殖民地半封建旧中国民族资本主义的前在弱势或民族资产阶级的先天软弱性。杨沫的《青春之歌》反映中国知识分子在中国现代历史大潮中分化的分流，又在中国共产党对知识分子群体的强大政治伦理感召力中刻画了知识分子群体的思想矛盾与精神变迁。小说《红岩》《红日》与根据小说改编的影视艺术作品直接刻画了中国共产党人砸碎剥削阶级国家暴力机器的大公无私、坚韧不拔、自我牺牲与一往无前。而赵树理的《三里湾》、柳青的《创业史》、浩然的《艳阳天》叙说了广大翻身的贫苦民众，尤其是农民进入社会主义建设时期用毛泽东思想武装头脑，努力摆脱小农经济束缚而奔向现代化社会的决心、干劲。红色文艺经典是形象的历史教科书，袒露着中国人从新民主主义革命到社会主义建设时期的梦想追逐，其间的精神体温徐徐舒展开一大段历史的全景画卷，有益于当今文艺工作者进行历史题材文艺创作或再创作借鉴，在对历史的多维考察中把握历史主流与历史发展规律，减少甚至消除历史的重大误读。

第二，温习红色新闻经典作品。今天的新闻将成为明天的历史。如果说红色文艺经典强于彰显中国近现代史的质感与精神烙印，那么，红色新闻经典则强于记录历史，并在记录中影响社会，影响历史。重温红色新闻经典，有助于历史题材文艺创作者掌握历史的现象真实与本质真实，准确地把握历史的原始风貌与历史发展规律。近年来，赞美1927年至1937年的所谓民国十年的主张颇有市场，大有不控制舆论场不肯罢休的气势，并进而极大地冲击着时下的历史题材的文艺创作。那么，民国十年究竟怎样呢？中国共产党新闻业的奠基人范长江1936年1月采写的《祁连山北的旅行》足以揭开民国十年华丽长袍的衣摆，暴露其未必光鲜的里子。范长江1928年考入专为国民党培养政工干部的南京国民党中央政治学校，这在常人看来无异于获得了一个大好前程。但是，1931年"九一八"事变后国民党当局坚持的"攘外必先安内"的不抵抗政策，让包括范长江在内的广大爱国青年彻底失望。为了追求真理，范长江愤而逃离金陵北上北京大学改学哲学，并身体力行，1935年以和蒋介石的国民党政权关系密切的天津私营《大公报》特约通讯员身份自费开始西北采访。在河西走廊，范长江目睹张掖、酒泉等城市的大量贫苦民众食不果腹，衣不蔽体：十之七八的少年没有裤子穿，有家的人赤身裸体围坐炕上裹被避寒，一家人只有外出才穿上家中仅有的一条破裤子；流浪的儿童只能躲在达官贵人的高门大院的墙角，燃一点木片、柴枝温暖光裸的躯体，一两条街在夜半会响起流浪儿童们彻夜的濒死哭声。其中，论自然条件和街景，张掖是不输给当时的河北省省会保定的。那么，河西走廊的百姓生存何以如此苦寒？其重要原因是种植鸦片而生的高昂的"烟亩罚款"。其实，广大贫苦农民是反对种植鸦片的，但官府拒绝贫苦农民不种鸦片的请求，因为县长可以从"烟亩罚款"中抽取5%的报酬。显而易见，河西走廊老百姓的啼饥号寒不是来自天灾，而是来自人祸，来自国民党当局的倒行逆施。这难道不是所谓的"民国十年"吗？毫无疑问，范长江的西北新闻报道戳破了而今"民国十年神话"的美丽气泡。其实，范长江的新闻报道并非个案。来自美国中间派报刊的记者斯诺，1929年对中国绥远等地的新闻报道同样触目惊心：饿殍遍地，卖儿鬻女，无数穷人流离失所。斯诺如实记录了中国百姓挣扎在死亡线的凄苦命运。需要指出的是，1936年进行西北采访时的范长江并不认同中国共产党的左翼道路，当时的新闻报道惯称中共为"赤匪"。正是中国共产党人为最广大的穷人谋幸福的无私追求，深深打动了范长江、邹韬奋们，打动了美国记者斯诺，促使范长江们由右而中间，由中间而"左"转变。范长江、斯诺的政治认同变化，恰恰说明中国新民主主义革命的历史本真，显示了中国共产党顺应时代进步潮流，代表广大穷人根本利益所根植的社会伦理正义与在此基础上形成的强大感召力。毫无疑问，当前历史题材文艺创作者只要敢于直面当年的红色新闻经典作品，其历史的误断或偏见就不可能不受到冲击。

第三，温习红色理论经典作品。理论体现了人类对世界、社会、历史本质规律的理性把握。相较于红色文艺、新闻的经典作品，红色理论经典从理论高度剖析中国的社会矛盾、思想流变与历史发展规律，展现以中国共产党为首的左翼群体的世界观、社会抱负、人生理想，展现左翼理论界、学术界的学术修养、理论视域与政治品格、伦理取舍。重温红色理论经典，首先必须重温以毛泽东为首的第一代中国共产党领袖的理论著述。以毛泽东为首的第一代中国共产党人，是中国从民主主义革命到社会主义建设的亲历者、领导者、奋斗者，并为之做出巨大的牺牲。其中，毛泽东的著作最为突出，集中体现了第一代中国共产党人的崇高理想、远见卓识、坚韧不拔。收录在《毛泽东选集》《毛泽东文集》中的《中国社会各阶级分析》《为人民服务》《纪念白求恩》《愚公移山》《论持久战》《在中国共产党第七届中央委员会第二次全体会议上的报告》诸篇袒露了一代伟人卓越的政治洞察力、超前的时代远见力、强大的逻辑雄辩力，以及坚定的理想、信念、意志，彰显了中国共产党的时代先进性与在新民主主义革命中战无不胜的历史必然性。其次，应多接触其他左翼人士的优秀理论著述。如郭沫若1944年出版的《甲申三百年祭》社会影响深远。其关于明末李自成农民起义的得失归纳，于无形中提示中国共产党人20世纪40年代末面对即将取得的全国胜利需要自我警醒，思考保持无产阶级专政胜利果实不枯萎、不变味，体现了中国共产党人所领导的迥异于封建社会农民起义改朝换代的左翼革命的时代进步性，预示共和国成立不久即由刘青山、张子善案件所开启的社会主义自我革命的必然逻辑，有益于在继续革命的社会背景下理解当前中国共产党人对党内腐败分子的摧枯拉朽般荡涤的历史必然。

毫无疑问，历史题材文艺创作者重温红色理论经典，有益于增进理论自觉性，坚定社会主义立场，完善或调整观察历史的视角，从而在全方位审视的基础上建构文艺创作的历史观与文艺观。

三　红色经典的局限性与其他文化资源

改变当前我国历史题材文艺创作所存在的背离历史发展规律现象及历史虚无主义的不良创作倾向，需要多元的文化资源。因此，直面红色经典并不等于唯红色经典，也不等于无视红色经典的历史局限性。

首先，历史题材文艺创作者应接触其他政治思想或学术谱系的著述。兼听则明，这样的全方位接触也包括接触来自中间派别或右翼的著述。有比较才有鉴别。1930 年正式出任北京大学校长的蒋梦麟曾留学美国，1949 年追随国民党政权去了台湾并客死异乡，政治立场中右，其回忆录《西潮》《新潮》颇具史料价值，有助于当今历史题材影视艺术创作者真切地了解从晚清至 20 世纪 40 年代的中国近现代史实际。如蒋梦麟的《西潮》认为，"如来佛是骑着白象到中国的，耶稣基督却是骑在炮弹上飞过来的"[①]，指斥西方列强对中国的赤裸裸的武装侵略，这是蒋梦麟对半殖民地半封建旧中国切身体验的归纳、提炼，恐让不少今人意外。全方位接触史料，有助于创作主体登高望远，明辨是非善恶美丑，便于多视角、全方位地审视历史事实、风貌、潮流、特征及其历史发展规律，创作优秀的文艺作品。

其次，历史题材文艺创作者应接触当代优秀的具备经典潜质的著述。历史研究总要踏在前人的成果基础上前行，改革开放以来涌现的杰出研究有益于文艺创作者更为全面、深入而准确地把握历史。1994 年辞世的罗荣渠的《现代化新论》（商务印书馆，2004）视野开阔，贯通中西，大开

---

① 蒋梦麟：《西潮与新潮》，人民出版社，2012，第 14 页。

大合，有助于我们理性地理解中国现代化社会转型的一般性与特殊性，有益于减少创作中对历史题材所涉及的历史，尤其是历史潮流的误解。

再次，客观把握红色经典的得失，坚持主次分明的判断尺度。总体看，红色经典追求社会公正，主导是进步的，不足在某种意义上可以视作进步所无以避免的代价。创作主体应抓取事物的主要矛盾，尊重红色经典内蕴的科学性、进步性，恰当处理其历史局限性。

最后，实事求是。历史题材创作者面对纷繁复杂的历史事实与材料，唯有尊重事实，尊重史料，尊重社会公正，尊重社会各阶层的合理利益诉求，尊重时代的进步性，才有益于在最大程度上逼近历史真相，把握历史发展规律，实现文艺创作的历史价值与审美价值的有机统一，从而创作出优秀的文艺作品。

红色经典，是一面历史明镜，是历史题材文艺创作者不可或缺的精神食粮，颇值得创作主体重视与直面。

本文完成于 2018 年，发表于《郑州轻工业学院学报》

（社会科学版）2018 年第 5 期

都市婚恋生活艺术场景的
传统伦理回归

——评电视连续剧《夫妻那些事》

准确些讲，将长篇电视连续剧《夫妻那些事》划入都市婚恋伦理剧的范围恐更为恰当。该剧较好的市场反应、优秀的观众口碑、突出的艺术成就乃至若干不足，与编导在对我国当代婚恋生活艺术场景的描绘中善于将影视艺术与传统伦理对接并从内容到形式进行可贵的艺术探索是密不可分的。

《夫妻那些事》的艺术贡献主要表现在三个方面，此即当代都市婚恋生活的特定伦理思想视角，"一军在先"、"三头齐进"与"五线团簇"的叙事结构，王朔式智慧气场下京派幽默的挥发。

一 当代都市婚恋生活的特定伦理思想视角

我国当代都市婚恋生活与特定伦理思想视角相结合，构成《夫妻那些事》一剧突出的内容走向。电视剧围绕主要人物不同婚恋生活道路的选取和由此生发的命运波澜，以社会转型与快速现代化为背景，在展现我国当代都市绚烂多彩的婚恋，尤其是其间生育的生活画卷的同时，又以特定的伦理价值体系进行了有力的审美判断。婚恋现实与特定立场的交织，锚定了《夫妻那些事》一剧的生活范围和内容重点。该剧以丁克生活为核心，题材是新颖的，审美判断讲求依托儒家伦理体系，思想视角又是鲜明的。新颖的题材与鲜明的主题之间的接触、碰撞、融合推动编导在银屏上打造出电视剧的内容个性，并为电视剧独特艺术魅力的营构打下扎实的审美基础。

《夫妻那些事》的内容个性鲜明而丰富。首先，电视剧以丁克生活为核心，为全剧的时代风貌涂抹了最为浓重的笔墨，也为艺术场景中所流动的轻喜剧风格浸润了基本色调。所谓丁克（dink），指有双份收入而无子女的颇为前卫的家庭结构。① 这种自 20 世纪起在欧美发达国家开始流行的婚恋生活模式伴随改革开放大潮的拍打而在中国都市扩散，离不开中国社会转型与中西文化互动的现实背景。剧中和丁克生活方式沾边的男女虽不止一对，但林君、唐鹏夫妇无疑表现得最为突出。这对夫妇接受了高等教育，凭一技之长而经济收入不菲，社会地位较高，是典型的都市白领。他们深受快节奏都市生活的挤压和西方生活观的影响，追求事业第一，讲求生活品位，并因放大个人生活的自由空间而在婚后长期恪守二人世界。妻子林君更是决绝，曾长期坚拒和贤妻良母的传统女性模式对号入座，将孩子视作个人事业与家庭生活的妨碍。显而易见，林、唐夫妇的婚恋生活方式是前卫的，交织着时代特性与西方价值观的双重色彩，对中国传统价值观如"不孝有三，无后为大"构成了颠覆，并因而与以公婆为首的长辈发生了隔膜与冲突。林君、唐鹏并不是孤立的。林君的助手斯思可谓林君的影子。她为了事业进步与个人成功，不惜和丈夫闹翻，坚决做人流，并最终导致夫妻分手。这些都表现出丁克模式在我国都市婚恋生活中的盛行。

其次，电视剧在以丁克生活为剧情中心的同时又展现了其他众多的当代都市婚恋生活角落。其一，动物元素。中国传统农村文化中，狗不是看家护院，就是做人们的盘中美味，而剧中的那依却将豢养的那条小母狗唤作"女儿"，并因婚后生活不满而将相当部分的感情投到宠物身上，成为西方视狗如家人的生活观与我国都市生活变迁相结合的具体表现。其二，忘年恋元素。剧中的忘年恋多种多样，既有大男恋少女，离婚男人与闺阁女性的情感互动，如叔叔辈分的袁大头、王长水分别与少女情倩、杨子清的情感关系，46 岁的刘总对女友最大不能超过 25 岁的限制；也有少女倾

---

① 王晟主编《流行新词语》，金盾出版社，2007，第 18 页。

心已婚男人，如年轻貌美的苏珊对顶头上司唐鹏的痴迷与苦恋；还有中年女人与青春帅男的老少配，如那依离婚后与调酒师阿峰的恋情。这些忘年恋还往往穿插在婚姻的里里外外。其三，"剩男""剩女"元素。餐馆老板袁大头年近四十却始终找不到婚姻的正门，可谓其中的典型。其四，多角恋元素。这里既有情倩脚踩两只船而在有钱的袁大头与年轻的小天之间徘徊不定，又有那依离婚后走马灯式换男朋友，由孙权、罗桑、肖局长到阿峰甚至年已 61 岁的意大利男人贝特鲁奇，类似 T 台上不停更衣上场的时装模特。其五，"小三"等婚外恋元素。其典型是本有家室的台商夏宁波公然与女秘书在多种公共场合以夫妻身份出双入对。其六，婚外孕、婚外育元素。打工妹洪小梅婚外怀孕、生育并被在大学学习的男友赵家良所抛弃，可谓其典型。其七，试管婴儿元素。这主要表现为林君、唐鹏夫妇对试管婴儿的尝试。其八，老同学再会后的情感元素。那依对大学的初恋男友汪岩的旧情复发可被首推。这些元素被汇聚于一锅，在相互嫁接、乱炖的同时又以时新、新潮甚至时尚而互相接近。在当代婚恋生活的艺术表现上，《夫妻那些事》既视线集中、主调鲜明、视域开阔、色彩丰富，如同调色板上单色和多色兼备，前景和背景同在，立体又主次分明；又似拼图，多人、多物既相互切割又互相照应，汇聚为一幅将当代都市风貌、风情徐徐展开的画卷，波澜壮阔而色彩斑斓，令观者眼花缭乱间难免有应接不暇、手忙脚乱的慌乱。在电视剧中，婚恋生活、教育因素、当代都市生活之间的互动为电视剧平添了一份中产阶层的趣味。《夫妻那些事》在题材上有突破，是我国第一部集中反映当代都市男女丁克生活的长篇电视连续剧。北京电影学院的黄丹先生认为，近年来国产影片在表现社会民生方面已落后于电视剧。① 毫无疑问，题材的创新是该剧打造内容个性与艺术魅力并进而取得成功的重要因素之一。

最后，着意于民生领域的私人生活空间而少含沙射影，构成电视剧题材上的另外一个值得注意的特点。《夫妻那些事》的题材在适应当下受众生活快节拍而尊重民间欢乐的同时，又距离政治生活较远。与电视剧《蜗居》《裸婚时代》不同，《夫妻那些事》缺少和政治风云的对接，缺

---

① 李蕾：《电影高速发展，别丢了文学的魂》，《光明日报》2012 年 4 月 10 日，第 10 版。

少直面时代政治大局的寄寓、感怀乃至影射、互文，民生就是民生，婚恋就是婚恋，追求较为纯粹的轻松。对此，可以说该剧远离重大的社会矛盾，容易婆婆妈妈，甚至浅薄，但民生却直接关系每个人的具体利益，在易生共鸣的同时，又有助于减少电视剧登陆银屏的现实妨碍，为全剧营建轻喜剧风格则是实实在在的。

《夫妻那些事》有特定的伦理立场。首先，面对转型期我国都市的快速发展，电视剧的创作方无意仅止于《知音》杂志般的情感按摩，而是强烈地彰显着面向传统民族文化伦理的回归。这就是说，仅仅将《夫妻那些事》定位于情感大戏是不完整的。第一，电视剧对独身是不认同的。袁大头的磨难可谓对此的形象注脚。第二，电视剧对婚外恋、未婚先孕、未婚先育乃至未婚同居是不点头甚至摇头的。洪小梅的不幸，那依离婚后个人生活的一塌糊涂，乃至王长水与杨子清之间由未婚同居到无果而终，均构成创作方回归传统伦理价值体系的形象演绎。第三，电视剧对第三者、包"二奶"一类的生活现象是鄙夷的。台商夏宁波与女秘书之间的不明不白，李总与杨娜苟合的猥琐，俱体现了编导的爱憎取舍。第四，电视剧对不育更是不接受，并对"养儿防老""不孝有三，无后为大"观念高调欣赏。除了范叔的自杀结局，女主人公林君的幡然悔悟、那依的痛改前非，两人由人流到产子的波折，集中体现了电视剧对民族传统伦理价值的皈依。这些对在价值观日益多元化今天的广大受众，尤其是年轻的女观众如何真正善待自己是有启迪的。

其次，电视剧对传统价值立场的把握又是远离偏执的。创作方对物质化未婚女青年倩倩的漫画式处理，对安娜干得好不如嫁得好的否定，在寄寓着对物欲至上观念的批判，映射置身市场经济环境中忐忑心态的同时，特定的伦理立场又融合有1919年五四新文化运动以来的精神新元素。其对传统伦理与时代精神的整合是留意的。这种不乏立足于时代而对传统文化与域外文化加以扬弃的伦理价值，体现了改革开放30多年后襟怀全球、瞩望未来的自信在胸的善于包容的大国心态。

最后，电视剧的特定伦理立场植根于真善美之中，并因而拥有了相当动人的力量。最典型的内容可推安娜遭骗而受到来自老同学、老友与长辈的倾心相助。当安娜为台商丈夫欺骗，两子遽离仅一女相伴，由昔日养尊处优、衣食无忧的阔太太一夜之间变得几乎一无所有，连赴台讨要公正的川资都需变卖首饰等来筹措时，她身边的同学、故旧、长辈纷纷施以援手，提供食宿，代养孩子，为小姑娘萌萌举办生日聚会，帮助安娜母女度过了她们最为黑暗的一段人生路程。尤其是唐鹏的母亲，在安娜从台湾返回北京，为了挣钱养女儿而将女儿送到寄宿学校并租房单过，以为"就算只有我们娘俩，也得有个家"的勇气面前，迎送之间充满真心实意。她送别安娜母女时说："萌萌，拿着这钱，自己买点好吃的啊。……以后缺什么跟奶奶说啊。你是好孩子，其实呀，奶奶特别舍不得你走。你就记住了，在学校要不习惯你就给我来电话，奶奶去看你啊！你们家的事，奶奶都知道，可是心里干着急，帮不上忙啊！"当安娜说"阿姨，这些日子多亏了您照应，等将来我好了，我一定报答您"时，老人家又说："别说那见外的话啊！我跟萌萌就是缘分。以后星期天，你一块过来啊！阿姨给你们做好吃的。……再见，好好念书，……来看奶奶啊！"一席话说得实在而又体贴，充满人性的温情，充分体现了中华民族助人为乐的慈悲心肠和扶危济困的侠肝义胆，洋溢着尊重生命、讲求平等和予人自尊的人道主义情怀，对市场经济大潮中的那种唯利是图的风气进行有力的反拨，彰显出传统伦理价值体系强大的生命力。

二 "一军在先""三头齐进" 与"五线团簇"的叙事结构

《夫妻那些事》的艺术结构颇具匠心。这集中表现为"一军在先""三头齐进"与"五线团簇"的叙事规模结构缔造，既主次分明，又花团锦簇，繁复而华丽。

首先，电视剧的结构"一军在先"。所谓"一军在先"，喻指电视剧主线突出而众多副线在下。这个主线取主辅配的复式形态。说主线取复式形态，在于主线林君、唐鹏夫妇之间是有轻重之别的，具体为林君为主，唐鹏为辅。比如，对于丁克婚恋生活模式，林君先后秉持两方，最为极端，先近乎"铁丁"，后为求子无惧刀山火海，两端间的转换形成逆转，因此是第一主人公。而唐鹏相对中庸，大体属于晚要孩子序列，连"白丁"都未必算得上。他一时未要孩子更多是尊重妻子，属于月亮式的人物，故虽为男一号，但在戏份上则在林君之下，全剧中居于第二位。

其次，结构上的"三头齐进"。这里的所谓"三头齐进"，指电视剧在坚持一军领先的前提下，又对二级结构线索采取三线式布局的平叙安排。首先，这种三线式布局有如下特点。一是除林君、唐鹏这一主线之外，又辅以那依、王长水和安娜、夏宁波两条副线。二是三线叙述齐头并进。这就呈现出由三条重要线索构成全剧的经线，由三线的齐头并进织就纬线的纵横交错式的基本叙事结构，颇类乎长篇小说《三国演义》的以刘蜀为主，以曹魏、孙吴为辅的叙事格局。与此同时，并进的三条线索还额外鼓捣了一点小变化。这就是在林君、唐鹏一线中添加一条卫星线，即苏珊线，在那依、王长水线中添加杨子清线作为环绕的小卫星线。其次，三头齐进的叙事结构样式是有优点的。一是结构稳定，如三点一线等腰三角形般牢靠。二是不单调、有变化，从形式上对正在快速变化的我国都市生活形成配合。三是对比，展现了当代中国城镇化过程中都市生活巨变下的关于婚恋，尤其是后代的三种主要生活态度和生活范型，显示出创作方张眼复杂的当代都市婚恋生活的卓越把握能力。最后，齐进三线中的两条副线均状如林、唐主线，一律采取主辅配的复式形态。两条副线的主辅配的复式形态有如下表现。一是那依、王长水线中，那依为主，王长水为辅；安娜、夏宁波线中，安娜为主，夏宁波为辅。二是包括主线在内的复式形态的主辅配，主角均为女性，辅角均为男性。这样的安排既折射了编导之间编剧为主、导演为辅的创作组织关系，推动编剧的伦理意志贯穿全剧，又使全剧散发着一种女性主义气息。三是编导的否定性意志多指向剧中的女性主角，林君、那依和安娜无一没有性格缺陷，肯定性意志多指向男性辅角，除夏宁波外，唐鹏、王长水悉大节无亏，尤其是王长水的性格相当出彩。这既体现出编导高度的女性自觉意识而远离女权主义，又显示出创作方对都市生活气场下"妻管严文化"的尊崇和对男性政经大权在握的不安、排斥。这就是说，《夫妻那些事》的首席编剧应为女性，主要还是在立足一种女性主义立场而将当代都市生活与传统伦理互动。肯定也好，否定也罢，《夫妻那些事》的根本立场属于女性，体现了针对当代都市生活的一种女性思考。

最后，结构上的"五线团簇"。所谓"五线团簇"，喻指电视剧在一军领先、三头齐进的前提下，采取三加二的五线共和的叙事格局。这种三加二的五线共和布局的特点如下：一是三线之外再加两条线索，即添加洪小梅、赵家良和袁大头两条线索，看上去颇似"五朵金花"同时怒放。二是另加的两条线索的戏份尽管贯穿全剧，但与齐进的三条线索落差颇大，属于红花加绿叶之外再增小型绿叶的五线团簇叙事结构。这样的叙事结构有其长处：一是打造叙事结构纵向的由强而弱的三线梯度，从而形成后两线与三头齐进的第一枚三角结构相交织、呼应的第二枚三角结构，稳定而多样。二是展现当代都市生活的波澜壮阔、斑斓多彩，尤其是洪小梅、赵家良一线牵动城乡互动，实施以乡村为背景，以农村人在城市的阔大布局，徐徐拉开的都市婚恋生活画卷辽远而雄阔，充分显示创作方的良苦用心。

三　王朔式智慧气场下京派幽默的挥发

电视剧的投资方虽然间有长江流域的湖湘、浙江力量，但作为重要制作方的华谊兄弟的总部则设在北京，故《夫妻那些事》在整合南北资源的同时，又受到京派文化的全局性支配。而这种支配集中体现为王朔式智慧气场下京派幽默的流动。王朔式智慧气场下京派幽默的流动，在电视剧中主要挥发为一种以机智为核心的诙谐，并同时构成电视剧得以形成轻喜剧风格的另一重要因素。

第一，电视剧所铺叙的王朔式智慧气场下的京派幽默兼具地域性和时代性。首先，王朔式的京派幽默具有鲜明的地域性。它既集中了中华民族各个地域的文化精华，深受首都文化浸润，又依托华北大平原和北方大草原，爽快而干脆。其次，王朔式的京派幽默伴随共和国的成长而成长，具有突出的时代性。王朔的父亲来自黑山白水，是从山海关之外杀入中原的职业军人，而王朔本人生长在军队大院，故其京派幽默又有军队大院的文化特色，乐观、畅达、恣肆，还杂有那么一点关东胡子的不知畏惧的男人野性。王朔式的京派幽默，智慧而大气。他本人出道早，有慧根，艺术天分卓越，是新时期京派文化的领军人物之一。其先文学后影视，无不由京派文化打底，旗下追随者众，著名导演冯小刚之于王朔就既是朋友，又是学生。从《夫妻那些事》的艺术特色看，王朔招牌式的幽默无处不在。其导演汪俊当属王朔艺术自觉或不自觉的追随者。

第二，王朔式京派幽默在电视剧中的挥发是有选择的。其特点概而言之有三：首先，自然而不做作。相形于相近题材的电视剧《李春天的春天》，幽默在《夫妻那些事》中的流动颇为内在、本色与潇洒，更多天性的自然喷涌。其次，机智。《夫妻那些事》的京派幽默敏捷、精练，多止于语言表达的言简意赅，讲究通过戏剧场面的词语、语句之间难以预测的关联、隔离来挫伤受众的期望，从而由陌生化来生产诙谐。最后，轻松。喜剧可以分为两类，一是着重于否定丑，揶揄、辛辣、高高在上而有蔑视、鄙夷的优越，如俄国果戈理的《钦差大臣》，属于重口味的喜剧。二是调侃、打趣，即便讥讽也轻微而充满善意①，属于轻口味的喜剧。《夫妻那些事》则属于后者的范围。该剧没有大悲伤，少刻薄，注重交流的俏皮而不追求敌意挂帅的冷嘲热讽。其幽默在因缺乏厚重、深远的社会旨意而趋向机智的同时，又在意形而下的审美，为全剧的轻喜剧风格打下另一块宽厚的基础。

第三，《夫妻那些事》的幽默风趣而调皮，有鲜明的王朔式的戳记。这种打有王朔戳记的幽默在电视剧中的表现主要有四：一是偏爱逗嘴皮子，讲求戏剧场面上语言的你来我往，和电视剧《编辑部的故事》互通款曲。剧中的唐鹏随和、开朗，喜欢逗趣，和一些北京人所特有的那种"贫"气是一脉相通的。二是以语境置换为核心，即语言的俏皮难以离开语言置换，讲求借助语境置换生成幽默的张力。三是承袭皇城根文化流脉，喜爱语涉政治生活。四是不以主流政治文化为敌，并因而得以坚持幽默的轻快。在《夫妻那些事》中，这样的例子比比皆是。如婆婆和唐鹏为了让林君怀孕，分别偷偷给林君的早饭投助孕药，将林君的避孕药换作维生素 C，而当林君识破真相后对丈夫则说："好啊，唐鹏，没想到你会干出这样的事情！你妈给我下药，你给我换药，你们母子俩配合得不错嘛！两手一起抓呀！"在这里，剧中人一方面将本属于宏大的政治话语置

---

① 童庆炳主编《文学理论教程》，高等教育出版社，1992，第394~397页；M. H. 艾布拉姆斯：《欧美文学术语词典》，朱金鹏、朱荔译，北京大学出版社，1990，第386~390页。

放在家庭生活的语境中产生不和谐，并借助这样的不和谐来生发诙谐；另一方面则借政治生活而调侃，但又远离禁忌，不将玩笑的客体指向政治。如此幽默既凭借语境置换来生产诙谐，又在涉及政治生活时而远离指桑骂槐。《夫妻那些事》的幽默既有王朔戳记，又是有选择的，体现出王朔式幽默因应时代变迁而难以避免的流变。

第四，《夫妻那些事》讲求幽默艺术的表现方式。首先，注重电视剧的综合艺术传媒形态。这突出表现在对以主说来制造笑料的京派相声或小品的借用。这些幽默或来自双人对话，或得于多人交流，且兼具都市婚恋生活情境的具体分析。如面对林君在唐鹏公司联欢会上与唐鹏女下属苏珊的着装撞衫，林君、安娜、那依三人稍后相聚聊天时有如下关于保卫家庭的对话：

> 那依：太傻，太天真！滴水穿石懂吗？日久生情懂吗？助理和秘书就是危险物种！你自己想想，你跟唐鹏一天能待多长时间？人家两个人待多长时间？
>
> 林君：那，那你们说我该怎么办？本来自我平静，我已经做得差不多了，被你们一说我更紧张了！
>
> 安娜：赶快给他生个孩子，把你们家老唐，拴住！
>
> 林君：你别给我提这个！我想生可我生不出来。你要再这么说，我把你们家孩子绑架一个过来。
>
> 安娜：好好，咱不说孩子，咱今天就说苏珊。哎，远的你不看，你就学你眼前这主啊（手指那依），你就学她，逮着一个认准了，她就死咬住不撒嘴呀！
>
> 那依：你说狗哪！

在这里，婚姻内外的情爱波澜因与动物争斗之间的错位而生成笑料。同时，三个人在这段对话中，安娜、林君与那依先铺垫，然后安娜逗哏，由那依抖"包袱"，做捧哏角色，有相声铺平垫稳艺术手段[1]的影子和赵本

---

① 侯宝林、薛宝琨等：《相声溯源》，中华书局，2011，第44页。

山小品的基因。

其次，注重电视剧中所包含的语言艺术的表达形式。一是讲求语言的信息密度与质量。如"女人见女人，只要不是闺蜜都没什么好事"（苏珊语）、"不熟的人在一起是聊人生，熟的人在一起是聊八卦"（林君语）。这些对白形同谚语或"段子"，充满此岸世俗人生的知识与智慧，是对都市日常生活人生规律的提炼与巧妙的表达，倾向于格式化修辞方式的精警，再结合电视剧两人谈或三人论时关于都市婚恋人生技巧的分析，无形中成为指导广大观众如何处理婚恋生活的人生指南。二是善于合理使用修辞手段。如听到杨子清对王长水所送头花的赞赏，那依稍后在和闺蜜聊天表达自己听后的肉麻感觉时说："我身上那小米啊，掉了一地哟！"在这里，先用"小米"暗喻身上的"鸡皮疙瘩"，然后依托相似点展开比喻，形成曲喻。又如，当林君、安娜与那依三人议论那依背着丈夫做人流时有如下对话：

> 安娜：你赶快生个孩子。就算事业再重要，也不能以牺牲家庭为代价啊！初中时候咱们就学过三角定律呀！什么是三角定律？一家三口才稳固。
> 林君：小三进来了，也是三角，是不也稳固啊？

这里用的是语义黏连，并以此实现语境置换而生幽默。

四　电视剧的不足

《夫妻那些事》尽管取得不俗的社会反响与市场回报，但创作上仍存在值得我国影视界思考的若干不足。

一是反映生活的深度还存在明显的欠缺。比如，电视剧近尾处，苏珊远赴德国临行前约林君一晤，面告唐鹏的心中只有林君而没有自己，力劝林、唐二人复合。从艺术表现看，无论先前林君的执意离婚，还是后来苏珊说服林君和唐鹏复婚，作为女人的林君、苏珊具有一个共同点，那就是她们所做的一切都是为了心爱的人幸福而不惧牺牲自己。不过，这样的处理除了体现创作方有意无意间在追求高度的女性自我美化或自媚、自恋之外，又难免镜像化都市婚恋生活的理想状态，对电视剧的认识功能当有所削弱。再如，唐鹏面对年轻貌美的女下属苏珊的痴情与苦恋不舍而心如止水，电视剧对此所给出的心理根据还不能说是充分的，反映出创作方忽视甚至回避人性的复杂性与生活的不确定性，在难免简单化之嫌的同时，也驱使主要人物的性格走向扁平化，显示出对现实主义创造精神的不够尊重。

二是结尾过于圆满。全剧几个主要的正面人物无不以心愿达成实现向客厅内的受众告别。这样彻底封闭式的大团圆结尾既不合乎实际生活，又忽视了当前我国广大受众因受教育程度得以大幅度提升后审美趣味的变迁，如一道放了太多的油、糖的大餐，甜腻得让人实在难以下咽。《夫妻那些事》过于圆满的结尾，也折射出当前我国电视剧艺术创作界对影视艺术造梦功能的过度放大误区和接受类型影视艺术的安逸心态，商业成分还是过重了。对于大团圆的结尾，电视剧创作方还是应在尊重影视艺术创作规律和传统文艺观的同时，尊奉现实主义创造精神，根据现实生活实际、时代精神和大众传播环境加以处理而不必只有一个模式。在大团圆的框架内适当留点遗憾或不确定性，对于影视艺术质量的强化、艺术表现的多元化乃至收视率都只有益处而没有伤害。

三是全剧所展现的不良婚恋过多、过密。该剧的几个主要人物无不离婚、不婚，同居者也比比皆是，给人以当下我国婚恋尤其是婚姻几乎处处难好，即"洪洞县里无好人"的印象。而这显然是不符合当前我国都市婚恋现实，尤其是婚姻的实际的。从实际情况看，全剧"五朵金花"状的叙事线索起码应保留一条线索专门用来讲述正常的婚恋生活。

本文完成于2012年，系欧阳明教授与研究生耿尕卓玛合著，
发表于《中国电视》2012年第7期

绽放在客厅沙发间的艺术之花

——评家庭伦理电视剧《清官能断家务事》

2007 年 3 月，23 集电视连续剧《清官能断家务事》（以下简称《清》剧）由央视第八频道首播的意义，当然不限于有助于改善我国电视剧类型的结构，更重要的还是该剧从电视艺术的特点出发，紧紧围绕家庭生活资源来开掘日常生活的思想含量，通过跌宕起伏的戏剧冲突与生动的细节材料塑造鲜活的艺术形象，真诚地讴歌真善美，为我国家庭伦理电视剧的创作带来新气象。《清》剧是一部具有较高艺术水平的真切感人的家庭伦理剧，对如何制作家庭伦理电视剧在四个方面具有启迪意义。

一　审时度势，根据电视艺术的特点
确立电视剧的题材重心

这具体表现在《清》剧虽依托司法背景，却将全局的艺术天地集中在家庭生活领域。该剧在制作上有个特殊之处，即出品方是最高人民法院影视中心与中央电视台文艺中心影视部。而按照既往制作惯例，这种由电视台内外联合制作的电视剧常将题材重心向台外一方的工作领域或地域倾斜。若依常规，《清》剧操作起来倒也轻车熟路：从人民法院的众多卷宗内遴选若干案情复杂、曲折、离奇者再加以艺术集中，犯罪这些向来吸引受众眼球的元素则会再一次在银屏上施展拳脚。不过，艺术贵在创新，国家广播电影电视总局在 2004 年也出台文件控制涉案剧的立项、播放。而与印刷传媒艺术常活跃在夜晚青灯相伴的书桌前和电影艺术活色生香于放映间的银幕不同，电视收看以家庭为主。当今中国老百姓劳累一天回到家中最便捷的休闲娱乐方式还是靠在自家客厅内的沙发背上随手捡拾遥控器并于漫不经心间打量银屏。家庭收看家庭伦理剧，剧内剧外一体，便于娱乐与思想修养相结合。因此，《清》剧在家庭伦理题材中融入司法元素既主动适应国家在电视文化上的宏观调控，又尊重电视传媒特点，积极寻求出品方与受众的共同兴趣点，在家庭伦理剧的打造上有别于《渴望》《孽债》《咱爸咱妈》这些常规家庭伦理剧，在信息传播上占有一定的有利地位。

《清》剧在家庭伦理题材中融入司法元素有助于改变大众传媒在长期的文化传播中所形成的有关法官的传媒刻板印象。将法律仅同刑法挂钩而自外于普通民众的日常生活法律纠纷，属于封建主义的司法观范畴。《清》剧总策划、最高人民法院原副院长刘家琛早在 20 年前就力主清官能断而非难断家务事①，做人民群众日常生活的法律帮手同样是人民法官的重要工作之一。《清》剧的一个重要贡献是在我国电视艺术人物画廊内那些大义凛然、不苟言笑的法官电视艺术形象之外，又添加了刘文海这样的慈眉善目、菩萨心肠的另外一类法官形象。

二 家庭元素活跃，家庭关系斑斓，家庭类型多样，电视符号景观丰富多彩

首先，电视剧展现的家庭元素活跃而典型。剧中的艾家、邢家与周家分别代表着城市知识分子家庭、干部家庭与普通工人家庭。家家有本难念的经，三个家庭内部都难免有这样或那样的矛盾：两口子碰面吵架是邢家的最大特点，父亲与子女间的磕碰是周家一景，而即便是最和谐的艾家也难免由于父母与子女间的代沟等而产生碰撞。不同类型的家庭因为儿女结成亲家并基于现实与历史的纠葛更是产生出各式误解、阻碍。因此，家庭成员内部、不同家庭之间的种种矛盾冲突就不能不生发着前拥后涌、环环

---

① 佚名《〈清官能断家务事〉·社会点评》，互动百科，http://www.sqrb.com.cn/gb/misc/2007-03/16/content_719217.htm。

相扣的波澜起落。电视剧还通过姚霞、姚萍姐妹进入本城后出现的情感与家庭生活波折，通过农村姑娘田蓉入城求学、就业与婚后生活风波，让《清》剧与农村受众之间也产生了一份天然的牵扯。这些就使得《清》剧在抓住城市几类家庭兴奋点的同时，也与农村家庭产生了收视的共同点。电视剧是用最大的家庭公约数在邀约众多家庭收看。其次，《清》剧多类家庭关系齐备。电视剧各主要人物结成了各种亲戚关系：既有祖孙、夫妻、父母子女、兄弟姐妹关系，又有翁婿、婆媳、姑嫂、妯娌、连襟、妻舅等关系，让人目不暇接。最后，电视剧在以常态婚姻为主的同时，又调动了多样的时代婚恋现象在剧中穿梭。在电视剧中，来来往往的新现象既有老夫少妻、丁克家庭、试婚、未婚同居，又有人工授精、借腹生子、亲子鉴定、非婚生子女等。

将如此众多的家庭元素、家庭关系、家庭类型置放剧中，电视剧的新鲜气息扑面来，绚烂场景迎送频。尽管家庭元素、关系与类型五花八门，但这些均被编导细加调理，通过交织着必然与偶然的戏剧冲突处理得丝丝入扣。该剧也因此成为面向家庭的上佳广告载体。电视剧制作方虑精思密，在将艺术与市场的结合上也因势利导，独出心裁。

三　将丰富的思想内涵与人物塑造相融合

《清》剧在近年我国的电视剧中具有少见的感人魅力。那么，该剧的这种动人的力量究竟藏匿于何处呢？答曰：充分利用伦理剧便于表达情感的天然优势，将丰富的思想内涵与人物塑造相融合。没有丰富的思想内涵，电视剧就只能够成为纯粹的娱乐产品而不是艺术作品；脱离由人物形象统领的形象性，电视剧也无以步入艺术之门。《清》剧做到了将思想性、艺术性与观赏性融于一体。

在人物的塑造上，《清》剧比较成功。首先，电视剧立足于家庭角色塑造人物。剧中的人物在社会上尽可以呼风唤雨或只能够风来雨去，但电视剧笔力所聚却是人物的家庭角色。如，柳月在剧中的重要角色不是医生，而是母亲、妻子、儿媳、婆婆、丈母娘、奶奶与外婆。

其次，电视剧善于捕捉心灵律动，巧用心理分析，人物内心刻画细腻。如第 20 集、第 21 集亚芳与艾芒婚后出现感情危机的一段：当亚芳在舞厅内目睹艾芒与公司总经理姚萍亲密跳舞，在小区内眼见丈夫夜晚进入姚萍居所久而不出，虽心如刀绞，却最终选择离开而不是敲门冲进去。她说：艾芒"只要对我好，对孩子好，我什么都不计较"。对亚芳这多少有些让人意外的举动，电视剧借助亚芳好友小莉之口对人物的心理动机有所分析：亚芳婚前失贞，在艾家人面前暗存自卑，那么，原谅丈夫"红杏出墙"一次，两个人就都犯过类似的错误，从此互不亏欠。在这样的平衡心理支配下，亚芳才对夜班归家的艾芒说："即便这样，我也不想和你吵。只要你回头，我们就好好过，行吗？"善于从人物的性格与处境出发刻画人物，使电视剧的人物形象纤毫毕现般展现出来。

最后，人物形象生动，个别人物还颇具一定的复杂性，电视剧在人物刻画上显示出较高的艺术水平。剧中的主要人物无不性格鲜明、形象鲜活。如，柳月的善良、温柔、贤惠、善解人意与宽以待人，艾志菲的厚道、本分、踏实、朴实无华与有些书生气，均被刻画得栩栩如生。同时，电视剧的个别人物内涵丰富、性格丰满。《清》剧中有两个人物值得注意，这就是邢玉坤、沈红英夫妇。这是一对在人品上存在一定瑕疵的人物。邢玉坤架子大、官气足，当年为了个人利益曾在政治运动中伤及无辜。沈红英性格泼辣、猜忌心重、待人刻薄，甚至不无刁钻，一张嘴难得说几句暖人心窝的话。但是，人物刻画若只是如此，则只能止步于扁平人物。而稍不留神，扁平人物还会被导入简单化甚至漫画化。韩国的青春偶像剧常如此，如《女主播的故事》（又名《夏娃的诱惑》）中的甄善美（音译）、金佑镇（音译），我国根据琼瑶小说改编的电视剧《情深深雨濛濛》中的依萍、如萍也大体这样。[①] 即便 1990 年我国内地第一部大型家庭伦理剧《渴望》在这方面也未能幸免，片中的刘慧芳几乎成为善良、忍让的代名词。相形之下，《清》剧刻画关键人物则有所不同。电视剧对沈红英性格的古怪、偏执甚至不无病态、变态，注意把握其社会成因，开掘其生活的来龙去脉：雷厉风行的军人家风自小就培育了她直率、干脆与

---

① 欧阳明：《电视剧中圆形人物的简约化与扁平人物的精致化》，《云南社会科学》2004 年第 1 期。

大胆无畏的个性，而长期的演员生涯的浪漫与婚后夫妻情感的隔膜所形成的压抑，则将她的直率大胆导向攻击性与无所顾忌，不分对象、不辨青红皂白的任性。在一定程度上，沈红英成了一个亦喜亦悲的角色。她的缺陷自曝包含着滑稽成分，电视剧在表现她的某些病态行为时有意伴以单弦声、锣鼓点映衬。美国《人物》周刊执行主编卡罗尔·沃利斯认为，女性关心的事情有四个主题：时尚、家庭、感情与体重。[①] 沈红英长期沉陷于感情生活空白而无法自拔又锻铸了她的悲剧色彩。电视剧对人物的把握逻辑清晰，入情入理，并不荒唐。而邢玉坤年轻时追求政治上进无可厚非，错就错在他将个人的仕途建立在伤害无辜之上并最终导致艾老原配的身亡。但个人成长的巨大成本又让邢玉坤背上沉重的感情债，且随着阅历的增长更加难以摆脱。世上最大的债务是人情债。因此，邢玉坤在艾家面前又有着深深的内疚与负罪感。这既使他在"文化大革命"后期暗助艾家返城，回避金大翔与艾德华小姨子姚萍之间的诉讼，又在一定程度上促进他善待来自艾家的儿媳妇。电视剧就是这样将镜头渐次伸入人物的内心世界，人物刻画颇见深度，沈红英、邢玉坤也因而跨出扁平人物的门槛并迈向圆形人物。其实，电视剧刻画人物适当触及人物的缺陷并非坏事。是人，就有欲望，就难免围绕利益来调动自己的行为。人物的缺陷往往蕴含着更多的人性，也孕育着更多人类的自省、自重。鲁迅在《中国小说史略》中谈及中国古代小说《三国演义》的人物塑造时说："欲显刘备之长厚而似伪，状诸葛之多智而近妖。"[②] 在艺术世界中，那些有些"坏"的人物往往反倒有些"可爱"，《三国演义》中的曹操较之刘备、诸葛亮"可爱"是这样，《红楼梦》中的凤姐较之宝玉、黛玉更为生动也是这样。其实，艺术与生活既有联系又不完全一致，这种艺术的"坏"更容易现出生活的本真，更容易成为帮助审美主体真切认识世界的审美客体。反之，将人物简单化甚至漫画化则往往脱离生活土壤，驱使电视艺术走向通过血腥或漂亮的脸蛋来刺激受众感官之路。即便是感官刺激，带给受众的也多是麻痹、欺骗。在沈红英、邢玉坤的身上，电视剧对人性的表现更真

---

① 《21世纪经济报道》编《理解传媒的七个步骤》，南方日报出版社，2004，第156页。
② 《鲁迅全集》第9卷，人民文学出版社，1981，第129页。

切，对人物弱点的解剖更无情，电视艺术的警示作用、教育作用更为突出，人物的艺术感染力也更为强烈。

《清》剧善于将丰富的思想情感与人物形象融为一体，从而使电视剧兼具强烈的艺术感染力与说服力。所谓伦理，指的是人与人相处的多种道德准则。[①] 而家庭伦理剧则是以电视剧为媒体，传播某种家庭伦理思想的电视剧。家庭成员之间往往构成最亲近的人际关系，更多情感交流，因此，家庭伦理剧仅有理性因素而不遵从伦理剧的艺术创作规律就很难成功。《清》剧是感人的，其动人的力量来自寄寓形象之内的情理交融，来自人物浓浓的向真向善向美情怀，来自电视剧在家庭纠纷、家庭矛盾中对真的肯定，对善的向往，对美的自觉，对假恶丑的否定与放弃。剧中周亚芳与艾家的有关纠葛、冲突，能够充分反映《清》剧的这种追求自觉与动人所在。幼儿园教师周亚芳与艾芒相识、热恋，然而当艾芒的母亲柳月暗自相看未来的儿媳妇时，却蓦然发现周亚芳竟然曾由自己亲手做过人流手术。柳月因此怀疑亚芳的人品，坚决反对艾芒与亚芳的婚事。不过，当柳月得知亚芳是被害者之后，她不仅接受了亚芳，而且也从未向包括儿子艾芒与亚芳本人在内的任何人透露过自己已经知晓亚芳曾经做人流手术的往事。柳月的宽厚、包容、仁慈深深感动了亚芳。婚后数年，当艾芒没有生育能力，亚芳在艾芒同意的前提下被迫接受人工授精怀孕产女，而艾芒却怀疑自己与艾芒的姐夫邢刚有染并与自己大吵后，亚芳悲痛欲绝。面对挺身而出保护自己、批评艾芒的婆婆，亚芳终于难以自抑地将埋藏多年的心里话尽情倾诉："妈，我知道，我和艾芒相恋起，你第一眼就认出了我曾经在您手上做过人流手术"，"是您让我感激，更让我感动，我知道，这不是一个一般的母亲所能够做到的，所以我打心眼里感谢您对我的宽容，敬佩您的医德，您的人格，我想，仅仅是冲这一点，我也应该好好地爱艾芒，做他的好妻子，做您的好媳妇，好女儿。妈！"在这里，能够让我们观众落泪的，是柳月在对待亚芳这个儿媳妇时所体现出的超出世俗观念的理解、关心、体贴、爱护，是亚芳在婆婆巨大人格力量的感召下尽自己所能去努力回报，也力求尽善尽美。感人的力量来自爱与被爱，来自示

---

① 《现代汉语词典》，商务印书馆，2002，第832页。

爱与对爱的尽力回报。这里有理，更有情，以情感人，情在理上，现出人格魅力的伟岸。同时，电视剧对真善美的追求又表现为平凡中见崇高，热情歌颂普通人的不平凡。还是考察关于周家的戏。在第 15 集、第 16 集中，对公婆一家热情款待来自农村的田蓉父母，亚芳因为田蓉已与艾苇离婚而不解，对田老汉便后不冲厕所的习惯更是反感。她故意找借口将田蓉与艾苇离婚的消息透露给一直被蒙在鼓里的田老汉。田老汉知道事实真相后说什么也不肯再住在艾家。公公艾志菲看穿了亚芳的把戏，严厉地批评了亚芳。面对一气之下回到娘家的亚芳，父亲周正祥始则怒斥艾家，继而在得知真相后则批评自己的女儿："这就是你的不对了。你凭什么嫌人家田老头啊？不冲马桶，那是人家农村人没这种习惯。晚上咳嗽，那不是年岁大了，有病吗？""艾苇与田蓉都离婚了，可是人家艾家两口子还是热情对待老亲家，这是人家做人地道。""你不能怨你公爹向你发火，没准换了我，还要揍你！一个工人家庭的女儿，凭什么老嫌弃人家乡下人？你妈也是乡下人，我也当过七八年的乡下人。"这一段戏，既刻画了周正祥粗鲁、暴躁、直率的性格，又表现了他是非分明、富有正义感的品格，颂扬了待人平等、真诚处世、反对等级观念的精神。再如第 11 集，当亚芳的父亲不满艾芒从事体力劳动，说艾芒"他挣得再多，那也是个车夫"时，亚芳的妈妈蒋梅珍的反应却掷地有声："正祥，我说一句话，你可别又不高兴啊！咱们都干了大半辈子工人了，你干吗自己瞧不起自己呀！"寥寥数语，却刻画出蒋梅珍柔弱外表下的刚强，一展穷人的骨气与普通劳动者的自尊，"小人物"由此也堂堂正正、光芒四射。在某些高官、富豪形象在荧屏上神气活现的背景下，《清》剧依然没有忘记向共和国的亿万普通农工掬一捧尊重与深深关爱，这不能不让人感动，让人眼含泪水。电视剧的编导站在平民而不是达官贵人、大款豪门的立场，自觉与那些以丑为美的"令人呕吐的时尚"[①] 一刀两断，劳动光荣，体现了电视剧编导的人道主义情怀，纯朴、温润而珍贵，对戏里戏外的千千万万个"亚芳"们无异于一次振聋发聩而又润物无声的精神昭雪，对在社会主义市场经济

---

① 〔德〕维克多·伯尔等编《伯尔文论》，黄凤祝等译，生活·读书·新知三联书店，1996，第 5 页。

条件下如何面对人情浅薄、权力崇拜、人伦物化这些社会病态现象具有格外突出的现实意义。

四　与剧情契合的娴熟叙事艺术

首先，电视剧紧紧抓住人物性格与人物之间所形成的社会关系，尤其是亲戚关系来设计矛盾冲突，而不是孤立地追求戏剧冲突。如，电视台的节目主持人艾茵年轻貌美，活泼阳光，有文化，有见识，伶牙俐齿，争强好胜。编剧安排这样一位女性嫁到邢家，与另一位从来嘴巴不吃亏且有心结的沈红英相遇，强强相逢，再加上历史旧账，自然免不了撞出一串又一串的火星，让电视剧变得分外好看。戏剧冲突只有始自人物性格或人物之间的关系而不是相反，才能够符合生活逻辑，彰显艺术真实的动人力量。

其次，《清》剧处理戏剧冲突恪守怒而不毁、哀而不伤的基调。在电视剧中，艾家与邢家虽然历史积怨颇深，但伴随时代的进步，横亘在亲家之间的坚冰最终融化；邢家与周家虽然门第悬殊，但两亲家最后还得平起平坐才能融洽相处；周家与艾家虽然因亚芳自杀未遂闹到亲家拳脚相向，但在刘文海等法官的调解下一时骤结的寒冰也早消融了。形式如何使用，孤立判断则无所谓好坏优劣。形式的运用只有与内容、接受环境相契合才有光华。《清》剧毕竟属于进入千万个家庭客厅的伦理剧，因此，艾家、邢家与周家三条线索在电视剧中均以封闭方式收束，其实为的也是与全剧的平和基调相一致，帮助电视机前的广大受众消除疲倦，为明日的劳作提供有关的准备。

最后，《清》剧虽叙事头绪不少，但几条线索之间穿织往复倒也有条不紊。第一，全剧线索主次分明。电视剧有艾家、邢家、周家与艾德华老夫少妻一家、农村田老汉一家、姚萍一线、法院一线等诸多线索，不可谓不繁，正暗合都市生活的喧嚣繁闹，来去迅速，但电视剧坚持以艾家、邢家与周家为主线，以艾家为线索轴心，这就使得全剧线索主次分明，杂而不乱。但这也不是绝对的。周家在三条主要线索中自有特殊作用。在如何对待周家这门亲家上，艾家与邢家南辕北辙：与邢家瞧不起穷亲戚不同的是，艾家接纳家庭新成员的标准主要是看人品。所以，谁居线索中心，有时也会变些特别的花样。第二，在具体的叙述中，《清》剧多采取两条线索齐头并进的方式，并努力通过线索之间的对比增添况味。如，全剧最后一集内有两条线索错综前行平叙：一条叙述法学泰斗艾德华病重，另一条叙述沈红英被诊断患有肿瘤而入院。两个人同在生死线上挣扎，但结局却是艾老去世，他年轻貌美的妻子姚霞只能将艾老生前主编的《英美法词典》放在艾老碑前寄托哀思；而沈红英则手术成功，邢家全家用鲜花迎接她康复返家。在历经生生死死之后，人们会懂得珍惜，理解、尊重、关心与沟通对于家庭幸福、和谐特别珍贵。电视剧在两条线索的齐头并进间无形中又增添了思想含量，发人深思，耐人寻味。

家庭伦理剧《清》剧虽然难免这样或那样的些微不足，但综观全剧则不失为近年颇为难得的一部优秀家庭伦理电视剧。其特别感人的力量来自电视剧对电视传媒特点的理解与尊重，尤其是将向真向善向美的思想情感与艺术表现所进行的有机融合。

本文完成于 2007 年，发表于《中国电视》2007 年第 6 期

应对时代挑战的戏曲发展对策

——析评剧电视连续剧《秦香莲》

作为我国重要的地方戏曲，评剧早在 20 世纪前中期就凭借《秦香莲》等优秀剧作由主要流行于京津冀、东北地区向大江南北发散。然而，进入 21 世纪，作为我国重要的非物质文化遗产、传统文化符号与建构社会主义先进文化生力军的戏曲，却面临着在人民群众生活节奏不断加快与文化生活日益多样化的今天继往开来、持续繁荣的严峻考验。由中央电视台影视部、中国评剧院影视部联合制作并在央视"九州大戏台"栏目"影视剧场"播出的四集评剧电视剧《秦香莲》（以下简称《秦》剧），则以五大对策回应时代挑战，做出了较为成功的探索。

《秦》剧应对时代挑战的第一条成功对策是名剧的电视化、品牌化。《秦》剧是杰出的评剧剧目之一，艺术成就甚至可超同名的国剧京剧，社会影响广泛而持久。评剧《秦香莲》在 1955 年被长春电影制片厂搬上银幕，由徐苏灵导演，筱白玉霜、魏荣元等主演。然而，目前我国戏曲受众已经伴随社会巨变发生了结构性的变化：戏曲的核心受众转由退休前后的老年群体为主，20 世纪 70 年代之前出生的中年群体因"文革"期间样板戏的启蒙等尚存较大的接受开发空间，而 70 年代及其以后出生的年轻群体则更多地为互联网、卡拉 OK、歌碟、电视小品、言情或涉案电视剧、电视歌舞以及互联网上的视听娱乐节目所吸引，从整体上与戏曲不无隔膜。因此，我国戏曲电视节目更为迫切的任务是争取中年受众，培育年轻受众养成对于戏曲电视的消费习惯。显而易见，离开受众的关注与喜爱，任何艺术均难免被定格为艺术化石。电视传媒的核心竞争力在于内容。电视艺术与电视新闻的一大不同，就是植根于审美，着重传播审美信息而不是即时的实用信息。《秦》剧充分依靠经典剧目打造戏曲精品电视片，常见常新，并依据评剧包公戏资源丰富的特点以《秦香莲》为中心构筑"包公斗智"系列戏曲电视剧，既告别了一次性的文化消费，为该片吸引受众眼球提供了坚实的内容基础，又将名剧品牌化，在寻求质量的基础上创建产品链，扩大产品规模。如果说评剧的"音配像""名段选唱"有更多戏曲守成的话，那么，《秦》剧则更多谋取戏曲腾挪拳脚的主动出击。《秦》剧已经使评剧在应对时代挑战上走在了我国各大戏曲的前列。

二是电视戏曲连续剧化。作为舞台艺术与电影艺术的戏曲早已养成一次性演出大戏的传播惯性，但是，在银屏大力扩张的今天，电视深入家庭，可以时时播放信息，电视受众也养成了约会意识，故肯在电视机前一次性投入三四个小时观看戏曲大片的受众群体处于萎缩状态，在受众群体中所占比例不大。而《秦》剧变单本剧为四集连续剧，每集在 40~50 分钟，这就不仅有利于强化戏剧冲突，提升戏曲电视的观赏性，而且更贴近当下电视受众的收视心理、收视习惯，有助于拓展戏曲电视的市场空间。

三是提高编剧水平，提升剧本质量。首先，与舞台剧、电影戏曲不同的是，《秦》剧将包公改为全剧的一号人物，增添包公戏份，深化人物形象塑造。比如，原本中祝寿席宴上力劝陈世美认下秦香莲母子的是王丞相，电视剧则改由包拯在佛寺内巧见并力劝陈世美。其次，编剧程楠楠突出中心，添加戏剧悬念，强化戏剧冲突。在包公依律处死负心汉陈世美的过程中，原本包拯所面对的社会压力主要来自皇姑与国太，而电视剧则添加了恩师王丞相退缩后的夜访规劝与皇帝有旨的更为强大的压力。这既加剧了铡美的难度，突出了包拯匡扶正义的浩然正气，也加大了戏剧冲突的力度。再次，改善薄弱环节，增强剧本的生活逻辑力量。受陈世美指派杀害秦香莲母子的韩祺在良心的感召下放走秦香莲母子并自刎身亡，秦香莲随后身携驸马府的钢刀亲自到开封府告状。对于这一情节，电视剧将原本包拯在大堂上现派手下去庙宇取证，改为包拯在秦香莲告状之初即命令手下去庙宇"速将韩祺尸首运回，好好看管"。这既体现出包拯粗中有细的性格特征，又前埋线索，后启照应，戏块之间严缝密合，助《秦》剧再上层楼。除此之外，电视剧对陈世美面对妻儿的亲情与个人荣华富贵之间矛盾的犹疑、彷徨进行了更有层次与更为细致的揭示，既有助于人物性格的丰满，又能更有力地揭示封建专制制度对人性的戕害与灭绝。最后，《秦》剧节奏明快，颇适应当下受众的接受心态与欣赏节奏。我国传统戏曲的一大特色是节奏舒缓，往往一阵锣鼓之后方见演员踱着四方步姗姗走台。这样从容不迫的艺术节奏适合于农耕社会日落而息的生活状态与耐心打发漫漫长夜的休闲方式。而《秦》剧根据时代要求与电视特点把握的节奏之快，甚至不逊于那些荧屏上的家庭伦理剧、涉案剧。如第 3 集在包公上堂时那段抒发胸志的优美唱段"宋王爷坐江山"之后，手下禀奏有人告状。包拯要带人上堂的命令刚刚结束，与秦香莲母子三人由远而近，走向开封府大堂的镜头平行的是应答包拯命令的话外音"是"，电视剧用"是"音来连接前后两个镜头则大大加快了剧情叙述的推演速度。

四是服从剧情需要，高扬民族审美情趣。受西方商业化影视作品影响，近年来我国电视剧以逐"腥"追"血"的暴力镜头来吸引受众眼球的低俗之风有愈演愈烈之势。而中国美学向以含蓄为美，化丑为美，排斥暴露场面的赤裸裸渲染。《秦》剧自觉沿袭了中华民族审美风范。如在表现韩祺自杀身亡这一剧情时，电视剧运用了三个镜头来组成一个有内在逻辑联系的视听符号链群：①韩祺将刀从身侧的刀鞘内缓缓拔出；②向庙门走去的孩子回首，面部表情由平静转为惊恐，并高呼一声"娘"；③一片钢刀由远而近，近处闪光的刀身缓缓地流淌着一脉鲜血，而远处的韩祺呈模糊状，受众自然见不到那让人心悸的血肉翻卷、鲜血喷涌的颈下伤口。如是视听符号链传递的是作者的是非善恶取向而不是暴力刺激。《秦》剧的一些细节也颇具民族审美情趣。三位主演的服饰色彩纯净，对比鲜明。包拯黑袍黄花，陈世美身着红袍黄花，头顶缀以湖蓝色花线的红帽，布衣秦香莲衣裙以灰为主，但又调以砖粉色。人物往来，又见出不同色块的交织回复，画面有化繁为简的中国传统美学之意。《秦》剧将中国经典故事、典型人物、传统艺术、民族记忆符号与高新技术的电视熔于一炉，自然贴切，充分体现出美的多样性。

五是尊重电视传媒特点，调动电视手段打造电视戏曲艺术。因舞台限制，我国的舞台剧或戏曲电影往往因"三一律"而时空高度集中。作为电视剧，《秦》剧还要姓"电视"，用以展现电视艺术的电视手段主要有二：一是在空间上丰富戏剧场景，二是在时间上善于结构穿插。首先，《秦》剧擅长化舞台剧的单一场景为电视的多场景跨空间。铡美剧情一出，原本以开封府大堂为主，间串开封府大门剧情，而电视剧则化简为繁，在以包拯厅堂、开封府大堂戏为主的同时，又杂以皇姑身处的驸马府、皇帝栖身的皇宫大殿与宫廷内侍打马驰奔的户外场景。其次，《秦》剧讲求在短暂的叙事线上汇集不同线索的交织与顺叙、倒叙、插叙之间的穿插挪移。仍以铡美剧情为例。包拯厅堂为包拯私下游说陈世美处，开封府大堂为依律让陈世美人头落地的办公场所。在由包拯厅堂向开封府大堂进行场景转换时，电视剧又间以内侍在驸马府向皇姑禀告陈世美在开封府被扣治罪一事；在开封府大堂审判陈世美时，又杂以皇姑手下到客栈抢夺秦香莲儿女与秦香莲到驸马府门前索子的场面（原本中的这一情节为国太入开封府后强夺秦香莲的儿女）。这就形成包拯审美与皇姑救美两条线索在局部戏内的齐头并进与交互穿插。而在厅堂内包拯力劝陈世美认下秦香莲母子的那段脍炙人口的唱段"与驸马打坐在开封堂上"时，又插叙了数年前包陈二人为陈世美家中是否早有妻室儿郎而击掌打赌的旧事。这样的艺术处理就避免了舞台剧原本因疲于交代而造成的迟笨，使得《秦》剧摇曳多姿，区隔了电视戏曲与舞台剧间的别样风范，在努力适应当下受众审美习惯的同时又充分展示了评剧的独特审美意蕴。

总之，《秦》剧是一部优秀的电视戏曲片，成为打造新剧之外的我国戏曲电视发展的另外一条成功之路，值得总结与资鉴。

本文完成于 2007 年，发表于《中国电视》2007 年第 2 期

参考文献：

胡沙：《评剧简史》，中国戏曲出版社，1982。

浓墨重彩状梨园，荧屏雕龙穷寸心

——评电视剧《荀慧生》兼戏曲人物电视剧的创作

由中央电视台、河北电视台与河北颐新文化艺术投资有限公司联合出品的 28 集电视剧《荀慧生》于 2007 年初在央视第八频道黄金时段首播。这部电视剧有鲜明的传记色彩，集中表现京剧艺术大师、四大名旦之一的荀慧生的生平与典型性格，事涉我国电视传播的文化生态平衡与价值方向，值得注意。

电视剧《荀慧生》有独具一格的社会意义。在民族文化守成日益复杂的今天，我国传统文化艺术宗师的艺术形象，能够借助当下我国社会影响力最大的大众传媒电视与广大观众见面本身就是胜利。电视剧《荀慧生》是一次发生在华语圈内的文化遭遇战，用该剧导演夏钢的话讲就是"让我们的孩子们不再只知道'四大天王'而忘却了四大名旦！"[①]

从电视剧的创作实际看，电视剧主创方的这一文化初衷基本实现，但也不无遗憾。而民族文化建设是系统工程，需要心明志定，前赴后继，诸力汇聚。

一 《荀慧生》的四大成功之处

电视剧《荀慧生》的制作牵涉到客观环境与主观努力两大方面。主

---

① 《风流不用千金买》，央视网，http://www.cctv.com/teleplay/special/teleplay/special/hjqd/2007 0111/103017. shtml。

创方创作意愿的基本实现有赖于电视剧在四个方面的有所斩获。

第一，电视剧《荀慧生》首次通过电视艺术的形式比较全面、完整、集中地表现了京剧艺术大师的人生风采与艺术风华。创作方之所以从多位京剧艺术大师，尤其是四大名旦中首推荀慧生亮相荧屏，一个重要的原因就是荀慧生的穷苦身世与其所臻至的艺术巅峰间形成的反差最强烈，个人的命运最坎坷，戏内戏外最富传奇色彩，并因此带来吸引受众眼球的广阔开掘空间。电视剧《荀慧生》在一定意义上是以一种艺术符号呱呱坠地的。为更好地展示国剧——京剧艺术的博大精深与传主的人生况味计，电视剧《荀慧生》浓墨重彩地表现了京剧艺术大师的主要人生旅程与艺术成就，时间跨度由清末的 1907 年到 1949 年中华人民共和国成立后不久，并以 1907~1937 年为主。从 20 世纪初到 1937 年全面抗日战争爆发，是荀慧生步入梨园、快速成长直至荀派艺术最终得以创建的时期。荀慧生终其一生的艺术创新与艺术高度基本集于此期。所以，电视剧掐头去尾着重突出传主的人生黄金时期，就抓住了荀慧生一生中最有社会意义的部分，便于把握荀派艺术关节，突出荀慧生对民族与京剧艺术的卓越而特殊的贡献，也有益于电视传媒在大众文化的传播中扬长避短。

第二，电视剧不吝笔墨着力塑造京剧艺术大师的艺术形象，多方刻画传主的典型性格，集中展示荀慧生特殊的人格魅力与杰出的艺术造诣。唐代文学家韩愈在《送董邵南游河北序》云："燕赵古称多感慨悲歌之士。"荀慧生生于燕赵大地，他爱憎分明、深明大义、宽以待人、诚以处世、知恩必报、为人忠厚、朴实无华。环境，主要是社会环境造化人，荀慧生的身上散发着浓郁的燕赵侠肝义胆。而荀慧生所生长的沧州地区，有清一代曾出现纪晓岚、张之洞等文韬出众的名士。荀慧生的穷苦出身、终身伺以的旦角艺术与相对单薄的身体条件又使他朝忍让善良、厚义重情、心思绵密、话少内向的性格方向发展，与纪昀等存在一定的文化心理同构趋向。同时，他的谦虚勤奋、艺术至上、心地单纯是成就荀派艺术的主观保证。荀慧生"老老实实唱戏，清清白白做人"的人生座右铭在今天仍然具有强烈的现实针对性。电视剧通过丰富的故事情节、细腻的现场细节与大量的生活场景的流动，对荀慧生单纯而又丰富的性格特征进行了较为全面而细致的刻画，并附以对荀慧生关于京剧艺术的独特心得与精辟见解的穿插，展示了一代京剧艺术宗师的人格高度与艺术圣境。

第三，电视剧《荀慧生》以纪实为主，但又不乏艺术提炼与加工，融历史真实与艺术真实于一炉。主创方在创作过程中，远哨近访，精挑细选，取精用宏，有所本又不止于所本。《荀慧生》一剧的创作得益于荀慧生的日记与荀慧生的后人、弟子。从1925年起，荀慧生开始写日记并坚持这一习惯至1966年8月22日被揪斗，他的日记为后人研究京剧艺术，尤其是进行关于荀慧生电视剧的创作留下珍贵、独特而丰富的第一手资料。导演夏钢说："荀慧生有自己的日记，这是我们创作的主要依托。"①荀慧生的后人、弟子也对电视剧给予了直接的帮助。荀慧生的长孙出任电视剧的执行导演。编剧刘纪宏介绍：《荀慧生》一剧"我是受荀慧生先生的长子荀令香，长孙荀皓委托创作完成的。荀令香、荀皓和著名荀派表演艺术家孙毓敏大姐为我提供了大量的鲜为人知的事实"②。丰富的材料使《荀慧生》撰有所本，故事框架能够经受历史史料的拷问。但是，《荀慧生》毕竟不是电视纪录片，因此，主创方又根据电视艺术的要求与受众的需要进行了较为充分的艺术加工。这样的例子在剧中比比皆是。现仅举三处：一是，荀慧生的哥哥在电视剧中被处理为因清末童年学戏受小艳红之辱而一去不返、生死不明。而历史中的荀慧荣则一直到1927年才因身染猩红热离世。二是，具有国民党特务机关人脉的吴梅魂小姐在1946年冬强嫁荀慧生一节确有其事。但生活中的荀妻吴春生实际早在1945年抗日战争结束前夕就因吸食鸦片等原因病故，③而无法如电视剧中那样在1946年仍伴在荀慧生的身边。三是，弃艺名"白牡丹"并将原名"荀慧声"中的"声"改为"生"，这一建议本自名伶杨小楼、余叔岩，而非电视剧中的编剧。另外还有荀慧生戏曲的启蒙师傅真实姓名叫"庞启发"而不是电视剧中的"庞艳云"。电视剧对历史事实的择取、挪移悉意在艺术创造：对荀慧荣生死的前移意在突出荀慧生当年学艺环境的复杂、险

---

① 《四大名旦再聚首，〈荀慧生〉传奇人生重现荧屏》，央视网，http://www.cctv.com/teleplay/special/teleplay/special/hjqd/20070111/105219.shtml。

② 《编剧刘纪宏回应质疑：堂堂正气〈荀慧生〉》，国粹论坛，http://www.zhgc.com/bbs/printpage.asp？BoardID＝18&ID＝59436。

③ 谭志湘：《荀慧生》，河北教育出版社，1996，第267、281页。

恶，为荀慧生刻苦学艺添加内在动力；对吴梅魂小姐强嫁中有关因素的调整，除了用以突出荀慧生人格与艺术的巨大感召力之外，更多的则是强调一代名伶所遭逢的时代艰难与传主对卓越追求的矢志不渝；对传主姓名更改者的张冠李戴既突出了编剧在荀慧生艺术成就中的特殊作用，又强化了对荀慧生诚朴忠厚性格的描画。电视剧对史料的选弃、更动与生发俱依艺理。总体来看，《荀慧生》七实三虚，既暗扣中国历史叙事文学的传统，又有助于打造电视剧的艺术个性，使《荀慧生》虚实并备，有着浓郁的仿史色彩。

第四，电视剧《荀慧生》在观赏性上也取得了一定的成就。这主要表现在四个方面：一是主创方高度关注读者的接受兴趣与电视剧的生动性，注意构建戏剧冲突，多数剧情能够跌宕起伏。这主要表现为电视剧有大量的情感戏。需要指出的是，为艺术而勇于舍弃有关顾虑，荀氏后人对电视剧的特殊奉献弥足珍贵。二是局部不乏细腻的叙事手法。如第2集叙述小荀慧生跟师傅庞艳云学艺，其间对师傅、师娘故事的介绍就巧用王老头之口间接带出，而弃正面的直接突破方式。除了以上两点，电视剧对京剧艺术场面的展现画面唯美，具有鲜明的视觉符号个性；而较多的影视明星的加盟也为电视剧聚集了可观的人气。

二 电视剧《荀慧生》的主要不足

对《荀慧生》一剧不足的总结，除了可以更好地鉴赏该剧，更重要的是为今后我国创制同类电视剧提供镜鉴。

《荀慧生》的不足主要有以下三处。

第一，局部生动的剧情缺乏全局整合，电视剧因此在整体上有散沙之虞。荀慧生平生最生动、最曲折的人生经历，电视剧已基本涉及。但综观全剧，《荀慧生》还缺乏一条统领全局并贯穿全剧始终的中心线索，电视剧为此无法呈现四两拨千斤的功力。首先，电视剧让"荀慧生"本人贯彻全剧，并未形成全剧叙事上的纲举目张局面。《荀慧生》全剧采用顺叙，即按照荀慧生成长的历史轨迹讲述传主的粉墨春秋。然而，顺叙的操作要害是善于选弃，否则就极易陷入记流水账的陷阱。《荀慧生》所面对的荀慧生前后几十年的舞台人生，在如此漫长的时间跨度中，人物的生活既有波澜壮阔，又有水波不兴。像电视剧这样以全知视角让"荀慧生"来贯穿全局，就难以将一个个闪光的局部故事串成一个内在逻辑联系紧密的整体。其次，主创方应该也意识到了全剧缺乏中心线索的缺点，故刻意安排荀慧生的初恋吴小霞在全剧的中后部分往来穿梭。但是，吴小霞与荀慧生之间只能够在双方均进入青春期之后发生情感波澜，吴小霞依据现在所采取的叙事方法就不能不迟至电视剧的第 9 集才首次登场，并缺席电视剧剧情的近 1/3。由于全局整合力量不足，电视剧难免东挪西补，头痛医头，脚痛医脚，无法形成波澜起伏、环环相扣、浑然一体的局面，费力不讨好，直接削弱了电视剧的生动性、观赏性。从全局看，《荀慧生》在叙事上笨拙有余，巧妙不足。

第二，电视剧存在一定的概念化倾向。这主要表现在两个方面：一是电视剧忽视了对荀慧生性格发展的刻画。1907~1949 年，是荀慧生由童年到少年再到青年又到中年的黄金时期，也是荀慧生由幼稚走向成熟，个性由不稳定走向成型、定型，由简单走向复杂的人生时期。在此期，荀慧生也曾吸食鸦片、酗酒，对荀妻吴春生的死亡有深深的内疚。[①] 开阔的生活空间，本来既为电视剧深入开掘生活内涵，深化人物性格的丰富复杂，提升电视剧的艺术水平提供尽心驰骋的天地，又使得主人公的性格发展成为全剧的创作重点，与电视剧人物传记特点名副其实，有助于丰富电视剧的思想内涵。然而，与人物原型相比，《荀慧生》中的主人公显然有些平面、单薄。这就不能不影响电视剧对生活的艺术概括能力与作品的内在张力。二是在表现荀慧生的貌美、艺高、德伟时，电视剧偏爱让杨小楼、王瑶卿、吴昌硕等剧中角色甚至观众、邻里、路人等剧中人一再开口直接夸赞。恩格斯在 1885 年 11 月 26 日《致敏·考茨基》的信中说："我认为倾向应当从场面和情节中自然而然地流露出来，而不应当特别把它指点出来。"[②] 电视剧脱离剧情需要安排剧中人一再夸奖荀慧生"这孩子真俊"

---

① 谭志湘：《荀慧生》，河北教育出版社，1996，第 278 页。
② 北京大学中文系编《马克思恩格斯列宁斯大林论文艺》，人民文学出版社，1986，第143 页。

"戏演得真好""换个人试试"，只会导致电视剧趋向概念化并彰显主创方创作才华的捉襟见肘。

第三，电视剧对戏曲元素开发有限。这主要表现为：对戏中戏缺乏相对完整的展现；对荀派艺术精华、魅力的展现远未充分；现有的戏中戏不无重叠。其实，作为一部集中展现一代京剧艺术大师的电视剧，是不能够回避京剧艺术感染力的。这既是因为荀慧生的主要魅力集中于此，离开了对荀派艺术精华的展现就无以寄托、表现人物的灵魂，又在于其间蕴含着重大的社会责任，即通过展示传统文化的精髓来吸引广大观众，推动广大青年观众了解、感受并喜爱京剧艺术。一个时代有一个时代的中心艺术。当前的广大观众，尤其是广大青少年熟知荀慧生的并不多。而帮助他们养成对我国戏曲艺术的接触习惯，才是保持戏曲艺术永葆青春。

20年前，对京剧艺术懵然无知的笔者曾在无意间看过荀派传人赵燕侠表演的折子戏《拾玉镯》片段。赵燕侠对少女院内喂鸡的表演，将一位农村少女的天真烂漫、纯真活泼与向往爱情的心理波动表现得丝丝入扣、细致生动，生活气息浓郁而又层次分明，充分展示了中国戏曲表演体系那不同于斯坦尼斯拉夫斯基表演体系、布莱希特表演体系的博大精深，让汉语言文学专业出身的笔者当时不无意外。客观讲，电视剧《荀慧生》对荀派艺术精美魅力的展现距离荀派艺术高峰尚存不小的距离。显而易见，电视剧的观众如果不能够接受荀派艺术，那么，一部以荀慧生为表现对象的电视剧又如何激发受众的收看热情呢？

电视剧对荀派艺术展现的不足可能是创作方担心京剧元素会导致广大受众疏远《荀慧生》。荀派艺术是《荀慧生》吸引受众眼球的不可或缺的元素，电视剧主创方应该相信荀派艺术，精心处理，寻找行之有效的解决方法。在对戏曲元素的开发上，电视剧的主创方应注意把握三点：一是根据当下受众的接受心理定式，用精不滥：精选荀派艺术剧目的精彩片段，亦歌、亦白、亦舞、亦打，只有通过相对完整的剧中剧才能展示京剧艺术的魅力。二是借鉴电视剧《白玉霜》的经验，将部分戏曲剧情与电视剧的剧情、传主的生平有机结合，用戏曲艺术推动电视剧剧情的发展，用电视剧剧情的变化展现我国戏曲艺术的魅力。如荀派名剧《钗头凤》剧情与荀吴情感风波的交织。三是鉴于当今广大观众对戏曲的隔膜，电视剧无妨让有关剧中人物或安排个别人物在不脱离剧情的前提下从普及知识、理解剧情的角度，对电视剧中的有关京剧艺术及其欣赏思路、欣赏方法予以少而精的介绍或点评。

三　关于电视剧《荀慧生》的加工建议

艺术创作最重要的不是写什么，而是怎么写。在创作原材料并不匮乏的前提下，找到恰当的叙事方法就是电视剧《荀慧生》成为艺术精品的关键。

行之有效的方法来自对电视剧先天条件的准确分析。电视剧《荀慧生》不同于《西游记》一类以艺术想象力见长的浪漫主义作品，既不同于《刘老根》《冬至》一类以写实出彩的现实主义剧作，也不同于《南行记》《星火》等通过改编文学原著进行二度创作的电视剧。电视剧《荀慧生》这一类电视剧要接受历史人物与相关史实的约束。脱离史实、脱离人物原型恣意想象、任性消解，不独历史人物的后人、弟子不依，历史学家不干，而且广大受众也不会认同。电视剧《荀慧生》必须戴着镣铐跳舞，慎重处理两个问题：一是正确处理历史真实与艺术真实之间的关系，二是恰当处理人物与电视剧之间的关系，即要处理好属于原材料范围内的本事与艺术表现之间的关系。作为历史人物，荀慧生终生走过 68 载春秋。电视剧所必须处理的从 1907 年至 1949 年的人物生平，时间跨度也有 43 年。而电视剧按照每集 45 分钟计，全剧 28 集总共也不过 1260 分钟。那么，用 21 小时的电视时间去表现本事时间的 43 年，就要求主创方懂得选择，善于取舍。为此，得心应手的一手叙事技术就是主创方成功的一个重要基础。为了摆脱记流水账的梦魇，寻找贯穿全剧的中心线索，笔者以为次知视角的多重叙事方法之于电视剧《荀慧生》是一个行之有效的叙事上策。

（一）　次知视角的使用

所谓次知视角，即电视剧采用介入故事中的某一人物观察事物之眼球来叙述故事。该视角人物没有感知到的故事则叙事人不能讲述。[①] 从电视剧《荀慧生》看，原材料中最动人的是荀慧生与京剧演员吴彩霞之女吴小霞之间的恋爱婚姻风波，荀吴之恋大起大落、阴差阳错，事涉多方，考验人性，富有传奇色彩，人物命运让人唏嘘不已。从史料看，吴小霞终身未婚，晚景凄凉，1961 年过世。荀慧生在新中国成立后曾以姑夫的身份携最后一任妻子张伟君前往探望。[②] 因此，对荀慧生、吴小霞与吴春生之间的情感波澜，电视剧可以采用中晚年的荀慧生或吴小霞的叙事视角来讲述既往的荀吴情感故事及其余波。采取如是次知视角叙事，既可以使电视剧叙事轻捷、自然、抒情，又可以因时间距离生发戏剧张力，催生"东风恶，欢情薄，一怀愁绪，几年离索，错，错，错"的人生况味，便于集中展现人物的悲欢离合，置放戏剧冲突的大起大落，添加电视剧的思想内涵。

（二）多重叙事的使用

所谓多重叙事，即采取几个介入故事中的当事人的视角，来分别讲述"我"与"他"、"他们"、"我们"之间的故事。次知视角虽有亲切、便于夹叙夹议的长处，但又有视角单一、视域狭隘的局限。《荀慧生》所面对的故事时间跨度大、地域广，因此，在次知视角的基础上附以多重叙事则有助于避免次知视角的局限而适当吸纳全知视角的有关长处。从《荀慧生》的原材料看，电视剧能够深深打动广大观众的故事有三：除了荀慧生与吴小霞的故事之外，就是荀慧生与有上海青洪帮背景的女须生兰馨（人物原型为"露兰春"）之间的情感风波，荀慧生与编剧奇才陈墨香之间的兄弟关系波澜。无论荀吴故事、荀兰故事，还是荀陈故事，男女真情或兄弟情谊间都沉淀着亘古闪耀的人性光芒，既见出人格高下，又足具动人力量。所以，电视剧《荀慧生》可以通过荀慧生、吴小霞、兰馨、陈墨香几位的次知视角来构建全剧的多重叙事，并以荀慧生为主，在重点叙述荀吴、荀兰、荀陈故事的同时，又可以穿插叙述荀慧生与启蒙老师庞艳

---

① 欧阳明：《深度报道写作原理》，武汉大学出版社，2006，第 159 页。
② 谭志湘：《荀慧生》，河北教育出版社，1996，第 108 页。

红，老十三旦侯俊山，京剧名角杨小楼，梨园通天教主王瑶卿，美术大师吴昌硕，文学家老舍、欧阳予倩、郑振铎之间的故事，叙述荀慧生与我国文明戏开创人王钟声以及普通人物大师兄、三秃子、小凤等之间的故事，有主有次，可任意调遣。

显而易见，次知视角的多重叙事方法要比电视剧现有的叙事方法顶用，但这显然对主创方的创作能力提出了更高的要求。较之电影与平面媒体小说的创作，我国电视剧的编剧水平目前尚处于一个发展阶段。而电视艺术的高速发展则要求我国必须强化编剧力量，增强艺术的自觉性。否则，电视剧的精品化就只能是水中月，镜中花。

本文完成于 2007 年，发表于《中国电视》2007 年第 5 期

浅谈我国电视剧对开放式结尾的择取

我国电视剧近年出现了一种新的创作现象，即对开放式结尾的适度择取。如 2009 年走红银屏的《潜伏》、2010 年热播的《老大的幸福》。而伴随广大观众的热烈反响的同时，还有对电视剧开放式结尾的叹惋。不少受众很难接受两剧结尾对主人公最终命运的安排和对中心剧情的处理。《潜伏》为此还数度对结尾修改，以至于结尾处的该剧初播版和重播版，银屏现播版和光碟版颇为不一，成为中国电视剧发展史上少见而又颇耐人寻味的个例。叙事文艺作品问世后因作品之外的因素而修改作品结尾虽在中国现当代文学史上不乏先例，如老舍对小说《骆驼祥子》结尾的修改，其他还有曹禺的剧本《雷雨》、金敬迈的小说《欧阳海之歌》等，但其修改的压力主要来自当时的社会政治生活。电视剧《潜伏》结尾的数度调整虽不能排除政治因素，但更多的压力始自受众的不满或艺术家的批评。新中国成立以来的电视剧的发展历程不过 50 多年，因此探讨近年我国电视剧开放式结尾的择取就很有必要。

一　近年我国电视剧开放式结尾的基本特征

较之那些通常采取封闭式结尾的电视剧和同样采取开放式结尾的现当代小说，近年以《潜伏》《老大的幸福》为代表的电视剧在以开放式结尾收束全篇中已呈现鲜明的艺术特点，并由此表现出中国电视剧的艺术气派。

第一，在故事情节尚未充分结束之处收束全篇。

　　在故事情节尚未充分结束之处收束全篇，是叙事作品开放式结尾的共同特征。我国电视剧的开放式结尾也不例外。所谓情节，是叙事性文艺作品中具有因果联系的人物活动及其形成的事件的进展过程。[①] 所谓故事，是叙事性文艺作品中一系列为表现人物性格和展示主题服务的有因果联系的生活事件。由于它循序发展，环环相扣，成为有吸引力的情节，故又称为故事情节。[②] 而所谓开放式结尾，指的是叙事作品采取故事情节内部的主要人物、事件，尤其是一号人物、中心情节尚在发展过程中，在未水落石出、尘埃落定之处即收束全文，从而使叙事作品故事中的主要人物、情节，尤其是一号人物、中心情节在全篇结束后，按照生活逻辑和剧情运行轨迹还存在鲜明的若干发展趋向和不同走向的可能性。在《潜伏》的初播片中，一号人物余则成被迫远走台湾，继续在国民党军统特务组织内隐藏，并奉中共上级党组织的指令和此时已为中共地下党组织成员的晚秋成婚。至于余则成和晚秋是真结婚，还是像当年解放战争初期和翠平那样的假结婚，编剧并未明确。而余则成在共和国成立后的一个不算太长的时间里，如七八年之内重返大陆，并与翠平母子相聚，虽希望十分渺茫，但也并非完全没有可能。最重要的是，余则成在台湾是初期潜伏成功，还是如历史上台湾中共地下党组织基本毁空，或遭捕杀，或判坐牢，一切世事难料。在《老大的幸福》中，一号人物傅吉祥在全剧结束时仍旧独身，为了让自己的唯一心爱即女一号梅好度好蜜月还暂携梅好的独子乐乐与自己一道返回东北老家；而女一号梅好虽然嫁给富商夏锦达，但难免身在曹营心在汉，无法彻底忘掉傅吉祥。因此，傅吉祥今后的情感归宿乃至梅好新婚后的情感走向都还存在一定的不确定性。

　　相反，采取封闭式结尾的文艺叙事作品与开放式结尾的小说则截然不同。所谓叙事作品的封闭式结尾，指的是叙事作品采取故事情节内部的主要人物、情节，尤其是一号人物、中心情节在故事全部结束，即故事在水落石出、尘埃落定之处方结束全篇。情节发展在结尾处只有唯一，而没有其他可能。电视剧《冬至》《密战》《征服》《荣誉》《插翅难飞》《黑

---

① 《辞海》三卷本，上海辞书出版社，1989，第2276页。
② 《辞海》三卷本，上海辞书出版社，1989，第3846页。

冰》等警匪剧、涉案剧、悬疑剧莫不以代表正义一方的公检法系统全面、彻底战胜代表邪恶一方的犯罪集团，尤其是一号负面人物来结束全剧，而《激情燃烧的岁月》《亮剑》《渴望》《空镜子》这些正剧或亚正剧，无论是军旅剧，还是市井剧、伦理剧，也无不以一号主人公终成正果、大愿告成结尾。《激情燃烧的岁月》中的石光荣、褚琴夫妇虽由磕磕绊绊的相识、初婚始，但终以晚年的心心相印，愿来生再结连理而收篇。《亮剑》中的男一号李云龙虽由最初的草莽英雄起步，但其跌宕起伏的传奇人生以及历经战火的淬砺、现代军事理论的锤炼而终于成为我军的优秀高级将领，以一位个性鲜明、无往不胜的红色战神在全剧的终结处巍然挺立。《空镜子》中的妹妹孙燕、姐姐孙丽分别以善良、单纯和自利、算计代表着两种不同的人生态度和人生方式。姐妹二人从开篇即相生相克，冲突不断，并因而推动剧情跌宕起伏。不过，到了全剧最后，姐妹间的人生较量则以一向似乎占上风的姐姐认输，妹妹孙燕全胜收篇。《渴望》也同样如此。刘慧芳的善良、勤劳、纯朴、忍让，最终让所有对她有看法的人，包括王沪生的姐姐一概自愧弗如。

第二，以非高昂为全剧的主调收篇，与广大受众的接受心理存在明显落差。

以《潜伏》《老大的幸福》为代表的电视剧不仅在主人公的命运与中心情节尚未尘埃落定处结束全篇，而且剧情的基调有碍皆大欢喜。《潜伏》就不以男女主人公余则成、翠平最终苦尽甘来、幸福相拥收尾，反而让两人从此天各一方，再聚渺茫。《老大的幸福》也大体如此。男主人公傅吉祥、梅好虽为天下有情人，但历尽坎坷，在全剧结束处终未成眷属：傅吉祥拒绝都市白领辛雯的示好继续独身也就罢了，编导还安排梅好成为他人新娘。这样一来，傅、梅两人此生的秦晋之好已大体被断送。尽管《潜伏》《老大的幸福》内设喜剧元素，但两剧的如此结局就不能不让在客厅、卧室内观看的广大观众的善有善报的愿望落空，好人有好报的接受心理痛遭蹂躏。

相反，封闭式结尾的电视剧则与此相反，恪守善有善报、恶有恶报的国人人生逻辑期望，并以此安排剧中主人公的命运结局。电视剧《蜗居》中的市长秘书宋思明因角色演绎光彩夺目在剧中成为实际的一号人物，让在大都市打拼谋生的小知识分子郭海清退居其次。在《蜗居》中，宋思明最后不仅身败名裂，而且因意外死亡的生命为代价替自己的政治腐败买单。《冬至》中的男一号陈一平因人性深处丑恶的恶性膨胀而深陷犯罪泥淖中无法自拔，最终不仅家破妻亡，而且自己也精神失常，比死亡还要残酷。如此败局，可为世人的贪婪之心敲一记警钟。《密战》《荣誉》《征服》《插翅难飞》这些涉案剧均以封闭式结尾诠释恶有恶报这一深入人心的信念，而《渴望》《亮剑》《激情燃烧的岁月》《空镜子》这些正剧或亚正剧则成为好人终有好报观念的形象演绎。《渴望》中刘小芳在知道自己身世的真相后，既认了亲生父母，又侍奉瘫痪在床的养母，两全其美。编剧在虚构时空中尽可能遵循人们的美好愿望来收拾全篇。这样的结局，当然不让电视机前亿万受众的期望心理落空，观众由此心情舒畅，起码也是心平气和地步入卧室醋然入梦以在翌日精神饱满地投入工作。封闭式结局，构成对广大受众现实梦想的满足。两相比较，电视剧开放式结尾的主调不尽如人意，广大观众的白日梦难以得到基本的满足。

第三，电视剧开放式结尾具有一定的相对性，有别于精英文艺创作。

和纯艺术的小说、戏剧等相比较，电视剧开放式结尾的开放式具有一定的相对性。所谓开放式结尾的相对性，指的是叙事作品结尾在开放这一定性不变的基础性前提下，又存在较为明显的非开放性，甚至于封闭性，即结尾在开放的总格局中又融入了一定的非开放，甚至封闭的因素。这就是说，较之以纯文艺为代表的精英文艺创作，作为以大众文化为基础的电视剧其开放式结尾之开放并未贯彻到底，未必一无是处。这种开放式结尾相对性的突出表现，就是电视剧的开放式结尾往往选择在主人公命运或中心情节的阶段性处戛然落幕。《老大的幸福》结尾处，梅好内心深处的爱火虽并未全部贡献给新婚丈夫，且在和傅吉祥分手之前刻意用身体回报了傅吉祥一次，但终鲜花有主，已为新妇；傅吉祥虽然拒绝了都市白领辛雯的示爱，将单身贯彻下去，情种底色未变，但迎娶心上人的希望终究十分渺茫，只能返回东北老家。《潜伏》的结尾处，余则成与晚秋之间虽然真婚、假婚半斤八两，但真婚的可能性被暗示更多，翠平虽说并非绝无可能在望眼欲穿中重见丈夫余则成，但更多的可能是夫妻二人从此天各一方，永未聚首，倒是翠平是否会再婚则难料。两剧结尾的未来虽存在多种可能，但其中的一种可能最为鲜明；结局处虽非主人公命运的尘埃落定，但总归是其人生的重要阶段。同时，主人公的命运虽以冷峻为主调，但又被涂抹了些许亮色。这样的结局对电视机前的受众期待心理伤得不轻，但终究留有余地，适当安抚，和精英文艺的开放式结尾有所不一。

相形之下，精英文艺创作对开放式结尾的坚持常常彻底而不妥协。鲁迅《狂人日记》中的"狂人"在小说中自始至终"疯癫"不改。他个人的不稳定命运在作品中既无任何改变，又没有任何变化的希望。其结尾留下的仅为无结局。铁凝的成名作《哦，香雪》（《青年文学》1982 年第 5 期）中的主人公香雪常常初夜 7 时许准时出现在华北大山中的一处叫"台儿沟"火车小站的月台上，用山村自产的核桃、大枣、鸡蛋等去和火车上的乘客交换山村当时少见的挂面、火柴以及姑娘们喜爱的发卡、纱巾、尼龙袜。她与那位自己有好感的火车男乘务员"北京话"之间过去没有、现在没有、将来也不会有什么情感人生的重大进展，更不用说画上圆满的句号了。在短期之内，这种台儿沟火车站月台上定时交换商品的活动，香雪三天两头都要进行；她对"北京话"的那种朦胧的好感也不会消失。在前述两篇纯文艺的叙事作品中，开头之后并不存在故事情节发展的阶段性，更不用说其终结了。显而易见，精英文艺创作开放式结尾往往无始无终，在开放上更为纯粹、地道，常拒绝由开放向封闭方向发展的中间过渡状态。相形之下，电视剧的开放式结尾相对中庸，在开放性质清清楚楚的同时，又存在一定的向封闭式结尾方向匍匐的趋向。

二　我国电视剧近年出现开放式结尾的主要原因

我国电视剧近年所出现的开放式结尾，并不简单。电视剧开放式结尾这一现象是多种因素综合作用之后之必然，且与电视剧的其他环节、要素密切相关。对之，若非系统研判，则探讨很易步入片面、简单。择其要者，我国电视剧近年出现开放式结尾的原因如下。

第一，改革开放之后的深刻社会变迁构成雄厚的社会基础。

30 多年改革开放所带来的中国社会变迁成为制约开放式结尾在电视剧中出没的宽厚的社会基础。改革开放推动中国社会发展，并正在生发近代史以来的特有的深刻社会变迁。这样的时代变化既为艺术家的艺术创作提供了开阔的时代视野与取之不尽、用之不竭的创作源泉，又供给着丰富的思想资源、艺术审美资源和强大的财力、物力。中国社会的持续开放，社会思想的日益丰富多元，党和国家文艺政策的不断宽松，国家财力的日渐雄厚，这些就构成了我国电视剧发展所不可或缺的外部环境。当然，这一因素对于开放式结尾电视剧的相当重要作用则毋庸置疑。

第二，党和国家对电视文艺的高度重视、强有力的领导构成直接的客观条件。

新时期以来，党和国家一如既往高度重视文学艺术，尤其是电视文艺在社会主义精神文明建设中的中坚地位和特殊功用。伴随我国电视业的高速发展，电视在我国的政治生活、经济生活和文化生活中的作用日益强大，地位持续上升。电视传媒以刊发娱乐信息为主。这一点中外皆然。不过，社会主义市场经济下的文艺传播，一方面正受到市场这一只看不见的手的越来越有力的调节，另一方面又不可能任由市场调节。在这样的情形下，党和国家高度重视电视剧在意识形态安全和文化安全中的重要功用。一方面，加强管理，如有关管理机构出台系统的政策法规，在国家新闻出版广电总局内设置专司电视剧管理的司。另一方面，实施电视剧创作的系统工程。党和国家通过中宣部、文化部、国家新闻出版广电总局、中国文联、中国作协等多方社会力量和建设渠道不断强化对电视剧创作的引导、规划和建设，通过"五个一"等文化建设工程构建社会主义精神文明建设的主阵地、主战场，弘扬主旋律，提倡多样化，打造更多、更好的艺术精品。中国的电视剧并非纯粹的商业片，与美国影视剧通常所采取的封闭式结尾拉开一定的距离在所难免。党和国家的文艺政策和具体的文艺管理工作虽然也属于电视剧开放式结尾现象出现的外部环境，但相较于社会变迁本身，其对电视剧创作的作用则直接而刚硬，无需中间环节，对电视剧开放式结尾却又存在一定封闭性的特征有相当重要的约束与影响。

第三，主流文艺观构成近年我国电视剧择取开放式结尾的关键性因素。

社会主义主流文艺观是近年我国电视剧出现开放式结尾的内生性因素。所谓文艺创作的内生性因素，指的是依从于文艺创作规律从而促进文艺创作健康成长的文艺自身成分。文艺创作的相对独立是构成文艺发展特殊规律的重要来源。马克思 1857 年在《〈政治经济学批判〉导言》中说："关于艺术，大家知道，它的一定的繁盛时期绝不是同社会的一般发展成比例的，因而也绝不是同仿佛是社会组织的骨骼的物质基础的一般发展成比例的。……在艺术本身的领域内，某些有重大意义的艺术形式只有在艺术发展的不发达阶段上才是可能的。"① 社会主义主流文艺观以社会主义精英文艺观为基础。社会主义精英文艺观认为，文艺创作是社会生活的形象的反映，② 艺术必须具有形象、审美和情感，三位一体，密不可分。③文艺的特殊性，在于文艺是审美意识形态。④ 这就是说，文艺创作唯有经过审美方存艺术真实。毫无疑问，脱离生活本色，回避社会矛盾，势必降低文艺作品的认识价值与审美价值，有意无意间成为真善美的非同盟者，可能成为假恶丑的粉饰者或帮凶。而恰当的开放式结尾，高扬现实主义创作原则，更加逼近生活本真，有益于广大受众直面现实，认真思考。

第四，文艺创作队伍历史积累的惯性构成强有力的人才资源。

当前，中国内地存在一个由历史积淀而来的数量尚可观，质量颇可靠的文艺创作队伍。中国有重视文学艺术的民族传统。《论语》云："不学诗，无以言"，"言之无文，行之不远"。魏晋时期的曹丕《典论·论文》说："盖文章，经国之大业，不朽之盛事"，更是将文艺推到一个至高无上的社会地位。我国重视文学艺术也有强劲的现实推力。列宁《党的组织与党的文学》认为："文学事业应当成为无产阶级总的事业的一部分，成为一部统一的、伟大的、由整个工人阶级的整个觉悟的先锋队所开动的社会民主主义机器的'齿轮和螺丝钉'。"⑤ 毛泽东《在延安文艺座谈会上的讲话》明确要求"文艺服从于政治"⑥。在这样的民族文化传统和主流意识形态的作用下，文学艺术在共和国成立后的前 40 年始终处于我国社会生活，尤其是政治生活的中心，作家、艺术家不仅具有崇高的社会威

---

① 《马克思恩格斯选集》第 2 卷，人民出版社，2010，第 710 页。
② 蔡仪主编《文学概论》，人民文学出版社，1979，第 17 页。
③ 高等艺术院校《艺术概论》编著组：《艺术概论》，文化艺术出版社，1983，第 37 页。
④ 童庆炳主编《文学理论教程》，高等教育出版社，1992，第 84 页。
⑤ 《列宁选集》第 1 卷，人民出版社，1972，第 647 页。
⑥ 《毛泽东选集》第 3 卷，人民出版社，1991，第 867 页。

望，而且具有较高的社会地位，通过文艺创作改变命运，既是由社会下层进入社会中上层的一条重要道路，又成为当时一种普遍的社会心态。文学艺术当年的如此地位既为共和国培育了一支高水平的文艺创作队伍，也为文学艺术的生存、发展提供了宽广而深厚的社会接受土壤。从一定意义上讲，我国电视剧今日的繁荣是在吃当年文艺创作队伍发达的红利。不过，我国电视剧创作的骨干队伍2010年前后大体在40岁以上，多出生在1970年之前，如擅长主旋律影视创作的编剧刘恒1952年出生。文艺创作队伍人员老化的这种实际已潜存了危机。按照文艺创作规律，作家、艺术家一生的创作巅峰主要在30~45岁。铁凝、莫言、贾平凹、余华、刘恒、刘震云、方方、苏童、王朔这些作家基本在20世纪80年代以及90年代初成名。毫无疑问，包括《蜗居》编剧六六在内的出生于1970年之后的作家的基本创作实力，距离前述铁凝这一、二代作家颇远。我国1970年之后出生的文艺创作队伍人才质量堪忧，电视剧编剧队伍前景并不乐观。仅仅依靠书本、课堂，是培养不出合格的作家的。文艺创作人才的培养有其特殊性。从百年大计虑，为了国家的长远利益，党和国家应采取得力措施，强化我国电视剧编剧队伍建设。

第五，受众的作用。

社会主义市场经济的建设要求大众传媒的信息传播坚持两个效益并举，并以社会效益为主的基本方针。这就是说，在党和政府赋予包括电视台在内的大众传媒以专有垄断权的同时，享有垄断权的诸大众传媒又有不少，而且随着我国文化体制改革的推进将有越来越多需要通过市场来获取自我发展、生存的资金。这样一来，我国的大众传媒业就存在较为激烈的市场竞争。而对于电视传媒，受众、广告之间形成了前呼后拥与互动的市场链条，广告也因此成为电视媒体最主要的资金获取渠道。对于足以吸引眼球的电视剧，广大受众从不吝啬自己的热情。仅以互联网为例，伴随《潜伏》《老大的幸福》两剧的热播，网民们也通过各种网络空间抒发感受。毫无疑问，面对市场竞争，受众的眼球制约着广告的流向。因此，电视剧的制作方就必须认真考量受众的需求。受众构成近年我国电视剧择取开放式结尾的一个主要原因。

三 对我国电视剧开放式结尾的基本评价

纵观近年我国电视剧所出现的开放式结尾的创作现象，总体上应予肯定。其理由主要有三。

第一，提升了我国电视剧的认识能力和审美价值，在一定程度上优化了电视剧的艺术品格。生活并非只有坦途，历史更非仅见鲜花、掌声，现实本与无头无尾的时间长河相伴相随，因此，电视剧开放式结尾的恰当处理有益于电视剧创作更加真切地逼近生活本色，强化文艺真实性，提高广大受众的认识水平，优化观众的审美趣味。比如，《潜伏》的结尾，可以让改革开放以后成长起来的新人类或新新人类们真切地体会共和国红色江山的来之不易，更好地认识到老一辈无产阶级革命者的英雄本色与壮士情怀，从而恰当地尊重历史，珍惜今日幸福，推动其树立正确的人生观和健康的生活方式，也有助于主流价值观在无形中高扬。显而易见，电视剧的如此开放式结尾是尊奉现实主义创作原则的具体表现，远离粉饰现实，远离以廉价的梦之满足的伪现实主义影视创作倾向，自然也就和糊弄乃至欺骗广大受众一刀两断。

第二，有助于提升我国电视剧的创作水平，增强电视剧创作的艺术多元化。

开放式结尾的恰当处理，丰富了人物性格，扩大了电视剧的艺术真实性与动人力量，也有助于电视剧创作摆脱如封闭式结尾等的模式化，从而强化电视剧作品的艺术个性。沧海横流，方显出英雄本色，《潜伏》中的余则成在剧末进入宝岛台湾继续潜伏，既进一步彰显人物的强大自制力与铁一般的意志力，又在其潸然泪下中映照出硬汉内心最柔软的痛处。因此，《潜伏》的结尾当以初播片，而不是后来的数度修改版为上，即以余则成、晚秋台北成婚收尾为上，而非现播版余则成在广州与地下党组织联络时意外发现自己未来潜伏的伙伴竟是自己当初发展为革命者的晚秋处结束。毫无疑问，翠平抱着孩子在大山深处深情而长久地瞩望山路，殷盼余则成的身影出现这一幕虽不无残酷，但唯有这种残酷才更合乎共和国大厦创建的常规底色，让人警醒而不是麻木，让人敬佩而不是心安理得，让人珍爱而不是不以为然。所以，初播片的结尾更合乎电视剧的艺术创作规律。

第三，电视剧的相对性开放式结尾体现了对电视剧艺术个性的尊重。

电视剧可以也应该适当融入精英艺术的因素乃至基因，但是电视剧毕竟属于大众文艺范畴，离不开电视机前的观众。电视剧无法如精英文艺那样将目标受众延迟为在自己问世后 50 年的收视人群。在社会主义市场经济中，倘能处理好市场之于电视剧艺术的积极推动力，那么，尊重受众有利于电视剧为民众服务，有利于电视剧事业的良性循环。同时，电视剧具有大众文艺精神休闲、娱乐的功能。电视剧的接受环境既不同于纸媒，也不同于电影，其收视的地点以私人住宅的客厅、卧室为主。显而易见，电视剧开放式结尾若采取《哦，香雪》的那种彻底、完全的开放式，而不是注意哀而不伤的相对性，就容易影响广大受众的休息乃至他们翌日的工作、学习。

总体看，《潜伏》《老大的幸福》的这种相对的开放式结尾有理有利有节，再虑之以喜剧色彩的适当融入，可谓恰如其分，适得其所。

本文完成于 2010 年，发表于《现代视听》2011 年第 1 期

电视剧中圆形人物的简约化
与扁平人物的精致化

在人物塑造上，相对于电视剧，既往艺术形式无论是文字的小说，还是舞台的戏剧，抑或银幕的电影，都重圆形人物而轻扁平人物，并以圆形人物的丰富复杂为上。相形之下，电视剧则另有所衷，热心于人物塑造的中间路线而不是极致，2003 年热播的电视剧《刘老根》续集就是如此，因而圆形人物的简约化与扁平人物的精致化就成为电视剧艺术世界的中心风景之一。

一 圆形人物简约化

所谓圆形人物（Round Character），在英国文艺理论家 E. M. 福斯特看来，指的是丰富复杂的性格，其丰富复杂甚至可以达到"具有活生生的不可预测的性格"① 的地步。这种丰富复杂的性格一体多面，常常充满内在矛盾，有时内在矛盾甚至可以达到不可摆脱或难以名状的程度。中国的贾宝玉、凤姐，外国的哈姆莱特、冉阿让、聂赫留道夫等被公认为圆形人物的代表。长期以来，文艺理论界以圆形人物为上，以为人物性格越丰富，作品的艺术水平越高。而所谓的圆形人物简约化，则是指在塑造丰富复杂的性格时，努力使性格的丰富复杂变得有限。这种简约化节制圆形人物丰富复杂性格的无限扩张，减少性格的复杂程度，增加性格的透明化，

_____

① 林骧华主编《西方文学批评术语辞典》，上海社会科学院出版社，1989，第 500 页。

对圆形人物实施的其实是减法。显而易见，圆形人物的简约化与以文学为代表的主流艺术观是背道而驰的。

然而，电视剧处理圆形人物则不追求人物的复杂，而是使圆形人物塑造呈现出圆形人物简约化的趋向。在将圆形人物简约化中，电视剧所持的行为策略主要有二。

第一，将圆形人物性格的立体方面与深度层面有限化而非无限化。

电视剧《大宅门》中的白景琦应该说是中国文艺人物画廊中不大易见的人物形象。他机智、幽默、胆大、豪爽、仗义、敢爱敢恨、敢作敢当而又孝敬父母。白景琦的性格显然没有平面化。但是，他性格上的立体与深度又是有限的，与宝玉、凤姐相比则简单得多，认真归拢，人物性格尚易把握，性格是有限量的性格丰满。如果比之以语言的文学艺术，电视剧圆形人物简约化的倾向则更为鲜明。为了避免人物概念化，为了表现人物的人情味，《黑冰》《黑洞》等电视剧还为反面人物设计了性格的另一面：让毒枭郭小鹏孝敬父母，让走私犯聂明宇忧郁高雅、思想深沉。《围城》现有原著的文字文本与改编文本，但在主要人物的塑造上，文字文本比改编的电视剧文本复杂。方鸿渐、孙柔嘉是《围城》中两个光彩夺目的人物。钱锺书在小说中对方鸿渐的弱点与孙柔嘉的长处均较电视剧有多一些的展示。方鸿渐在三闾大学教书的马虎、孙柔嘉婚后对李妈搬弄是非的制止等内容，均被电视剧舍去，而方鸿渐接受友人帮助远多于他帮助友人的状况、婚后孙柔嘉对丈夫的体贴也为电视剧所淡化。显而易见，上述被舍弃或淡化表明作家钱锺书对方鸿渐的欣赏与对孙柔嘉的否定都是有限的，小说对方、孙二人的感喟是复杂的，是肯定与否定的错杂交织。而电视剧文本通过省略、淡化或强化内容的选择方案，使方鸿渐成为以肯定性为主的人物，孙柔嘉成为以否定性为主的人物，圆形人物的复杂丰富较之原著大为降低。正是由于有美化方鸿渐与丑化孙柔嘉之嫌，电视剧才得以将圆形人物简约化。电视剧《围城》如电视剧《南行记》一样，一向被视作中国电视剧的艺术精品，而艺术精品在人物塑造上的表现则使电视剧圆形人物的简约化走向更为突出。

第二，性格的发展以不变为主，以变为辅。

变化往往带来丰富与复杂，因此，人物性格的非固定不变就构成圆形人物的一个重要特点。电视剧的圆形人物也不能例外。然而，在对待圆形人物的性格变化时，电视剧不青睐性格的剧变甚至逆转，而是看好圆形人物的量变。正是因为注重圆形人物性格的非质变，因而电视剧在处理圆形人物性格的变化上就追求改良而厌倦革命，疏远性格变化的大起大落。《大宅门》中的白景琦由少年而青年再中年甚而老年，性格并非没有变化。他少年时淘气、青年时虎气、中年时霸气、老年时硬气，中老年的白景琦逐渐多了份稳健。但是，无论怎么变，他的硬朗、大胆、仗义没有变，他的机智、幽默乃至孝顺没有丢。他本色未变，变的只是枝节。同剧的杨九红也是如此。青春时的杨九红泼辣中有温柔，活泼中寓细腻、刚强。不过，随着年龄的增长与人生挫折的加添，她逐渐变得好斗、乖张、刁钻、刻薄。但是，这些变化不过是她久受损害后对自尊平等的持久渴望、追求的另外表现而已，是长期被压抑后对反抗的释放，人物的本质、基调并未变化。电视剧《激情燃烧的岁月》中的军人石光荣戎马一生，他粗犷、勇敢、宁折不弯，他忠诚、朴素、耿直但又不无武断、粗暴。他老年时开始体贴妻子、宽待子女，添点孩子气，然而人物性格的核心并未因此改变，变的是人物态度，只是性格的外围。电视剧通过控制圆形人物性格变化的规定性，也达到圆形人物的简约化。

二 扁平人物精致化

扁平人物（Flat Character）是圆形人物的对立面，指的是围绕人物的某一个单一思想或特性所刻画的人物。它是平面化的人物，人物性格规定简单。关于扁平人物性格的简单，E. M. 福斯特在《论小说人物》中曾以英国批判现实主义作家狄更斯的小说为例予以说明。福斯特认为，狄更斯《大卫·科波菲尔》中米考伯太太的性格可以用一句话概括，即米考伯太太的那句口头禅："我们永远不会抛弃米考伯先生。"① 如果说圆形人物的简约化是做减法，那么扁平人物的精致化就是做加法，因此，所谓扁平人

---

① 伍蠡甫、胡经之主编《西方文艺理论名著选编》（下），北京大学出版社，1987，第178页。

物的精致化，指的就是将人物的一二点性格铺排生发，组成单一性格的特点群，因而精致化的扁平人物的性格特点虽简单，但表现手法却有所丰富，有所波澜。

扁平人物在文学作品与电视剧中的地位不一样。在文字叙事艺术作品中，扁平人物多为小角色，而且常常趋于负面艺术，是作者在创作上不那么成功的表现。而在电视剧中，扁平人物的艺术地位不高，但也不低，有时还可以升为主要人物，因此，扁平人物的精致化就往往成为电视剧所肯定的对象。

扁平人物精致化的艺术策略亦主要有二：

第一，浸润、放大性格要点，使人物性格趋向细巧。

电视剧《情深深雨濛濛》中的雪琴自私虚伪，是个负面人物。电视剧围绕人物性格的要害，通过雪琴出嫁，控制丈夫陆振华，算计傅文佩、陆依萍母女等内容，既刻画了人物的两面三刀、见风使舵、挑拨离间，又表现了人物的刁蛮、尖刻、阴毒，还触及人物的淫荡。然而，雪琴的种种邪恶，都来自人物的性格核心，从而成为对扁平人物自私虚伪的性格特点的发挥、放大。同时，在浸润、放大性格要点上，电视剧还注重性格相较，通过性格间的对照显出异中同与同中异。电视剧《情深深雨濛濛》中的正面人物依萍、如萍都良善、专情，但依萍于刚强、打拼见本色，而如萍谦忍奉献中也有坚持；何书桓与杜飞同样正直、专一，但前者沉稳中又不乏软弱，后者天真烂漫中则不少清醒。电视剧通过人物间的比照，努力见出人物单一中的相异，简单中的丰富多彩。依人物性格展示的艺术空间看，扁平人物虽然天生单调、呆板，但性格的细致雕琢与人物间的同异互补，也使人物形象多姿多彩，尚能摇曳多姿。

第二，注意交代性格来历与随情境变迁相机演绎性格变动。

韩国青春电视剧《女主播的故事》（又名《夏娃的诱惑》）中的徐吟美（音）为扁平人物。她贪欲旺盛、两面三刀、暗算对手、嫁祸于人、损人利己，是个极端自私的品行恶劣者。但是，电视剧没有将人物的性格无根化，而是交代徐吟美家境的贫寒与她早年的不幸。正是家境的贫寒使吟美生未平等，而早年的不幸又使她无法享有常人轻易可获得的精神、物质滋润。正是这些，造成她精神扭曲并以攫取个人现实好处为人生最高要义，从而轻易地抛弃了真正重要的美德。这就使得人物性格少了些概念化，多了些丰富性。《女主播的故事》还将徐吟美的性格予以逆转性的变化。甄善美（音）的关爱、谦让没有消除吟美的邪恶，钟爱她的男友金佑镇（音）将记录她丑行的录像带毁坏也未换来她改邪归正，但金佑镇为了救她而捐躯则最终震撼了吟美麻木的心灵。她良心发现、幡然悔悟、弃恶从善。电视剧对人物的性格刻画由此出现逆转。由于注意交代性格来历与铺垫性格转变条件，因而扁平人物的性格及其变化就可以自圆，也比较生动，单面的性格也因此有了弯度而不再仅仅平坦如砥，扁平人物也因此得以精致化。

三　简约化、精致化的背后与得失

圆形人物的简约化与扁平人物的精致化，使电视剧的圆形人物与扁平人物之间的艺术距离缩短。通过简约化，圆形人物削减了性格的复杂丰富；通过精致化，扁平人物又增添了性格的容量扩张。较之其他叙事艺术，电视剧的人物塑造由此呈现向中间靠拢的特点。

那么，电视剧的人物塑造为什么呈现向中间靠拢的艺术特点呢？换句话说，为什么过去的小说、戏剧乃至电影没有出现圆形人物简约化与扁平人物精致化的鲜明走向呢？

究其根本，还在于电视剧的生产、传播机制。电视剧的生产与传播有两个要素不可忽视，一是观众，二是广告。在传统的艺术市场中，观众与广告并不统一或不完全统一。无论文字的小说，还是舞台的戏剧，抑或银幕的电影，在它们的艺术运行轨道处于如日中天之时，都很少依靠广告收入，对受众的经济依赖也相当有限。在这些艺术的辉煌年代，受众不等于或不完全等于市场，艺术依赖受众但不决定于受众。这些叙事艺术产品的生产、传播，可以得到作者或者官方及有关政治、经济、文化权力阶层比较有力的支持甚至扶植。因而这些艺术以启蒙、教育、感化、引导的精神功能为主，经济收益考虑较少甚至不予考虑。但是当下电视剧的生产、传播则不是这样。电视剧的生产、传播需要较大规模的经济投入，中国社会的日趋商业化则使电视剧的生产、传播日益离不开市场的支持，而来自政治、文化界对于电视剧的经济支持则日渐减少，乃至电视剧在未来被次要化、边缘化并非绝无可能。在这样的一个艺术生存世界中，电视剧的受众就日益与市场合二为一，驱动受众、广告、市场三位一体；受众市场化、市场广告化、受众广告化。这种三位一体为电视剧带来两大作用：一要电视剧好看；二要电视剧获得尽可能多的受众喜爱而不是厌恶，即美国电视剧界的"最少抵制原则"①。于是电视传媒的生存、进化规则，则不能不导致电视剧人物塑造的中间靠拢倾向。显而易见，如果圆形人物的性格过分丰富、复杂，性格的内在冲突过多、难解难分乃至不可预测，那么，坐在家庭客厅、床头的受众在不那么容易精神高度专一的接受环境内就很容易糊涂、犯困、提不起精神，会乘兴而来，败兴而去，让生活在时代节奏日益紧张的受众走入电视剧场接受娱乐、放松的初衷落空。而圆形人物的简约化则降低了艺术接受的门槛，有利于增添受众的热情，扩展受众的数量。同样地，如果扁平人物的性格过于粗糙，电视剧则必然生动性、观赏性不足，也难以吸引观众接受，不易形成庞大的受众群体。《情深深雨濛濛》《还珠格格》一类电视剧不怕扁平人物简单，就怕扁平人物粗糙。事实证明，性格简单的扁平人物通过精致化是能够带来高收视率的。受众即市场、市场即广告、广告即金钱，在大众文化发达的今天，不管愿不愿意，娱乐工具以电视为主的时代已经降临，文字、电影不能不退居次席，成为陪客，而文学期刊广告的艰难、报纸文学副刊处境的尴尬与电影广告进展的迟笨就是这种文化的表征。

大众文化的消费性与电视剧人物塑造向中间靠拢的利弊是息息相关的。从积极方面看，首先，电视剧圆形人物的简约化与扁平人物的精致化极大地增添了艺术欣赏的自由空间与亲和力，丰富了艺术的表现力，降低了艺术传播、接受的经济成本，使艺术传播呈现出前所未有的普泛与无所不入。其次，使普通民众的思想情感有较多的表达。长期以来，艺术属于掌握了知识话语权的精英阶层，同时，知识精英阶层往往与掌握政治发言权的主流阶层合二为一，这样，普通民众就缺乏合法表达自己情绪的传播平台。而电视传媒对收视率的臣服，显然已经极大地强化了普通民众通过

① 苗棣：《美国电视剧》，北京广播学院出版社，1999，第5页。

电视剧来开口发言、宣泄内心与满足现实难以落实梦幻的机会，并进而调节社会矛盾，充当维护社会稳定的减压阀。

但是，电视剧如是简约化、精致化带来的问题又是不容忽视的。首先，它容易使艺术创造演变为文化制造，艺术欣赏退而为文化消费，艺术行业更替为文化工业，电视剧的人物塑造也因此带来不少缺憾。《情深深雨濛濛》过于依赖明星效应，依萍的性格也不是如有的学者认为的那样充满自大与自卑的内在焦虑，而是相当简单，由此带来人物塑造上的本末倒置，影响电视剧作品的思想含量。该剧还出现了一些本不该有的败笔。比如，当杜飞怒砸如意误伤如萍的手指后，杜飞让如萍枕靠自己的肩头。这样的处理不妥。如萍一直未接受杜飞的感情，况且旧中国即使知识青年男女之间也设防较严，因此，电视剧让如萍没心没肺地依顺杜飞的要求就莫名其妙。这有悖如萍性格的质的规定，大煞风景。其次，电视剧如是简约化与精致化会麻痹普罗大众对社会不合理现象的反抗。英国的文化研究学派认为阅听人有批判能力，美国学者费斯克（John Fiske）更是以为阅听人完全有能力将文化产品改制成他们愿意接受的形态。① 这实际夸大了受众的主动能力。但我们必须看到，受众的所谓反抗既是感性的，又是相当有限的。万方的小说《空镜子》充满宿命感，表现的是作家对中国女性命运的不满与无奈，而以此改编的电视剧《空镜子》则强化姐姐孙丽，增添人物马黎明，并通过妹妹孙燕的单纯善良对孙丽人生哲学的胜利，宣告善终必报的温情而又不无浅薄、陈旧的观念，迎合中折去时代探索与思想先锋的锐气。《大宅门》在渲染白景琦与杨九红、香秀、槐花等人的情感纠葛的同时，实际上已忘了批判男人凭金钱、权力而对女性的玩弄，并不无对权力、金钱的炫耀。这是需要我们警惕的。最后，影响中国电视剧的艺术努力。中西电视剧的生存环境是不一样的。西方奉行商业主义原则，西方的主流社会往往将艺术创新的探索任务赋予文学、电影，赋予纯文艺，而不大瞧得起电视剧，不大瞧得起通俗文艺，不太重视电视剧的艺术性。我国台湾地区、韩国的电视剧深受美国影响，因此，其人物塑造重视吸引受众而不太在意作品的艺术真实，艺术性较中国大陆的粗糙。《情

---

① 肖小穗：《传媒批评》，黑龙江人民出版社，2002，第103～109页。

深深雨濛濛》《女主播的故事》的人物塑造就恰恰说明了这一点。相反，电视在中国属于强势媒体，中国以社会效益为主、以经济效益为辅的传媒政策，中国知识分子的责任感传统与我国的社会环境，使我国的主流文化与高雅文化更看中电视剧的教育作用与艺术性，电视剧因而有主旋律与多样化之分。总体看，我国电视剧的制作水平、科技含量尚不如美国，但就艺术水准而言则高出美国一筹。我国的电视剧《围城》《南行记》《激情燃烧的岁月》都有相当高的艺术品位。但是，电视剧在人物塑造上的中间靠拢倾向还是影响着我国电视剧的整体艺术水平。电视剧《刘老根》续集虽然较之《刘老根》进步明显，但续集人物性格的固化与大团圆结局的俗套则来自电视剧的"最少抵制原则"。正是这样的原因，电视剧往往创新不足，缺少尖锐的批判锋芒。如《雍正王朝》等电视剧对封建帝王的现代误读、美化，对权术的迷恋与对奴性的不置可否都是值得注意甚至警惕的。在艺术的精致上，我国的电视剧与西方电视剧一样尚无法望文学、电影之项背。

电视剧圆形人物简约化与扁平人物精致化的不足，应引起我们的重视而不是粉饰。这种不足，小而言之，容易增添艺术的粗糙、思想的平庸，降低社会的艺术欣赏水平；大而言之，则容易妨碍艺术创新与革命，侵蚀艺术的批判锋芒，处理不当，还可能麻痹受众对是非善恶美丑的辨别力，干扰艺术家的良知，导致艺术的倒退甚至堕落。电视剧人物塑造的中间靠拢特点有利有弊，得失复杂，其关键在于认识正确，因势利导，所以还不能简单地肯定或否定。

本文完成于 2003 年，发表于《云南社会科学》2008 年第 1 期

参考文献：

林骧华主编《西方文学批评术语辞典》，上海社会科学院出版社，1989。

伍蠡甫、胡经之主编《西方文艺理论名著选编》（下），北京大学出版社，1987。

苗棣：《美国电视剧》，北京广播学院出版社，1999。

肖小穗：《传媒批评》，黑龙江人民出版社，2002。

传媒文化与传媒法研究

新闻信息传播中对公民肖像
隐私权保护的适度性

伴随当前新媒体的高速发展与公民维权意识的持续高涨，在大众传媒的新闻信息传播活动中，公民合法权利的保护在需要完善与强化的同时，也面临保护适度性的挑战。其中，公民的隐私权，构成这种大众传媒新闻信息传播活动中公民权利保护适度性的焦点之一，而公民公共场合下不文明行为的肖像视觉信息传播则处于这种保护适度性的焦点区域之内。相形于公民隐私权的尊重，学界的研究和业界的实践，对隐私权保护的适度性尚缺乏切实的探讨与十分清醒的践行。影响所及，新闻媒体面对公民置身于公共场合的严重的不文明行为不无两难：报道中，对当事人的面孔予以技术处理，如施加马赛克，在强化公民隐私保护的同时，又对社会普遍存在的不文明行为抑制力度不够；而不采取马赛克手段一类的技术处理，则会面临侵犯公民隐私权的指控与败诉的极大风险。手机拍照、上传互联网的便捷，加剧了媒体的两难。新媒体的高速发展对新闻媒体避免司法纠纷提出新挑战，一些新闻媒体，尤其是涉事传媒报道有关公民公共场合不文明行为时为避免法律纠纷而索性简单应对，即一律对不文明行为者的面孔施加马赛克，而难以顾及社会的大局。如此实际，对于公民隐私权的保护，对大众传媒信息传播权利及其背后的公民集体的信息知情权、表达权、参与权与监督权则未必是良性的。毫无疑问，关涉公民肖像信息在大众传媒上交流，他方，尤其是大众传媒须征得当事人的同意，但这样的同意又不宜绝对化，即公民隐私权的这种保护不能无条件。因此，探讨新媒体时代背景下新闻信息传播中对公民肖像隐私权保护的适度性，就是很有必要的。

一　事关公民在公共场合不文明行为的视觉信息传播的复杂性

伴随新媒体的快速发展，事关公民在公共场合不文明行为的视觉信息传播，较之传统媒体一统天下的过去，变得复杂起来。2013 年 3 月发生在武汉地铁的泼面女事件可谓典型：一位女青年在车厢中不顾《武汉市轨道交通管理条例》禁食的规定与多名乘客劝阻而进食热干面，被一名女乘客用手机拍下吃面的照片，女青年在要求删除照片未果时愤而将手中的面条连同纸碗一并扣在拍照女的头上。拍照女当日将地铁车厢内拍下的照片未予技术处理，如施加马赛克遮饰，并连同自己遭遇的文字说明，上传新浪微博，随后引发网友围观。翌日，全国众多各类媒体在刊发或转载这一消息时使用了拍照女微博中的照片。其中，《武汉晨报》在刊用时因未在泼面女照片的面部加上马赛克而招致有关人士如律师侵犯当事人隐私权的批评和泼面女方到报社交涉，随后该报社将自家网站报纸电子版上泼面女的照片撤下（见图 1）。

武汉地铁的泼面女事件，可以充分说明事关公民在公共场合不文明行为的视觉信息传播的复杂性。首先，信息的传播主体涉及多方。其一，公民个人，即公民在人人都有麦克风的情况下以个人身份通过大众传媒进行信息传播。其二，以互联网为中心的新媒体。这样的媒体往往成为新闻信息大众传播的起始或中转。其三，传统媒体及其控制者，多为信息再次传播方与信息的放大者。其次，工具的多元化。事关公民在公共场合不文明行为的视觉信息传播，其工具主要涉及如下三方：其一为互联网。其二为私有化的传媒工具。这主要指公民个人拥有的具备视听信息拍摄、传送功能的手机。其三为传统媒体。再次，信息传播模式的复杂化。信息的首次传播与多次传播相结合，形成信息传播的多元链条系统。最后，舆论生成模式的新状态。信息传播快速，扩散迅速，众多网民围观，让这类新闻演变为舆论兴奋点，形成"爆米花"式的舆论生成模式。这样的新闻信息传播格局，在新媒体诞生之前是难以想象的。

图1 《武汉晨报》网站内报纸的电子版已经删去
泼面女车厢内吃面的图像

二 事关公民在公共场合不文明行为的视觉信息
传播，属于肖像权抑或隐私权范畴

公民肖像的法律归属具有一定的复杂性。

首先，公民的肖像属于人格权范畴。法律上的人格，指具有独立的法律地位的个人和组织，其中包括自然人，作为法律主体的必备条件的权利能力，是一种受法律保护的利益。人格权是为维护主体的基本人格，主体所享有的法律规定的人格利益的权利，其中，公民的肖像、隐私、名誉等个别人格利益属于特殊人格利益。①

其次，公民肖像属于肖像权的法律范畴。肖像是公民个人形象通过摄影、绘画、雕刻、录影等形式，能为人的视觉所看到的，在物质载体上再

———————————

① 刘凤景、管仁林：《人格权》，中国社会科学出版社，1999，第1~3页。

现的形象。其中，照片肖像是通过摄影、摄像手段而制作的肖像，与肖像人存在明显的对应关系，与其他肖像相比是最接近肖像人真实形象的肖像形式。① 肖像权是公民享有在自己的肖像上所体现的利益的权利。因此，2013年武汉地铁泼面女事件中泼面女在车厢内进食的图片显然与肖像权是存在法律关系的。

最后，在法律范畴内部分肖像属于肖像权范畴，又要接受隐私权的调节。所谓隐私，是指公民个人生活不愿向他人公开或被知悉的秘密②，如个人的健康状况、生理缺陷、婚恋经历、财产状况、私人日记、生活习惯等。隐私权是自然人有依法保护自己的隐私不受伤害的权利，主要有个人生活安宁权、个人生活情报保密权、个人通讯秘密权和个人隐私利用权。③ 在和媒体的关系上，隐私权包括两个方面：一是公民对自己与社会公共生活无关的私事，有权要求他人不打听、不传播，有权要求新闻媒体不非法获取、不报道、不评论；二是公民对自己与社会公共生活无关的私生活，有权要求他人不得任意窥探和干扰。④ 隐私权在我国的司法建设中有一个从无到有，从不独立到初步独立的发展过程。长期以来，我国法规体系未将隐私权单列。上海辞书出版社1984年出版的权威工具书《法学词典》增订版无"隐私权"词条。1987年《中华人民共和国民法通则》所规定的各项人格权中无隐私权。最高人民法院1988年《关于贯彻执行〈中华人民共和国民法通则〉若干问题的意见（试行）》、1993年8月7日《关于审理名誉权案件若干问题的解答》均采取类推的方法将隐私权纳入名誉权的范围内保护，前者第140条规定"以书面、口头等形式宣扬他人隐私，或者捏造事实公然丑化他人人格，以及用侮辱、诽谤等方式损害他人名誉，造成一定影响的，应当认定为侵害公民名誉权的行为"，后者中说明："对未经他人同意，擅自公布他人的隐私材料或者以书面、口头形式宣扬他人隐私，致使他人名誉受到损害的，按照侵害他人名誉权处理。"2010年施行（2009年颁布）的《中华人民共和国侵权责任法》

---

① 刘风景、管仁林：《人格权》，中国社会科学出版社，1999，第102页。
② 顾理平：《新闻侵权与法律责任》，中国广播电视出版社，2001，第225页。
③ 刘风景、管仁林：《人格权》，中国社会科学出版社，1999，第166~168页。
④ 魏永征：《中国新闻传播法纲要》，上海社会科学院出版社，1999，第261页。

第二条首次将隐私权列为公民受法律保护的一项独立的人格权。① 关于公民肖像，不同的法系之间存在不同的理解。英美法系将肖像权作为隐私权的一部分来加以保护，而大陆法系以法典法确认人格权制度的国家则把肖像权作为一种具体的人格权予以规定。由于近年来肖像权与隐私权之间发生关联日益频繁，故一些没有系统或专门的肖像权制度立法的国家与地区，对肖像权的保护是借由隐私权制度来进行的。② 我国至今尚无系统或专门的肖像权制度立法，故我国有学者对部分肖像亦主张借由隐私权制度保护。王利明在《人格权法新论》中认为所有的个人信息，如一个人的身高、体重、肖像等包括在隐私中③，认为关于肖像权，现行民法通则只对肖像权的商业性利用做了规定④。实际上，肖像所表现的形象只有处于某种特定状态，如公民照片见诸大众传媒而其肖像会被大众识别时，才和隐私相关联。因此，2013 年武汉地铁泼面女事件中泼面女在车厢内进食的图片刊载在互联网、报纸、电视等大众传媒中，则在我国尚无关于肖像权、隐私权专门法的背景下就不能不与隐私权相关。换句话说，事关公民在公共场合不文明行为的视觉信息传播，可以在隐私权范畴内讨论。

三　新闻媒体对公民在公共场合严重的不文明行为的视觉信息传播，未予技术处理是否侵权

对于公民在公共场合的不文明行为的以面孔为中心的外观视觉信息，新闻媒体在传播中是否应施加采取相关技术处理，如对有关人物的面部施以马赛克，是不可一概而论的。新闻媒体对于公共场合中不文明行为，从保护公民隐私权和利于公民个人自我纠正计，一般情况下应对当事公民的面孔采取施加马赛克等技术处理，但也不能绝对化，尚需具体情况具体分析。

①　王毓：《人格权立法应顺势而为》，《光明日报》2012 年 7 月 3 日，第 11 版。
②　刘风景、管仁林：《人格权》，中国社会科学出版社，1999，第 171~172 页。
③　王利明：《人格权法新论》，吉林人民出版社，1994，第 482 页。
④　王利明：《应尽快启动人格权立法》，《光明日报》2014 年 10 月 9 日，第 11 版。

我们认为，对公民严重的不文明社会行为的信息传播，媒体必须谨慎，但确有必要时对当事人的面孔可不必采取施加马赛克这样的技术处理。

武汉地铁泼面女事件可谓后者的典型个例。纵观全局，新浪、《武汉晨报》对武汉地铁泼面女事件中的泼面女在车厢进食照片未予技术处理，如施加马赛克，并不构成侵权。

首先，泼面女在武汉地铁中的不文明行为是严重的。严重的不文明行为的构成要件大体如下：第一，公民的行为是不文明的，有错的，违反或违背公序良俗和地方法规。第二，不文明行为的性质是恶劣的，社会示范效应坏，社会影响范围广。第三，无认错态度或不悔改。第四，当事人为维护已有的不文明行为又引发后续的不文明行为。泼面女在武汉地铁车厢内违背法规进食虽然错误，但本不严重。其不文明行为的严重性主要在于：一是该女不仅不听劝阻，还拒绝通过合法途径维护自己的合法权益，而将手中的热面扣到劝阻的拍照女的头上，对拍照女的健康与精神均构成不容忽视的伤害；二是该女不思悔改，事后一直无认错表示；三是该女在事件的后续发展中进行挑衅，呈现明显的攻击性倾向，如涉嫌邀约《武汉晨报》记者在汉口某地铁出入口见面，再毁约，在戏弄中满足一己私欲，具有攻击性，气焰相当嚣张。总体看，泼面女的不文明行为是严重的，对公序良俗已经构成肆意践踏，社会影响颇坏，因此，新浪、《武汉晨报》在公开或转发拍照女关于泼面女在车厢进食的照片时而未施加马赛克，就不宜再依关于一般不文明社会行为的处理标准断之。

其次，新浪、《武汉晨报》对武汉地铁泼面女事件中的泼面女在车厢进食照片未加马赛克，是否涉嫌侵犯泼面女的肖像权？我国《民法通则》第100条规定：公民享有肖像权，未经本人同意，不得以营利为目的使用公民的肖像。显然，侵犯肖像权的构成要件有二：一是未经本人同意，二是肖像的使用以营利为目的。新浪、《武汉晨报》两家媒体在报道中对肖像照片的使用虽然未经泼面女本人同意，但因未以营利为目的，故不构成肖像权侵权。当然，"以营利为目的"这一构成要件在学理上尚存在一定的争论。王利明、杨立新等认为侵犯肖像权须具备三个要件：须有使用行为、须未经肖像权人同意、须无违法阻却事由。① 其中的违法阻却事由，是我国学者结合国外的司法精神和国内的司法惯例所进行的总结，以为肖像的合理使用情形包括"为了维护社会利益的需要，如对先进人物照片的展览，公民实施不文明行为而拍摄、公布予以善意批评、通缉逃犯而印制照片等，均为合法使用"②。其关键是公共利益。武汉地铁集团有限公司，是在原武汉市轨道交通有限公司的基础上于 2007 年 5 月 15 日经中共武汉市委、市政府批准成立的大型国有企业，并经地方政府授权独家负责武汉轨道交通的建设、运营、管理和融资。《武汉市轨道交通管理条例》于 2012 年 12 月经武汉市人大常委会正式实施，并明文规定禁止在武汉市地铁车厢内进食。而新浪、《武汉晨报》在传播泼面女在有禁食公约的公共场合吃面的照片而未对泼面女的面孔施加马赛克，是媒体新闻工作的有机组成部分，有益于公序良俗，系社会主义建设所必需，不为经营目的，当属于肖像的合理使用，与肖像权的侵权行为无涉。

再次，新浪、《武汉晨报》对武汉地铁泼面女事件中的泼面女在车厢进食照片未加马赛克，是否涉嫌侵犯泼面女的隐私权？大众传媒的公开传播，使新浪、《武汉晨报》刊发未施以马赛克的泼面女车厢进食的照片，与隐私权相关。我们认为，新浪、《武汉晨报》在公开泼面女车厢进食的照片而未加马赛克的传播行为没有侵犯泼面女的隐私权。第一，新浪、《武汉晨报》对泼面女隐私权的触及极为有限，且不为隐私的核心。说触及隐私极为有限，在于新浪、《武汉晨报》所公开的照片仅涉及泼面女以面孔为中心的外貌。说触及隐私的非核心，在于新浪、《武汉晨报》所传播的视觉信息仅及泼面女的外貌，而并未涉及该女的姓名、家庭住址、工作单位、经济收入、婚恋生育或既往违法乱纪行为及其处分等隐私的核心区域。第二，没有打破公民隐私与公共利益之间的良性平衡。按照法律规定和司法精神，判断公民自拍自传和有关媒体转刊转播行为是否侵犯公民隐私权存在一个根本标准，即社会公共利益优先原则。所谓社会公共利益，是社会成员于社会范围在生产、工作、生活和发展过程中所拥有的共

---

① 王利明、杨立新主编《人格权与新闻侵权》，中国方正出版社，2010，第 275、276 页。
② 王利明、杨立新主编《人格权与新闻侵权》，中国方正出版社，2010，第 276 页。

同好处。因此，只要公民的隐私无涉社会公共利益，那么，任何公民与大众传媒未经当事人允许而获取、传播或转刊转播均侵犯了当事人的隐私权。相反，只要公民的隐私权涉及尤其是侵犯了社会公共利益，如犯罪行为、违反社会公德行为，违反法规或社会公约行为，损害公共秩序，则公民的隐私权保护必须受到一定的限制。当广大公民的知情权和个别公民的隐私权发生冲突时，一般情况下前者优于后者，后者服从于前者。社会公共利益高于公民的个人隐私权，是社会公共利益优先原则的精髓。最高人民法院 2014 年 10 月 9 日发布的《最高人民法院关于审理利用信息网络侵害人身权益民事纠纷案件适用法律若干问题的规定》第 12 条明确规定的例外之一就是"为促进社会公共利益且在必要范围内"。在武汉地铁泼面女事件中，地铁车厢既非私人空间如私人住宅，又非组织空间如工厂的车间，而系社会公共空间，车窗密闭，空气流动性弱，泼面女在此场合公然吃面不单自我放弃隐私权的保护，而且食品所散发的气味污染了车厢的空气，触犯了车厢内其他乘客的生理和心理的健康，为公共交通工具滋生鼠害创造了一定的客观条件，违反武汉地铁集团的法规，损害了社会公共场所的规范，即公共秩序。① 泼面女地铁吃面行为不再限于单纯的个人隐私范围。而大众传媒属于一种公共领域，是介于日常生活的私人利益与国家权力之间的空间。② 在这样的情况下，公民为了保护公共利益，维护公共秩序，有权对特别严重的不文明行为拍摄并公之于公共领域的大众传媒之内，其他新闻传媒也有权转刊转播。

最后，处理公民隐私与公共利益之间的平衡还必须考虑特殊的时空。我国正处于由传统而现代化的社会转型的特殊时期。这一伟大而复杂的社会转型，人人有责，个个有份，单靠执政党和政府是实现不了的。就公民个体而言，广大公民要有一个自我教育、自我成长的痛苦而漫长过程。长期以来的文化惯性，使我国形成具有浓郁的人情化色彩的社会。人情化社会的绝对化，往往导致人们不习惯于遵守法律，而热衷于坚信人情，不习惯于铁律，而容易面朝机会主义。对泼面女的前述严重的不文明行为，大

① 《法学词典》编辑委员会编《法学词典》（增订版），上海辞书出版社，1984，第146页。
② 汪民安主编《文化研究关键词》，江苏人民出版社，2007，第91页。

众传媒在信息传播中未对其照片中的面容施以马赛克，虽然不无严厉，但在转型期的当下对于扭转社会风气和推动社会秩序向好是较为有力的。泼面女事件的发展也证明了这一点：一是激发相关管理机构工作的主动性和斗争的勇气，如武汉地铁公司重申法规，强化地铁车厢内的现场执法。二是让武汉市及全国民众从中深受教育，让不在公共交通工具进食开始成为共识，遵守相关规制成为潮流，正气上扬，歪风邪气失去市场，社会风气得到有力的扭转。三是对武汉地铁泼面女事件的采编安排成为一次社会主义精神文明建设的重要战役，由扭转公共交通进食的陋习扩大到对其他公共场合不文明行为的批评。总体看，由新浪始，《武汉晨报》放大的泼面女事件传播的社会效果突出，以积极因素和正能量为主，以泼面女因部分个人隐私被公开而影响到其生活秩序的消极因素为辅。因此，在公共利益与个人隐私之间权衡，泼面女为自己严重的不文明行为多付出一些代价与利益的让渡又是时代的必需，对其本人也是很好的一课。

总之，公民隐私权并非至高无上，对其保护应有度，而不是无条件的。

另外，拍照女在向新浪微博传送泼面女车厢内吃面的照片时未加马赛克这一情节，是无涉于侵犯泼面女的肖像权，尤其是隐私权的。显然，拍照女在泼面女事发后迅速离开地铁而汇入茫茫人海，通过将泼面女的照片公之于众有助于寻找伤害者以提起赔偿要求，客观上亦属无奈之举。

四　维护公民隐私权的特别标准

社会公共利益优先原则肯定公民和大众传媒对不文明行为的自拍自传或转刊转播权利，但是否同时认可上述自拍自传和转刊转播主体，可以绝对地对被拍被传当事人的可识别部位不采取任何阻止第三者识别的手段呢？当然不是。任何阻止第三者识别手段的运用以保护当事人隐私权都是有条件的，此即维护公民隐私权的特别标准。

特别标准主要有两条：一是特殊群体例外原则，二是有助于有错方不给社会增加负能量的原则。

特殊群体例外原则。隐私权所保护的特殊群体主要指未成年人。我国

1992年1月1日开始实施的《中华人民共和国未成年人保护法》第30条规定："任何组织和个人不得披露未成年人的隐私。"第42条规定："对未成年人犯罪案件，在判决前，新闻报道、影视节目、公开出版物不得披露该未成年人的姓名、住所、照片及可能推断出该未成年人的资料。"1999年6月第九届全国人大常委会第十次会议通过的《中华人民共和国预防未成年人犯罪法》第45条除了前述的同样规定之外，还删去"在判决前"表述，说明国家后来对未成年人的司法保护更加严格。这意味着未成年人的隐私不因其包括触犯国家刑法在内的不当行为而可以公开。2013年8月上海地铁出现的"撒尿男孩"事件，事发现场被人用手机拍摄并上传到网络，相关视频信息后为传统媒体报道所转用。其中，中央电视台的视频画面在转用手机视频信息过程中未对不文明行为当事人的面孔施加马赛克手段，画面中孩子的面部清晰可辨。

在上述上海地铁"撒尿男孩"事件中，向新媒体传送此幅照片的当事人和中央电视台、有关新媒体等在传播或转用式地传播视听信息时未对视频图像中的未成年男孩的面孔施加马赛克，未采取技术处理，则侵犯了该未成年人的隐私权。

有助于有错方不给社会增加负能量的原则。新闻媒体是信息沟通的平台，对他人的不文明行为，无论公民自拍自传，还是媒体接触信源首刊或转刊转播，都是手段而不是目的。有错方分两类情况：一是犯罪嫌疑人，二是罪犯。先说犯罪嫌疑人。有关犯罪嫌疑人，如酒驾者、扫黄打非活动中的当事人，其有关行为可能会触犯相关法律，但其时毕竟尚未经司法机关依据一定的司法程序予以决断，因此，在一般情况下，新闻媒体报道犯罪嫌疑人的视觉信息时应采取施加马赛克一类的技术处理。再说罪犯。罪犯，尤其是被剥夺政治权利者以及执行死刑者，是否就不享有一切权利呢？答案是否定的。我国《刑法》第54条规定剥夺政治权利是指以下权利被剥夺：第一，选举权和被选举权；第二，言论、出版、集会、结社、游行、示威自由的权利；第三，担任国家机关职务的权利；第四，担任国有公司、企业、事业单位和人民团体领导职务的权利。因此，即使被剥夺政治权利的罪犯乃至受到法律严惩的死刑犯，也依然享有人格权，其人格权同样受到法律的尊重和保护。2013年6月10日有关媒体关于毒贩刘明临刑前被押上警车的场面的信息传播，对罪犯面部通过施以马赛克的技术处理而予以局部信息的模糊化。

媒体如此举措，是正确的。同时，除了少量无期徒刑及其以上的获得重刑的罪犯之外，大多数罪犯在经过相关司法程序处理和改造之后还会回归社会。因此，从尊重司法、依法办事和有利于罪犯释放后不再破坏社会秩序、不对罪犯亲友产生不当影响的前提出发，新闻媒体在进行新闻报道时，除非确有必要，否则对罪犯在公共场合的视觉信息也应采取相应的技术处理，如施加马赛克为宜。

公开不文明行为的近期目的是坚持法治，维护社会秩序，长远目标则是推动社会主义文明建设，促进国家的现代化发展和社会转型，在行为方式、生活方式乃至思维方式上逐渐用科学取代愚昧，用健康取代肮脏，用文明取代粗野，用先进取代落后，净化社会风气，大力构建、完善遵纪守法、惩恶扬善、除弊兴利的社会风尚。

当然，新闻媒体对犯罪嫌疑人和罪犯视觉信息的公开传播同样要考虑公共利益，考虑公共利益与当事人隐私之间的平衡。《公安机关办理刑事案件程序规定》第271条规定："通缉令、悬赏通告应当广泛张贴，并可以通过广播、电视、报刊、计算机网络等方式发布。"因此，为了公安、司法机关及时抓捕犯罪嫌疑人，一些作案手段凶残、造成严重后果且无悔改之意的罪犯，新闻媒体从公共利益重于个人隐私的实际情况出发，可以适当曝光犯罪嫌疑人或罪犯照片。这既有助于更好地改造罪犯，又能够起到威慑的社会功效，阻止类似犯罪行为的发生。

本文完成于2015年，发表于《今传媒》2016年第3期

对《著作权法》关于禁止未经著作权人许可发表其作品之规定的商榷

未经著作权人允许，他人是否可以在大众传媒上公开发表其作品，《中华人民共和国著作权法》（以下简称《著作权法》）明确地予以禁止。但是，实际情况是复杂的，尚需具体情况具体分析，《著作权法》的相关规定还存在根据实际予以进一步完善之处。

本文将结合具体实例分析《著作权法》相关规定之不足，提出相关的改进建议。

一　具体实例

作者甲撰写了一本关于报刊编辑工作实务的专著。在该专著中，作者甲从有关报刊社（设定为"乙方"）找来若干有关作者自投稿的原稿（含未刊稿与经过编辑人员编辑处理后刊发稿件之原稿，以下统称为"稿戊"）、编辑修改加工后的刊发稿，全文完整地引用这些稿件，进行具体分析，指出原作者（设定为"作者丙"）原稿稿戊的得失、编辑人员对稿件处理的得失，目的是总结、归纳报刊编辑审稿、稿件加工工作的具体规律、原则与方法。但是，当该书稿为某出版社乙方接收并同意出版后，乙方编辑要求作者甲提供其书稿内所引用的所有未刊稿件与刊发稿之原稿，即稿戊的作者丙们允许作者甲公开刊用稿戊的书面授权。由于稿戊均不同程度地存在一定的缺点，所有稿戊的作者丙们均拒绝作者甲在作者甲公开出版的书稿中引用稿戊。

二 由《著作权法》而对前述原稿出版
活动行为的分析

前述实例并不孤立。作者甲研究的可以是编辑行为，也可以是新闻稿写作行为或其他研究对象；出版方乙方可以是图书出版社，也可以是报社、期刊社、广播电台或电视台。因此，对前述实例具体分析，举一反三，可以帮助我们准确理解《著作权法》，并判断现有《著作权法》的相关规定是否恰当。

对于稿戊，大致存在以下三种著作权的使用类型。

第一，出版方乙方是作者丙方的投稿处，由乙方在自己所拥有的大众传媒上刊发相关编辑工作的研究文章。在此关于编辑工作的研究文章里，既引用了作者丙的已刊稿，又引用了作者丙的稿戊（即未刊稿或已刊稿之原稿）。2001年10月修订的《中华人民共和国著作权法》第22条规定：为了学习、研究、欣赏或介绍、评论，可以不经过著作权人许可使用他人已经发表的作品，或在作品中适当引用他人已经发表的作品。同时，既然作者丙将稿戊投给乙方，即意味着同意乙方在乙方所拥有的相关传媒上采取稿戊的形态公开发表。因此，乙方公开刊发稿戊并证之以已刊稿加以评论则出版行为有据，不违反《著作权法》。

第二，作者甲以引用的方式公开刊发作者丙的稿戊。《中华人民共和国著作权法》第46条规定："有下列侵权行为的，应当根据情况，承当停止侵害、消除影响、赔礼道歉、赔偿损失等民事责任：（一）未经著作权人许可，发表其作品的……"显然，著作权人对所著述的作品拥有不公开权，他方通过任何方式发表著作权人尚未发表的作品必须经著作权人同意，《著作权法》对只有经著作权人同意方可发表其未刊作品的规定是无条件的。因此，作者甲未经作者丙同意是不能够在除乙方所拥有的相关传媒之外公开刊发稿戊的，即便稿戊已经由著作权人公开投往传媒乙方处。

第三，出版方乙方的有关编辑人员未经稿戊的著作权人同意，将稿戊拿到大众传媒丁处，并在自己的文章中以引用的方式公开刊发一直未刊的稿戊。按照前述《著作权法》第46条规定，乙方的行为违规。乙方未经著作权人同意无权将著作权人的稿戊拿到乙方所拥有的相关传媒之外的传媒丁处公开稿戊。

三 《著作权法》相关规定存在的缺陷

虽然按照《著作权法》第46条的相关规定，大众传媒或有关方面对前述著作权人稿戊发表权的处置已是非分明，但《著作权法》第46条的相关规定也存在一定的负面作用。其缺陷主要有二。

第一，《著作权法》第46条的相关规定，不完全利于我国科学研究工作的进步与科研成果的繁荣。失败是成功之母，包括科研在内的任何事业的成功都不仅需要成功的经验，而且也离不开失败的教训。从这个意义上讲，研究失败往往比研究成功更有价值。新华社记者刘诗训1982年6月22日报道，湖南医学院第一附属医院传染病教研组编写了《临床误诊一百例》一书来总结自己的临床失误，由湖南科学技术出版社出版。湖南医学院有关医生勇于将自己的失误公之于众的科学精神难能可贵，也特别有价值。但是，公开他人有缺陷的稿件，坏处说坏，也容易导致他人社会评价的降低，因此，原作者一般是不会同意他人公开发表自己有缺陷的未刊稿件的。对此，仅仅靠个人的道德献身而离开必要的法律支持势必妨碍我国科学研究事业的进步，有的研究甚至因此无法向读者把基本问题交代清楚。

第二，《著作权法》第46条的相关规定不利于对公共利益进行保护。

恰当地公开使用有关著作权人的未刊稿件有助于我国教育、文化等事业的进步，有助于造福国家、民族与人类，也有益于有关作者修正错误并进行自我提升。但是，刊发包含缺陷的未发表稿件，毕竟会公开暴露原稿之不足，难免在一定程度上伤害作者的某些当下利益、暂时利益与局部利益，从而形成公共利益与个人利益之间的冲突。那么，作者丙在明白作者甲与出版者乙方的出版目的之后选择拒绝合作则往往难以避免，而代表党和人民根本利益的公共利益也就难免因此而蒙受损失。

总之，《著作权法》现有规定对著作权人作品发表权无条件的保护在充分维护著作权人私人利益的同时，则付出了一定的公共利益受损害的代价，因此，适当调整《著作权法》以及《中华人民共和国著作权法实施条例》或有关实施细则来保持公共利益与个人利益之间的良性互动就很有必要。

四 调整《著作权法》相关规定的原则与方法

1. 调整原则

第一，兼顾公共利益与个人利益。

第二，当公共利益与个人利益之间发生冲突时，实行公共利益优先原则，并采取多种措施维护个人利益，将个人利益的损失努力降至最低点。

2. 调整方法

第一，著作权人的稿戊，即著作权人的未刊稿与已刊稿之原稿在未经著作权人同意，而他人通过引用予以公开发表时，必须是著作权人已经外投给有关大众传媒之稿件。著作权人将稿件投给大众传媒即意味着著作权人允许该外投稿件以外投时的稿件原始状态公开发表，放弃其所著述的作品的不公开权。不经著作权人许可而他人可以通过引用的方式公开发表著作权人未公开发表的稿件，必须是著作权人已经外投到有关传媒的稿件，这一点要求也意味着任何出版单位或个人不得将著作权人的未公开的书信、日记等涉及个人隐私的文献，未经著作权人的同意通过出版活动来公之于众。这显然有助于保护著作权人的个人切身利益。如是制定《著作权法》的相关规定则对著作权人的作品发表权有保护有限制，但又以保护为主而兼顾公共利益。

第二，出版者乙方或作者甲方在公开出版物中引用其他著作权人的未刊稿件稿戊，必须是为了公共利益的需要。这里的公共利益，指的是科学研究、教学，或有关引用是为了揭发那些损害党和人民利益的行为而不是为了个人营利或泄私愤。

第三，引用著作权人的稿戊是否署名、如何署名，公开稿戊的有关方面如出版者乙或作者甲应征求作者丙之意见，可以署真名，也可以署化名或不署名，具体方式协商而定。协商不成，稿戊可以采取"作者佚名"

的署名方式处理。

第四，实施平衡原则，给予著作权法的作者丙对作者甲评论稿戊的反评论权利。作者甲对未刊稿或已刊稿之原稿的稿戊所进行的评价并非没有存在偏颇的可能性，因此，连续出版物应在自己所拥有的大众传媒上提供版面，非连续出版物则可在自己拥有的网站或通过其他有关渠道提供版面，给稿戊的著作权人即作者丙对作者甲评论自己与稿戊进行反评论创造机会或客观条件。

本文完成于 2006 年，发表于《科技与出版》2006 年第 6 期

新闻叙事与新闻话语研究

简析我国新闻叙事研究的
发生、特点及其成因

一　讨论新闻叙事研究的必要性

讨论新闻叙事研究的必要性，主要在于新闻叙事的分量与新闻叙事研究的局面。

首先，新闻叙事的分量。世界的变化乃至现象与真相的交织，离不开大众传媒的媒介建构。人类社会开始以产业革命为根本动力的现代社会转型，告别了封建制或奴隶制社会的农耕或游牧生活的各不相扰的孤岛般生存的文明状态，世界经市场而紧密联系，俨然一体，"地球村"为其形象化的判断。现代社会离不开以新闻为主的信息沟通：无远弗届、无时不在的大众传媒将社会的每一分子网于其间，所谓的当下的实在，已是媒介的符号化存在。即便新闻事实的旁观者、亲历者甚或当事人，也容易盲人摸象，眼见未必实、未必真。对于社会成员，主体与客体之间唯有经传媒而实在。这就是说，在当下世界的媒介建构中，新闻报道是媒介的基础，报道中的事实与情感、意见制约信息传播的领域、范围、数量、结构、性质与质量。新闻报道对当下世界的信息结构，以叙事为最主要的表达方式。离开叙事话语，也就失去了新闻报道。

其次，新闻叙事研究的局面。以新闻报道为主的新闻传媒所形成的社会的影响力与控制力，十分强大，也推动中国的新闻传播学在社会科学的舞台上由既往的边缘走向而今的中心，一跃而成显学。新闻传播学的地位、角色、任务，推动新闻叙事研究发生，包括"新闻叙事学"的旗帜扬起，让新闻叙事研究难再被忽视。2015 年 8 月，我们在中国知网键入"新闻叙事学"进行文献检索，共获得学术文献 109 篇，其中近三年的研究成果占 46%。不过，数量替代不了质量，现有的新闻叙事研究很难说没有遗憾。现实与研究之间的张力，显示对新闻叙事研究本身适当关注、总结的时候到了，以利于今后的研究目标正确，研究方向对头，研究范式得当，研究路径通畅，凝聚、推进学术共同体的共识，提升研究水平与研究的重大突破，发挥好研究成果的功用。

二　我国新闻叙事研究的发生、特点及其得失

（一）研究历程

纵观我国新闻叙事研究历程，可以分为自发期与自觉期两大阶段。

20 世纪 90 年代以前，可谓新闻叙事研究的自发期。新闻叙事研究，又名新闻报道叙事研究或新闻叙事学，与新闻写作研究直接相关。新闻业自诞生之后不算太久，尤其是产业革命完成后，就有了对写好新闻稿的追求。新闻教育，无论是职业教育，还是专业教育，都推动了以新闻报道为基本研究对象的新闻写作研究的发生。长期以来，我国新闻写作研究的真正成果多来自新闻界的新闻工作者，或由记者职业转入教育界的学者，形成了以对新闻采编业务工作的经验总结为主，以"术"即写作技法为中心的研究格局。经验性、技法性、实用性、可操作性构成以新闻写作为中心的新闻叙事研究自发期的基本特点。自发期的以新闻写作为中心的新闻叙事研究存在明显的不足，其主要在于研究缺少基本原理探究，缺乏理论深度，成果的重复率高，看似轰轰烈烈，但很少学术创新，难以进入学术研究层面，对新闻界也不易形成结构性的、长久的促进作用，距学界与业界双方真正的平等对话尚远。

20 世纪 90 年代是我国新闻叙事研究自觉期的起点。新闻业因改革开放所激发的强劲活力伴随新闻教育高速成长，提出了新闻叙事研究的理论学术化的内在要求，以从一个方面增强新闻业进步的自觉性、科学性和前

瞻性，优化新闻传播学的学科建设。以新闻写作为中心的新闻叙事研究短板，对应用新闻学的新闻业务研究构成长期困扰。不甘平庸者多方探索，试图借用新知走出一条适合新闻叙事研究的学术之路。其中的先行者应首推武汉大学新闻与传播学院的樊凡教授。他的《结构优势带来的信息优势》一文借助法国结构主义阵营中的格雷马斯的理论对《人民日报》的深度报道《鲁布革冲击》深入剖析，别开生面，让我国新闻传播学学界耳目一新。然而，该文唯有通过香港中华科技出版社 1993 年出版的个人论文集《拓展新闻写作研究的思维空间》问世，又折射出这样的学术努力当时尚难为学术共同体所认可的实际，不无艰辛。数年后，欧阳明的《别开生面写通讯——巧借人物视角艺术谈》[①] 同样立足结构主义叙事学探讨新闻报道，终让樊凡先生的追求不再孤单。2005 年在新闻叙事研究历程中因首次明确学问或学科的命名而成为重要的时间节点。是年，曾庆香在博士学位论文的基础上撰写的《新闻叙事学》由中国广播电视出版社推出。在此前后，在新闻叙事研究的学术化道路上，湖南的何纯、华进师徒，广西的黎明洁，湖北的欧阳明等均用功颇勤或持久，推出了较为扎实而有一定的学术水平的研究成果，不容忽视。

（二）研究的主要特点

纵观 20 多年来，我国新闻叙事研究尚未成熟，呈现如下基本特点。

1. 研究对象：整体研究与分类研究并存

整体研究与分类研究的主要区别在于研究对象范围不同。所谓整体研究，指的是新闻叙事研究以新闻报道的一般性、共同性与新闻报道的一般分类及其关系作为基本的研究对象。所谓分类研究，是一种局部研究，是新闻叙事研究依据一定的标准而对新闻报道的不同种类，即新闻报道的有关局部所进行的研究。

整体研究与分类研究并存。首先，整体研究早于分类研究。分类研究是新闻叙事研究发展到一定阶段后研究走向深化的必然。较之消息报道，通讯、特写这些字数多、时效性稍弱的新闻报道受到更多关注，但其研究

---

① 欧阳明：《别开生面写通讯——巧借人物视角艺术谈》，《当代传播》1999 年第 2 期。

的目标、旨趣是属于整体研究的。自觉期初级阶段的前述樊凡、欧阳明的研究正是这样：直接触动的新闻报道属于通讯文体，但研究视野则在于新闻报道叙事全局，故属于整体研究。另外，个别研究在研究对象的处理上，新闻的叙事话语与论说话语兼备，如曾庆香的《新闻叙事学》。不过，作为整体研究，这样的探讨不够纯粹，思路有欠严密，小存破绽。其次，分类研究出现在研究的自觉期，此后一直与整体研究相伴相随。

分类研究存在一定的研究层级与重点。首先，存在研究层级。分类研究依据不同的标准，形成不同的研究层级。以媒体作为标准，分类研究的第一层级可以二分为平面媒体新闻报道叙事研究和电子媒体新闻报道叙事研究。在两大类媒体之下再依据一定的标准形成第二层级的研究。平面媒体新闻报道研究以报刊为主，下分新闻报道叙事的报纸研究与新闻杂志研究。电子媒体新闻报道研究可以三分为新闻叙事的广播研究、电视研究、以互联网为中心的新媒体研究。以文体作为标准，新闻叙事的分类研究的第一层级可以二分为消息叙事研究和通讯叙事研究，也可以四分，在消息、通讯的基础上添加新闻特写研究、新闻专访研究。在文体分类研究中，报刊、电视分别以特稿或特写、栏目的研究为多见。前者有梁甲秋的《〈中国日报〉特写的叙事学分析》[①]，后者有马连的《央视新闻频道〈新闻会客厅〉叙事学分析》[②]。其主要原因在于本自西方新闻界的特稿和电视栏目因时效性偏弱等内容特点在表达方式上较为考究，为新闻叙事的形式主义倾向的研究提供了较为开阔的空间。其次，存在重点。平面媒体研究以报刊为主。其中，报纸研究很少以党委机关报为主，如何奎山的《〈南方周末〉凶杀案报道的叙事学分析（2004—2012）》集中于社会影响很大的周报《南方周末》，期刊研究分量重，与当今期刊作为弱势媒体地位形成反差[③]；又如王天挺的《〈人物〉杂志人物报道叙事策略研究》[④]，电子媒体以电视为重点。研究存在重点是有原因的：在平面媒体中，一向

---

① 梁甲秋：《〈中国日报〉特写的叙事学分析》，硕士学位论文，武汉理工大学，2010。
② 马连：《央视新闻频道〈新闻会客厅〉叙事学分析》，硕士学位论文，河北大学，2008。
③ 何奎山：《〈南方周末〉凶杀案报道的叙事学分析（2004—2012）》，硕士学位论文，暨南大学，2013。
④ 王天挺：《〈人物〉杂志人物报道叙事策略研究》，硕士学位论文，安徽大学，2013。

做配角的周报、新闻杂志因时效性差而必须扬长避短，用足后发制人，除了选题偏爱敏感之外，其立足点之一在于修辞，讲求从词语到句子、篇章的表达生动性。新闻报道叙事研究的作者来源，以中国传媒大学为众，显然和电视传媒的符号特点、媒体地位是难以分开的。内容表达方式的多样乃至繁复，可以为研究者提供较为直接的研究便利。

2. 理论工具与学科归属：结构主义叙事学与符号学倾向并重，新闻学与传播学分行

我国新闻叙事研究的学术化努力，始自结构主义叙事学的引进。范步淹的《新闻叙事学刍议》①、何纯的论文《关于新闻叙事学研究的构想》及其专著《新闻叙事学》主要依靠经典叙事学，尤其是热奈特的有关学说确立研究思路，夯筑研究框架，建构研究体系，进行新闻叙事研讨。②黎明洁在其博士学位论文基础上出版的《新闻写作与新闻叙述：视角·主体·结构》③ 所遵循的学术范式和理论结构总体上属于结构主义。前述新闻叙事研究是在新闻学的学科范围内进行研讨的。而曾庆香的《新闻叙事学》研究旨趣距经典叙事学颇远，大体在传播学的学科范围，但也难以绕开结构主义。这主要在于传播学范围的有关新闻叙事话语研究与话语分析、语义学关系密切，而话语分析、结构语义学又与符号学，尤其是语言符号学相关。所以，有关新闻传播与符号学的探讨，如丁和根的《中国大陆的传播符号学研究：理论渊源与现实关切》④、隋岩的《含蓄意指与隐喻的等值对应——符号传播意义的深层机制之一》⑤，很难不触及结构主义。以隋作为例，其所依托的语义学理论属于现代语义学，与结构语义学联系密切，而法国的罗朗·巴特原属结构主义阵营的一员大将，后来走向解构主义，依然拖着长长的结构主义尾巴，因此隋作总体研究范式

① 范步淹：《新闻叙事学刍议》，《新闻前哨》2000 年第 12 期。

② 何纯：《关于新闻叙事学研究的构想》，《湘潭大学社会科学学报》2003 年第 4 期；何纯：《新闻叙事学》，岳麓书社，2006。

③ 黎明洁：《新闻写作与新闻叙述：视角·主体·结构》，复旦大学出版社，2007。

④ 丁和根：《中国大陆的传播符号学研究：理论渊源与现实关切》，《新闻与传播研究》2010 年第 6 期。

⑤ 隋岩：《含蓄意指与隐喻的等值对应——符号传播意义的深层机制之一》，《新闻大学》2010 年第 1 期。

不可能超越结构主义，并因受制于结构语义学的研究思路而主要对索绪尔语言自治观构成背叛。

依托结构主义叙事学确定新闻叙事的研究思路，建构研究体系，有优有劣。其最大的贡献是自觉学术追求，稳定了研究的理论基础及其逻辑性，第一次让新闻叙事研究具备了鲜明的学术品格。相形之下，不足也是鲜明的：将原本擅长叙事文艺研究的结构主义叙事学横向移入新闻报道研究领域的同时，未能根本解决理论体系与研究客体之间的适切性，导致研究领域的不无偏狭和一定的文艺学研究色彩，其形式主义旨趣削弱甚至剥夺了新闻报道的内容研究，难以回应新闻真实性、新鲜性一类的新闻学的基本问题，在一定程度上造成理论与实践的脱节，多少潜在一点教条主义学风的隐忧，扰动了新闻传播学的应用学科属性。显然，结构主义叙事学与新闻叙事研究的对接中出现了一定的学术"水土不服"现象。

符号学倾向是所谓的新闻叙事研究的另一种学术努力。所谓新闻叙事研究的符号学倾向，指的是新闻叙事研究在符号学的学术范式的坚持中，又注入社会学、人类学、政治学、心理学、语言学等学术元素而形成的一种研究状态。这种研究或通过符号，尤其是语言符号的能指、所指及双方形成的意指探讨新闻话语中以观念为主的内容，或结合一定的定量研究方法多维探讨新闻话语的政治、文化等社会因素。其重要特点是将新闻叙事作为一种社会现象加以研究，远离应用性，学科归属在传播学，且有一定的跨学科趋向。曾庆香的《新闻叙事学》着重探讨包括议论话语在内的新闻话语的非常意见（结构语义学的有关学说喻之为"神话"）、意识形态、集体无意识，与新闻学研究关系不大。

依托符号学进行新闻叙事研究优劣参半。其好处有二：一是内容研究方向巩固或丰富了研究的社会意义，二是坚守研究的学术性追求，保持了一定的理论深度。不过，其不足也是突出的：一是研究的实用性不足。传播学研究旨趣的追慕推动研究对传者立场的放弃和自外于新闻业的主动性，和结构主义叙事学研究范式一并形成对新闻业的疏远与隔膜，这就使得整个新闻叙事研究难以和新闻界平等对话，无助于新闻采编工作的进步。二是学科的稳定性不足。其研究领域的开阔、包容，可以将胡春阳的博士学位论文《话语分析：传播研究的新路径》① 纳入自己的研究范围。因此，这种所谓的新闻叙事研究的符号学倾向容易造成学科混同，淡化学科特征，影响学科归属。学科的成熟离不开独有的研究对象。对于新闻传播学，难以为文艺学、社会学、人类学、心理学、管理学、法学乃至经济学纳入的作为唯一研究客体的对象，是包括新闻采编在内的新闻工作。而新闻学与传播学的重要差异，是前者不可或缺的传者立场。显然，新闻叙事研究的符号学倾向于影响研究的学科独立性、稳定性。三是研究较为粗糙。这主要表现为学术储备难以充分适应符号学所拥有的开阔的学术视野，理论体系较为单薄，学术创新相当有限，相关概念、理论的把握容易出现一定的漏洞。比如，现有研究对使用较为频密的话语分析普遍缺乏理论学术渊源的完整、准确的梳理和学科归属判断的坚定，新闻话语分析中忽视其叙事话语与议论话语的区隔。再如，有的研究认为"含蓄意指和隐喻，原本属于符号学和修辞学两个不同领域的意义建构模式"。隐喻属于语义的一种表现，自为语义学的研究对象。另外，符号学研究所指，语言符号学本有意义研究部分。同一客体，可以成为不同学科的研究对象。因此，将隐喻划归两个学科其实仅看到了问题的一个方面，考察的视野似不够全面。

3. 研究重点：与新媒体相关的新闻叙事研究后来居上，成为科研投入产出的热点区域

这主要表现在两个方面：一是较为重要的学术成果平台出现了与新媒体相关的研究成果。如华进的《云之话语，钟之逻辑：叙事学视域下的网络新闻研究》系华中科技大学 2013 年博士学位论文，曾庆香的《新媒体语境下的新闻叙事模式》发表在《新闻与传播研究》2014 年第 11 期。相形之下，目之所及，我们既未见到他人有在新闻学范围内的新闻叙事研究的博士学位论文，也没有在《新闻与传播研究》上发现刊发属于新闻学范围的关于新闻叙事研究的科研论文。二是重要的科研课题。与新闻叙事研究直接相关的国家社会科学基金项目首次立项即与新媒体相连，此即 2014 年立项的"新媒体语境下的新闻叙事研究"。

与新媒体相关的新闻叙事研究后来居上，成为科研投入产出的热点，

---

① 胡春阳：《话语分析：传播研究的新路径》，上海人民出版社，2007。

亦利弊兼具。当前我国国家安全面临四大领域的挑战，除了太空、海洋与核安全，则是以互联网为中心的新媒体安全，因此与新媒体相关的新闻叙事研究后来居上，成为研究重点及时回应新媒体高速发展所带来的新闻叙事的新局面，落实国家研究战略，强化新闻叙事研究的实用性、时代性与重要性。

然而，其不足是明显的：一是分散、弱化了事关新闻叙事基本原理的基础性或整体性研究，二是直接制约与新媒体相关的新闻叙事研究的系统性、重大的学术创新与理论深度。直到现在，新闻叙事的基础性研究尚未取得重大突破。而这和新闻叙事研究的理论范式尚未稳定，研究路径有欠清晰，研究体系亦未成熟，是密切相关的。新闻叙事基础性研究存在的问题主要有如下表现：一是重要的学术观念，如"话语""语境"并未经由不同的理论资源而获取条分缕析的系统梳理，其间运用不乏含混甚至误解、盲区。二是一些判断说服力不强。如有的研究将新闻叙事二分为风格叙事与话题叙事让人不无困惑：（1）"风格"本为成熟者具备，自难随意拥有。若为 style，因为西方不强调"风格""语体"的差异，故汉译可根据不同的语境而分别译作"风格"或"文体"、"语体"。① 该文新闻叙事的风格叙事似偏向"文体"或"语体"。但论文未附英文，论述亦不充分。（2）论文将话题叙事理解为"为把某个原始事件及相关的思想概念新闻化、话题化所进行的信息处理和话语安排"，又存在将叙事话语与论说话语混为一谈之嫌。（3）论文二分而不是其他 N 分的依据是风格叙事对应"讲述"层面，话题叙事对应"理解"层面。然而，英国福斯特的叙事二分法、法国热奈特的三分法均与前述的二分无关，那么，前述叙事层面何以有这两个层面或用这两个层面作为叙事类型划分的标准？三是研究体系、研究思路与研究客体之间的适切性不够，亦未能解决好与新闻界平等对话的学术基本要求。这一点前已有述。

毫无疑问，与新媒体相关的新闻叙事研究是重要的、迫切的，然而，在基础性研究的根基尚未夯实的基础上建构与新媒体相关的新闻叙事研究，不仅会加剧研究的偏向新媒体的一头沉局面，而且直接影响研究的准

---

① 童庆炳：《文体与文体的创造》，云南人民出版社，1994，第 1 页。

确性、稳定性、完整性和实用性，制约研究的理论深度，容易导致事倍功半，助长浮躁学风，研究目标的追求容易走向欲速而不达。这样的研究布局存在科研浪费风险，很难让人放心。

三 我国新闻叙事研究现状特点的成因

我国的新闻叙事研究已经获取了可观的研究成果，其中的部分保持了较高的研究水平，但研究目标有一定的变化，学术研究范式尚未稳定，研究理论根基不牢，尚未出现突破性的研究成果；有了一定数量的研究队伍及成果，但以研究生及其学位论文为多，临时性、打擦边球式的研究成果不少，专家队伍小，长期而深耕者更是寥寥；有了一定的学术影响，但与应用新闻学或有关学科建设的要求距离较远，未能实现基本的满足，"革命"远未成功，整个研究任重而道远。

在此基础上形成的我国新闻叙事研究的现状特点及其得失，是多方面的因素综合而成的，主要涉及学科、学术界、社会诸方。综观全局，其成因主要在客观与主观两大方面。

（一）学科的学术积累相对单薄，影响学术研究的视野、水平与襟怀

相对于传统学科，新闻传播学的历史短得多，学术积累少，学术约束少，良好的学风有待持续打造。这是客观存在，构成我国新闻叙事研究的客观条件。

改善学术积累相对单薄局面的客观条件有限。首先，新闻传播学域外学术资源引入的重点在传播学。其第一相近学科的社会学学术资源是丰富的，但也为传播学打上鲜明的社会学的学科烙印，如香港新闻传播学学者的"所有理论都必须经由实证研究来获得支持"[1]，对定量研究方法的推崇达到不加分析的绝对化的程度，不无霸道。然而，新闻叙事不在社会

---

[1] 李喜根：《新闻与传播学理论及新闻与传播学科学研究》，《新闻与传播研究》2009 年第 1 期。

学的研究中心，其研究范式并不适合新闻叙事研究本身，可以作为研究的辅助而不能立为研究的根基。其次，西方叙事学的学术资源与文艺学关系密切，且与语言学存在紧密的学术渊源。其中，经典叙事学的研究领域主要在虚构叙事研究，用于历史叙事尚可圈可点，但其形式主义自治的内部研究的学术范式尚未为我国新闻传播学学术共同体所真正认同、接纳，后结构主义叙事研究同样很少关注新闻叙事。材料的真实性与新鲜性，成为西方叙事学与新闻叙事研究互动的关键性障碍，至今尚未找到有效而多元的对接路径。其次，克服新闻传播学与其他学科资源之间存在的障碍，难度不算小。如传播学范围的有关新闻叙事研究，涉及的话语分析、语义学均博大精深，不下点苦功夫恐很难准确而完整掌握，熟练运用则更为不易。相形之下，有的研究将话语分析断为英美学派与法德学派，若衡之以语言学家的著述，如姜望琪《语篇语言学研究》① 则难免生惑。另外，"新闻无学论"的主要发声方为中文院系及其毕业生。物极必反，这反而容易诱发新闻传播学学界对文艺学、语言学的疏远，对于准确而恰当地处理西方叙事学与我国新闻叙事研究之间的关系具有更多负面效应。

学术积累单薄的不当作为，难免影响学风。学术积累单薄往往学术传承少而轻，容易缺乏必要的学术敬畏，缩短学术眼光，收束研究视野，抑制学术选择能力提升，助长教条主义、主观主义学风。如缺乏研究的长远目标与短期目的的有机结合，缺乏研究的耐心与持久力，缺乏研究的庄重感，小有成就则沾沾自喜，故步自封，甚至头脑发热，不可一世，听不得不同意见，误把正常的学术争鸣视为对所谓的个人尊严的挑战。

（二）学术环境中存在的不良因素干扰新闻叙事研究的健康发展

当前，我国学术环境存在两种消极因素，并对新闻叙事研究生发了负面作用，此即学术评价体系中所盛行的成果数量化、活动课题化的标准。学术评价体系中所盛行的成果数量化、活动课题化的标准，由人为造成，

---

① 姜望琪：《语篇语言学研究》，北京大学出版社，2011。

故不能不成为影响我国新闻叙事研究现状及其得失的主观因素。

先说学术评价体系中的成果数量化。所谓数量化标准，即评价一位学者、一个单位的科研水平和科研任务完成情况的指标，以科研成果的数量为主甚至为唯一，质量的衡量同样与数量化紧密结合。其具体表现，一是看研究成果的数量，多者为优；二是看学术期刊级别，高者得益。学术期刊级别，主要来自有关的论文引用系统，如南京的 CSSCI 体系，北京的核心期刊体系，用人单位往往又在上述有关体系中根据主办单位的学术行政级别等标准遴选出若干权威期刊目录。所谓的学术研究的质量评价，被交给学术期刊，同行评价等评价渠道被淡化甚至取消。这样的数量化标准盛行，尽管有因政治改革不到位的无奈，但终究不利于培养学者新闻叙事研究的耐心、试错，不利于板凳甘坐十年冷的学术研究精神的扎根，对新闻叙事研究的负面冲击是突出的。

次说学术评价体系中的活动课题化。所谓活动课题化，指的是将科研课题的立项以及课题行政级别来源、金额作为个人或单位的科研评价的重要或不可或缺的关键性指标。这一评价标准本末倒置，用课题代替研究本身，用项目取代研究质量，将研究的规划、起点当作研究的实体与结论，形式压倒实质，外围取代根本，很容易助长急功近利、华而不实的学风，客观上造成对科研宗旨的疏隔。同时，我国社会科学基金课题的设立、审批，评审专家的选取主要由党政机关控制，评审的专家、评委本身对设置、审批的课题有不少并不熟悉，更不擅长，加之学术协商机制缺乏与少数人、少数机构对学术资源的控制甚至垄断而导致的学术民主生态缺少绿意，加剧了消极因素的危害性。毫无疑问，学术评价体系中的活动课题化，无形中已经成为科研不当行政化的具体折射，对科学研究的严肃性、科学性与实事求是的追求真理精神均构成不容忽视的伤害，也妨碍我国学术研究美誉度的提升。

本来，新闻传播学因学科历史短而存在的学术积累单薄并不可怕。其关键在于学术界的精神追求、研究定力与表里一致。学术环境中的消极因素侵袭了学术理想，腐蚀了板凳甘坐十年冷的科研攻关精神，败坏学风，诱发错误的科学观与学术观，对正在成长中的新闻叙事研究的健康发育是不利的。当然，我国新闻叙事研究中存在的主观缺陷并非孤立的，而是与学问、学科建设背后的学术界、社会，尤其是社会的政治改革息息相关。解决问题，单靠新闻叙事研究的群体乃至学术界是根本不行的。

本文完成于 2015 年，系欧阳明教授与研究生陈琛合著，
发表在《中外文化与文论》总第 30 辑，2015 年

新闻叙事学学术建设视野中的
话语、新闻叙事话语

新闻叙事理论与在此基础上建构的新闻叙事学，近年正在成为我国新闻传播学学科一个不大不小的热点。在《现代传播》2010年第5期，专门探讨媒体叙事理论的稿件就有3篇。关于新闻叙事的学术探讨，近年除了数量较为可观的论文外，学术著述或亚学术著述几乎每年面世一本，2005年有曾庆香的《新闻叙事学》（中国广播电视出版社），2006年有何纯的《新闻叙事学》（岳麓书社），2007年有黎明洁的《新闻写作与新闻叙述：视角·主体·结构》（复旦大学出版社），2009年有周雷的《深度写作——新闻叙事修辞学例话》（福建人民出版社），2010年有蔡玮的《新"新闻语体"研究》（学林出版社）。不过，这些关于新闻叙事理论、新闻叙事学的探讨，却未能深入甚至准确地区别核心概念话语、新闻叙事话语与不同学科、哲学思潮互动间所产生的差异，忽视了新闻叙事探讨中新闻学与传播学之间，应用新闻学与理论新闻学之间的同异，妨碍了新闻叙事学的科学建构及其研究的健康推进。在这样的情况下，辨析话语、新闻叙事话语和不同学科、哲学思潮互动下的异同就颇有必要。

一　话语的词典意义与学科意义

"话语"一词近年在新闻传播学的学术或专业探讨中频频亮相，出现率不低。不过，在不同的场合，其含义却存在明显的差异。总体来看，该词有词典意义与学科意义之别。那种将"话语"二分为诗学、政治学的处理①，虑事察物恐未周全，因为即便广义的诗学（poetics）也仅限于将研究领域由诗歌扩大到所有文学艺术现象。②

（一）词典意义

词典意义来自日常生活的规范化运用，属于"话语"一词的本意，即发源意义之所在。"话语"在汉语中的词典意义指"言语；说的话"③，强调语言的口头表达。该词的英文为 Discourse。不过，也有学者将 genre 汉译有"话语"的部分语义，如李美霞《话语类型研究：Genre Study》（科学出版社 2007 年版）。《现代高级英汉双解辞典》以为 Discourse 有两个意思，一是演说、论文，二是会话、谈话。④ 其语义的核心也是语言的口头表达，而演讲和会话之间的区别重在表达是否强调有条理。

（二）学科意义

"话语"的学科意义属于基于词典意义之上的衍生意义。按照其与词典意义的关联密疏，"话语"的学科意义先后有三种：一是语言学中的，二是叙事学中的，三是政治学、社会学、文化学与哲学中的。

先看语言学。语言学有两大学派，一为结构主义，在先，二为功能主义，在后。结构主义强调研究客体不大于句子，故不以话语为研究对象。功能主义强调语境，又涉及语用，研究对象就不能不超越句子，将话语视为研究客体。将话语置放在语言学的发生中，有助于完整理解话语。在语言学看来，话语指的是句子、语句、言语或篇章，即大于句子的语言连续体，包括书面语和口语。⑤ 这和词典意义强调"话语"一词的口头表达已有所不同。尽管如此，语言学对"话语"的界定仍距该词的词典意义为近，可谓第一次衍生。需要指出的是，文学是语言艺术，故作为书面艺术

---

① 胡春阳：《话语分析：传播研究的新途径》，上海人民出版社，2007，第 28 页。

② 《辞海》三卷本，上海辞书出版社，1989，第 1029 页。

③ 《现代汉语词典》，商务印书馆，2003，第 546 页。

④ *The Advanced Learner's Dictionary of Current English with Chinese Translation*，Oxford University Press，1882，Hong kong.

⑤ 戴炜华主编《新编英汉语言学词典》，上海外语教育出版社，2007，第 251 页。

的文学，其话语是在语言学范畴之内的。至于语言艺术之外的艺术，如综合艺术中的电影、电视剧，其关于话语的涉及情况是复杂的：既有在语言学范围之内的部分，又有因对人体语言、非人体语言的非言语符号的运用而仅在符号学范围之内。① 而这样的非言语符号因与话语缺乏直接关联不在语言学范围之内。

次看叙事学。叙事学之正统是 20 世纪 60 年代至 80 年代盛极一时的法国结构主义叙事学。此即经典叙事学。最早提出叙事"话语"的结构主义叙事学学者是托多罗夫（Tzvetan Todorov）。托氏在 1966 年首次将叙事二分为"本事"与"话语"两部分。② 在叙事学看来，话语着重于叙事行为所产生的句子总体。在这里，话语语言学值得注意。话语语言学是新开拓的语言学科。传统语言学认为语言学的研究对象不超过句子。而话语语言学不这么认为。人们发现，忽视一个句子的上下文，即语境，就会严重影响对该句子语义的理解。所以，话语语言学将连贯性话语作为自己的研究对象，以为连贯性话语是任何在内容和结构上构成一个整体的言谈或文字，包括整篇文章、整篇作品。话语语言学和中国的文章学十分相近，探讨言语内部构成规律，由话语理论、话语语法和话语修辞构成，其中的话语语法主要研究大于句子的言语单位，即超句统一体。叙事学的研究范围不仅事涉叙事语篇的准确，而且关系叙事语篇的生动；既离不开理论新闻学作为学术研究背景，又离不开修辞学的支援。从这个意义上讲，叙事学包括叙事修辞内容并通过话语研究事实信息本身。不过，托多罗夫的"本事"与"话语"大体分别对应于俄国、英美叙事学学者的"本事"（story 或 fabula）与"情节"（syuzhet）。托多罗夫的"话语"大体指叙事内容的外在表现的总和，此即相形于所指的能指。而其一级能指下的二级所指也可能成为三级能指的所指，并集一级能指和二级所指于一体。同时，经典叙事学对所指的下级能指化，是可以无限进行的。这就是说，所谓能指的意义，最终可以成为一棵卷心菜似的空心化的菜心。经典叙事学对能指实在信息的持续淘空，体现出其热衷于形式并以此来进行科学建

① 李杰群主编《非言语交际概论》，北京大学出版社，2002，第 1~6 页。
② 申丹：《叙述学与小说文体学研究》，北京大学出版社，1998，第 14 页。

构的结构主义宗旨。经典叙事学与语言学关系密切，故其"话语"语义属于在语言学的首次衍生后的再衍生，自然距离"话语"的词典意义更远。

后看政治学、社会学、文化学与哲学。在政治学、社会学、文化学与哲学看来，所谓话语指的是由陈述层次所连接起来的陈述群，且高度关注政治权力、意识形态在其间的拨弄。法国当代哲学家阿尔都塞的学生米歇尔·拜肖认为，话语是意识形态的特殊形式，话语深处的意义植根于人类劳动、社会生活与阶级斗争。① 荷兰学者梵·迪克的话语研究兼及社会学、心理学。② 曾庆香《新闻叙事学》中的所谓"话语"因指"意识形态再生产方式的实践"③ 而属于在这个意义上使用。与前述语言学、叙事学着重于形式的话语观不同，政治学、社会学、文化学与哲学视域内的话语观则直切语义，其衍生意义距离"话语"的词典意义显然更远，具有鲜明的社会科学研究特征，脱离叙事学范畴，实际上已经将研究引向"话语研究"。

二　叙事话语的经典与经典后

"叙事话语"一词同样不简单。按照发生的先后，该词界定有经典叙事学与后叙事学之别。

经典叙事学。法国结构主义叙事学之所以为经典叙事学，就在于叙事学的真正成熟直接受益于法国结构主义叙事学。法国结构主义叙事学从科学主义立场探讨叙事作品的内在规律与技法，一改既往叙事作品研究一内容二形式的研究范式，极大地丰富乃至在一定程度上更新了叙事作品的研究范式与研究路径，将关于叙事作品的研究推向一个前所未有的学术高峰。在叙事话语的界定上，经典叙事学学者热奈特的主张影响最大。法国学者热奈特对托多罗夫"叙事"的二分法提出异议，以为"叙事"二分法不合乎实际，故转而提出了"叙事"的三分法。④ 热奈特关于"叙事"

---

① 李彬：《符号透视：传播内容的本体诠释》，复旦大学出版社，2003，第 328 页。
② 李幼蒸：《理论符号学导论》，中国人民大学出版社，2007，第 414 页。
③ 曾庆香：《新闻叙事学》，中国广播电视出版社，2005，第 5 页。
④ 申丹：《论西方叙事理论中"故事"与"话语"的区分》，《外国文学评论》1991 年第 4 期。

三分如下。①故事（histoire），可以译为"本事"，指的是符号所指，即被叙述的内容信息，用来保证话语是叙述性而不是非叙述性。① ②叙述话语（récit），又译为"叙事"，指叙述"本事"所产生的口头或书面或视频的话语。③叙述行为（narration），又译为"叙述"，指的是产生"话语"的行为与过程。② 需要指出的是，依经典叙事学，话语可二分为叙事话语和非叙事话语。非叙事话语是一种以表达方式议论、说明为主的话语，在新闻报道语篇中居次要地位，在包括新闻评论在内的议论话语、说明文的说明话语的话语体系内则占据主体位置。

后叙事学。后叙事学，指的是自20世纪90年代以来西方的后经典或后现代叙事理论。③ 与经典叙事学不同，后叙事学将研究的注意力转向意识形态，转向文本外的社会历史环境，将叙事作品视为一种政治现象，长于解构主义、女性主义和精神分析④，深受法国福柯等西方当代思想家的影响。因此，后叙事学眼中的"话语"指的是和意识形态打成一片的句子、语句、言语或篇章，与话语主体及其背后的主体个人或主体集合体的权力资源相关，并成为考察重点。陈堂发主编的《媒介话语权解析》（新华出版社，2007）中的"话语"实际上是在这样的背景下使用的。

三　话语、叙事话语的哲学背景

学科意义的话语、叙事话语除了相关学科的依托之外，还存在深厚的哲学背景。而话语、叙事话语的哲学背景又与哲学史息息相关。

（一）叙事学、经典叙事学与结构主义

叙事学视域内的"话语"，经典叙事学眼中的"叙事话语"俱和结构

---

① 〔法〕热拉尔·热奈特：《叙事话语　新叙事话语》，王文融译，中国社会科学出版社，1990，第201页。
② 张寅德编选《叙述学》，中国社会科学出版社，1989，第468、472页。
③ 〔美〕戴卫·赫尔曼主编《新叙事学》，马海良译，北京大学出版社，2002，"总序"第1页。
④ 《中国大百科全书》第25册，中国大百科全书出版社，2009，第357页。

主义密切相连。结构主义是由结构主义方法论联系起来的一种现代西方哲学思潮①，20世纪六七十年代占据西方思想界的领导地位。结构主义背后是源自近代西方哲学唯理主义的科学主义。现代西方哲学可以分为两大思潮，科学主义为其一。科学主义思潮认为，人只能认识自己主观所派生的现象，凡是不能证实的问题，皆属于无意义的形而上学，因此其基本特点是强调实证性，推崇经验、依赖感觉，重视探讨科学的认识论、方法论。结构主义认为对对象的研究不应停留在表面（表层结构），而应深入到对象的内在联系（深层结构），强调对事物结构的整体性研究，重视结构内部研究，讲求对内部结构进行共时态研究。

法国结构主义叙事学是有着科学主义哲学背景的以语言学为基础的形式主义学说。20世纪上中期繁盛的英美"新批评"是法国结构主义叙事学兴起的前提。面对抒情话语，英美"新批评"于如鱼得水的同时，在操弄叙事文学上却捉襟见肘，力不从心，故叙事学虽始自苏俄并中经英美，普罗普、维·什克洛夫斯基、福斯特、韦恩·布斯等学者也于此贡献不凡，但其蔚为大观的勃兴则来自法国结构主义的20世纪六七十年代。

法国结构主义叙事学的特点颇为鲜明。结构主义叙事学有终极追求，此即叙事作品的深层结构。法国结构主义的叙事学学者尊奉一个共同的信念，即叙事学只研究叙事作品的内在规律，强调语段乃至文章的形式在叙事学研究中的支配地位与研究的自足性。此即形式主义。它致力于叙事作品深层规律的探讨，寻找唯有叙事作品才具备的特殊语言形式，并因而具有两大特点：一是所谓的科学性，强调研究的事实判断，主张对叙事作品的结构形式进行客观的描写。二是抽象性，着力于探讨叙事作品的规律，即抽象的叙事结构（structure narrative）。结构主义的先驱是瑞士语言学家索绪尔，结构主义忽视内容重视形式，故经典叙事学的"话语""叙事话语"是不直接涉及语义的。

（二）叙事学、经典叙事学与后结构主义

后叙事学视域内的"话语""叙事话语"和后结构主义密切相连。后

---

① 《辞海》三卷本，上海辞书出版社，1989，第3060页。

结构主义（post-structuralism）脱离确定话语意义的传统做法，主要围绕西方哲学传统中的逻各斯中心主义的批评展开，语义充满弹性，可以分为两种：一是解构主义（deconstructionism），认为话语不表示任何意义，二是实用主义（pragmaticism），认为话语表示任何意义。

后叙事学内含西方现代哲学的人文主义哲学背景。西方现代哲学的人文主义思潮认为，理性与科学不能解决世界本质的问题，哲学高于科学，哲学不应当为科学服务，而科学却应该服从于哲学；人的本质与世界的本质是一致的，都是非理性的精神，故探究世界本质则必须研究人的本质。人文主义思潮由此重视研究人和社会的问题。在这样的背景下，后结构主义的话语、叙事话语观就与对语义的认识有关。人们发现，话语的语义不仅和语境有关，而且和语言之外的社会存在密切相连，也和接受者的心理息息相关。正是因为重视话语、叙事话语中的内容，故后叙事学反形式主义而直接探讨语义，并与历史主义、女性主义、民族主义关系密切，讲求从历史、女性、少数民族中的政治权力来探讨叙事话语中的思想。

法国的雅克·德里达，尤其是福柯是后结构主义的关键人物。福柯批评既往研究忽视话语介入权力的事实，以为政治、经济力量以及意识形态、社会控制一并为表示意义过程的某些方面，权力通过话语获得，支配话语，但也受话语控制。这样一来，后结构主义不仅将内容引入话语，而且将影响内容的社会政治、意识形态视为考察话语的中心。福柯认为，权力是用于事物的一种暴力，所谓话语的客观性是错误的，没有绝对的真实话语，有的仅仅是权力或大或小的话语。① 后结构主义的话语、叙事话语观，达成了对结构主义话语观、叙事话语观的某种消解。

后叙事学对结构主义叙事学的消解，既是叙事学的进步，又是一种无奈。后叙事学打破结构主义叙事学的形式主义的封闭性，在一定意义上体现了对结构主义叙事学的超越，但结构主义叙事学的博大精深，丰富多彩，尤其是热奈特叙事理论对叙事规律、技法的探讨精细而实用，几乎穷尽一代或两三代学人的智慧，故后叙事学另辟蹊径中也不乏寻找出路的冲动，可算作其冲破前辈研究的无奈之举。

---

① 郭宏安等：《二十世纪西方文论研究》，中国社会科学出版社，1997，第445页。

四　叙事话语与新闻传播学研究

对于新闻传播学，叙事话语与不同学科、哲学思潮之间的互动具有特别的意义。其意义一言以蔽之，就是高度关注这种互动之间的异同，有助于新闻传播学新闻实务研究与理论研究的各自健康发展。

首先，话语、叙事话语研究经由经典叙事学和具有后结构主义背景的后叙事学的过滤而进入新闻传播学之后，分别属于新闻学和传播学两大研究领域。这就是说，我国新闻叙事研究，下分新闻学与传播学两大旨趣，尽管其间有过渡的部分。其中，新闻学领域又下分为应用新闻学、理论新闻学两个分支。依靠经典叙事学建构的新闻叙事学属于应用新闻学领域，其研究的要害是为了更好地认识新闻采编工作中关于新闻报道的叙事规律，推动新闻采编工作健康运行。比如，依靠热奈特的叙事学说建构新闻叙事学意在对新闻报道的采编工作产生直接而实用的帮助。而后叙事学进入新闻传播学之后则属于理论新闻学，尤其是传播学。其研究的目的是更好地认识新闻传播规律，尤其是传播规律，或揄扬正确，批评错误，推动新闻业和新闻传播活动健康进行，或考察新闻叙事活动及其传播与社会的互动，进行事实判断或价值判断或兼而有之。其中的新闻话语研究，尤其是福柯所倡导的传媒话语研究，可以置放在传播学的学科内进行。相较于理论新闻学，尤其是传播学，应用新闻学因未和政治学、社会学、文化学等直接结合而本应在新闻传播学内具有较多的学科研究的独立性。不过，遗憾的是，截至目前，笔者尚未见到真正的有助于新闻报道采编工作的系统而较为全面的新闻叙事理论研究。倒是一些打着"新闻叙事学"旗号的所谓的新闻叙事学著述，根本就不在应用新闻学范围之内，似乎名之为"新闻叙事话语权力"一类更为妥帖。他们的所谓"新闻叙事学"，混淆了应用新闻学和理论新闻学，尤其是传播学的不同研究视域之间对叙事现象的本质分野，似以归入传播学的叙事研究为宜。毫无疑问，忽视新闻叙事学的应用新闻学根本属性，既无益于应用新闻学研究，也无助于理论新闻学研究，尤其是传播学研究。应用新闻学不是空头讲章，基于经典叙事学而建构的新闻叙事学重在改造世界，而不仅仅是认识世界。新闻报道当然离不开意识形态，但报道者对以政治为核心的社会价值体系、知识理论体系的把握应主要在应用新闻学之外的学习领域加以解决。新闻报道规律、技法为应用新闻学所不可或缺。显而易见，区分叙事话语在新闻传播学内部不同领域的各自含义，是推动本为应用新闻学领域内新闻叙事学能够取得真正而切实的科研进步的基本前提。

其次，推进应用新闻学和理论新闻学的学术化建设。新闻传播学的学术化建设尚任重而道远。学者邵培仁指出，新闻学"即将成为'一门绝望的学问'，……无法挣脱政治的束缚，以传者为中心，……止于主观的经验的描述……脱离传播实际，没有多少实用性和可操作性，使熟悉这一领域的人常常唉声叹气"①。忽视对研究对象的重要概念，尤其是若干个核心概念的界定，并进而影响对研究客体的准确把握，属于新闻传播学研究中的一大痼疾。曾庆香的《新闻叙事学》一书就存在这样的缺陷。该著述所探讨的研究对象，实际是新闻报道叙事话语。但是，曾氏关于叙事话语的认识却存在杂糅倾向。对于新闻报道叙事话语，曾氏一方面着力于从句子语言学的角度探讨新闻报道叙事话语的规律与技法，另一方面又从意识形态的角度把握新闻报道叙事话语的社会内容，这就使得曾氏《新闻叙事学》著述中关于"话语"的认识出现了同一个能指之下两个所指并未一致且相互打架的缺憾，并进而导致研究对象的飘忽不定，且无实用内容。而这就不能不成为曾著的一个致命伤。研究对象的飘忽不定，影响研究的稳定性、科学性与可信性，三人成虎现象也就难免出现。另外，方毅华的《新闻叙事与文学叙事的多重审视》（《现代传播》2010 年第 5 期）的科研价值并不大。该文认为，虚构与纪实，是新闻叙事和文学叙事在真实性要求上的差异；高语境与低语境，即单义与复义是新闻叙事和文学叙事在语境上的区别；审美与实用，是新闻叙事和文学叙事在语言上的区隔。但这些纯属常识，缺乏科研探讨的足够创新空间。至于该文把是否将受众放在重要位置，以满足受众各种信息需求为己任，作为区别新闻叙事和文学叙事的一大标准更不合乎实际情况。实际上，对受众需求的满足是包括引导在内的，文学并非不重视受众，时下大众文学对受众的尊重

---

① 郝雨：《新闻学："绝望"与"新生"》，《社会科学报》2003 年 7 月 3 日。

甚至迁就并不比小报上的花边新闻弱。其实，通过叙事学与应用新闻学的相互融汇，并在此基础上建构新闻叙事学，可以较好地实现可操作性与系统理论的对接。这对于应用新闻学学术建设路径的创新、拓展，是具有特别的启迪功用的。因此，区分叙事话语在新闻传播学不同领域内的内涵异同、研究前景，就有助于树立良好学风，推进新闻传播学的学术建设扎实进行，促进真正的新闻叙事学走向合理与成熟。

本文完成于 2012 年，发表于《重庆工商大学学报》

（社会科学版）2012 年第 3 期

关于叙事者、作者同一之于
新闻报道非虚构性判断的证伪

一 新闻报道的非虚构：是否取决于报道
叙事者与作者的同一

关于新闻报道的真实性，除了理论新闻学的依据，是否可以由新闻报道形态，即根据新闻报道的形态来加以判断呢？对于这一问题，虽然既往的新闻传播学尚无关注，但经典叙事学的有关学者实际上已经给出答案。在能否通过叙事作品的外在形态来判断叙事作品有无虚构问题上，著名的法国经典叙事学学者热奈特（Genere Genette）给出了肯定的回答。热奈特以为，叙事作品的作者和叙事者之间的关系，是表征叙事作品是否虚构的关键性标准之一；在非虚构叙事中，叙事者与作者关系为双方同一。热奈特说："叙事者，而如果离开虚构惯例，这人就是作者。"① 1991年，热奈特在《虚构与行文》中说得更为明确："考察作者与叙述者的关系。只要我们确能建立两者之间是严格相等的关系，那么，我觉得这种关系（A＝N）决定着纪实叙事——按照西尔的说法，作者承担其叙事中论断语句的全部责任，因此而不让任何叙述者有任何独立表现的叙事形式。反之，作者与叙述者的背离（A≠N）则决定着虚构体制。"② 这就是说，只

---

① 〔法〕热拉尔·热奈特：《叙事话语 新叙事话语》，王文融译，中国社会科学出版社，1990，第233页。
② 〔法〕热拉尔·热奈特：《热奈特论文集》，史忠文译，百花文艺出版社，2001，第139页。

要满足作者与叙述者"两者之间严格相等的关系"这一条件，则叙事者与作者唯存同一，即叙事作品为非虚构；反之，叙事作品为虚构。热奈特以犹太裔美国女作家斯坦因（Gertrude Stien，1874-1946）1933年的自传《艾丽丝·托克拉斯自传》为例加以说明。斯坦因在自传《艾丽丝·托克拉斯自传》中没有以自己的名义，而是反借自己秘书托克拉斯小姐的口吻，通过谈话录的方式介绍斯坦因和其他艺术家的交往，介绍斯坦因的创作理论。这就好比克林顿卸任美国总统后，不以自己的名义而反借用自己夫人希拉里·克林顿的名义、口吻撰写个人自传。由于《艾丽丝·托克拉斯自传》的叙事者秘书托克拉斯小姐和作者斯坦因并非同一人，即 A≠N，故热奈特以为："斯坦因的生活与叙述者的生活不可避免地混淆在一起，我们既可以说，自传的书名（从虚构的角度）是真实的，也可以说，这不是斯坦因传记，斯坦因出于虚构的需要，把它借给托克拉斯。简而言之（!），这是斯坦因写作的托克拉斯自传。"[1] 这就是说，无论作者斯坦因还是秘书托克拉斯小姐均实有其人，但是因秘书托克拉斯小姐关于斯坦因生平的叙述者角色一职系斯坦因的虚拟而导致叙事作品《艾丽丝·托克拉斯自传》变为虚构叙事。

那么，热奈特的上述论述和新闻报道的真实性有关吗？如果有关，又给出了一个怎样的判断呢？新闻报道和历史叙事、自传一并属于非虚构叙事范围，故热奈特的前述判断直接关系着新闻报道的非虚构，即新闻真实性判断。依据热奈特的学说，只要作者与叙事者具备"两者之间严格相等的关系"，则新闻报道的叙事者与作者势必同一，即新闻报道的真实性可以成立。

那么，热奈特关于叙事作品虚构与否在于叙事者与作者同一的判断，是否正确呢？笔者的回答是：不正确。

二 新闻报道的非虚构：和报道叙事者、作者之间的同一没有必然联系

热奈特关于包括新闻报道在内的非虚构叙事作品非虚构性质的成立在

---

① 〔法〕热拉尔·热奈特：《热奈特论文集》，史忠义译，百花文艺出版社，2001，第141页。

于叙事者与作者同一的判断主要有两大错误：一是以为非虚构叙事唯存作者与叙事者之间的重叠，二是因作者与叙事者之间的分离而虚构。为了弄清楚包括新闻报道在内的非虚构叙事是否虚构，这种非虚构和非虚构叙事的叙事者、作者之间有无必然联系，需要首先考察非虚构叙事的叙事者、作者之间的重叠问题。

新闻报道的非虚构和报道叙事者、作者之间的同一没有必然联系。总体来看，新闻报道作品的叙事者与作者，既有重叠，也有分离，不可能仅存热奈特所主张的在作者与叙述者之间"建立两者之间严格相等的关系。"

首先，在新闻报道作品之内，存在叙事者与作者的重叠。多数新闻报道的作者与叙事者合二为一，既由作者担任新闻报道的叙事者，又由叙事者担任新闻报道的作者。这就是新闻报道作品之内叙事者与作者的重叠，或曰叙事者与作者的"严格相等"。如，《领导干部的楷模——孔繁森》①的作者是新华社记者何平、朱幼棣、陈雁等六人，叙事者是一个站在孔繁森生活之外的以新华社记者何平等六人身份出现的叙事者。在这篇新闻报道中，作者与叙事者是重叠的，在作者与叙事者之间已"建立两者之间严格相等的关系"。与文学作品不一样，新闻报道的叙事者与作者有较多的重叠。

其次，新闻报道作品之内也存在叙事者与作者的分离，即在作者与叙述者之间未"建立两者之间严格相等的关系"。新闻报道的叙事者与作者的分离，共有两种类型。第一种是以新闻报道中的某一当事者作为叙事者，即"作者与人物相同（A＝P）"②。这里的 P 因系 Personage 的第一个字母而指叙事作品内的"人物"，A 则因系英文"作者"第一个字母而指"作者"。如，王根礼的《买缸记》③ 由人物自述新闻事实：

> 今年秋季大丰收，我家粮食打得多，急需买几口缸盛粮食。但是，爸爸连去窑厂三次，都没有买到，十月二十六日，天未亮，爸爸

① 新华社 1995 年 4 月 6 日电。
② 〔法〕热拉尔·热奈特：《热奈特论文集》，史忠文译，百花文艺出版社，2001，第 139 页。
③ 《河南日报》1981 年 12 月 31 日。

就把我叫起来，交给三十元钱吩咐说："快去窑厂等着，今天出窑，晚了又抢不到手了。"

当我来到窑厂门口，发现已经来了很多人。其中，有一男一女正大声嚷嚷。仔细一看，那女的是近门的三婶。她嚷道："我那四千多斤稻谷，七百多斤芝麻，九百多斤黄豆都在地上堆着哩，缸买少了能中?!"

那男的，我不认识。只听他嗡（为瓮）声嗡（为瓮）气地说："老嫂子，一窑一次只装百十个缸，你一人就抢了十仨，我搬俩你就不同意，能看着俺空手回家?"

三婶不让人地说："为买这缸，我已经跑两趟空腿了！这回要不是起了个大五更，又找了个帮忙的，恐怕还抢不到手咧！再说我买十仨也还是不够哩。大妮还托我买四个，二妮叫买五个，未过门的媳妇还要四个。"三婶将手里一大沓票子，抖得"哗哗"响。

那男的见三婶执意不匀给他，便满脸堆笑地商量说："好嫂子，我家地里光芝麻就见了一千七百多斤，原来的缸啦、篓啦、苨子啦早满了，确实没地方装。您行行好，还是匀给俺俩吧!"说罢，眼巴巴地瞅着三婶。

三婶见那男的说得挺实在，想了想，说："你把钱留在我这，下次出窑，嫂子再起个五更给你抢俩，行不行?"……

通讯报道《买缸记》的作者与叙事者是分离的，分别为两个人：作者是王根礼，叙事者则是以第一人称"我"自称的男孩子。

这种叙事者与作者的分离在新闻报道中最为常见。再如，通讯报道《会计伢嫌我油壶小》[①]：

六月开了门，乡里喜盈门。我们超卖了菜籽油，平均每人还分九斤二两口油。分油那天，我兴冲冲提着壶赶去。只听会计伢蔡后建在那里左右开弓，嫌李二婶壶小了，怪张大妈不抱个大坛子来，还说我

---

① 载《湖北日报》1980 年 7 月 4 日。

的油壶是拿来"做得玩"的。我心想，你这伢是"洋人的房子——光是门"，就说："你这伢，我去年拿这个壶来，是哪个笑话我'心大壶也大'的？"会计伢忙赔笑说："二婆，您老人家把老花眼镜戴上看看！去年吃的是'大锅饭'，收的那点油还不够'锅'吃；今年'分社吃饭'，干活劲大了，收的油多了，壶就小了呗！"我这才想转来：是哩！今年分组作业、联产计酬的办法就是好，以后再不吃"大锅饭"的苦头了。

湖北省云梦县义堂公社建合 3 队王二婆讲，吴学标记

《会计伢嫌我油壶小》的叙事者是急匆匆去村里分油的老太太王二婆，文字的整理者、形成者是吴学标。由于对材料的严重依赖而创新不足，吴学标成为一位不完整的作者。

新闻报道的叙事者与作者分离的第一种类型，是叙事者属于作者、新闻本事中有关当事人、知情人之外的某一或某几个人物，如某专司叙事功用的媒体工作人员。其典型可以辽宁电视台的软新闻栏目《王刚讲故事》为例。在《王刚讲故事》中，作者是谁？叙事人又是谁？毫无疑问，该栏新闻故事的叙事人只有一位，那就是节目主持人王刚。那么，节目的作者呢？也是主持人王刚吗？答案是否定的。王刚本人对此说得是明白的："算来我在辽台已经讲了三年的故事了，……它跟我那本自传不同，自传主要讲我自己的故事，《王刚讲故事》的节目及其结集又不是我写就的，而是前沿记者和后期编辑们心血的结晶，更是生活本身的赠予，我只是个'讲述者'而已。"[①] 因此，在《王刚讲故事》节目精选结集［如《王刚讲故事（第伍辑）》（辽宁人民出版社，2011）］的著作权人栏上，明确署名的仅仅是"辽宁广播电视台"。

由以上事例可知，包括新闻报道在内的非虚构叙事既存在作者与叙事者之间的重叠，也存在作者与叙事者之间的分离；叙事作品是否非虚构，和叙事的作者与叙事者之间的重叠没有必然关系。

---

① 参见辽宁广播电视台《王刚讲故事（第伍辑）——罪与罚》，辽宁人民出版社，2011。

三　新闻报道的非虚构：和报道叙事者、作者之间的非同一无必然联系

既然叙事作品不因作者与叙事者之间的分离而必然虚构，那么，是否可因叙事的作者与叙事者之间的重叠而非虚构呢？答案是否定的。

首先，新闻报道的作者与叙事者之间的同一，对叙事作品的非虚构有一定的影响。通讯报道《县委书记的榜样——焦裕禄》的作者和叙事者同一，俱为穆青、冯健、周原三人，其非虚构与作者、叙事者之间的重叠存在一定的因果关系。这就是说，在新闻报道中，作者与叙事者之间的同一可以成为新闻报道非虚构的一个参考指标。

其次，新闻报道的作者与叙事者之间的非同一，对叙事作品的非虚构并无必然的影响。新闻报道《继母，我亲亲的娘》① 在叙事者与作者的关系上更为复杂，可以证伪叙事者与作者之间同一是新闻报道非虚构的核心标准说甚至唯一标准说。《继母，我亲亲的娘》报道的是 1999 年湖北省高考文科第七名李铭与她继母之间的动人故事。

1999 年 9 月，湖北省文科高考第七名、襄樊市文科高考状元李铭到武汉大学法学院报到。李铭来自一个特殊的家庭，这位腼腆的"女文科状元"讲述了一个关于后妈的故事，一字一泪。

1988 年 5 月，那年我刚 9 岁，家里遭受了一连串的"天灾人祸"。

第一个遭难的是我叔叔；他因患胃癌医治无效去世了。9 月，奶奶又患了肝癌。三个月后，奶奶也去世了。不久，妈妈陈运芝因患肾炎又住进了医院。一个月后，父亲李祖成的肝部隐隐作痛，到医院一查，竟又查出了肝癌。

还在医院治疗的母亲顾不上自己的病，陪父亲到武汉检查，结果是肝囊肿。那时父亲刚刚调任庙滩粮管所主任，在赶往襄樊办事的途

---

① 载《光明日报》1999 年 12 月 21 日。

中又遇到了车祸。父亲被撞成了二级脑外伤，腰椎骨骨折，住院治疗了两个多月后，病虽好了，却留下了后遗症。

叔叔去世后三年，婶婶无奈之下留下了他们唯一的女儿改嫁了。母亲毫不犹豫地收养了比我大两岁的姐姐，我便叫她为二姐。我们的家从此负担更加沉重。

1995 年 11 月，母亲因为劳累过度，肾炎转化成尿毒症，外加上肾性高血压。1996 年 8 月 9 日，母亲撒手西去了，从此，我们的家便风雨飘摇，如同散沙。

母亲去世时，我正在谷城县一中参加暑期补习。当我得知噩耗，心急火燎地赶回家，母亲的遗体已经验棺了，我没能见到母亲最后一面，心痛欲裂。

没有母亲的日子我们过得好累好累，原来充满欢声笑语的家，一下子变得沉寂起来。父亲平时就很严肃，很少与我们交流，妈妈去世后，他更加沉默寡言了。家里少了母亲的温柔，就好像没有了春天的阳光，我突然了解了母亲对于一个家庭的重要。我有什么委屈和想法只好对哥哥姐姐讲。好在我已上了高中，吃住都在学校，这个家，我渐渐有了一种疏远的感觉。

一天，父亲跟我们说他要结婚了，对象是本单位的李仲全阿姨。李阿姨我们早就认识。她丈夫 1992 年病逝，当时她儿子才两岁，她一个人带着儿子顽强地生活，人品极好，我们对她印象很好。但她一下子要成为我们的继母我们却无法接受。

1997 年元旦，李阿姨领着她 7 岁的儿子嫁给了我的父亲，名正言顺地当起了我的后妈。

我住在学校不常回家，回家了也不跟李阿姨说话，我用冷淡来表达我的不满。但一段日子过后我发现，李阿姨很贤惠，也很通情达理，对父亲体贴入微，所有家务事都不让我们插手。吃完饭，她独自到厨房收拾碗筷，让我们兄妹几个陪父亲，说是我们难得聚在一起。在李阿姨的身上，我多少又看到了母亲的影子。而父亲是越来越愉快了，精神也振作了。为父亲着想，我甚至想就这样接受李阿姨算了，但我仍然无法开口叫她，我心中妈妈的地位是坚不可摧的。……

在这篇新闻报道中，作者栏署名为张天儒，但又另外设置了一个署名为"孟昕"的主持人栏。此文的第一段显然是孟昕所作。这篇报道的首段文字因已与后面李铭的自述连为一体，故既不能称"编者按"，也不适合叫"主持人语"。此文在形成以孟昕、李铭为讲述人的上下两个叙事层的同时，对张天儒之于该新闻报道的著作权也提出了一定的挑战。重叠而非虚构，又不因作者与叙事者之间的分离而虚构。

由此可见，包括新闻报道在内的非虚构叙事，既不取决于作者与叙事者之间的重叠，也不取决于作者与叙事者之间的分离；叙事作品是否非虚构，和叙事的作者与叙事者之间的分离同样没有必然关系。

综上所述，热奈特的"A＝N→纪实叙事"①，即"A＝N→新闻报道叙事"的判断是不完整的，其两大子判断，即非虚构叙事唯存作者与叙事者之间的重叠，名之以非虚构的叙事因作者与叙事者之间的分离而虚构，均被证伪；由作者、叙事者的关系入手判断叙事作品是否非虚构的研究思路，不适用于进行包括新闻报道在内的非虚构叙事作品的非虚构性质的探讨。

本文完成于 2011 年，载《新闻与信息传播论坛（2011 年卷）》，华中科技大学出版社，2012

---

① 〔法〕热拉尔·热奈特：《热奈特论文集》，史忠文译，百花文艺出版社，2001，第 142 页。

试论新闻报道主体的特殊性

乍看，新闻报道主体颇为简单，但若细加分辨，则可发现新闻报道主体并没有那么简单。新闻报道主体具有一定的特殊性。不过，关于新闻报道主体的特殊性，学界探讨极为有限。曾庆香等人撰写的《谁在新闻中说话——论新闻的话语主体》一文有两点值得注意：一是以为新闻来源，尤其是官方的新闻来源是新闻报道中的真正主体，因为话语"代表谁的思想、意图或者说意识形态"，谁就是"说话主体"；二是将新闻评论的言语主体纳入新闻，存在将新闻报道的话语主体与新闻话语的主体同一的倾向。[①] 这样的主张是有问题的。其一，新闻报道主体是否等同于新闻话语主体，要视具体语境而论。如果新闻话语主体中的"新闻"指新闻报道，则和新闻报道的主体同一；如果既包括新闻报道又包括新闻言论，则和新闻报道的主体非同一。显然，曾庆香等人既然将"新闻话语的主体"视作新闻报道的主体，那么这样的"新闻话语的主体"就外在于新闻评论的主体。其二，新闻来源虽属于新闻报道的信息出处，但若以为新闻来源即新闻报道的真正主体，那就模糊了新闻报道的主体、客体、中介三方之间的必要界限，夸大了新闻的主观性、倾向性在新闻报道中的作用。显而易见，按照曾庆香等人的逻辑，新闻事实的施动者较之新闻来源更具备新闻报道终极主体的资格：没有新闻事实，何来新闻来源？又怎么会产生新闻报道呢？这样认识新闻报道主体，过于牵强。因此，厘清新闻报道主体的特殊性及由此形成的一系列问题，就既具备

---

① 曾庆香等：《谁在新闻中说话——论新闻的话语主体》，《新闻与传播研究》2005年第3期。

较为突出的科研价值，又对新闻工作有益，具有强烈的现实针对性。

一　新闻报道主体的构成

（一）新闻报道主体的界定

1. 新闻报道主体的内涵

何为新闻报道主体？概而言之，即新闻报道的行为主体。然而，什么是新闻报道的行为主体呢？答曰：推动新闻报道产生、运行的行动主体。那么，又是什么方能成为推动新闻报道产生、运行的行动主体呢？新闻报道主体的复杂就在这里。而破解这一复杂的问题则应首先从新闻报道主体的外延入手，即探讨新闻报道主体由什么来组成。

2. 新闻报道主体的外延

新闻报道主体由什么组成呢？既然新闻报道主体是推动新闻报道得以产生、运行的行动主体，故新闻报道主体就不能不由三方的行为主体组成，且各有自己的行动范围、功能。

新闻报道主体的三方构成，概而言之就是新闻报道的作者、报道者和叙事者。作者、报道者和叙事者在新闻报道中分别承担不同的功能，各有不一样的行动范围。

（二）新闻报道的作者、报道者和叙事者

1. 新闻报道的作者

新闻报道的作者，是新闻报道的创作者。没有作者，就没有新闻报道。作者是新闻报道的"母亲"。那么，新闻报道的创作者是否像文学创作那样一般仅有一方，甚至一个人呢？新闻报道的作者问题没有这么简单。总体来看，新闻报道的创作者由采写者与大众传媒机构双方构成，但又以采写者为中心。

先说新闻报道的创作者由采写者与大众传媒机构双方构成。首先，新闻报道的作者是新闻报道的采写者。采写者"他"或"他们"是新闻报道的直接创作者，一般可以通过作者署名来体现。如通讯报道《县委书

记的榜样——焦裕禄》①的作者署名为穆青、冯健、周原。其次，新闻报道的作者多数还应该包括记者所供职的新闻媒体。与书信、日记等日常生活实用写作与小说等文学艺术创作不一样的是，新闻报道多由供职于一定的新闻媒体的新闻工作者完成。在新闻报道活动中，记者既以所在媒体新闻工作者的名义采写，又得到所在媒体的系统支持，因此新闻报道多数是新闻工作者供职于一定的新闻机构的职务行为。经 2010 年 2 月 26 日第十一届全国人民代表大会常务委员会第十三次会议第二次修正的《中华人民共和国著作权法》第 11 条规定："由法人或者其他组织主持，代表法人或者其他组织意志创作，并由法人或其他组织承担责任的作品，法人或其他组织视为作者。"第 16 条规定："公民为完成法人或者其他组织工作任务所创作的作品是职务作品，除本条第二款的规定以外，著作权由作者享有，但法人或者其他组织有权在其业务范围内优先使用。……有下列情形之一的职务作品，作者享有署名权，著作权的其他权利由法人或者其他组织享有，法人或者其他组织可以给予作者奖励：（一）主要是利用法人或者其他组织的物质技术条件创作，并由法人或者其他组织承担责任的工程设计图、产品设计图、地图、计算机软件等职务作品。"按照这样的法规，新闻记者所在媒体显然在记者职务行为所产生的新闻报道中享有一定的或部分的著作权。新闻报道的电头，如"本报讯""某某新闻通讯社电"也从一个方面证明新闻报道著作权这样一种由采写记者与大众传媒所共享的现实。有的新闻报道没有署名，如《共产党员刘胡兰慷慨就义》电头仅有"新华社晋绥一九四七年二月七日电"文字，全文也未署记者姓名。这类未署记者姓名的新闻报道强调的是战争时期新闻媒体在新闻报道版权所有上的分量。英国新闻期刊《经济学家》（*Economist*）刊发新闻报道实行匿名制，仅标注新闻报道所发出的城市名称。1938～1956 年担任《经济学家》主编的克劳瑟（Geoffrey Crowther）说："匿名制使编辑成为刊物真正的仆人，而不是主宰，从而给予了刊物惊人的思想与原则。"②《经济学家》实行匿名制的主要目的是强调媒体而不是媒体内部工作人员

---

① 见《人民日报》1966 年 2 月 7 日。
② 唐亚明：《走进英国大报》，南方日报出版社，2004，第 364 页。

的公信力。在西方国家，媒体对新闻报道著作权的主张主要通过发行人（distributor）来落实，我国目前多由来自媒体的法人社委会、台委会来落实。如，我国报社是统领编辑部与经营部的社委会，其法人代表是社长，人民日报社2009年的社长是张研农。另外，离开大众传媒，新闻报道就是已为记者写就，但也往往无法进入大众传播领域，成为大众传播活动的有机组成部分。

再说新闻报道的创作者又以采写者为中心。首先，新闻报道的直接创作者毕竟是采写者。没有采写者，新闻报道就不可能出现；而没有新闻媒体则不等于没有新闻报道作品悄然问世。其次，新闻报道的采写队伍包括通讯员。供职于媒体的记者并不是新闻报道的唯一采写者，一部分新闻报道由媒体之外的通讯员独立采写，一部分新闻报道由通讯员与记者合作完成。那么，对由通讯员独立采写或部分采写的新闻报道，新闻媒体是不能享有或完全享有著作权的。最后，依劳动类型划分，新闻报道的作者以写为主，采为辅。《被收容者孙志刚之死》的第一作者是陈峰，第二作者是王雷。第一作者陈峰说："采访确实大部分是由王雷完成，但稿子是我主写，五个部分写了四个部分，报社奖励……我一万元，奖王雷5000元。"①

2. 新闻报道的报道者

新闻报道的报道者是通过一定的新闻传媒机构，以一定的符号面向广大公众公开传播新闻事实的行为者。那么，这样一种通过一定的新闻传媒机构，以一定的符号面向广大公众公开传播新闻事实的行为者，是怎样构成的呢？答曰：新闻报道的报道者既包括采写新闻报道的记者、通讯员，又包括新闻媒体。

首先，新闻报道的报道者包括采写新闻报道的记者、通讯员。毫无疑问，采写新闻报道的记者、通讯员是新闻报道的第一生产者，正是那些长年累月在新闻现场往来穿梭的新闻记者通过大众传媒向广大受众及时地报告新闻信息。

其次，新闻报道的报道者还包括新闻媒体的编辑部。仅有记者、通讯员与组织结构残缺的新闻机构，新闻报道同样无法公之于众。在新闻信息

---

① 黎勇：《真相再报告》，南方日报出版社，2008，第62页。

的制造上，有一个关键角色，这就是新闻媒体的编辑部。是否传播新闻信息，传播什么样的新闻信息，最终的决定权是编辑人员。离开编辑部，新闻报道也是无法与受众见面的。《"能把资金投到这里来吗？"——随一位外商在河北某地洽谈项目手记》[①] 颇耐人寻味："我们所去的几家企业不能说对项目没兴趣。他们早早就到宾馆将外商接到了企业，在交谈中也一再表示出合作愿望。"这篇新闻报道的作者明明只署有记者梁栋一人的姓名，但记者却说报道者是"我们"。那么，报道中的"我们"是谁呢？"我们"指的是亲到新闻现场的新闻工作者，除了记者梁栋本人，还包括在新闻现场的有关新闻媒体采编人员。不过，执笔写出该新闻报道并叙事的是记者梁栋。在新闻报道的报道者中，编辑部是代表新闻传媒报道的核心执行者。

最后，尽管新闻报道的报道既离不开新闻记者、通讯员，又少不得新闻媒体，但新闻报道的报道者又存在主次之分。孰主孰次？第一，新闻媒体的编辑部为主。新闻媒体编辑部虽是新闻报道的二线生产者、后方报告人，却是新闻报道新闻事实的终极把关人和决定性的发布者，故成为新闻报道的主要报道者。第二，新闻记者、通讯员为次。新闻记者、通讯员是新闻报道的一线生产者、前方报告人，是新闻报道源头的新闻事实的主要发掘者、第一掌握人，但在报道什么和怎样报道上却不具备终极决定权，终需接受编辑部的指挥、调遣，在新闻事实的发言权上终稍逊一筹，故成为新闻报道的次要报道者。

新闻报道的报道者和新闻报道的作者有所不一。对于新闻报道，编辑部不完全享有著作权，一般无署名权，却享有报道权，如著作权中的发表权、修改权。这是新闻报道的报道者与作者之间的重要差别。因此，新闻报道的报道者比新闻报道的作者要范围广。

总之，新闻报道的报道者由记者、通讯员与新闻机构双方共同构成。离开记者、通讯员与新闻机构中的任何一方，新闻报道都无法面向公众公开传播。

---

① 新华社石家庄 1996 年 4 月 4 日电。

3. 新闻报道的叙事者

新闻报道的叙事者，是在新闻报道之中向广大受众表达新闻事实的行为主体。新闻报道叙事者涉及叙事者与新闻报道两大方面。

首先，新闻报道的叙事者是新闻报道的叙事主体。在报道方式上，叙事者有其自身的特点。所谓叙事者，是记叙类语段、语篇中有关事实材料的讲述者。任何语段、语篇都有言说、表达的主体。议论文的言说、表达主体是议论者；说明文的言说、表达主体是说明者。议论文、说明文所言说、表达的客体不是事实，故其言说、表达者在叙事人范围之外。叙事者仅仅存在于记叙文中。新闻报道的叙事者仅仅是新闻报道这样的叙事语段、语篇的讲述人。

其次，新闻报道的叙事者是非虚构的叙事者。叙事者有虚构叙事者与非虚构叙事者之分。虚构类记叙文的叙事者为虚构叙事者。在虚构类记叙文中，叙事者与作者不是一回事。此即热奈特所说的"作者与叙述者的背离（A≠N）"。这里的 A 因是"作者" Author 的第一个字母而指作者，N 则因系"叙事者" Narrater 的第一个字母而指叙事者。在虚构类记叙文中，作者是现实生活中实有的人物，叙事者则是由作者所虚拟的故事讲述者，"是纸上生命"①。我国现代作家老舍的短篇小说《月牙儿》的叙事人"我"，是那位在半封建半殖民地旧中国的死亡线上苦苦挣扎而最终不得不靠出卖自己年轻的肉体以换取生存物质条件的北平姑娘，而小说公开发表时作者老舍却已是 36 岁的中年男子。虚构类记叙文的叙事者"我"，是不能离开具体的虚拟叙事作品而生存的。相反，非虚构类记叙文的叙事者和其作者都是现实生活中的真实存在。《史记》的作者司马迁与叙事人"太史公"均非虚构，是同一人之二任。这与虚构类叙事作品《聊斋志异》中的作者蒲松龄、叙事人"异史氏"是不一样的。作者蒲松龄确有其人，而叙事人"异史氏"则只能在《聊斋志异》中生存。"异史氏"是作者蒲松龄所虚拟的一个以司马迁为标榜的近乎作者蒲松龄自己的叙事人。新闻报道的叙事人属于非虚构类叙事人，是有生命的真实存在。

---

① 〔法〕罗朗·巴特：《叙事作品结构分析导论》，载张寅德编选《叙述学研究》，中国社会科学出版社，1989，第 29 页。

最后，新闻报道的叙事人不仅真实存在，而且是非历史的当下存在。这就是说，新闻报道的叙事人起码在新闻报道的采写阶段是有生命的存在。

总之，新闻报道的叙事主体是新闻报道的叙事者。

二　新闻报道叙事者与报道者的关系

新闻报道的叙事者可以等同于新闻报道的报道者吗？回答是否定的。新闻报道的叙事人与报道者既有联系，又不相同。

首先，双方都是新闻报道主体的有机组成部分，但角色不一，职责有异。《武昌中南路最"牛"乞丐　讨钱不得投石打人》①可资证实：

本报讯（记者董晓勋　通讯员王庆泽）昨日，市民王女士电话投诉称：武昌中南路上有一名侏儒乞丐，拦住行人乞讨，如不给钱，当面骂人不说，还用石子打人。

昨日下午，记者来到中南路中商广场门前，一身高约1.2米左右侏儒女乞丐，着装整洁，背着一个书包，站在人行道上，身旁放一堆石子，手端着一个碗向过往的行人讨钱。记者路过她面前，她连忙拦住索要钱，记者故意说没钱，她便拉住不让走，当挣脱她的手后，她便破口大骂，还不停向记者投石子。

记者随后观察，不一会，一对年轻情侣牵手过来，这名乞丐上前拉住男子的手，男子反感地甩开，她边骂边捡起身旁的石子向男子砸去。男子返回刚举起手，她大声说："不给钱就打你，我是残疾人，你敢打我，我就告你。"男子无奈快速离去。

十几分钟内，记者看到，她向5位行人要钱，4位不给钱的行人都遭到她的谩骂和扔石子。不少行人躲得远远的，摇头感叹："要不到钱就打人，头一次碰见这么'牛'的乞丐。"

---

① 见《长江日报》2009年5月25日，第4版。

在这篇新闻报道中，通讯员王庆泽是报料人，由记者做体验者可以判断真正的采写者是记者董晓勋。因此，此文的报道者是董晓勋、王庆泽和《长江日报》，而叙事者则是记者董晓勋。

在报道者与叙事者的分辨上，电视新闻报道更为直观。中央电视台《新闻调查》栏目 2005 年 11 月 23 日播出的《天价住院费》可说明问题：

　　主持人柴静：（柴静出镜，着灰色上衣，屏幕画面左下有文字说明"记者柴静"；叙事地点为电视台演播室；银屏画面背景右方为哈医大二院大楼，左方从上到下依次为哈医大二院心外科重症监护室主任于玲范、哈医大二院心外科重症监护室医生王雪原、已故患者翁文辉的遗像）去医院看病对很多家庭来说都很让人发愁，因为现在昂贵的医药费已经成了沉重的负担。前不久，黑龙江省哈尔滨市的一位观众向我们反映，他的家人在医院住了 67 天，光住院费就花去了将近 140 万，平均每天花去 2 万多。这么高额的费用，是不是真的？如果是，钱又是怎么花掉的？<u>《新闻调查》记者对这一事件展开调查。</u>

　　解说：（画外音，男性，由姚宇军担任解说者）翁文辉生前是哈尔滨市一所中学的离休教师。一年前，74 岁的翁文辉被诊断患上了恶性淋巴瘤。因为化疗引起多脏器功能衰竭，今年 6 月 1 号，他被送进了哈尔滨医科大学第二附属医院的心外科重症监护室。之后的两个多月时间，他的家人在这里先后花去 139 万多元的医药费。高昂的医药费并未能挽回病人的生命（银屏画面先后依次为翁文辉遗像、医院内景的医护工作者推活动病床、医院内景众多腿脚前行、写有"应急门"字样的双扇门被推开）。

　　富秀梅：（银屏画面为富秀梅老人讲话，画面左下方有文字说明"富秀梅　患者翁文辉的妻子"）真是，老头儿这死真是死不瞑目，不是说他死了以后闭不上眼睛，就是我们家属到现在为止我每想到这件事的时候我睡不着觉，我心跳马上就加快。

　　……

　　记者郭宇宽：（银屏画面为记者郭宇宽着深色西服、开放式衬衣与患者翁文辉长子翁强对面交谈；郭宇宽戴眼镜面对镜头；谈话环境宽敞、洁净、高雅）这样每天几万块钱的花费，对于中国的绝大多数家属估计都是无法承受的。

翁强：（银屏画面为翁强述说）如果从做儿女的来讲呢，你说付出几百万，我认为就是几千万它也值。它不像是一个生意。所以那个时候我们肯定不会考虑它有多大的经济效益或者有多大的价值，或者有多大的意义，对我来讲，一分钟，只要能挽救一分钟，我都不会放弃的。

在这期电视新闻报道节目中，叙事人是记者柴静，报道者则包括柴静、记者郭宇宽、制片人张洁、编导项先中等，并以记者郭宇宽为首。从这期电视新闻报道节目中，可以清晰地看出新闻报道叙事者与报道者之间的重要差别。首先，新闻报道的报道者是个集合体，但以在新闻现场采访的记者为主；新闻报道的叙事者则在叙事现场，可以是一个人，也可以是两个人或几个人。按照叙事机制（instance narrative），视听的四维叙事话语和文字的平面叙事话语有所不一。影视制作是由若干人组成的一个制作集体工作，故影视叙事须合起来由一个总的个体叙事者统领。[①]《天价住院费》也不例外。在这篇报道作品中，报道者以记者郭宇宽为主，叙事者则是在演播室内的柴静。由姚宇军担任的解说画外音不是叙事者，而仅仅是新闻报道总叙事者柴静的叙事话语部分。新闻报道作品的全局仅有一个总叙事者。在由姚宇军担任解说者的解说行为之上还有上级行为的发出方。这个上级行为的发出方应属于主持人。其次，在时间、地点上，报道者立足于新闻现场或有关新闻材料，叙事者则立足于叙事现场。在《天价住院费》中，报道者郭宇宽位居哈尔滨，叙事者柴静身居北京，叙事者的叙事时间 2005 年 11 月 23 日要晚于报道者在哈尔滨时的报道时间。报道者强调对包括新闻现场在内的新闻事实的占有，而叙事者人则身处电视台的演播室内，不必外出采访，脱离节目《天价住院费》就不再是叙事者。当然，从中也可以看出叙事者、报道者双方的相同点。受众接触叙

① 李幼蒸：《当代西方电影美学思想》，中国社会科学出版社，1986，第 159 页。

事者、报道者，都必须经过有关的符号与媒介。而媒介化、符号化的叙事者、报道者与现实生活中的叙事者、报道者本人总会有所出入。比如，有的受众发现，银屏下的新闻报道节目主持人、采访记者没有电视银屏上的形象靓丽；仅凭广播中的声音，原以为广播新闻报道的主持人年轻、高大，见了真人却发现主持人又黑又瘦，还有些谢顶。

总之，新闻报道的报道者不等于新闻报道的叙事主体。

三　新闻报道叙事者与作者的关系

新闻报道的叙事者可以等同于新闻报道的作者吗？回答是否定的。新闻报道的叙事人与作者既有联系，又不相同。

新闻报道的叙事人与作者有联系。新闻报道的叙事人与作者双方都是新闻报道主体的有机组成部分，离开任何一方，新闻报道主体都是不完整的。

新闻报道的叙事人与作者又不相同。新闻报道的叙事人与作者之间重要的是不同：双方终究角色各自，职责有别。首先，一个是生产者，一个是表达者。新闻报道的作者是新闻报道的生产者，是新闻报道底本的提供者。采写的记者在新闻现场奔波，在资料堆内梳理头绪，挑选素材，新闻媒体为新闻报道承担政治风险、法律风险，提供经济支援。而新闻报道的叙事者则是在新闻报道作品内向广大受众讲述新闻事实的表达者，其接受者是叙事者的直接交流方，未必一定包括广大受众。比如，1985 年的消息报道《华罗庚骨灰安放仪式在京举行》。

> 新华社北京 6 月 21 日电　安息吧，华罗庚教授，党和国家领导人及首都各界五百多名人士今天——1985 年 6 月 21 日上午在八宝山革命公墓礼堂为您举行骨灰安放仪式。
>
> 低回的哀乐寄托着人们对您的无限哀思。礼堂正中悬挂的您那大幅遗像显得是那样安详，您的骨灰盒上覆盖的党旗是那样鲜红。礼堂四周摆放的胡耀邦、叶剑英、邓小平、赵紫阳、李先念、陈云、彭真、邓颖超、徐向前、聂荣臻、乌兰夫等中共中央、中顾委、中纪

委、全国人大常委会、国务院、全国政协的九十七位领导同志和中共中央、全国人大常委会、国务院、全国政协、民盟中央、中国科学院、国家科委、中国科协、北京市领导机关和您的家乡江苏金坛县等单位送的花圈，礼堂里摆不下，又摆到了院子里，表达了人们对您的沉痛悼念之情。

中共中央政治局委员、国务院副总理万里主持了您的骨灰安放仪式。中共中央书记处书记、全国人大常委会副委员长陈丕显在为您致的悼词中，称赞您是中国杰出的数学家、中国共产党优秀党员、著名的教育家和社会活动家。他还特别称您是我国最早把数学理论研究和生产实践紧密结合做出巨大贡献的科学家……

在这篇新闻报道中，作为叙事者的新华社记者李尚志等人仅和报道客体即华罗庚教授交流，而实际接受报道的广大读者并不在叙事者的对话场域之内。作为交流的另一方，接受报道的广大读者是针对新闻报道的报道者甚至作者而存在的，尽管新闻报道《华罗庚骨灰安放仪式在京举行》的叙事者、作者均由新华社记者李尚志等人一身二任。

其次，作者在新闻报道作品内外一并存在，而叙事者则仅存在于新闻报道作品之内。正是通过作者穆青等人的努力，通讯报道《县委书记的榜样——焦裕禄》才得以从无到有，从草稿到定稿。不执笔写作，不为作者。相形之下，向广大读者讲述焦裕禄"本事"（Diégèse；英文单词又为 Fabula，译音为"法布拉"）的那位叙事者因系大众传播而不为人际传播，故只在作品《县委书记的榜样——焦裕禄》之内。这位叙事者尽管真实地存在着，却被紧紧地固定在文字、新闻媒介的范围之内，不能脱离文字、广播的有形或有声的语言。不讲述"本事"，不为叙事者。叙事者以作者的底本为蓝图进行讲述，但不能排除在不损害底本的基础上对底本的细枝末节予以一定的变动，如将连词"与"换成连词"和"。同时，若干年之后，当年的作者已逝，但只要叙事话语在，则叙事者仍长存于新闻报道作品之内，可永垂不朽。新闻报道叙事者与作者的区别，可以通过电视新闻报道更直观地加以分辨。中央电视台《新闻调查》栏目1997年8月8日播放的节目《国家的孩子》，披露在20世纪60年代初期我国经济困难时期有 2000 多位来自上海、安徽等地的汉族孤儿被送到内蒙古大草原，被草原人民抚养至今的故事。这一期节目有三个重要的主体：一是编导陈红新，二是摄像王小鹏、陈强，三是担任主持人的记者长江。编导、摄像均位居这个节目的作者队伍之列，而主持人长江才是这期节目的叙事者。电视新闻报道的叙事者在报道地点上选择空间较大。与《国家的孩子》中的叙事者长江将报道的地点选在新闻现场内蒙古不同的是，以报道软新闻为主的辽宁卫视《王刚讲故事》栏目的有关节目，如 2008 年 5 月 14 日播发的《母女情仇》则将叙事地点选在电视台的演播室。栏目成书《王刚讲故事（第二辑）》（辽宁人民出版社，2009）关于作者的处理耐人寻味。该书版权页的作者栏空缺，在"主创团队"的另页内，有四个重要力量值得关注：一是总制片人张晓宏。这是节目著作权的真正所有者的代表，是节目的作者之一。二是主编张伟、陈海燕、赵飞。这是栏目的编辑权力核心。三是各期节目的编导薄立为等。这是各期节目的实际执笔人与直接的创作者，也是节目的重要作者之一。四是主持人王刚，是由前述三方所推举出来的专司讲述功用的叙事者。在电视新闻报道作品中，叙事者在叙事时会伴有编导手中底本所未予提示的手势、表情、身势等非言语交际手段。至于叙事者是否享有作者权利，则需具体情况具体分析，需经上述多方协商确定。

总之，新闻报道的作者不等于新闻报道的叙事主体。

本文完成于 2011 年，发表于《郑州轻工业学院学报》

（社会科学版）2012 年第 3 期

试论新闻报道的叙事人称

　　为什么要进行新闻报道的叙事人称研究？答曰：新闻传播学内部研究之使然。现有的新闻传播学研究，外部研究一枝独秀。其内部研究虽成果颇丰，但终因止于经验或学术性不强，或难兼学术性、应用性于一身，在新闻传播学的学术研究领域中长期处于失语的尴尬状况。这不能不严重制约新闻传播学整体学术水平的提升。新闻传播学研究若任外部研究，即新闻传播活动和政治、经济与文化之间互动的研究一花独放，喧宾夺主，则难免因沦为政治学、经济学、社会学等学科的附庸而失去独立的学科地位。新闻传播学的内部研究，即关于新闻传播活动之所以成为新闻传播活动的自身逻辑性的研究，是新闻传播学最终走向学科独立的必由之路。新闻传播学再也不能仅成为学科的十字路口，任其他学科在自己的研究领域恣意横行。应用新闻传播学是新闻传播学内部研究的重要领域，而新闻叙事学可成为应用新闻传播学的重要组成部分，对强化新闻传播学内部研究的学术性具有相当重要的开拓功用和试探功能，值得高度重视。新闻报道的叙事人称研究恰为新闻叙事学的有机构成，既有助于提升新闻传播学内部研究的学术研究水平，又有益于推动新闻报道研究的学术性和应用性的有机统一。

　　关于新闻报道的叙事人称研究，依笔者所获取的文献线索，虽至今仍乏真正的科学研究，但其上位的有关研究尽管语焉不详却喜终有所触及。新闻实务上位的有关研究领域对记叙文的人称有一定的触碰，且存在一定的争议。总体来看，学界多以为记叙文只有第一人称叙述、第三人称叙述两种，不存在第二人称叙述。北京师范大学中文系《写作基础知识》编辑组编写的《写作基础知识》对此讲得最为清楚："在有些文章中，有第二人称代词（'你''你们'）出现，这样的文章，不能认为是第二人称的叙述。叙述的人称问题，是个立足点、观察点的问题，所以，第二人称的叙述是没有的。"① 路德庆主编的《写作教程》②、刘锡庆、朱金顺的《写作通论》③、王光祖等主编的《写作》④、吴伯威等主编的《写作》⑤、张杰的《大学写作概论》⑥ 等均持无第二人称叙述说。持相反意见的不多。倒是北京师范大学的刘锡庆本人1985年在记叙文的人称问题上来了一个一百八十度的大转弯，修正旧说，主张第二人称叙述说："'第二人称'叙述（你或你们）是一个客观存在。……'人称'问题，原来就是一个叙述称谓的问题。"⑦ 刘锡庆的《基础写作学》的看法是合乎实际的，惜未将其中的道理论述清楚。在文类的归属上，新闻报道因以传播当下发生的新闻事实信息为基本任务和第一功能，当然只能归入记叙文。那么，前述对记叙文的探讨就不能不涉及新闻报道。因此，本文拟结合新闻实务与新闻实务的有关上位研究来探讨新闻报道的叙事人称问题。

一 人称与非叙事文体

（一）人称

何为"人称"（person），虽有多种主张，但以《辞海》的看法为妥。《辞海》以为：人称，语法范畴之一。是通过一定的语法形式表示行为动作是属于谁的。属于说话人的是第一人称，属于听话人的是第二人称，属于说话人、听话人之外的是第三人称。⑧

---

① 北京师范大学中文系《写作基础知识》编辑组编《写作基础知识》，北京出版社，1979，第168页。
② 路德庆主编《写作教程》，华东师范大学出版社，1982，第128页。
③ 刘锡庆、朱金顺：《写作通论》，北京出版社，1983，第171页。
④ 王光祖等主编《写作》，华东师范大学出版社，1989，第95页。
⑤ 吴伯威等主编《写作》，高等教育出版社，1992，第221页。
⑥ 张杰：《大学写作概论》，武汉大学出版社，1997，第169页。
⑦ 刘锡庆：《基础写作学》，中央广播电视大学出版社，1985，第234~235页。
⑧ 《辞海·语言文字分册》，上海辞书出版社，1978，第18页。

（二） 人称与议论文、说明文

文体、体裁和文类之间大体一致。体裁，指的是人们对各种文章按照不同的表达与使用目的而进行的文章分类，是文章的形式表现要素之一。文体、体裁之间基本相等。文体与文类有别。它和文类相对应，是按照文章的体裁而对文章种类所进行的较为实用的划分。而文类则是对文章种类的粗略归类，常见的文类划分为四分法，即文类由记叙文、议论文、说明文和应用文组成。按照表达方式，议论文、说明文均属于非叙事文。

在人称与文体的关系上，非叙事文和叙事文有差别。和记叙文相比，议论文、说明文的人称相对简单。在议论文中，发表意见的一方是作者，通常采用第一人称"我"或"我们"自称；向通常采用第二人称的受众或特定受众"你们""你"论述自己的主张；对议论文中运用的论据及当中的人、物、事或读者可以用第三人称"他"、"她"、"它"或"他们"、"她们"、"它们"相称。

说明文的人称运用大抵与议论文相同，与议论文的区别仅在于文章的表达对象由议论文的"意见"转为说明文的"实体事物"或"抽象事理"。[①]

二　新闻报道叙事人称的稳定和非稳定

（一） 新闻报道叙事人称称谓的稳定和非稳定的基本格局

新闻报道叙事人称在称谓上存在稳定和非稳定并存的基本格局。所谓叙事人称（narrative-person），不过是记叙文中的叙事人对叙事的主体、客体与受众所进行的不同的称谓，有第一人称、第二人称和第三人称之分。而称谓是人们由于亲属等相互关系以及身份、职业等获得的名称。[②]那么，新闻报道叙事人称称谓究竟呈现怎样的基本特征呢？答曰：稳定和

---

① 朱伯石主编《写作概论》，湖北教育出版社，1983，第236页。
② 《现代汉语词典》，商务印书馆，2002，第157页。

非稳定并存为其基本格局。新闻报道叙事人称称谓的稳定格局，指的是新闻报道叙事人称称谓在各类新闻报道中的不变趋向。新闻报道叙事人称称谓的非稳定格局，指的是新闻报道叙事人称称谓在不同类型的新闻报道中的有变趋向。在新闻报道中，新闻报道叙事人称称谓既有不变的方面，又有变的方面，且这样的不变和变在共存中有规律可循。

（二）新闻报道叙事人称称谓稳定和非稳定基本格局的两种表现

新闻报道叙事人称称谓稳定和非稳定并存基本格局的表现共有两种。其一，稳定。在包括新闻报道在内的记叙文的符号世界之内，关于人称称谓，第一人称不可易位。其二，非稳定。在新闻报道中，叙事人称在第三人称、第二人称之间，是可以易位的。

在传媒的大众传播中，新闻报道叙事人称称谓稳定和非稳定共有两种情况。

一是除了叙事者用第一人称"我"或"我们"自称外，叙事者用第二人称"你们"或"你"来称呼包括读者在内的广大受众，用第三人称来称呼叙事客体。如魏巍的通讯报道《谁是最可爱的人》①：

> 在朝鲜的每一天，我都被一些东西感动着；我思想的潮水，在放纵奔流着；它使我想把一切东西，都告诉给我祖国的朋友们。但我最急于告诉你们的，是我思想感情的一段重要经历，这就是：我越来越深刻地感觉到谁是我们最可爱的人！
>
> 谁是我们最可爱的人呢？当然，我们的工农群众就是无比可爱的；可是这里我想说的是他们的子弟，那些拿起枪来献身革命斗争的工农子弟，那些为毛泽东思想武装起来的战士们，我感到他们是最可爱的人。
>
> 也许还有人心里隐隐约约地说：你说的就是那些"兵"吗？他们看来是很平凡、很简单的哩。……
>
> 让我还是来说一段故事吧。

---

① 新华社新闻稿，1951年4月12日。

还是在二次战役的时候，有一支志愿军的部队向敌后猛插，去切断军隅里敌人的逃路。当他们赶到书堂站时，逃敌也恰恰赶到那里，眼看就要从汽车路上开过去。……

朋友们，用不着多举例，你可以了解我们的战士，是怎样的一种人，这种人是怎么一种品质，他们的灵魂是多么的美丽和宽广。他们是历史上、世界上第一流的战士，第一流的人！他们是世界上一切伟大人民的优秀之花！是我们值得骄傲的祖国之花！我们以我们的祖国有这样的英雄而骄傲，我们以生在这个英雄的国度而自豪！……

在这里，作者兼叙事者的魏巍以第一人称"我"来自我称谓，叙事者"我"对广大读者或某一位读者以第二人称"你们""你"来称呼，对叙事者、接受者之外的第三者的人、物、事以第三人称相称呼。被以第三人称相称的第三者是较为广泛的：有叙事客体"志愿军战士"，有放纵奔流着的我思想的潮水"它"。需要指出的是，"谁是我们最可爱的人"中的第一人称"我们"不是新闻报道的叙事者，而是既包括叙事者"我"，又包括广大读者"你们"。这是一种为了拉近叙事者与读者距离的修辞手段，背后的推手是当时的主流社会政治主张：在新生的共和国，除了敌人，大家都是一家人。《谁是最可爱的人》只有一位叙事者，那就是作者"魏巍"，而没有群体叙事者。

二是除了叙事者用第一人称"我"或"我们"自称外，叙事者用第二人称"你们"或"你"来称呼叙事客体，尤其是第一叙事客体，用第三人称来称呼非第一叙事客体和包括读者在内的广大受众。在这里，叙事者"我"或"我们"的位置未动，但在称谓对象上，第二人称与第三人称已经互调。如原《光明日报》记者戴晴的《一隅》①：

你坐在那儿，在那高高的售票员的位置上，用一根显然是随手拈来的什么草棍在剔牙。

"钓鱼台——下车请打开车月票，关俩门"，你用标准的售票员

---

① 见《光明日报》1981 年 8 月 20 日。

的腔调漫不经心地报着站名："下一站——"

这种腔调，这一天要重复上百遍的几句话，这短短的车程——不过十几站——，对你这么聪明的小伙子来说，也许用不了两天就全学会了。那么，你剩下的时间、剩下的精力，做什么呢？

…………

就在这时，她上来了。她很年轻，但却抓着扶手，像数着步子一样一阶阶踏上来，跨了两步，站到了我的面前。这是个高高的姑娘，皮肤细嫩得像婴儿，却苍白得像久卧的病人。……

你从高高的位子上走了下来，走到我对面一个坐着的小伙子面前。

"起来！"你用膝盖拱了一下他。

"什么……"正在看书的小伙子觉得莫名其妙。

…………

"她眼睛……"我背后的两个妇女轻声说。显然，她们是这趟车的老乘客了。我和对面那让座的小伙子，也在一瞬间明白了。

姑娘道着谢，那么拘谨地坐下了。她还是那样微笑着，两只眼睛直望着前面。

在《一隅》中，叙事人是兼作者的时任《光明日报》记者戴晴，以第一人称"我"自我称呼。在这一点上，《一隅》与《谁是最可爱的人》、《县委书记的榜样——焦裕禄》没有差别。《一隅》和《谁是最可爱的人》、《县委书记的榜样——焦裕禄》的不一样，集中表现在对读者、叙事客体的称谓上。其具体差异如下：①叙事人对第一叙事客体采取第二人称单数加以称呼。在《一隅》中，叙事人"我"对文内第一叙事客体，即公共汽车中的那位"用一根显然是随手拈来的什么草棍在剔牙"的年轻售票员所采用的称谓是第二人称的"你"；叙事人"我"的直接受众是年轻售票员"你"。②报道者对广大受众采取第三人称。在《一隅》中，由文字符号所营构的叙事世界与广大读者是无关的。面对《一隅》，广大读者实际上是偷听者，故无缘与叙事人直接交流，不为叙事人的"他"或"他们"。因为叙事人"我"所讲述的故事与非故事，是说给售票员

"你"而不是广大读者的,只有售票员"你"才是叙事人"我"的交流对象和听话人,故偷听的广大读者只能是被新闻报道的报道者而不是叙事者赋以第三人称的"他们"。当然,在《一隅》中,读者"他们"的第三者身份正是由于"偷听"而暗自存在,未被作者明示。《一隅》读者的"他们"身份与人称称谓由何方力量赋予呢?答曰:大众传媒。正是因为《一隅》在《光明日报》上公开发表,广大读者才可能读到《一隅》;也正因为公开发表,《一隅》的读者才成为光明正大的偷听者。说《一隅》的读者是偷听者,就在于由叙事者所缔构的封闭文本世界已将广大读者拒之门外;说《一隅》的读者是光明正大地偷听,就在于该文已经通过大众传媒公之于众,并因而成为报道者的交流对象。③《一隅》的叙事人对第二叙事客体、第三叙事客体等非第一叙事客体,一律采取第三人称称谓。在《一隅》中还存在非第一叙事客体。"就在这时,她上来了。"按照人物在包括新闻报道中的分量,盲姑娘"她"显然属于仅次于男售票员的第二叙事客体。"你用膝盖拱了一下他。""我背后的两个妇女轻声说。显然,她们是这趟车的老乘客了。"显然,在《一隅》中,盲姑娘"她"、正在看书的小伙子"他"与同车的两位妇女"她们"均外在于叙事人"我"和售票员"你"的话语交流之外,故属于第一叙事客体之外的非第一叙事客体,并被叙事人"我"视作话语交流的第三者"他"、"她"或"他们"、"她们"。

类似的例子并不少。如1985年的消息报道《华罗庚骨灰安放仪式在京举行》。

新华社北京6月21日电　安息吧,华罗庚教授,党和国家领导人及首都各界五百多名人士今天——1985年6月21日上午在八宝山革命公墓礼堂为您举行骨灰安放仪式。

低回的哀乐寄托着人们对您的无限哀思。礼堂正中悬挂的您那大幅遗像显得是那样安详,您的骨灰盒上覆盖的党旗是那样鲜红。礼堂四周摆放的胡耀邦、叶剑英、邓小平、赵紫阳、李先念、陈云、彭真、邓颖超、徐向前、聂荣臻、乌兰夫等中共中央、中顾委、中纪委、全国人大常委会、国务院、全国政协的九十七位领导同志和中共中央、全国人大常委会、国务院、全国政协、民盟中央、中国科学院、国家科委、中国科协、北京市领导机关和您的家乡江苏金坛县等单位送的花圈，礼堂里摆不下，又摆到了院子里，表达了人们对您的沉痛悼念之情。

中共中央政治局委员、国务院副总理万里主持了您的骨灰安放仪式。中共中央书记处书记、全国人大常委会副委员长陈丕显在为您致的悼词中，称赞您是中国杰出的数学家、中国共产党优秀党员、著名的教育家和社会活动家。他还特别称您是我国最早把数学理论研究和生产实践紧密结合做出巨大贡献的科学家，赞扬您在建造中国的"通天塔"——四个现代化的事业中做出的重大贡献。陈丕显说，您不仅是一位在困难条件下自学成长的杰出的科学家，……

在《华罗庚骨灰安放仪式在京举行》中，作为叙事者的新华社记者李尚志等人若自称则只能够采用第一人称"我们"，并因仅和第一叙事客体华罗庚教授交流而站在叙事者的立场，采用第二人称来称呼第一叙事客体华罗庚教授，采用第三人称来称呼话语交流圈之外的非第一叙事客体，如陈丕显。不过，作为叙事者李尚志等人的听话人，华罗庚教授在报道时已经离世，未为完全到场，这里的"你"具有一定的话语情境的虚设作用。同时，作为报道者、作者的新华社记者而不是叙事者的李尚志等人，因为通过新闻媒体将华罗庚骨灰安放仪式一事予以公开传播，则对自己的交流对象，即处于新闻报道偷听状的广大受众以第三人称相呼。

那么，《一隅》《华罗庚骨灰安放仪式在京举行》这些例子说明了什么问题呢？第一，那就是在《一隅》中，即在对第一叙事客体采取第二人称称谓的记叙文中还存在非第一叙事客体。在包括新闻报道在内的记叙文中，这样的第一叙事客体、非第一叙事客体分别构成叙述行为主体，即叙事者"我"动作的直接对象（直接宾语）与间接对象（间接宾语）。在《一隅》《华罗庚骨灰安放仪式在京举行》的新闻报道中，在由第一人称"我"或"我们"、第二人称"你"或"你们"、第三人称"他"或"他们"组成的句法、篇章之中，第一人称的叙事者"我"是主语，第一叙事客体"你"或"你们"是直接宾语，非第一叙事客体"他"、"她"、

"它"或"他们"、"她们"、"它们"则是间接宾语。读者是不在其间的，不为叙事人的受动者。第二，新闻报道第二人称叙述的"本事"（Diégèse；英文单词又为 Fabula，译音为"法布拉"）往往信息倾向于积极，起码也是中性。在新闻报道第二人称叙述中，由于叙事者与报道客体，尤其是第一报道客体直接交流而生发尊敬、歌颂乃至抒情等特殊修辞功用，故第二人称叙述多被报道主体用以进行正面报道。第二人称叙述的最低新闻报道适用领域是中性报道。总体来看，第二人称叙述因肯定性的信息趋向而和负面报道相冲突，故不适合报道主体用来关于调查性报道、批评性报道等负面报道的表达。

图 1 为《一隅》人称关系图示：

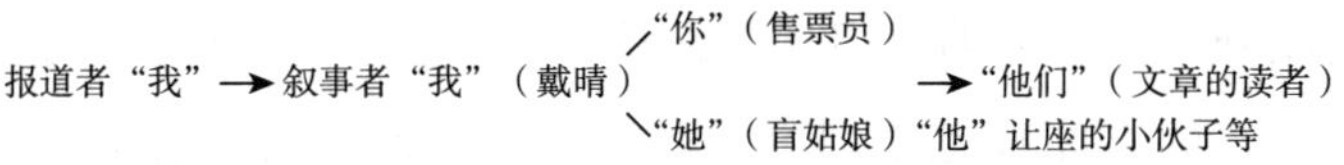

报道者"我" → 叙事者"我"（戴晴） /"你"（售票员） → "他们"（文章的读者）
\"她"（盲姑娘）"他"让座的小伙子等

图 1 《一隅》人称关系图示

（三）新闻报道叙事人称稳定和非稳定基本格局形成的原因

新闻报道叙事人称，为什么存在稳定和非稳定并存的基本格局呢？主要原因有以下两个。

第一，包括新闻报道在内的记叙文，不同于人际交往中的话轮。所谓话轮（Turn），由美国学者萨克斯（Sacks）等提出，指的是在会话过程中，说话者在任意时间内连续说出的具有或发挥了某种交际功能的一番话，其结尾以说话者和听话者的角色互换或各方沉默等放弃话轮信号为标志。① 在人际交往的会话过程中，话轮的交谈双方或多方即时易位，在一方说完甚至还没有说完，传者、受者与这以外的第三者可以每轮互换会话位置。这就是说，在会话过程中，甲表达者第一轮表达结束后在随后的下一个话轮中不再是传者，而是变为受者或在这以外的第三者，而前一话轮

---

① 刘虹：《话轮、非话轮和半话轮的区分》，载严辰松、高航编《语用学》，上海外语教育出版社，2005，第 329 页。

中的受者或在这以外的第三者在随后的下一个话轮中可以转换为传者。在人际交往的会话过程中，会话各方可以平等，不存在一个凌驾于会话各方之上的控制者。而记叙文则不是这样。每篇记叙文都是一篇独语，其间的传者、表达者只有一位，那就是叙事者。鲁迅作于 1920 年 7 月的小说《一件小事》只有一个表达者，这就是叙事者"我"。关于"我"从乡下跑到京城，民国六年的一个冬日在 S 门所坐人力车带倒一位老妇的故事，在《一件小事》中只有"我"这一位叙事者。这篇小说没有话轮而只有一人的独语。

新闻报道稍微复杂些。有学者以为新闻报道话语作为一种交际形式在新闻媒体如广播与受众之间是一种动态过程。[①] 但这个"动态过程"要看怎么理解。在广播、电视的新闻报道中，叙事者其实是可以通过电话、手机短信与受众即时沟通的。不过，这种情况在实际的广电新闻报道中难得一见，在纸媒的新闻报道中则更不可能，故如此"动态过程"并不适合于新闻报道。一般情况下，新闻报道是通过后续报道一类路径来回应受众在接受前面的新闻报道后所萌生的问题的。所以，每一篇新闻报道基本上都是叙事者的一次独语。

第二，新闻报道的二度封闭性，推动新闻报道人称叙述的多变。新闻报道的封闭性来自两环。一是作品。交际方式由四大方面构成，其一是信息传递的媒介。[②] 记叙文是一个封闭的场域，其封闭来自以语言文字为首的符号体系。记叙文内部形成一个互动的信息沟通场，有叙述主体、叙述客体和叙述接受者三方。在一般情况下，其叙述人称分别采取第一人称、第三人称和第二人称。二是大众传媒。依靠传媒工具所进行的大众传播，不同于依靠一般的人际交往。新闻报道公开传播所依赖的大众传媒，在作品的封闭环节上再加约束。这种二度约束，强化了新闻报道的封闭强度。在记叙文的这么一个自我封闭的信息沟通场内，存在传者、受者以及和前述两方无关的第三方（如叙事客体）；在新闻报道的信息沟通场内，由叙事者、接受者、和前述两方无关的第三方（如叙事客体）构成了一个由

① 李悦娥、范宏雅编著《话语分析》，上海外语教育出版社，2002，第 164 页。
② 左思民：《汉语语用学》，河南人民出版社，2000，第 36 页。

符号、大众传媒所双重缔构的大众传媒的信息交流场。在叙事作品和大众传媒的不同层次的信息交流场域之内，新闻报道叙事作品信息交流场域和大众传媒信息交流场域的不同搭配就不能不带来其远较普通叙事作品沟通复杂得多的叙事人称变化。

三　新闻报道叙事人称的要害

叙事的人称的关键究竟是个"立足点、观察点的问题，所以第二人称的叙述是没有的"，还是别的什么呢？毫无疑问，既然属于说话人的只能是第一人称，那么，叙事者无论怎么立足、观察，在言说时都只会用第一人称"我"或"我们"，而不可能用第二人称、第三人称来称呼自己。我们应该从这样的立场来理解热奈特的下述陈述："任何叙述都有可能用第一人称进行。"① 因此，叙事人称的关键不是立足点、观察点，而是被叙述的对象，即叙事客体。叙事客体，尤其是第一叙事客体才是决定新闻报道叙事人称及其分类的关键。

先看第一人称叙述。第一人称叙述是叙事者"我"或"我们"叙述"我""我们"的故事或"我"与"他"、"他们"的故事。在第一人称叙述中，叙事者"我"或"我们"已经成为叙事客体的有机组成部分：或是主要部分，或是次要部分。第一人称叙述这么做的目的有二：一是增强新闻报道的说服力、感染力。《中国青年报》记者马役军在谈到第一人称叙述时说："为了拉近作者与读者之间的距离，我改变了过去写通讯常采用的第三人称直叙的写作方法，把自己摆进去，写实景真情。"② 二是在新闻报道中对新闻事实予以见证功用，证实信源。因此，第一人称叙述的叙事客体存在如下两种情况。一是叙事者在记叙文中做主要的叙事客体，即第一叙事客体与叙事者是同一个对象，尽管双方之间存在时间差。多数体验式报道属于此类，如李捷的《三甲医院就诊记》③。

---

① 〔法〕热拉尔·热奈特：《叙事话语　新叙事话语》，王文融译，中国社会科学出版社，1990，第172页。
② 马役军：《纪事文体采写论》，中国新闻出版社，1988，第151页。
③ 《中国青年报》2003年11月19日，"冰点"版。

今年 9 月 22 日晚上，我觉得右腿小腿肚子硬得像铁块，挨地就疼，我以为是转筋了。但睡了一夜并不见好。9 月 23 日早晨上班后，右腿疼得更厉害。我用毛巾热敷，但并不能解决问题。让同事帮助按摩了一阵，也不能缓解。

午饭后，一点半，我去了附近的一家按摩院，以为按摩可以治好。

医生并不给我按摩，而是先检查。他查看了我的两条腿，一会儿让我仰卧高抬腿，一会儿又让我俯卧，检查我的腰脊。医生还把我的脚趾头掰开，检查我是否有脚气。过后我听到他打电话找主任说，他没见过这样的症状，左腿软硬正常，右小腿腿肚子硬得像铁块儿。

主任来检查。他让我屈膝，伸腿，让我俯卧检查脊椎，也掰开我的脚趾检查脚气。最后他说："你这是静脉曲张，看你的袜子把腿都勒成什么了！静脉曲张已经造成了血栓。"……

判断一篇新闻报道是否采取第一人称叙述的关键，是叙事者"我"或"我们"是否介入叙事客体的本事当中，其叙事客体包括"我"或"我们"，即是否属于同源叙事。所谓同源叙事，又译为"同故事性"，指叙事人在叙事作品的叙事本事中承担一定的角色，是"我"叙述"我""我们"，或"我"叙述"我"或"我们"与"他"或"他们"。其公式表示是：N＝P。这里的 N 是英文"叙事人"的第一个字母，P 是英文"人物"的第一个字母。《三甲医院就诊记》是"我"叙述"我"，且后一个"我"为主要叙事客体，属于同源叙事。二是叙事者"我"或"我们"虽已介入叙事客体之内，但并非第一叙事客体，而仅仅是第一叙事客体之外的一个较为重要的叙事客体。这种情况在新闻报道中比比皆是。"在朝鲜的每一天，我都被一些东西感动着，我的思想感情的潮水，在放纵奔流着。……有一次，我见到一个战士，在防空洞里吃一口炒面，就一口雪。我问他：'你不觉得苦吗？'他把正送往嘴里的一勺雪收回来，笑了笑，说：'怎么能不觉得！咱们革命军队又不是个怪物！不过，咱们的光荣也就在这里。'他把小勺子干脆放下，兴奋地说……"在《谁是最可爱的人》中，叙事者魏巍"我"已经介入志愿军战士"他们"的故事之中，以至于听到"我"的问话，那位正在"吃一口炒面，就一口雪"的战士

"把正送往嘴里的一勺雪收回来，笑了笑"。显而易见，通讯报道《谁是最可爱的人》属于第一人称叙述，即同源叙事。毫无疑问，如果叙事者"我"或"我们"没有介入"他"或"他们"的故事之中，那么，包括新闻报道在内的记叙文就不能成为第一人称叙述。

次看第三人称叙述。第一人称叙述是叙事者"我"或"我们"叙述"他"或"他们"的故事。在第三人称叙述中，叙事者"我"并未介入叙事客体的本事，叙事客体为"他"或"他们"，即异源叙事。所谓异源叙事，是指叙事人在叙事作品的叙事本事中承担一定的角色，是讲述叙事人之外的其他人其他事，即 N≠P。异源叙事，是"我"叙述"他"或"他们"。第三人称叙述的叙事客体，在本事范围内不受叙事主体"我"或"我们"的干扰。

> 1962 年冬天，正是豫东兰考县遭受内涝、风沙、盐碱三害最严重的时刻。这一年，春天风沙打毁了 20 万亩小麦，秋天淹坏了 30 多万亩庄稼，盐碱地上有 10 万亩禾苗碱死，全县的粮食产量下降到了历史的最低水平。
>
> 就是在这样的关口，党派焦裕禄来到了兰考。
>
> 展现在焦裕禄面前的兰考大地，是一幅多么严重的灾荒景象啊！横贯全境的两条黄河故道，是一眼看不到边的黄沙；片片内涝的洼窝里，结着青色的冰凌；白茫茫的盐碱地上，枯草在寒风中抖动。
>
> 困难，重重的困难，像一副沉重的担子，压在这位新到任的县委书记的双肩。但是，焦裕禄是带着《毛泽东选集》来的，是怀着改变兰考灾区面貌的坚定决心来的。在这个贫农出身的共产党员看来，这里有 36 万勤劳的人民，有烈士们流血牺牲解放出来的 90 多万亩土地。只要加强党的领导，一时就有天大的艰难，也一定能杀出条路来。第二天，当大家知道焦裕禄是新来的县委书记时，他已经下乡去了。

在《县委书记的榜样——焦裕禄》的开头数段，焦裕禄的"本事"均在叙事者兼作者的穆青等人的生活经历之外：穆青等人采访焦裕禄时，焦裕禄早已去世。显然，新华社记者无法介入焦裕禄的"本事"之中。既然叙事者是新闻事实讲述者的角色不可能变更，那么，叙事者无论在新闻报道中是否使用了第一人称"我"，无论是否公开亮相，如果自称都只能采用第一人称"我"。和第一人称叙述不同，在第三人称叙述中，叙事者"我"或"我们"往往隐在，其个性表现较为模糊而不张扬。

再看第二人称叙述。由前述《一隅》可知，第二人称叙述是叙事者"我"或"我们"，叙述"你"或"你们"的故事；在前述第一人称的"我"，第二人称的身兼第一叙事客体与直接宾语的"你"，非第一叙事客体的"她""他""他们"之外，则是未被第一人称叙述者"我"所允许却经大众传媒公开传播而出现的光明正大的偷偷接受者。这些接受者在包括新闻媒体在内的作者看去，则只能采取第三人称"他们"来加以称呼。需要指出的是，判断第二人称叙述的关键是第一叙事客体是否为第二人称"你"或"你们"。此即"受述者和主人公的同一"①："受述者"指的是叙事客体，而唯有第一叙事客体方有资格做新闻报道的"主人公"。

四　新闻报道作品内叙事人称的调换

同一篇新闻报道的常规人称称谓体系之内，报道主体、报道客体和报道的接受者所采取的不同叙事人称可以形成梯度调换。这里的新闻报道的常规人称称谓，指的是新闻报道之内叙事人采取第一人称，被报道者，尤其是第一叙事客体可被呼以第三人称，受众可被名以第二人称的叙事作品。而所谓同一篇新闻报道之内叙事人称的梯度调换，则指同一篇新闻报道之内的报道主体即叙事人，报道客体即被报道者，尤其是第一叙事客体，报道的接受者即受众三方的不同人称称谓，依新闻报道作品的内部叙事层次而在不同的层次间有所调换。如《为了六十一个阶级兄弟》引文一②。

　　……这时候，他们接到了患者急需"二巯基丙醇"的电话，马上就派人去找。县人民医院的司药王文明和张寅虎，这两个小伙子连

① 〔法〕热拉尔·热奈特：《叙事话语　新叙事话语》，王文融译，中国社会科学出版社，1990，第271页。
② 《中国青年报》1960年2月28日。

厚衣服也没顾得穿，两步并做一步走，跳过一道道深沟险壑，到三门峡市去找药。你看，这才叫真正的"司药员"，药房里没有的，他愿意经历千辛万苦，跑遍天涯海角，也要给你找到！

他们来到了黄河茅津渡口，在微微的星光底下，只见那黄河翻滚着巨浪，只听那河水拍打岸头，声声震人心碎。

《为了六十一个阶级兄弟》从开头到这一引文处，报道主体、报道客体和报道的接受者处于新闻报道作品的第一层次，属于常规的人称称谓体系，即叙事人为第一人称，其间的被报道者"王文明和张寅虎"或被称作复数"他们"或被单称为"他"，而广大读者被以第二人称呼为"你们"或"你"。引文的读者因泛指众多读者的任何一位，故未称复数"你们"而以单数的"你"相称。

不过，随后的《为了六十一个阶级兄弟》片段，即引文二，报道主体、报道客体和报道的接受者则因采取非常规的人称称谓体系而处于新闻报道作品的第二层次。

可是，三门峡市没有这种特效药！

这已经是 2 月 3 日的中午了。时间啊，你停滞一会吧！你为什么老是从人们的身边嗖嗖地急驰而过，想挽也挽不住你……

在引文二这里，虽然叙事人仍为第一人称，但其间的被报道者和广大读者已经在人称上被加以调换：由于叙事人的直接交流对象已经临时调换，故引文二这里的第二人称"你"指的是作为被报道者之一的"时间"，而不再是读者；与此同时，广大读者则在叙事人临时采取如《一隅》第二人称叙述而无形间被报道主体和被报道者摒弃在外，若加明示则只能被冠以第三人称。语言学家本维尼斯特认为，在"我""你""他"这三大人称之间存在两种对立关系。①对立关系一："我""你"，与"他"之间是对立的；②对立关系二："我"与"你"之间是对立的。其中，在对立关系一中，即"我""你"，与"他"之间的对立关系中存在三要素：一是"我"与"你"一为说方，一为听方，并构成说、听交流双方；二是说、听双方一旦交流起来，可互为说、听方，互为"我"与"你"；三是"我""你"因为可以交流，均为主体人称，而和不可以交流的非主体人称的第三人称"他"或"他们"相对立。其中，本维尼斯特称此处的非人称的常体第三人称（无直接对话关系）为"非主体人称"①。由此可知，在《为了六十一个阶级兄弟》的上述新闻报道第二层次引文二中，第一人称、第二人称已和非主体人称的第三人称之间形成对立。

在前述片段之后，《为了六十一个阶级兄弟》立即因采取常规的人称称谓体系而重归新闻报道作品的第一层次。此即引文三：

> 从首都广安门外到八面槽的遥远路途中，穿过熙熙攘攘的人群，穿过川流不息的车辆，走过大街走小巷，一位三十来岁的工人，正冒着数九天的寒风，拼命地蹬着一辆载货自行车飞驰。
>
> "同志们，闪道，闪闪道！"
>
> 他不断地向行人呼喊着。这车上拉的就是"二巯基丙醇"。骑车的叫王英浦，是位先进工作者。你看，他把车轮蹬得飞转，三十华里的路程，一个小时多就赶来了。干嘛要从三十里外运药来？这其中还有段小故事……

在引文三这里，报道主体即叙事人为第一人称，报道客体即被报道者被呼以第三人称，或复数"他们"，或如"王英浦"为单数"他"，而新闻报道的接受者即广大读者则被呼以第二人称，或复数"你们"或单称"你"。引文三的读者因泛指众多读者的任何一位，故叙事人仅以单数"你"来相称。引文三表明，引文二之后的《为了六十一个阶级兄弟》已由引文二的新闻报道作品的第二层次重归新闻报道作品的第一层次。

本文完成于 2010 年，发表于《北京印刷学院学报》
2011 年第 1 期

---

① 〔法〕罗朗·巴特：《叙事作品结构分析导论》，载张寅德编选《叙述学》，中国社会科学出版社，1989，第 27~30 页。

新闻报道叙事语义要素及其结构系统

　　新闻话语权的变化、社会舆论的波动，紧密依托大众传媒工具及其新闻信息的流通，事关社会稳定、国家富强。新闻信息主要通过大众传媒的新闻报道而聚散。当前我国的社会转型推动中国社会变化深远，以报刊、广播电视为主的传统媒体与以互联网为中心的新媒体在互动中打造媒介工具生态变化，对大众传媒格局的变动与社会舆论的起伏产生强大的引领功用。同时，新闻叙事对社会舆论的强大而独特作用受到党的高度关注。2016 年 2 月 19 日，习近平总书记视察人民日报社、新华社与中央电视台，并主持召开党的新闻舆论工作座谈会，其间 "多次强调要讲好中国故事"①。社会现实与媒介实际，在持续强化关于新闻报道叙事语义研究的现实意义。相形之下，对新闻报道叙事的研究至今仍处于学术与理论的研究的薄弱状态中，讨论多止于经验层面，分析也集中于新闻报道叙事的形式而很少直接讨论其叙事内容。如此应用性研究因为缺乏基本原理的支持而不能不导致相关研究与学术根基牢靠距离明显，实用性弱，针对性差，容易造成研究整体事倍功半，甚至南辕北辙。对此，拙文《简析我国新闻叙事研究的发生、特点及其成因》② 已有较为完整的讨论。内容是新闻报道主体对新闻现实的反映与表现，核心在语义。而探讨新闻报道叙事语义，只有触及新闻报道的叙事语义要素，进行系统的研究，才能构成

---

① 霍小光、李斌：《"与党和人民同呼吸，与时代共进步"——习近平总书记主持召开党的新闻舆论工作座谈会并到人民日报社、新华社、中央电视台调研侧记》，新华网，http://news.xinhuanet.com/2016-02/20/c_1118106530.htm。

② 欧阳明、陈琛：《简析我国新闻叙事研究的发生、特点及其成因》，《中外文化与文论》2015 年第 3 期。

理论的前提与基础。同时，荷兰学者梵·迪克（Teun A. Van Dijk）关于重视话语的线性研究而忽视层次研究的批评点明、切中话语分析研究现状的格局与短板①，但其新闻话语分析的微观结构说局限于结构主义语言学范围，不仅缺乏学术创新突破，而且研究逻辑所及自外于语义研究，自我颇为看中的话语宏观结构经"意义"与"形式"兼备而建构，如命题→命题群→更高层的命题→宏观结构并以树形图的宏观规则体系②，未集中研究语义，研究维度不够多元，研究体系止于语言学，很难直接成为新闻传播学的学术资源。总体看，梵·迪克的新闻话语分析，无论微观结构部分，还是宏观结构部分均未专事语义讨论。相关研究现状充分说明新闻叙事语义要素对完善、深化新闻话语分析、新闻叙事学的基础性功用。另外，新闻传播学中的有关量化研究，尤其是内容分析法的类目建构添加新闻报道叙事语义要素的规约，则有益于优化其研究设计的科学性。毫无疑问，关于新闻报道叙事语义要素的探讨，具有鲜明的学术研究价值与现实针对性，对于新闻报道叙事原理研究的完整性和系统性，是不可或缺的。

一　语义：基本单位与符号结构

新闻叙事语义对于新闻研究是重要的。毫无疑问，新闻报道的基本功能是传播新闻信息，新闻信息又是新闻内容的核心。信息总是离不开一定的意义，以新闻叙事语义为中心的新闻语义是符号化的新闻信息。同时，新闻语义的发生是有规律的。新闻叙事语义的要素及其结构系统，则是这种规律的重要表现。

语义与语言符号相关，是语言系统的有机组成部分。语言有广义与狭义之分。狭义的语言（language），指的是自然语言，是人类特有的一种符号系统③，即由人类社会群体共同创造的，在日常交际活动中逐渐自然

---

① 姜望琪：《语篇语言学研究》，北京大学出版社，2011，第 144 页。
② 〔荷〕梵·迪克：《作为话语的新闻》，曾庆香译，华夏出版社，2003，第 28~29 页。
③ 《中国大百科全书·语言文字》，中国大百科全书出版社，1988，第 475 页。

形成和发展的语言。广义的语言，属于信号系统和意义表达系统①，是人类借助各种事物来沟通信息所形成的形式与意义的综合体，既包括自然语言，又包括除自然语言之外与人类社会生发关系的信号及其系统，如人工语言、体态语等副语言。语义，属于语言，是语言形式所表达的内容，系语言系统中最复杂的要素。新闻报道的表达以自然语言为主，兼及自然语言之外的其他符号系统，并涉及非语言符号（nonverbal）。新闻报道由此进行新闻信息传播，传递信息传播主体的判断，关键在语义，就不能不关涉新闻语义。

语义与符号结构密切相关。首先，包括语言在内的符号的意义与所指相关，但未必等于所指。任何符号都存在能指（signifiant）与所指（signifié）两个层面，但其语义未必等于所指之指向的事物。如，"启明星"与"长庚星"都指向金星，两个能指的所指对象相同，但前者指太阳升上地平线时在天空东方出现的金星，后者指傍晚在天空西方出现的金星，两个词语的语义还是存在一定出入的。同时，意义不等于指称（nomination），即符号所指的对象。其次，语义可以分为两大类。语义分类主要有两个标尺。第一，索绪尔的分类。在瑞士语言学家索绪尔看来，语义之二分：一为价值（valeur）。值项又曰价值或价值项，指语言系统中由成分间的对立所具有的意义。这就是说，无对立则无区分，无区分自无意义。如，英语 mutton（羊肉）一词的语义的确定性，来自与 sheep（羊）一词的并存关系；毛泽东执笔的新闻报道《中原我军占领南阳》的语篇语义，可以通过关于中国人民解放军解放河南信阳、湖北襄阳等战役的新闻报道相比较而确定。二是语言使用中所形成的意义，即能指与所指的结合而形成的意指关系。所谓意指关系，是符号的能指与所指之间的关联而形成的意义。因此，索绪尔分类的第二类语义指的是语言应用中能指与所指相结合及其过程中而形成的意指作用（signification）。作为语义，前者，即价值在一个完整的符号体系内具有相对的稳定性，如词汇的词典意义、话语的编码意义脱离上下文亦保持其指名意义，即自由意义；后者，指语言实际运用中所形成的具体意义，如"情人"一词是指"爱的人"还是"非婚姻的不

---

① 汪民安主编《文化研究关键词》，江苏人民出版社，2007，第455页。

正常的性伴侣"则须视新闻报道的具体语境而定，语义生发偏向于游动性。罗兰·巴尔特对此加以解释：符号或语言的语义受制于价值项与意指关系，"意义只能由于意指关系和值项的双重制约才可确定"①，即语义取决于意指关系、值项双方的合力。第二，语义学的分类。语义学家对语义有多种分类，其中常见的分类将语义二分为概念意义和附加意义。所谓概念意义，又叫指称意义、理性意义等，反映对所指对象的区别性特征的概括认识，大体相当于罗兰·巴尔特所提出的直接意指（denotation），即能指与所指的直接对应，或曰能指所承担的形貌、意义，是对所指的根本性表达。② 如，"卖"的概念意义是"用东西换钱"。附加意义，又叫内涵意义、伴随意义，是语言单位所体现的联想意义或色彩意义，包括评价意义、形象意义、文化意义与语体意义。如，"聪明""先生"同时体现说话者对所指对象的肯定，存在评价意义，"鹅卵石"同时摹状，能引起人们对事物视觉形象的联想，存在形象意义，"指鹿为马"同时负载历史文化信息，折射命名的社会文化背景，存在文化意义。而语体意义又名风格意义，如"婆姨""埋汰"分别与我国西北、东北地区的汉语方言相关，兼具口语色彩。霍小光的《黄土地的儿子回家了——习近平回梁家河村看望父老乡亲》（新华社延安 2015 年 2 月 13 日电）报道，习近平总书记2015 年 2 月 13 日在陕西考察调研时来到当年插队的延川县梁家河村，向乡亲们介绍夫人彭丽媛时说："这是我的婆姨。"这里的"婆姨"存在语体意义。附加意义偏向罗兰·巴尔特所提出的含蓄意指（connotation）。含蓄意指，又叫引申意指或简化为"涵指"，即能指或所指所负载的直接意指之外的意义，或曰（ERC）RC。③ 话语意在信息交流，故概念意义是话语的主要、基本的意义，而含蓄意指则造就话语意义的丰富性。

语义的基本单位和符号的结构相关。结构是由若干单位经由有关关

---

① 〔法〕罗兰·巴尔特：《符号学原理》，李幼蒸译，中国人民大学出版社，2008，第 32 页。

② 徐志民：《欧美语义学导论》，复旦大学出版社，2008，第 64 页。

③ 罗兰·巴尔特认为，ERC（RC）来自 $\dfrac{E\ R\ C\ （第一系统）}{E\ R\ C}$（第二系统），其中，E：能指，为表达层面；C：所指，为内容层面；R：系能指与所指之间的关系。见罗兰·巴尔特《符号学原理》，李幼蒸译，中国人民大学出版社，2008，第 55 页。

系而结合起来的统一体。符号，是内容和表达相结合的双面体，是交际过程中传达信息的有意义的媒介物。① 而符号体系，是以一定的单位而组成的结构组织，其单位有层次之分，或大或小，或上或下。作为一个相对静止的语段语言符号的结构单位自上而下有如下高下呈现：句群→句子→词组（短语）→词→词素。这样的语言符号结构单位体系兼顾内容与形式，其最小单位的词素系构词材料，是构词所用的最小意义的音义结合体。词素的意义，是由词素的语音形式巩固表达的意念内容。② 语言三要素现在一般指语音、语义与语法，词汇或语汇归入语义与语法中处理。③ 从语义实体研究范围看，前述语言符号的语义结构及其单位可以二分如下：一是句义及其以下，二是高于句义的包括语篇义与篇群义在内的句群义。其边界在句子的句义。这就是说，第一，语义的结构单位在不大于句子的规模下，因着眼于内容自上而下有如下呈现：句义→义丛→义项→义素；第二，高于句义的语义，系句群义，或曰语篇义与篇群义。

二 语义结构：句义、义丛、义项、义素与句群义

在语义实体的研究范围内，以句子为界，包括新闻报道在内的叙事话语语义，可有句义及其以下的结构单位语义与句群的结构单位语义之别。

句子及其以下结构单位的叙事语义，是不大于句义的。其中，在不大于句子的规模下，语义的结构单位因着眼于内容自上而下呈现为句义→义丛→义项→义素的内部结构。

义项与义丛，处于叙事语义内部结构的中间部。首先，义项下接义素，上承义丛。义项，在句子中是由词汇形式所表示的独立、概括、固定的语义单位，可以是词，也可以是词素。而语素（morpheme）源自语法学，既是语言的最小的音义结合体，又是语法中最小的区别性单位，是有

---

① 俞建章、叶舒宪：《符号：语言与艺术》，上海人民出版社，1988，第20页。
② 武占坤主编《现代汉语》，河北人民出版社，1985，第184页。
③ 邢福义、吴振国：《语言学概论》，华中师范大学出版社，2010，第16页。

意义的最小语言单位。作为语法范畴的语素，本立足于语言的形式而不是内容，但其最基本的作用是构词，语义又必须外化为一定的语言形式，故也被视作词素。义项，一般指词的意义。如，"醋坛子"的引申义指在"男女关系上嫉妒心很强的人"，系一个义项。再如，固定词组"走后门"指通过托请、行贿等不正常手段达到某种目的，因不能拆为"走"加"后门"，也属于一个义项。其次，义丛下接义项，上承句义。义丛，在句子中是由词组所表义的语义单位，由若干义项组成。如，由毛泽东执笔的消息报道《中原我军占领南阳》（新华社 1948 年 11 月 5 日电）中的"占领南阳"的语义有三：一是"占领"的意义，二是"南阳"的意义，三是前述动词与名词这两个词的"动作+受事"的语义关系。义丛由义项组成，处于义项的语义上位。义丛、义项在句子内对应的语言单位，分别是词组和词。如，前述"醋坛子"，作为完整的意义，即"男女关系上嫉妒心很强的人"是不可解的，属于义项；若分解为"醋"和"坛子"两个词，"醋坛子"指"用来装醋的坛子"，则"醋坛子"实为词组，由"醋""坛子"这两个词的两个义项组成"用来装醋的坛子"这一个义丛。义丛的意义，来自义丛的构成成分词的义项，再加上特定的语义组合关系，故一个词组因多义而可有多个义丛。

句义，是在不大于句子的规模下的最高语义的结构单位。句义，又叫表述，指由句子所表示的语义单位。一个句子若有多个句义，则为多句义的句子。如，"小李借了小王五块钱"存在两个句义，即存在两个表述：一是小李向小王借了五块钱，二是小李借给小王五块钱。这个句子是包含两个句义的句子，或者说是有两个表述的句子。新闻报道不适合复义。曾有新闻通讯员向笔者叙说新闻报道经验时，得意扬扬介绍：在一篇反映新闻通讯员所在企业由工作后进向先进方向转变的新闻稿中，新闻通讯员采用了一年来企业"工作更新"的表述。其中的"更新"一词，使句子有了两个语义：一是企业工作告别后进，有所进步，二是企业工作好上加好，再上一层楼。报道者力图利用多句义的句子模糊新闻事实真相，误导受众接受这一句子的后一个句义。这样的做法，有违新闻真实性原则，是错误的。毫无疑问，新闻报道不能提倡使用多句义的句子。

包括叙事语义在内的最小的语义单位可推义素。有学者以为最小的语义单位是义子（seme），如法国学者波蒂埃（B. Pottier）、格雷玛斯，但多数语言学家认为语言学意义的最小语义单位是义素（sememe）。美国语言学家布龙菲尔德（1887—1949）首提义素观，1933 年在《语言论》中表示义素是"词素的意义"。义素，又叫语义成分（semantic components）、语义原子，是语素的所指，从一组相关的词语中抽象出来的区别性的语义特征，是自然语言中实际存在的最小的语义单位。如，"男人"一词由"人类+雄性+成年人"三个不可再分的语义成分，即义素构成，三个义素合起来组成一个义项。

大于句子的包括叙事话语在内的话语语义，属于句群的结构单位语义，可概之以句群义，多呈现为语篇义。不过，句群可以是一份语篇，也可以是若干语篇的集合，故句群义还不完全等同于语篇义。而大于句子的话语语义，同样存在内在结构。话语在由词素、词发展到句子层面，然后超越句子，进入句群，或曰语篇甚至篇群的层面，纵向布局。

在句义之上的叙事话语语义基本单位，存在句群义。其中，句群义又可以二分为语篇义、篇群义。不过，语篇义又有一定的特殊性，内含单句义与由多句组成的单位语义。语篇多由句群组成，多大于句群，但也有小于句群的现象，如一句话新闻，系少见的独句语篇。一个具有独立性的叙事语篇，往往可等同于一个句群。一个由句群组成的语篇内部，如果存在一定的逻辑联系，可以将句群再次分割，划分为若干子句群。而这样被划分的子句群，势必小于语篇。以语篇为话语语义的最大的独立单位，其语义结构内部可以有层级区隔。在以句子和语篇分别为话语语义的最小和最大的独立单位中，下接句义的仅大于句子的语篇下级语义结构，是语篇的意义段，或曰层次。意义段语义或曰层次语义，可以外化为自然段，也可以不外化为自然段。

语篇的主题，是语篇的基本语义，系位居语篇意义段语义之上的高层语义。不过，在新闻报道中，一个语篇有时又会在主题之下存在高于意义段语义的语篇次主题，即语篇子义。如刊发在 2003 年 5 月 15 日《人民日报》的新闻报道如下。

淮北芦岭煤矿事故已确认 64 人死亡
国家安监局通报各地煤矿吸取教训

本报北京 5 月 14 日讯　记者彭嘉陵今天从国家安全生产监督管理局（国家煤矿安全监察局）获悉：5 月 13 日 16 时许，安徽省淮北矿业集团公司芦岭煤矿二水平 104 采区 1048 工作面发生特大瓦斯爆炸事故，当时井下灾区有作业人员 114 人，经抢救 28 人生还，到今天 16 时，已找到遇难者 64 人，还有 22 人下落不明。

由于通风系统被破坏，1048 掘进工作面一氧化碳和瓦斯浓度及温度偏高，与之相邻的 1046 采煤工作面机巷有积水，抢救工作受阻。先期赶赴现场的国家安全生产监督管理局副局长赵铁锤批示，全力以赴抢救下落不明人员，并确保受伤人员的及时治疗。据悉，受伤人员中有 9 人伤势较重，但没有生命危险。

…………

这一篇新闻稿有三个语义：一是淮北矿业集团公司的芦岭煤矿发生爆炸、死人事故；二是国家对芦岭煤矿发生的爆炸事故提出抢救要求；三是国家安监局通报全国各地注意煤矿安全生产。在这一篇新闻稿中，语义一，即淮北矿业集团公司的芦岭煤矿发生爆炸、死人事故是语篇的主题，另外两个语义尽管受语篇主题辖制但语义结构地位因高于意义段语义而属于语篇的子义。语篇主题使这一篇新闻稿以灾难性报道为语篇语义的基调。如果报道主体将新闻稿的主题聚集为语义二，即国家安监局通报全国各地注意煤矿安全生产，则新闻报道会转以政府领导抗灾为语篇语义的基调。因此，语篇子义位居意义段语义与主题之间：高于意义段语义，低于主题。

语义框架和母题，高于语篇主题，也涉及篇群义。首先，语义框架不同于语义母题，有语义结构的高低差异。在语义的结构地位上，高于主题的语篇语义是语义框架，而高于语义框架的语篇语义是母题。语义框架，是语篇的语义模式，主要由语篇表达主体所表达的客观事物范围与主观取向组成。其中，表达主体所表达的客观事物范围属于主体对客观事物的把握，主体的主观取向则是主体思想情感取向及其表达。作为一个专业术语，框架在新闻传播学有特定的含义，主要来自美国社会学家戈夫曼

（Erving Goffman，1922—1982）的《框架分析》（*Framing analysis：an essay on the organization of experience*），指人们用来阐释外在客观世界的心理模式。这样的框架，即思考结构或解释结构便于人们确定、理解、归纳、重组指称事件和信息[1]，重心在主体的心理反应。其所谓心理模式说，有深受结构主义影响的瑞士心理学家皮亚杰的发展心理学及其图式（schema）[2] 学说的痕迹。母题（motif），是一种反复出现的，与叙事类型化特征相关的因素，或者说是在叙事作品中促使作品浑然一体的不断出现的意象、物体、词语、行为。[3] 作为语义，母题是一种重复出现的叙事现象，框架则是关于现象的由思路与布局所打造的理解。其次，在语篇语义中，母题与语义框架有所错落。其一，这样的语义错落可与语义母题相同或相近，而与语义框架相异。南宋诗人陆游与当代政治家毛泽东均留有脍炙人口的诗词。陆游的《卜算子·咏梅》云：

驿外断桥边，寂寞开无主。
已是黄昏独自愁，更著风和雨。

无意苦争春，一任群芳妒。
零落成泥碾作尘，只有香如故。

毛泽东的《卜算子·咏梅》曰：

风雨送春归，飞雪迎春到。
已是悬崖百丈冰，犹有花枝俏。

俏也不争春，只把春来报。
待到山花烂漫时，她在丛中笑。

---

[1] 邵静：《媒介框架论》，中国社会科学出版社，2013，第15~16页。
[2] 〔瑞士〕皮亚杰：《发生认识论原理》，王宪钿译，商务印书馆，1981，第7页。
[3] 林骧华主编《西方文学批评术语辞典》，上海社会科学院出版社，1989，第238页。

前述陆游与毛泽东的词，语义母题是相同的，即均为"咏梅"，但双方的语义框架又是有同有异的。两首词均直面大自然中的梅花，并将作为客体的梅花予以诗人主体化，不过，陆词的语义框架是坚持理想而坚贞不渝、是孤傲，毛词的语义框架是蔑视困难、勇接挑战、甘于奉献。其二，语义错落也可以与语义框架相同或相近，而与语义母题相异。这样的新闻报道常见。新华社1957年2月12日的电稿《上海严寒》本为气象报道，新华社1957年1月8日的电稿《"梁山伯"结婚了》为社会新闻，直接意指截然不一，两篇新闻稿的语义母题差距明显，但两稿通过背景材料等叙事安排所形成的新闻报道叙事能指，却生成相同的含蓄意指。在社会主义制度好这一语义框架上，母题截然不一的《上海严寒》与《"梁山伯"结婚了》具有一致的语义结构。最后，语篇语义是存在结构层次的。按照语义的结构层次，语篇语义在超越句子层面上，由小到大分别为意义段（层次）语义→语篇子义→语篇主题→语义框架→母题。如唐代诗人王维的《送元二使安西》："渭城朝雨浥轻尘，客舍青青柳色新。劝君更尽一杯酒，西出阳关无故人。"这一首诗歌的语篇语义，呈现出鲜明的语义结构分布：母题是离别，语义框架是惜别。此为语篇语义的上层。由于这一语篇亦可判作无语篇子义而有语篇主题，故诗歌的主题是诗人通过帝都长安西北的渭城，即秦都咸阳故城送别友人西去边塞戍边，表达了基于友情的对友人前路珍重的殷切祝愿。此为由语篇主题构成的语篇语义的中间层。作为近体诗，《送元二使安西》属于七绝，由首联与尾联两个意义段，亦即两个句子组成。首联意义段，即诗歌第一个句子的语义是送别的环境，送别的环境是明朗清新的；尾联意义段，即诗歌第二个句子的语义是主人饯行宴席即将结束的劝酒词，送别的语义是强烈、深挚的惜别之情。此为属于位于句子之上层级的语篇语义的下层。毛泽东执笔的新闻报道《我三十万大军胜利南渡长江》（新华社1949年4月22日电稿）的母题是战争，语义框架是战无不胜。此为这一篇新闻稿的语篇语义上层。导语的渡江成功与主体的渡江过程，是新闻稿的两处语篇子义。稿件的主题是人民解放军胜利渡江。新闻稿由四个句子语义构成：第一句是导语，语义为解放军成功渡江；第二句是解放军渡江战役的时间、地点；第三句是渡江过程；第四句是解放军渡江后的未来指向。

三 新闻报道叙事语义要素的系统性
与语义的稳定性、游动性

新闻报道的叙事语义要素，指的是新闻报道经由一定的符号系统而构成的报道语义单位的重要元素，既以内容为本，又离不开一定的形式层面加以布达。新闻报道的语义要素除了前述建立在语言的基础之上的常规以外，还与新闻媒体的特点、新闻报道的功能息息相关，并因此具有一定的独特性。

首先，新闻报道的叙事语义要素是系统的，有自己的特点。新闻报道伴随新闻事实的生灭而发生、收束，这就使得新闻报道个别与连续相结合，常态与突发相结合，往往句义、语篇义、篇群义同备，规模不一，高低错落。新闻报道的这种特点使新闻报道叙事语义内在结构变得有序，走向系统性。

其次，新闻报道的叙事语义要素系统是分层的。其一，新闻报道的叙事语义要素，在叙事话语内分为若干层次。新闻事实与新闻报道的互动，促进新闻报道走向一定的独特范式的凸显，如倒金字塔结构与《华尔街日报》体对新闻报道的主导导致新闻报道往往既重视标题、开头，又存在重视句子甚至一句一个自然段的结构趋向。新闻报道的自我舒适度，推动新闻报道叙事语义要素偏爱浓缩为如下三大单元，即句义层、语篇义层与篇群义层。句义层、语篇义层与篇群义层，构成新闻报道叙事语义要素系统的三个不同规模层面。其二，新闻报道叙事语义要素的三个层面各具自身功能，很难厚此薄彼。比如，对于新闻报道语义，语篇叙事语义是重要的，但句义及其以下结构单位语义也可以影响甚至制约语篇义的性质。对 2015 年天津港 "8·12" 爆炸事件的新闻报道，中央电视台 2015 年 8 月 17 日的《焦点访谈》栏目以《天津爆炸：控制污染，降低危害》为题的新闻报道可视为语篇义，其重点本在全国上下救灾，但语篇内的有关句义及其以下结构单位语义成为关键性的叙事语义，受访官员的一句在"爆炸核心区的空气"中"发现了……神经性毒气"颠覆了整篇报道的肯定性基调。而包括一句话新闻在内的新闻报道以语篇为基本独立单元，以

话语为建构依凭，追随新闻事实的变动，常常做连续报道或系列报道，单语段或多语段，时空规模远超句子。

再次，新闻报道的叙事语义要素系统，是完整而存在内在联系的。新闻报道不同于文学创作，语义是真实的，与现实世界直接对应；新闻报道不同于历史记录，语义是新鲜的，主要在时间轴的当下区段跳跃；新闻报道不同于新闻评论，语义是叙事的，着力表达新闻事实及其流动。因此，新闻报道以叙事语义为中心，以新闻的真实性、新鲜性与叙事性为规定。在新闻报道如此语义性质的规约下，新闻报道叙事语义的前述三大单元是有内在联系的：对于新闻报道，句义及其以下属于微观语义单元，篇章义可谓中观语义单元，篇群义属于宏观语义单元。如此叙事语义的三大单元横向布局，由低到高，层次分明；由小到大，逻辑联系脉络是清晰的。同时，作为新闻报道的叙事语义，以围绕一次新闻事实为基本的报道对象，叙事语义的客体来源完整，由符号所缔构的报道文本相对独立，其间语义发生与其他新闻报道的语义存在可辨的界限。如此内在联系的叙事语义层次与叙事语义层次的内在联系，构成新闻报道叙事语义要素系统的完整性。显而易见，新闻报道的叙事语义要素系统，是完整而不无内在联系的。

最后，新闻报道的叙事语义单位是稳定性与游动性的有机统一。说其具有稳定性，在于新闻报道义项的语义是完整的，可独立使用，源自并依靠新闻真实性；说其具有游动性，在于这种义项的语义完整或不完整所依托的语义单位是话语，可以是自然语言，也可以是非自然语言，可以是词或词组，可以是句子、句群，也可以是篇章甚或篇章系列，话语规模、结构均不限于句子，具有一定的弹性。另外，叙事话语使用的独立或不独立，主体各异，工具不一，语境有别，受众不同，语义亦单一与丰富兼备。作为符号系统的新闻报道，往往直接意指、含蓄意指与互动意指均备。抗日战争结束前，美国向日本投放了两颗原子弹。对此，延安的《解放日报》头版加以报道。当时作为中国共产党最高领导人的毛泽东得知后很不满意，立即将《解放日报》的负责人叫到窑洞严厉批评。[①] 毛泽东为什么要批评《解放日报》的负责人呢？因为《解放日报》关于美国

---

① 唐双宁：《毛泽东的气质》，《光明日报》2013年12月2日。

人向日本投放原子弹的消息报道既有直接意指，又有含蓄意指。美国人向日本投放了原子弹，是《解放日报》消息报道的直接意指。对此，毛泽东没有反对意见。但是，《解放日报》头版报道美国人投放原子弹则生产了其他语义，系含蓄意指，通过报纸的版面安排即倾向图像的空间符号传递对原子弹的高度重视，表达武器是决定战争胜负的根本性元素这一语义。① 而这一点，恰恰是毛泽东所不能接受的。在事后一年左右的 1946 年 8 月 6 日，毛泽东在延安杨家岭会见美国记者安娜·路易斯·斯特朗时明确表示："原子弹是美国反动派用来吓人的一只纸老虎，看样子可怕，实际上并不可怕。当然，原子弹是一种大规模屠杀的武器，但是决定战争胜败的是人民，而不是一两件新式武器。"② 这样的语义是有呼应的，不能说与一年前《解放日报》头版报道美国人在日本投放原子弹没有关系，系互动意指。含蓄语义的言外之意，互动意指中的其他媒体、受众对前在新闻报道的接续，均成为语义游动的语义细胞分裂源，丰富着新闻报道的包括直接意指在内的意指体系。

四　新闻报道的叙事语义要素系统的主要特征

新闻报道的叙事语义要素系统，与新闻报道的主观世界、客观世界、符号世界是分不开的，呈现如下三个特征。

第一，就客观世界看，语义以新闻信息为根本。新闻报道不是文艺创作，不是历史书写，也不是理论撰述或新闻评论，因此新闻信息就不能不规定新闻报道语义信息的性质与中心。

首先，新闻报道叙事语义，必须服从于新闻的真实性、新鲜性与公开性。由新闻六要素所构成的新闻事实是新闻报道语义发生的基础，不可或缺，不能张冠李戴，不能移花接木，唯有尊重新闻报道叙事语义的客观性，才有益于新闻报道主体利益的伸张走向满足。

---

① 〔英〕特伦斯·霍克斯：《结构主义和符号学》，瞿铁鹏译，上海人民出版社，1987，第139页。
② 《毛泽东选集》第 4 卷，人民出版社，1991，第 1194~1195 页。

其次，新闻报道的叙事语义信息性质以事实判断为基础，以意见判断为导向。新闻报道的基本功能是交流新闻信息，而宣传教育、传播知识和休闲娱乐均属于建立在基本功能之上的次生功能，因此，新闻报道的语义生成以新闻事实判断为主。新闻事实语义，主要由新闻五要素与如何要素构成，新闻事理语义主要由意见和情感构成，与何因、如何要素联系密切。其中，新闻事实的如何要素主要由事实梗概和细节材料组成。同时，新闻事实不同于事实。新闻报道的事实要素由新闻事实与背景材料两大部分组成。另外，新闻报道叙事以事实判断为基础，以意见判断为导向的语义信息性质，不同于新闻评论的语义信息性质。后者语义信息性质的要害，在于意见判断成为其语篇语义的核心与规定性。

最后，立足于新闻报道的信息性质，有益于准确而完整地把握新闻报道叙事语义系统的根本。新闻报道的叙事语义信息，并非仅有意见判断信息。总体看，新闻报道的叙事语义以新闻事实语义为基础，以事理语义为导向；一般新闻多以事实语义为主，重大新闻或以事实语义为主，或以事实语义与事理语义并重为主，不一而足；第一新闻落点的新闻偏向以事实语义为主，第二新闻落点的新闻则由事实语义为主向以事实语义与事理语义并重为主的方向移动，但其表达方式着重于说明而不是议论。事实判断与事理判断之间只有维持良性平衡，新闻报道才有益于社会、服务对象，有益于舆论场的健康，也有助于传者本身。

第二，就符号世界看，新闻报道既使用语言符号，又使用非语言符号，叙事语义的起伏生灭并未局限于语言系统。

平面媒体的新闻报道以书面语言为主，但又辅以图片、表格等非语言符号，多取以有形语言符号为主的混合型符号体系。广播媒体的新闻报道以有声语言为主，但又辅以音乐、新闻现场音等非语言符号或间以语言符号的符号体系，并常常杂以视听中有关人物的音高、语速、音量等副语言符号，多取以有声语言符号为主的混合型符号体系。电视媒体的新闻报道视听并作，既有有声语言、书面语言，又有丰富的非语言符号。电视符号的思维体系，是二维画面，加三维的深度幻觉与思维的时间维度，系四维一体。[①]

---

① 孙蕾：《视听语言》，新华出版社，2008，第 7 页。

电视的非语言符号有两类：一类属于空间，涉及人物的形体、表情、穿着服饰和空间距离、色彩、影调等，属于造型类，另一类属于时间，下分具象音响、音乐音响。①

第三，就主观世界看，以由新闻媒体为中心的传者对当下客观世界反映为主，以由受众为主导的社会群体对经由符号世界而关于客观世界的反映为辅。

新闻报道属于职业行为系统，涉及超社会身份的"叙事规约"，② 不能不反映占有政治、经济、知识强势资源的工具掌握者的包括根本利益、认识水平在内的主观世界；新闻报道又属于大规模而连续性的社会活动，信源在社会，社会的每一分子只要支付一定的费用甚至无须支付费用即可进入信息交流时空视听，不能不反映以受众参与甚至主导的客观世界，重视受众的接受视野与偏好。新闻报道的传受双方，均为类型化的社会角色。

传者是不可忽视的。社会背景深厚的新闻传者以及各种社会力量对工具控制的争夺与利益的追逐，使新闻报道难以避免强调宣传与舆论伸张的第二功能，其叙事语义的生成、游动难以完全摆脱由利益、立场、价值观所支撑的意见、情绪所构成的语义判断，即事理判断或意义判断的影响。同时，以互联网为中心的新媒体的发展，尤其是自媒体的成长，为受众交流新闻信息转而成为传者提供了工具，传受角色转换因而具有了现实性。新闻报道的客观世界总是触及一定的主体利益和偏好的符号化的世界，总是无法缺少主体的介入。因此，新闻报道语义属于报道主体与报道客体互动而生成的符号世界。

本文完成于 2017 年，系欧阳明教授与研究生向小薇合著，发表在
《湖北大学学报》（哲学社会科学版）2019 年第 2 期

---

① 黄匡宇：《电视新闻学》，华东师范大学出版社，1990，第 144 页。
② 申丹、王丽亚：《西方叙事学：经典与后经典》，北京大学出版社，2010，第 223 页。

喻园新闻传播学者论丛

传媒符号世界的波动与恒定

新闻传播与大众传媒现象观察

（下 卷）

FLUCTUATION AND CONSTANCY
IN THE WORLD OF MEDIA SYMBOLS

OBSERVATION ON THE PHENOMENON OF
NEWS COMMUNICATION AND MASS MEDIA (Vol.2)

欧阳明 著

社会科学文献出版社
SOCIAL SCIENCES ACADEMIC PRESS (CHINA)

目 录
CONTENTS

传媒文化与传媒法研究

新闻叙事与新闻话语研究

下　卷

新闻史研究

新闻实务研究

出版业研究

新闻史研究

试论范长江《祁连山北的旅行》的内容特点

　　纵览范长江一生的新闻报道，其完成于 20 世纪 30 年代的《祁连山北的旅行》相当打眼，属于范氏的成名作，也是他最优秀的新闻报道之一。范长江深入中国大西北的通讯报道气势磅礴，具有震撼人心的力量，在反映社会的广度与深度上，为同时代其他大多数的新闻作品所远远不及。而《祁连山北的旅行》恰为《中国的西北角》中的杰出代表。大众传媒属于内容行业，包括《祁连山北的旅行》在内的《中国的西北角》的成功首先在于报道的内容而不是报道的形式或形态，而新闻传播学的重心在于改造世界，故依托《祁连山北的旅行》的内容来管窥《中国的西北角》的采写得失是有重要现实意义的。

　　新闻报道的内容由材料和意见两大部分组成，是现实世界在记者头脑中的反映，或者说是记者通过文字等符号对所采访的现实世界，尤其是新闻事实的表达。纵观《祁连山北的旅行》全文，题材重大、意见深刻、材料翔实构成这篇通讯报道内容上的基本特点。而报道内容上的上述特点既折射了《中国的西北角》的常态，激励报道者发扬光大，体现了范长江在新闻工作中对于新闻报道的核心追求，也对后来者如何采写无愧于时代的新闻报道不无启示。

一 《祁连山北的旅行》的主要内容特点

（一）题材重大

题材重大，构成范长江《祁连山北的旅行》的内容特点之一。题材，有广义和狭义之分。其中，广义的题材指的是新闻报道之于现实生活领域和范围的反映，将新闻报道分为时政新闻、经济新闻、社会新闻等就是依广义题材而对新闻报道所进行的一种分类。所谓题材重大，指的是记者在报道领域和范围的选取上，善于紧扣时下的社会矛盾，尤其是生活、时代的主要矛盾而呈现的一种现实掘取上的共性。一般来说，题材重大的新闻报道位居硬新闻行列，并因政治风云的翻滚而趋向高硬度。自 1935 年 7 月起，范长江以《大公报》特约通讯员名义深入中国西北角做了为期 10 个月的采访。其成果后结集为《中国的西北角》。范长江的这些通讯，包括《祁连山北的旅行》在内，多反映民生艰苦、吏治龌龊、灾祸频衍、政治黑暗，呈现出浓厚的时代气息，散播着鲜明的社会批判色彩。其期盼通过报道回应重大的时代召唤，引发国人关注中国当时的基本社会问题，唤起当局的良心，对国家的时弊有所改良，对民族所面临的危亡时局进行积极的补救。

《祁连山北的旅行》的题材重大，集中表现为记者直面人生，勇于反映我国大西北广大民众在官府压榨下的异常艰难的生存实际，成为 20 世纪 30 年代关于我国社会贫富悬殊、阶级压迫现实面貌的真实写照。1935 年至 1936 年，中国的阶级矛盾与民族矛盾空前深重。范长江此时独身闯荡大西北进行采访并不是去关注什么风花雪月，也不是去欣赏那些有权有势者灯红酒绿的快活生活，而是直面并及时地披露未能引起国内外充分注意的西北人民饥寒交迫的生活真相。相形之下，《祁连山北的旅行》之后并不乏国人的同题记叙。比如，蒋经国作于抗日战争时期的《伟大的西北》有"金张掖银武威"一节，然基本内容仍旧是自然风光、生活习惯，根本未及，起码是未触及抗日战争时期当地社会的阶级对立、民族矛盾这些时代风云。① 再如，李烛尘

---

① 蒋经国：《伟大的西北》，宁夏人民出版社，2001。

1942 年至 1943 年间采写的《西北历程》第 34、35 节"过张掖""到酒泉"也大体如是，猎奇、把玩为其基调。在这些报道中，实在看不出有什么真正的社会责任感和真挚的人道主义情怀。相互为镜，《祁连山北的旅行》自和无病呻吟、孤芳自赏、自娱自乐无关。

《祁连山北的旅行》所报道的西北普通民众异常艰难的生活状况，揭露了社会的根本矛盾，顺应了进步的时代潮流。在范长江的笔下，西北原本富庶的张掖却民不聊生，当地百姓衣食无着，破衣烂衫，小孩子十之七八没裤子穿。在夜晚，流落街头的孩子被冻得彻夜高叫。在那里，男人逃亡，女人卖淫。那么，河西走廊的农民为什么会如此贫穷呢？是因为懒惰吗？记者有问有答，划开新闻事实的表层而层层剥笋，揭示西北农民异常贫穷的根源不是穷人懒惰，而是制度安排下的人祸：是无耻政府的残酷剥削造成了张掖广大农民的饥寒交迫。梅英《长江战地通讯专集》题词云：范长江的通讯之笔锋能横扫千军。范长江所选取的报道对象与新闻事实，直击国家与民族的基本问题，直面广大群众最根本的利益，具有强烈的时代气息，让广大读者耳目一新，心灵深受震撼，生发强大的社会冲击力。

（二）意见深刻

意见深刻，构成范长江《祁连山北的旅行》的另一内容特点。范长江 20 世纪 30 年代的旅游通讯既展现了时代的全貌，又深刻地揭露了时代的社会矛盾，提出了一系列立足时代并反映时代潮流的重大乃至根本的问题。首先，报道的深刻意见和范长江的采写视野频密互动。在《祁连山北的旅行》的采写过程中，范长江不是只盯着眼皮底下就事论事，而是视野开阔，立足全局看个别，依托个别观大局；既就事论事，又纵观整体，并于此得以见人所未见，发人所未发。比如，亲临河西走廊，目睹张掖的贫穷、落后、凋敝是容易的，这一切毕竟历历在目，是那么触目惊心。然而，探究张掖的贫穷、落后、凋敝背后的成因，进行合情合理的深入剖析，则为一般人所难以胜任。如果仅仅展现张掖人民的贫穷、社会的落后、经济的凋敝，报道不仅容易表面化，而且容易情绪化，甚至变成攫取受众眼球并进而为媒体掘金的手段。这一类的新闻报道在时下的中国并不鲜见，尽管其未必不生动，但终究于当下中国社会大局无补，甚至难免职业新闻道德的缺失。其次，报道的深刻意见大中见大。所谓"大中见大"，指的是在重大题材中发现本已内含的重要意见。第一个"大"指"题材"，第二个"大"指"意见"。深刻的意见主要得自两途：一是小中见大，即在貌似平常的题材中发现重大新闻，如范敬宜的《两家子公社，夜无电话声，早无堵门人》（《辽宁日报》1982年3月15日）、张明的《桌上的表》（《晋绥日报》1947年4月19日）；二是大中见大。《祁连山北的旅行》的大中见大，即这篇通讯可贵之处，主要在于作品所披露的新闻信息长于和社会主要矛盾密切互动。这篇新闻作品以"烟亩罚款"为核心追寻新闻事实，抓住了当地广大贫苦农民饥寒交迫的社会问题要害：张掖百姓守着富庶之地而穷困潦倒的直接原因，是"烟亩罚款"；而"烟亩罚款"能够祸害百姓的根源，就在于官府挖空心思利用手中的权力对广大农民进行吸榨。这位当时年轻却有着高贵的人生理想追求的报道人已经自觉或不自觉地由社会的阶级矛盾入手，剖典型、抓要害。

《祁连山北的旅行》在报道我国河西走廊社会风貌时，由表及里、由浅入深而丝丝入扣的线性逻辑编织全篇的结构框架。《祁连山北的旅行》由三篇报道组成：一是"'金'张掖的破产"，二是"张掖的破产，是人懒的过？"，三是"酒泉走向地狱中"。其中前两篇最见力道。在《祁连山北的旅行》中，作者开篇的"'金'张掖的破产"在报道"是什么"，即甘肃省张掖民生的当时实际状况怎么样；第二篇"张掖的破产，是人懒的过？"在报道"为什么"，即当时张掖民生凋敝的原因。其实，这是一篇典型的解释性报道。在"'金'张掖的破产"中，西北本来富庶的张掖（市面近于当时河北省的省会保定，经济水平在江苏北部重镇徐州之上）却民不聊生：小孩十之七八没裤子穿，流落街头的女人只剩下遮羞的破布；入夜，无家可归的孩子们被冻得彻夜高叫。笔墨所及，西北老百姓男人逃亡、女人卖淫，极度贫穷触目惊心。而最后的"张掖的破产，是人懒的过？"中，报道者以何因为重点，新闻事实和背景材料相互交织，具体情况具体分析，体现出《祁连山北的旅行》长于紧扣何因而生发的逻辑性。

《祁连山北的旅行》的深刻，体现了一种鲜明的阶级分析意识。在

"张掖的破产，是人懒的过？"中，记者问题意识突出，依"烟亩罚款"形成这篇报道的逻辑脉络。其"烟亩罚款"思路如下。

第一步：每年 20 万元分摊在 20 万人身上，每人每年分担 2 元。

第二步：10 万人中有一半妇女，不能生产，故每人实际负担 4 元。

第三步：5 万男子中有一半是老人，故每个成年男子每年实际分担 8 元。

第四步："报荒"的结果反而使有钱有势的绅士免去粮赋，结果年负担 13000 石粮食十之六七由贫苦农民负担。

第五步：种植鸦片加"烟亩罚款"，再加粮赋，不合理的负担大多由贫苦农民负担，每人每年大体为 15 元。

第六步：贫苦农民负担 15 元比绅士负担的 30 元、60 元还要困难。

第七步：农民要求禁种鸦片，以免除"烟亩罚款"，但是政府不允。

第八步：农民交不了钱，只好借高利贷。

第九步：贫苦农民的活路被当局堵死。他们在毫无希望的高度剥削下，除了抽鸦片自我麻痹外，已经没有什么更好的选择。

第十步："河西农民懒惰说"被驳倒。

在这里，结论水到渠成，帮助世人清醒。实际上，范长江在报道中已自觉或不自觉地采用了阶级分析的观点、方法看问题，暗合了马克思主义的阶级分析方法。从这一时期范长江的阅历看，其对阶级分析的观点和方法的运用主要还是来自活生生的现实生活，来自时代的氛围及其需求。20世纪 30 年代的旧中国，阶级矛盾尖锐，民族危亡在即，现实和马克思主义形成了密切的互动。同时，中国共产党领导的无产阶级革命和马克思主义在中国的出现也让范长江有了和马克思主义接触的现实条件。范长江一生追求进步。1927 年，范长江进入重庆的中法大学分校学习。而该校的校长是中国共产党党员吴玉章。1931 年，青年的范长江因不满国民党对日的不抵抗政策愤而从国民党中央政治学校退学。1932 年，他进入北京大学学习，却对当时脱离国家命运和民众苦难的书斋式高等教育深深失望。因此，范长江在《祁连山北的旅行》中对阶级分析的观点、方法的运用，无论有意还是无意，都有其必然性。而阶级分析的观点、方法的运用，对于推动《祁连山北的旅行》层层递进地推动深刻的见解水到渠成是必不可少的。

（三）材料翔实

《祁连山北的旅行》一文材料丰富而真实。

首先，《祁连山北的旅行》的材料是丰富的。报道既有事实材料，又有数字材料；既有现实材料，又有历史材料；既有直接材料，又有间接材料。报道者充分聚集各种材料，并在翔实的材料上归纳意见，表达观点。范长江在通讯报道中使用了大量的诗词典故等背景材料。这些背景材料有诗词、谚语，有地方掌故、历史地理知识等。"金张掖，银威武，秦十万。"这是谚语。"黑河如带向西来，河上边城自汉开……"这是明代郭登的诗歌。清朝顺治年间，回籍军官米剌印在张掖的经营，这是地方掌故。张掖原为新疆与内地之间的"商业过道"，是陇海铁路、西兰公路通车之前由包头至兰州的必经要隘，这是历史地理知识。这些背景材料多种多样、博大精深，既表现出记者的博学多才，又有益于报道的可读性、趣味性。

其次，《祁连山北的旅行》的材料是真实的。这表现为：有的来自记者亲力亲为，来自新闻现场；有的来自耳闻目睹，来自记者和新闻事实知情人的密切互动；也有的来自报道者范长江的亲自核实。其一，来自亲力亲为、新闻现场。范长江为了探寻重大的社会真相，不畏艰难，且以苦为乐。1935年初，他向《世界日报》采访部主任贺逸文提出考察西北、了解红军的新闻采写计划，却遭到《世界日报》社长成舍我拒绝。同年5月，范长江转而以《大公报》特约通讯员名义先归家乡成都，随后在同年7月深入中国西北角做为期10个月的新闻报道活动：离开成都之后，先入川西松潘，再由甘南陆续经过回族、藏族民众的居住区在1935年9月到达兰州；1935年12月，由兰州赴青海，再翻越高山，经扁都沟进入甘肃省的河西走廊；1936年1月，范长江来到河西走廊的张掖。在这期间，范长江接受了报社提出的条件：旅费自筹，文责自负，按稿计酬。《祁连山北的旅行》中的大量新闻材料乃至背景材料基本得自旅途采访。其二，来自多方的认真核实。蒋经国《伟大的西北》中说："张掖……有人说，有许多人家里有裤子穿，亦不敢穿，因为一穿裤子，就表示他有钱，又怕加他的捐。"① 这样的记叙信源模糊，缺乏核实，又怎么能够让人信服呢？相形之下，范长江则把旅游、采访与做学问结合起来。西北之行，范长江随身携带《读史方舆纪要》的相关卷册。在旅游中，范长江的行囊中总是放一些书籍，一有空闲就捧书阅读。他每到一地，注意收集当地的民谣谚语，还查阅地方志，注意从中收集材料。范长江通过实地考察，纠正过地图上的错误，如指出李白诗中关于昭君出塞地点之误。没有如此辛勤劳作，新闻报道材料的真实是难以保障的。

二 《祁连山北的旅行》主要内容特点形成的原因

《祁连山北的旅行》主要内容特点形成的原因有客观和主观两大方面。

（一）客观因素

就客观因素看，旧中国特殊的国情和生活中的一些偶然因素成就了《祁连山北的旅行》的内容特点。首先，20世纪30年代半封建半殖民地的中国构成报道内容特点的现实基础。没有当时我国老百姓日甚一日的贫穷，没有严重的社会不公，没有国民党反动派的腐朽统治和帝国主义对中国的侵略，一句话，没有半封建半殖民地的旧中国，就没有范长江的新闻报道客体，范长江势必缺乏鲜活的现实信源。其次，相对多元的媒介生存环境。在20世纪30年代的旧中国，各种政治力量冲突不断，此消彼长。在各种政治力量中，有蒋介石视为头号对头的中国共产党。而在当时控制国家生活的国民党内部，同样矛盾重重：除了蒋介石，还有当年一同追随孙中山进行革命而足以和蒋介石平起平坐的党内元老势力，有西北军、桂系等各种旁支的政治军事力量。从一定意义上讲，正是中国共产党的存在和壮大才为范长江《祁连山北的旅行》的传播提供了最为广阔的现实空间。最后，生活中的一些偶然因素对报道内容特点也产生了不能忽

---

① 蒋经国：《伟大的西北》，宁夏人民出版社，2001，第20页。

视的作用。1936 年 1 月，范长江进入河西走廊的张掖。在张掖，范长江遇到进步青年孟可权，双方交谈甚欢。是孟可权陪同范长江亲自考察张掖，并介绍了包括种植鸦片在内的张掖社会底色。在随后的大年除夕，范长江来到酒泉，在车站结识了爱国的东北青年邱岗。双方从此结成终生的友谊。1936 年冬，在范长江的推荐下，邱岗任《大公报》记者，驻平地泉（今内蒙古集宁）的绥东前线，笔名"溪映"。[①] 回到兰州后，范长江受聘于《大公报》特派员，邀请孟可权一同工作。孟可权后改名秋江，并经范长江的推荐先后任《新闻报》《大公报》《新华日报》记者。中华人民共和国成立后，秋江曾任香港《文汇报》社长，1967 年以 57 岁龄去世。[②] 从范长江和孟可权、邱岗的关系看，一方面范长江是孟可权、邱岗在人生道路十字路口走向进步的引路人，另一方面孟可权、邱岗又是范长江西北报道的重要助手，离开孟可权、邱岗，范长江西北报道的色彩势必会黯淡许多。从这个意义上讲，孟可权、邱岗又成就了范长江新闻事业始点的灿烂辉煌。毫无疑问，没有孟可权、邱岗的真切介绍，范长江是无法在短时间内抓住西北地区"烟亩罚款"问题要害的。

（二）主观因素

就主观因素看，范长江不到 30 岁时的人生阅历和思想发展是《祁连山北的旅行》内容生产的主体力量。在那个时代，为什么只有范长江第一个深入多灾多难的祖国大西北？为什么他能够看得这么多，见得这么深？报道主体的个人因素是不容低估的。

首先，以《祁连山北的旅行》为代表的范长江的西北报道的成就和报道者的特殊经历息息相关。范长江的《祁连山北的旅行》之所以题材重大、意见深刻和材料翔实，和报道者的人生阅历直接相连。1928 年，范长江考入专门为国民党培养党政人才的南京国民党"中央政治学校"，进入乡村行政系。然而，本可以享受荣华富贵的范长江面对 1931 年"九

---

① 方蒙：《范长江传》，中国新闻出版社，1989，第 135 页。
② 方蒙：《范长江传》，中国新闻出版社，1989，第 131 页。

一八事变"后国民党的不抵抗政策愤而离校,独自去北京徘徊工读。这说明范长江是一个有理想、有追求、有血性的青年。20世纪30年代中期,我国一些正直的爱国知识分子和社会革命人士,带着考察社会现实的目的,在国内长途旅行,沿途为报刊撰写旅游通讯。范长江的通讯属于这股潮流,又引领这股潮流奔向光明。他的通讯气势磅礴,具有震撼人心的力量,在反映社会的广度与深度上,是同时代大多数的新闻作品所不及的。胡乔木20世纪80年代初期说得对头,范长江的旅游通讯"视野开阔,内容深刻,有陈述,有议论,使人看了有兴趣,曾在全国引起轰动。应提倡做范长江这样的记者"①。

其次,以《祁连山北的旅行》为代表的范长江的西北报道又与作者对新闻工作有着深刻的认识是分不开的。范长江将新闻工作视作探寻真理的重要工具。他曾深受《大公报》胡政之的影响。西北采访行前,范长江在天津拜见大公报馆的总经理兼副总编辑胡政之时受教于胡:"新闻事业是国家的公器。新闻记者应当为社会服务。""从前的报纸往往带政治上党派色彩。近来的报纸,又太过于商业化。这都是不对的。""我们希望,一方面发挥精神的权威,一方面要扶植物质的进步。……做记者须有才、学、识三长。"② 1941年10月,范长江在《怎样做新闻记者》中这样说:"请教那时在北方大名鼎鼎的某前辈。他当时给我一个法则说'作新闻记者最重要的是诚'。……我那时浑身发热,高兴得了不得。"③ 1939年1月,范长江在《新阶段新闻工作与新闻从业人员之团结运动》中说:"报纸是政治的工具,这一个基本的新闻学原理。"④ 1938年6月,他在《建立新闻记者的正确作风》中说:"新闻记者是一种特殊的职业,它的影响太大,不能作普通人看待。"⑤ 这样的认识是范长江20世纪30年代的祖国大江南北一系列报道的自觉职业反省。正是由于范长江善于从政治

---

① 孔晓宁:《范长江新闻通讯的特色》,载《新闻研究资料》第23辑,中国社会科学出版社,1984,第1页。
② 方蒙:《范长江传》,中国新闻出版社,1989,第104页。
③ 范长江:《通讯与论文》,新华出版社,1981,第290页。
④ 范长江:《通讯与论文》,新华出版社,1981,第214页。
⑤ 范长江:《通讯与论文》,新华出版社,1981,第275页。

高度看问题，方容易视野开阔，并引领其新闻报道的信息题材重大、意见深刻和材料翔实。

最后，以《祁连山北的旅行》为代表的范长江的与范长江的思想性格息息相关。比如，《祁连山北的旅行》一文的材料翔实是偶然的吗？回答当然是否定的。新闻报道的材料翔实，和范长江的人生观直接相连。第一，范长江具有正义感。他追求真理，高扬社会公正，20世纪30年代即已如此。在知行关系上，对当时的旧中国和范长江来说，更为迫切的是找到救国救民的真理。而这恰恰是范长江在退出国民党"中央政治学校"之后而于1932年进入北京大学选择专职终极真理探寻的哲学系学习的重要动机。第二，范长江事业心强。他热爱记者工作，勇于探索事实真相。范长江在《怎样做新闻记者》中说，"世界上当权的人没有不讨厌代表人民说话的"，"要想作一个顶天立地的记者，非有高度的牺牲精神不为功"①。第三，范长江讲求方式方法。范长江为人"慷慨、豁达，热情似火，因而朋友多，交游广，信息灵通"②。他在《记者工作随想》中说："一个记者应该在群众中生根，应该到处都有朋友。现在有些记者去访问，有点类似办官差，采访的方式也比较生硬，而不是朋友相处。记者一定要善于交朋友，交朋友要讲求方式方法，要作大量的工作，要生活在他们中间，很熟，有感情，彼此有交流，互相给予方便，互相信任。"③他认为："好的记者采访时都不当面记录（必要的数字、名称除外）。和别人交谈主要是了解对方的观点。"④记者采访，要"让对方多说话。采访时一般不宜拿出笔记本做记录，主要靠记忆。有些容易遗忘的，如数字、人名、地名以及谈话着重点，如在秋冬的话，把手插在大衣口袋里，用铅笔头在卡片上记下"⑤。第四，范长江勤于积累。在旅游中，范长江的行囊中总是放一些书籍，一有空闲就捧书阅读。西北之行，范长江随身携带《读史方舆纪要》的相关卷册。在内蒙古西部采访时，他骑骆驼读书，聚

---

① 范长江：《通讯与论文》，新华出版社，1981，第291页。
② 方蒙：《范长江传》，中国新闻出版社，1989，第208~209页。
③ 范长江：《通讯与论文》，新华出版社，1981，第317页。
④ 范长江：《通讯与论文》，新华出版社，1981，第320页。
⑤ 方蒙：《范长江传》，中国新闻出版社，1989，第253页。

神遐想，结果从骆驼上摔下来受伤。范长江通过实地考察，纠正过地图上的错误，如指出李白诗中关于昭君出塞地点之误。这体现了他执着的学习态度和严谨的求真精神。

三 《祁连山北的旅行》的当代启示

《祁连山北的旅行》的内容特点和以《祁连山北的旅行》为代表的范长江的西北报道的成功，可以为当今中国的新闻界提供如下启示。

第一，时代造就英雄。没有 20 世纪 30 年代中国民族危亡的特殊时代和当时国民党社会控制能力的极为有限，就不会有《祁连山北的旅行》的刊发和范长江的出现。包括《祁连山北的旅行》及其作者范长江在内的伟大的新闻报道和伟大的记者是时代的产物。

第二，新闻工作者应认清现实特征，把握时代主流。新闻报道，尤其是硬新闻一向和政治风云休戚与共。新闻工作者唯有对现实底里有清醒认识，理想在胸，不畏艰难，才有可能顺应时代潮流，逼近真相，做民族和人类进步的促进者而不是妨碍力量，写出无愧于时代的伟大的新闻作品。

本文发表于《新闻研究导刊》2012 年第 1 期

对列宁关于中央机关报与中央委员会
关系思考的探讨

一 关于列宁对中央机关报必须接受中央委员会
领导思想的两大问题

  党的报刊与党中央之间的关系关涉政党民主生活与社会主义国家的社会主义民主建设，有着十分突出的现实意义，值得认真思考，慎重决策。在关于党的报刊与党中央关系的认识上，列宁与恩格斯存在方向性的出入，因此探析恩格斯与列宁在这一问题上的异同就兼具重要的理论价值与强烈的现实针对性。

  在报刊的党性原则问题上，列宁的一个重要思考就是如何在组织上处理党的机关报与党的中央委员会之间的关系。列宁早期赞同党的机关报与中央委员会之间互不领属，但后来看法出现转变，认为党报是党的事业的有机组成部分，不仅在政治、思想上要与党保持一致，而且还必须在组织上接受党的领导。那么，列宁的思想转变发生在什么时候？对于党的中央机关报必须接受中央委员会领导这一思想，列宁是主动产生还是被动接受的？依笔者掌握的材料，学界对问题探讨的最新研究成果认为：列宁认同中央机关报必须接受中央委员会领导的思想是在俄国社会民主工党的"三大"会议上，而且这种接受是被动的。陈力丹先生在《马克思主义新闻思想概论》中说："布尔什维克召开的三大上，许多代表呼吁建立单一的党的中央领导机构中央委员会，而把党报编辑部作为中央委员会任命的委员会或中央委员会在国外的代理机构。列宁当时……不同意只建立一个中央领导机构，……但是，当三大以多数票通过了建立单一的中央委员会、由中央委员会任命机关报主编的党章条文（第五条）后，列宁服从了大会多数人的意志。"① 陈力丹先生出版的《马克思主义新闻观思想体系》（中国人民大学出版社，2006）仍持前述观点。对此，笔者有不同的认识。笔者以为，对于中央机关报必须接受中央委员会的领导，列宁不是被动接受的"服从"，而是主动提出的；列宁认可中央机关报必须接受中央委员会的领导这一思想的时间，不是俄历1905年4月党的"三大"会议期间，而是在此之前，即在俄国社会民主工党的"二大"之后不久，列宁就开始推敲自己过去的立场，并在党的"三大"之前明确坚持中央机关报必须接受中央委员会领导这一立场。

二 中央机关报必须接受中央委员会领导思想：列宁认同这一思想是在党的"三大"之前还是"三大"期间

列宁在俄国社会民主工党"一大"至"二大"期间，是认同无产阶级政党可以有两个中央及其领导机构（具体指为负责全党组织工作的中央委员会与负责全党思想的中央机关报）的思想的。这与西欧工人党一向有两个中央的传统且恩格斯对此持赞同态度相关。1885年，左翼的德国社会民主党的中央领导议会党团拟对俾斯麦政府向国会提出的"航运津贴法案"投赞成票。但是，德国社会民主党中央领导的这一做法却遭到党内左翼与广大党员的反对。对此，德国社会民主党的机关报《社会民主党人报》并未与党中央保持舆论上的一致，而是为广大党员提供了一个舆论平台，连续刊发党员的来信与评论，批评党中央领导层。在强大的党内舆论压力下，德国社会民主党的议会党团最后改变立场，转而对俾斯麦政府的法案投了反对票。德国社会民主党党团，即党中央与《社会民主党人报》编辑部为此联合发表声明：第一，《社会民

---

① 陈力丹：《马克思主义新闻思想概论》，复旦大学出版社，2003，第156~157页。

主党人报》是全党的机关报，而不仅是党团的机关报；第二，党团有权监督党报的工作，党报也具有批评党团的权利。而恩格斯一向主张党的中央机关报在组织上应该与中央委员会保持独立性，并进而保持思想的独立性，对中央委员会的不当做法可以进行批评。1892 年 11 月 19 日，恩格斯在致倍倍尔的信中，曾提到无产阶级政党的报刊可以有在组织上不从属于党并可以在思想上反对党的某些步骤。此信云："党内当然必须拥有一个不直接从属于执行委员会甚至党代表大会的刊物，也就是说这种刊物在纲领和既定策略的范围内可以自由地反对党所采取的某些步骤，并在不违反党的道德的范围内自由批评纲领和策略。……首先需要的是一个形式上独立的党的刊物。""办一种在金钱方面也不依赖于党的报纸"。① 因此，在德国社会民主党中央领导层与党的机关报的争执中，恩格斯坚决支持《社会民主党人报》，认为党报"有责任让党员群众有机会在报纸上表示党团无权阻止做什么事情"②。这表明，恩格斯反对党中央垄断一切，反对党中央机关报垄断一切，反对党刊垄断一切，反对舆论一致。

　　西欧工人党的如是规矩与恩格斯的思想不能不影响到后来的工人运动中的同道列宁与俄国社会民主工党。1898 年 3 月，明斯克俄国社会民主工党"一大"宣告了党的成立，但最初党中央委员会与党中央机关报《火星报》编辑部之间的关系是平行的，由前者指导全党的实践工作，由后者即《火星报》编辑部指导全党的思想工作。政党的权力相对分散而未集中。在俄国社会民主工党第二次代表大会前的 1902 年 9 月，列宁在《就我们的组织任务给一位同志的信》中认为："报纸可以而且应当成为党在思想上的领导者，应当对理论上的道理、策略原则、一般组织思想和全党在某个时期的共同任务加以阐发。……鉴于必须严守秘密和保持运动的继承性，我们党可以而且应当有两个领导中心：中央机关报和中央委员会。前者应担负思想上的领导工作，后者则应担负直接的实际的领导工作。这两个组织的行动统一，它们之间必不可少的团结一致，不仅应由统

① 中国社会科学院新闻研究所编《马克思恩格斯论新闻》，新华出版社，1985，第 531 页。
② 《马克思恩格斯全集》第 36 卷，人民出版社，1975，第 292 页。

一的党纲来保证，而且应由两个组织的组成人员（两个组织即中央机关报和中央委员会的成员之间应当完全协调一致）以及它们经常举行定期联席会议来保证。"① 在列宁的这一表述中，列宁认为无产阶级政党可以保持两个经常性的中央机关与一个临时性的中央机关，这就是负责组织的中央委员会、负责思想的中央机关报与联络这两个中央机关的党的最高权力机关党总委员会"定期联席会议"。其中，对国内的中央委员会实施控制的是布尔什维克，控制定期联席会议的党总委员会实际是身在国外的《火星报》编辑部成员。列宁的上述思想在俄国社会民主工党"二大"通过的党章的第四条至第七条有所表现。② 1963 年问世的党总委员会将列宁在 1902 年 9 月提及的"定期联席会议"明确化，明确了其在党的组织架构中的特殊权力地位，是俄国社会民主工党发展的必然产物。显然，在俄国社会民主工党"一大""二大"期间，列宁持两个中央说，并允许中央机关报保持思想上的独立性。

但是，俄国社会民主工党"二大"后的内部纷争使列宁开始重新考虑两个中央的实际，并在党的"三大"之前就转而支持党只建立一个中央机构，即无产阶级政党的最高权力机关只能有一个，中央机关报必须接受党的中央委员会的领导。在党的"二大"中形成的两个中央，在"二大"后不久就使得双方的矛盾冲突不断加剧，并在 1903 年 11 月激化。1903 年 7 月至 8 月，俄国社会民主工党在国外的布鲁塞尔、伦敦召开了第二次代表大会。会议形成了多数派的布尔什维克与少数派的孟什维克。《火星报》也进行了改组，由左翼的列宁、右翼的马尔托夫与中间派的普列汉诺夫三人组成《火星报》编辑部。但是，由于普列汉诺夫转向马尔托夫，列宁遂于 1903 年 11 月退出《火星报》编辑部③，这样，从第 52 期起，《火星报》的编辑大权归孟什维克，俄国社会民主工党逐渐形成相互排斥的两个党中央：一是以列宁为首的党内多数派，在国内，名为"中央委员会"；二是以《火星报》编辑部为首的新火星

---

① 《列宁全集》第 7 卷，人民出版社，1986，第 2 页。

② 陈力丹：《马克思主义新闻思想概论》，复旦大学出版社，2003，第 155 页。

③ 列宁在俄历 1903 年 11 月 25 日和 29 日之间撰写《我为什么退出了〈火星报〉编辑部?》一文，《列宁全集》第 8 卷，人民出版社，1986。

派，在国外，并通过联席会议以"党总委员会"的身份控制局面。《火星报》斗争中的落败使列宁深感两个中央的现状不利于党的建设。俄国社会民主工党（布）的"三大"在俄历1905年4月12日至4月27日（公历为1905年4月25日至5月10日）在英国伦敦召开，出席大会的代表有38人，列宁当选为大会主席。在"三大"之前的俄历1905年4月7日，列宁在《被揭穿的总委员会》中说："从1904年1月起，总委员会就已经不是党的最高机关，而是少数派秘密组织的工具了。"① 列宁1905年2月在《对党章中关于中央机关一项的修改》中说："在国外，它（引者注：'它'指中央委员会）可以指派自己的代办机构。"② 列宁对上述关于一个中央机构的主张在俄历1905年4月12日之前就做出表达。在党的"三大"后不久的俄历1905年5月14日，列宁在《关于俄国社会民主工党第三次代表大会的通知》中说："1903年举行了第二次代表大会……第一次试图建立一个完整的党组织。不错，最后这项任务党未能马上完成。第二次代表大会上的少数不愿服从多数，并且开始搞分裂活动，给社会民主主义工人运动带来了极大的危害。"③ 与孟什维克的艰苦斗争构成列宁推翻自己原先认同两个中央说的实践基础。所以，列宁明确反对两个中央机构论而主张一个中央机构说，不是在党的"三大"会议期间而是在此之前。

三　中央机关报必须接受中央委员会领导思想：列宁是自有主张还是被动接受

对于中央机关报必须接受中央委员会的领导，列宁不是被动接受，而是自有主张，主动倡导，并与随党内政治形势的变化而变化的工作策略相关。在俄历1905年4月俄国社会民主工党（布）"三大"前后，布尔什维克与孟什维克之间势如水火，后以孟什维克另行召开"三大"、最终多

① 《列宁全集》第10卷，人民出版社，1987，第57~58页。
② 《列宁全集》第9卷，人民出版社，1987，第310页。
③ 《列宁全集》第10卷，人民出版社，1987，第201页。

数派将孟什维克开除出党并取消多头的党的中央机构告结。在俄历1905年4月间举行的党的"三大"上，代表大会通过了列宁提出的党章第1条条文，以多数票废除了俄国社会民主工党第二次代表大会建立起来的中央委员会和中央机关报平行的两个中央机关，而只保留一个机关，即中央委员会。① 俄历1905年4月21日列宁在"三大"会议上情绪冲动地说："既然三个中央机关给我们拆烂污（请原谅我这样说），那么我们就只要一个中央机关好了。……党章条文不要太多。写出好条文容易，但在实践中它们大半是多余的。"② 显而易见，列宁在党的"三大"会议期间是主动而公开地主张一个党中央机关说的，并未被动接受。

对支持列宁被动接受俄国社会民主工党一个中央说的材料的辨析。陈力丹先生提供的材料来自列宁1905年5月14日（公历27日）的《第三次代表大会》："第二次代表大会曾以绝大多数票通过了'两个中央机关制'，而第三次代表大会却以同样的绝大多数予以推翻。凡是细心观察党的历史的人，都会很容易弄懂其中的原因。与其说代表大会创造新东西，不如说代表大会巩固已经作出的成绩。在第二次代表大会前，《火星报》编辑部曾经是并且被认为是稳定的支柱，这就形成了编辑部的优势。在当时党的发展水平上，俄国国内同志对国外同志的优势看来还是成问题的。第二次代表大会以后发现，不稳定的正是国外的编辑部，——而党却成长起来了，而且正是在俄国国内肯定无疑地大大成长起来了。在这种条件下，中央机关报编辑部由党中央委员会任命的办法，就不能不得到广大党的工作者的赞同。"③ 那么，列宁可能包括在这"赞同"的"广大党的工作者"中，但也可能因为先知先觉而不在其间。因此，这一材料还无法证实陈力丹先生关于列宁"服从了大会多数人的意志"的这一事实判断。

那么，为什么会产生列宁被动接受一个中央机构的印象呢？这与党的"三大"召开前夕列宁曾经认同过两个中央机构说相关。列宁俄历1905年2月在《对党章中关于中央机关一项的修改》中说："事实上，在实际

---

① 《列宁全集》第10卷，人民出版社，1987，第414页。

② 列宁：《在讨论党章时的十次发言》，载《列宁全集》第10卷，人民出版社，1987，第159、160页。

③ 陈力丹：《马克思主义新闻观思想体系》，中国人民大学出版社，2006，第293页。

工作中，由于地理情况、政治情况和工作性质的不同，在我们党内现在和将来（直到专制制度被推翻）都必不可免地要形成两个中央机关，这两个中央机关只是偶尔'通过会议'才联合起来，这些会议实际上将永远起着党的最高或最上级的党'总委员会'的作用。"① 那么，我们如何认识党的"三大"召开前夕列宁思想上的这种矛盾呢？就列宁本身而言，他在"二大"后不久是赞同一个中央机关论的。但是，列宁不忍心让俄国社会民主工党分裂，布尔什维克与孟什维克在各自召开一次自己派别的党的"三大"后之所以还能够坐到一处，共同参加俄历1906年4月举行的党的"四大"，就与列宁的努力密切相关。所以，从团结包括孟什维克在内的全党同志的目的出发，列宁又对现实采取了妥协的斗争策略，在当时对自己其实并不乐意接受的两个中央机关说采取了认同的表述，并对一些要求实行一个中央机构的布尔什维克的同志进行了规劝。俄历1905年2月列宁在《对党章中关于中央机关一项的修改》中的如下说法充分表现了列宁斗争策略的灵活性："在国外，它（引者注：'它'指中央委员会）可以指派自己的代办机构。然而，实际上这个代办机构将作为一个独立的中央机关存在，其实可以设想这就是中央机关报的编辑部。显然，这里需要一个完整的委员会，它只有通过极其漫长的道路才能形成、建立、达到协调一致。"② "三大"后不久的列宁也谈到了这样的努力。他在俄历1905年5月14日的《第三次代表大会》中说："多数派为尽快找到摆脱这种不堪忍受的状况的最好出路费尽了气力。"③

　　然而，布尔什维克与孟什维克之间的矛盾发展到党的"三大"时已经难以调和，对党的工作影响不小。在俄历1905年4月17日党的"三大"会议期间，列宁在为多数派起草的《给俄国社会民主工党总委员会主席普列汉诺夫同志的公开信》中声明："党内危机在俄国已经严重到几乎使整个党的工作陷于停顿的地步。……而这些意见分歧与其说往往是实质上的分歧，不如说是由于争论双方属于党的不同部分所引起的。党总委

① 《列宁全集》第9卷，人民出版社，1987，第311页。
② 《列宁全集》第9卷，人民出版社，1987，第310页。
③ 《列宁全集》第10卷，人民出版社，1987，第207页。

员会也好，中央机关报也好，中央委员会也好，在党的大多数工作者中都没有应有的威信，到处出现双重组织，彼此在工作上互相牵制，使党在无产阶级心目中威信扫地。那些主要从事写作的同志们，对目前整个党的事业所处的进退维谷的困境，可能不象从事实际工作的中央机关的工作人员了解得那样清楚……"① 列宁在"三大"前夕的 1905 年 3 月底至 4 月初《告全党书》中说："我们党的国外中央机关，即中央机关报编辑部和总委员会，已经落到党代表大会的少数派的支持者手中。……国外的党总委员会千方百计抗拒召开代表大会。中央委员会企图满足少数派关于增补的要求，希望通过这种办法恢复党内和平，但是这个愿望落空了。"② 列宁认为"造成我们不幸的不是机构，而是人。"③ 矛盾发展到最后，当布尔什维克与孟什维克之间已势如水火，终于走向决裂时，列宁则更改旧辙，明确表达出自己关于一个中央机关的立场。列宁在《给俄国社会民主工党总委员会主席普列汉诺夫同志的公开信》中声明："中央委员会受权组织和管理具有全党意义的一切工作，中央委员会有权为筹备党的代表大会采取各种准备措施并完成一切实际工作，它坚决捍卫自己的这一不可剥夺和不受限制的权利。中央委员会，作为党的唯一的从事实际工作的中央机关，认为，党的其他机关对这项工作的任何干涉企图都是违反党章的，并且把这种行为当做对自己权利的侵犯而加以拒绝。……中央委员会认为它对党的忠诚应高于对总委员会 3 个国外委员的忠诚，因此它要把整个这次冲突交给党本身来裁判。"④ 显然，列宁对一个中央机构的思想并非被动接受，而是自有主张的，并最终在双方决裂后公开自己立场。列宁关于一个中央机构的思想，后来则演化、归纳到列宁报刊党性原则的组织思想部分，并最终形成俄历 1905 年 11 月 13 日的列宁《党的组织与党的出版物》一文中的经典表述，明确党中央与机关报双方之间的关系属于领导与被领导的关系，成为党的权力一元化思想的有机组成部分。

　　不过，从更深层次考察，还应看到背后的文化因素。工人阶级政治运

---

① 《列宁全集》第 10 卷，人民出版社，1987，第 74 页。
② 《列宁全集》第 9 卷，人民出版社，1987，第 365 页。
③ 《在讨论党章时的十次发言》，《列宁全集》第 10 卷，人民出版社，1987，第 159 页。
④ 《列宁全集》第 10 卷，人民出版社，1987，第 74、75、80 页。

动与无产阶级新闻业，是人类历史从未有过的新生事物，领导者没有本阶级现成的成熟理论与经验可以采纳，因而积淀、流传的文化图式就极易对包括新闻活动在内的文化圈的活动主体发挥作用。

以上辨析说明：由苏联共产党人开创并为世界上社会主义国家所广泛采纳的苏联新闻业模式，开创者是列宁，集大成者是斯大林；在如何处理中央机关报与党中央之间的关系上，恩格斯与列宁存在严重分歧；从包括新闻业在内的社会主义事业的自我完善、蓬勃发展与社会主义民主建设的角度出发，对恩格斯与列宁两位无产阶级革命导师在党中央与中央机关报之间关系上所产生的不同认识进行重新思考很有必要，也迫在眉睫。

本文发表于《当代传播》2007年第2期

关于《外国新闻事业史》教材体系
与研究现状的思考

  按照教育部 1998 年颁布的《普通高等院校本科专业目录》与新闻传播学学界的共识，外国新闻事业史是我国新闻传播学专业的 9 门专业基础课（即"两史两论五业务"）之一，然而，《国际新闻界》2003 年第 6 期所刊发的张允若先生《关于外国新闻事业史教学的几点看法》一文却是近年来笔者所见到的我国唯一的关于外国新闻事业史或曰外国新闻史教研之研究的学术论文。由此可见外国新闻事业史的重要性与我们对之的研究投入之间的巨大反差。同时，张允若先生的论文对我国外国新闻事业史的教学历史进行了比较系统的梳理，提出了一些有见地的看法。尽管如此，在笔者看来，张文仍有可以商榷之地，如，张文对外国新闻事业史教材三种体例的分析就失之简单，也有未尽之处。因此，对外国新闻事业史的研究工作做进一步的探讨具有重要价值。

一 我国外国新闻事业史教材的现状

  截至目前，我国外国新闻事业史教材大致可以分为四种体系[①]：一是政治类新闻史，二是国别性质的新闻史，三是时空有主有次的经纬类型的新闻史，四是带有一定解释色彩的新闻史。

  一是政治类新闻史。这一类教材以梁洪浩主编的《外国新闻事业史》

---

① 体系是若干有关事物或某些意识互相联系而构成的一个整体；体例是著作的编写格式。

（武汉大学出版社，1992）、张隆栋等编写的《外国新闻事业史简编》（中国人民大学出版社，1988）为代表。相较于其他专门史，新闻史与社会生活，尤其是政治生活联系密切，直接受制于后者。因此，从社会政治状况去探讨新闻事业历史，很有必要，但问题是，这一类教材在动笔之前因历史局限性而有一个以阶级斗争精神为指导的系统观念：世界上存在两种截然相反的新闻业，一为社会主义，一为资本主义；前者优越，后者落后；前者最终要取代后者。在这样的观念指导下，教材着重于介绍社会主义新闻业的优点与资本主义新闻业的缺陷，结果就出现了用政治研究取代学术研究的鲜明倾向。进行学术研究，不是说不要政治，进行学术研究，尤其是社会科学研究，逃避政治是困难的，但是，政治对学术研究的介入只能以学术研究指导思想的方式，而不能够取代学术研究。用政治研究取代学术研究的后果，就是先入为主，让事实服从于观念，这就导致不尊重史料，不仅容易出现结论与史实出入的倾向，置研究于片面、主观之中，而且往往用政治史取代新闻史，导致新闻史研究缺乏学科建设的独立性。这类研究在 20 世纪 90 年代初受到挑战。20 世纪 90 年代初，苏联解体、东欧剧变使上述以阶级观挂帅的外国新闻事业史研究思路产生危机，基本退出外国新闻史研究的历史舞台，但用政治生活替代新闻史研究的研究范式并未被颠覆，不过是代之以其他政治观，尤其是西方政治观，本质上是换汤不换药。

二是国别性质的新闻史。这一类教材采取"A 国+B 国+C 国+D 国……=外国新闻史"研究模式，可以郑超然等著的《外国新闻传播史》（中国人民大学出版社，2000）为代表。这一类教材缝合了政治类的外国新闻事业史为苏联解体、东欧剧变所撕裂的逻辑伤口。但是，其缺陷也是明显的：一是整合不够，类似于几个新闻大国的国家新闻史的拼凑，相当生硬。其实，这种写作模式是外国新闻史早期研究的一种写作类型。既然介绍各国基本情况，那么在初期研究中分别将几个主要国家的情况介绍一下也就达到了作者的目的。但是，对于历史研究而言，这种拼凑的写法学术性单薄，与史观的完整性、引导力量相冲突，这对于学术研究而言显然不是小问题。二是学术体系缺乏新意。近年出现的这一类教材，有对台湾地区学者李瞻的《世界新闻史》（台北三民书局，1967）的明显模仿与顶礼膜拜心理。问题是中国台湾地区学者李瞻的写法又与版本更早的日本学者小野秀雄的《内外新闻史》（中译本已经由台湾学者陈固庭完成）存在着写法模式上的雷同。显而易见，这种写法相当陈旧，缺陷格外突出。

三是经纬类型的新闻史。这一类新闻史以时间为经，以地域性的国家为辅，可以张允若主编的《外国新闻事业史》（武汉大学出版社，2000）为代表。张允若先生称这样的类型为"编年体"。^①所谓"编年体史书以时间为中心，按年、月、日顺序记述史事"^②。而经纬类型的新闻史则按照新闻史发生、发展的前后顺序组织文本，即以时间先后为主线，但在叙述每一阶段的新闻史时又按照英国、美国、法国、德国、苏联、日本等主要国家的空间秩序介绍。因此，称是类写法体例为编年体恐怕欠妥。不过，经纬类型的新闻史与国别性质的新闻史又存在结构上的同构问题。国别性质的新闻史实际上是以空间为经，以时间为纬，经纬类型的新闻史不过是对国别性质新闻史的时空颠倒而已。

四是带有一定解释色彩的新闻史。这种教材不多，李磊的《外国新闻史教程》（中国广播电视出版社，2001）可谓其中的代表。一方面，李磊的《外国新闻史教程》全书按照新闻业的社会属性、传媒特点分门别类依次推进，单看与《史记》的纪传体接近。纪传体以人物为中心，李磊的著述按照发生、发展的先后顺序，以传媒类型为中心，都存在研究单元化的倾向。另一方面，李磊的著述有叙有析，解析特色鲜明。不过，在一些问题的解读上，李磊的《外国新闻史教程》恐怕还需要完善，如对黄色新闻与普利策之间关系的判断上还缺乏推敲。这一类教材的写作思路值得重视，但编写需要建立在历史事实的客观判断的基础上，由于我国外国新闻史缺乏以丰富的国家新闻史、断代史与个案史研究成果作为基础，故整体水平尚有待大幅提升。

除此之外，还有一种教材值得一提。这就是将中国也纳入视野的新闻史研究范式。其代表可以张昆的《简明世界新闻通史》（武汉大学出版社，1994）为代表。由于教育部1998年颁布的《普通高等院校教育本科

---

① 张允若：《关于外国新闻事业史教学的几点看法》，《国际新闻界》2003年第6期。
② 白寿彝主编《史学概论》，宁夏人民出版社，1983，第124页。

目录》已经将中国新闻事业史与外国新闻事业史分流，因此这一模式作为科研探讨可以，但作为教材类型则直接与其上位的规范冲突。

二 我国外国新闻事业史教材存在的主要问题

一是名称。有的叫"外国新闻史"，有的叫"外国新闻传播史"，有的叫"外国新闻事业史"。笔者赞成"外国新闻事业史"的提法。"外国新闻史""外国新闻传播史"的提法均涵盖面过宽致使名不副实。对此，张允若先生《关于外国新闻事业史教学的几点看法》一文已有论述，本文不再重复。

二是现有教材相互抄袭较多，原创性不足。目前，我国学界对于外国新闻事业史的史料、史件缺少系统认真的收集、鉴别、整理、出版。这种抄袭主要表现在事实资料上。史料匮乏是造成上述问题的主要原因。因此，尽管各种教材不断出版，但对历史事实的陈述是后者依赖前者，对前者的疑点、错误，后者无以推敲、更正。如 1621 年出版的英国《每周新闻》的全称，有的说是《来自意大利、德国、匈牙利的每周新闻》①，有的说是《来自意大利、德意志、匈牙利、波希米亚、莱茵河西岸地区、法兰西与荷兰的每周新闻》②，有的说是 Weekly News from Italy, Germanie, Hvngaria, Bohemia, the Palatinate, France and the Low Countries③。那么，谁的主张准确？可惜各书均无注释，也无参考文献可索。又如，20 世纪 90 年代两德统一之后收音机与电视机的千人拥有量，有的说 1994 年分别为 935 台、560 台④，有的说 1998 年分别为 460 台、411 台⑤。仅仅 4 年，两组数字何以如此悬殊？又是索寻无迹。对此，因为国内相关史料的匮乏，通过互联网进入外国图书馆、档案馆、传媒文献库获取史料的途径极

---

① 郑超然等：《外国新闻传播史》，中国人民大学出版社，2000，第 54 页。
② 张隆栋、傅显明编著《外国新闻事业史简编》，中国人民大学出版社，1988，第 6~7 页。
③ 张允若主编《外国新闻事业史》，武汉大学出版社，2000，第 22 页。
④ 郑超然等：《外国新闻传播史》，中国人民大学出版社，2000，第 188 页。
⑤ 张允若主编《外国新闻事业史》，武汉大学出版社，2000，第 333 页。

不稳定，我们无以辨别，而读者凭什么不可以认为作者所述是信口开河呢？这样一来，不同版本间的史事差异，学术界就无法见出正误，广大读者就不能不在糊涂中接受少量的错误的历史教育。新闻史的研究，在史料的获取上，以文献研究法为主，以访谈、考古等研究方法为辅。因此，我国关于外国新闻事业史研究的当务之急之一，是系统整理、出版相关史料，从而为研究奠定一个稳定的研究基础，并进而优化外国新闻事业史的教学活动。

三是史识不足。历史学包括三个部分：对历史过程的记录、对历史经验的总结与对历史规律的探讨。[1] 其中，"历史观是历史的灵魂"[2]。对具体而复杂的新闻史，现有的教材或学术专著尚缺乏宏观把握能力与发人深思的力量。比如，廉价报纸与资本主义报业之间的关系，日本现代报业的特点及其成因，第二次世界大战联邦德国与德国报业的特点及其成因，列宁、斯大林与斯大林新闻业模式之间的关系，苏东新闻业突然崩垮的原因，现有教材的解释都还言不及义。这与历史个案研究不足，研究者的理论积累单薄，学术观念、学术视野乃至学术理想的偏差息息相关。

四是重视不够。学界对外国新闻事业史的重视严重不足。这具体表现为：其一是国内各个高校外国新闻史教学课时往往少于中国新闻史。其二是有的学校将中外新闻史融为一门课，课时较之新闻理论、新闻业务诸课程少了许多。其三是有的学校甚至索性连外国新闻史这门课程也予以取消。我国新闻传播学专业两巨头之一的复旦大学没有开设外国新闻事业史一课，只有近似的课程"当代世界新闻事业"。2004 年 7 月北京广播学院校内，复旦大学教授丁淦林先生在回答笔者如何进行外国新闻事业史研究的提问时，不仅表达了复旦大学的如上状况，而且认为复旦大学新闻学院对外国新闻事业史一课采取的态度。这些都说明外国新闻事业史的尴尬处境：嚼之无味，弃之可惜。当然，由于研究条件的先天限制，与国外本土人士相比，中国人研究中国之外的历史一般要呈现出落后的形态。但是，他山之石，可以攻玉，外国新闻事业史研究从发生学而不是从概念、推理

① 葛懋春等：《历史科学概论》，山东教育出版社，1983，第6页。
② 白寿彝主编《史学概论》，宁夏人民出版社，1983，第25页。

的立场，从世界的范围而不是从国内局域去探讨新闻事业与新闻工作的规律，外国新闻事业史又属于教育部 1998 年规定的新闻传播学专业本科教育阶段的必修课，因此，我们必须认真对待外国新闻事业史的教学与研究，既将国外的最新研究成果及时介绍进来，又开展具有创新性的学术研究，在扎实的学术研究的基础上推进课程教学建设。

五是当下追踪突出，新闻史的历史特色受到冲击。我国的各种外国新闻史的版本，记述的时间基本上截至书稿完成之际。这就破坏了历史研究与现实研究的界限。既然是历史研究，研究对象的截止时间就应该与研究者所处的年代保持一定的距离，目的是避免时间距离过近而带来的研究干扰。研究者可以也必然站在自己所处的时代研究历史，研究可以为现实提供历史智慧，但是，新闻史研究当下的事实，就使历史研究与现实研究混为一谈，不再成为纯粹的历史研究。其实，当下的事实，研究者可以也应该通过观察、批评来处理，并为后来者的历史研究提供历史材料与研究基础。如果一定要将最新的域外新闻现象纳入外国新闻史的书内以便于读者了解新知，那么这些当下的内容也应该放在附录之内，而不宜进入正文。在新闻传播学界，有一种看法由来已久，且颇有市场，即历史研究必须服务于现实，口语表述是对当下有什么用处。历史研究着重于逼近历史本真，并在此基础上总结历史规律，为人类提供历史智慧也立足于长远，扎根于历史研究之中。让新闻史研究必须服务于当下现实是庸俗的。这样的实用主义，容易助长漠视乃至歪曲历史研究材料的主观主义倾向，走入歧途，与实事求是精神是风马牛不相及的。历史研究要注意研究对象的时间节点。

总之，我国关于外国新闻事业史的研究尚未真正进入正轨，而造成外国新闻事业史教材上述问题的原因是多方面的，深层则涉及教研者的学力、史德、新闻史的学术范式、学术界风气乃至人生理想诸方面。

三　外国新闻事业史研究的改进对策

1. 进行资料建设

"史学是通过史料研究历史发展过程本身的学科"，史料是"人类社会在历史发展过程中所遗留下的痕迹，……包括史迹遗存与文字记录或历史文献"，而历史研究"有文字记载的情况下，一般地还必须以历史文献为主"。① 因此，在外国新闻事业史研究中，要严格遵循有多少史料说多少话的原则。新中国成立之后的一段时期内，历史研究的重点之一是中国近代史。在 20 世纪 50 年代初，中国史学会主编了"中国近代史资料丛刊"，有《鸦片战争》六册等一个个专题系列。这项基础工作至今未断，有"中国近代史资料丛刊续编"正在进行，如《中日战争》多册。中国的外新史研究必须向中国史学会学习，从基础工作做起，将基础工作做好。仅仅凭借出国走马观花与网络上下载材料去研究外国新闻事业史，这本身就是对研究对象的轻慢。

中国新闻史学会既然是我国中国新闻史与外国新闻史的学会，因此就可以主持这样的学科建设的基础性工程，按照有关专题对外国新闻事业史上的重要事件、人物、理论主张、媒体、文件档案、新闻作品等图文资料进行整理、编辑、出版。重要的报刊可以采取缩微胶卷、光盘等记录方式。对于新闻史的研究而言，这种投入必不可少，是我国外国新闻事业史研究活动得以成立、存在的基础。

与此同时，中国新闻史学会应该采取得力措施，关注国内主要高等院校新闻院系的新闻史资料建设。

2. 遴选域外或港澳台地区的经典性或有代表性的外新史教材、专著

在遴选域外经典性的或有代表性的外国新闻史教材、专著上，我们已经做了一定的工作。如新华出版社出版两版《美国新闻史》（埃默里父子著），中国新闻出版社出版《世界新闻史》（法国学者彼·阿尔贝等著）、新华出版社出版《西方新闻界的竞争》（约翰·霍恩伯格著）、新华出版社出版《宣传战史》（池田德真著）、世界知识出版社出版《默多克传》（威廉·肖克罗斯著）、新华出版社出版《普利策传》（斯旺伯格著）、新华出版社 1983 年出版波列伏依作品集。中国学者也进行了一定的研究工作，如张采的《日本广播概观》（中国广播电视出版社，2001）、华艺出版社 2001 年出版《世界电视前沿》、重庆出版社 1988 年出版《七国新闻传播事业》。相形之下，外国广播电视传媒史的资料建设要强于外国平面

---

① 白寿彝主编《史学概论》，宁夏人民出版社，1983，第 4~7 页。

传媒史的资料建设。这可能与我国存在一所广播电视专门高校（北京广播学院，今称中国传媒大学）息息相关。

不过，总的来看，我们对外国新闻事业史资料的翻译出版还远远不够，现有的翻译出版根本无法为我国对外新史的学术研究提供系统而丰富的第一手资料。我国学者出版的图书资料性不强，而对外新史研究的第一重基础是资料而不是他人的研究。美国人不愿意学习外语，日本人对学习外语的热情也不高，美国人不愿意学习外语主要因为英语是世界第一语言，是"世界语"，而日本人对学习外语的热情不高的重要原因之一是日本有发达的翻译事业。[1] 但可惜的是中国学界对此也缺乏热情。2004 年春，在开封举办的中国新闻史学术年会上，笔者曾经提出如上资料建设的倡议，结果却响应寥寥。

为此，我们应该组织得力人员，全面了解外国对除中国之外的新闻史的研究状况、研究特点、研究流派，并将其中有代表性的教材、专著翻译为中文公开出版。

另外，中国台湾地区学者李瞻先生的著作引入中国大陆需要引起重视。李瞻先生在当代华人中研究外国新闻史功力最深，学术成果最为卓越。鉴于中国大陆学者对外国新闻史的研究往往凭借二手以上的"孙引"，而中国大陆学者普遍认为李瞻研究外国新闻史采取的是第二手材料，故在中国大陆出版李瞻先生的《世界新闻史》的简体字版本就具有突出的学术价值。当然，李瞻先生的《世界新闻史》存在着一些与大陆规范相冲突的内容，对此可以通过协商并根据实际情况进行必要的处理以惠及大陆读者。

3. 严格遵守学术品德、学术规范，办好学术期刊

现在，外国新闻事业史研究还缺乏起码的学科规范。比如，有的编写者一方面为教材没有为读者提供主要的参考文献而不安，另一方面著作的行文又不加任何注释，甚至书后不列参考文献也已经成为此一研究领域学者们的自觉或不自觉的普遍性的习惯。《世界电视前沿》一书煌煌三册，收美、法、英、德、日与我国台湾的广播电视业信息。但是，该书除台湾

---

① 黄发玉：《纽约文化探微》，中央编译出版社，2003，第21页。

一册在书尾开列了参考文献之外，余皆所据从略。这些做法违背了历史学科的无征不信的治学原则，也缺乏对别人的应有尊重。可惜的是，笔者至今尚未看到新闻学界对此有任何指误。

权威学术期刊对学界的导向性十分重要。但是，由于应用性不强、社会不良风气影响等原因，《新闻与传播研究》一类新闻传播学的权威期刊用来刊发新闻史的版面日渐稀少。建议中国新闻史学会发挥学会力量，加强与这些期刊的联系，设立专门的栏目，鼓励新闻史研究，每期拿出固定的版面刊登研究中外新闻史的学术论文。

4. 开拓研究范围，更新研究思路

新闻史的研究应该由"点"到"面"，由个别到一般。唯有立足于个案（指单个媒体、单个人物）研究再个别（指单一国家）研究后整体研究（指世界范围的通史研究），才可能减少研究者在研究宏观信息与结论上的失误。如果说共和国初期我国外国新闻事业史研究因为处于草创期与现实需要而仓促上手进行通史撰写①尚可原宥的话，那么，当中国人撰写首批外国新闻史的时间已经过去半个世纪之后，我们还热衷于通史的一本本出版而不肯在个案研究、个别研究上进行重点投入就更不恰当了，这样就不能不造成我国关于外国新闻史研究的原地踏步，不能不造成研究的巨大浪费。更成问题的是，我们对此的习以为常、安之若素及其背后的不思进取与哗众取宠的精神状态。

在进行个案研究、个别研究上，我们应该进行如下工作。

要进行国别史的研究。目前，我们仅有对苏联、日本个别国家的专门史研究，国别史的研究水平总体偏低。

要进行个案研究。在这一方面，倒是业外人士走在了前面。比如，北京的李辉计划对西方个别期刊历史进行专门研究。

要进行比较史的研究。我国目前尚缺乏这种整合。要进行文明史的研究，注重将新闻史置放在广阔的社会背景之中进行研究。脱离社会研究新闻历史，研究必然缺乏深度，缺乏智慧，难免单薄。

---

① 初未出版，首次出版为1988年的张隆栋等《外国新闻事业史简编》，见张允若《关于外国新闻事业史教学的几点看法》，《国际新闻界》2003年第6期。

要注意合理吸收先进的世界史学的新理论、新方法。比如，西方新史学提倡综合研究，反对将历史研究仅仅限于政治历史研究。

5. 以外国新闻史的模式论

笔者以为解释性的历史写法可以存在，而政治类型的新闻史写法经一定的调整后也可以存在。由于大众传媒只是社会这棵大树上的一个"枝干"，因此，只要研究者放弃脱离实际的"左"的立场，站在科学的立场上研究传媒史中的大众传媒与社会政治、经济、文化间的互动，其研究就有自己的重大价值。政治类的研究模式本身没有过错，有过错的是不当使用的作者，是背后的政治指导思想。

最后，应该牢牢树立如下观念：将抵近新闻历史事实真相为新闻史研究的第一任务。这是前述研究改进对策的施行基础。

除此之外，在外国新闻史的研究上，我们要不拘一格，创造人才成长、壮大的广阔天地，强化行业鼓励。目前，在人才的培养上，存在误区。一是过分强调学历、学位，忽视了研究新闻史的根本素质。要将培养目标与学术目的相结合，切莫本末倒置。二是对研究者的动机重视不足。我们遴选从事外新史教研人员要着重考察其动机，要将重心放在那些一心进行学术研究的人员身上，对于那些仅仅将外国新闻史研究视为谋生工具的人要从严把控职业进入资格。对于我国关于外国新闻事业史的研究，中国新闻史学会、教育部新闻传播学教学指导小组等权威学术团体应做宏观规划，采取设立奖项奖励新闻史的优秀研究成果等有效措施，倡导"甘坐冷板凳"的精神来鼓励研究人员从事新闻史的基础研究。

新闻实务研究

论人物报道的新闻信息深度

　　人物报道是一种颇具特色而又不好操作的新闻报道。新闻报道有两类最难采写，一是调查性报道，二是人物报道。调查性报道和人物报道的采编难点各有侧重：前者主要难在采编者和被报道者及其背后的社会力量之间的互动，以及由此形成的重重现实阻力；后者尽管也不乏不易克服的种种现实障碍，但被报道者主观世界的复杂与富有弹性才是记者特别难以翻越的冰川巨峰。河南省的袁厉害事件可谓典型。人物报道的底线是恪守新闻真实性原则。对媒体上所呈现的身边人物，不少读者会颇感陌生，发问：这还是某某吗？新闻真实的冲击，让我国人物报道的公信力面临挑战。人，是世界上最复杂的研究对象之一。元朝诗人元好问《论诗三十首·其六》云："心画心声总失真，文章宁复见为人？"人物报道的新闻真实是绝对真实和相对真实、客观真实和主观真实的有机统一。就人物报道的绝对真实和客观真实而论，人物报道应该保证信息有出处且信源真实、可靠，对不易认定尤其是存在争议的信息讲求信源的多元化和平衡报道。不过，人物报道不能仅仅扮演歌功颂德的角色，优秀人物报道的资讯不仅真实，还应该有一定的信息深度，并由此生发报道的力度和冲击力。缺乏必要的信息深度，所谓的人物报道的真实性不仅容易流于肤浅，而且易出现片面性。重视人物报道的信息深度是推动人物报道走向主流新闻、硬新闻的重要途径。因此，探讨人物报道的信息深度则既具科研价值，又足具现实意义。

一　人物主体世界的信息深度

新闻人物的主体世界大多宽广、深邃而复杂。人物报道是以具有新闻价值的人物为中心的新闻报道。新闻人物身上凝聚的新闻事实与思想情感是人物报道的主要对象。人物报道可以采取人物消息、人物通讯、人物特写、人物专访诸形式。美国优秀小说家海明威又是一名著名的记者，先后在美国堪萨斯城的《星报》、加拿大的《多伦多明星报》与美国的《矿工》等报刊社担任记者。他在写作上倡导"冰山原则"，说："我总是试图根据冰山的原理去写它。关于显现出来的每一部分，八分之七是在水面以下的。你可以略去你所知道的任何东西，这只会使你的冰山丰厚起来。这是并不显现出来的部分。"① 简洁的文字、鲜明的形象、丰富的情感、深刻的思想是构成海氏"冰山"原则的四个基本要求，而情感、思想在其中则独占八分之七。② 文字等符号对人物主体世界的信息披露是极为有限的。按照奥地利心理学家弗洛伊德的主张，人的主体世界由意识、前意识与潜意识三大部分组成，其中能够为当事者本人所感知的主体取向不过是海面上的那极小部分的冰山山锥，海面下那体积特别庞大的山体潜意识则是包括本人在内的一般人所无法感知的。这些看法既说明人的主体世界有较之客观世界毫不逊色的宽广、深邃，又彰显了主体世界认识的复杂、艰难。而记者依据一定的实践路径和认识路线接触报道客体，路径和路线的长度、曲折情况直接影响新闻报道的信息深度。人物内心世界的复杂和富有弹性，说明人物报道的信息深度具有一定的相对性。新闻报道的真正源泉是当下的世界。人物报道需要信息深度，深度报道不能没有人物，不能仅止于解释性报道和调查性报道。

---

① 崔道怡、朱伟等编《"冰山"理论：对话与潜对话》上册，工人出版社，1987，第79页。
② 吴然：《海明威的冰山原则》，《天山》1988年第2期。

二　二元对立：人物报道简单化、转型
与民族文化、时代变迁

　　面对如此宽阔无垠的主体世界，记者如何报道才具有更有说服力的新闻真实呢？人物报道如果仅仅报道人物做了什么事，新闻五要素俱全，有出处，有根据，稿件属实，具备一定的现象真实，但放在一定的社会环境中却可能导致深层次的失实。我国人物报道的突出缺陷之一是人物内心世界的简单化。多年来，我国的人物报道以报道正面人物为主，以报道负面人物为辅。其中的正面人物有先进人物，典型人物报道可谓其代表，有优秀人物，表扬稿式的人物报道为其典范。负面人物报道所选取的报道对象，一般来自党委的纪检、行政的监察机关面向社会公开的腐败分子。这里的人物报道有不少热衷于罗列人物的行为、事迹而窘于人物内心世界的展现，信息性质呈现鲜明的二元对立特征：人物的思想、品行不是好、非常好，就是坏、相当坏。这样的人物报道事有所本，表面上不能说站不住脚，有时人物还具有某一方面的概括力，但盲人摸象，远离人物全局，尤其是内心世界及其丰富性被忽视、漠视、省略甚至有意抛弃。这很容易导致报道的片面性。

　　我国人物报道的二元对立趋向除了现实制约，如有关利益集团或个人及其利益，尤其是政治利益的拨弄，还与民族文化相关。一般来说，人物报道属于非事件性新闻。对于人物报道，中西存在明显的差异。首先，基于受众本位与乌鸦文化，西方国家的人物报道大多着眼于新闻价值的显著性，偏爱名人而远离普通人物，采访上讲求观察，写作上背景开阔，追求趣味性、人情味，喜爱使用人物引语、人物逸事，具有较强的可读性。但其缺点也很明显，那就是内容往往缺乏回味，大多思想性不强。不过，西方国家新闻界对于坚持正义之举的人物并非完全拒绝报道，如美国的克莱尔·萨夫安的《冰河英雄》（见《读者文摘》1982年11月号）就报道了一则动人的新闻故事：1982年1月天寒地冻，一架飞机由华盛顿机场起飞后不久失事，一头栽入波多玛河。当直升机飞临冰河上空抢救幸存者时，一位秃顶中年男子先后两次将获救的机会让给妇女与伤势更重的人员

而自己却失去获救的机会。其次，我国基于传者本位和性本善的喜鹊文化，人物报道往往注重宣传功能，以表扬、加分为主。我国的人物报道长期以先进人物为基本的报道对象，体现的是组织对组织体系内某人的一种颂扬，有较明显的组织传播印记；对于负面人物来说，人物不罪大恶极且未得到上级首肯则很难进入媒体的报道视野。在先进人物报道中，一般先进人物的稿件与有关社会机构合作相对有限，而对特别的先进人物报道，即典型人物报道，则常来自上级指挥，多为有关党委宣传部"规定动作"。在一般先进人物的报道中，不少稿件见事而不见人物思想性格的规定性，人物形象形同缺乏灵魂的木偶，或戴着面具的人物在纸面上滑行。而典型人物报道主要从时代的进步思潮出发，着意塑造为全社会或有关行业、地区所学习的楷模。不过，这些报道仍多着眼于人物先进事迹的展现而弱于人物丰富的内心世界的披露，信息缺乏深度，媒介人物形象容易因为人物事迹特别突出、感人而趋向反常、传奇、神化，近乎人类社会初期对部落英雄的歌颂，如我国《诗经》中的《公刘》、西班牙的《熙德之歌》，让广大读者唯余赞叹，甚至对人物的可信性起疑。

不过，中国社会的巨大变化、思想解放和市场对新闻媒体的压迫，又推动我国人物报道有所变化。首先，部分典型人物报道形神兼备，努力开掘人物思想性格形成的必然性与内在逻辑的自足性，事迹动人，血肉丰满，产生了较好的社会效果。其中的佼佼者有集体采写的《品味范匡夫》（《解放军报》2001年7月30日~8月8日）、张严平的《一位老人与300名贫困学生——退休三轮车工人白芳礼资助300名贫困学生的故事》（新华社2005年9月28日电）等。其次，非先进人物的人物报道获得了越来越宽阔的发展空间。《中国青年报》的《冰点》栏目，《南方周末》《南方人物周刊》《三联生活周刊》对此做出了较为突出的贡献。在非先进人物的人物报道中，有两大类：一是报道普通民众，且多为中间人物的；二是报道具有鲜明的负面色彩的人物的。在报道普通民众的人物报道中，马役军《福强玻璃店里的新主人》（《中国青年报》1986年11月15日）、王伟群《北京最后的粪桶》（《中国青年报》1995年1月6日）、吴志刚《我是"蜘蛛人"》（《江南都市报》1999年10月10日）、张严平等《生命的留言》（新华社2000年11月24日电）、万静波《亿万富翁孙大午的梦与痛》(《南方周末》2003年11月5日)、傅剑锋等《"平时是天使，周末是魔鬼"：乡村女教师含泪供弟上学》(《南方周末》2006年2月23日) 等作品表现优异。这些作品无论报道个人，还是表现群像，均着力报道普通人在新时代的生存状态，传递常人在艰难生存中对人性的坚守或迸发出来的精神光辉，在冷暖交替中努力传播良善的价值观及其生活观念。在报道具有鲜明的负面色彩的人物中，记者拒绝先入为主，拒绝丑化人物，在政策允许的范围内努力开掘人物职务犯罪或实施其他罪行的社会原因，将人物置放在社会与人性的大平台上，通过政治与人性的相互纠结深入人物的内心世界。其间较为优秀的人物报道有黄广明《"五毒书记"和他的官场逻辑》(《南方周末》2002年3月21日)、李鸿谷《秘书的权力》(《三联生活周刊》2002年第24期)、江华等《"我没有打江青"》(《南方周末》2001年5月10日)、赵安平和刘万永《"三盲院长"的背后》(《中国青年报》2000年2月2日) 等。人物报道的进步，实为中国社会转型之必然。

三 人物报道信息深度追求的 职业底线与观念调整

人物报道在信息深度追求上是有职业底线的，此即以新闻价值为报道的基础。所谓的新闻价值，来自新闻事实和受众的互动，是新闻事实本身所包含的能够引起社会与广大读者共同兴趣的质素。新闻价值由三个不变因素和四个可变因素组成。作为不变因素的真实、新鲜和公开为任何新闻报道所必须具备，作为可变因素的重要性、接近性、显著性和趣味性则在新闻报道中越多越好。在报道的重心上，我国的人物报道主要有两种侧重：一是讲求借助人物来报道事实，反映社会问题或社会现象。人物报道和重大的新闻事件紧密相连，突出新闻价值中的重要性。柴会群《"变态"邱兴华心理档案》(《南方周末》2006年8月24日) 的真正目标是反映长期以来我国司法审判中对潜藏精神疾患而导致包括杀人在内的所谓犯罪现象的忽视、漠视甚至有意回避，并由此形成司法误断，将本不应该问罪甚至判处死刑的精神病人因其所谓的"罪行"而施以有罪认定和司法处罚。二是报道的重心在人物，其新闻价值一般紧扣显著性。蒯乐昊《铁窗泪作者迟志强：我没有聚众淫乱》（《南方人物周刊》2008年2月19日）所报道的人物迟志强是我国著名演艺界人士。这篇报道通过典型的情节、细节等材料如外号"送人穷"的来历，表现了新闻人物"生性和善，重情义……心软，软得不行"的性格特点，又报道了人物的人生创伤和思想的互动。如："你问我，出狱以后，直到什么时候，我才算是真正站了起来。我告诉你，到现在，我也没站起来。""现在风气变了，在一些应酬场面，我会不会找小姐。我告诉你，我想，但是我不敢！有一次，我的两个歌迷追到我房间来，要陪我过夜，我才知道她们是小姐。好家伙！两个陪我一个啊！都是青春靓丽、香喷喷的，我不想吗？我一年在外面演出8个月，难道我是和尚吗？但是我不敢，我得拒绝。"这些材料表现了人性的柔软，呼应人物的特殊经历，人物思想性格的主导和多样兼备，让报道真实可信，很接地气。人物报道不是艺术创作，不是历史叙事，可以与宣传有联系，但本性终究属于新闻。人物报道唯有以新闻价值作为基础，方可保证自身的真实可靠，其新闻信息的深度才能够成立。

追求人物报道的信息深度并进而获取视野更为开阔的新闻真实性，需要新闻观念在有所坚持的同时又有所调整。归纳起来，需要强化的新闻观念主要为提倡质疑意识，接受批判精神，坚持理性立场。提倡质疑意识，有助于记者实事求是，推敲新闻事实，考核事实和新闻要素的多种可能性，由表及里，去伪存真。接受批判精神，有益于记者开阔视野，独立思考，拒绝盲从，发现问题，分析矛盾，践行平衡原则。只有经过证伪考验的人物事迹与人物的思想品质才可以成立，才让编辑部较为放心。坚持理性立场，有助于记者遵循客观规律，拒绝感觉放纵，尊重科学和新闻专业主义的规范。提倡质疑意识，接受批判精神，以坚持理性立场为基础；坚持理性立场，以提倡质疑意识、接受批判精神为依托。提倡质疑意识，接受批判精神，坚持理性立场，既意味着报道主体要直面报道对象的复杂性和报道条件的限制，承认自身认识和实践能力的局限性，小心谨慎，进退有据，不畏修正错误，又倡导全社会对人物报道在前进中所难以避免的失误有所宽容。

四 实现人物报道信息深度的主要方法

第一，紧密结合当前现实生活亟须解决的社会问题开掘、选取人物的精神世界，增强人物报道的思想性、现实针对性。这是确立人物报道具有深度报道品格与主流新闻精神的关键。《"五毒书记"和他的官场逻辑》无意于着重展示腐败分子，即湖北省丹江口市前市长、市委书记张二江"有多坏"，而是着力揭示张二江作为腐败分子的腐败平均值：在腐败上，张二江既不是坏得最重，也不是坏得最轻，他不过是个"平均水平"的腐败官员。报道致力于表现"制度背景下的个人命运"，即"腐败的根源是制度，次之才是官员自身的品德"。[①] 这就使报道的现实针对性具有了时代的普遍性与当下的警示价值。新闻报道首先要言之有物，人物报道的社会影响力、可读性只有以内容为基础才有实现的可能性。人物报道同样要紧抓内容制造环节。

第二，人物报道要注意留余地。人物是复杂的，又是会变化的，因此记者对自己关于人物主体世界认识的有限性必须保持清醒的头脑，有一说一，有二说二，严格事实叙述与记者议论之间的区别，褒贬适度，努力避免脱离材料讲过头话。这在先进人物报道中尤应警惕。

第三，在采访上数量与质量并重。一般来说，人物报道需要深度采访，讲求在丰富的材料的基础上掌握关键性材料。一方面，海量采访，韩信将兵，多多益善。人物报道的特殊性要求记者在客观条件允许的情况下多走、多看、多问、多思、多记录，熟悉人物，了解报道对象的来龙去脉和方方面面。没有一定的数量则没有必要的质量。另一方面，重点采访，形成方向。采访一味漫无目的，容易事倍功半，甚至一事无成。人物报道应注意通过在对主体世界有较为完整的把握基础上，掌握信息的性质，在向人物内心世界深处推进中控制信息的深度质量。记者应善于发现问题，带着问题采访，形成采访的合力。

[①] 徐列编《在追问中逼近真实：〈南方周末〉人物报道手册》，南方日报出版社，2006，第48页。

第四，注意报道的连续性。一篇报道的信息极为有限，一个人的报道能力也是有限的，看人取物往往存在盲点，而新闻人物又常常是有变化的。报道的连续性，有助于人物报道在报道客体上的丰富、多样和立体。人物报道要允许记者质疑，允许其他记者、其他媒体在确凿材料在手的情况下报道人物主体世界的其他局部或侧面。人物主体世界的真实性，来自不同记者有所发现后的"合唱"，并在"合唱"的持续中实现对人物内心世界相对真实与绝对真实的有机统一。在对真理的探索上，谁也没有阻止的权力。

不过，从更为深层的生发原因看，如果在新闻媒体的机制甚至所有制上能够适当引入市场因素与控制市场消极作用的因素，则有益于在媒体利益与公共利益良性互动的基础上践行人物报道的真实性、准确性与思想性，从而在媒介环境与新闻报道的线性推进中优化人物报道的信息深度。

本文发表于《写作》2013 年第 10 期

新闻报道人情化手法的运用

伴随新闻传媒对受众眼球注意力价值的日益重视，我国新闻报道在写法上也出现了不少新走向，其中之一是人情化手法运用的日渐普及与该手法样式的日渐繁复。新闻报道的生花妙笔，需要人情化手法。

一　人情化手法的特点

所谓人情化手法，指的是新闻报道针对受众的人之常情所运用的具体表达手段。与写作方法相比较，写作手法往往不涉文章全局、布局，因而作用范围小，使用便捷，运用灵活。新闻报道中的人情化手法有如下特点。

一是感性化。人情化手法所诉求的对象是人在日常生活中所产生并存在的情感状态，如生老病死、悲欢离合带来的喜怒哀乐这些人之常情。何为"人情"？我国古代经典《礼记·礼运》云："喜怒哀惧爱恶欲，七者弗学而能。"人情是"人之常情"[1]，与人的天性、本能与社会环境均息息相关。人情化手法的特点与人情味、人性有联系。人性"是人类的共性"，是"人的自然属性与社会属性的统一"[2]，是"在一定的社会制度和一定的历史条件下形成的人的本性"，是"人所具有的正常的感情和理性"。[3]

---

[1] 《辞海》三卷本，上海辞书出版社，1989，第797页。
[2] 《辞海》三卷本，上海辞书出版社，1989，第776页。
[3] 中国社会科学院语言研究所词典编辑室编《现代汉语词典》，商务印书馆，2002，第1065页。

人情化手法，与人情味相比只是手段，与人性相比则感性突出，理性弱化。

二是具体形象。人情化手法诉诸人之常情，不是靠概念、判断与推理，而是叙述、描写并作，并以描写为主来再现或表现新闻事实的状貌，往往让人读时产生画面感甚至场面感，视之有形，听之有声，嗅之有味，触之有体温。

三是同情心。具体形象是过程，通过感性化与新闻事实的具体形象，人情化手法能够触动、弹拨人的内心世界中柔嫩的心弦，唤起读者与作者价值取向的互动或情感共奏，从而激荡读者情怀，引发读者思索。

二　人情化手法的常用方式

在具体使用上，人情化手法有如下常见方式。

一是小故事。小故事包蕴着具体的人物与人物活动，往往喜怒哀乐杂陈。新闻报道善于使用小故事，在生存状态的描写与主观取向的表达上易与广大读者产生生活认同与情感共鸣。如：

> 一个九岁的孩子，看到菜市场里的鸡下的蛋特别小，就产生了好奇：这里的母鸡下的蛋为什么小得像鹌鹑蛋呢？
>
> 在父亲的鼓励下，他与其他孩子一起到菜市场和屠宰场调查，结果发现，菜市场的鸡因为经常看到同类被宰杀而紧张恐惧，因此便产出不正常的小鸡蛋。不仅如此，孩子们还发现，市场里的杀鸡场地都与活鸡笼子离得很近，笼子里的鸡能清清楚楚地看到和听到它们的同伴被怎样杀死。那些鸡甚至能够分辨出杀鸡人和路人。当杀鸡人走近鸡笼时，鸡会纷纷后退，并发出惨叫声，孩子们靠近时，鸡却没什么反应。
>
> 最让孩子们感到震撼的是，在屠宰场的宰杀池前，当一头猪被宰杀时，周围待宰的猪都背向这头猪，本能地躲避，不敢目睹，不少猪吓得全身哆嗦。动物被屠宰时的这些遭遇让孩子们感到非常不安。于是，他们在今年世界环境日发出呼吁，恳请人们善待动物，不要折磨它们，不要在活的动物面前宰杀动物。

这是莽萍《动物福利考验人类道德》(《中国青年报》2002年11月13日)的开头。该稿件报道当代我国国民不能善待包括供人类食用的动物在内的一切动物,但记者使用的具体方式则是一个由天真无邪的儿童所感知的小故事,童真中折射出我们成人世界对待动物的粗暴、自私及其对这一社会问题的麻木,整个语段生动而发人深思。

二是使用细节。细节是那些展示事物、人物在具体时空活动状态的细小材料。细节与细节描写有关,但不是一回事。由于属于材料之一种,故细节便于读者通过日常生活经验而体验报道所表达的新闻事实与有关感性活动。何平等《领导干部的楷模——孔繁森》(新华社1995年4月6日电稿)最动人的一幕莫过于孔繁森告别老母前夜:

> 要走了,孔繁森默默地站在母亲面前,用手轻轻梳理着母亲那稀疏的白发,然后贴在老人的耳朵旁,声音颤抖地说:
>
> "娘,儿子又要出远门了。到很远很远的地方去,要翻好几座山,过好多条河。"
>
> "不去不行吗?"年迈的母亲抚摸着他的头舍不得地问。
>
> "不行啊,娘,咱是党的人。"孔繁森的声音哽咽了。
>
> "那就去吧,公家的事误了不行,多带些衣服,干粮,路上可别喝冷水……"
>
> 想到这也许是同年迈多病的老母亲的最后一面,孔繁森再也抑制不住内心的感情,"扑通"跪在母亲面前:"自古忠孝不能两全,娘,您要多保重!"说完,流着眼泪给母亲深深磕了一个头。

在新闻报道中,最难讨好读者的当属以赞美、讴歌为诉求的正面报道。典型人物报道《领导干部的楷模——孔繁森》无疑属于主旋律文化文本,但无情未必真豪杰,报道是通过党的事业需要与孝敬高堂老母亲情之间的冲突来刻画人物的。人情化手法的使用不仅显示出典型人物属性的人生高度,而且也触摸到典型人物报道如何真实可信这一报道的关键所在,便于读者以己度人,由人之常情出发去理解人物内心世界的平凡与非凡。

三是使用人物引语。人物的具体陈述话语总是具有一定的时空特征，容易生发生活实感。如董月玲《黑熊改变了我的生活》（《中国青年报》2000年8月30日）：

> 经国际爱护动物基金会与中国政府交涉，广东关闭了两家活熊取胆的熊场，基金会随即在广东番禺建了一个黑熊救助中心，收养这些熊。
>
> "救助中心开张时，我去拍电视，真没想到，当时的情景让我触目惊心，终生难忘，也改变了我的生活。"葛芮说。
>
> ……
>
> 剩下7只熊，被送到养护区。养护区不大，只有两亩，但有水池子，有草有树。
>
> "照理说熊是应该生活在树林里，能够呼吸到新鲜空气，喜欢在草地溜达。可这些熊，一辈子都没碰过草。"
>
> "那天，熊从笼子里出来后的情景，看得我热泪盈眶，熊爪子刚挨到草地，就吓得缩回来，伸一下，又缩回来，像被烫着似的。它们只知道爪子应该放在笼子里，放在水泥地上。园子里也有条水泥路，是为了车能进去。结果这群黑熊，就那么沿着窄窄的水泥路，走来走去，怎么也不肯回到它们真正的栖息地——土地和草地上去。"

这里，那些不幸的熊的故事是通过这位叫葛芮的女士之口讲述的。使用人物引语既有助于通过新闻来源保证新闻真实性，又内外贯穿，增强新闻事实的场面感，画肤画骨，通达人性。在新闻事实的表达上，恰当使用人物引语有助于报道的形神兼备。

四是夹叙夹议。新闻报道的客观性对记者、通讯员的议论是有限制的。但任何事物总有两个方面。当胸怀良知的记者由亲历、体验而直面现实生活中惊心动魄的残暴、血腥、奸诈、巧取豪夺、草菅人命时而无动于衷是困难的，直面现实生活中鲜活的良善、真淳，对真理、正义的执着与勇敢而不襟怀激荡也是艰难的。因此，在材料充分、全面，证据确凿的情况下，记者对现实生活中的真善美流露一点赞美，对假恶丑道一声棒喝，则是正常的选择。这些恰到好处的点评，因与广大读者心心相印反而会产生别样的动人力量。如曾民等《被剥皮的红豆杉在流泪》（《南方周末》2002 年 12 月 5 日）的片段：

> 9 月 28 日，一次次在雨雾弥漫的陡峭山坡上滑倒又爬起来时，记者在内心不断祈祷。
>
> 15 时 5 分，经过 7 小时的艰难爬行，当这棵历尽沧桑的大树出现在记者的眼前，雨水和泪水模糊了记者的视线——她的皮已经被剥得光光的，从根到树梢，体无完肤。枝叶扔了一地，剥不到的树枝也被砍下来。
>
> 她艰难地挺立在悬崖边上，庞大的身躯上不停地渗出树液，像是血，又像是泪。
>
> 翻阅大理州云龙县的一份资料，这是中国有据可查的最大的一棵云南红豆杉，它的胸径达 2.6 米，六七个人才能合抱。一位对植物很了解的当地人说，红豆杉长这么大，至少要四五千年！
>
> 然而，她还是被无情地毁了。
>
> 只为了她身上的四五百斤皮。
>
> 只因为她的树皮能提取世界上最昂贵的抗癌物质——紫杉醇。
>
> 当地农民刘文平在今年 7 月份花了 4 天时间才把它剥完，获利四五百元。
>
> 在这棵红豆杉王的附近，还有五六棵树龄上百年的红豆杉，它们也没能逃脱毁灭的命运，皮被剥光，树被连根砍倒，裸露的树干鲜红鲜红的，像遮天蔽日的原始森林在泣血。

美丽而珍贵的红豆杉在记者的眼中、心中是美好的女性，红豆杉被毁是美遭屠戮。这段文字夹叙夹议，华丽凄美，读来久久荡人心怀。

三　人情化手法运用的场合

人情化手法仅仅是新闻报道的一种手段，因此，如果不能恰到好处地加以使用，则易画虎不成反类犬。那么，人情化手法在什么样的情况下可以使用呢？

一是用于一些新闻报道的开头。那些软新闻、非事件性新闻所报道的新闻事实本身距离读者的日常生活较远，难以引起广大读者的普遍阅读兴趣。比如，高校人才建设工作与老百姓的柴米油盐不搭界，与教育界之外的其他行业也相隔甚远，若直接报道则难免生硬、抽象。对此，《华中理工大学缘何形成院士群》（《光明日报》2000年2月28日）一文则以两个小故事开头。其故事梗概如下：其一是1997年底，记者住在华中理工大学招待所，每晚为窗外的施工噪声不绝而烦心，一问，才知学校正在建院士楼，两栋，可住八户。当时该校仅有两位院士，记者怀疑，于是问校党委副书记：能住满八户吗？回答说："没问题。"其二是一则笑话，讲杨叔子教授1997年被评选为院士后，有关部门建议华中理工大学不要让杨叔子坐飞机，否则万一有闪失，会导致该校院士再次为零。而杨叔子的确有几年不敢坐飞机。这篇报道先通过两则小故事，用人情化手法与读者沟通，让其产生共鸣，然后才将读者带到学校人才建设这一方面的情况介绍中来。

二是用于新闻报道的局部。新闻报道离不开概述，但作者如果能够根据需要在要害处通过人情化手法辅以典型性的细节材料，则可以极大地强化报道的易读性、可读性。如前述《领导干部的楷模——孔繁森》对细节材料的人情化处理。

三是用来结构全文。报道新闻事物全貌或总况的这一常规写法往往既用字多，篇幅长，又容易因表述概括或笼统而干枯生涩，那么这时无妨采用人情化手法，选用新闻事实中的若干个别人物来代表新闻事实的整体面貌。2006年春，《光明日报》在进行我国"十五"成就报道时以《身边巨变话十五》作为系列报道的总题目，然后每篇讲述不同行业的一个人在"十五"期间的命运变化，如系列报道之一《下岗后，她"编织"人生》（《光明日报》2006年1月16日）讲述下岗女工卢文俊在"十五"期间再就业的故事；系列报道之二《一个"北漂族"的安居与自得》（《光明日报》2006年1月19日）报道毕业留京的外地大学生童辉"十五"期间在北京安居乐业的故事；系列报道之三《陈辉家的恩格尔系数》（《光明日报》2006年1月23日）讲述的是一位叫陈辉的编辑"十五"期间家庭生活的巨大变化。具体总比概括容易理解，个别终较抽象便于作用感官。正是通过讲个人命运这一人情化的具体手法，系列报道《身边巨变话十五》中的新闻事实才能够与广大读者日常生活经验对接，使读者读来感到亲切、平实与易于理解。

四　人情化手法运用的注意事项

人情化手法虽好，但在使用上有限度，是不可滥用的。在新闻报道的具体运用中，要注意如下事项。

一是服从于报道思想的需要。孤立地看，人情化手法无所谓好坏，关键在于使用是否恰当。运用人情化手法必须考虑新闻报道立意的需要，服从于报道的意图和出发点，不可喧宾夺主，缺乏节制，单纯为生动而生动。

二是根据新闻事实特点或弃或取。一般来说，硬新闻要慎用人情化手法。硬新闻报道的往往是国内外的重大新闻事件，新闻事实常常重大，事实的阶段性分明、突发性强，新闻价值就在新闻事实本身，故一般只需抓住自身强大的新闻价值如实简明报道即可，而无须附加其他来分散注意力。

三是删繁就简。新闻报道生动性的一大敌人就是材料冗繁。例如，对2005年度感动中国人物陈健事迹真实性的质疑进行的报道有多种报道文本，有的冗长，有的简要。兹以其中"真的为金训华留下?"一节为例。文本一（《南方都市报》）：

> 在许多媒体的报道中，姜延滨是一个重要的陈健守墓见证人。报道中都提到一个细节，有一年除夕夜下大雪，陈健一路走到双河村，累倒在金训华墓碑前，生产队长姜延滨闻讯赶来把他扶回家。而陈健表示自己没有说过这样的故事。

> "陈健有个诺言，要守金训华墓一辈子，1979年上海知青大返城之后，陈健留了下来。"姜延滨重复着跟其他媒体已经讲过多次的话。

大部分知青1979年之前都回到了上海，在双河下乡的知青中，除陈健外，还有黄德明等3人。对于陈健的留守，几乎每个接受采访的知青都进行了分析，"按照当时的政策，和当地人结了婚的，在当地有工作、已经不是知青户口的回城不能落户口，陈健两项都占了，而且大家回城也是一片茫然啊，不知道前途在哪里，在那里有个工作至少稳定一点"。采访过陈健的凤凰卫视一位编导称："陈健也向我们表示他留在黑龙江并不全是因为金训华。"

姜延滨说自己最近也听说了外界对陈健守墓的议论。"去年夏天，上海知青回来对这事好像有点不服气。个别人有点意见，这是正常现象，不管咋说，他留在了逊克县。"

陈健则说："我留下来就是为了陪着金训华，他下葬那天我就许下了这个愿望，一开始感觉还不是很强烈，知青离开的越来越多，我越怕金训华孤独，所以要留下来陪着他。我要想回上海，肯定能回来，当时在县城工作的，很多都回来了。"

黄德明也没能回城，"我曾经退职，但是到了上海以后，落不了户口，说我已经有工作了，我只能又回到黑龙江"。同留在黑龙江，黄德明和陈健却没什么联系。"他离开双河村以后就没联系过了。"黄德明说，他这些年回去扫墓也都没看到陈健。

文本二（《楚天金报》）：

大部分知青1979年之前都回到了上海，在双河下乡的知青中，除陈健外，还有黄德明等3人。对于陈健的留守，几乎每个接受采访的知青都进行了分析。"按照当时的政策，和当地人结了婚的，在当地有工作、已经不是知青户口的回城不能落户口，陈健两项都占了，不可能回城。"

凤凰卫视一位编导称："陈健也向我们表示他留在黑龙江并不全是因为金训华。"

陈健则说："我留下来就是为了陪着金训华。我要想回上海，肯定能回来。"

　　显而易见，文本二简洁明了。同是使用人物引语，后者优于前者。所以，新闻报道使用人情化手法以点到为止为上。

　　四是内容积极健康，避免低级趣味。人情化手法与人情味有联系。西方新闻界对"人情味"非常重视，甚至将之纳入新闻价值之列。美国《纽约论坛报》主笔查理·戴纳指出，新闻是"那些正在发生的、有人情味、足以吸引公众、至少是相当一部分人的事实"①。但处理不当，人情味也会沦为平庸甚至低级下流。

　　　　　　　　　　　本文发表于《写作》2012年第7~8期合刊

---

　　①　张宗厚、陈祖声：《简明新闻学》，人民日报出版社，1983，第41页。

关于新闻述评文体的
应用新闻学解读

作为一种常见的新闻文体，新闻述评具有一定的特殊性，并因而为学界有不同的认识。这些争议主要聚集于三处：一是新闻述评的文体归属，二是新闻述评的外延，三是新闻述评的基本特点。新闻述评亦被称作述评、记者述评、分析性新闻、述评新闻、述评性新闻等。准确而恰当地认识新闻述评，有助于新闻述评工作及其研究工作的健康进行，故有必要专论之。

一 新闻述评的文体属性

新闻述评文体归属的关键在于文体属性，其主要存在三种认识，即新闻报道说、新闻评论说与文体杂糅说。

新闻报道说认为，新闻述评尽管有叙述有议论，但其目的在于向社会报道新闻事实，本质上应属于新闻报道范畴。戴邦、钱辛波、卢惠民主编的《新闻学基本知识讲座》将新闻述评置放在新闻报道而不是新闻评论的范围内介绍，以为新闻述评具备以叙为主，兼有夹叙夹议、记叙结合的特点。① 汤世英、薄瀚培、劳沫之的《新闻通讯写作》（中国人民大学出版社 1986 年版），刘明华、徐泓、张征的《新闻写作教程》（中国人民大学出版社 2002 年版），《中国大百科全书·新闻出版》（中国大百科全书

---

① 戴邦、钱辛波、卢惠民主编《新闻学基本知识讲座》，人民日报出版社，1984，第 357 页。

出版社 1990 年版）的主张也均在此认识范围之内。有学者主张此类新闻述评应另名为"述评性新闻"①。

新闻评论说认为，新闻述评尽管有叙述有议论，但其目的在于向社会报道意见、主张，故本质上应属于新闻评论范畴。丁法章主编《新闻评论学（第二版）》（复旦大学出版社 1997 年版），吴庚振《新闻评论学通论》（河北大学出版社 2001 年版），秦珪主编《新闻评论写作》（武汉大学出版社 2000 年版），程世寿、胡思勇《当代新闻评论写作》均持此说。胡人龙认为新闻述评是"一种特殊的新闻评论文体"（胡人龙《新闻述评的特点与优势》，《新闻与写作》1992 年第 7 期），秦珪主编《新闻评论写作》为此还较之以新闻综述从而明确新闻述评的归属。

文体杂糅说认为，新闻述评有叙述有议论，既包括新闻报道的相关部分，又包括新闻评论的相关部分。复旦大学新闻系采访写作教研室的《新闻采访与写作》认为：新闻述评又叫记者述评、述评新闻，是一种特殊的报道形式，是一种介于纯新闻和新闻评论、调查报告之间的文体。在报纸工作中，其有两种趋向：一种基本属于新闻报道的范畴，另一种可以归入新闻评论的范畴。② 张惠仁《现代新闻写作学》（四川人民出版社，2001）、胡端宁的《新闻写作学》（新华出版社，2002）、林荣强《述评性新闻》（人民日报出版社，1988）的主张大体上在此范围内。不过，此说对相关的依据尚乏充分的论述。

那么，从文体属性看，新闻述评如何归类为宜呢？答曰：兼顾为上，即新闻述评是介于新闻报道与新闻评论之间的边缘文体，宜既包括新闻报道的相关部分，又包括新闻评论的相关部分。

首先，合乎新闻采编工作的需要。新闻述评本属于边缘文体，处在新闻报道与新闻评论的接合部。其中，有的述大于评，着重于叙事，讲求新闻信息传播，明显倾向于新闻报道；有的评大于述，着重于说理，讲求意见信息的表达，明显倾向于新闻评论；也有的叙事、说理并重，相互间难

---

① 程世寿、胡思勇：《当代新闻评论写作》，华中理工大学出版社，1999，第 257 页。

② 复旦大学新闻系采访写作教研室：《新闻采访与写作》，复旦大学出版社，1984，第 124 页。

分轻重。这样的边缘性，无论有所侧重，还是侧重不明显，只要处于媒体信息传播与受众需求的良性范围之内，就不必脱离实际需要设置标准从而阻碍信息的交流。毕竟文体"定体则无，大体须有"①。

其次，体现对媒体定位与新闻工作规律的尊重。一般来说，主流媒体、高级报纸重视言论，但评论主体的视野局限亦会降低言论的传播分量。新闻传媒终以传播新闻信息为第一要务，新闻的事实信息传播、意见信息的表达与社会现实及其变动直接相连，而尊重媒体根据实际在恪守媒体工作原则的前提下葆有一定的灵活性，有助于新闻媒体的健康发展。

最后，体现了新闻媒体进化过程的投影。中外新闻业证明，近代意义上的新闻媒体发展一般先政党报刊、再市场化程度高的报刊。后者又被称作商业性报刊。② 政党报刊多为意见纸，商业报刊多为新闻纸，即以新闻事实信息为主的报刊。在这样的发展过程中，新闻述评有了一定的存在、发展的社会土壤与媒介环境，报刊并由既往的基本由新闻评论包圆而向重议轻叙再走议叙并重直到多叙少议的方向渐次发展。因此，新闻述评的兼顾为上立场，既可以体现新闻文体以及新闻述评的历史演进轨迹，又是尊重目前新闻述评文体重议轻叙、议叙并重与重叙轻议三类并作的现实局面的理性折射。

二　新闻述评的文体外延

新闻述评文体外延的争议主要存在于新闻报道范畴内的新闻述评，而不是新闻评论范畴内的新闻述评。有学者将新闻报道范畴内的新闻述评集中在消息报道领域，如汤世英等人的《新闻通讯写作》、刘明华等人的《新闻写作教程》，其来源主要在于计划经济时期新闻界关于消息报道的四分法及其历史惯性。消息的四分法将消息分为述评以及动态、经验、综合四类。也有人将新闻报道范畴内的新闻述评集中在通讯报道领域，张宗厚、陈祖声的《简明新闻学》认为新闻述评是"一种介于消息报道和新

---

① （金）王若虚《文辨》。
② 张允若：《外国新闻事业史》，武汉大学出版社，2000，第92页。

闻评论之间的写作体裁"，"较详细地介绍背景材料"，"围绕着新闻事实进行分析、议论"①，这实际在指向解释性报道。类似的主张还有《中国大百科全书·新闻出版》，邱沛篁、吴信训、向纯武等的《新闻传播百科全书》（四川人民出版社，1998）、胡欣《新闻写作学》（武汉大学出版社，1998）。

对新闻述评文体外延的划分应既全面，又根据新闻采编实际取粗线条。

首先，文体外延划分要全面。在外延的划分上，应该照应新闻述评兼顾为上立场的内涵，在此基础上对新闻述评的外延进行多层次的划分。在新闻述评外延的首次划分中，可将其二分为新闻评论范畴的新闻述评与新闻报道范畴的新闻述评。在新闻述评的二次划分中，可将新闻报道范畴内的新闻述评二分为消息类与通讯类。其中，前者以述评性消息为主，后者以解释性报道为主。

其次，以粗线条划分为上。文体属于文章的形式范畴。刘勰《文心雕龙·定势》云："夫情致异区，文变殊术，莫不因情立体，即体成势也。"这就是说，包括文体在内的形式要服务于内容，要为文章的立意、选材、用材服务。新闻述评文体划分过细并不利于因应具体的表达需要，容易分散新闻采编主体对新闻客体、表达客体的注意力，干扰主体之于新闻内容的观察、思考。同时，文体的稳定性在一定程度上又具有相对性，文体划分过细也不利于新闻采编主体根据社会实际合理把握、调控文体之间边界的清晰与弹性。

三　新闻述评的基本特征

由于对新闻述评的内涵与外延有所分歧，故学界在新闻述评基本特征的把握上难免视域有别，标准各异，其概括也就难以统一，存在一定的片面性。如，基于新闻评论立场而将新闻述评的特征断为"评述结合，以评为本"②自顺理成章，但如此认识已将新闻报道范畴内的新闻述评拒之

---

① 张宗厚、陈祖声：《简明新闻学》，人民日报出版社，1983，第382页。
② 秦珪主编《新闻评论写作》，武汉大学出版社，2000，第188页。

门外。再如，将新闻述评的特点归纳为"客观地叙述新闻和较详细地介绍背景材料"[1]则不仅将新闻评论范畴内的新闻述评踢开，而且还自外于新闻报道范畴内的消息类新闻述评。而将"综合性"断为新闻述评的特征之一，又有将新闻述评放大化乃至泛化的倾向，因为这种综合性，即"站在全局的高度进行鸟瞰式"[2]表达并不会仅限于新闻述评甚至新闻评论。因此，在讨论新闻述评内涵、外延的同时还有必要对新闻述评的基本特征予以辨析。

总体来看，新闻述评的基本特征有五。

第一，有叙述，有议论。这是新闻评论范畴内新闻述评与新闻报道范畴内新闻述评在表达方式种类上的共同点。双方在此有所不一的是，前者以议为中心，着重于以理服人，让人有所"信"，议论的表达方式特征突出；后者以叙为中心，着重于事实呈现，让人有所"知"，议论的表达方式特征并不突出，且其议论多倾向于说明，甚至为说明所取代，即多为有叙述、有说明。议论与说明是有差别的，前者追求以理服人，讲求价值判断，意在证实或证伪"月亮是美的"或"月亮是丑的"，而后者追求表现事实，讲求事实判断，意在介绍"月亮是圆的"或"月亮是月牙形的"。

第二，夹叙夹议，即边叙述边议论或边说明。其中，新闻评论范畴内的新闻述评追求以议带叙，议主叙宾，而新闻报道范畴内的新闻述评则追求多叙少议，以叙为主。

第三，事实信息传播与意见信息表达并作。其中，新闻评论范畴内的新闻述评以意见信息为中心，且多集中于意见信息中的社会价值、政治意义等层面，新闻报道范畴内的新闻述评以事实信息为中心，且多集中于事实信息中的何因新闻要素。

第四，以新闻的第二落脚点为主。其中，新闻评论范畴内的新闻述评一般取新闻的第二落脚点，而新闻报道范畴内的新闻述评虽多立足于新闻第二落脚点，但身处新闻一线的记者有时也会将新闻的第一落点、第二落点并作，并因新闻第一落点而成为独家新闻。

① 张宗厚、陈祖声：《简明新闻学》，人民日报出版社，1983，第382页。
② 吴庚振：《新闻评论学通论》，河北大学出版社，2001，第196页。

第五，表达主体以记者为主，以编辑、评论员为辅，观察、思考视域较为开阔。其中，新闻报道范畴内的新闻述评的表达主体一般为记者。记者在进行纯新闻报道之后或报道的同时，也会意犹未尽，因新闻真相或新闻全貌的披露未到位而再一步，操刀新闻述评。而新闻评论范畴内的新闻述评则常由身处新闻二线的编辑、评论员等非外勤记者立足全局予以抢笔。

本文系欧阳明教授与博士生刘英翠合著，
发表于《写作》2014 年第 12 期

深度报道的界定探析

中国社会转型的复杂性、艰巨性，世界范围内的全球化的深化与起伏，以互联网为中心的新媒体对新闻业的冲击与重构，日益凸显内容在新闻生产与信息渠道竞合中的核心地位。因此，我国新闻业界与学界高度重视深度报道在我国新闻业发展中的重要地位与引领优质新闻信息流通的核心功能。主流新闻媒体往往离不开深度报道，深度报道早已成为新闻媒体行业竞争与强化社会影响力的利器，中国新闻奖多年来将奖项授予深度报道作品与栏目，深度报道越来越多地走近大学课堂，与大学生、研究生见面。然而，直至现在，新闻业界与学界尚不能就深度报道的界定达成基本共识，这不能不影响深度报道的健康发展，故对此进行学术探讨也就理所当然。

一 关于深度报道的四种误解

所谓界定，又名界说，即定义，是对一种事物的本质特征或一个概念的内涵、外延给予确切、简要的说明。① 其中，外延，是概念的适用范围，即适合于某一概念的一切对象；内涵，是一个概念所反映的事物本质属性的总和。②

对深度报道，业界与学界主要存在如下四种误解。

---

① 中国社会科学院语言研究所词典编辑室编《现代汉语词典》，商务印书馆，2002，第651页；汉语大词典编纂处编《汉语大词典》，上海辞书出版社，2007，第4625页。
② 汉语大词典编纂处编《汉语大词典》，上海辞书出版社，2007，第1930、428页。

4555

1. 误解一：深度报道就是解释性报道

这种看法一度颇有市场，可以我国新闻传播学的教研重镇复旦大学新闻学院为代表。姚福申主编的《新时期中国新闻传播述评》①、余家宏等主编的《新闻学简明词典》（浙江人民出版社，1984）、张骏德《深度报道的运用与发展态势》② 等均持此见解。在深度报道与解释性报道之间画等号是不合乎实际的。所谓的解释性报道，是一种充分利用背景材料来说明新闻事实来龙去脉，揭示新闻事实原因、实质意义或预测新闻事实发展趋势的分析性报道。在新闻五要素中，解释性报道强调的是何因，对何因的探究就构成解释性报道最突出的特点。而所谓深度，指的是信息触及事物本质的程度。新闻报道的深度显然与何因密切相连，但又不限于何因。同时，从外在形态看，解释性报道一般采取新闻述评的样式，将深度报道仅仅局限为解释性报道则难免将深度报道推向简单、肤浅，不能体现深度报道的初衷。因此，解释性报道只是深度报道的重要组成部分，而不是深度报道的全部。

那么，为什么会有那么多的人在深度报道与解释性报道之间画等号呢？这主要有以下两个原因。

第一个原因和新闻六要素的特点及其与新闻事实之间的关系密不可分。一般说来，何事是新闻六要素的核心。在与何事的关系上，何人、何时、何地相对单纯，仅及新闻事实的某一方面或某一区域，通过记者一定的采访、调查较易被落实、明确、锁定。而如何、何因则与何事密不可分，连筋入骨，事关全局，直接牵动着事实的内在结构与运动原理。其中，对何因的解读主观性强，容易见仁见智，生出迷雾。比如，对于非典型性肺炎的病源冠状衣元体（SARS）病毒的来历，学者们见仁见智。2003 年夏，广东防治非典科技攻关小组、香港大学等发布的科研信息表明，经常接触果子狸、蛇的人其血清抗体呈阳性的多，即容易染上 SARS病毒。而中国疾病预防中心传染病预防控制所的专家尚德秋、卢金星，广州军区总医院呼吸科原主任黄子杰则认为虽然已经从动物标本中获得

① 姚福申主编《新时期中国新闻传播述评》，复旦大学出版社，2002，第 443 页。
② 张骏德：《深度报道的运用与发展态势》，《中国记者》2003 年第 7 期。

SARS 样病毒，但尚未找到动物身上病毒与人类病毒之间的关联性，故不能认为果子狸就是向人类传播 SARS 病毒的元凶。① 2005 年，中国科学院动物研究所李文东、香港大学袁国勇教授与美国、澳大利亚科学家经过研究认为，野生蝙蝠可能是非典 SARS 病毒的宿主。② 2009 年，武汉大学郭德银教授等研究发现，非典型性肺炎冠状病毒致命点是一组叫"非结构蛋白 nsp14"的基因编码。③ 面对连科学家们在这样长的时间内都无法达成共识的如此复杂的新闻事实，记者仅仅报道发生了什么当然就远远不够了，还应该报道新闻事实为什么发生、如何解决问题。新闻报道是绝对真实与相对真实、客观真实与主观真实的有机统一。何人、何时、何地与绝对真实、客观真实关系密切一些，如何，尤其是何因与相对真实、主观真实瓜葛稍多一些。何因是引领新闻报道走入、认知事实深度的首位新闻要素。但是，认知新闻事实深度并不仅仅限于何因，将深度报道与解释性报道混为一谈是片面的。

认为解释性报道就是深度报道，出现这种看法的第二个原因是深度报道的发展历程。深度报道是对客观报道的反动，而这种颠覆之肇始就是解释性报道的勃兴。正是美国的卢斯为了《时代》杂志的独特竞争力而着力于为忙人整理新闻，将对新闻事实的解释作为新闻期刊后发制人的制胜秘诀。不过，即便解释性报道不断壮大，但只要客观报道仍一统天下，那么，为了避免让"解释"一词陷入语意陷阱，被误解为新闻不客观，当时的新闻学学者选用"深度报道"一词来取代解释性报道，并在有意无意间拓宽深度报道的疆域，将"背景性报道""人情味报道""特写化报道"也扯到深度报道中④来就可以理解了。

2. 误解二：深度报道就是调查性报道

这种看法后起，在国内外均存在。先看国内。获得中国新闻奖 2004

---

① 曾利明：《中国专家认为：果子狸引发 SARS 疫情没有证据》，《北京娱乐信报》2003 年 5 月 29 日。

② 陈勇：《蝙蝠可能是非典病毒野生宿主》，见新华社 2005 年 9 月 29 日电稿。

③ 艾启平、王怀民：《武汉大学科研人员发现 SARS 冠状病毒致命点》，《长江日报》2009 年 2 月 16 日，第 1 版。

④ 彭家发：《新闻文学点·线·面》，台北：业强出版社，1988，第 9 页。

年度"新闻名专栏"的新华社《新华视点》专栏，对深度报道情有独钟，但实际上却专攻调查性报道。再看国外。美国华文报纸《侨报》副主编李大玖女士即持这样的主张。2007 年秋季，李女士在华中科技大学讲授"深度报道"课程时将"课程考核上分为两大部分———一是调查性报道，……二是……阅读……调查性报道作业"，[①] 将深度报道仅作为调查性报道之一种。

将深度报道等同于调查性报道也是不合乎实际的。《新华视点》专栏、美国的《侨报》所认同的调查性报道源自西方，即揭丑性的新闻报道。它重在如何，是报道者通过自己较为长期、完整、独立的亲自积累、观察与调查研究，立足于公共利益立场，对某一或某类的社会事实或社会现象，以披露一些人或有关组织企图掩盖的事实真相而进行的深入、系统或深入详细的报道。然而，调查性报道并不等于所有的深度报道。它着重于通过系统与较为科学的采访披露新闻事实真相，尤其是内幕的调查性报道，并未将自身报道的重心瞄准何因，更不用说深邃的主观世界。显而易见，调查性报道是无法顶替深度报道的。

将深度报道朝调查性报道倾斜事出有因。一是调查性报道的难度大，而且这种难度往往远远超过其他新闻报道。二是调查性报道的质量高，社会影响力大，而且这种优质与社会影响力往往为其他新闻报道所不及。社会与新闻界为此对调查性报道高度期盼。进入 21 世纪后，中国新闻工作者在处理深度报道的活动时，开始将越来越多的注意力与热情给予调查性报道，调查性报道的社会影响力开始抢夺解释性报道的风头。按照我国现实发展的趋势，着重于揭丑的调查性报道应会逐渐增大比重。调查性报道的高品质、信息获取的异常艰难与强大的社会影响力，是误将深度报道等同于调查性报道的重要原因。

3. 误解三：事实无深浅之分，不存在深度报道

具有哲学专业背景的人容易认同这样的主张。某省委机关报哲学专业出身的编辑曾当面向笔者发出质疑。在解构主义看来，世界无一不自我呈

---

① 李大玖：《个人工作小结》，《华中科技大学新闻与信息传播学院工作简报》总第 13 期（2008 年 1 月 9 日）。

现，没有中心，更不存在深浅之别。美国的詹姆士·波普认为提"深度报道"则意味着有一种"肤浅报道"。① 不过，这貌似有理的看法其实只见其一，未见其二。

的确，事实是一种客观存在，没有真伪、深浅之分，但报道者对新闻事实的接触、认识与表达却有真假、深浅之别。笔者有个晚上不读点东西就睡不着的习惯，但睡着后眼镜却常常从脸上滑落掉在身上。而笔者对此往往浑然不知，半夜翻身有时会将眼镜压住。这样，笔者自己多次将压落的镜片用微型螺丝刀重新安装到镜框内。不过，到了2009年7月，既往的做法却再也不灵了，笔者怎么也无法将滑出的镜片安装到镜框内，只好去眼镜店修理。眼镜店的技师告知是镜框内的螺母滑丝了。笔者说："不会的。我可以将没有镜片的镜框用微型螺丝刀拧紧的。"技师笑笑说："你只看到了表面。这处镜框的螺母，最上面的两层已经滑丝，但下面的螺纹还没有滑丝。"于是，技师换了一枚长一些的螺钉终于将镜片安装到镜框上。这一生活遭遇说明认识主体在认识客观事物的过程中，确有一个由浅到深的阶段。新闻报道也是这样。新闻报道是主客观相结合的产物，既离不开客观事实，又不能缺少报道者。报道者必须依凭一定的路径才能够接触、了解与把握新闻事实，新闻事实之于报道者则有可得与不可得，易得与不易得之分，因此报道主体对新闻事实材料的占有就不能不因主客观的限制而形成不同的认识路径，并因这样的不同路径而产生认识的真伪、深浅的差异。美国学者麦尔文·曼切尔认为记者采集、报道事实存在由浅而深的三个层次：第一层报道只是严格照抄原始记录、发言，第二层报道是尽力对新闻来源及其材料进行核实，第三层报道报道新闻事件为什么发生，意味着什么，结果怎样。② 2003年6月24日，中国人民大学法学院教授郭跃做客央视《经济与法》节目时指出，我国著作权法不保护事实本身，保护的是作者对事实的表达。新闻报道不等于新闻事实本身，而是新闻客体与新闻主体的有机统一，是事实、作者

---

① 杜骏飞：《深度报道写作》，中国广播电视出版社，2000，第2页。
② 〔美〕麦尔文·曼切尔：《新闻报道与写作》，艾丰等编译，中国广播电视出版社，1981，第120页。

与符号的有机统一。因此，否定在新闻事实发现、认识与表达上存在差异，存在深浅之别，本身就不无肤浅。

4. 误解四：深度报道是一种文体或报道方式、报道方法

陈健民《深度报道初探》以为深度报道是"一种新闻体裁"①。张惠仁《新闻写作学》认为深度报道"是一种以'深'见长的新闻体裁"②。杜骏飞《深度报道写作》认为深度报道是"类文体"，即同类文体的一种集合。③ 这是文体说。《中国大百科全书·新闻出版》认为深度报道是一种报道方法。④ 何光先《再谈深度报道》认为深度报道是一种报道方法。⑤ 这是方法或方式说。

将深度报道理解为文体、报道方法、报道方式，是把深度报道仅仅限制在新闻报道的形式范围，未免失之狭隘。首先，深度报道之"深"，主要在于内容。脱离内容，脱离信息，就无所谓新闻报道的深度。其次，深度报道牵动全局。深度报道牵一发而动全身，牵动着新闻报道的方方面面，动态而非静止，既关系到思维，又牵涉采写，甚至还离不开编辑；对于报道者，更要思想、品德、意志、作风、经验、理论、文笔凝在一处。这些都不是仅凭方法、方式就能解决的。其实，深度报道就是应运而生的新闻报道，是新闻业发展到一定阶段后而必然涌现的事关主流新闻报道的业务活动。这就如同西方国家工业革命前后的客观报道，怎能一个文体、方法、方式了之呢？

二 关于深度报道的内涵确立

（一）深度报道的相关提法

关于深度报道，还存在其他提法。对于深度报道，英美叫"大标题

① 陈健民：《深度报道初探》，广西人民出版社，1991，第44页。
② 张惠仁：《新闻写作学》，四川人民出版社，1986，第238页。
③ 杜骏飞：《深度报道写作》，中国广播电视出版社，2000，第2页。
④ 中国大百科全书总编辑委员会《新闻出版》编辑委员会、中国大百科全书出版社编辑部编《中国大百科全书·新闻出版》，中国大百科全书出版社，1990，第258页。
⑤ 何光先：《再谈深度报道》，《新闻知识》1989年第3期。

后报道"①、法国称"大报道"，我国又曾名或正在名之为"专题新闻"
"专题报道""深度新闻"。李树忠、高庆林、徐民和《从〈瞭望〉周刊
的"重武器"——专题报道》一文说："专题文章大体相当于国外学界所
称的'解释性新闻报道'，国内新闻界不少人称之为分析性新闻或深度报
道。"② 从电视节目分类看，电视节目可以三分为电视新闻、电视专题与
电视艺术。这里的"专题"被摈弃在新闻之外。从新闻界约定提法的影
响力与避免误解来看，还是以"深度报道"的提法为上。

（二）深度报道的内涵确定

深度报道（in-depth reporting），是对某新闻事实或新闻现象所进行的
集中而专门的报道，具体讲，指的则是新闻传媒在相对集中的时间和版块
中，努力运用广视角、大容量、深层次、多手法的思想视域与报道方式对
某新闻事件、新闻现象所进行的专门话题报道或问题研究报道。除了电
视、互联网之外，深度报道多为报刊所用，既为报纸所不可或缺，又在新
闻类期刊中承担栋梁之任。

三　外延：深度报道包括什么

（一）对深度报道外延的三种误解

1. 误解一：标准杂糅，界域混乱

深度报道究竟由什么来组成，一些人在认识上因同时使用多种标准予
以划分而导致问题混乱不清。郭远发《重视积累运用资料，突出〈瞭望〉
周刊特色》一文云：深度报道包括六种形式，即解释性新闻、事件性通
讯、新闻分析、新闻综述、新闻故事、特稿等。③ 杜骏飞《深度报道写
作》认为深度报道包括解释性报道、调查性报道、预测性报道、实录性

---

① 尹德刚、周胜：《当代新闻写作》，复旦大学出版社，1997，第 234 页。
② 《瞭望》周刊编辑部、新华社新闻研究所编《新闻周刊的理论与实践》，新华出版社，
1991，第 129、263 页。
③ 《瞭望》周刊编辑部、新华社新闻研究所编《新闻周刊的理论与实践》，新华出版社，
1991，第 263 页。

报道、传记性报道。①

这样的看法是不能成立的。新闻分析、新闻综述本身就是一种解释性报道，而新闻故事或新闻小故事属于事件通讯之列，特稿（feature）又译为"特写"，为西方社会特有，原本强调新闻报道的趣味性、人情味，有新闻性但新闻性并不突出，内容偏软，20世纪60年代之后出现与深度报道合流的趋向。至于实录性报道、传记性报道所活跃的天地主要在文学、历史的领域，将之列入深度报道明显不伦不类。正是标准杂糅、界域混乱，"深度报道"一词让一些人有了"有点大而化之"的感觉。② 因此，弄清深度报道的外延首先必须一次运用同一个标准。

2. 误解二：深度报道是一种通讯

有人将深度报道看作"有深度的通讯"③，这同样是错误的。从新闻文体看，报刊上活跃的新闻文体主要有四：消息、通讯、特写、专访。广义的通讯也可以包括特写、专访。而对于深度报道而言，只要有助于报道者由浅入深地把握并报道新闻事实，那么，通讯可以用，特写、专访可以用，消息也可以用。中国新闻奖获奖作品胡俊等的《3000 小考生"妖魔化"妈妈》④ 一文报道江城小学生在武汉市"楚才杯"的参赛作文中，将自己的妈妈不约而同地描绘成"母老虎""变色龙"等负面形象。那么，这篇报道虽仅由五段构成，但因抓取我国现行教育体制存在的重要弊端而呈现出重大新闻气象，故并未因采取消息报道形态而与深度报道无缘。因此，消息、通讯、特写、专访不过是报道者用来达到报道深度的形式与手段。

3. 误解三：深度报道包括新新闻甚至新闻评论

这样的误解主要来自美国与电视界。

先看深度报道与新新闻。具有密苏里大学新闻学院等背景的美国学者谢丽尔·吉布斯、汤姆·瓦霍沃认为深度报道共有四种：解释性报道、调

---

① 杜骏飞：《深度报道写作》，中国广播电视出版社，2000，第6页。

② 《中国青年报》记者卢跃刚语，见张志安《记者如何专业》，南方日报出版社，2007，第4页。

③ 转见程世寿《深度报道与新闻思维》，新华出版社，1991，第8页。

④ 见《武汉晚报》2005年4月25日。

查性报道、报告文学（也叫创造性纪实作品）与社会事务新闻（也叫公共新闻）。[①] 这样的看法是有一定问题的。先说报告文学。两位美国学者《新闻采写教程》的中译本未提供"报告文学"的英文术语，而我国对报告文学最权威的英译是 Reportage。[②] Reportage is reporting events for newspapers，即报告文学是报刊上关于具有新闻事件性质的新闻事实的报道。报告文学也被译作 Feature。实际上，中国的报告文学有自己的特色。我国的报告文学受苏俄特写的影响，特别强调文学的形象性，以人物形象塑造见长，如徐迟的《哥德巴赫猜想》[③]、理由的《扬眉剑出鞘》[④] 分别塑造了数学家陈景润、击剑运动员栾菊杰的鲜活的人物形象。另外，在报告文学细节如何恪守新闻真实性的问题上，业界也还存在一些争论。美国学者谢丽尔·吉布斯、汤姆·瓦霍沃所说的报告文学应另有所指。他们心目中的报告文学有两个特点：一是让文学手法为我所用，二是作者对所报道的新闻事件必须亲历。两位还以诺尔曼·梅勒、特鲁曼·卡波特、汤姆·沃尔夫及其作品《电冷却器酸性实验》等为例论述[⑤]，因此其所谓的报告文学其实在以新新闻为核心。而新新闻在主观性方向上距离新闻过远，以不入深度报道行列为宜。

再说深度报道与新闻评论。深度报道，尤其是调查性报道与公共事务直接相关，美国学者谢丽尔·吉布斯、汤姆·瓦霍沃所说的社会事务新闻则更偏向新闻评论。[⑥] 我国的电视业对深度报道的认识也是有一定偏差的。他们偏爱将深度报道划为新闻评论，如将深度报道栏目或以深度报道为主的中央电视台的新闻栏目《海峡两岸》《焦点访谈》看作新闻评论栏目。深度报道属于新闻报道，必须叙述，其底线是以叙述为主。

① 〔美〕谢丽尔·吉布斯、汤姆·瓦霍沃：《新闻采写教程》，姚清江译，新华出版社，2004，第331页。
② 《中国大百科全书·新闻出版》，中国大百科全书出版社，1990，第21页。
③ 徐迟：《哥德巴赫猜想》，《人民文学》1978年第1期。
④ 理由：《扬眉剑出鞘》，《新体育》1978年第6期。
⑤ 〔美〕谢丽尔·吉布斯、汤姆·瓦霍沃：《新闻采写教程》，姚清江译，新华出版社，2004，第352~358页。
⑥ 〔美〕谢丽尔·吉布斯、汤姆·瓦霍沃：《新闻采写教程》，姚清江译，新华出版社，2004，第358~365页。

《中国青年报》的年轻记者刘畅将记者在新闻报道过度使用议论、抒情称作"报道采访手记化"。① 其实，新闻评论所传播的核心是意见信息，而不是事实信息，故社会事务新闻等以言论为中心的文本是不宜划归深度报道的。

（二）深度报道的种类

深度报道究竟包括什么呢？不存在争议的有两家，这就是解释性报道、调查性报道。有人认为预测性报道也是一种深度报道。预测性报道本身属于解释性报道，将之从解释性报道中独立出来或不独立都无碍大局。

那么，除了上述报道之外，深度报道是否还有其他类型呢？笔者以为是存在的。具有人性深度或政治、文化深意的人物报道如部分典型性报道，达到一定深度的精确性报道也可以归入深度报道行列。衡量深度报道的基本标准是报道的内容，而不是包括文体在内的形式。判断新闻报道是否达到深度报道层面，不能依据报道是消息还是通讯、特写、专访。报道的篇幅长短与报道内容的深度没有必然联系。深度报道的内容深度差异主要衡自两个方面：一是材料，即报道所触及的新闻事实的深度与高度；二是思想，即报道者对新闻事实的认识方向、范围与沿着一定的方向所深入的认识程度。对于报道者，具有新闻价值的主观世界不容忽视。主观世界是一个同样宽广、深邃无边并独具特征的另一个世界，新闻界是不能对之采取鸵鸟政策视而不见的。新华社的《新华视点》栏目"推出了子栏目'焦点人物'，以延伸热点报道"②，《河北日报》在深度报道栏目《新闻纵深》内设立《新闻纵深·人物》，岭南更是出现了专事人物报道的《南方人物周刊》。这些是顺应时代变化与社会需求的明智举措。同时，既然一部分精确性报道在反映新闻事实上已有足够的深度，那么，我们同样应该正视。深度报道严肃而理性，而且其严肃、

---

① 张志安：《报道如何专业》，南方日报出版社，2007，第115页。
② 万武义、陈芸：《新华通讯社专栏〈新华视点〉》，新华网，http://news.xinhuanet.com/zgjx/2007-01/28/content_5664617.htm。

理性又往往与分析、思辨、批判、求异，甚至否定密切相连。因此，我们既要防止深度报道泛化并进而将深度报道推向消失的方向，又要抓住深度报道的要害，正视新闻信息的深度及其背后的力量，开拓深度报道的报道领域。

本文系欧阳明教授和研究生向小薇合著，

发表于《写作》2017 年第 7 期

试论西方深度报道的发生

深度报道是当代中西新闻界面向社会生产的最优质新闻产品种类之一，是新闻媒体实施"内容为王"的舆论与市场的竞争利器，也是彰显新闻媒介用以对话媒介工具渠道的内容信息优势所在，在因应当前以互联网为中心的新媒体高速发展而在场的新闻传媒结构再造的动态过程中具有特别的整合功能，对我国新闻界与社会管理者不无理性预警维度，提醒主流社会谨慎应对而远离盲目、冲动。相形之下，我国学界、新闻界尚缺乏关于西方深度报道发生的专门探讨，因此，本文的学术价值与现实意义是突出的。

一 新闻报道的分期与西方深度报道的发生

从世界新闻史的发展来看，新闻业真正破土而出是在 17 世纪初。具有近现代意义的新闻业，即出自新闻传播自身本能的新闻业，17 世纪上半叶首先在从地中海北岸到大西洋东岸的广阔的西欧大地的转移中萌生。而深度报道在新闻业诞生之日也开始孕育，但真正问世却不能不假以时日。

深度报道始自西方，其破土而出的时间在 20 世纪 30 年代。西方的深度报道以 20 世纪 30 年代为界，前为孕育期，后为破土而出后的成长期。首先，从 17 世纪初到 20 世纪 30 年代的 300 多年间，是西方深度报道的孕育期。纵观新闻业的历史长河，西方的新闻报道大致经历了四个发展时期：萌芽期、主观报道期、客观报道期与深度报道主流期。西方新闻报道的萌芽期、主观报道期，为客观报道的产生提供了必要性与必然性，并预留了客观报道的未来对手，即深度报道的位置。其次，西方客观报道期逐渐暴露了客观报道的致命缺陷，其所暴露出的破绽为深度报道破土而出提供了现实依据与明确的理由，推动西方新闻报道进入客观报道与深度报道并行互补的发展阶段。

二 发生背景：新闻报道的萌生期、主观 报道期与西方深度报道的孕育

从 16 世纪的意大利威尼斯小报盛行，到 17 世纪初新闻纸在德意志首先面世，到 17 世纪、18 世纪资产阶级革命爆发之前，这段时期属于西方新闻报道的萌芽期。其中，中国造纸术西传与 15 世纪德意志工匠古登堡铅活字印刷术的发明，为新闻业的诞生提供了重要的技术基础，城市的发展与人口的集聚，交通业的进步与邮政业投递过程的加速，民众受教育的渐次普及与商品经济的活跃，为新闻业的最终诞生提供了不可或缺的社会条件。而意大利威尼斯小报盛行的 16 世纪，则成为西方新闻业由古代新闻传播时期走向近现代报刊的过渡期。从意大利威尼斯小报盛行的 16 世纪，到 17 世纪、18 世纪资产阶级革命爆发之前，新闻报道主要服务于商贸往来，为商人或客户提供经济资讯，因社会能量有限而尚未引起政治中上层的充分关注，此时的报刊尚为西方社会精英阶层所普遍轻视。因此，这一时期西方报刊的新闻报道还没有明确的一以贯之的写作宗旨、写作理念与写作方法，没有充分适合新闻信息传播的采写范式，而普遍秉持拿来主义立场，向历史书写借鉴，向文学创作学习，横向植入历史、文学的叙事方略与写作技法，采写者的新闻报道活动不出现些漏洞是非常困难的。

萌生期之后是主观报道期。主观报道期的新闻报道先后出现了两种重要新闻工具：一是政党报刊，二是廉价报纸。

从 17 世纪中叶到 19 世纪上半叶的近 200 年间，属于西方的政党报刊成长阶段。在资产阶级革命前后，各种政治力量逐渐认识并领略了报刊的社会威力，热情高涨，纷纷投身其间，施展拳脚为己所用，将报刊当作一种重要的政治工具使用，相互攻防。在这样的社会氛围中，新闻报道以政治生活为中心开始了自身的首次范式化：新闻报道以传播政治信息为主，政治倾向黑白分明，对意见信息的热衷远胜过对事实信息的核准与发布，并

为了报道者各自的政治利益将新闻报道的政治化推向极端：新闻报道不过是一种政治工具，并从政治宣传的功利出发而不惜攻讦谩骂，移花接木，造谣诽谤，以求一时的舆论先机。美国独立革命时期与美国建国初期的政党报刊充分体现了西方政党报刊无视新闻规律的缺陷。由芬诺（John Fenno，1751~1798 年）主编的联邦派的头号报刊《合众国报》（*Gazette of the United States*）、由弗伦诺（Philip Freneau，1752~1832 年）主编的反联邦派的半周刊《国民报》（*National Gazette*）、由贝齐（Benjamin Franklin Bache，1769~1798 年）创办的反联邦派的《综合广告报》（*Philadelphia General Advertiser*），均是政党利益当头，意气用事，所传播的信息可靠性不强。比如，贝齐针对对手污辱自己先祖富兰克林的雕像的行为奋起反击，在《综合广告报》上发文肆意攻击支持联邦派的美国开国元勋华盛顿，称"美国就是被华盛顿弄堕落了。……美国就是被华盛顿欺骗了。我们当以他的行为作为前车之鉴。它的教训就是任何人都不能愚昧无知。"两大政治阵营报刊之间的恶斗，对媒体传播的新闻信息的真实性、客观性是缺乏尊重的。

政党报刊独领风骚过后是廉价报纸盛行时期。资产阶级革命胜利之后，资产阶级控制了包括政治机器在内的整个社会，从而为资本主义工业革命的轰轰烈烈开展创造了社会条件，为资本主义社会的快马一鞭、一日千里铺平了软实力的道路。政党报刊已经不能适应资本主义社会的内在需求，那么还有谁可为我一用呢？于是，廉价报纸应运而生，自 19 世纪 30 年代开始在人类的新闻史舞台上亮相。不过，这些资本主义社会的早期报人身份颇为复杂，有的是卖印刷机的商人，有的干过记者，有的是风云际会的政治人物。他们基本上没有回过味来，不大明白办报的三昧，即便是记者出身的报人也只会埋头写稿而疏于高屋建瓴的编辑视野，于是要么仅仅将办报视作修理马具，纺棉织布，开山采矿般的物质财富的生产，甚至于赚足钱后抽身而退，要么注入道德、主义的说教。这样一来，煽情报道甚至黄色新闻大行其道，夸大其词有之，张冠李戴有之，无中生有亦有之。其中，最为典型的负面样本是印刷商出身的本杰明·戴（Benjamin Day，1810~1889 年）1933 年所创建的《太阳报》（*The Sun*）。该报 1835 年 8 月刊登记者洛克观测月球报道（*The story of Richard Adams Locke*）6

篇，说英国科学家用特大望远镜发现月球有鸟兽，有人；发现月球人有翅膀，状如蝙蝠可以飞翔（见图1）。

图 1　1835 年 8 月 28 日美国《太阳报》关于月球蝙蝠人假新闻的配图

毫无疑问，这样的新闻报道无视新闻真实性，违碍新闻工作与新闻业发展的客观规律，无异于让新闻媒体饮鸩止渴。

政党报刊、廉价报纸的新闻报道有个共同点，那就是新闻报道的主观化，让新闻报道的公信力甚至新闻真实性俱服从于政治派别的宣传主张或对受众眼球的争夺。这样的新闻报道极大地削弱了新闻产品的品质，甚至突破了新闻工作的职业伦理底线，是一种短视甚至自杀行为。市场经济体制的优胜劣汰，使无论政党报刊还是廉价报刊最终均不得不惨遭淘汰，并由此宣告新闻报道主观化范型的破产，为第三代新闻报道让路。

三　诞生：客观报道的高昂
与深度报道的反动

取代主观报道期的是客观报道。市场经济利益主体的多元化，媒介根本权力转至议会与政府对新闻业的依法照章管理，要求报业必须遵循资本主义大工业社会的发展规律，满足市场经济的内在社会需求。而这正构成新闻报道超越主观化从而进入客观报道的深层社会动因。在媒介与社会的互动中，有三种力量将客观报道贯彻于西方的新闻报道之中。第一，对主观报道的不满。这种不满在廉价报纸时期即已出现。1835 年，作为纽约四大廉价报纸之一的纽约《先驱报》（*The Herald*）首倡客观报道思想①，其创办人詹姆士·贝内特（James Bennet，1795~1872 年）说："我们将不支持任何政党，不作任何政治派别的喉舌，不倾向任何选举……"② 第二，新闻通讯社的需求。为了降低商业化运营初期的因电报使用产生的高昂费用，减少经常发生的机械故障与降低采写成本，纽约有六家报社1848 年在美国率先组成联合采访部。此即美联社之起点。然而，为了兼顾六家报社各自不同的政治立场，这家联合采访部就不得不寻求诸报社办报立场的最大公约数，于是在新闻报道中努力保持一定的平衡：为了照顾各方政治立场而尽可能地报道新闻事实，淡化甚至取消意见。第三，将客观报道推向西方新闻业话语权核心的是奥克斯及其主政下的《纽约时报》（*News York Times*）。奥克斯（Adolph Simon Ochs，1858~1935 年）是可与普利策（Joseph J. Pulitzer，1847~1911 年）齐名的西方现代报业的奠基人。1896 年，奥克斯买进《纽约时报》。不过，与普利策不同的是，奥克斯将报纸品质作为办报的核心诉求，集中在将报纸打造为一份能够深刻地影响社会的主流大报。为此，他不仅蔑视赫斯特（W. Randolph Heast，1863~1951 年）的黄色新闻做派，而且对普利策煽情主义的报风也颇为不满。1904 年，奥克斯发表宣言，大力倡导客观报道，主张新闻报道庄重、冷静、不偏不倚。而他手下的得力大将，时任《纽约时报》主编的范安达（Carl Vattel Van Anda，1864~1945 年）则圆满地践行了老板的新闻理念，并因新闻报道的高品质而一跃让客观报道推向长期占据西方新闻界的主导性报道理念与垄断性的报道范型。

深度报道是对客观报道的消解。1929 年至 1933 年席卷资本主义社会的世界经济大危机，工人运动的风起云涌，终致亚当·斯密"看不见的手"的自由经济理论惨遭破局。面对从未有的社会变局，客观报道捉襟见肘，无以应对，因采取客观报道而对经济危机等重大事件缺乏事先预警，西方新闻界更备受攻击，主流社会不再相信"事实会自我表白"（Facts speak for themselves）。同时，20 世纪美国民众受教育水平的大幅度

---

① 刘明华：《西方新闻采访与写作》，中国人民大学出版社，1993，第43页。
② 陈乔：《美国新闻观念的演变》，《新闻大学》1983 年第 1 期。

提升，推动广大受众日益看清客观报道的致命缺陷。其实，早在 20 世纪 20 年代，《时代》杂志的卢斯（Henry R. Luce）等人为了新闻期刊的可持续发展，在报刊之争中就瞄上了新闻报道主观力量的良性开掘。但对客观报道首先予以激烈抨击的，则是美国的《底特律日报》。该报反对"客观报道是走向正确和真实的惟一途径"① 的常规说法。于是，讲究新闻背景与意义开掘的解释性报道开始流行。1947 年哈钦斯（Robert M. Hutchins，1899~1977 年）报告的问世在张扬社会责任论新闻思想的同时，也引发了新闻界关于客观报道与解释性报道孰优孰劣的争执。不过，先在的客观报道毕竟经营多年，根深蒂固，迟至 20 世纪 50 年代才遭到致命一击。1950 年，美国共和党参议员麦卡锡（Joseph Mccarthy）在一次演讲中公然造谣，指称美国国务院至少雇用了 250 名共产党人，扬言自己已经掌握了这些共产党人的名单。在反共浪潮甚嚣尘上的当时，大批无辜者因此被捕入狱。面对麦卡锡的谎言，美国的传媒一败涂地：不核实，不辨析，反而依据所谓的客观报道理念予以报道，蒙骗广大读者，成了助纣为虐的帮凶。麦卡锡的谎言破灭之日，就是客观报道理念破局与深度报道取而代之之时。至 20 世纪 70 年代，客观报道被认为是最容易造成偏见报道方式。② 由此深度报道脱颖而出，伸展拳脚，横扫新闻界而得以跃居新闻报道的主流行列。西方的新闻报道在新闻对策选择上素有和平与战时之分，美国媒体对越南战争的拘谨报道在核心新闻信息上仍然遗漏或者迟滞，让美国社会很是不满，这进一步暴露了客观报道在践行新闻真实性上的缺陷。1960 年，美国内布拉斯加大学（University of Nebraska）的高普鲁（Neale Copple）出版的专著《深度报道》一书从理论与学术上稳固了深度报道的地位并将深度报道推向社会的精英层。③

本文系欧阳明教授与研究生欧翩翩合著，

发表于《写作》2017 年第 12 期

---

① 彭家发：《新闻文学点·线·面》，台北：业强出版社，1988，第 7 页。
② 罗文辉：《精确新闻报道》，台北：正中书局，1991，第 25 页。
③ 新闻编辑人协会编印《采访与报道》，台北：学生书局，1978，第 47~55 页。

试论我国城市先进典型报道优化的思路

　　树立、推广先进典型，用先进典型的精神力量促进全局工作，是中国共产党带领全国人民从进行新民主主义革命到开展社会主义建设过程中发挥重要社会功用的行之有效的基本工作方法，是宣传工作围绕中心、服务大局的重要抓手。在当前我国社会转型的过程中，伴随城市化率的持续抬升，城市先进典型报道在社会主义精神文明建设中占据的地位与分量日显持重。

　　那么，相关的研究处于怎样的状态呢？从相关文献看，先进典型报道研究的一个重点是报道的社会功能与社会传播效果。20 世纪 80 年代中后期以来，先进典型报道的社会传播效果衰减明显成为学界共识。[①] 关于社会传播效果下滑的原因，除了社会变迁，一些学者以为先进典型报道缺乏新闻报道应有的新闻性，有碍传播规律[②]，个别学者甚至断言先进典型报道在中国走向过时，没有什么出路，走向消亡是必然的归宿。[③] 中国存在先进典型报道的原因，除了文化传统，还在于中国共产党的新闻工作性质。[④] 先进典型报道的内容与表达形式是研究的另外一个重点。研究者普

[①]　姚福申:《新时期中国新闻传播评述》，复旦大学出版社，2002，第 463 页。
[②]　丁迈:《典型报道的受众心理实证研究》，中国传媒大学出版社，2008，第 234 页。
[③]　《陈力丹自选集》，复旦大学出版社，2004，第 164、177 页。
[④]　董广安:《对典型报道的再认识》，《郑州大学学报》（哲学社会科学版）1990 年第 6 期。

遍认为先进典型报道内容存在典型的简单化、绝对化甚至神化的倾向①，报道方式虽有进步，但仍存在公式化、模式化甚至文件化的倾向，主张报道对象要多选取普通人，推广平民百姓的先进典型，超越二元对立思维，重视真实性②，多用短章，多讲故事，多用细节，增强先进典型报道的生动性和感染力。③

毫无疑问，国家的富强、民族的繁盛、人民的幸福和执政党的政纲相交织，时代的变化和社会转型对先进典型报道提出了新的要求。而新要求的生长区域之一是城市及其飞速发展。不过，21世纪以来的先进典型工作，尤其是先进典型报道虽然取得了阶段性的进步，但又时常遭遇事倍功半的困惑，传播效果尚未得到根本性的扭转，与执政党的期盼与时代大任仍不无距离，还不能很好地跟上我国城市化的发展步伐，唱衰先进典型报道的主张也颇有市场，因此，立足先进典型报道存在的主要症结，集中探讨城市先进典型报道的优化以增强先进典型报道的针对性、实用性就很有必要。

一　当前我国城市先进典型报道存在的主要问题

作为新闻传播学视域内的先进典型，指的是在一定时期、一定方面、一定地域内能够在思想、方针政策或工作方法等方面，集中而鲜明地体现一般事物本质或发展规律的个别事物，有典型人物、典型事件与典型经验之别。④　新时期以来，就社会活跃度与社会影响看，先进典型侧重于典型人物，即先进典型人物。在群体中处于先进位置，善于以新闻传媒为传播工具，是先进典型的特点，故又可以径称为典型或新闻典型。而先进典型报道是新闻传媒关于新闻典型所进行的深度报道。⑤

---

① 朱清河：《典型报道：理论、应用与反思》，武汉大学出版社，2006，第214、268页。
② 杨秀国、姚晓筠：《新闻报道亲和力》，人民出版社，2014，第235页。
③ 杨秀国、姚晓筠：《新闻报道亲和力》，人民出版社，2014，第251页；朱清河：《典型报道：理论、应用与反思》，武汉大学出版社，2006，第272页。
④ 欧阳明：《深度报道写作》，武汉大学出版社，2006，第182页。
⑤ 欧阳明：《深度报道写作》，武汉大学出版社，2006，第183页。

当前我国城市先进典型报道所存在的问题，持续时间长，往往在其他典型报道中也有所体现，解决难度较大。总体看，存在的问题是综合而多维度的，撮其要者有四。

（一）就信息性质看，正面信息容易出现缺乏必要的广度与深度分布的倾向，报道不无平面化

先进典型报道存在正面信息的平面化倾向。首先，是信息的平面化。所谓典型报道信息平面化，指的是传播主体所传播的先进典型的信息一律为好人好事，不关涉先进典型的局限，不在局限性的背景上传播先进典型的正面信息，不触及先进典型朝向先进文明方向攀爬过程中的内心困惑、挣扎及其超越。仅仅止于一个方面的信息对折射先进典型的完整性、系统性是有妨碍的，往往导致先进典型缺乏内在张力，并进而波及先进典型的真实性、可信性。"传统教育中那种'高大全'式的英雄形象越来越失去感召力和影响力。"[1] 其次，是信息的广度与深度的延伸不足。其集中表现是新闻六要素不齐整：相形于其他新闻要素，先进典型报道的何因要素单薄甚至缺失。而何因要素的不完整甚至缺失，不单影响先进典型报道新闻要素的完整性，削弱报道的新闻特征，而且直接影响报道的深度。何因往往超越先进典型做什么、怎么做，直接反映典型为什么这么做，可以通过何因触及价值观层面，反映先进典型的价值观与现实之间的互动，折射典型的成长、进步。先进典型报道信息广度与深度延伸的不足，很容易导致报道对象精神世界的苍白化、表浅化、单一化、单薄化，并走向典型的概念化，从而影响先进典型的真实性、可信性。

（二）就受众特点看，传受之间互动不足，精准性有待提高

先进典型报道的受众服务性不突出，接受者定位不无模糊。这主要表现在两大方面：一是缺乏对受众的细化分类。先进典型报道对典型本身的群体即被报道者是注意分类的，如媒体首次报道时：吴天祥时任武汉市武昌区信访办公室副主任，身份是政府的信访干部；李素丽是北京市公交总

---

① 刘勇：《真实鲜活的好人形象更具号召力》，《光明日报》2015年3月5日，第16版。

公司第一运营分公司的汽车售票员；徐虎是上海市普陀区的社区水电修理工。他们均是公共服务领域的基础工作者。但是，这样的分类与受众群体类型之间缺乏传受之间的顺畅契合、呼应。如武汉市的"犟妈"易勤，媒体报道披露其社会身份是一家福利企业的经理，报道的重点是典型的倾心助残，坚守良心，那么，这位"犟妈"除了扶助弱者这样的普遍性，还有哪些突出的针对某类社会群体的指向性呢？在社会转型期间，一个先进典型如果仅仅在强调13亿多中国人的共同性的同时，而忽视具体群体送达的针对性，就容易出现面面通而又面面松的传播倾向。提升先进典型的社会影响力，不能满足于传者的用力，还要因势利导，善于经利益的结点而开掘受众接受的主动性，实现传者、受众之间以典型报道为环节的互动。二是受众的社会分层不够。受众的社会地位不一，则接受的社会心绪有异。高级知识分子的先进典型在与打工仔、打工妹所构成的打工者阶层的对接上容易出现一定的接受疏隔，即便掌握社会资源较多的社会阶层，如机关干部与教师之间在接受心理的定式上也存在一定的差异。在社会阶层有所分化的今天，维持以先进典型感召13亿多中国人的工作定式，显然会妨碍先进典型的切实落地。

（三）就渠道结构看，一些报道的送达不无笼统

这种先进典型渠道送达的笼统，集中表现为报道送达渠道的区隔有余而相互间互动不足。

其一，忽视传统媒体与新媒体之间送达上的异同与相互配合。一些典型报道要么仅仅停留在传统媒体领域，要么将传统媒体的文本或作品几乎原封不动地横向移入新媒体。在受众的结构与特点上，传统媒体与新媒体有所不一：相形于传统媒体，新媒体的受众较为年轻，受教育程度高，居住在城镇的比例大，思维比较活跃，有一定的叛逆性，因此推向新媒体的先进典型更要注意分寸，善于经营张力，篇幅、字数、符号等表现形式有所调整，鼓励二度采编。其二，忽视同一类媒体内部的再分差异。以报纸为例，党委机关报与以都市报、晚报、晨报为主的大众报在受众上存在明显差别。前者属于工作型传媒，直接承担相应的党和政府机关的"喉舌"功能，后者属于生活型传媒，主要为公民的公共生活和私人生活提供信息

服务。那么，先进典型要不要通过大众化标准推送？如果推送，如何扬长避短？总体看，报纸先进典型的推送依靠党委机关报多，依靠大众化报纸少，使用大众化报纸时对其特点的尊重是不够的。比如，反映先进典型，尤其是领导干部的典型报道被推送到大众化报纸上时，若仍依党报旧律和惯性而不适当调整，则颇易传受错位，招致受众冷漠对待。

总之，传者的先进典型报道经由渠道扩散，若忽视受众类型与传媒类型之间的匹配，势必忽视受众接受的主动性，容易导致传播的单向与一厢情愿，降低报道的社会影响力。

（四）就传者分布看，行为主体往往单一

这主要表现为先进典型的传者有欠多元化，具体讲，是先进典型报道的传者以传媒为中心，以传媒的上级党委为主导，并造成受众、社会参与严重不足。这在新媒体高速发展时期表现得更为突出。布衣院士李小平教授由网民发现，由新媒体舆论场兴起再扩散到传统媒体，最终形成舆论的聚焦点。热心助学的天津三轮车夫白芳礼老人在 2005 年央视"感动中国"的人物评选中落选，而广大网民却普遍认为白芳礼老人在候选人中更有当选资格。和网民意愿遭遇漠视相伴相生的是，舆论场内出现了官方控制的传媒体系与更受草根阶层欢迎的新媒体之间的信息差异甚至对立。受众来自群众，受众参与不足，容易阻断先进典型社会价值的完整的生产与传播，造成先进典型报道与广大群众之间的疏隔，与受众生发错位甚至对立，让先进典型的说服力、公信力与社会影响力不能不大打折扣，影响执政党意识形态工作的主动性、有效性。

以上四点不足，关键在于传播效果。一些城市先进典型报道的传播效果不理想，事倍功半，说明前述四点不足已经成为阻碍先进典型报道进步的病灶。同时，先进典型报道所存在的主要缺陷，时间跨度较长。20 世纪中期的有关受众调查已经有所反映。如中国社会科学院新闻研究所等机构 1983 年进行的《浙江省受众调查综合报告》发现，有 26.9% 的接受调查的受众认为有些典型存在一好百好、美化神化的不足。① 有关缺陷的持

---

① 陈崇山、弥秀玲主编《中国传播效果透视》，沈阳出版社，1989，第 220 页。

续性说明在现有的社会背景与传媒体制的环境中，城市先进典型报道进步所面临的障碍是巨大而复杂的，需要深入思考，统一谋划。

二　城市先进典型报道优化的主要思路

城市先进典型报道的优化，须讲求方法。所谓方法，指的是解决思想、说话、行动等问题的门路、程序等。① 毛泽东《关心群众生活，注意工作方法》说："我们不但要提出任务，而且要解决完成任务的方法问题。我们的任务是过河，但是没有桥或没有船就不能过。不解决桥或船的问题，过河就是一句空话。"② 方法，由实施主体、目标、工具、路径等构成。典型报道优化方法的主要思路不宜孤立进行，而应该注意不同的要素，善于把握不同要素之间的关系，在要素及其关系中谋划优化思路。社会主义市场经济在恪守社会主义方向的前提下，吸纳了优秀的人类文明成果，具有混合的特点。而城市汇聚着先进的生产力，是推动社会主义市场经济前进的引领平台。因此，时代变化与城市特点的共同作用，促生当前我国城市先进典型报道的优化方法，其中有如下思路值得参考。

（一）五种思路

1. 正面与反面相结合

典型报道的优化，在信息性质与现实社会的关系上，应讲求正面与反面相结合。这里的正面、反面，分别指的是先进典型报道所选取的报道对象和与报道对象对应的相关参照者。所谓正面，指的是报道对先进典型的选取区域与重点，在于候选者所具备的之于社会、国家、他人与人类的积极、进步的素质。这种积极、进步素质的关键，在于信息要合乎人类文明的先进方向，合乎民族文化的优良取向，符合时代潮流的进步走向。与此相对立的则属于反面，指的是消极、落后的素质，其表现为反人类文明，反先进的民族文化，逆历史潮流而动。

---

① 欧阳明：《深度报道作品评析原理》，北京交通大学出版社，2008，第61页。
② 《毛泽东选集》第1卷，人民出版社，1991，第139页。

正面与反面相结合，要求典型报道既要积极与消极兼具，又要以积极为主。其中，积极与消极兼具，追求的是典型报道信息结构的完整性、系统性和信息体系的战斗性；以积极为主，指报道必须恪守典型报道的优良性质与进步方向。这意味着正面与反面相结合需要把握两大要点：一是报道要关注先进典型自身内部的正面力量与妨碍正面力量成长、壮大的消极因素，反映先进典型的进步性和成长过程，提升典型的真实性、完整性和现实针对性，强化报道的可信性与战斗力量。二是关注先进典型的积极本质，关注妨碍典型进步的环境因素与典型主体的思想波动，从而恪守典型报道的新闻真实性，削减典型报道的神化惯性。张严平等人的典型报道《一位老人与 300 名贫困学生——退休三轮车工人白芳礼资助 300 名贫困学生的故事》通过白芳礼老人省吃俭用，顶风冒雪奔波街头，用蹬三轮车积攒下来的近 30 万元钱资助贫困学生的动人事迹，报道人物无私奉献的高尚品德，与此形成鲜明比照的则是民族信仰的普遍失落。其具体表现之一，是老人周边很多人的不解甚至嘲弄。而以权谋私、贪污腐败的屡禁不绝，推动整篇报道对比强烈，是非分明，增强了典型报道的新闻真实性、现实针对性和感染力，脱离了好人好事的表扬稿式的报道窠臼。现实生活不是伊甸园，而是真善美与假恶丑并陈，在社会转型加快与新媒体高速发展的当下，报道者对此不能视而不见，仅取一面之词。正面与反面相结合，是先进典型报道的客观需要和时代呼唤。

2. 表彰与批评相结合

典型报道的优化，在报道行为与信息性质的关系上，应讲求表彰与批评相结合。作为报道对象，先进典型的行为走向是美好的，思想境界高下分明，不同于以往新闻事实真相尚未分明时所要求的客观报道。表彰与批评相结合，需要采写主体善于把握两点：一是既要传播典型的非凡的先进，又要否定典型所生活的周边环境、社会环境中所存在、膨胀而亟待全社会直面并和典型进步相关的假恶丑。二是既要表彰贯穿典型身心的真善美，又要实事求是，直面典型所遭遇的挑战、自身的弱点与对弱点的克服，根据报道任务和传媒实际而考虑传播典型对假恶丑的自我超越。肯定所肯定，否定所否定，是非分明，实现典型报道的真实性、丰富性、完整性与战斗性的有机统一。

3. 个别与一般相结合

典型报道的优化，在信息价值与报道对象的关系上，应讲求个别与一般相结合。个别与一般相结合，有两个方面的含义：第一，先进典型是个别的，具有不可替代的唯一性；又是共同的，具有典型所来自的群体的一般特性与普遍意义。第二，先进典型是平凡的，普遍的，来自现实，来自时代，生活在人间，食人间烟火，有人性，有七情六欲；又是卓拔的，具有强大的群体感召力量和社会引领功能。我们不赞成报道将先进典型的忘我工作热情建立在忽视甚至漠视家庭正常运转的基础上，而主张将先进典型的这种忘我工作与可能的对家庭生活的影响置放在一个由先进典型的工作、家庭中，即公私生活等构成的整体现实当中进行事实判断并进而作出价值判断。李咏等人采写的《刘九慧：相伴疯姐卅四年》（《长江日报》2006年4月12日）在报道主人公一心照顾患有精神病的同胞姐姐的同时，却将妹妹直到53岁仍然未婚的原因归为"为了亲情，放弃一生的幸福"。作者如此归因，是否属实？即便属实，恐怕也不宜提倡。我们主张报道面对主人公照顾亲人而未婚至今的实际情况登高望远，但不要在缺乏充分的事实根据的情况下将主人公对亲人的照顾断为其不婚的主要原因甚至根本原因，更不要脱离人之常情而轻易做价值判断，并由此形成错误的社会价值引导。在典型报道的精神资源上，我们主张追求人类文明、民族优秀文化与进步的时代精神相结合，如契约意识与市场经济相伴相生，社会主义市场经济同样需要契约意识，并在前述结合的基础上传播先进的主流价值观，如市场经济客观上要求平等意识，而社会主义市场经济所要求的平等内外兼修，不仅需要平等的形式，而且需要平等的本体。典型既要高大上，又不能只有高大上，因此，典型报道要善于将新闻真实性从局部真实推向局部真实与全局真实的有机结合，实现现象真实与本质真实的有机统一。

4. 传者与受众相结合

典型报道的优化，在报道主体与接收对象的关系上，应讲求传者与受众相结合。

传者与受众相结合，有三层含义：第一，传者是传者，受众是受众，各自在信息传播中的位置、角色与职责不可能完全一致。第二，受众亦是传者。受众是复杂的，既包括私人个体，也包括组织。传者的构成在主体汇聚明确的前提下，又来源多样化。典型报道的完成在于传者与受众的互动之中，受众的接受规定典型报道的传播过程及其完成时，制约典型报道意义的完整性与再写作。而社会转型、社会阶层分化与新媒体的高速发展极大地加强了受众在传播过程中的决定权的分量。因此，传者密切与受众的互动，在编辑部的结构、议题设置、采写、修改、定稿诸静态与动态的新闻业务环节上善意地对待受众在一定程度上的合理介入，有助于传者高屋建瓴地观察社会的全局，及时把握社会存在、社会心态与广大群众的利益诉求，掌握时代潮流走向，推进典型报道走向受众的内心世界。第三，传者亦是受众。社会主义市场经济的发育、新媒体的高速成长所催生的媒介融合背景，与国民受教育程度不断提高相结合，与人民群众知情权、表达权、参与权、监督权的意识和能力的持续抬升相结合，带动新闻传播环境不断变化，客观上逼迫传媒必须通过传者与受众相结合来接近、落实典型报道的优化。传者来自民众，取之于民，用之于民，利益在民，本身往往亦民，因此，提倡换位思考，提倡服务意识，在一定程度上走向受众本位，认真研究典型报道接受群体的结构及其标准模样，在传受互动中建构社会价值体系，则有助于强化典型报道的贴近性、针对性与精准性，冲击既往典型报道在传播效果上事倍功半的格局。

5. 德治与法治相结合

先进典型报道的优化，在行为主体与社会资源的关系上，应讲求德治与法治相结合。

典型报道优化的德治与法治相结合，有三层含义：第一，坚持德治为主。先进典型报道属于精神文明建设领域，是国家软实力构造的有机组成部分。先进典型的主要社会功能是社会整合、引领效仿与打造正气。① 第二，坚持法治为辅。恩格斯说："人来源于动物界这一事实已经决定人永远不能完全摆脱兽性，所以问题永远只能在于摆脱得多些或少些，在于兽

---

① 姚福申主编《新时期中国新闻传播评述》，复旦大学出版社，2002，第455页；朱清河：《典型报道：理论、应用与反思》，武汉大学出版社，2006，第160~188页。

性或人性的程度上的差异。"① 而市场经济尊重私欲，若社会对此缺乏必要的约束，则颇易在一定范围内出现人性恶压倒人性善的现象。承认先进典型社会作用的有限性，自会放弃对先进典型战无不胜的期盼。显然，先进典型工作若仅限于德治范围，在倡导全面法治的今天，则难免影响典型报道的社会影响力，无益于典型报道远离神化。第三，德治与法治相结合，既尊重先进典型报道的基本社会功能，促进人的自我超越，又关注人的平凡甚至弱点，夯实典型报道的现实基础；既重视德治的引领意义，开掘自我超越的高岸，把握先进典型的完整性、先进性、系统性和复杂性，由信息深度而固化先进典型的实用性，又重视法治的针砭、警示作用，在德法共振的背景下面对人性，顺应人性规律，将先进典型的自我超越与个人的合理利益，包括良心在内的宁静及由此带来的好处相结合。

（二）典型报道优化方法的根本思路：新闻传播规律与宣传工作规律相结合

先进典型报道的优化，在根本思路上，应讲求新闻传播规律与宣传工作规律相结合。

新闻传播规律与宣传工作规律相结合，有以下三层含义。

第一，尊重宣传工作规律。典型报道事关社会主义精神文明建设，体现着传者的主动性、自觉性，是执政党宣传工作的重要平台与主要渠道，因此，优化典型报道必须直面其宣传工作属性，尊重新闻工作规律，与典型报道取消论保持距离。

第二，尊重新闻传播规律。典型报道离不开大众传媒，而大众传播是不同于组织传播的，其非强迫性要求典型报道必须充分尊重受众。同时，社会主义市场经济的发展、经济的工业化、社会的城市化、新媒体的繁荣、文化体制改革的深化与媒介融合相结合，要求典型报道必须自觉具备受众意识，承认典型报道首先是新闻报道，唯有通过传受之间的通畅来扭转被冷落甚至淘汰的危险，强化典型报道传播的有效性。

第三，新闻传播规律第一。典型报道要在遵循新闻传播规律的基础上

---

① 《马克思恩格斯选集》第 3 卷，人民出版社，1995，第 442 页。

建构宣传工作规律，实现大众传播与组织传播的有机结合，实现典型报道的指导性与服务性的有机结合。而其核心则是坚持新闻真实性原则，奉行实事求是原则。

三　当前城市先进典型报道优化的重点与举措

近年来，我国城市先进典型报道有所改变，有所调整，取得了阶段性的进步，但是，事倍功半现象时有发生，前行负重而吃力，与执政党的要求与全社会的期盼仍存在一定的距离。为此，关于当前我国城市先进典型报道的优化，其主要举措如下所述。

（一）强化先进典型的现实针对性，加强执政党领导干部典型报道建设

加强执政党领导干部的典型报道建设，具有重要的社会意义与现实针对性。首先，执政党拥有最为广泛，尤其是最为关键的社会资源，坚持党的领导是中国特色社会主义的关键，事关包括改革开放在内的社会主义大业的兴衰成败。风成于上，俗化于下。毫无疑问，党的领导干部是国家政策法规的决策者、实施者，是社会主义法治的组织者、推动者，具有强大的整体社会示范作用。其身正，不令而行；其身不正，虽令不从。其次，在党的十八大以来所倡导的"四个全面"的理论中，全面从严治党是未来一个时期内实现全面建成小康社会的关键。在反腐败斗争持续前行的当前，关于党的领导干部的典型报道的社会价值不仅是全方位的，而且具有强大的呼唤、引领、提振与震慑的政治功用。因此，党的领导干部的先进典型报道在各类典型报道中就不能不具备特殊的社会功用。

在共和国 60 多年的历史中，最具社会影响力的个人先进典型有两位，一位是雷锋，另一位是焦裕禄。其中，雷锋是来自群众的典型，用今天的话，可谓"草根型先进典型"，而焦裕禄则属于党的领导干部典型。现实与历史都说明，树立过硬的基层单位党的领导干部先进典型，已经成为当前我国城市先进典型报道的迫切需要。

树立基层单位党的领导干部的先进典型，要注意类型选取。与城市广

大群众利益密切相关的基层单位，重点有三类：一是企业。城市就业最多的领域在企业。其一是大中型国有企业的车间或部门的党支部书记；其二是小型企业的党委书记；其三是民营企业、"三资"企业乃至外资企业的党委书记。工人阶级是无产阶级专政的领导阶级，上述企业的党委书记或党支部书记的所作所为直接影响工人群体，尤其是产业工人群体对执政党的感情和立场。二是事业单位或文化企业。其一是大中型事业单位如高等院校、研究院、报社、电视台、图书馆、骨干医院、大型文艺团体等的部门、科室、院系的党支部书记。其二是中小型事业单位如研究所、中小学、期刊社、博物馆、剧院、网站、小型剧团等的党委书记。事业单位或文化企业是我国知识分子，尤其是高级知识分子的汇聚之处，掌握着强大的国家文化权、意识形态权，往往直接影响社会舆论的成长、结构，并转而作用网上网下的舆论共振，具有特殊的社会能量。三是城郊的农村村支部书记。城郊村支部书记行政级别虽微，但手中权力未必小，行使不当极易造成恶劣的社会影响。农民仍是当今中国最大的社会群体，"三农"问题直接关系中国社会稳定与小康社会的全面建设。同时，乡村是中国传统文化的重要活跃区，能更为集中地体现我国现阶段发展中国家的特征。

加强基层党组织领导干部先进典型报道，要讲求报道思想的现实针对性。其重点是基层党的领导干部的先人后己，不与群众争利。做好领导班子一班人的工作，树立健康的组织风尚，则难免战斗性，对干部的党性、人性是一场难有止境的考验。

（二）通过社会主义的社团优化先进典型报道

通过社会主义社团优化先进典型报道很有必要。首先，契合时代特点与城市特点。社会主义计划经济时期，事无巨细，一切均由执政党组织、指挥，而中国共产党由新民主主义革命所积累的崇高社会威望为当时的干群关系互动提供了强大的政治保障。新时期以来，社会转型与社会主义市场经济壮大的不可逆转相伴相随，和政府简政放权同行的则是政府权力空间的压缩与群众自主空间的扩大。在这种情况下，干群互动应直接与间接并行，即既有政府与群众面对面的对接，又有通过群众自治组织渠道实现的政府与群众的间接对接。社会主义市场经济所推动的社会转型必然要求政府释放群众自治空间，将那些政府管不了，管不好而群众又可以自己处理好的事务还给群众自己解决，促进包括公共意识、契约意识在内的现代公民素养，培育群众的自我管理能力。而社团正是落实干群间接对接的上佳承载平台。其次，有利于传者了解受众，增进先进典型报道的社会传播效果。通过社团，便于传者准确、及时、完整地倾听、获取群众的切身利益与真实想法，增强典型报道的针对性、实用性。2014 年 12 月 29 日，中共中央政治局审议通过了《关于加强和改进党的群团工作的意见》，认为群团组织是政党联系社会，推动人民当家做主的重要的组织化机制之一。[①] 党的领导、人民当家做主与依法治国的有机统一，要有相应的组织来支持。中国共产党人的三大法宝是党的领导、群众路线与统一战线。社团来自群众，属于群众，服务于群众，传者通过社团便于准确、及时而完整地倾听群众的呼声，掌握受众的切身利益与真实想法，从而增强典型报道的针对性与实用性。最后，优化先进典型报道质量。先进典型报道要为广大受众真诚拥戴，就必须尊重人民群众的根本利益，强化服务受众意识，促进典型的利益与受众的利益相一致。比如，先进典型身上所蕴含的爱国主义思想必须属于社会主义核心价值观体系，与平等、民主意识相呼应。脱离甚至对立于受众的爱国主义只能属于权贵阶层而绝缘于广大群众，难免欺骗性。因此，传者通过社团发现典型，形成典型，传播典型，丰富典型的社会土壤，夯实典型的群众基础，响应典型的群众呼声，凝聚社会共识，有助于淡化宣传色彩，增进先进典型报道的公信力，促进先进典型报道的传播、推广。

通过社团优化先进典型报道，要讲求方式方法。第一，坚持社会主义方向。社会主义市场经济条件下的社团组织、非政府组织是否健康，一个根本的判断标准是其是否合乎中国国情，是否合乎中国制度，是否合乎社会发展规律，具体来讲，即是否有利于社会主义中国生产力的解放，是否有利于社会主义中国经济基础的趋好，是否有利于中国精神的弘扬，与民粹主义保持距离。因此，先进典型报道对社团的尊重是有条件的。第二，相信群众，尊重群众的根本利益。广大群众的根本利益在本土，本单位，

---

① 郑长忠：《社会主义民主政治需要新拓展》，《光明日报》2015 年 1 月 12 日，第 2 版。

没有资源于那些吃里爬外的勾当，天然具有守卫本土的保守主义倾向。毛泽东"只有落后的领导，没有落后的群众"说可对此构成注脚。第三，多种力量并作，而不是只存在一种先进典型报道。先进典型报道尊重社团，不等于唯社团。视野的限制，难免使具体一家的社团对先进典型的信息性质、范围、结构的理解出现一定的滞后性，所以通过社团进行先进典型报道还必须并借助于其他力量，如党和政府，大众传媒和其他的群众集体力量。

（三）优化重大典型报道，强化本城典型品牌建设

优化重大典型报道，强化本城典型品牌建设，在城市先进典型报道中具有重要作用。城市先进典型报道走向品牌化建设道路，有助于提升典型报道质量，提升先进典型的社会影响力。品牌本自商学，指的是用以识别卖主的货物或劳务的名称、符号或设计①，这里借指宣传或新闻活动中用以方便受众识别与提升社会影响力的设计组合。提起河南省兰考，人们就会想到焦裕禄；提起解放军战士，人们往往会想起雷锋；说到残疾人，人们可能会想到张海迪；中老年人提起上海，有可能想到南京路上好八连。杰出的典型报道是所在地域、行业、族群的闪亮的名片，具有一般典型报道所难以匹敌的社会感召力、影响力、凝聚力。有关受众调查显示，近年来的先进典型数量多，难以给广大受众留下深刻印象②，记不住或记不久远。这也说明提升先进典型报道质量的必要性与迫切性。相较于20世纪，尤其是20世纪五六十年代，近年来先进典型报道的整体质量尚存在不小的提升空间。其一，有数量，但少质量特出的佼佼者；有高原，少高峰。其二，城市先进典型的社会影响力建设尚任重而道远。以四大直辖市为例，提起北京，人们想起的先进典型可能是张秉贵；提起天津，可能是铁姑娘邢燕子；提起上海，容易想起20世纪末的徐虎，但徐虎的知名度、社会影响力恐难以匹敌于毛泽东时代树立的张秉贵、邢燕子和集体典型南京路上好八连。在城市先进典型建设工程上，要注意向当年的雷锋工程、

① 邝鸿编著《市场学概论》，中央广播电视大学出版社，1986，第236页。
② 丁迈：《典型报道的受众心理实证研究》，中国传媒大学出版社，2008，第14页。

焦裕禄工程汲取智慧，推动先进典型报道的飞跃。

优化先进典型报道质量，要注意开掘先进典型的精神资源。有学者重视报道方式的作用，以为报道方式的落后"是典型报道越来越难以得到受众广泛认同的一个很重要的原因"①。对于先进典型报道，包括报道方式在内的报道形式固然重要，但思想决定先进典型的性质、方向、境界，决定先进典型的先进性与何以先进，如何先进，故更为重要的还是在于先进典型与报道互动中所保有的真实性与建立在真实性基础上的思想信念。首先，开掘先进典型精神资源的时代性。社会主义市场需要系统的思想传承与更新，需要合乎人类文明与时代潮流的进步思想，如市场经济对契约意识、平等观念的必然要求。精神资源的时代性，有利于典型报道与广大受众在当代层面形成思想的互动、互通，用先进思想引领时代。其次，开掘先进典型精神资源的战斗性。先进与落后相对应，强化先进典型精神资源的战斗性，有助于典型报道信息传播的完整性、真实性和摆脱好人好事的惯性报道模式。如北京大学中文系教授孟二冬，人物高风亮节，但对其报道并未触及当前我国高等教育中的一些重要矛盾，如困扰广大教职员工的课题、职称、奖励、住房乃至人事纠葛等。作为重要受众群体的教师很想看看孟二冬是否遇到这些重要的矛盾，是如何遇上或遇不上，遭遇后如何解决，从而受到启迪，甚至能够效仿，从而强化先进典型报道的有用性，尤其是价值观、世界观方面的有用性。典型报道若未立足于时代大潮并触及重大的社会矛盾，则容易走向好人好事层次，或走向可敬而不可爱，或可敬而无法学习的方向，典型就容易被设计成一具只可以远看的仅供于陈设的摆件。

优化先进典型报道质量，要善于典型的本城品牌建设。品牌本自商学，指的是用以和其他竞争者的产品或劳务相区分的名称、术语、象征、符号或设计及其组合。② 因此，品牌不仅可以用于经济活动，也可以践行于社会活动。首先，先进典型的城市品牌建设要强化质量。先进典型的品牌化，重点不在于数量而是质量，并在优质的基础上建构先进典型的生命

---

① 丁迈：《典型报道的受众心理实证研究》，中国传媒大学出版社，2008，第19页。
② 童兵、陈绚主编《新闻传播学大辞典》，中国大百科全书出版社，2014，第498页。

周期，强化广大受众对于先进典型的忠诚度，提升典型的社会引领能力。其次，在城市的共性与个性的基础上结合城市的定位、功能与传统进行典型的品牌建设。新时期以来，武汉市所涌现的先进典型中，知名度首推吴天祥，因此，武汉市应将吴天祥作为首席先进典型，将适当突出吴天祥的典型地位与打造城市典型品牌相结合，在中国精神与武汉精神的互动中，凝练、传播吴天祥精神的核心特征，包括其一以贯之而不是每天都不一样的高尚品德。最后，重视中心城市先进典型的品牌建设工程。例如迄今为止，作为我国第一人口大省省会的郑州市尚未涌现出在国内外产生重大社会影响的先进典型。毫无疑问，承担全省工作排头兵角色的省会城市郑州市在全省的先进典型建设工作中是不应该成为落伍者的。它对优化河南省良好的省籍形象容易生发事半功倍的社会效果。

（四）强化先进典型报道渠道，优化典型人物推送效果

好酒也怕巷子深。在先进典型报道上，渠道的作用不容忽视。当前，先进典型报道的渠道建设有如下值得改进的重点。

首先，针对大众传媒使用上的轻重未明而根据先进典型的性质、特点、功能与受众之间良性互动，有合有分。其主要做法有四：一是各类媒体一并使用。既使用传统媒体，又使用新媒体；既使用平面媒体，又使用电子媒体。同时，各类媒体一并使用主要适合某一时间段，即某一时间段内同时使用各种媒体，而不是将各种媒体依据时间顺序轮番使用。传播学原理证明：在传播效果上，短期内的多种媒体共同作用，要优于少数媒体的细水长流式的单打独斗。二是依据先进典型的特点与受众群体的接受偏好在各种媒体类型中选取重点。比如，关于领导干部，尤其是中高级领导干部的典型报道，应根据干部群体的媒体接触习惯与媒体工作需要高度重视通过平面媒体，尤其是工作型的媒体如党委机关报，推介关于青年学生、青年知识分子的典型报道，应根据城市青年群体的媒体接受偏好高度重视通过新媒体，尤其是手机传媒的推介，并根据新媒体的传播特点对典型报道适度地二度编写，尽量避免将平面媒体或电视媒体的报道文本原封不动地横向移放到新媒体上。三是根据先进典型的特点与受众的接受偏好在同一类传媒内部选取媒体重心。对企业员工、社区干部等草根或亚草根

的先进典型，根据一般企业职工、普通民众等的接受特点，在报刊的选择上，要重视将以都市报、晚报、晨报为主的大众化报纸作为投放重点，在电视版块的选取上，要重视将《道德观察》《天下故事会》《传奇故事》一类的软新闻栏目作为投放重点，并在典型报道的内容、形式上根据传受之间沟通的特点适当重新编写。四是根据媒体的具体传播环境调整先进典型报道的投放重点。所谓媒体的具体传播环境，指的是适宜不同传媒种类传播的现实或社会的类型。党委机关报的具体阅读空间以单位的办公室为主，便于在深度阅读中学习；大众化报刊的阅读环境多在公共汽车的候车亭，火车站或城市轨道交通的候车室、站台、车厢，飞机场的候机厅或机舱，便于轻度接受中的翻阅；电视的具体播放环境主要是家庭的客厅、卧室，私密性强；电影的具体播放环境主要是电影院，便于增进男女之间的情谊，有浪漫气息与温馨情调；广播的具体接触环境主要是晨练的草坪、曲径，或汽车的驾驶室，便于接受的轻松随意；手机接受的具体环境多在城市街区的人行道、会议室的座椅上，适合浏览或随身听。先进典型报道的编写、推介必须考虑不同的传媒工具的各自传播特点和由此生发的受众接受偏好，以提升先进典型报道的推送效果。

其次，各种文体样式并用。这里的各种文体样式，指的是先进典型的表达形态，并不仅仅限于新闻报道，还可以借助新闻文体样式之外的文艺作品类型、演讲、楼宇广告等表达样式，符号既包括文字，又包括非文字，包括文字与非文字符号的混合态。一是注重多种文体的共时态。在新时期以来涌现的先进典型中，西藏自治区阿里地委书记孔繁森的社会影响力颇为突出。而先进典型孔繁森获取巨大社会影响力的重要原因之一，是文体样式的选用因时而动，更为切合大众传播规律。其不容忽视的表现之一是歌曲的选用。歌手万山红的一曲《公仆赞》情真意切，旋律优美，影像资料中的孔繁森为老母梳头的场景与孔繁森的老母亲在歌手歌唱时也不知道自己的儿子已经离世之间的对比是强烈的，在中华传统伦理的凝聚中冲撞着广大受众内心中最为柔嫩的情感神经，令李逵式的莽汉武夫也不能不潸然泪下。二是注重多种文体的历时态。对于先进典型，新闻文体因强调新闻的时新性而常常适宜以新闻文体做开路先锋，非新闻文体则因长于作用于价值观等精神世界的深处而便于后续沟通，通过文艺、理论等样式延长先进典型的产品生产链条、社会影响链条，较为充分地开发先进典型所蕴含的丰富的社会资源。比如，关于焦裕禄，先有新华社的典型报道，后有根据焦裕禄题材拍摄的电影、电视连续剧。先进典型雷锋亦然：先是有《解放军报》《人民日报》等新闻媒体的典型报道，不久又有黑白电影《雷锋》，新时期再根据雷锋战友乔安山的事迹推出影片《离开雷锋的日子》，形成先进典型的传播历史书卷，在推动雷锋、焦裕禄响当当的名声长盛不衰中做出了重要的贡献。三是注重多种文体的共时态与历时态的有机结合，既在先进人物的数量的基础上强化质量，又注重先进典型社会影响生命力的延续。

本文系欧阳明教授与研究生陈豪合著，
发表于《写作》2015 年第 5 期

别开生面写通讯

——巧借人物视角艺术谈

与消息比较，通讯是对新闻事实进行深入而详细报道的一种新闻文体。不过，从叙事视角考察我国的报刊则不难发现，近年来发表的通讯报道仍以全知视角为主，而且比例还在扩大。作为一种叙事视角，全知视角叙事有长处也有短处。由于全知视角无所不能、无所不晓，这就极易使叙述人趋于上帝姿态或教师爷姿态。这种高高在上的叙事视角之于整体素质日益提高的我国受众而言，往往事与愿违，接受效果反会大打折扣。因此，除了适度地运用全知视角进行通讯报道外，报道者还应该重视人物视角，多考虑如何因事因文而适当采用人物视角来报道新闻事实，从而使通讯报道在深入、详细与生动上别开生面。

所谓人物视角，指的是通讯报道放弃记者（或通讯员）的"我"的叙事视角，而代之以介入新闻事实的某一新闻人物的目光，用这一新闻人物的立场、身份、思想、性格来感知乃至言说所要报道的新闻事实。人物视角实际上属于次知视角的一种表征。

通讯可以采用的人物视角很多，能巧借活用的主要有如下几种类型。

一是少年视角。童言无忌，少年最突出的特点是实话实说，不吞吞吐吐，不说假话，因而少年视角叙事常能于平凡之中见不凡，赢得读者的信任与喜爱。王根礼的《买缸记》（《河南日报》1981 年 12 月 31 日）就是以少年视角来报道一段新闻故事的。其概要如下：今年我家粮食大丰收，急需买几口缸来盛多打的粮食，可爸爸连去了三次窑厂也没买到缸。这天天还没亮，爸爸就让我先去窑厂排队买缸。可是，到了窑厂我才发现，那里排队买缸的人太多了，都等着买缸装丰收的粮食。一个我不认识的男人正围着近门的三婶软磨硬泡，非让三婶从预购的十三口缸中匀给他两口。但三婶死活不答应，只同意下次早起买缸时替他捎俩，因为她家里也正急需添缸装粮食。我一看这种情形就知道窑厂每次出窑的一百口缸已没自己买的份了。不过，自己却为大家的粮食丰收而感到高兴。

这篇报道反映的是党的十一届三中全会后推行农业联产承包责任制给我国农业生产带来的巨大变化的一角。不过，由于《买缸记》采用了少年视角，普通的新闻事实反而获得了独特的表达效果。记者的外视角最为常见，由于用得过多，人们习以为常，容易显得单调、呆板。况且来自城市的记者往往外在于农村生活，一般难以弭除记者全知视角的隔阂，其可信感、贴切感显然弱于人物的内视角。新闻报道换用少年视角叙事，则显得清纯、亲切与明快，不无新颖。恰当的叙事视角为《买缸记》带来了特殊的表达效果，易于让读者在轻松的微笑中领会、认同传者所要传播的事实与事实背后的观念。巧妙的叙事视角，成就了《买缸记》写作的活泼与生动。

二是亲人视角。相对于外来的记者，父母、儿女、配偶或恋人与新闻人物之间的相知当然要深得多，因此亲人视角也是值得通讯报道优选的人物叙事视角。报道伤残在夫妻、恋人间带来情感波动的通讯并不少见，但其叙事却常取全知视角，如马雪松的《"天鹅"的爱情——记芭蕾舞演员朱美丽的高尚情操》（《新华文丛》，新华出版社，1981）。相形之下，艾蒲等人的《爱情的凯歌——一位边防军人未婚妻的话》（《解放军报》1979 年 4 月 12 日）之所以新颖、别致，其中的一个重要原因就是这篇通讯采用人物视角来叙事。这篇通讯的两位主角，一位是广西边防军某部参谋卢源泉，另一位是某军医大学学员郭毅飞。故事叙事视角的承担者则是后者，由她来讲述她对卢源泉如何由有偏见到折服、相知相爱，讲述卢源泉身负重伤后如何为了心爱人的幸福而忍痛浇灭个人炽热的爱情之火，讲述她在卢源泉负伤后如何一往情深地爱着卢源泉。郭毅飞的亲人视角在写出当代边防军人美好情操的同时，也映衬出中国当代女性的纯洁心灵，人物视角起到了一石双鸟的作用。由于亲人视角的便利，报道不仅走进了人物真实的内心世界，而且自然、流畅，了无做作痕迹。比如，在卢源泉为了国家，也为了郭毅飞今后的幸福，决心以牛虻（系伏尼契 19 世纪末创作并出版的小说《牛虻》的主人公，一位意大利革命党人的艺术形象）为榜样将心中的爱情之火熄灭时，亲人视角为郭毅飞直陈心迹提供了方便："你以为这样做能给我带来幸福吗？恰恰相反，这样做会给我带来终身的痛苦。""你为保卫祖国的四个现代化建设，无私地献出了宝贵的鲜血和眼珠，你是我们时代的英雄，是祖国人民新一代最可爱的人！你的心灵最崇高，你的爱情最真挚，最纯洁，你就是我最理想的爱人！"相对于记者的转述，亲人视角叙事则包孕了更多的来自生活的原汁原味，便于呈现新闻人物的内心世界与具体心理活动，写来感受精细，抒情鲜活，叙述有见证功能。

三是熟人视角。熟人视角指的是通讯报道察事言事源自与新闻人物相熟的朋友、邻居、同事、同学等。历史的经验值得注意，秦兆阳早在 20 世纪 50 年代撰写的通讯《王永淮》（《人民日报》1953 年 12 月 27 日）值得学习。这篇运用熟人视角的通讯，介绍的是共和国成立初期优秀的乡村干部王永淮同志。王永淮的故事并未由记者讲述，而是由王永淮的一个乡邻承担。他在与一位欲见王永淮的外地人同路时讲了一路王永淮的故事："我"当年如何亲见王永淮自愿离城回乡干革命，乡亲们如何不理解，王永淮如何整顿互助组，带领村民植树，让穷山变富山。王永淮的故事本是讲给外乡人的，作为旁听者的读者读来格外真切、生动，乡亲们对王永淮从误解到理解、钦佩，王永淮的一心为公的品格和平和、爱动脑筋的思想性格都通过熟人视角得以展现。这种熟人视角带来反差中的真实生动，是记者的外视角所难以比拟的。

四是本人视角。如果说前面的少年视角、亲人视角、熟人视角重在讲述"我"眼中的"他"或"我"眼中的"我与他"的话，那么，本人视角观察与言说的重点则是"我"眼中的"我自己"的故事。"我"不仅是讲述者，还是被讲述者。比如，葛学林的《大陆探"险"杂记》（中国新闻社 1982 年 11 月 8 日电）、马福康的《姑娘，玫瑰与魔鬼，你选择什么？》（《家庭》1998 年第 7 期）。兹析后者，这篇通讯的开头用的是记者的外视角：

1998 年春末，我到劳教所采访时，又见到了阿艳。3 年前见到她时，她的劳改期已近尾声，这次肯定是"二进宫"了。她的美貌已大大减色，脸色苍白目光呆滞。这次，她忏悔着给我讲了她的故事。

随后的叙事即转为本人视角，由阿艳作为"我"来讲述"我的故事"：

我今年才 23 岁，可我觉得自己很老了，就像已活了 200 年。

我中学毕业后，在一家歌舞厅当服务员。当时父母反对，可我执意要去。

一年后，我那考上军校的男朋友回来探亲……

以后，阿艳与男友分手，阿艳吸熟客送的有毒品的香烟染上毒瘾，开始吸毒，戒毒，又吸毒，这些故事都由阿艳作为"我"来自述。本人视角是"我"叙"我"，故自传色彩强，主体倾向浓，可信度也高，不过，由于叙述人"我"与被叙述人"我"过于紧密，叙事的周转空间相对要狭小一些。

通过对以上四种人物视角的分析，我们不难看出人物视角叙事的突出特征：叙述人角色化，这使人物视角叙事的现场感、真切感突出；人物的话，又是一种行为，披露的是主体体态，故主体色彩鲜明，便于自由地表达人物的心里话；"我"往往成为叙事的线索，便于串联互不相干的故事并夹叙夹议；作品中的听话者多是特定的采访者或其他新闻人物，读者处于旁听者的地位，其对应的传者实际上是作者，这既有利于增强受者的自愿接受程序，又有利于增强新闻作品的可信度与感染力。

当然，人物视角也有它的局限性。人物视角往往受到新闻人物的制约：人物没有见到的事，叙述人不能叙述；人物不会说、没有说的话，叙述人不能讲述。这就限制了叙述人观察的视域或言说的范围。不过，人物视角的这种局限可以通过视角转换，即多重叙事来克服。如可由甲人物视角转为乙人物视角，也可使人物视角与全知视角有机搭配，取长补短。以后者为例，如刘蔚的《汉城决战的最后四十秒》（《体育报》1986 年 10 月 11 日）：

1986年10月5日，汉城时间14时20分（北京时间13时20分）。汉城奥林匹克体育场。

发令台上裁判员枪指蓝天，起跑器前选手们面地而蹲——相持半月之久的亚运会金牌大战就要在这之后的40秒见分晓。

4日晚上，南朝鲜同中国队以92比92金牌数持平。当地报界哗然："韩国成为亚洲第一体育大国"，"中国万里长城被摧毁"。

此时，中国女子4×100米已取胜，南朝鲜有把握用足球金牌来抵消它，使金牌总数保持平局。对中国队来说，出路只一条——男子4×100米接力夺得第一，拿到取胜的惟一王牌。

枪声颤栗着在体育场上空炸开，最后争夺开始了。

中国队打头阵的是苏州小伙子蔡建明。

"我是中国队最后一炮的头一发炮弹，我要是卡了壳，后边哥们就没戏了，尽管我在200米预赛、复赛均处前5名，但我还是决定放弃决赛，力保接力。"

蔡建明在第一个弯道上已追上前面的对手，进入第一接力区。这时，后面选手也蜂拥而至，两拨选手挤作一团。

忽然一人冲出人丛，狂奔而去，他就是中国队第二棒、北京选手李丰。

"头天晚上做了一夜恶梦，总担心自己有伤的左腿不争气。来汉城前，我妈妈说：'好好比，拿块金牌回来。'我憋足了劲儿，这可不光是还我妈的愿，这是还祖国人民的愿啊！"

李丰身后，南朝鲜选手张在根（200米冠军）正拼命追赶……

人物视角对通讯报道的采写要求较高。从采访来看，人物视角叙事要求记者不仅要腿勤，还要以诚待人，善交朋友，能采访到人物的心里话；采访要准确、扎实、细致，材料要真实、具体、丰富，除了注重收集日记、书信等反映新闻人物事迹、心理与言语的材料外，对新闻人物或有关当事人、知情人的采访还必须有准确、翔实的记录。从写作上看，要注意选准人物视角。从笔者所接触到的取人物视角的通讯看，让承担人物视角的叙述人与被叙述人之间拉开一定距离的这一点，还没有引起应有的重视。其实，叙述人"我"与被叙述人之间有明显的不同甚至反差，如叙述人对同为新闻人物的丈夫积极工作有抱怨，反而笔路曲折，更衬出丈夫的进步，表达效果常会更好。要严格忠实于采访到的真实材料，力戒虚构，防止行文与新闻人物的思想、性格、身份、社会地位、特定情境中的心理波动相冲突。以此衡之，《买缸记》的结尾就有失妥当：

> 窑厂门口很快平静了。我知道这第四趟又是白跑了，可我一点怨言也没有。因为我看到了农村大好形势，看到了更加美好的明天！

这话不大合乎少年的思想特点。在买不到缸的情况下，男孩子更多的是想会不会受到爸爸的责骂，而"我看到了农村大好形势，看到了更加美好的明天"一句更切合成年人，特别是优秀共产党员或乡村干部的思维习惯与话语特征。其实，不加这一句，读者也早读出来《买缸记》的言外之意是讲农业大丰收，讲党的富民政策给我国农村生活带来的新变化。最后一句弄巧成拙，纯属画蛇添足。

另外，报道者"我"如果没介入故事，最好不要选用人物视角，不用元叙事。所谓元叙事是指报道者在报道中不仅报道他人，还报道自己对报道如何进行规划、处理。取非人物视角报道的通讯不宜采用元叙事的写法，原因在于新闻报道的对象一般是他人而不是报道者本人，元叙事的介入常会干扰报道者对报道对象的关注。如，有一篇《素质教育助我迈向成功》的通讯，报道华中理工大学电信系 1995 级学生贺荔宁研制出存墨毛笔并获国家专利与上海大世界吉尼斯证书的事迹。通讯报道贺荔宁成功的因素是他父亲从小对他进行"目标式管理方式"的教育，即只规定大体目标，至于具体采用什么方法达到目标，则由孩子决定。这种教育意识能较充分地培育孩子的独立意识与创造精神。这对过去的应试教育的旧观念、旧做法是个冲击，值得报道。但这篇报道并未采用人物视角，而采用的是记者的外视角。这样，当通讯的开头在介绍了贺荔宁的成就并形成悬念后，接着在下面加入元叙事成分而同时写"我"时，就与全文的外视角造成了冲突：

同样是一名大学本科生，贺荔宁究竟凭什么创造这一切？带着疑问，11 月 5 日，我们走近了贺荔宁。

见到贺荔宁时，他正在书桌前奋笔疾书。看到我们来，他忙让座倒茶，边收拾桌面的纸笔，边解释说，他正在给银川、山西对有墨毛笔感兴趣的书法爱好者回信。弄清我们的来意后，他第一句话便是："那点成绩没什么，我实在没什么好写的。"

果真如此吗？……

这篇通讯报道的对象是新闻人物而不是报道者"我"本人，这样作为报道者的"我"、"记者"、"笔者"如何如何的一类言说交错出现于通讯中，无疑是一种干扰，分散了读者对被报道者的留心。

梁衡说："通讯是新闻向文学迈出的试探性的一小步，新闻与文学杂交生产的第一个品种就是通讯。"（梁衡《从消息到通讯——"第七届中国新闻奖"评后思考》，见《新闻出版报》1997 年 12 月 12 日）实际上，人物视角叙事不仅为通讯报道的表现手法提供了更多选择的可能性与多样性，也有助于巧写和写活通讯报道。通讯报道的写作者更多地垂青人物视角的时候已经到了。

本文发表于《当代传播》1999 年第 2 期

参考文献：

徐占焜主编《中国优秀通讯选》上下册，新华出版社，1985。

张寅德编选《叙述学研究》，中国社会科学出版社，1989。

〔法〕热拉尔·热奈特：《叙事话语　新叙事话语》，王文融译，中国社会科学出版社，1990。

简论当前新闻传媒用语的
中英文夹杂现象

近年来，我国新闻传媒用语的中英文夹杂现象日益突出。对于新闻传媒用语的探讨，近年有俞香顺的《传媒·语言·社会》（新华出版社，2005）等专著。不过，对传媒用语的中英文夹杂现象，现有的研究主要集中在传媒用语的暴力、粗鄙化与情色倾向上，基本为具有时评色彩的短论，且多持宽容甚至肯定立场。如慕毅飞在《禁了"粉丝""PK"，"沙发""GDP"怎么办》中反对上海市禁止网络语言，以为"语言需要规范，也允许与时俱进"①。传媒具有授予地位与示范的作用，语言是种寄寓着政治的文化权力，美国与主要的西方发达国家使用的均是英语，西方发达国家通过强大的政治、经济与文化力量对全球新闻传播的主导与控制也表现为英语对大众传媒的独霸。那么，中国新闻传媒用语是否存在中英文夹杂现象？如果存在又到了一个怎样的程度？其原因如何？我们对之应该如何认识、处理？现实需要我们对此进行尽可能全面、系统的探讨。鉴于中国传媒用语中英文夹杂现象的广泛、复杂与调查人手的有限，本文拟采用调查、文献并适当融入内容分析的方法进行问题探讨。但在传媒抽样调查上，本文只选取六家报纸而不涉及网络、广播、电视、期刊与其他报纸。在所选取的报纸中，既有中央主

---

① 见光明网 2006 年 3 月 3 日报道。

办的报纸，也有地方出版的报纸；有机关报，也有大众化报纸；有地处沿海地区的报纸，也有身在中西部地区的报纸。其中，《人民日报》《光明日报》《湖北日报》选取的时间是 2005 年 12 月 1~31 日，《楚天都市报》选取期为 2005 年 12 月 21 日~2006 年 1 月 19 日，《新民晚报》选取的是 2006 年 1 月 11 日~2 月 9 日，《羊城晚报》为 2006 年 1 月 21 日~2 月 19 日。

一　当前新闻媒体用语中英文夹杂的主要特点

本文所说的新闻传媒，指的是由中国人主办、发行范围基本在中国内地的汉语言新闻媒体，但不包括如《中国日报》《北京周报》等外国语言文字的媒体与如维吾尔文《新疆日报》等少数民族语言文字的媒体。为了研究方便，本文将主要以报纸作为研究对象。本文所说的中英文夹杂，指的是中文媒体在以中文为主的同时又在文中夹杂使用英文的实际。

当前，中国新闻媒体用语中英文夹杂有三个主要特点。

（一）传媒用语中英文夹杂现象非常普遍，相当严重

1. 不仅网络新媒体广泛存在，而且传统媒体也相当常见；不仅网络、电视如此，而且一向规范的印刷媒体报纸、期刊亦未能避免

有例如下：2006 年 1 月 6 日 20 时 45 分央视 4 套节目《海峡两岸》介绍 2005 年台湾地区政坛六大事件云："第六件是 TVBS 事件。"作为观众，绝大多数受众会与我们一样不知道"TVBS"指的是什么。黄庆畅《短信诈骗又出花招》："目前，北京市公安局正在全市所有 ATM 机上张贴'民警提示'，防止市民被不法分子利用手机短信进行银行诈骗。"（《人民日报》2006 年 1 月 24 日，第 5 版）该版经济新闻中还夹杂 WTO、APEC、MP3、MP4 等英文现象。

2. 不仅大众化传媒存在，权威传媒亦大规模存在

统计显示（见表 1），我国六家报纸用语的中英文夹杂总量不小，共计 2953 次；机关报、大众报基本相当，均为 1400 多次；《人民日报》

《光明日报》这样举足轻重的中央级传媒较之地方传媒与大众化报纸有过之而无不及，其中数量最多的竟然是面向知识界的高端报纸《光明日报》。在大众化报纸中英文夹杂出现次数上，地处中部地区的《楚天都市报》最多，地处改革开放前沿广州的《羊城晚报》次之，中国最大的工商业城市上海的《新民晚报》反而最少。这也从另一个角度印证了学术界关于近年来上海文化界趋于保守的判断。

表1　六家报纸用语的中英文夹杂现象统计

名称	报纸类型	中英文夹杂次数（次）	按报纸类型形成的中英文夹杂数量（次）	六家报纸中英文夹杂总数（次）
《人民日报》	机关报	499		
《光明日报》	机关报	657	1459	
《湖北日报》	机关报	303		2953
《新民晚报》	大众报	301		
《羊城晚报》	大众报	583	1494	
《楚天都市报》	大众报	610		

3. 不仅新闻报道中存在，而且新闻评论中也有

中英文夹杂使用的例子，除新闻报道中的之外，在新闻评论内也比比皆是。现仅举一例。谢卫群《用规则捍卫创新成果》："2月16日，朗科召开新闻发布会称，美国时间2月10日，朗科公司在美国起诉PNY公司侵犯了其发明专利权。"（《人民日报》2006年2月20日，第5版）

4. 不仅正文中存在，而且标题中也存在

中英文夹杂现象在标题中相当普遍，尤其是PK有无节制滥用之势。《"恭喜发财"PK"春节快乐"》（《湖北日报》2006年2月20日），这是机关报的标题。《雅虎搜星PK超级女声》（《武汉晚报》2006年2月22日，第10版），这是大众报的标题。

笔者曾在《论我国报纸对PK的使用》一文中抽取了北京、广州、杭州与成都的机关报、大众报各四家，统计了它们在2005年6月、7月、8月三个月对PK的使用情况。其中关于报纸标题对PK的使用情况见表2。

表 2　八家报纸使用 PK 一词现象的统计

报纸性质	出现 PK 的文章数	使用 PK 一词的总数	其中标题中出现的次数
机关报	15 篇	38 次	5 次
大众报	158 篇	508 次	31 次

5. 在中英文夹杂使用上，违规情况突出

在中英文夹杂使用上，违规情况突出（见表 3、表 4、表 5）。

表 3　六家报纸按报纸类型进行中英文夹杂现象的数量统计

数量	单项数量	总数
机关报中英文夹杂次数	1459	2953
大众报中英文夹杂次数	1494	
机关报中英文夹杂时有注释的次数	261	366
大众报中英文夹杂时有注释的次数	105	

表 4　六家报纸中英文夹杂时有注释现象统计

报纸	报纸类型	中英文夹杂次数	中英文夹杂时有注释的次数	有注释的次数占本报中英文夹杂总数的比例
《人民日报》	机关报	499	107	21.44%
《光明日报》	机关报	657	131	19.94%
《湖北日报》	机关报	303	23	7.59%
《新民晚报》	大众报	301	21	6.98%
《羊城晚报》	大众报	583	44	7.55%
《楚天都市报》	大众报	610	40	6.56%

表 5　机关报、大众报中英文夹杂时有注释现象的比例统计

报纸类型	中英文夹杂次数	中英文夹杂时有注释的次数	有注释的次数占本类报纸中英文夹杂总数的比例
机关报	1459	261	17.89%
大众报	1494	105	7.03%

按照大众传媒中英文夹杂必须括注的国家规范化要求，机关报为 17.89%，远高于大众报的 7.03%，其中表现最差的《湖北日报》也有 7.59%，比在大众报中表现最好的《羊城晚报》的 7.55% 要高。在中英文夹杂使用的括注上，三家机关报中《人民日报》表现最好，《光明日报》次之，且均超过 10%，而省委机关报《湖北日报》表现最差；三家大众报中，《羊城晚报》表现最好，其次为《新民晚报》，《楚天都市报》居末。但三家大众报之间差别不大。而《新民晚报》不及《羊城晚报》，显然与《上海市实施〈中华人民共和国国家通用语言文字法〉办法》在 2006 年 3 月 1 日起才开始实施并禁止在上海市行政区域内的中文大众传媒内夹杂滥用 PK 一类英文、网络用语相关。值得注意的是，地处中国中部的两份报纸在中英文夹杂使用的不规范上，问题比较严重，均比同类的另外两家东部报纸突出。

（二）中英文夹杂使用存在若干泛滥的重点区域

1. 就报道范围看，中英文夹杂使用数量多、频率高的领域是科技、经济、体育与国际

现以按照版面进行新闻分类的《人民日报》《光明日报》为例。

表 6、表 7 显示，经济、体育、国际、科技题材的新闻报道或评论出现中英文夹杂使用的密度大，问题严重。《光明日报》每周有讨论 IT 业的"信息化"版，科技新闻中夹杂使用中英文主要出现在关于计算机、电信等 IT 业的新闻中。

表 6 《人民日报》中英文夹杂用语涉及的生活领域统计

新闻类型	出现次数（次）	在总数中所占的比例（%）
经济新闻	128	28.01
政治新闻	34	7.44
文教新闻	49	10.72
体育新闻	107	23.41
国际新闻	139	30.42
总数	457	

表 7　《光明日报》中英文夹杂用语涉及的生活领域统计

新闻类型	出现次数（次）	在总数中所占的比例（％）
经济新闻	66	12.02
国际新闻	165	30.05
文教新闻	68	12.39
IT 业新闻	250	45.54
总数	549	

2. 就语言层面看，新闻传媒中英文夹杂主要存在于词汇、文字的区域，但也涉及语音甚至语法

由表 8 可知，中英文夹杂用语主要表现为词汇与文字。最多的是词汇缩写，尤其是专有名词缩写，总计 1516 次。其中，有的是已经进入日常生活的名词缩写，如 PK、VS、DNA、GDP、WTO、IT、CD、VCD、DVD；有的是在一定领域内使用的专业词汇缩写，如 ATM、POS、CBD、CBA、KBL、APEC、PNY。第二多的是直接在中文内夹用英文名词，共计 731 次。现举两例：《点亮你的美丽　三·八特别音乐会，中国的 Violin 二胡艺术》（作者黄丽娟等《武汉晚报》2006 年 2 月 22 日，第 10 版）。"你要在节目看深沉，那就直接看 Discovery 好了。"（朱玉等《低俗怎么成了荧屏永远的痛》，《中国青年报》2006 年 2 月 20 日，第 10 版）第三多的是将有关名词缩写与阿拉伯数字或其他符号体系中的有关符号搭配使用，共计 479 次，如 MP3、MP4、H5N1。与名词或名词缩写、名词性的符号相比，在中文中夹用形容词、动词、副词等非名词的英文单词则少得多，共计 109 次。

表 8　中英文夹杂使用中的外文语言单位状态统计

单位：次

报纸类型	句子	词组	名词	非名词的单词	词汇缩写	符号搭配
机关报	0	7	295	79	833	223
大众报	5	7	436	30	683	256
总计	5	14	731	109	1516	479

中英文夹杂在词组、句子层面出现较少。调查显示，位居第四的是在中文文本内直接夹用词组，居末的为在中文中夹用英文句子，分别为14次、5次。调查还显示，夹用句子仅存于大众报中。这进一步说明，大众报在中英文夹杂使用上远比机关报严重。在中文内夹杂英文的词组甚至句子，加大了阅读障碍。如任其发展，下一步可能是在中文传媒中夹入成段的英文，中国内地的新闻传媒也因此演变为双语传媒。对于新闻传媒的中英文夹用，显然不可掉以轻心。

同时，中英文夹杂的使用存在延展现象。这主要表现为语音羼杂与中文西文语法化。先看语音羼杂。典型的例子是"粉丝"，来自英文 Fans，有"发烧友""迷恋"之意，如理由《我是谁的"粉丝"》（《光明日报》2006年1月5日，第5版）。还有通过仿词的修辞手法造新词，如"令人难以相信'钢丝'们对他如此崇拜"（韩浩月《别让造星运动毁了郭德纲》）。再看语法方面的中文西文语法化表现。例如，"尽快取消香港作为第一收容港的地位"①，其中的"作为"俩字系受英文"as"的影响，可以取消。

（三）三是传媒用语的中英文夹杂又与网络用语相结合

互联网上的网民出于便捷交流或个性化的需要，使用了一些简洁但又难为非网民所理解的符号。有的是阿拉伯数字，如7456，表示"气死我了"，有的是汉语拼音的声母，如"BB"表示"宝贝"，"DD"表示"弟弟"；有的是英文词汇的缩写，如"GF"表示"女朋友"，"KPM"表示"肯德基、比萨饼与麦当劳"。传统的新闻传媒用语也出现了网络语言化的中英文夹杂现象。

调查显示，在报纸用语的中英文夹杂现象中，与网络语言相结合的中英文夹杂使用共计60次，占六家报纸中英文夹杂用语使用总量2953次的2.03%。不过，这种与网络语言相结合的中英文夹杂用语仍以大众报居多，占使用总数的65%（见表9）。

---

① 俞香顺：《传媒·语言·社会》，新华出版社，2005，第289页。

表 9　与网络语言相结合的中英文夹杂使用情况统计

类型	使用次数（次）	在与网络语言相结合的夹杂使用总次数中所占比例（%）
机关报	21	35
大众报	39	65
总计	60	100

二　新闻传媒用语中英文夹杂的形成原因

当前我国新闻传媒大量涌现的中英文夹杂用语现象有着复杂的社会因素。概而言之，大致有如下五大因素。

（一）社会主义市场经济的蓬勃发展

改革开放政策推动中国与世界全方位交流，而市场经济的发展则渐次形成并推动世界各国与中国之间的相互需要、依存，大量的域外信息因而涌入并首先展现在新闻传媒这个大平台上。没有改革开放政策，就没有新闻传媒用语的中英文夹杂现象；没有社会主义市场经济的蓬勃发展，传媒用语的中英文夹杂现象就不会如此繁密并越来越严重。

（二）中西信息交流的不对称

中国是世界上的发展中大国，经济、科技等领域的发展水平与创新能力较为落后、薄弱，控制着世界经济乃至文化的基本秩序的力量是以美国为首的西方发达国家。为什么中国新闻传媒中英文用语夹杂特别多地出现在科技、经济领域与国际新闻内？原因在于西方发达国家经济总量巨大，科技创新多，首创互联网等一系列高科技的发明发现并在这些领域长期处于世界领先水平。大量的新事物、新概念、新命题源自以英语为母语的美、英等世界强国。在此基础上形成的中西信息交流的不对称，造成英语围剿、剥蚀汉语，促使大量的英文表述直接或间接地出现在中国的中文大众传媒之中。

（三）语言政策的重大调整

外因只有通过内因才能真正起作用，新闻传媒用语中英文夹杂问题的关键是国家的文化决策。中华人民共和国成立不久，中央政府实施的语言政策是交际与纯洁并重。1951 年 6 月 6 日，《人民日报》发表代表中国共产党中央委员会声音的社论《正确地使用祖国的语言，为语言的纯洁和健康而斗争》，明确汉语言运用的纯洁化政策，反对公开使用带有殖民文化色彩的洋泾浜语言。经过 1955 年 10 月在北京召开的全国文字改革会议和现代汉语规范问题学术会议，汉语言运用的纯洁化工作深入展开，中文内夹用尤其是滥用英文现象在当时中国内地的报纸中基本绝迹。① 1986 年，全国语言文字工作会议不再将简化汉字列为一项任务，而是将现代汉语规范化与推广普通话列入国家语言工作任务，突出语文工作"顺乎自然，因势利导，做促进工作"的语言工作原则。2001 年 1 月 1 日开始实施的《中华人民共和国国家通用语言文字法》就是在这样的背景下问世的。对于目前中国相当严重的不规范语言现象，时任国家语言文字工作委员会副主任李宇明认为，要"少点清规戒律和语言'警察'，多点语言样板和语言导师，社会语言生活的质量就会不断提升，社会语言生活就会和谐健康"②。语言文字政策的转变使社会失去了刚性约束新闻与打压传媒用语中英文夹杂行为的合围。

（四）民众日常生活的多样化与英语受教育水平的持续提升

改革开放以来，国外发达国家的商品、观念、生活方式渐次深入我国城乡，在丰富人民群众物质生活与精神生活的同时，也影响着我国民众的观念与生活方式，并与时尚、高质量的生活认知出现对接。英语早已进入中国国民教育与各项人事提升考核之内：小学生要学习英语，成年人晋职要考英语。英语考试能力成为影响个人命运的重要因素。中国国民英语接触率的提高，也使英语越来越多地进入我们的工作与生活有了越来越广泛

---

① 于根元主编《应用语言学概论》，商务印书馆，2003，第 15 页。
② 见《人民日报》2007 年 1 月 12 日报道。

的社会条件，并通过作者、编辑外化为新闻传媒用语的中英文夹杂。

（五）语言的无阶级论使人们对语言工具性之外的其他作用有所忽视

中华人民共和国成立之后，中国受苏联影响确立了语言的无阶级性主张。斯大林 1950 年 6 月 20 日在《真理报》上发表《马克思主义和语言学问题》，斥责"语言阶级论"，认为"作为人们交际工具的语言的服务作用，不是为一个阶级服务，损害另一些阶级，而是一视同仁地为整个社会，为社会各阶级服务"①。相形于直接涉及国家安全的经济、意识形态，语言似乎无关乎济世安邦，以至于出现了在中国举行国际会议反倒禁止汉语为会议语言②的怪事。

三　新闻传媒用语中英文夹杂的危害性

总的来看，中国传媒夹杂使用中英文没有什么好处。它所造成的社会危害往往不是直接、即时、物质上的，而是间接、长远、精神上的。民族的文化安全是中国传媒夹杂使用中英文最大的危害对象。

民族语言源远流长，是民族文化的重要载体，与民族精神、生活方式密切相关。甲午战争之后日本人占领台湾，先推行汉日双语报刊，后杜绝报刊再出现中文栏而只允许出版日文报刊。二战结束后中国收复台湾，国民党当局在台湾地区推行的传媒政策也是先双语报刊后只允许出版单一文字报刊，区别不过在于后者允许的仅仅是中文。③ 语言不同于科学技术，是人类所创造的最复杂、最精致、最高级的符号体系，虽没有阶级性，却适应着不同民族的思维习惯，成为民族精神生活、日常生活方式的有机组成部分与维系民族凝聚的重要力量。语言除了是人类的思维工具与社会交

---

① 斯大林：《马克思主义和语言学问题》，李立三等译，人民出版社，1972，第 5 页。
② 如"世界华人物理大会"规定英语为唯一的会议语言，见李新玲《南开大学教授呼吁制止"双语教学"》，《中国青年报》2006 年 2 月 22 日，第 4 版。
③ 马骥伸：《从经济发展与政治变迁论台湾地区华文报纸的过去与未来》；萧素翠：《从中文报刊发展研析异文化传播》，《华中理工大学学报》1995 年增刊，第 106、570 页。

际工具，还是文化信息的载体。

语言是抵御文化入侵的天然屏障。所谓全球化，主要是指经济上的全球化，而不是文化的全球化。如果全世界各个民族均过圣诞节，一律着西装，通通操英语，那显然不仅是各个民族的灾难，而且是人类的祸患。以色列立国之后大力推广希伯来语，古老的希伯来语重新活跃在以色列民众的唇边手畔。一个世界，多种声音，文化应该多样化。在武汉神龙汽车有限公司工作的法国专家，拒绝采用英语与中国同事相互交流。语言也是一种权力。法国作家都德小说《最后一课》说明：武力殖民意在征服身体，文化殖民用以同化人心，语言与洗脑息息相关。立国先立母语，亡国首灭语言。1999 年，联合国教科文组织规定每年的 2 月 21 日是"世界母语日"。显而易见，新闻传媒中英文夹杂现象只出现在中国而不是西方，尤其是美国、英国，既关涉民族的尊严，又有碍民族文化的自爱、自护。

新闻传媒中英文夹杂现象的泛滥已经波及传媒的沟通功能，有碍国人对纸质传媒的接触。比如，《长江日报》2006 年 2 月 22 日第 1 版《CBD 起步项目年内开建，投资逾 5 亿的展览中心明年亮相》云："在范湖地区，青年路与常青路交会处，武汉 CBD 启动区的起步项目——武汉商务区展览中心将于年底动工。昨日，德国展览集团副总裁艾欧恒一行到汉，介绍武汉 CBD 展览中心可行性研究及其实施方案。"全文无一处对英文"CBD"做注解。同日《湖北日报》的报道《武汉 CBD 将要开启"欧洲之门"》对"CBD"也同样没有做说明。广大读者如果不去查商务印书馆出版的权威工具书《现代汉语词典》则根本不知"CBD"为何物。夹杂在中文句子内的英文已经形成阅读障碍，广大读者阅读这样的文字即便连猜带蒙也只能够一知半解，迷迷糊糊，得不到任何阅读乐趣。江西省上饶读者徐立忠在《夹杂洋文，一头雾水》中所列举的中英文夹杂表述就是这样的麻烦制造者："某报一篇题为《南大 MBA 列榜首》的报道，短短 324 字中竟出现了 8 处洋字码。有一篇题为《IT 行业开始自救》的文章中写道：'就在不久前，Lyeosasiz 正式宣布已经完成了对 MYRICE. COM 的收购。'北京市一家报纸的娱乐报道是：'昨晚的开场是由 Rain 的师妹 Star 拉开的'，'Twins 和英皇的同门师兄弟 Boyz 一起表演了《王子与公主》'，'歌迷高喊 JJ 的名字，更一度拉着 JJ 的衣领想要献吻，幸好 JJ 好舞功……''有深受大学生欢迎的《翱翔的小鸟》、《Ican》等，这些歌曲也有 Twins、赵薇等明星们的作品''"。① 综合性报纸属于大众传媒，语言表达应该就低不就高。中英文夹杂让广大读者遭罪，对稳定读者的报纸接触率有百害而无一利。

四　治理新闻传媒用语中英文夹杂现象用语的对策

大众传媒用语事涉方方面面，治理当全面而系统衡之。除了思想重视，通过经济建设来大力提升国家的综合国力，尤其是国家的软实力之外，还有如下对策可供参考。

（一）提高认识，重建交际与纯洁并重的国家语言政策，强化传媒文化保护意识

思想支配行为。目前，反对汉语纯洁论在中国专家中还是颇有市场的，如"网络语言的规范有它自己的要求，总的还是以交际值——交际到位的程度作为规范的唯一标准"②。但是，我们既然可以保护端午节、春节这些寄蕴着民族情感、生活方式的民俗等非物质文化遗产，那么，为什么我们不能够从文化安全的高度保护好寄托着民族的集体意识或集体无意识的母语呢？文化具有滞后性，经济发达未必文化保护出色。重塑交际与纯洁并存的语言国策，强化全社会正确语言观共识，有助于早日形成"保卫母语人人有责"的局面，是治理新闻传媒用语中英文夹杂现象的前提。

（二）完善传媒用语的法规建设，强化相关法规的可操作性

首先，强化法制建设。中国现有法规、政策在传媒语言上尚欠规范明

---

① 见《光明日报》2006 年 1 月 21 日，第 6 版。
② 于根元主编《应用语言学概论》，商务印书馆，2003，第 243 页。

晰，对母语的保护也嫌软弱。先看法规、政策尚欠规范明晰。《报纸编校质量评比差错认定细则》第31条云："中文不宜过滥地夹用外文。必须使用外文时，除了人们比较熟悉的（如 CD、DNA）以外，外文在文章中第一次出现时，要有相应的汉译。"① 但是，何为"过滥"？"滥用"与"过滥"有什么区别？什么是人们比较熟悉的外文？已收入商务印书馆2002年版的《现代汉语词典》的"CBD"是否属于"人们比较熟悉"的语言范围呢？此"细则"尚未明确。再看现有对母语保护软弱的现象。《报纸编校质量评比差错认定细则》第31条在涉及中文中必须使用外文时说："是括注外文还是括注汉译，全文要一致。"② 这就是说，报纸的采编人员对中文出版物内夹杂的外文可以在括注中文与外文间任选。然而，既然是外文要插入中文，并由此使得中文出版物打了一串又一串的补丁，那么，从弘扬中华文化与增强民族自信心的大局考虑，我们在自己的文化规范中就应该理直气壮地布告天下：在中英文夹杂中只允许括注外文而不允许括注中文。相反，法国人在文化自我保护上做得较为出色，值得我们参考。如为了抵御金融、电脑、网络行业英文词汇的入侵，法国财政部经济学术委员会公布了一批法文的专业术语名单。③ 因此，中国可以参考法国的做法，在若干单元时间内，由国家的有关权威机构统一制订、发布有关英文用语的中文规范表述，统一汉译名称，并根据形势发展定期统一调整；严格控制可以在中文内直接使用的外文词汇，尤其是英文词汇数量，并定期公布、调整这些可以直接使用的外文词汇。

其次，在传媒用语法规建设中，要区分大众传媒与专业传媒间的异同。专业传媒与有关的科学研究关系密切，目标受众为相关专业人士。对于专业传媒如中文版《化学通报》等学术性期刊，在传媒语言规范化建设中可给予一定的宽松空间，如允许在括注的前提下在中文文本中夹用一定数量的外文专业术语甚至句子。但是，新闻传媒属于大众传媒，必须严

① 新闻出版总署科技发展司等编《作者编辑常用标准及规范》（第二版），中国标准出版社，2003，第592页。
② 新闻出版总署科技发展司等编《作者编辑常用标准及规范》（第二版），中国标准出版社，2003，第592页。
③ 俞香顺：《传媒·语言·社会》，新华出版社，2005，第298页。

格禁止中英文夹杂现象；对于例外，应规定具体使用的条件。

最后，严格区分中英文夹杂用语使用的公共生活空间与私人生活空间。对于私人生活中的语言运用，如私人书信、日记的用语问题，国家法规不予干涉。

（三）有法必依，采取有力措施消灭新闻传媒用语有法不依现象

对于传媒用语，中央政府与有关地方政府已经出台了一系列规范性文件或行业自律公约。但是，这些规范性文件的执行情况堪忧。比如，《中华人民共和国国家通用语言文字法》第 11 条，前述《报纸编校质量评比差错认定细则》第 31 条明确规定出版物中对第一次出现的外文必须采取括注的方法。但长期以来，不少新闻传媒对此置若罔闻，明知故犯。2004年 5 月，国家新闻出版广电总局下发"净化荧屏令"，禁止电视用语"中英文夹杂"①。2005 年 9 月 13 日，国家新闻出版广电总局下发《中国广播电视播音员主持人自律公约》，严禁使用不必要的外语。2006 年 3 月，《上海市实施〈中华人民共和国国家通用语言文字法〉办法》实施，禁止在上海市行政区域内的中文大众传媒内夹杂滥用 PK 一类英文、网络用语。但是，这一系列规范还未能为众多大众传媒所充分贯彻执行，充分暴露出有关执法部门执法不严的现象。因此，治理新闻传媒用语中英文夹杂还必须强化执法环节，对渎职者给予严肃处理。

（四）调整英语教育政策，是解决新闻传媒中英文夹杂使用现象不可或缺的一环

中国的英语教育与西方发达国家形成鲜明比照。中国长期将英语教育纳入国民教育体系。目前，我国英语教育已经进入小学教育阶段，中学学生每年学习外语已达 1000 学时。英语在中国中小学教育、高等教育、研究生教育、专业技术人员职称晋级考试中均扮演重要角色。中国已经形成全民学英语、英语学习投入大却产出低的局面。而西方国家，学生在从小

---

① 俞香顺：《传媒·语言·社会》，新华出版社，2005，第 296 页。

到大的整个学习期间学习外语也不超过 1000 学时。^① 日本人的英语水平普遍不高，小学生不学外语。一位中国学者介绍："在一些用英语交流的国际学术会议上，我常看到这样的现象，轮到日本学者发言时，西方学者总竖着耳朵，一片茫然的表情，日本同行则以怪异的和式英语你来我往，讨论得煞有介事。……有一天晚上，大野的一番话，打消了我对他的同情。酒吧的电视屏幕上正播一位非洲首脑的讲演，用的是英语。在非洲和东南亚各国，这很平常，这些国家的领导人许多都留学欧美，能说一口流利的英语。不料大野不屑一顾地对我说：'不说本国的语言，真丢人。日本总理大臣出国访问，都带翻译，从来不说外语，就是会也不说。在我们日本，地位高的人是不说英语的。'这时我才发现，日本人学不好英语，……还有文化心理上的原因。"^② 日本人了解国外信息主要依靠少数外语精英的翻译工作来解决。^③ 而中国目前专业翻译人才奇缺，译文水平不升反降，全民学英语却事倍功半。新华社李江涛 2006 年 2 月 20 日报道，中国在岗聘任的翻译人员有 6 万人，但多为兼职，翻译水平参差不齐，专业翻译人才缺口达 90%。毫无疑问，中国现行的英语教育劳民伤财，对中国的科技创新害大于利。我们必须对此反省。从长远看，调整中国英语教育、人才考评制度可以削弱新闻传媒用语中英文夹杂的社会基础，有釜底抽薪之效，值得实施。

本文发表于《新闻前哨》2009 年第 2 期

---

① 夏欣：《杜祖贻：学习外文不计成本行吗》，《光明日报》2002 年 8 月 6 日，第 A2 版。

② 李兆忠：《英语天敌：日本人为何学不好英语?》，国际在线-世界新闻报，http://edu.sina.com.cn/en/2007-04-06/151038209.html。

③ 李新玲：《南开大学教授呼吁制止"双语教学"》，《中国青年报》2006 年 2 月 22 日，第 4 版。

弘扬"五四"精神，
高扬为人民服务大旗的新闻阵地
——《中国青年报·特别报道》栏目印象

俗话说，"一招鲜，吃遍天"。办媒体不缺独门秘籍，就容易走得长远，活得风光。这个独门秘籍，用行话讲，大体相当于核心竞争力。《中国青年报·特别报道》的核心竞争力是什么？概而言之，即以简洁明快的调查性报道为主，贯之以五四精神，衬之以为人民服务大旗。

着力于简洁明快的调查性报道，是《特别报道》栏目的核心表征。除了《谁导演了追星悲剧》等少量解释性报道，栏目所刊发的新闻稿多在调查性报道范围之内。《特别报道》栏目的核心表征大体由五大支点撑起，其中三个支点：一是犀利而勇敢，逼近真相，以负面起码也是非正面的新闻信息为主；二是以公共利益为终极诉求；三是努力减少遮蔽，讲求新闻资讯传播的独家或新闻资源再度开发的独家角度。这三大支点主要表现为栏目的内容择取。《阜阳"白宫"举报人蹊跷死亡调查》《公安局政委女儿冒名顶替上大学》《一个家庭的十年变迁》《曝光公费出游网友：不能让个税被考察团糟蹋》《黄石一民警被辞退事件调查》《警方解救"窑奴"，临西县政府让黑窑遣送丢了人》《一个农民工不堪回首的一天》《万州盗伐林场现场目击》《目击无锡水危机》《一家小公司是怎样垄断山西疫苗市场的》《习水县多名公职人员嫖宿年幼女生》《一个教育局长的"职务后"突击》《镍铬烤瓷牙致病悬疑》等篇，均致力于突破重重阻力，逼近真相，揭露真相，努力弄清弄准弄全黑幕底里。《特别报道》是一个勇于冲锋陷阵的年轻斗士。这些报道的题材各不相同，或政治，或经济，或文化，或包括民生在内的百姓日常生活，但报道的出发点无一不是政治，无一不是为了洒下社会公正的阳光。而《渔船没有见死不救，打捞公司敲诈勒索》在报道湖北荆州长江大学大学生救人罹难事件时，虽属反应选题，但并不为一时的舆情汹汹所动，而是求真、冷静，独家的报道终于和先在、同时的其他媒体报道互动互补，在信息平衡中构成对事实真相的再逼近，为深度报道做了一次理性、冷静与独立职业的高标准榜样。《特别报道》栏目核心表征的另外两个支点，即简洁、素朴和快捷，注意报道连续，则主要与报道的形式相接。与同报的栏目《冰点》、岭南的《南方周末》不同，《特别报道》不是一周一报。其一周多报便于栏目运作连续报道，揭丑密度大。同时，《特别报道》以硬新闻为主、版面有限，要求稿件篇幅相对短小，善于依托新闻信息本身的魅力而不是辞章修饰的光华来迷倒受众。

《特别报道》栏目是有精气神儿的。"五四精神"和为人民服务大旗在栏目的血管里欢快地流淌和天空中飘扬。什么是"五四精神"？笔者以为，就是科学、民主和爱国，即追求真理，让人民都过上幸福生活，有机会自我管理，让人民生于斯长于斯老于斯的家园变得更加健康美好。这当然也是中国共产党人的宗旨即为人民服务的宗旨之所在。纵观资产阶级革命胜利，尤其是工业革命勃兴后的国际共产主义运动，不难发现唯有社会公正才有资格位居社会主义的核心。当然，为人民服务的对象，既包括社会下层、中间层，如《特别报道》所维护的绝大多数人群，也包括社会上层。但不论哪个阶层，共产党人为之提供的服务都必须意在社会公正。即便来自社会下层的利益诉求，若有悖于社会公正原则同样不在为人民服务的范围之内。比如，普通的硕士研究生，无论是来自东北财经大学的袁某，还是来自华中师范大学的贾某、湖北工业大学的胡某，只要提交的硕士学位论文存在抄袭他人学术成果属实，《特别报道》对《"史上最牛硕士论文抄袭"调查》的曝光就无可指责。而女开发商虽然手握奥迪A6汽车方向盘，身穿两万多元的貂皮衣服，属于社会上层，当其合法权益遭损害，《特别报道》栏目同样为之挺身而出，及时刊出《女开发商举报市委书记的前前后后》。只要社会公正遇损，尤其是遭受严重损害，《特别报道》该出手时就出手。这恰恰是"五四精神"和为人民服务大旗早已内化为栏目灵魂的必然。

《特别报道》栏目的出现与存在，在当今中国这个时代有特别的意义。首先，它追求维护社会公正，促进社会平稳转型。当下中国，正处在艰难的社会转型之中。在社会阶层大分化与社会利益大调整的时代变迁中，社会各个阶层在各自利益的维护与诉求上所拥有的资源和机会很不一样。当今中国正处在一个社会矛盾的多发期，被剥夺感受强烈的社会下层有着更为强烈的变革本能与诉求，这个本能与诉求不容忽视。处理不好，这就是一个糟糕的时代；处理得好，这就是一个伟大的时代。历史证明，靠群众运动与换汤不换药的改朝换代不可能给中国人民带来真正的福祉。我们要拒绝民粹主义，但对于人民群众，尤其是弱势群体合理合法的权益，全社会尤其是主流社会必须自觉、主动而理性地维护和伸张。这既是社会主义之必然，也是社会主义市场经济最终成功的社会基础。处于社会转型期的中国要想让那些盼望中国崩溃的人失望，就必须安然渡过这一关。作为社会的重要政治工具和社会的"排气阀"，新闻传媒在这一历史时期就不能不承担特殊的角色。社会管理层当前对互联网严格管理有其内在逻辑。而传统媒体因采编在握反在中国现代化艰难前行的今天无形中被赋予了特别重大的社会责任。毫无疑问，《特别报道》栏目因其坚决维护社会主义要谛而响应了时代的呼唤。它全力维护社会公正，努力化解社会矛盾，殚精竭虑，给整个社会，尤其是社会中下层以体制内解决问题的希望。不回避矛盾，本身是自信和强大的表现。这个栏目物理空间有限，但精神空间无限，是让人民群众舒展精神肌肉的一方舞蹈空间，并因其稀少而弥足珍贵。其次，《特别报道》建构社会公正有其特殊的条件。它背靠团中央，面向敢想敢说敢干的青年人，社会人脉深厚，有一支先天下之忧而忧，后天下之乐而乐的采编队伍。这些新闻工作者看上去似乎有点傻乎乎，但傻得可爱、可贵。中国，需要这样的"傻子"。我们不缺聪明人，缺的恰恰是这种大智若愚的"傻子"。因此，面对报道中的困难，有些也唯有《特别报道》才能冲过去。《特别报道》秉持严肃态度而拒绝娱乐，更拒绝麻痹民众。由社会公正而涌现的新闻，是中国当前和今后一个时期内最具新闻价值的新闻富矿区。而《特别报道》能够掌握这一新闻报道的重大命脉持之以恒，又特别聪明而专业。对于其他媒体来说，《特别报道》的成功既有难以拷贝的地方，又有值得认真思考之处。

《特别报道》栏目在当今中国的新闻舆论舞台上有特殊的地位。在报刊、电视、网络百舸争流的今日，深度报道，尤其是深度报道中的调查性报道是一种特别优质的社会稀缺新闻资源，也是报刊在激烈的媒体市场竞争中生存、发展、壮大的重要用力处。纵观中国内地，京穗两城一北一南，高高耸立，已经成为新闻资讯的两大全方位制造基地。其中，在调查性报道生产的先天条件上，北京、广州各有短长。《特别报道》栏目因内容的别具一格，不仅有别于广州的《南方人物周刊》《南方都市报》，而且有别于同城的《光明日报》的"观察"栏目、《财经》杂志、《三联生活周刊》、《新京报》，并常和南方的《南方周末》、北方的新华社的《新华视点》栏目互补互动，相辅相成，合力推动一个健康的新闻舆论场的成长。同时，在《中国青年报》的内部，《特别报道》和《冰点》特别有缘。前者是硬新闻硬着陆，后者现在着重于硬新闻软着陆；前者虽属后生，但又称得上是《冰点》的接力者。《冰点》精神不灭，一阳刚，一阴柔，相得益彰，推动《中国青年报》的深度报道走向丰满、生动、多元和有力。两个栏目都是《中国青年报》中深受读者喜爱，有着强大社会影响力的品牌栏目。而离开《中国青年报》特殊精神沃土的滋养，《特别报道》栏目是无法生存的。

任何事物都不可能十全十美。问世七年左右的《特别报道》栏目未来的路还很长。栏目如何再上一层楼，笔者有如下不成熟的想法愿与大家分享。

第一，抓新闻精品，再狠些。《特别报道》栏目稿件总体质量齐整，水平不俗，部分稿件相当优秀。不过，从更高层次的社会影响力要求看，栏目还是有一定进步空间的。在《冰点》栏目的《北京最后的粪桶》《一个退休高官的生意经》这些获得顶级的社会影响力的精彩稿件面前，《特别报道》要稍逊风骚。如此新闻精品的诞生，需要耐心、机会，也需要努力、努力再努力。在抓新闻报道的特别重头的炸弹上，可否如此追求：能否一周一篇？达不到能否退而求其次，求其三四五六：一月一篇？两个月一篇？一个季度一篇？半年一篇乃至一年一篇？

第二，立足于触及社会游戏规则乃至社会结构抓新闻精品。衡量新闻稿社会影响力的重要标准之一，是报道对国家管理、社会管理的政策、法规的触动作用。《南方都市报》关于孙志刚事件、《财经》周刊关于银广夏、《新华视点》关于龙胆泻肝丸、《三联生活周刊》关于领导干部秘书、《大众日报》关于找个好钳工比研究生都难等报道，莫不因此而生发强大的社会影响力。《冰点》栏目对退休高官生意经的报道也是这样。该稿见刊后，最终推动《中华人民共和国刑法》增加"已离职的国家工作人员利用在职时形成的影响力受贿……纳入刑法"的内容。《南方周末》对乡村女教师出卖肉体含泪供弟读书的无奈之举的关注，更是将问题指向社会的结构性安排。

第三，立足于触及民族精神的建构抓新闻精品。社会主义市场经济大潮中，民族精神的流变值得高度关注。新时期出生的"80后""90后"的价值观较前代已出现重大变化。有的大学生仅仅因为不满于课堂教学效果而辱骂老师，全无感恩之心，没有对他人劳动的起码尊重。我们从中看不到一丝人文精神的灯火。有女嘉宾在电视银屏上公开鼓吹"宁可坐在宝马车里哭，也不坐在自行车上笑"。有的年轻人当面讲：名利名利，先有名后有利；人不为己，天诛地灭。这些现象体现的不过是对此岸金钱、权力的疯狂追逐。说其疯狂，在于这样的追求仅有物欲而没有彼岸，满足只漂浮在动物层面。这样的观念是不健康的，这样的追逐是病态的。欧美资产阶级政治大革命的胜利，为漠视工人阶级利益的资本主义工业革命扫清了社会障碍。19世纪，西方社会进入了一个为巴尔扎克、狄更斯、列夫·托尔斯泰、茨威格、马克·吐温这些有识之士所痛心疾首的"镀金时代"。转型时期的中国，鲁迅先生"救救孩子"（何止于孩子）的呼声需要再次响起。一个脱离核心价值观体系的社会，是阴暗、潮湿的非人道的世界。《南方周末》的《被鸡头改变的村庄》、《人民日报》关于武汉市汉正街第一代富翁沉沦的报道都是如此关于精神救赎的神圣呐喊。

第四，酌情而适当地稍配言论。新闻报道着重于报道新闻事实，但深度报道所刊发的新闻事实、新闻现象有不少异常复杂。因此，对这一类报道在终篇时若点评三言两语，应该有助于拓展读者的视野，强化读者认识的准确性和理性。同时，老马识途，配加言论的写手，以有一定阅历、智慧和善于理解他人的年长者为其分析为上。毕竟情绪鼓动易，理性平复难。

第五，作品结集，似可酌情添加编辑手记。《特别报道》系列丛书的一大读者群是新闻传播学专业的师生。现在，中国高校的新闻传播学本专科专业布点已逾 600 个，每年入学新生超 10 万人。外行看热闹，内行看门道，编辑手记有益于读者更为真切地了解、体会栏目新闻报道的实际及其甘苦。

本文写于 2011 年 7 月 9 日

新闻世界再现与报道主体
激情难抑互动下的原形和变形
——析新闻特写《爷爷，救我!》

在近年国内外自然灾害频仍的背景下，回顾 2008 年我国关于四川汶川大地震的相关新闻报道不仅可以温故知新，而且有益于新闻媒体正确面对突发性灾难。作为一篇新闻特写，《爷爷，救我!》(见《羊城晚报》2008 年 5 月 19 日，A10 版) 的记者善于扬长避短，在报道中实现个性与动人有机结合。而成功地截取 2008 年四川汶川大地震的撼人一幕，置之于报告的核心，事实呈现简洁而形象，可谓这篇新闻报道最大的长处，并帮助其在当年有关四川汶川地震的海量报道中脱颖而出，表现相当亮眼。

作为新闻报道，《爷爷，救我!》值得借鉴的优点主要有二。

首先，扬长避短，善于抓取具有较为重要新闻价值的新闻事实。在新闻事实的获取上，有两个特点值得关注。其一，记者王普所供职的媒体属于地方，不是中央的权威媒体。按照新闻报道分工，并没有经由中央媒体机关的统一部署。因此，在新闻信源获取、采访等新闻工作的方方面面，《羊城晚报》记者王普自难拥有来自新华社、《人民日报》这些中央权威新闻媒体记者所具备的工作便捷。其二，记者所依托的媒体《羊城晚报》在新闻始发地千里之外。同样依据新闻报道分工，四川省委、省政府及其相关职能部门并无权力要求外省的《羊城晚报》派记者赴本省灾区做新闻报道。显而易见，《羊城晚报》记者王普又难以具备四川当地新闻记者的先天工作优势。其实，《羊城晚报》完全可以通过转用其他媒体如新华社的新闻稿来实现本报对四川汶川地震的新闻信息传播。《羊城晚报》之所以及时调派记者赶赴四川灾区报道，一是出于新闻工作者的责任意识；二是与《羊城晚报》不甘于自身局限在珠三角而面向全国办报的意识密切相关；三与政策相关，即我们的新闻工作政策已将国内新闻媒体的报道区域扩大了，除特殊规定外，其全国范围也向地方媒体开放，本地范围也向国内的外地媒体开放。不过，即便如此，相较于新闻媒体的"中央军"和"地方军"，作为地方和外省新闻媒体的记者王普亲临新闻现场获取新闻信息与其他相关信息的客观条件终要略逊一筹。按照常规，独家报道四川汶川地震绝非《羊城晚报》所长。在这样的情况下，《羊城晚报》记者王普因地制宜，在抓主战场的同时又适当放开主战场而独辟蹊径，在看似相对次要甚至不那么重要的新闻现场，留意用心，识别新闻，发现新闻，抓取最具冲击力、震撼力的新闻事实瞬间作为报道的横截面，以新闻特写的方式快速成文。身处相对劣势的工作条件下，注重在事实海洋中捕捉具有突出新闻价值的新闻事实，长于在貌似少新闻甚或无新闻的乱象中发现新闻，这是记者王普的报道《爷爷，救我！》成功的一个重要因素。

其次，对典型细节材料的采撷和叙事人对典型细节的表达，是新闻特写《爷爷，救我！》的另外一大长处。第一，记者善于主动采集典型材料。巧妇难为无米之炊，正是因为记者王普5月15日足踏汶川映秀小学，才得以目睹爷爷痛悼孙儿不幸丧生而大声责怪孙儿尸体的新闻现场，并留下新闻现场高潮瞬间的珍贵照片。这篇新闻特写的成功看似偶然，但偶然中又蕴含必然，那就是鲜活的新闻事实材料得自记者新闻现场的亲历，来自记者不畏风尘仆仆与饥寒在新闻现场的奔波，正所谓苍天不负有心人。第二，《爷爷，救我！》善于选材、用材。先看选材。在2008年那场世所罕见的四川汶川大地震中，记者王普在获取丰富的新闻事实材料的同时，还善于选择典型的细节材料，这颇难能可贵。何为典型的细节材料？答曰：细小的新闻事实材料不仅个别，而且特殊，颇具代表性，能在众多的材料中脱颖而出。在大地震中，因痛失亲人而号啕大哭或哽咽抽泣或捶胸顿足的场景比比皆是，虽也动人，但终不足为奇。而王普笔下的"爷爷"则不同寻常，个性鲜明："突然间，他右拳敲地，'责怪'孙子：'人家都跑出来了，你为什么不跑快一点呢!'"爷爷表里之间形成巨大的反差：内心深爱着孙子董泽伟，孙子的丧生重创了老人的精神，但爷爷这种爱和心灵巨痛的外露却是责备。这种表里之间的尖锐冲突是祖孙情的一种特殊折射，是爷爷由痛失孙儿而伤心欲绝的别样外现。爱之极反形以恨，生发出巨大的情感张力。再看用材，在用材上，《爷爷，救我!》图文并茂："爷爷董毅强抚着孙子被挤压成红肿的脸庞，一阵号哭。突然间，他右拳敲地，'责怪'孙子"，这些行文，紧紧抓取爷爷痛苦迸发的高潮瞬间，寥寥数语勾勒新闻场面，视听并作，简洁、清晰而形象。此处的少量借事抒情增强了报道的感染力："能让爷爷见到最后一面，对董泽伟来说是一种抚慰。他睡得是那么'安详'，身边起吊机的轰鸣声、爷爷的哭声，再也无法吵醒他的睡梦。"小学生董泽伟已经丧生，自然无法被抚慰；被抚慰的只能是他的亲人。在这里，抚慰不过是一种情感投射，成为记者情感的对应物，即德国古典主义美学家罗伯特·费肖尔（Robert Vischer，1807~1887年）所说的移情作用。同时，随文刊发的新闻照片抓取爷爷俯身流泪、痛苦擦拭孙儿董泽伟遗容的现场，将这一经典瞬间永远定格。图文相辅相成，推动整篇报道不仅图文并茂，而且新闻信息丰富，事实和情感相互交融，形成强大的情感冲击力。另外，需要指出的是，特写对图片取弃可圈可点。

新闻特写如此选用图片有如下长处：一是突出新闻主体，即在地震中罹难的孩子；二是所用图片人物肢体符号丰满，更有利于由当事人爷爷的肢体动作来传达老人的内心悲痛；三是回避披露爷爷痛苦的面孔，有助于保护公民隐私。《羊城晚报》这样选取、处理图片，体现了包括该报编辑部在内的报道主体优异的专业意识与职业伦理观。

当然，《爷爷，救我!》像所有优秀新闻作品一样，也并非没有不足。其主要缺憾是报道者在新闻特写中未能有效地控制自己波澜起伏的强烈心绪。这就是说，记者在新闻报道中未能有效掌控新闻现场对自己情绪的强烈冲击，冷静有缺，在激情泻闸时对新闻报道的基本职能是有所丢弃的。

首先，《爷爷，救我!》的非叙事话语有压倒叙事话语的趋向。其表现如下：其一，抒情较多。该文除了少量直接抒情，更多的是借事抒情等间接抒情。如特写的开头就属于借事抒情："5月12日下午那场八级大地震，让许多家庭支离破碎，也让大家的心，一同破碎。"这里"一同破碎"的"大家的心"自然包括记者、叙事人王普在内。其二，概叙较多。如特写倒数第二段使用的是概叙："不少遇难孩子是留守少儿，父母在外打工，不能回来，老人们也已震亡。等孩子'出来'时，已无法与亲人见上最后一面。"其三，陈旧信息不少。"这场大地震，映秀镇死亡最多的是老人和孩子。"这样的信息，既往的汶川地震新闻早已披露。那么，《爷爷，救我！》何以会有陈旧信息和这么多的概叙呢？抒情使然：为了抒情必然要压缩叙述，而陈旧信息自然无碍抒情。其四，有的句子语义晦涩。"正如《集结号》谷子地所说的那样：'集结号'一直在我耳朵边回响，十几年了……'爷爷，救我！'这种童声，也一直在我耳边萦绕。一回又一回，常让我泪流满面。"全文结尾的这些话是什么意思？细读之下方悉，那指的是被埋在废墟下的映秀小学学生们在死亡线上苦苦挣扎的痛苦呻吟和孩子们对亲人能救出自己的殷切期盼。然而，这样的语义不细细品咂还真难弄明白，更何况那些从来没有进电影院看过电影《集结号》的广大读者呢？显然，记者光顾着自己尽情发泄情感而忽视了读者的接受能力。新闻报道不是诗歌，不是抒情散文，也不是新闻评论。抒情、议论不是新闻报道的基本职责。新闻报道的基本任务是快速将那些具有新闻价值、宣传价值的新闻事实公开传播。非叙事话语在新闻报道中应被严格限制，确有必要时也需采取巧借他人之口等叙事策略，注意运用表达智慧。

其次，《爷爷，救我！》的另外一大缺憾是未能充分恪守新闻特写的报道之道，主次有欠分明。其一，平均用力，特写新闻现场不算突出。新闻特写的写作要点是在常规新闻报道源源不断报道普通新闻信息之际，抓取新闻价值重大的新闻事实片段，以横剖面或侧剖面的方式加以展现。新闻现场的实感和具体现象是新闻特写不同于其他新闻报道的突出特征。因此，《爷爷，救我！》的处理方式是以爷爷责孙一事为报道核心，以映秀小学其他学生的伤亡和伤亡学生家长的伤痛做特写的现场背景为巧，注意以爷爷董毅强、孙儿董泽伟之间既往的有关人生做特写的背景材料。这么处理，一方面可以因新闻事实主体即爷爷责孙的特殊而成为特写，另一方面可以其他映秀小学学生家长的巨大悲伤表现爷爷责孙及其背后情感的普遍性、代表性。而爷爷董毅强、孙儿董泽伟既往人生和新闻现场的相互穿插既有助于增加新闻特写内容的厚重感，又有益于增加表现形式的弹性、生动与摇曳多姿。其二，叙事人缺乏对新闻现场的足够依托。特写以 5 月 12 日开头，以 5 月 17 日结尾。《爷爷，救我！》并未以爷爷责孙的时间片段，即 5 月 15 日作为报道的凝聚点，特写的本事时间显然过长。

本文发表于《写作》2012 年第 9 期

在数字中把握信息深度的
简单与复杂

——评精确性报道《找个好钳工比找研究生还难!》

在西方发达国家,精确性报道常常用于总统等的选举活动,测量选举人在选民中受欢迎的程度并进而预测候选人选举的输赢变化。由王爽、刘明霞采写的精确性报道《找个好钳工比找研究生还难!》获得第十二届中国新闻奖二等奖则说明精确性报道在中国同样有优秀作品,而走向深度报道是其成为新闻精品的不二法门。

《找个好钳工比找研究生还难!》受到新闻界的普遍好评。该文见报后立即在社会上引起强烈反响,被国内多家媒体转载,得到中宣部月评表扬,荣获第十二届中国新闻奖二等奖。作为优秀的精确性报道,《找个好钳工比找研究生还难!》没有停留在就事论事层面,而是以数字信息为中心,深入挖掘其间所蕴含的重大新闻价值,新闻信息由此深入,由此发人深省,很是可圈可点。

首先,问题意识当头,善于跳出数字发现重大新闻。精确性报道之所以能够向深度报道发展,在于其内部是具备深度报道资质的。而这种资质与数字的特点是密切相关的。在新闻报道中,数字是什么?是材料。然而,与一般材料不同的是,数字又是对具体事物的数量概括,其抽象性往往长于对全局进行概括而不是停留在材料的个别、局部、孤立状态。数字具有反映事物的整体性、普遍性与一般性的倾向。然而,数字材料终究是抽象的，新闻事实究竟存在怎样的一般性，能够承载怎样的事实的内在规律信息的展现，却依赖于记者对重大新闻的发现能力。对于《找个好钳工比找研究生还难!》的报道者，最核心的数据是山东省统计局企业调查队近日对山东省制造业116家企业的关于全省产业工人技术素质的现状和需求趋势的一次调查。其中，本企业技术工人的技术水平能够胜任企业引进高新技术或技术改造任务的占25.86%，基本胜任的占68.97%，不能胜任的仅占5.17%，因此山东省"企业技术工人整体素质较高，基本能胜任企业技术进步的需要"这一结论则足以成立。那么，能有这样的结果不是很好吗? 记者如果写到这里就满足了，那不过是向广大读者传播了一条十分普通的新闻信息，恐怕就难以发人深省了。《找个好钳工比找研究生还难!》的报道者并没有这样做，而是用问题意识引路，跳出数字回头观察数字，推敲数据，从中寻找重大新闻。这一篇新闻报道跳出数字发现重大新闻的基本思路是对比，就是把山东省统计局企业调查队所提供的数据置放在一定的社会背景之中，通过相互作比来发现数字中的新闻价值的蛛丝马迹，然后顺藤摸瓜，红绳一系，紧紧搂住隐藏在数字堆中的"大金娃娃"。

在发现、寻找数据中所隐藏的重大新闻价值的对比中，《找个好钳工比找研究生还难!》主要采用了两个方法。

第一，将数字与一定的社会现实作比，以社会现实为背景来凸显数字中所隐含的新闻价值。俗话说得好，不怕不识货，就怕货比货。对比，朴实而实用。《找个好钳工比找研究生还难!》用来与数据作比的社会现实，既有面上的一般情况，又有局部的个别情况；既有当下的社会现实信息，又有历史生活信息。这些用来对比的材料，与数据材料交相辉映，是记者得以发现数据中所隐含的重大新闻价值的重要途径。该文一开头并没有罗列数字材料，而是登高远望，寥寥数语，交代了一个严峻的现实境遇："人们经常抱怨国产汽车的造型、性能跟不上世界潮流，并将其归咎于技术落后。最近有权威人士分析，其实并不是我们的工程师设计不出高品质的汽车，而是工人生产不出来，因为我们缺少高级技术工人。"在我国经济发展所遭遇的问题中，报道发现了一种尖锐的冲突："脑"与"手"的矛盾。记者发现，中国国产汽车业的"脑子"还不错，但"手"不行，这已经成为我国汽车业发展的关键性的障碍。再好的思想，离开完美的执行力都只能变成墙上的画饼，中看不中吃。正是因为如此，山东省统计局企业调查队调查数据中所蕴含的严重社会问题才浮现出来。此即我国在企业人才培养与供给上正面临的一个严重的发展瓶颈："我省企业技术工人的文化素质具有两头低、中间高的特点。……缺乏高等级技工，是企业技术改造与高新技术运用的一大障碍。"可操作性高级技工人才严重短缺，人才培养与人才使用严重脱节！这篇报道不仅立足国内关注我国的经济发展局面，而且立足于国际现实不断敲打数据。中国即将加入世界贸易组织（WTO），美国最大的飞机制造公司波音公司尽管因本国经济衰退大量裁员，但技术工人仍十分短缺，并在海外寻找相关技术雇员。国际经济发展的规律与我国所面临的经济全球化，强化了我国企业生产"脑"与"手"脱节的严重后果，进一步凸显出高级技工的缺乏对我国企业技术改造与高新技术运用的危害，在对数据的挤压中提炼所蕴含的重大新闻价值。

第二，记者对重大新闻的发现还得益于数字之间的对比。数字是现实的数量概括，通过一定的数量对比可以强化对比双方的异同，帮助记者发现重大新闻。《找个好钳工比找研究生还难！》的报道者在分析以山东省为代表的我国企业产业工人素养现状的同时，又以西方发达国家高级技术工人的比例作为背景材料。报道还不只有这些，又比照了济南市劳动力市场调查的结论。通过这种横向的空间作比，报道有力地证实了山东省企业缺乏高级技工的现实，证实了我国企业产业工人整体素质的结构性缺失与由此而出现的重大工业生产隐患。这篇报道的价值在于以个别见一般，即以山东省作为典型来折射全国企业高级技术工人严重缺失的一般性。善于密切结合当下的社会现实，以现实生活为背景推敲数字，寻找数字中可能蕴含的重大新闻价值。这是《找个好钳工比找研究生还难！》由数据见信息深度的第一条成功之道。

其次，投身于火热的现实生活之中，从新闻现场发现重大新闻。记者从哪里获取新闻敏感？笔者的回答是：观察与思考。思考，为记者的新闻敏感提供丰富的主观动力；观察，为记者的新闻敏感奠定扎实的客观基础。两相比较，观察是思考之源，思考是观察之果。没有观察，记者的思考能力必然架空纤巧，软弱无力，行之不远。仅仅坐在编辑部里看材料，是很难发现社会问题，发现重大新闻的。能够将数据作比于社会现实，只能来自记者在新闻现场的往来穿梭当中。实践出真知，一分耕耘，一分收获。记者新闻在场，是熟能生巧之大"巧"。在《找个好钳工比找研究生还难!》的采写过程中，"作者在一次与企业负责人的接触中，敏感地意识到高级技术人才的匮乏问题已经成为社会的普遍问题，随后就此采访了劳动市场、工业企业和业内的相关人士，做了大量的调查，在掌握了准确的统计数据与事实之后，提出了这个往往容易被人们忽视的问题"①。由此可见，《找个好钳工比找研究生还难!》并不是先看见数据，然后再采访一两个人，仅仅靠分析数据来完成报道的。该文的成功正说明，优秀的精确性报道不能仅仅依靠调查机构所提供的现成数字。新闻报道是辛苦的，深度报道的记者更是要付出远比一般报道多得多的采访调查。新闻的准确、力量与深度来自记者的眼、耳、口、足、手。只有这样，记者才能够真正占有数据。近年来，我国记者的"娇""骄"二气有所抬头，不少记者将新闻现场视为畏途。其实，只有积极、主动地投身于现实生活，记者才能够熟悉生活，才能够熟能生巧，不让机会从自己的手边溜掉。《找个好钳工比找研究生还难!》的成功再一次证明了一条颠扑不破而又朴素的真理——天道酬勤，新闻报道的成功离不开辛勤的采访。而精确性报道走向深度报道，同样需要报道者不畏艰苦、以苦为乐、以苦为荣，在辛勤的汗水中建构报道的信息深度与事业的辉煌。脱离新闻现场，从数字当中是很难发现信息深度的。这是这篇精确性报道的第二条成功之道。

最后，对解释性报道元素的适当采纳。解释性报道讲求思路清晰，遵循一定的逻辑联系由表及里，追根寻源，由浅入深，抓取何因。《找个好钳工比找研究生还难!》融入了一定的解释性报道成分，其基本的采写思路可谓三部曲：是什么，为什么，怎么办。这样的报道思路恰恰为解释性报道所轻车熟路。该文共分三节，依前述的三个子问题而形成了一条脉络清晰、逻辑分明的采写思想路线。在报道的第一节，记者通过对比坐实了山东省企业缺乏高级技术工人这一重大新闻现象。随后，在"企业需要

---

① 中国新闻奖评选委员会办公室编《中国新闻奖作品选（2001年度·第十二届）》，新华出版社，2002，第228页。

什么样的技术工人"的第二节，报道由企业对高级技术工人的依赖，说明我国企业缺乏高级技术工人何以成为企业发展一大障碍的社会原因。在第三节"培训经费与资格认证是大问题"中，记者着重于报道影响我国高级技术工人严重短缺的两大瓶颈，而对这两大瓶颈的突破方法则成为企业人才去困的具体措施。同时，报道在文末还巧借人口，提出意见，明确结论，用省企业调查队的专家意见来揭示数字所折射的社会问题，增加了报道的说服力。《找个好钳工比找研究生还难！》通过清晰的思路由小见大，紧扣当下典型的重大社会问题一路追踪，在看似普通的数据中开掘不普通的社会问题。因此，该文虽是一篇精确性报道，但其采写思路、卒章见志、巧借人口等元素又为报道平添了鲜明的解释性报道色彩。作为深度报道，精确性报道仅有数字是不够的。解释性报道与精确性报道的相互融合，在精确性报道的体内注入何种元素，并用解释性报道的元素支撑精确性报道。这是《找个好钳工比找研究生还难！》推动精确性报道告别就事论事与内容信息的平面化而走向深度报道的重要途径，由数字见信息深度即此文的第三条成功之道。

总体来看，《找个好钳工比找研究生还难！》由数字见信息深度的成功之道并不复杂。素朴的真理既简单又复杂。说其简单，在于其间并无什么深奥的大道理；说其复杂，在于身体力行，具体情况具体分析并不容易，在于一切要从实际出发而不是生搬硬套"绝知此事要躬行"。大音希声，大象无形。对于那些懒人与不肯动脑筋的人，再好的锦囊妙计都只能成为对牛弹琴。

本文发表于《写作》2009年第2期

出版业研究

办刊纠纷与新闻真实：
情感纪实类期刊的办刊瓶颈

多年来，以《知音》为代表的情感纪实类期刊始终伴随着一种办刊纠纷，这就是媒体因纪实信息刊布失实而引发的行业非议，与当事者之间发生的关于隐私权、名誉权等的争执。其中，社会影响最大的恐首推《知音》期刊和著名作家毕淑敏之间所发生的办刊纠纷，湖北知音传媒集团2012年的上市计划还因此引发以毕淑敏为首的社会名流与一些群众的质疑。《知音》月发行量多年来保持全国刊物发行量第二、世界第五的高位，是我国的标杆式媒体之一，社会荣誉多多，然而办刊纠纷，极大地降低了社会、专家、行业和政府对《知音》这一类期刊的印象与评价，成为我国情感纪实类期刊顺利发展的严重妨碍。

以《知音》为代表的情感纪实类期刊所遭遇的办刊纠纷颇为复杂。它涉及的方法、技巧性问题较易解决，如报道稿件面对争议可取平衡手法应对，以名人为中心报道客体的稿件采用名人自己写自己的方式，这样的处理虽简单但终究可以解决实际问题。不过，纠纷的根治则须登高望远、寻根溯源，加以系统打量，否则出版物即便开发电子版也无助于问题的解决。比如，有人以为对策在于媒体建立严格的审稿制度，采取科学的核实手段，抵制追求轰动刺激、猎奇猎艳的办刊倾向。① 然而，作为企业的

---

① 孙燕君等：《期刊中国》，中国社会科学出版社，2003，第32页。

《知音》《家庭》这样的媒体需要在公共利益与媒体利益之间寻找平衡点，若要求媒体放弃自身利益无助于症结的真正解决。为此，本文探讨的基本思路是：《知音》们的办刊纠纷属于什么性质？面对办刊纠纷，《知音》们的应对为什么失灵？解决办刊纠纷的关键应对当是什么？在这样的应对中，媒体、管理者和社会三方应秉持怎样的立场与行为？

一　以《知音》为代表的情感纪实类期刊 办刊纠纷的性质

以《知音》为代表的情感纪实类期刊的办刊纠纷，就传媒业看，纠纷源自新闻失实，违背新闻工作基本原则，引发新闻界的普遍关注甚至斥责；就社会影响看，纠纷长年未断，恶评不小，波及领域广泛；就涉事者看，纠纷常直关名人，有时也波及特殊人物，焦点在信息传播不当而引发的涉及当事人物权之外的民事权利，即以隐私权、名誉权这两大公民精神性的人格权，属传媒的两大"不当发表"；就采写主体看，引发纠纷的稿件由社外作者撰写，或凭空捏造、向壁虚构，或未经被报道者审阅、认可，甚至未采访被报道者，新闻要素不能属实。

在包括专家在内的不少人眼中，以《知音》为代表的情感纪实类期刊属于文学期刊，具体来讲属于通俗文艺类期刊版块，纠纷性质是"品位过低"。那么，《知音》们办刊纠纷的性质是否属于刊物品位不高呢？回答是否定的。《知音》为了提高办刊格调，曾出台加强爱心题材报道，开设"道德的星空"专题，深入挖掘励志题材，坚持反面题材正面做等六项措施。① 然而，媒体的努力未能阻止办刊纠纷一再出现。我们不能因为《知音》们将报道的重点放在社会的中下层，尤其是社会下层与婚恋等情感生活领域而做出这类期刊品位不高的判断。报道社会管理层、上层或全社会的读书生活，若处理不当同样会走向内容低俗。因此，《知音》们所卷入的办刊纠纷的关键不在格调而在其他方面。

判断以《知音》为代表的情感纪实类期刊办刊纠纷的性质，离不开

---

① 尹山：《胡勋璧总经理就提高质量和格调提出重要要求》，《知音传媒》2007年第3期。

对《知音》们的媒体特点、所涉纠纷稿件特征的把握。业界和学界习惯于将《知音》们归入文化综合性期刊，这是不太合适的。其实，以《知音》为代表的情感纪实类期刊属新闻期刊范畴，所刊发的包括涉及纠纷在内的记叙类当代纪实稿件自应在新闻报道范围之内。对于《知音》们办刊纠纷的误断，主要在于评判者对新闻报道的特点、要害和以《知音》为代表的情感纪实类期刊的媒体类型缺乏正确的认识。首先，不少人对《知音》们以刊发软新闻为主的实际和软新闻的新闻属性缺乏准确、完整的判断。无论硬新闻还是软新闻都属于新闻报道行列，在恪守新闻真实性这一新闻报道的基本原则上都没有一丝例外，也不允许有一丝马虎。其次，不少人对《知音》们在信息传播上以情感类的消闲性软新闻为主的新闻属性缺乏准确、完整的判断。软新闻可以分为情感类与实用类。所谓实用类的软新闻，指的是侧重面向八小时工作时间之外的个人生活、私人生活领域的衣食住行和文化娱乐的用以引导、服务于受众个人消费行为的新闻报道。北京《精品购物指南》、武汉《第一生活》均以刊发实用类的软新闻为主。这类纸媒常被冠名为"生活服务类报刊"。而所谓情感类的软新闻，指着重于面向人们八小时工作之外的个人人际伦理及其内心思想情感波动的新闻报道。情感纪实类期刊恰恰以传播情感信息为主，其中的《知音》《家庭》《女友》以侧重刊发情感叙事的软新闻为主。日报情感倾诉型版面上的稿件一般可以归入此类。不过，软新闻无论实用类还是情感类，都属于新闻报道行列，都必须恪守新闻真实性这一新闻报道的基本原则。最后，不少人对《知音》们以刊发情感类软新闻为主的实际有误解，并因《知音》们在新闻真实性上的不断失误而极大地强化了原有的误解。

综观全局，《知音》们所遭遇的办刊纠纷性质是情感纪实类期刊在编辑工作中要不要坚持新闻真实性原则，而不是品位是否高雅。《知音》们办刊纠纷的源头在于新闻真实性，而隐私权、名誉权等社会争议仅为其流。正是信息传播的新闻有假才引发媒体、社会和被报道者三方在根本利益上发生碰撞，酿成办刊纠纷。只要《知音》们恪守新闻真实性原则，那么，有关隐私权、名誉权等问题的办刊纠纷就不容易出现，出现之后也容易解决。

二 以《知音》为代表的情感纪实类期刊
遭遇办刊纠纷的主要原因

《知音》为保障所刊稿件的新闻真实性而采取的应对措施基本集中在审稿环节，并主要体现在如下四个方面：一是编辑部核实。二是保留书面材料，由作者签订"作品完全真实"的协议书，加有作者单位与稿件主人公单位的意见与单位公章，被报道的主人公签字同意发稿的书面材料。三是公布举报电话，实行有奖举报，依法追究制假作者的经济与法律责任。四是当事实无法核准时，编辑部拒绝采用稿件。① 这些应对主要体现在 2005 年出台的《知音集团就维护新闻的真实性问题作出规定》《知音集团编辑素质考核内容》② 等文件中。

不过，情感纪实类期刊所遭遇的办刊纠纷未因《知音》们的系统应对有根本扭转，那么，如何有效根治就成为随之而来的问题。有专家认为，《知音》们已经到了转型的时候。中国出版科学研究院的徐升国认为：随着阅读资源的丰富和获取渠道的便利，中国读者将不断成熟，媒体也需要伴随读者一起提升。大众期刊如果不进行内容提升，品牌升级，会越来越边缘化，在社会中的话语权会逐渐降低。③ 不过，中国有自己的传统和现实，故我国期刊业的发展轨迹与西方国家有同有异，毕竟从可以预见的一个相当长的时期内《知音》们仍存在一定的生存空间，是否过气恐怕尚需观察。综观全局，《知音》们办刊纠纷的成因颇为复杂，既有客观因素，又有主观因素。

首先，导致新闻失实的客观因素不应小觑。造就《知音》们新闻失实的客观因素主要有二：一是行业管理，二是媒介分类。

先说行业管理。按照社会分工和市场遴选，《知音》《家庭》《女友》一类期刊不以传播综合性的各类新闻资讯为本，而以发表社会新闻一类软

① 胡勋璧：《〈知音〉如何打假》，《新闻出版报》2001 年 1 月 15 日。
② 见《知音传媒》2007 年第 1 期。
③ 佚名：《〈知音〉被指品味过低 上市计划遭质疑》，人民论坛，http：//www.rmlt.com.cn/News/201205/2012050310491499 35_2.html。

新闻为主。其纪实稿件很少直接触碰政治管理、经济控制等社会主流阶层而更多集中在社会的私生活领域。这类软新闻稿往往远离治国经邦，社会对其新闻失实的敏感度相对偏低，用来放松，反容忍度相对偏高。这样一来，其新闻失实的综合成本往往低于硬新闻，内容常徘徊在新闻失实防范的边缘，党政管理部门以及记者协会等行业机构对之的关注和管理也相对间接而薄弱，是有别于日报情感倾诉型版面的。总体看，党委宣传部、政府新闻出版机关和记者协会对《知音》这一类媒体稿件新闻真实性的外在刚性约束较低，相关规章制度的建设、落实力度弱于以传播硬新闻为主的《人民日报》《羊城晚报》等综合性报纸，以及《南方周末》等新闻周报和《瞭望》《三联生活周刊》《南方人物周刊》等新闻期刊。整个社会对硬新闻和软新闻在新闻真实性上的敏感程度上的差异，是以刊发社会新闻为主的文化综合类期刊如《知音》在新闻真实性上容易有出入的客观因素。而这又不能不为《知音》一类期刊在关于新闻真实性的自我管理约束上提供一定的弹性空间。

再说媒介分类。我国期刊分类的不规范客观上无益于《知音》们对新闻真实性安全的恪守。在由社会主义计划经济向社会主义市场经济的转型过程中，我国在期刊分类上出现了一种过渡，即期刊的五分法。该分类将期刊划分为理论学术性期刊、文学艺术性期刊、文选文摘性期刊、文化知识性期刊和文化综合性期刊。其中最后一类最能反映市场经济对期刊工作的内在驱动。文化综合性期刊，又叫生活娱乐性期刊、文化生活性期刊，其命名始自中国期刊协会首任会长张伯海。张会长当年将各种知识性、文化娱乐性、生活指导性和实用性的期刊打了一个大包，将之统称为文化综合性期刊。文化综合性期刊有两个突出的特点：一是编辑工作由过去计划经济时期的以传者为主，以面向领导层服务为主，转向以受众为主，即办刊面向市场，着重于满足目标读者的信息需求和文化需要。二是信息种类庞杂，期刊种类多样。面对社会主义市场经济蓬勃发展所驱动的越来越多的期刊类型，我国原有的前述五分法已经呈现出越来越多的不适应，对引导媒体编辑部在认清办刊环境的同时明晰各自的特点和短长不利，甚至会存在一定的误导作用。从我国期刊业的健康发展和满足社会的需求看，我国的期刊分类需再斟酌，其中的文化综合性期刊有进行细分的必要。其中，《知音》们有两个命题待斟酌：一是情感新闻性期刊，二是情感纪实类期刊。这两个子命题，各具短长：前者准确，未留模糊空间，后者因"纪实"二字而承前启后，照顾到了惯性。不过，无论哪一种子命题，《知音》们都有不可或缺的如下三大品格：一是真实。这使《知音》们与虚构类期刊相区隔，并将既往那些与《知音》《家庭》混在一处的有实有虚的情感记实类期刊如《爱情婚姻家庭》剔除出去，使那些有虚构成分的期刊归入文学艺术性期刊，为其子类大众文艺类期刊或通俗文艺类期刊之一部。《知音》《家庭》这样的情感新闻类期刊应剔除所有的有真有假的栏目。二是时新。这使《知音》们与历史纪实类期刊相区隔。三是情感，以人性、人情为核心。这使侧重于休闲性的专事情感类软新闻的《知音》们与以刊发硬新闻为主的新闻期刊，以刊载生活实用类软新闻的实用新闻类期刊相区隔，并进而形成情感新闻特色鲜明的期刊种类。同时，通过上述三点，可以避免仅将《知音》们理解为女性期刊。① 按照受众性别的接受偏好，《知音》们在划入女性期刊的同时，还需用信息性质为分类尺度另加分类，即《知音》们既可以属于女性期刊，又必须属于新闻期刊。

其次，导致新闻失实的主观因素应引起高度重视。导致《知音》们新闻失实的主观因素主要有二：一是认识，二是制度。先说认识。以《知音》为代表的情感纪实类期刊界对恪守新闻真实性原则还不能说特别清醒，常表现为认识有时清醒，有时模糊：所遇外部压力较大时清醒，不大时糊涂；编辑组稿顺利时清醒，组稿困难时糊涂，甚至装糊涂。《知音》上半月执行主编夏钟在《"知音体"思考：如何形成与怎样突破》中以为《知音》介于文学期刊和新闻报刊之间。② 这种看似糊涂的看法完全无视《知音》属于新闻期刊行列的实际，没有认识到新闻报道能够借鉴文学的仅在形式而不是内容，且形式上的借鉴是有严格条件的：恪守新闻真实性原则。再说制度。1998 年，《知音》所刊《妈妈呀，妈妈的血泪

---

① 晋雅芬：《妇女期刊：铿锵玫瑰背后的苦涩滋味》，《中国新闻出版报》2005 年 10 月 18 日，第 7 版。

② 见《知音传媒》2008 年第 3 期。

情》一文存在严重新闻失实。《爱心行动》栏目中的这篇稿件讲述了一桩所谓的真人真事，即考入北京师范大学的湖北省宜昌县樟树坪镇高考状元张晓的动人事迹。然而，这样一篇动人稿件所讲述的基本事实却"全系子虚乌有"，如北京师范大学学生处告知媒体记者，稿件中所谓的考入北京师范大学的主人公张晓根本不存在。[①] 知音期刊社2009年启动的应对措施是"加大稿件的审查把关力度，严格执行相关审稿制度"[②]。就这类以刊载软新闻为主的媒体新闻失实的屡禁不绝看，知音期刊社的前述补救恐怕不够，制度上的漏洞难免会让别有用心者利用。显然，面对新闻失实，以刊载软新闻为主的媒体在防范制度的建设上还不够完善，力量还未施加于要害处。

三　媒体独有采写队伍：关键性的制度建设

解决《知音》们新闻失实以及由此带来的以隐私权、名誉权为重点的办刊纠纷属于系统工程，既要全面，又需重点突出；既有短期，更需耐心，持之以恒。毕竟新闻失实是令中外新闻媒体头疼的牛皮癣。

从问题解决的系统性看，首先，各级党委宣传部以及记者协会应将以《知音》为代表的情感纪实类期刊纳入新闻报道业务、媒体行业的管理范围。《知音》《家庭》均应有资格参加从地方到中央的各类新闻奖评选活动。其次，媒体应转变办刊观念，尊重新闻工作规律，改进新闻编辑工作方法。比如，拥有惊人发行量的《知音》《家庭》应树立主流媒体意识，适度增添硬新闻元素，启动对民间情感生活的合理合法的适度干预，走向强势媒体。再如，《知音》们应考虑对所刊新闻报道稿件普遍实施事实与意见相分离的原则，尤其是媒体对新闻事实把握有限，所报道的新闻事实包含负面信息时，宜尽可能少议论，少抒情，必要时只叙述，不议论，不抒情。当然，这么做难免会影响稿件的感染力。然而，稿件的感染力以及

---

① 霍鹏远、周敏、殷亚龙：《移花接木　赚人眼泪——一篇假报道出笼的前前后后》，《长江日报》1998年2月23日，第10版。

② 胡孙华、王斯：《〈知音〉公开致歉三作家》，《长江日报》2009年7月29日，第19版。

与此相关的生动性属于美的范畴，而新闻真实则属于真的领域，最有力量的美是真，即纯美。不过，编辑部再好的设计，若对执行主体缺乏有力的配套规范则很难有到位的贯彻。《知音》们长期以来难以被消除的办刊纠纷说明，根治以《知音》为代表的情感纪实类期刊的办刊纠纷尚需登高望远，在尊重新闻工作规律的基础上实施有效措施。

就《知音》们的媒体属性与办刊纠纷的要害来说，解决问题的核心当为双保险：一个环节和一个关键。

首先，狠抓一个环节。既然《知音》们所遭遇的办刊纠纷在于媒体是否恪守新闻真实性原则，症结在于所刊稿件的新闻失实，那么，《知音》们如何办刊才能恪守新闻真实性原则从而保证能够向社会提供真实可靠的新闻信息呢？从编辑工作的六大环节看，媒体用以控制所刊稿件质量的最为紧要的环节是审稿。这就是说，《知音》们的编辑部在应对办刊纠纷时必须将重点放在审稿环节，紧抓审稿环节不放松，尽最大努力将必然和可能引发纠纷的隐患在审稿环节中加以消灭。《知音》强化媒体法务部对所用稿件去留、优化的决策权，就属于狠抓审稿环节的具体表现。

其次，建构一个关键。由审稿环节入手属于面临办刊纠纷的被动应对。媒体法务部解决稿件失实虽然有用，但又因未直面新闻真实性而导致实际把关作用的发挥相当有限。因此，《知音》们还应强化应对的主动和预防，设立一处前置的把关环节，此即在紧抓一个环节的同时又建构一个关键。那么，这一主动和预防的前置关键是什么呢？在作者队伍建设上，现名为文化综合类期刊而实为情感新闻性期刊的《知音》们和《人民日报》《三联生活周刊》《楚天都市报》这类注重刊发硬新闻媒体的一个重要的不同之处，是前者没有自己的作者队伍，稿件基本来源于社外作者。其实，刊发新闻报道的媒体，无论以硬新闻为主还是以软新闻为主，都以拥有一支过硬的社内、台内作者为上，即一般不宜将作者的总体队伍安排在媒体内部编制之外。建设媒体独自拥有的以记者为主的作者队伍，即《知音》们所应建构的一个关键。

为什么《知音》们即情感新闻性期刊应将建设一支媒体独有的作者队伍作为解决办刊纠纷的关键呢？第一，社内作者和社外作者的利益不同。在利益的谋取上，社外作者不同于社内作者。媒体是媒体和社内作者共同的生存资源、发展资源。在工作岗位这一谋生的核心利益点上，媒体和社内作者容易取得一致而难和社外作者同构。相形之下，社外作者面对新闻真实而采取机会主义的可能性是远远高于社内作者的。对作家、自由撰稿人的稿件，《知音》等情感新闻性期刊要慎用，少用，最好不用，采写任务应尽量托付给有记者证的职业记者。稿件因修辞而产生的生动性，媒体可以通过设立作家编辑岗位来解决。这种作家编辑岗位的特点是：一是属于媒体职员；二是经过新闻学专业训练；三是仅由语句到篇章修辞，而不允许更动稿件的新闻事实信息；四是岗位设置少而精。第二，媒体控制社外作者和社内作者的能力不同。对于社内作者把握，媒体可以采取批评、警告、罚款、降级、处分、换岗直至开除等一系列手段。而对社外作者，媒体的控制手段有限，力道更是偏软，至多从此不再用稿。社外作者是复杂的。一些社外作者为了一己私利，向媒体提供的新闻稿会有意无意地逃避对新闻真实性的坚守。知音集团编务部副主任陈霜青介绍："在案例报道中，刑事判决书是很重要的证明材料要件。"社外作者向《知音》编辑部提供的"能够佐证其真实性的材料。……有的在复印、传真的判决书上大做手脚，文头、文尾是真，正文内容却偷梁换柱了；有的甚至是作者或作者与法院工作人员共同炮制"①。应对来自社外作者的这一类瞒天过海伎俩，媒体颇为吃力，甚至防不胜防。相反，由社内作者所主导的新闻稿，尤其是重要新闻稿的采写，对前述社外作者所引发的麻烦及其危险往往能够在相当大的程度上加以规避或降低。在稿件新闻失实的阻击上，编辑把关是被动预防，作者把关是主动预防。毫无疑问，采编齐心协力共同打造新闻真实性的防线，远较编辑独家守门强大得多。第三，竞争的需要。媒体生存、发展的关键终在内容。没有好的产品，就不可能有立足长远的好的营销。在文化体制改革背景下市场力量日益强大的今天，从严守稿件的质量和提升稿件水平上，媒体在作者队伍建设上投入必要的成本是眼光长远的选择，应该也必须坚持。因此，强化《知音》等情感新闻性期刊新闻真实性的制度建设，其科学化的一个重要实施要点是建设一支媒体自身所完全独自拥有的骨干作者队伍。

---

① 陈霜青：《如何识别佐证稿件真实的判决书不真实》，《知音传媒》2007年第1期。

四 建设媒体独立拥有采写队伍的配套工程

狠抓审稿环节，建构采写队伍不可能仅仅取决于媒体自身，尚离不开相关的配套工作。在建设自己的记者队伍上，《知音》曾有所动作。李晓桦《根深叶茂——访〈知音〉杂志社社长胡勋璧》介绍：1999 年，"《知音》改半月刊的前一年，我们专门成立了一个记者部，迅速培养了一批编辑记者"。[①] 不过，现在的《知音》早已没有了记者部，没有了为媒体所独自拥有的记者或作者队伍。显然，当年《知音》建立记者部不过是临时性的措施。那么，《知音》们为什么未能坚持设置一支为自己所拥有的记者队伍呢？建设一支为媒体所独立拥有的社内作者队伍，在强化办刊质量的同时又势必造成媒体办刊成本的上抬。而面对上扬的办刊成本，媒体若无法通过市场获取良好的补偿自难行之久远。因此，唯有施以合理的配套工程方有助于一个关键的建构。

鉴于社内作者队伍建设的长远和可行，《知音》们的应对策略有社外与社内之分。

社外对策有国家制度建设和受众文化消费培育两环。首先，国家制度建设应致力于确保《知音》们不因采编成本上扬而削弱甚至剥夺媒体自我良性发展的客观条件。其有待加强的工作主要有两点。一是注意知识产权保护，强化全社会的版权意识和版权使用规范。其一，国家应通过法规建设充分保证其他媒体、机构和个人，尤其是互联网在消费、使用《知音》们稿件中付费且付费标准合理。其二，坚决拒绝、制止网站等网媒对《知音》们辛苦生产的作品使用的少偿甚至无偿。这样的制度建设的目的是保护《知音》等情感新闻性期刊的合理合法权益和坚持通过市场向社会提供合格乃至优秀精神文化产品的积极性、持续性。当然，这样的工作唯有政府有能力，也有理由行使。二是积极培育我国受众的良好文化消费偏好。当前，我国民众对付费接受媒体所提供的文化服务积极性尚不高。其原因有主客之别：客观上，物价上涨而民众个人收入普遍不高，造

---

① 李晓桦：《根深叶茂——访〈知音〉杂志社社长胡勋璧》，《传媒》2002 年第 1 期。

成人们文化消费的付费能力偏弱；主观上，人们习惯于刚性消费即生活必需性消费，而不是软性消费即非生活必需性消费。人们离开对《知音》们的阅读照样可以生活，习惯并乐于免费享受《知音》们所提供的情感纪实信息服务。国家应善于从法规建设、行政管理和道德教育层面引导、培育民众的付费文化消费习惯，并加以必要的刚性约束，从而从根本上化解《知音》们因采写队伍建设所带来的办刊成本压力。

社内对策有积极与消极之分。对于媒体来说，积极的社内对策最为理想。所谓积极对策，即媒体独自拥有一支骨干作者队伍，社外的通讯员仅为辅助。这支队伍中的记者或作者有媒体的人事编制，由媒体支付薪酬、奖金，媒体关注甚至管理医疗、住房等一系列事关职工福利的后顾之忧。不过，现实障碍让这样的积极对策须长期与近期相结合，在短期内还离不开切乎近期实际的过渡性对策。所谓消极对策，指媒体实施社内作者与社外作者并重而又以社内作者为主的应对策略。消极对策同样体现了明显的进步：第一，媒体在编作者队伍实现从无到有，从不稳定到稳定。第二，媒体所刊用的稿件拒绝社外作者独立完成。第三，媒体所刊用的稿件由社内作者主导。其中，后两点举措在《知音》中是一直存在的，此即编辑兼任记者，或编辑与社外作者共同采写稿件。该刊编辑韩可弟 2000 年夏在湖南省做过独立采写。① 这是编辑、记者一身而二任。杂志编辑周曙光处理刊于《知音》2006 年第 19 期的《万米高空偷走 33 万，飞机大盗枉费几多心机》时同样如此："我和作者一道去深入采访。"② 这是编辑与社外作者共同采写稿件。不过，《知音》编辑的上述行为恐怕更多属于编辑的自发行为、非普遍行为，尚未上升到媒体的内部制度建设战略层面。

媒体的消极对策有两点需要把握：第一，在客观条件限制的情况下，媒体可仅设立少而精的社内作者队伍，以保证所刊的每一篇稿件都能够实现社内作者和社外作者并举并由社内作者控制稿件的采写全局。第二，在客观条件限制的情况下，改由编辑兼司部分作者功能。一方面编辑与社外作者共同采写，或共同采访并指导社外作者写作从而把控稿件的采写全

---

① 赵美萍：《放到哪里都闪光》，《知音传媒》2008 年第 4 期。
② 周曙光：《猎获"鲜活题材"要躬行》，《知音传媒》2007 年第 2 期。

局；另一方面增加编辑人数，以便每位编辑有足够的时间、精力甚至兴趣与社外作者共同采写或共同采访再指导社外作者写作。制度化建设有助于媒体避免重大新闻失实事故的行为刚性化。

本文系欧阳明教授与博士生李建波合著，

发表于《郑州轻工业学院学报》（社会科学版）2014 年第 5 期

参考文献：

孙燕君：《期刊中国》，中国社会科学出版社，2003，第 32 页。

尹山：《胡勋璧总经理就提高质量和格调提出重要要求》，《知音传媒》2007 年第 3 期。

胡勋璧：《〈知音〉如何打假》，《中国新闻出版报》2001 年 1 月 15 日。

知音传媒集团：《知音集团就维护新闻的真实性问题作出规定》，《知音传媒》2007 年第 1 期。

晋雅芬：《妇女期刊：铿锵玫瑰背后的苦涩滋味》，《中国新闻出版报》2005 年 10 月 18 日，第 7 版。

夏钟：《知音体思考：如何形成与怎样突破》，《知音传媒》2008 年第 3 期。

霍鹏远、周敏、殷亚龙：《移花接木　赚人眼泪——一篇假报道出笼的前前后后》，《长江日报》1998 年 2 月 23 日。

胡孙华、王斯：《〈知音〉公开致歉三作家》，《长江日报》2009 年 7 月 29 日。

陈霜青：《如何识别佐证稿件真实的判决书不真实》，《知音传媒》2007 年第 1 期。

赵美萍：《放到哪里都闪光》，《知音传媒》2008 年第 4 期。

周曙光：《猎获"鲜活题材"要躬行》，《知音传媒》2007 年第 2 期。

媒介批评的贴切与纸上谈兵

—— 关于"知音体"标题之我见

近年来，伴随我国媒介社会影响力的日益强大，媒介批评也越来越多。这是好事。不过，也有一些媒介批评虽然动机良好，但因为视野的狭隘则难免立论偏颇。原刊《新京报》2007 年 9 月 13 日的张柠先生的批评文章《知音体与低端文化商品的生产和消费》正存在如是偏颇，并因由网络（见张柠博客）走红而颇有关注之必要。

张柠先生《知音体与低端文化商品的生产和消费》根据地处武汉的《知音》期刊的稿件标题，对《知音》期刊的编辑个性予以了强烈的质疑甚至否定。张文的核心意思，一是以为《知音》期刊瞄准文化水平不高的读者群，哗众取宠，内容浅薄：

> 网络上对"知音体"的批评，以一种当代年轻人的风格和话语方式出现，带有戏谑和调侃色彩，比如将《红楼梦》改为"知音体"标题：《包办婚姻，一场家破人亡的人间惨剧》；将《卖火柴的小女孩》改为"知音体"标题：《残忍啊，美丽姑娘竟然被火柴烧死的惊天血案》。……为什么一用"知音体"命名，就会产生强烈的瓦解意义的效果呢？这说明"知音体"是具有很强"瓦解性"的。

> 近 20 年来，国内出现了一大批发行量惊人、专门针对文化程度较低的读者群的杂志，比如《知音》《家庭》《少女》《人之初》《打工妹》等。这类杂志的读者群，以中小城镇的中年女性为主，她们

文化程度相对较低，信息来源都比较匮乏。她们将这类读物既当作"新闻"的来源，又当作"文学作品"（故事会）来阅读，更当作孤独中没有知音的"知音"来看待，类似于购买了一盒文化"黄金搭档"。

二是以为《知音》期刊缺乏社会责任感，以不那么真实的故事煽情赚取受众的眼泪并进而收获钞票：

> 学术界对这类杂志既没有关注，也没有批评，任由它们在市场上横冲直撞。因为它们既不是文学杂志，超出了文学批评视野；也不是新闻杂志，超出了媒介批评视野。它们仅仅是一个"读物"。我们没有一个"读物"专业，因此，这类杂志一直成为研究的薄弱环节。对具有如此巨大影响力的杂志缺乏有效的批评，是批评界的失误。直到年轻的网民们用他们奇特的方式发言，才重新引起了人们的注意。以《知音》为代表的这一类杂志究竟有什么特点呢？
>
> 首先，它将新闻性和故事性结合在一起，成功地打了一个新闻和文学的擦边球，当你以新闻的客观性要求它的时候，它会说是文学；当你以文学性要求它的时候，它会用新闻的客观性来应对。最典型的是一种类似于"口述史"的爱情悲欢离合故事（不但有作者，还有老照片）。用一种带有抒情的语调来混淆新闻性和故事性的边界，其结果导致读者将虚构故事当成真实故事，将真实的故事当成虚构的。这样就可以顺理成章地将各种欲望故事、人间悲剧、成功和失败的经验，转化为可消费的文化商品。
>
> 其次，它将"意义"生产（比如，道德训诫、谴责当代"陈世美"、富人堕落案、穷人暴富故事）与"商品生产"结合在一起，成功地打了一个社会效益和经济效益的擦边球。当你说它只顾盈利时，它会举出很多例子来，说某个故事救活了某位绝望的下岗女工，等等。当你以为它在搞精神文明建设时，你会发现它们发行量越来越大，敛财能力越来越强。混淆"意义"生产和商品生产的界线，越来越强化了这类杂志对低端文化消费者的诱惑力和控制力，既是精神

控制，也是经济控制。

这一类杂志，是如何通过一种奇特的叙事风格，有效控制了以中小城镇中年妇女为主的读者群的？比如标题，"人们啊！花季少女为何就这样沉沦？"以呼吁开头，唤起注意力，以设问结尾，提醒你思考，好不容易有了注意力和已经开始思考的女性读者，突然遇到了知音。比如叙事风格，介于客观叙事和肉麻抒情之间，夹叙夹议，大起大落，情节跌宕，用客观语调讲离奇故事，用离奇语调讲客观故事；时而如泣如诉，时而循循善诱，有控诉、有劝说；"软硬兼施"的叙事兼顾恐吓和诱导，语体风格兼顾"二胡"和"京韵大鼓"格调；"拍案惊奇"的开头，最终都有光明的尾巴。这种带有农业文明趣味的叙事，塑造了大批消费者。生活平淡无奇、毫无起落的中小城镇的女性，靠阅读别人的悲欢离合的故事度日。这种情况很像18世纪初期欧洲的大众文化生产，专门盯着一批有闲的女性读者，利用"城乡空间差""信息时间差"敛财。随着时间的推移，这种"吃智商差"的办刊思维很快就会寿终正寝。

张柠先生的《知音体与低端文化商品的生产和消费》注意到了市场化生存对我国纸媒的重要影响，对近年我国传媒出现的庸俗化编辑倾向进行了否定。不过，张柠先生对《知音》期刊的这种否定却存在较为严重的内在缺陷。

首先，张文对《知音》期刊所传播的信息性质存在误解。《知音》杂志刊发的是讲求"人情美""人性美"的近期新闻事实。与新闻时政、财经等经国兴邦的硬新闻相比，《知音》杂志刊发的内容基本在软新闻信息范围，其根显然仍在"新闻"领域。这并无含糊之处，不存在"打了一个新闻和文学的擦边球"问题。按照新闻报道的内在规律，如果《知音》杂志所刊发的新闻报道存在新闻失实现象，那么则属于我们必须否定、处理的严重违背行规的行为。

其次，张文存在要求我国所有新闻类纸媒一个模板化并以之区分期刊高下的趋向。实际上，中国有13亿人口，人们的政治信念、经济状况、受教育水平、文化习惯千差万别，媒介寻求也差异极大，所以我们不应该要求我国的媒介千刊一面，只有一个模式。中国的广大读者需要报纸中的《人民日报》《南方周末》这样的以硬新闻为主的主流大报，也需要《北京晚报》《南方都市报》《楚天都市报》这样的以面向普通民众，尤其是市民的以提供服务性信息为主的小报；期刊需要《求是》《瞭望》《财经》这样的以安邦济世为主要定位的大刊，也需要以《知音》《家庭》《瑞丽》这样的以软信息为主的小刊。无论大报、小报，大刊、小刊，都为人民服务，俱为不同的受众群体所需要，全是社会主义精神文明建设的主力军，故没有高低贵贱之别，其"大""小"均为中性，重事实描述而不涉褒贬评价。

最后，张文对《知音》期刊的要求用错了标准。既然《知音》杂志以刊发饱含着浓郁的情感成分的新闻信息为媒体的主要任务，那么该刊在情感表达的驱使下，只要真实、准确乃至创造性地使用具有明显"知音"特色的长标题就无可厚非。因此，"知音体标题"的关键不在《知音》杂志的标题是否有情，而是情感的表达是否正确，是否美好，是否与内容水乳交融，是否合乎目标受众的接受"图式"。所谓"煽情"之"煽"的指责能否成立，关键在于《知音》杂志的标题是否做到了前述抒情的四个"是否"原则。就张文而论，其对《知音》杂志标题的否定显然存在标准适用不当的缺陷。

至于张柠先生对《知音》期刊敛财的指责也是不能成立的。《知音》期刊不是党的机关刊，未在文化体制改革中纳入公益性传媒行列，国家对之没有党政机关订阅任务的发行支持。该刊必须通过市场打拼方能获取自身生存、发展的物质基础，必须研究并适当尊重受众的精神需求与接受偏好。当然，张文的批评倒是一次提醒，那就是我国的报刊，无论什么类型，都应该始终将社会效益放在第一位。

那么，张柠先生的《知音体与低端文化商品的生产和消费》为什么会由良好的动机出发而推演出错误的结论呢？究其根本，是视野所限。什么视野呢？对媒介熟悉的视野。说话说得好，熟能生巧。然而，就张柠先生的文字论，作者显然没能做到这一点。张文以为我国教育体系没有"读物"专业的看法并不妥当。我国新闻传播学专业的研究对象之一就是包括期刊在内的媒体，其中的新闻实务、出版实务专业方向专门研究媒体采编工作的原理、方法，2011 年秋季正式开始的出版专业硕士教育更着力于以期刊为核心教研对象。我国的《出版发行研究》《中国出版》《新闻战线》等专业期刊专门探讨包括期刊标题在内的编写问题，故"对具有如此巨大影响力的杂志缺乏有效的批评，是批评界的失误"这样的判断是不合乎实际情况的。我国不是没有相关的研究、批评，可能是这种研究、批评数量较少，跟进拖后，实力还不够强。因此，张柠先生的判断是建立在张氏自己缺乏媒体实践经验与并不了解我国新闻传播学教育的情况之上的，难免草率。张柠先生的看法之所以会和实际情况不符，恐怕与批评者对媒体实际工作的隔膜是息息相关的。

另外，对于广大普通读者，无论其文化水平高低，媒体都应该为其积极服务，用先进的文化占领包括工人、农民在内的文化阵地，而决不能放任自流，不能孤芳自赏，不能鄙视蓝领阶层，更不能将工农视为知识精英予以精神救赎的对象。这也是张柠先生文章所存在的另外一个不容忽视的不良倾向。至于部分网民对《知音》标题的戏谑，不过是后现代文化的一种表现，是当今社会价值观多元化的具体体现，我们也应该正确认识，恰当处置，而不是不辨南北地一味盲从。

本文发表于《知音传媒》2008 年第 3 期

本城期刊基本生存原理探析

与长于面向区域公开传播信息的报纸相比，期刊一向以立足全局，即面向全国乃至全球办刊为上。近现代以来，中国所创办的面向某一都市的期刊，鲜有仅凭一己之力而能在激烈的传媒市场竞争中站稳脚跟的个案。如此一来，区域化仿佛已和短板相连，非区域化似乎成为期刊生存的常理之一。在传媒业如此大潮汹涌的背景中，仅面向武汉地区办刊的《大武汉》杂志 2009 年度经市场打拼，基本仅凭一己之力而盈利是否属于意外？如果不是意外，那么我国的其他本城期刊如《夜北京》《成都客》可否从中找寻能够最终摆脱生存窘境的成功钥匙以自给自足，并从此踏上良性循环的康庄大道呢？期刊的非区域化生存规则是否因此会被修改？如果《大武汉》杂志 2009 年度扭亏为盈纯属偶然，那么其中的偶然是什么？偶然之中又包含怎样的必然？本文以为，《大武汉》杂志 2009 年度的初次成功绝非偶然，其中透露有颇为珍贵而丰富的信息，值得探究。纵览全球，本城期刊并非没有成功先例，美国的《纽约客》、英国的《休闲时光》(Time out)、法国的《巴黎竞赛画报》、我国香港的《壹周刊》俱成功在先，属于本城期刊队列中的佼佼者。不过，中西国情不同，港台的基本社会制度也迥异于中国内地，故其成功之道有哪些，其间什么可以借鉴，什么不适合本土，这些均需细细考量。探讨本城期刊基本生存原理的社会价值和科研意义主要有三：一是有助于我国区域性期刊、城市期刊的健康发展和我国传媒业良性结构的建设，拓展、深化关于期刊业的研究；二是有益于我国城市的进步、城市居民的生活幸福乃至通过促进城乡差别的缩小而弘扬社会公众，推动和谐社会建设；三是有利于时下我国文化体制改革在轰轰烈烈进行的同时脚踏实地，少留后患。为此，本文采取文献研究、实地调查诸法，并以《大武汉》杂志为典型个案，集中探讨本城期刊的基本生存原理。

一　本城期刊的基本特征

对中西本城期刊特征的归纳，应以抓取事关全局的关键性特征为上。除了刊期或周或旬或半月，采取彩铜印制等被决定的相对次要因素之外，本城期刊的基本特征大体有四点。

（一）信息传播以本城为主

本城期刊在信息传播上以本城为主。所谓本城，指期刊的基本发行范围限于某一中心城市，或以某中心城市为核心的城市圈。而所谓本城期刊，指的是主要甚至全部以某一城市或某一城市圈为目标受众范围的，刊期介于周、旬、半月的平面装订成册的连续出版物。本城期刊近乎城市期刊。美国学者萨梅尔·约翰逊等认为"城市杂志的出版通常都以当地的城市市场为目标"①。这样的城市期刊即本文所认定的本城期刊。不过，也有杂志虽然关注城市，关注生活，甚至关注消费，但其办刊的视野、目标受众均不受区域限制。这样的城市期刊则不为本城期刊。西方国家及西方模式社会的城市期刊大多为本城期刊。

本城期刊传播信息以本城为主，这包括两大含义。第一，本城期刊所传播的信息来自本城。这就是说，本城期刊所公开传播的信息，其信源大多来自本城，事发也多在本城。英国《休闲时光》的主编戈登·汤姆森（Gordon Thomson）介绍：《休闲时光》"全是关于伦敦的，伦敦的历史、文化，……从伦敦的交通到伦敦的公共浴池……"② 我国的《壹周刊》

① 〔美〕萨梅尔·约翰逊、帕特里夏·普里杰特尔：《杂志产业》，王海译，中国人民大学出版社，2006，第15页。
② 崔莹：《办最赚钱的杂志——对话英国名刊主编》，南方日报出版社，2007，第54页。

《大武汉》所刊发的信息同样以事发本城为主。

通过对《大武汉》杂志总第 1~70 期的不完全统计（见表 1），该刊封面故事报道共 41 期。其中题目直接标明"武汉"、武汉别名"江城"、武汉地区内部名称或以武汉为核心的"湖北"（鄂）的为 31 期，占统计样本总数的 75.61%，但稿件基本是在言说武汉地区的则达 100%。2008年 12 月 8 日，《大武汉》主编李晨曲受访时说：《大武汉》"从目前来看……只能关注在本城"。第二，本城期刊选择、处理信息的立场来自期刊所在的本城。本城期刊所刊发的信息并非全部事发本城，但本城期刊对这些非本城信源的信息则予以本城化处理。这就是说，无论本城信息还是非本城信息，本城期刊一律基于不违背本城共识的立场，并在此基础上按照目标受众的共同兴趣加以取舍、安排。《纽约客》所刊载的信息有不少并未事发纽约，然其所传播的信息莫不经由纽约生活方式、纽约思维方式、纽约精神的筛选。本城期刊所公布的信息应合乎本城目标受众的实际需要、趣味、兴致。信息传播以本城为主，是本城期刊有别于非本城大众传媒的根本要素。

表 1　《大武汉》杂志部分封面故事统计

期数	封面报道文章	题材
第 1 期	《武汉选美十五年——美女越选越不值钱》	休闲
第 2 期	《一代高僧的 90 年人生传奇——真是昌明》	文化
第 3 期	《新世界与武汉中产》	生活
第 4 期	《爱恨麻将》	休闲
第 5 期	《电视"鄂军"开始突围》	文化
第 6 期	《全民相亲：武汉适龄青年的婚配问题》	生活
第 7 期	《香港自由行攻略》	休闲
第 8 期	《年终特稿：7 个人的 2006》	生活
第 9 期	《谁是武汉有钱人》	经济
第 10 期	《武汉制造 70 年代财富偶像》	经济
第 14/15 期	《江城夜场的丑角》	休闲
第 16 期	《东湖何必比西湖》	休闲
第 17 期	《嗨么事嗨?! 武汉酒吧生态调查》	休闲

期数	封面报道文章	题材
第 18 期	《借精生子，武汉进行时》	生活
第 19 期	《我们为什么要交税？武汉个税详探》	经济
第 20 期	《男色时代的狂欢》	生活
第 21/22 期	《武汉建市 80 年》	生活
第 23 期	《"民众"的女人们——武汉式时尚表达者》	生活
第 24 期	《谁是"股疯"？4000 点上的欲望与恐惧》	经济
第 25 期	《救救新主妇，武汉 80 后小媳妇的厅堂与厨房》	生活
第 26 期	《武重"大院"，一个工业时代的城市背影》	社会
第 27 期	《校花不是选的——开心辞典引发的武汉校花风波》	休闲
第 28 期	《变形，出发——电影〈变形金刚〉全攻略》	休闲
第 29 期	《恰同学有钱，EMBA 与"关系"投资学》	经济
第 30 期	《"逃离城市"武汉人出国度假 N 个理由》	休闲
第 50 期	《武汉快活榜》	休闲
第 51 期	《PS 的网络狂欢》	文化
第 52 期	《武汉 2020 蓝皮书》	文化
第 53 期	《怎么赚 220 万青年的钱：武汉新生代"黄金消费群"》	经济
第 54 期	《武汉厨师江湖》	生活
第 59 期	《武汉收藏市场水有多深》	经济
第 60 期	《不要路过汉阳》	文化
第 63 期	《过江决定武汉速度——一个城市的交通困境与出路》	生活
第 65 期	《武钢五十年慢生活》	社会
第 66 期	《无线城市之路》	文化
第 67 期	《魅力角落——20 人的私房武汉》	生活
第 68 期	《武昌古城的复兴与想象》	文化
第 69 期	《我家客厅欢迎你：武汉新文化地标的理想与现实》	生活
第 70 期	《老武重转身——一个大型工业遗产的改造样本》	经济

（二）信息性质偏软

本城期刊发布的信息偏软，具有一定的软信息特点。所谓软信息，指的是非关国计民生管理或治国安邦的结构性信息，突出表现为娱乐、休闲等关于日常的生活方式、行为方式、思维方式的信息或服务于私生活的消费性信息。与软信息相对应的是多属于政治、经济领域的兼济天下的硬信息。硬信息是强势媒体或时政、财经类新闻报刊所着力发布的信息。如中共中央机关刊《求是》作为执政党在思想政治理论领域内的首席舆论空间，着重刊布直接反映党中央的路线、方针、政策的稿件和传导党中央所倡导的主流意识形态的系统化的理论思想信息。再如《瞭望》《半月谈》《南风窗》《财经》或美国《时代》周刊、德国《明镜》周刊、日本《文艺春秋》诸刊致力于发表具有深度与整合度的时政、财经新闻及相关的意见信息。刊发的信息性质偏软，是一贯缺乏来自主要政党、政府等强势社会力量大力支持的本城期刊在传媒市场竞争中扬长避短的必然抉择。

本城期刊所传布的偏软信息有两种分类。一是纯粹的软信息。《大武汉》《休闲时光》所刊载的信息往往是和本城广大市民日常生活关联较为密切的物质、精神的消费性资讯，如为本城居民提供日常生活所需要的衣食住行、吃喝玩乐方面的市场信息，或颇为实用的物质消费信息，或影视放映、舞台演出等贴近本城居民文化偏好的精神消费信息。《休闲时光》的内容主要是关于伦敦的就餐、休闲、娱乐的指南①，《大武汉》其实也基本在做武汉吃喝玩乐的"圣经"。二是非纯粹的软信息。这种非纯粹的软信息具有矛盾的二重性，即软信息为表，硬信息为里。说其软信息为表，就在于本城期刊所刊发的这类信息与社会的政治、经济生活往往没有直接联系，题材上不属于治国经邦的政治、经济范围。说其硬信息为里，则在于这类信息的主题事关国家乃至人类的进步方向，事切社会精神文化的建构或解构，中心思想直逼政治、经济，具有一定的公共精神物品性质。如《纽约客》1962 年刊发的蕾切尔·卡森（Rachel Carson）的《寂静的春天》（*Silent Spring*）关于滴滴涕（DDT）的文章开全球环保主义之先河②；1963 年发布的黑人作家詹姆斯·鲍德温的散文《下一次将

---

① 崔莹：《办最赚钱的杂志——对话英国名刊主编》，南方日报出版社，2007，第 61 页。

② 〔美〕萨梅尔·约翰逊、帕特里夏·普里杰特尔：《杂志产业》，王海译，中国人民大学出版社，2006，第 127 页。

是烈火》①揭示黑人在充满种族歧视社会中的际遇，极大地促进了民权运动的觉醒；1997年安妮·普劳克斯（Edna Annie Proulx）的小说《断背山（*Brokeback Mountain*）》以关切同性恋为主题，均领一时风气之先。如此先锋甚至另类色彩的呐喊，以硬度填充了信息软外壳下的内在结构。

（三）面向市场办刊，营销侧重于双重出售

本城期刊面向市场办刊。首先，采取西方基本社会制度的国家或地区面向市场办刊不足为奇。在大众传媒的管理上，西方资本主义社会的报刊与广电分属两途。如果说英美德法日意这些主要资本主义国家的广播电视业公营私营二途并存的话，那么平面媒体的报纸、期刊则基本唯有私有私营一径。市场搏杀的森林法则是资本主义社会中本城期刊所必须直面的唯一生存之道。其次，中国虽与资本主义社会不尽相同，但市场同样是主宰传媒的力量之一。目前，我国的大众传媒在管理上与西方国家还是有所不同的。在我国，大众传媒虽有事业单位与企业单位之分，但一律国有国营，并在此基础上形成了政策性或公益性传媒与非政策性或非公益性传媒，即事业单位性质传媒与企业单位性质传媒。以报刊为例，《人民日报》《求是》《瞭望》这些机关报刊或亚机关报刊必须立足于党中央、国务院或有关地方党政机关的立场，肩负喉舌功能或亚喉舌功能，为党服务，直接或较直接地传播党的意见、决策，传达党政指挥机关的工作部署、调动。其采编等工作经费一律由国家通过相关安排予以解决。相形之下，人民日报报业集团的子报《京华时报》、求是杂志社的子刊《小康》、新华社旗下的《瞭望东方周刊》俱非机关报刊，这类媒体现已变为或即将变为企业单位。其生存发展的经费在国家行业垄断政策的支持、优惠下基本取自市场。我国的本城期刊属于后者，即非政策性或非公益性传媒。我国的本城期刊，不同于那些为有关地方党政机关直接服务的区域性期刊，如由省级党委外宣办或省级人民政府职能机构所主办的《今日上海》一类区域性期刊是具有一定的社会管理或行业指挥、调配的工作职能的。

---

① 董鼎山：《重温詹姆斯·鲍德温》，《环球时报》1998年12月13日，第7版。

《大武汉》《夜北京》《成都客》这些本城期刊虽分属湖北日报传媒集团、北京出版集团、成都时代出版社集团，但悉不承担传媒集团上级有关党政机关的舆论喉舌功能或社会管理功能。2008 年 12 月 8 日，李晨曲受访谈及《大武汉》时说，湖北日报传媒"集团对这个杂志也没有什么要求，有一点就是政治上不出差错，经济上自主，要自己养活自己"。计划经济即控制经济，是由中央政府计划和管理的经济，生产什么，生产多少，如何生产等均由中央政府决定和有计划地管理。① 毫无疑问，本城期刊就其本质和控制经济是没有必然联系的。图 1 为 2007 年 10 月出版的《成都客》的封面。

图 1　2007 年 10 月出版的《成都客》封面

在营销上，本城期刊一般采取双重出售策略。所谓双重出售，指报刊的一种独有的出售方式。其主要内容有二：第一，先将资讯、理论、娱乐等非广告版面出售给读者；第二，再将已聚拢受众目光的广告版面出售给广告主。② 本城期刊与那些基本不从事广告经营而致力于发行经营的期

---

① 邝鸿编著《市场学概论》，中央广播电视大学出版社，1986，第 31 页。
② 屠忠俊主编《新闻事业管理》，武汉大学出版社，2001，第 12 页。

刊，如大多数学术性期刊、政治理论性期刊不一样，实施发行、广告双轮驱动。李晨曲受访时介绍：《大武汉》杂志"定价5元，现在仍然不能依靠发行盈利。……至于应对，就只能依靠广告额"。发行是广告经营的基础，但广告收入可以降低期刊的售卖价格，扩大期刊销量。发行、广告构成本城期刊的两大经济来源，缺一不可。

（四）主要服务对象在本城

作为一种区域性的大众传媒，本城期刊以本城或本城的城市圈为基本服务范围，以本城为核心服务范围。首先，本城期刊的目标读者在本城。本城城市圈，尤其是城市圈内的中心城市为目标读者的基本活动范围，其外则不在目标读者行列。英国《休闲时光》主编戈登·汤姆森说："我们的核心读者还是本地人。"[1]《大武汉》的目标受众以武汉地区的城市居民为主，又兼及武汉城市圈内的其他八座城市（图2为2009年4月出版的《大武汉》封面）。相形之下，美国《纽约客》发行范围虽广于《大武汉》，"在全国也有一定的发行量"，但"一直公开宣称自己是一份针对城市读者的杂志"[2]，目标读者同样以本城居民为主。

其次，本城期刊的广告主面向本城消费者投放广告。本城期刊的服务对象除了目标读者，还有目标广告主。和目标读者有所不同的是，本城期刊的广告主可以来自本城，也可以来自本城之外。不过，和目标读者相同的，则是本城期刊的广告主所瞄向的接受对象均在本地。《休闲时光》主编戈登·汤姆森说："我们有竞争者，……是报纸，……它们是 *Time out* 最大的竞争对手。"[3] 这里的报纸指的是本地报纸。所以，那些适合在都市报、晚报、晨报这些大众化的区域性报纸上投入的广告亦可酌情在本城期刊上投放。李晨曲主编认为，《大武汉》面对当地的同类报刊，"与《第一生活》、《新生活》是什么样的竞争关系，这个不好说"。李晨曲主编的这一判断并不完全合乎本城期刊所面临的实际。不过，相形于包括同

---

① 崔莹：《办最赚钱的杂志——对话英国名刊主编》，南方日报出版社，2007，第58页。
② 〔美〕萨梅尔·约翰逊、帕特里夏·普里杰特尔：《杂志产业》，王海译，中国人民大学出版社，2006，第102页。
③ 崔莹：《办最赚钱的杂志——对话英国名刊主编》，南方日报出版社，2007，第53页。

图 2　2009 年 4 月 5 日出版的《大武汉》封面

城报纸在内的本地报纸，本城期刊目标读者在人生职业、社会地位、经济收入、教育水平、生活习惯、消费偏好上终有所不一，呈总体偏高趋向，故那些不适合在全国性媒体投放的广告，尤其是中高档消费类广告，更适合在本城期刊上出现。《大武汉》的广告投放有这样的倾向。该刊经常刊载 Town house 房产一类广告，2010 年第 7 期由华润置地开发的海上五月花的花园洋房、别墅的广告即属此类。Town house 房产，中文译为"经济型别墅"，即"中产阶层住宅"。[①] 本城期刊的广告客户为面向本城投放广告的广告商。

二　本城期刊生存的基本社会条件

（一）大众传媒生存的基本社会条件

如何办好大众传媒，需要办刊者知己知彼，审时度势，科学规划，周密设计，知行合一。而审时度势既要知己，又要知彼。对于办刊，知己未必容易，知彼则往往困难更多。知彼的重要内容就是调查、认识办刊的基本社会条件。企业的市场营销环境有六个层次，由内到外分别是：本企业自己→营销渠道企业→本企业服务的市场→竞争者→公众→宏观环境力量。① 上述六个层次均受制于宏观环境。作为商品的生产者，大众传媒机构无论属于事业单位还是企业单位，都不能脱离媒体的宏观环境。忽视传媒生存的基本社会条件则无异于盲人骑瞎马，对本城期刊的成长有害无益。

大众传媒生存的基本社会条件有其特殊性。精神文明建设不同于物质文明建设，考虑大众传媒的社会环境应注意其个性。概而言之，大众传媒生存的基本社会条件主要有两大元素：一是政治，二是经济。在大众传媒的生存中，文化或与政治相结合，或与经济相融合，是可以并入政治、经济中加以探讨的。从事关全局的战略入手，考察大众传媒生存的基本生产条件应密切结合一定的社会制度。在不同的社会制度中，大众传媒的基本社会条件大体可以分为两类。其一，苏联模式。在大众传媒的苏联模式中，政治取代经济，成为唯一元素。列宁在《党的组织和党的出版物》中说："写作事业应当成为整个无产阶级事业的一部分，成为由整个工人阶级的整个觉悟的先锋队所开动的一部巨大的社会民主主义机器的'齿轮和螺丝钉'。"② 认为所有大众传媒都是执政党的"集体的宣传员和集体的鼓动员"③，"报纸应当成为各个党组织的机关报"。④ 苏联模式下的大众传媒一律行使执政党不同组织的喉舌功能，其第一功能是宣传，且不分战时与和平时期，均为政治斗争工具。因此，为苏联模式所控制的包括报刊在内的大众传媒生存的基本条件单纯而一维，那就是政治。只要无碍执政党的大政方针，按指令办事，做好舆论喉舌，即具备了生存的基本社会条件。大众传媒所必需的经济手段由执政党统一做制度安排，无需媒体费心。其二，西方模式。在大众传媒的西方模式中，实际也是政治压倒经济。但其要害是政治为本，经济为用，即通过市场路径来实现媒体的政治目标。在西方模式中，有碍主流社会，尤其是统治阶级基本价值观的报刊

① 邝鸿编著《市场学概论》，中央广播电视大学出版社，1986，第35页。
② 《列宁选集》第1卷，人民出版社，1995，第663页。
③ 《列宁选集》第1卷，人民出版社，1995，第441页。
④ 《列宁选集》第1卷，人民出版社，1995，第664页。

可以存在于一时，但终主要因发行、广告的难以为继而难以长久存在。西方传媒信息传播的多样化是有限的。毫无疑问，考量大众传媒生存的基本社会条件既不能以物质文明建设的规律规范精神文明建设，又需要关注媒介制度与社会制度之间的互动，具体情况具体分析。

本城期刊生存的基本社会条件也有其特殊性。新制度经济学认为，多数情况下，制度供给是一种产品，实现制度变迁时政治权衡往往是第一位的。① 相形于苏联模式不存在真正的本城期刊，存在于大众传媒西方模式下的本城期刊虽然必须依从政治、经济两途，但又践行政治为主、经济为辅的传媒生存规律。考察西方模式下本城期刊生存的基本社会条件，离开对其特殊性的尊重则无异于缘木求鱼。

（二）西方模式中本城期刊生存的基本社会条件

1. 政治条件

本城期刊所赖以生存的社会政治条件较为宽松。这在西方模式中更为突出。如是较为宽松的社会政治条件主要决定于传媒所刊载的信息性质。本城期刊所着力传播的信息内容，一为纯粹的软信息，二为硬信息其里的软信息。纯粹的软信息着重发布与目标读者工作之余的私生活相关的非宏大表达内容，多为生活商品资讯、生活方式指南信息、八小时之外的娱乐信息。这些内容和市场关联紧密，距离政治风云较远，一般不关意识形态安全。硬信息其里的软信息很少硬着陆，而是通过艺术虚构、理论探讨、历史探访、文化研习等文化信息折射政治、经济生活，因为与政治对话的间接、隐蔽，故能较为巧妙地避免与当下政治现实力量直接冲撞、较力，少法律纠纷或能极大地降低法律纠纷强度。同时，近年西方国家民众对政治生活出现了一定的厌倦趋向。美国时代公司主编诺曼·珀尔斯汀（Norman Pearlstine）介绍，当今读者大多对国际新闻和国内重大的"硬新闻"都不太感兴趣。② 而读者对硬新闻厌倦的补偿，往往

---

① 徐大同主编《当代西方政治思潮：20世纪70年代以来》，天津人民出版社，2001，第434页。
② 〔美〕萨梅尔·约翰逊、帕特里夏·普里杰特尔：《杂志产业》，王海译，中国人民大学出版社，2006，第547页。

来自对事关个人生活的软信息的关注。这对于扩大本城期刊的销量和社会影响力都有好处。

不过，凡事总利弊相间。远离政治，回避政治，容易削弱本城期刊对社会发展的长远作用和结构性影响，推动或强化本城期刊的非主流化。本城期刊完全放弃对政治的关心也需要斟酌。英国《休闲时光》主编戈登·汤姆森说："我们对社会问题感兴趣，因为这些问题会影响读者的生活。如果你看六七十年代的 '*Time out*'，……'*Time out*' 是伦敦最'激进'的声音，它不仅仅是消费指南杂志，它总是和社会问题紧密结合起来的。"[①] 从吸引受众的眼球计，西方模式下的本城期刊大多并未完全放弃一定的政治议题。

总之，本城期刊面临的政治风险较低，办刊者对此必须具备的政治智慧要求可以相对简单。

2. 经济条件

相形于政治，本城期刊的生存对经济条件的依赖则重得多。这在西方模式中特别突出。

本城期刊生存的基本社会条件几乎都在市场之中。一方面，本城期刊不是政治性传媒，也不面向全民提供基本公共服务，政治话题少，所刊政治信息的政治纯粹程度低，政治生活介入程度小，也很少国家权力或政策眷顾。本城期刊必须直面市场办刊，优胜劣汰，只有通过激烈的市场竞争才能获取一定的生存经济资源。另一方面，本城期刊连续出版间隔时间较长，文字信息丰富，如何在和同城报纸、非本城传媒的竞争中识别自己的短长，看准健康的市场机会，拓展成长空间，生生不息，也需办刊人全面打量，深入思考。

本城期刊的生存，离不开三大经济条件。

(1) 有良好的中产阶层

中产阶层是本城期刊目标读者的核心。按照德国社会学家韦伯的意见，阶层指具有共同文化背景（含伦理、宗教、教育的社会地位等）、生

---

① 崔莹：《办最赚钱的杂志——对话英国名刊主编》，南方日报出版社，2007，第56页。

活方式的社会团体。① 所谓中产阶层，又叫中间阶层、中间等级、工作阶级，指社会层次中既不属于高端又不属于低端，并和高端和底端相对应的社会阶层。② 美国学者劳埃德·沃纳（W. Lloyd. Warner）将社会分为六个阶层，其中上上层、下上层为社会上层，上下层、下下层为社会下层，上中层、下中层为社会中间阶层。③ 中产阶层的特点主要有三：一是有较好的经济收入；二是接受过良好的教育；三是讲求一定的生活品质。前述三点或受惠于职业或制约着职业，故职业是衡量中产阶层的基础。④ 尽管如何辨识中产阶层标准不一，各自计算常存出入，但中产阶层总体数量可观，社会影响力强大，构成社会稳定的力量则属于共识。中产阶层与本城期刊息息相关。一个社会的中产阶层不发育，则该社会就不具备本城期刊生存的起码条件。为什么这么说呢？第一，本城期刊的内容趣味、媒体形态与价位较适宜中产阶层购阅。中产阶层偏爱有一定教养的信息内容，喜欢印制较为精美的纸媒，并具有足够的经济实力为此买单。香港《壹周刊》彩铜印刷，售价 20 港币，恰为香港中产阶层标准月收入的 1‰。第二，中产阶层在西方社会占有较高的人口占比。中产阶层在总人口中所占的比例，香港地区为 20%~25%，德国为 50%⑤，瑞典为 55%⑥，美国一说为 42%⑦，一说为 60%（20 世纪 50 年代）。⑧ 这意味着本城期刊赖以生存的目标读者中产阶层在社会发展到一定阶段后已增大到足以供本城期刊游刃有余生存的规模。受众群体数量过少，势必导致大众传媒的生存难以为继。第三，中产阶层具有较强的购买力。美国学者萨梅尔·约翰逊等认为，以当地城市为目标市场的本城期刊是为消费水平较高、社会阅历丰富以及明确

① 徐大同主编《当代西方政治思潮：20 世纪 70 年代以来》，天津人民出版社，2001，第 452 页。
② 严行方：《中产阶层》，中华工商联合出版社，2008，第 4 页。
③ 邝鸿编著《市场学概论》，中央广播电视大学出版社，1986，第 154 页。
④ 严行方：《中产阶层》，中华工商联合出版社，2008，第 15 页。
⑤ 周晓虹主编《全球中产阶级报告》，社会科学文献出版社，2005，第 19 页。
⑥ 严行方：《中产阶层》，中华工商联合出版社，2008，第 7、60 页。
⑦ 邝鸿编著《市场学概论》，中央广播电视大学出版社，1986，第 154 页。
⑧ 王栋：《对话美国顶尖杂志主编》，作家出版社，2008，第 441 页。

自己社会地位的读者出版的。① 尽管本城期刊的销量未必赶得上本城大众化报纸，但其目标读者的社会地位高于后者，受众模样清晰度强，内容耐读，文本传阅率高，广告投入产出比往往较之报纸更为理想。

（2）社会实行市场经济的基本制度

本城期刊所刊布的事关本城居民日常生活的消费性资讯，既不关不实行政策保护则势必损伤国家意识形态安全，又无涉非官方干预必然伤害公共利益。这样的大众传媒文化商品的生产、销售与消费，若由官方一律统一安排，则既难免众口一味而乏趣，又容易导致生产者与消费者相脱节，干扰双方密切互动，影响媒体的编辑、经营工作的活力，打压本城期刊的基本生存空间。

市场经济对于本城期刊的生存具有重要作用。这些作用主要有三：一是推动大众传媒市场细分，有利于传媒产品差异化市场的形成、发展与个性鲜明产品的生产。二是有助于明晰目标受众的基本特征与个性，从而强化采编、营销工作的针对性。三是目标受众的明晰，有益于强化广告投入的精确制导。商品的二重性依托市场，内生本城期刊基本生存空间组织结构的必然性。市场经济将本城期刊的传者与受众，生产者与消费者缔构为一个有分有合，有同有异的利益共同体，推动办刊方尊重受众，研究客户，促进本城期刊走向康庄大道。

（3）区域经济活跃，经济规模可观

本城期刊的生存要求区域经济具有较大的规模。并不是本城所有的居民都具备成为本城期刊读者的潜质。本城期刊的目标读者仅仅是本城居民的一部分，甚至是一小部分。中心城市，尤其是巨型中心城市之所以是本城期刊的适宜生长土壤，就在于这样的城市人口众多，居民受教育水平较高，经济收入较多，国内甚至国外交往频繁，经济总量往往远远超过非中心城市，对周边城乡有相当大的吸引力，对区域乃至全国的社会发展有相当突出的带动作用。有著名的本城期刊的城市常常是世界名城。《纽约客》1925 年诞生于美国纽约。2000 年，纽约总就业人口为 838 万，国内

---

① 〔美〕萨梅尔·约翰逊、帕特里夏·普里杰特尔：《杂志产业》，王海译，中国人民大学出版社，2006，第 15、18 页。

生产总值为7790亿美元，1998年人均收入为22.71美元/小时。① 《休闲时光》所在城市伦敦的实力亦可观。2001年，伦敦总人口为717万，就业率为69.8%，全职雇佣员工周平均工资为581英镑。② 纽约、伦敦两城巨大的经济实力、人口规模、人口结构构成本城期刊赖以生存、成长的优质经济基础。

本城期刊的生存需要区域经济活跃。本城期刊主要面向私人消费市场，而不是由产业市场、转卖者市场、政府市场等构成的组织市场。③ 因此，区域经济尽管规模庞大、生产能力强，但若消费能力差或消费意愿弱则不利于形成本城期刊所必需的目标受众群体，也影响广告投入的活力。区域经济活跃有益于私人消费能力强大，而私人消费能力强大到一定的程度后又可以转变为投资，反过来促进生产。④ 区域经济活跃之于本城期刊的生存是重要的。

总体看，本城期刊适合生存的区域是经济规模大、高活力的中心城市，是以中心城市为首的紧密型城市群与少量经济规模相当大、经济活力相当高的较大城市或城市群。

三 本城期刊生存的基本社会条件

较之西方发达国家，当下的中国与之既有相同之处，又有所不同。国外本城期刊生存的基本社会条件有的适用于中国，有的则不适用于中国。作为本城期刊生存的基本社会条件具有两面性，对本城期刊的生存既提供机会，又贡献威胁。为此，办刊人只有善于识别，妥善处理，才便于调动积极因素，化解消极因素，推动媒体健康成长。而这则需要对本城期刊在中国生存的基本社会条件做专门分析。

---

① 〔美〕丝奇雅·沙森：《全球城市：纽约·伦敦·东京》，周振华等译，上海社会科学院出版社，2005。
② "UK. National Statistics：Key Figures for 2001 Census Area，" 英国统计局官方网站，http：//www. statistics. gov. uk。
③ 邝鸿编著《市场学概论》，中央广播电视大学出版社，1986，第175页。
④ 严行方：《中产阶层》，中华工商联合出版社，2008，第92页。

（一）社会条件

作为重大战略任务，当前我国正着力建设的社会主义和谐社会对本城期刊的发展是有帮助的。首先，人均国内生产总值（人均 GDP）问题。世界发达国家的历史显示，人均国内生产总值（人均 GDP）为 1000 美元至 3000 美元时是社会矛盾的尖锐期与社会冲突的多发期。2003 年中国内地人均 GDP 突破 1000 美元，为 1079 美元；2004 年为 1490 美元；2005 年为 1703 美元[①]；2007 年为 2456 美元；2008 年为 3266 美元[②]；2009 年为 3700 美元。虽然 2008 年中国人均 GDP 已突破 3000 美元大关，但由于中国国情的特殊性，中国社会尚未安然度过社会矛盾的尖锐期和社会冲突的多发期，并需要特别警惕中等收入陷阱。不少国家在达到中等收入国家的目标之后经济增长被牢牢锁定，出现长期停滞局面，反坠入中等收入陷阱。[③] 其次，基尼系数问题。事关社会公正与社会稳定的基尼系数，中国已由改革开放前的 0.16 升至近年的 0.47[④]，突破 0.4 的警戒线，超过所有发达国家，比如，2001 年基尼系数日本为 0.28，韩国为 0.31。[⑤] 有专家研究发现，我国收入最高的 10% 的人群和收入最低的 10% 的人群的收入差距，已从 1988 年的 7.3 倍上升到 2007 年的 23 倍。[⑥] 社会贫富如此悬殊既有违社会主义基本原则，又严重干扰社会稳定与国家进步。这也是社会主义和谐社会建设的重要政治背景。为此，党中央采取多种措施，大力缩小不同社会群体间经济收入差距，培育中产阶层，着力建设中间大两头小的橄榄型社会。最后，中产阶层的发育。党的十六大报告提出："以共同富裕为目标，扩大中等收入者比重。"[⑦] 党的十七大报告针对 2020 年实

① 见深圳《时代商报》2006 年 1 月 25 日。
② 张翼：《中国向"消费国家"迈进》，《光明日报》2008 年 4 月 2 日，第 9 版。
③ 乔榛：《"中等收入陷阱"的中国式规避》，《光明日报》2010 年 4 月 13 日，第 10 版。
④ 冯海宁：《个税改革应彰显"穷人政治"》，《羊城晚报》2009 年 2 月 9 日，第 A2 版。
⑤ 《分好"蛋糕"促和谐》，《人民日报》2010 年 7 月 9 日，第 15 版。
⑥ 夏业良：《北大教授撰文指出中国财富集中度超过美国》，《财经国家周刊》2010 年 6 月 8 日，http://hot.580k.com/n/201006/08/n20100608_237393.shtml。
⑦ 《全面建设小康社会，开创中国特色社会主义事业新局面——在中国共产党第十六次全国代表大会上的报告》，《人民日报》2002 年 11 月 18 日。

现全面建成小康社会的奋斗目标提出："合理有序的收入分配格局基本形成，中等收入者占多数。……整顿分配秩序，逐步扭转收入分配差距扩大趋势。"时任国务院总理温家宝 2010 年在《关于发展社会事业和改善民生的几个问题》中明确提出："逐步形成中等收入者占多数的'橄榄型'分配格局。"[1] 有学者认为，小康生活水平实际是中间阶层的中国式表达。[2] 中产阶层除了消费前卫，按照美国社会学家赖特·米尔斯的表述，其还有一个特点：思想保守，能代表社会主流价值观念。[3] 中产阶层在政治上是社会高层与底层之间的缓冲层，思想上代表温和、保守的意识形态，对抑制极端思想和冲突有积极意义。[4] 同时，我国中产阶层本身是改革开放的产物，也是改革开放的重要受益群体。[5] 因此，中产阶层是社会的稳定器与构建橄榄型社会的中坚力量，能够推动政府与公民结成合作伙伴，有益于市民社会的形成。那么，市民社会与本城期刊的前进有什么关系呢？答曰：社会主义和谐社会的推进势必带动中产阶层的壮大，促进社会主流议题的产生、输送，扩大本城期刊目标读者的规模与广告市场，有助于促进本城期刊成长基础的坚实与宽广。

（二）经济条件

既然面向市场办刊，本城期刊就应同时重视遵循市场经济规律。经济环境是企业市场营销宏观环境中的重要组成部分。[6] 作为特殊企业，本城期刊出版机构必须认真分析自己赖以生存的经济条件。

本城期刊的经济条件并不简单。一方面，经过 30 多年的改革开放，中国现在终于开始具备本城期刊生存所必需的基本经济条件；另一方面，中国本城期刊所面对的经济环境与西方模式下的同行所打理的周遭经济有同又有异，必须细加甄别而忌生搬硬套。

---

① 温家宝：《关于发展社会事业和改善民生的几个问题》，《求是》2010 年第 7 期。
② 唐钧：《橄榄型社会是稳定的社会》，《人民日报》2010 年 4 月 15 日，第 16 版。
③ 严行方：《中产阶层》，中华工商联合出版社，2008，第 39、51 页。
④ 王建平：《中国城市中间阶层消费行为》，中国大百科全书出版社，2007，第 25 页。
⑤ 严行方：《中产阶层》，中华工商联合出版社，2008，第 23 页。
⑥ 邝鸿编著《市场学概论》，中央广播电视大学出版社，1986，第 111 页。

1. 中产阶层初具，目标读者群体大体成型

中产阶层初具的意义在于本城期刊的目标读者群体大体成型。面向市场办刊有如下要点须认真把握，那就是：①分析并明确目标读者市场→②分析并明确广告市场，广告市场和目标读者市场的合理关系→③评估并规避政治风险→④根据目标读者的信息需求量身定做期刊的内容与形态，并使之成为水乳交融的整体→⑤印刷、发行与广告经营。因此，本城期刊办刊在确保国家意识形态、文化双重安全之后的基础工作就是以读者为中心，分析并服务于读者。较之于当地大众化报纸读者，本城期刊的受众群体既没有那么多，也无需那么宽泛，而是"短小精悍"：中产阶层的读者人数虽然相对本城报纸少一些，但忠诚度高，媒体的传阅率上升，购买力强。德国学者齐美尔认为，中产阶层的消费特色是追求时尚，消费前卫。① 如此特色，显然十分有益于本城期刊的成长。因此，社会唯有发展到中产阶层形成一定规模的阶段，本城期刊方具备生存的第一经济基础。

当前中国的中产阶层所具有的规模，已足以使本城期刊生存无忧。关于中产阶层的衡量标准虽然有多种，但也并非没有共识系统。辨别中产阶层，大体可以根据经济收入、生活方式、心理状态、社会地位诸要素综合把握。而决定上述要素的基础是职业。正是职业可以培育中产阶层相互靠近的经济收入、生活方式、心理状态、社会地位等。② 依职业，我国的中产阶层主要由三大群体组成：一是党政机关的中级行政官员，二是企业的中级管理人员，三是专业技术人员。③ 若单论经济收入，中国中产阶层的入围标准还是有一定争论的，有人主张年收入应不少于 20 万元人民币。④如此，中国中产阶层在总人口中所占的比例会相当低。不过，若依世界银行公布的标准，中国中产阶层的比例有明显上扬。世界银行所公布的中产阶层年收入标准，人均 GDP 为 3470~8000 美元。据此标准，国家统计局城市调查队 2005 年按年收入 6 万~50 万元的标准计算，中国当年中产阶

---

① 王建平：《中国城市中间阶层消费行为》，中国大百科全书出版社，2007，第7、29页。
② 严行方：《中产阶层》，中华工商联合出版社，2008，第7、15页。
③ 严行方：《中产阶层》，中华工商联合出版社，2008，第6页。
④ 严行方：《中产阶层》，中华工商联合出版社，2008，第16页。

层占总人口的比例为 5.04%，并预计 2020 年可达到 45%。① 当然，由于中国各地社会发展水平不一，不同地区消费水平不同，中产阶层的确立标准宜城市高于农村，大城市高于中小城市，一线城市高于非一线城市。有调查显示，中产阶层家庭年收入，北京应在 12 万~24 万元，上海、广州不能少于 10 万元。② 2005 年，中产阶层占总人口的比例上海为 31.4%，北京为 24.4%，广州为 16.9%，武汉为 10.5%。③ 上海市 1999 年总人口为 1674 万，④ 由此判断该市 2005 年中产阶层总数不会少于 500 万人。如按人口 1/10 的发行量计算，本城期刊在上海市有不少于 50 万人的目标读者理论容量规模。发行量达 50 万，足以确保一份期刊自给自足，小有盈余。若计之以广告市场，本城期刊的市场生存空间则更为广阔。同时，若以发展眼光计，本城期刊在中国的发展前景应更为乐观。在橄榄型社会中，中产阶层占总人口的 60%~70%。⑤ 而 2005 年中国中产阶层仅占总人口的 5.04%。从中国社会近年发展判断，中产阶层的比例会以较快的速度攀升，本城期刊的成长空间应相当开阔。

2. 城镇化步伐加快，少数特大型中心城市综合实力雄厚，本城期刊合格的读者市场与广告市场初成规模

中国正处在高位发展阶段，本城期刊的生存条件由此柳暗花明，前途光明。

首先，党中央顺应改革开放以来我国社会快速发展而产生的城市扩张需求，确立提升城镇化发展的基本国策。新中国成立后的一个相当长的时期内，国家对城市的发展约束有余，鼓励不足。1955 年的国策之一是"新建的城市原则上以建设小城市及工人镇为主"，"没有特殊原因，不建设大城市"。1962 年实施减少城市人口计划，两年间全国城镇人口减少 2600 万人。1980 年，国家的城市工作方针调整为"控制大城市规模，合

① 严行方：《中产阶层》，中华工商联合出版社，2008，第 5、7 页。
② 严行方：《中产阶层》，中华工商联合出版社，2008，第 8 页。
③ 王建平：《中国城市中间阶层消费行为》，中国大百科全书出版社，2007，第 109 页。
④ 中华人民共和国民政部编《中华人民共和国行政区划简册 2001》，中国地图出版社，2001，第 51 页。
⑤ 唐钧：《橄榄型社会是稳定的社会》，《人民日报》2010 年 4 月 15 日，第 16 版。

理发展中等城市，积极发展小城市"①。这样的城市工作方针虽然和当年的计划经济相适应，但已明显落后于小康社会建设的根本目标。其理由主要有二。一是农村人口转移。目前，我国低收入人口主要在农村，占农村总人口的85%。而防范社会两极分化，缩小收入差距并拉动内需的方法之一是加速农村劳动力转移，加快城市化进程。② 二是中产阶层的发育。为了落实和谐社会建设这一战略任务，需要全力推动低收入群体上升为中等收入群体，大力促进中产阶层的健康成长。而中产阶层的成长是有条件的。那就是：政治的宽松与清明，国家和社会关系的重新调整；经济持续稳固的发展，经济结构的调整，第三产业规模的扩大，市场化程度的提高，城市化进程的加快；文化的多样性和精英教育走向大众化。③ 专家认为，中国现有农村人口维持在2亿~3亿足够。④ 为此，党中央审时度势，对国家的城市工作方针有所调整，加快我国城镇化进程。针对2020年实现全面建成小康社会的奋斗目标，党的十七大报告提出："城镇人口比重明显增加。"我国城市工作方针调整的重要举措之一是放松户籍制度，允许农民进城，并使之成为城市的正式居民。⑤ 2010年3月29日，国家发展改革委发展规划司司长李守信介绍：限制农村人口的体制和机制性障碍正在逐步破除，县级和县以下镇对当地农民进城落户的限制现在已经完全取消了，部分特大城市和大城市对外来人口的限制条件也在逐步松动。⑥ 中国经济的高速成长与国家城市工作方针、政策的调整推动城镇化快速发展。城市人口包括城市农业人口在内，1957年城市人口6798万人，城镇化率为10.5%；1960年11899万人，城镇化率为18%；1970年6798万人，城镇化率为11.3%；1980年13359万人，城镇化率为13.5%；1986年23315

---

① 朱铁臻主编《中国城市手册》，经济科学出版社，1987，第498~500页。
② 李实：《缩小收入差距是当务之急》，《人民日报》2010年4月15日，第16版。
③ 王建平：《中国城市中间阶层消费行为》，中国大百科全书出版社，2007，第20页。
④ 严行方：《中产阶层》，中华工商联合出版社，2008，第199页。
⑤ 〔英〕简·麦卡特尼：《放松户籍制度将改变中国面貌》，《参考消息》2009年12月10日，第16版。
⑥ 《2009年中国城镇人口已达6.22亿，城镇化率46.6%》，新华网，http://news.xinhuanet.com/fortune/2010-03/30/content_13269228.htm。

万人，城镇化率为 22.1%；① 1990 年城镇化率为 18.9%；2004 年城镇化率为 40%；② 2008 年城镇化率为 45.7%；2009 年 6.22 亿人，城镇化率为 46.6%。③ 国家人口计生委主任李斌介绍：预计"十二五"期间，城镇人口将突破 7 亿，人口城镇化率超过 50%，城乡人口格局将发生重大变化。④ 从世界城市化进程规律看，城市人口达到总人口的 10%，为城市化的起点；达到 30%，为快速城市化阶段；达到 50% 以上，为城市化国家阶段。⑤ 中国的城镇化发展，从 1957 年开启城市化的起点到进入快速城市化阶段的 30%，用时 40 年左右。进入 21 世纪，中国城市化步伐加快，每年以 1 个百分点左右的速度增长⑥，预计从快速城市化阶段进入城市化国家阶段仅用时 20 年，正如时任国务院总理的温家宝 2010 年在《关于发展社会事业和改善民生的几个问题》中所指出的："我国正处在工业化、城镇化加快发展阶段。"毫无疑问，较高的城市化水平是本城期刊得以成长的重要因素。美国 1920 年城市化水平已达 50%，1925 年，为本城期刊《纽约客》问世年份。目前，美国有不少于 80% 的人口为城市居民。正是因为如此早如此高的城市化水平，本城期刊才得以在美国扎根。现在，美国大城市大多发行至少一种本城期刊，出版有除《纽约客》之外的《芝加哥》《亚特兰大》《巴尔的摩》等本城期刊。⑦ 而我国城镇化的快速发展，对本城期刊的成长非常有利。

其次，党中央现行的以中心城市为核心的城市圈区域发展总体战略进一步扩大了本城期刊的成长空间。中国国土辽阔，人口众多，各地自然环境、文化背景丰富多彩，各具特色。为了社会进步，经济繁荣，生活安定，山川秀美，党中央、国务院近年大力倡导区域协调发展模式。党的十

① 朱铁臻主编《中国城市手册》，经济科学出版社，1987，第 61 页。
② 严行方：《中产阶层》，中华工商联合出版社，2008，第 191 页。
③ 《2009 年中国城镇人口已达 6.22 亿，城镇化率 46.6%》，新华网，http://news.xinhuanet.com/fortune/2010-03/30/content_13269228.htm。
④ 《"十二五"期末我国人口总量将达到 13.9 亿左右》，中央人民政府门户网站，http://www.gov.cn/jrzg/2010-07/03/content_1644826.htm。
⑤ 黄发玉：《纽约文化探微》，中央编译出版社，2003，第 7 页。
⑥ 严行方：《中产阶层》，中华工商联合出版社，2008，第 191 页。
⑦ 〔美〕萨梅尔·约翰逊、帕特里夏·普里杰特尔：《杂志产业》，王海译，中国人民大学出版社，2006，第 19 页。

七大报告提出："以增强综合承载能力为重点，以特大城市为依托，形成辐射作用大的城市群，培育新的经济增长极。""遵循市场经济规律，突破行政区划界限，形成若干带动力强、联系紧密的经济圈和经济带。"区域发展总体战略的关键是依托中心城市，相邻城市结伴合作，共同成长。自法国学者戈特曼1957年提出"大都市圈（带）"学说以来，城市圈已经成为一个国家或地区社会经济发展水平的重要标志。[①] 城市圈的区域总体发展能发挥1+1>2的效应，故城市圈内诸城一般态度积极，对中国社会的成长具有特别的推动作用。按照戈特曼"大都市圈"的五大标准，我国现可达标或接近达标的城市圈主要有三个，即京津唐、长三角与珠三角。随着社会发展，我国内地的个别特大城市或城市圈在整体实力上与纽约、伦敦、东京、中国香港这些著名的国际大都会的差距越来越小，甚至有些已旗鼓相当。生养《纽约客》的纽约是世界金融中心和美国的经济中心，2000年有人口800.83万，若以纽约—北新泽西—长岛大都市区扩及纽约、新泽西、康涅狄格、宾夕法尼亚4州28县，则人口可达2120万。[②] 纽约2002年国内生产总值为4292亿美元，占全美的4.49%。[③] 生养《休闲时光》的伦敦是世界著名金融中心，2005年有人口751.77万，就业人口中从事第三产业的占3/4，每年接待外国游客1000万人次。[④] 相形之下，1999年，我国珠三角城市圈总人口为2262万人，其国内生产总值为6439亿元人民币；上海的GDP仅为香港的1/4，东京的1/20[⑤]，此时与上述世界名城综合实力差距颇大。不过，中国一线城市近期与世界著名大都会之间的综合实力差距缩小相当明显。1998年，东京人均收入542742日元，折合人民币为40054.36元；2004年，香港本地生产总值（GDP）12910.9亿港元，人均生产总值190451港元[⑥]，大体相当于24000美元。GDP总量，以亿美元为单位，2000年长三角、珠三角、香港与台

① 倪鹏飞主编《中国城市竞争力报告NO.1》，社会科学文献出版社，2003，第114页。
② 《中国大百科全书》（第2版）第17册，中国大百科全书出版社，2009，第26页。
③ 黄发玉：《纽约文化探微》，中央编译出版社，2003，第199页。
④ 《中国大百科全书》（第2版）第15册，中国大百科全书出版社，2009，第1~2页。
⑤ 倪鹏飞主编《中国城市竞争力报告NO.1》，社会科学文献出版社，2003，第116、121页。
⑥ 香港特别行政区政府统计处编《香港统计数字一览》，2000年2月，第15页。

湾分别为 1935 亿美元、1006 亿美元、1691 亿美元、3212 亿美元；2007
年则变为 6138 亿美元、3342 亿美元、2072 亿美元、3968 亿美元。① 人均
GDP，2007 年台湾为 17252 美元，而香港升为 29914 美元。② 据《财经国
家周刊》介绍，中国主要城市人均生产总值以人民币为单位，北京为
77663 元，上海为 80198 元，天津为 67271 元，重庆为 23184 元；2009
年，上海人均 GDP 已达 1.1 万美元，北京、广州人均 GDP 亦均超 1 万美
元。③ 人均 GDP，京沪两城已接近香港的 40%。中国城市发展研究会副理
事长朱铁臻预测，2021~2030 年，中国人均 GDP 将在 1 万美元以上。④ 届
时，一线城市京、沪、穗与香港、伦敦、纽约之间的差距会进一步缩小甚
至可能持平。新华社报道，北京、上海、天津的经济发展已经达到世界中
等发达国家水平。⑤ 2008 年，中国城市最具竞争力的前七名依次为香港、
深圳、上海、北京、台北、广州、青岛，但经济规模竞争力前七名的排序
已变为上海、香港、北京、深圳、广州、天津与台北。⑥ 由此可见，中国
内地的个别一线城市或少数准一线城市的经济实力现在已能够与香港、台
北打个平手，并因此从读者市场到广告市场为本城期刊在上海、北京、广
州等个别一线城市或准一线城市的诞生、成长提供较为有利的社会条件。
同时，中国城市圈的发展为本城期刊在更多的中心城市或城市圈内发展提
供了健康的社会土壤。2007 年，武汉、南京、成都、大连地区生产总值
均超过 3000 亿元人民币，富可敌省。⑦ 武汉城市圈"1+8"城市在湖北省
潜江市召开武汉城市圈综合配套改革经验工作会，湖北省通信管理局负责

① 国家统计局城市社会经济调查司编《中国城市统计年鉴》，中国统计出版社，2009，第 39 页。
② 家统计局城市社会经济调查司编《中国城市统计年鉴》，中国统计出版社，2009，第 40 页。
③ 谈佳隆：《上海淡化"唯 GDP 论"》，《中国经济周刊》2010 年第 9 期；刘淇：《北京为什么要建设世界城市》，《人民日报》2010 年 7 月 22 日，第 11 版；吴江：《穗深禅：人均 GDP 10000 美元》，《羊城晚报》2009 年 2 月 4 日，第 A2 版。
④ 《我们离城市现代化有多远》，《光明日报》2003 年 1 月 7 日，第 B2 版。
⑤ 《中国属于初等发达国家》，《长江日报》2007 年 1 月 29 日，第 7 版。
⑥ 《中国社科院发布城市竞争力蓝皮书，科技竞争力武汉排第七》，《长江日报》2009 年 4 月 15 日，第 14 版。
⑦ 《武汉跻身"3000 亿俱乐部"》，《楚天都市报》2008 年 1 月 2 日，第 23 版。

人表示，2010 年底先在武汉、黄石、鄂州、孝感、咸宁五地开展"1+4"试点，通用区号 027，成功后再在武汉城市圈内全面铺开。① 2009 年 6 月 28 日零时起，长沙、株洲、湘潭三市统一采用电话区号 0371；2011 年 6 月，长株潭三城计划全面完成有线电视用户双线升级，三市居民可以通过有线网络看电视、打电话、连宽带。② 武汉、沈阳分别上升为华中地区、东北地区的大区中心城市③，即最大甚至唯一的中心城市。区域发展总体战略推动武汉、重庆、沈阳、西安、长株潭、郑汴洛、哈大齐等城市圈的一体化进程，为本城期刊的生长培育合格乃至成熟的社会土壤，给本城期刊的未来拓展更为开阔的发展空间。

3. 中国社会发展的转型有益于本城期刊的市场发育

党的十六大以来，党中央根据形势变化，提出了科学发展观的重大战略思想和构建社会主义和谐社会的重大战略任务，以人为本，维护社会公正，让人民群众共享改革发展成果，转变发展模式，大力建设资源节约型和环境友好型社会。这些大政方针对于本城期刊的市场发育颇有助力。

第一，经济增长模式的转变。改革开放以来的一个相当长的时期，中国经济增长主要依靠投资与出口来拉动。2009 年上半年，投资"拉动 GDP 增长 6.2 个百分点"，消费"拉动 GDP 增长 3.8 个百分点"。④ 2005 年我国消费率为 52.1%，大大低于同期世界平均水平的 70%～80%。⑤ 我国对外贸易依存度现高达 68%。⑥ 20 世纪 30 年代以来全球最严重的经济危机爆发后尤其是在 2008 年，中国出口压力骤然加大，沿海地区不少依靠进出口贸易的生产企业纷纷倒闭。从可持续发展的百年大计考虑，党中央正在调整国家增长模式，那就是重视内需，国际国内两个市场、两种资源并重，强化国内消费对经济增长的抬拉作用。而本城期刊以传播私人消费信息为

① 《武汉城市圈年底 1+4 并网，试点统一启用 027 区号》，《楚天都市报》2010 年 6 月 13 日。
② 王健伟：《长株潭列出三网融合计划》，《人民日报》2010 年 7 月 6 日，第 10 版。
③ 《武汉新梦想：全国重要中心城市》，荆楚网，http://news.cnhubei.com/ctdsb/ctdsbsgk/ctdsb05/201001/t923414.shtml。
④ 汪孝宗等：《哪个省的 GDP"含金量"最高？》，《中国经济周刊》2010 年第 9 期。
⑤ 王永昌：《改革国民收入分配体制，全面扩大国内消费需求》，《人民日报》2010 年 7 月 23 日，第 8 版。
⑥ 《湖北的机遇是历史性的》，《湖北日报》2009 年 1 月 8 日，第 5 版。

主，对中国经济转型与成长有积极的推动作用；反过来，中国经济转型与成长对本城期刊亦大有裨益：既扩大信息的来源，拓展了信息选择的空间，又强化读者对本城期刊的关注，丰富了本城期刊的广告来源，优化本城期刊的广告投入结构。

第二，民众经济收入的转向。内需不旺的根源之一是国民收入分配结构不尽合理。长期以来，中国人力成本严重偏低，城市职工收入较低，不少企业的利润来自对职工薪金的拼命压减。这既有碍中国制造的质量强化，不利于国家产业结构调整与经济平稳运行，又影响城市职工生活水平的合理提升。这样的局面已不能适应时代变化与社会发展。2010 年深圳富士康公司农民工跳楼自杀的 13 连跳，标志着中国制造业人工低成本的时代开始远去。个人收入低，小康社会无法落实，共享改革发展成果难免落空。而转变经济发展模式，扩大内需，提升消费，促进经济平稳运行与市场繁荣，更要人民手中有钱。同时，居民消费价格指数（CPI）的波动增加了个人收入增加的迫切性。毫无疑问，随着民众收入的大幅提高，居民购买力增强，家庭恩格尔系数降低，人们用于教育、健康、娱乐等的支出扩大，则大益于本城期刊的销售与广告的投放。比如，《大武汉》杂志 2010 年仍维持 5 元售价，那么，按照平面媒体的营销规律，则只有月收入 5000 元及其以上的民众在购买该刊时才可能轻而易举，果断出手，不会仅仅因为自己的价格承受力低而掂量再三。民众收入水平的提升可以不断扩大本城期刊目标读者的群体容量，并由此增加广告商在本城期刊上投放广告的热情。

4. 高等教育大众型阶段的降临促进本城期刊读者市场的发育与成熟

本城期刊的目标读者有文化，并存在较为良好的文化偏好倾向。与电影、电视的视听并作不同，报刊的受众必须接受一定的教育，具备基本的阅读能力。与报纸和其他期刊相较，本城期刊的目标受众不仅经济收入居于社会中间阶层，而且受教育程度较高，多系统地接受过高等教育，有一定的生活品位。那么，本城期刊的目标读者为什么会有这样的文化、心理特征呢？教育水平和职业、社会地位乃至经济收入是息息相关的。衡量一个人是否属于中产阶层还要看价值观，而价值观的确立又与职业密切相关。正是高等教育使本城期刊的目标读者在价值观念、思维方式、行为方式与生活方式上趋近。相形之下，一个人尽管经济收入不俗，但文化生活水平不高，趣味低下，则难以从期刊，尤其是本城期刊的阅读中获取快乐，并保持购阅的持续性。本城期刊的目标受众是中产阶层，而不是中等收入群体。衡量中产阶层的根本标志是精神状貌。中产阶层最重要的是精神内涵，讲求知识资本和社会关怀，有中产阶层的品位。[1] 有调查显示，中产阶层的主要休闲方式是读书看报翻刊（25%），上网（18%），看电视（17%，以女性居多），玩电子游戏（10%）。[2] 因此，高等教育是中产阶层和中产阶层思想的孵化器。

中国已进入高等教育的大众型阶段。高等教育的发展与入学率相关，其中入学率仅为适龄人口的 15% 以下属于高等教育的精英型，处于 15% 到 30% 之间属于高等教育的大众型，超过 50% 则为高等教育的普及型。[3] 我国高等教育曾长期处于精英型阶段。我国适龄人口的高等教育入学率，1980 年为 1%，1990 年为 2%，1999 年为 8%。[4] 进入 21 世纪，中国高等教育发展速度颇快。2000 年是高等教育扩招年，共招本科、高职（专科）学生 376.76 万人，比上年增加 101.31 万人，增长 36.78%；高等教育本科、高职（专科）在校生 909.73 万人，比上年增加 190.82 万人。[5] 2006年，全国各类高等教育总规模超过 2500 万人，毛入学率为 22%；[6] 2009年总人数为 2979 万人，毛入学率为 24.2%。[7] 高等教育进入大众型阶段不仅提高了我国人力资源水准，而且为中产阶层群体持续壮大提供了源源不断的动力，让本城期刊的成长基础越来越稳固和宽广。

[1] 严行方：《中产阶层》，中华工商联合出版社，2008，第58页。
[2] 严行方：《中产阶层》，中华工商联合出版社，2008，第88页。
[3] 黄藤：《高等教育大众化探析》，《光明日报》2000年12月19日，第3版。
[4] 刘献君：《中国高等教育的走向》，《光明日报》2000年6月9日。
[5] 《中国教育年鉴》编辑部编《中国教育年鉴（2001）》，人民教育出版社，2001，第73页。
[6] 宗河：《2006年教育事业发展统计公报发布》，《中国教育报》2007年6月8日。
[7] 袁贵仁：《把提高质量作为高等教育改革发展的核心任务》，《中国高等教育》2010年第11期。

四　本城期刊成长的基本原则与主要对策

本城期刊的发展是系统工程。它需要战略与战术相结合，既要有长期和根本的谋划，又离不开具体细致的方法与形而下的实施。

（一）本城期刊成长的基本原则

中国发展本城期刊必须把握好基本原则。基本原则是指导本城期刊发展的指导思想与根本标准。唯有基本原则对头，在基本原则指导下的主要对策方合乎实际，行之有效。本城期刊成长的基本原则包括如下主要内容。

1. 坚持社会主义方向

坚持社会主义方向是本城期刊发展的生命线。本城期刊处于不完全的市场经济环境中，即社会效益既依靠市场调节又不唯市场调节；对市场调节不力甚至扭曲的领域采取行政途径处理。这是一种在政府主导下的市场经济，不同于西方报刊的社会效益经由市场路径自发调节。后者的报刊机制和西方的基本社会制度相一致，其间经过磨合，走了不少弯路，也造成一定的社会动荡，至今也未达到十全十美。对此，我们必须有清醒的认识。在传媒市场的竞争中，有的办刊人实际未能直面中国国情，以局部利益代替全局利益，才会用经济效益取代社会效益，为了销量与广告收入而忽视甚至放弃社会主义的办刊方向，传播了一些错误的价值观念、生活方式，如鼓励过度消费，轻视勤俭持家；宣传拜金主义、享乐主义，鼓吹等级观念；忽视科学精神，推崇迷信思想。这样做的结果是容易向社会传播有政治方向错误或有碍主流价值观的信息，含有反社会、反人性、反科学的腐朽成分，给党的事业和人民的根本利益带来损害，最后也应该接受执政党的严肃处理。坚持社会主义方向，是本城期刊赖以生存的不可触碰的政治高压线。

坚持社会主义方向是本城期刊发展的职业伦理底线，中国不允许报刊私有私营，因此本城期刊同样肩负一定的公共职责。为公共利益办刊是其分内事。2009年11月9日修订的《中国新闻工作者职业道德准则》明确规定，新闻工作者要以马列主义为指导，高举旗帜，全心全意为人民服务。君子爱财，取之有道，如果期刊违背社会主义方向只认金钱，势必利己不利人，利己不利党，利己不利整个社会，最终难有好结果。由于本城期刊的内容多涉及衣食住行、吃喝玩乐领域，因此本城期刊中的错误思想往往表现得较为隐蔽，容易为编辑部忽略或漠视，使受众的思想趣味在潜移默化中逐渐变坏。这一问题实际上对本城期刊的应对能力构成了挑战，对编辑部由政治、思想、文化所构成的综合素养提出更高的要求。本城期刊应坚持正确的价值取向，坚持健康的审美理想，传播先进文化，抵制各种腐朽和错误的思想影响。

2. 尊重读者、尊重市场，研究读者、研究市场，满足读者合理合法的文化需求

尊重读者、尊重市场，是本城期刊求生存、谋发展的不二选择。首先，本城期刊属于非机关刊、非政策性传媒。按照正在进行的中国文化体制改革方案，本城期刊既不属于承担特别政治功能的机关刊，也不属于肩负特殊文化功能的政策性传媒，故现在或在不远的将来不再拥有事业单位编制而成为面向市场谋生的企业。其次，作为面向市场的企业，我国的本城期刊应以顾客为中心。我国的媒介市场，存在较为激烈的竞争。当市场经济发展到买方居于优势地位的"买方市场"，企业的一切经济活动必须以顾客为中心，以买主的爱好为转移。在确保意识形态、文化的双重安全的前提下，作为卖主的本城期刊必须首先寻找买主，准确识别买主的需要，并根据买主的需要设计产品，生产产品，销售产品。① 否则，本城期刊所编辑、印制的期刊乃至广告版面就卖不出去，就难以在激烈的市场竞争中生存与发展。正是由于本城期刊既不属于机关刊，又不属于政策性传媒，故读者、市场成为本城期刊能否生存，如何生存的经济生命线。尊重读者、尊重市场，对本城期刊的生存具有决定性的作用。

研究读者、研究市场，是本城期刊求生存、谋发展的必然步骤。首先，尊重读者、尊重市场是态度而不是行动，所以仅有对读者、市场的尊重是不够的。为了办好本城期刊，办刊人必须远离凭感觉办事的弊病，而

---

① 邝鸿编著《市场学概论》，中央广播电视大学出版社，1986，第6~7页。

应学习理论，不断实践，修正错误，采取科学的理论与方法研究读者，研究市场，探寻规律。其次，按市场规律办刊。本城期刊通过市场实现对顾客的信息服务：一方面通过商品交换满足读者、广告商的期刊使用功能，另一方面又通过商品交换回收办刊成本，积累期刊生存、发展的资金。读者是本城期刊的第一市场，广告商是由第一市场，即读者的注意力所衍生的第二市场。最后，扎实调查，弄清查准读者与市场的特点。本城期刊是市场细分的产物。所谓市场细分，是企业将整个市场细分为若干需要不同产品和市场营销组合的市场部分或亚市场。市场细分是市场经济发展到一定阶段后的必然结果。市场经济的深入发展推动市场上的商品往往供不应求，于是买方市场用一种产品来满足所有消费者的需求环境被打破，产品的潜在价值浮出水面，实施产品差异的市场生产、营销由此出现。① 因此，研究读者、研究市场，要从调查入手，识别目标读者模样，明确对手，认清优劣，扬长避短，根据市场细分设计产品，组织生产，投入广告，进行市场营销。

满足广大读者合理合法的精神文化需求。尊重读者、尊重市场，不等于是非不明，良莠不分；研究读者，研究市场，也不等于放任市场这一只手来调节期刊的一切。作为商品，本城期刊有其特殊性，那就是作用于读者的心智，影响读者的行为，并进而影响社会。满足广大读者合理合法的精神文化需求，要求本城期刊的办刊主体要恪守社会效益第一、经济效益第二的基本办刊原则，向社会传播正确、健康、积极的信息。

3. 胸怀神州，放眼全球，紧扣本城

本城期刊的成长不能脱离国情民意，不能脱离时代，不能脱离区域社会。这就要求本城期刊以胸怀神州、放眼全球、紧扣本城作为办刊的指导思想。

首先，胸怀神州。经办本城期刊要有全国意识。中央与地方，地方与地方，相互作用，是本城期刊赖以生存的社会环境的有机组成部分，也使本城期刊的生存环境简单与复杂相交错。中央的决策会影响地方，地方的动向能作用于中央；国家的整体布局影响媒体，其他地区的起伏难免波及

---

① 邝鸿编著《市场学概论》，中央广播电视大学出版社，1986，第201~202页。

期刊所驻的本城、城市圈。因此本城期刊应基于国情办刊。有的媒体鼓吹通过借贷超前消费脱离国情，令人忧虑。超前消费与 20 世纪 70 年代兴起于西方的新自由主义密切相关。举债生活，寅吃卯粮，容易步入虚火；处理不当，势必满盘皆输。2008 年爆发的国际金融危机实际上就和有关国家依靠举债过活息息相关。他人的教训值得我们警惕。况且，一个很大的数字除以 13 亿都会变得很小，我国的家底至今仍不雄厚，仍然是一个发展中国家，周边环境很不太平。我们必须居安思危，办刊同样不能短视。同时，本城期刊的广告商来源与期刊的衍生品则往往不限于本城。中国既未采取联邦制，又早告别计划经济，全国性市场的形成、发展与市场经济的商品流通就使得本城期刊的成长不可能仅受制于本城。本城之外对本城期刊的影响是不能忽视的。

其次，放眼全球。经过 30 多年的改革开放，中国与世界各国之间的互动日益频繁而密切，中国成为世界的一部分。中国与世界其他国家的相互依存不断加深。中国成为"世界工厂"，不仅中国的经济与世界各国交往密切，而且政治、文化的交往也日益频繁；交往中不仅有互利，而且互利中又少不了矛盾、斗争。世界并不太平，有朋友，也有对手。这同样构成本城期刊所赖以生存的社会环境，需要直面。全球视角长见识，增阅历，添智慧，有益于增强政治家办刊意识，坚守本城期刊之根本。

最后，紧扣本城。为区域社会服务是本城期刊的重要原则，故本城期刊唯有紧扣本城，以集中刊发当地信息为主，才能够为目标顾客服务，服务好。本地信息是本城期刊目标受众的第一需求，而强化、落实本地信息目标受众的针对性则是办好本城期刊的基本功。在强化、落实目标受众需求上，本城期刊还有不少有待改进之处。一是内容。比如，2009 年 4 月 5 日出版的《大武汉》封面故事《周黑鸭正传》在为目标读者提供信息服务上还有欠精准。这篇稿件尽管介绍了当地名吃"周黑鸭"制作的用料、有关工序，但着重于报道湖北周黑鸭食品有限公司董事长周鹏从一个初中还没毕业的重庆农民娃成长为一位成功企业家的生意经。这就偏离了本城期刊《大武汉》目标读者的真正信息需求方向：《大武汉》的目标读者需要的是消费类信息，即为什么要购买、食用周黑鸭，如何食用周黑鸭。至于企业，尤其是大企业的生意经，则基本只有《中国企业家》这类期刊的目标受众企业家们才会真正感兴趣。相反，该文对《大武汉》目标读者感兴趣的有关信息却没有展开，如湖北周黑鸭食品有限公司正在研制的一种高端产品：让鸭子从小吃中草药，听音乐。显而易见，这样的"绿色周黑鸭"，《大武汉》的目标读者会更感兴趣，也更有能力消费。二是执行力。如 2007 年 7 月 21 日出版的《大武汉》封面故事《校花不是选的——"开心辞典"引发的武汉校花风波》，这篇稿件报道武汉高校的校花选美风波。这样的稿件可以唤起早已走入社会的目标读者对青葱岁月的回忆，激发美好情愫，但终究属隔岸观火。这样的稿件更加适合比理想目标受众更为年轻、收入也更低的人群如大学生群体的胃口。从稿件的更为精准、有效的投放看，《大武汉》封面故事适宜阅读群体的年龄应适当提升一点为宜。三是广告投入。研究显示，爱看期刊的读者更爱喝饮料。①但《大武汉》等本城期刊则很少见到饮料广告的投放。毫无疑问，当地的政治、经济与文化现实对本城期刊的成长能够产生直接而强大的社会作用，本城期刊必须高度重视，并能够落在实处。

（二）本城期刊成长的主要对策

发展本城期刊既需要纲领性的指导原则，又离不开专事落实战略目标、根本任务的实用而有针对性的战术措施。主要对策，是针对本城期刊发展而制定的常用的行动方针和斗争方式，成为实现本城期刊战略目标的根本保证。主要对策的制定，既要审时度势，注意系统、全面，又要明晰短长，把握薄弱环节，抓住重点，从而有助于克服成长中的关键性障碍。根据当下中国现实和传媒业的形势变化，现提出本城期刊成长的如下主要对策。

1. 消费与文化：双轨并进，有主有副

在本城期刊的培育上应双轨并进，消费类与文化类一并推进。本城期刊是反映并满足本地居民，尤其是新兴市民对实用消费和文化品位双重信息需求的连续性出版物，故可大体分为两类：一类属于消费类本城期刊，另一类属于文化类本城期刊。消费类本城期刊面向区域受众，以传播日常

---

① 郑文艺等：《杂志：被低估了的广告投放地带》，《传媒》2007 年第 3 期。

生活消费类信息为主；文化类本城期刊同样面向区域受众，但以传播具有一定的教养性、启迪性的文化信息为主。这里的文化，指由教育、科学、文艺、历史、卫生、体育等构成的心智教养与设施。① 发展消费类本城期刊，在于当地居民对日常生活消费信息的渴求既有当地报纸信息传播不及之处，形成可观的市场需求，又属于国家垄断下媒体特许经营所形成的社会职责范围之内。而发展文化类本城期刊既关乎当地乃至全国城市居民对精神文明有更高、更迫切的需求，又在于精神文明的个性与丰富性之间的互动升华了目标读者信息需求的结构层级、个性魅力。

在本城期刊的培育上应有主有副，以消费类为主，文化类为辅。首先，以消费类本城期刊的发展为主。消费类本城期刊与文化类本城期刊之间的一个重大区别，是前者面向本城，执着而彻底地为区域服务，而后者则难免有些三心二意，面向本城的同时，还放眼全国，甚至胸怀世界。城市因综合实力不同而分为不同层级，占据不同的社会地位，有世界城市、跨国级城市、国家级城市、区域级城市和地方级城市之分。② 消费类本城期刊对城市的综合实力要求相对低一些。消费类本城期刊，不仅在北京、上海甚至广州这些一线城市有市场成长空间，而且在那些人口众多、经济发达、文化教育先进的国家级城市或区域级城市如天津、武汉、重庆、沈阳、西安、深圳、成都、南京等均已具备了市场生存空间，甚至在一些人口繁多、经济繁荣、交通发达、文化较为先进的区域城市如大连、青岛、厦门业已或将要具备本城期刊落地发芽、生长的社会土壤。

其次，以发展文化类本城期刊为辅。消费类本城期刊并不能替代文化类本城期刊。文化类本城期刊的不可或缺和中国的特有国情息息相关。第一，中国现已是一个对全球有重要影响力的大国。作为世界上最大的发展中国家和社会主义国家，中国既要建设物质文明，又要建设精神文明；既要打造硬实力，又要打造软实力。中国有责任也有义务展示当代中国文化的风采与大国魅力。第二，中华文化源远流长，个性鲜明，影响深远，是世界的主流文化之一。中国是以儒文化为代表的东亚文明的发源地与总根

---

① 邓伟志主编《社会学辞典》，上海辞书出版社，2009，第 316 页。
② 倪鹏飞主编《中国城市竞争力报告 NO.1》，社会科学文献出版社，2003，第 119 页。

据地。不同区域之间进行文化交流，便于相互理解，有助于减少摩擦，增进互信。一个文化多元的世界是全球的福祉。而当代中国文化的打造必须在丰富的传统文化资源的基础上进行。第三，文化类本城期刊事关中国社会的结构性变化：依托文化类本城期刊，打造国家或民族的文化新闻期刊或文化期刊是世界大国建构国家或民族主流期刊的重要路径之一。城市文化是整个社会的优势文化或主流文化，而特别有代表性的中心城市文化在很大程度上又等于一个国家的文化。① 世界的经验值得注意。美国的《纽约客》实际上是一本文化类的本城期刊。作为本城期刊，《纽约客》一方面面向纽约城市圈办刊，属于本城；另一方面又胸怀世界，放眼人类，张扬以纽约文化为代表的所谓"美国精神"，并展示这种文化精神的肌肉，宣传文化自信，有意无意间进行文化扩张与美国精神的输出。该刊不同于伦敦的《休闲时光》，不是一味刊发吃喝玩乐的信息，也不同于香港的《壹周刊》，并非消费类信息与揭丑新闻并行，而是以刊载文化深度资讯为主，着重阐发纽约的文化，并以纽约文化信息来代表美国精神，自视为美国文化的中坚力量。② 《纽约客》一直是代表美国主流的首选期刊。③通过《纽约客》，美国人充分展示了美国精神的优良、伟岸、光明，展现美国文化的健硕肌肉，对内凝聚国家共识，巩固、强化主流价值体系，对外进行文化输出，吸引世界他国赞美、膜拜、投靠与跟随。有意无意之间，该刊减轻了美国发展乃至对外扩张的阻力，成为美国软实力、巧实力的重要组成部分。相形之下，一个国家若仅仅出版发布日常生活消费类信息的本城期刊，则难以让媒体对社会管理、社会结构变迁产生重要乃至实质性的影响，本城期刊整体沦为非主流媒体在所难免。如此思路，自不合乎一个大国的抱负。同时，社会主义民主建设是当下中国的一项任重道远而又不能不加以推进的重大而复杂的系统工程。然而，鉴于中国政治文明进步的复杂性，以刊发硬新闻为主的时政类、财经类的新闻报刊在社会主义民主建设的当下既有便利，也有不便，因此，文化类本城期刊通过理

① 黄发玉：《纽约文化探微》，中央编译出版社，2003，第2~3页。
② 王栋：《对话美国顶尖杂志主编》，作家出版社，2008，第138页。
③ 〔美〕萨梅尔·约翰逊、帕特里夏·普里杰特尔：《杂志产业》，王海译，中国人民大学出版社，2006，第18页。

论、文艺、历史、学习、娱乐等途径为当下中国社会进步提供思考的媒介平台就有其特别的便利之处：可降低政治风险，易于敏感信息软着陆，有较为宽阔的政治周旋空间。毫无疑问，作为历史悠久的社会主义泱泱大国，中国需要依托类乎《纽约客》的本城期刊来打造展现中国精神、中华文化风范及其发展的主流期刊。

最后，发展文化类本城期刊宜精不宜滥，宜少不宜多。

第一，文化类本城期刊所刊发的资讯难度、深度一般要超过消费类本城期刊，其内容制造的复杂程度及其成本非消费类资讯媒体可比。

第二，相形于消费类本城期刊，文化类本城期刊的市场空间小了许多。一座城市只有能够充分代表中华文化，且这样的身份易为其他众城普遍认可，才具备培育文化类本城期刊的基本条件。这样的条件显然远高于消费类本城期刊。大体看，具备承载文化类本城期刊的城市应经济基础扎实，文化氛围浓郁，科教实力雄厚，宽容精神鲜明，人口众多，是信息与交通便捷的特大型中心城市。中国城市发展研究会副理事长朱铁臻认为，当下中国最具影响力的城市是京沪穗。① 总体看，当前中国适宜文化类本城期刊成长的城市应为京沪穗三家。北京是我国首都，全国政治、文化中心，资讯发达，中外交往频繁而便捷，聚集了全国最多、最优秀的人才。元明清以来长期担任国都，传统文化积淀深厚，能兼容和平等对待各种不同文化，2005 年国务院提出北京要建设世界城市的目标。② 上海是中国最大的工商业城市，经济外向度高，科教实力全国第二，是长三角城市圈的核心城市，但民族传统文化积淀相对单薄、宽容度不高是其弱点。广州地处我国改革开放最前沿的珠三角地区，不仅文脉深厚，对外交往历史悠久，是华南地区的政治、文化乃至经济中心，而且在社会包容度、政治宽容度方面，中国内地诸城无出其右，舆论环境最为宽松。③ 世界上不少国家都有一座中心城市的城市文化最具资格代表国家文化，如伦敦之于英国，巴黎之于法国，纽约之于美国，东京之于日本，莫斯科之于俄罗斯，

---

① 《我们离城市现代化有多远》，《光明日报》2003 年 1 月 7 日，B2 版。
② 刘淇：《北京为什么要建设世界城市》，《人民日报》2010 年 7 月 22 日，第 11 版。
③ 倪鹏飞主编《中国城市竞争力报告 NO.1》，社会科学文献出版社，2003，第 234～240 页。

开罗之于埃及。城市文化是一个城市所特有的价值观念、思维方式、行为方式、生活方式的有机融合①。从最便于展现中国文化看，前述三城最适宜文化类本城期刊成长的排序是：北京、广州、上海。从这个意义上讲，《夜北京》《北京漫步》两刊的编辑方针值得商榷。《夜北京》以着重展现颇为前卫的身体包装信息为主，大胆、泼辣，与情色擦边，且含暧昧意味。如此办刊显然脱离所在地域北京的实际：一是不合乎本城期刊目标读者，即中产阶层保守的政治趋向，有碍目标受众的品位与京华文化热衷于政治的天然个性。当然，这类与情色擦边的图片信息如果放在着重于刊发私人消费信息的本城期刊如《大武汉》中则尚在编辑方针之内，可以理解，也可以存在。二是伦理道德上容易出格，徒添办刊的社会风险，得不偿失。《北京漫步》是北京市政府指定的唯一在出租车内供乘客免费阅读的平面杂志，由分别面向女性与男性的 A、B 两刊构成。该刊着意于做"漫步北京的消费指引手册"，大体属于消费类本城期刊。其不足主要有二：一是不能准确面向当地中产阶层。拥有私人汽车是中产阶层的标志之一，而该刊主要供出租车乘客阅读，仅此一点就使该刊难以收获理想受众。二是不合乎北京的城市定位、综合实力与特点。实际上，关于本城期刊，中国乃至世界对北京最大的需求是文化类本城期刊。可惜的是，本应由北京出面来填补的《纽约客》型的本城期刊这一市场空白，却至今仍未在首都出现。至于上海、广州的本城期刊，按其综合实力与特点则宜走近乎《壹周刊》之路——消费类信息与文化类信息一个都不能少；至于孰多孰少，当视具体情况而定。

第三，文化类本城期刊的发展可以引导，而不能强迫。每座可以承载本城期刊的中心城市及其城市圈都是一种地域文化的代表，有长有短。同时，面向市场办刊是本城期刊的基本特点之一，也是其旺盛的生命力之所在。因此，由行政渠道强行指派本城期刊势必和本城期刊的生存规律有违，反易弄巧成拙，适得其反。中华文化博大精深，华夏大地国土辽阔，东西南北之间差异颇大。中华文化喜龙凤呈祥，黄河、长江两大流域并为中华民族文化的摇篮。这些又为文化类本城期刊的多元化发展提供了

---

① 黄发玉：《纽约文化探微》，中央编译出版社，2003，第 3 页。

良好的社会条件，形成若干中华文化亚文化的地理细分市场。湘楚、吴越、齐鲁、巴蜀、秦陇、燕赵、关东、岭南等区域文化均各擅其长，中国文化类本城期刊可以不必定于一尊。但是，办刊人又必须审时度势，认真调研，创造条件，适度发展，成熟一个发展一个，忌任性孟浪，揠苗助长，一哄而上。本城期刊的发展宜引入竞争机制，物竞天择，而忌长官意志。

2. 吃准本城市场条件，发行和广告比翼齐飞

明白面向市场并不难，难的是如何面向市场办刊。只有找准合适的方法，面向市场办刊才能得以落实。

面向市场办刊，重在认识市场，有效识别本刊的目标受众。对于本城期刊的成长，把握本城市场特点的关键在于准确识别目标读者。识别目标读者，仅仅着眼于中产阶层是不够的。中产阶层仅仅勾勒了本城期刊目标读者的共同特点。具体到不同的本城期刊，在明确目标读者共同特点之后，还必须捕捉、把握目标读者的特殊性。

那么，如何识别个别本城期刊目标读者的特殊性呢？第一，市场调查。市场调查可以定性与定量相结合。如果条件允许，办刊主体可以出资委托专业调查机构独立进行。市场调查的最低标准是在接受专业调查机构业务指导的情况下，由媒体自己完成。媒体应注意转变观念，在市场调查上舍得经济投入——有舍方有得。第二，科学调查。识别目标受众，是有标准的。对目标读者的识别，可依如下四大要素进行：一是生理特征，包括目标读者的性别、年龄、民族、种族等；二是经济特征，包括目标读者的职业、收入、消费偏好等；三是人际特征，包括目标读者的家庭、地域、婚姻状况等；四是文化特征，包括目标读者的教育、宗教、业务爱好等。[1] 通过科学的市场调查，本城期刊目标读者的基本模样可被勾勒清楚。这就为以后的期刊设计、采编、印制乃至广告商的遴选提供了扎实、可靠的基础。第三，理论学习。仅凭经验办刊有明显的局限，单依感觉办刊更是危险，成少败多。而这正是既往办刊受挫的重要原因。比如，《成都客》

---

[1] 〔美〕萨梅尔·约翰逊、帕特里夏·普里杰特尔：《杂志产业》，王海译，中国人民大学出版社，2006，第 11、45 页。

2007 年第 10 期售价 18 元，而按照千分之一的期刊售卖理论，月收入 1.8 万元方是目标受众的经济收入起点。依此推论，《成都客》售价实在高得离谱，当地的中产阶层买不起。理论是行动的指南，贵在与实践相结合。

面向市场办刊，发行、广告并行不悖。首先，本城期刊发行量较大，目标读者虽眉目清晰，但接受身份终不属于专业人士，故经营上适合发行、广告双轮驱动，精准投放，而不宜仅凭发行生存。其次，采编与经营相分离。对于采编与经营相分离，刊发硬新闻的时政新闻期刊一类媒体熟稔而坚定不移。相形之下，倒是着重发表软信息的媒体常于此不明就里或心存侥幸而逾界。《纽约客》第三任主编葛特利布办刊的一大弊病是刊发"广告报道"。①采编与经营之含混在于该刊新老板纽豪斯受眼前利益引诱而冲动之下的盲目介入。本来，《纽约客》第二任主编萧恩曾明确规定：财务利益不得影响编辑内容。当然，萧恩如此规定倒未必是为了履行社会责任，更多的恐怕还是意在强化期刊的信息质量。期刊只有质量，尤其是信息质量合格乃至优秀，才容易获取良好的销售成绩，并因而占据理想的发行与广告的市场份额。最后，读者第一，广告客户第二。本城期刊的第一客户是读者。读者是本城期刊的市场基础：失去读者市场，也就失去广告市场；读者市场欠佳，广告市场也难有起色。同时，在一家媒体来自市场的内部总收入中，广告收入的占有份额，期刊往往低于电视、报纸。从西方发达国家经验看，与多数国家报纸的广告收入多于发行形成比照的，是大多国家期刊广告收入不超过发行收入。故期刊经营必须重视来自读者购阅的发行收入。

3. 优化质量：扩大资讯范围，提高信息层次，提升表现能力

本城期刊的发展需要办刊人知己知彼，从而扬长避短，寻找生机。SWOT（态势分析）理论认为，从优势（Strengths）、劣势（Weaknesses）、机遇（Opportunities）和威胁（Threats）四大要素入手，是环境分析的精华。那么，本城期刊的主要竞争对手是什么呢？美国学者认为，本城期刊

---

① 叶新编著《美国杂志的出版与经营》，中国传媒大学出版社，2007，第 249 页。

是一种补充类期刊。^① 那么，本城期刊是谁的补充呢？既然扮演当地报纸的补充角色，那么本城期刊的主要竞争对手就是本地的消费类报纸，基本是和同城报纸争夺受众与广告客户。^② 总体看，同城综合性大众化报纸对本城期刊的成长构成最大的威胁，但具体情况尚需具体分析。以《大武汉》为例，其最大的竞争对手依同城报刊市场占有率本应先后为：《楚天都市报》《武汉晚报》《长江商报》《楚天金报》《武汉晨报》。不过，由于《大武汉》与《楚天都市报》《楚天金报》同属于湖北日报传媒集团，故其主要竞争对手的实际先后排序应为：《武汉晚报》《长江商报》《武汉晨报》与《楚天都市报》《楚天金报》。竞争对手明确是办好本城期刊的重要条件之一。

明确了竞争对手，本城期刊又当如何呢？答曰：随后应明确自己与竞争对手的各自短长，从而扬长避短，寻找生机，打造核心竞争力。那么，在明确自己和竞争对手的各自短长之后，本城期刊又该如何扬长避短，打造核心竞争力呢？一言以蔽之，就是优化质量。本城期刊之所以要大力优化质量，主要原因如下：第一，本城期刊是社会发展到一定阶段之后的产物，其目标受众对内容信息与服务均有较高和具有个性特征的市场需求。第二，本城期刊面对同城报纸虽不能完全放弃"红海战略"，但处置得当，也可因错位发展而形成报刊各自的"蓝海战略"生存空间。对于本城期刊，双方的这种差异化生存得自期刊因优化而个性彰显。显而易见，都市报、晚报、晨报这些同城大众化综合性报纸以传播相对零碎、浅显、感性而又多样且特别快捷的信息为主，适合浅阅读与一次性阅读，包括印制、版面等在内的传媒形态自然适宜较为质朴乃至粗陋。这样的媒体是难以充分满足中心城市中产阶层的特有传媒品质需求的。目标受众中产阶层所特有的传媒品质需求，是本城期刊补充当地报纸的关键所在，也是本城期刊的核心竞争力之着力点。第三，本城期刊的传媒形态决定其办刊必须走优化质量之路。本城期刊的刊期长于报纸，用纸、印制品质也远高于报

① 〔美〕萨梅尔·约翰逊、帕特里夏·普里杰特尔：《杂志产业》，王海译，中国人民大学出版社，2006，第18页。

② 〔美〕萨梅尔·约翰逊、帕特里夏·普里杰特尔：《杂志产业》，王海译，中国人民大学出版社，2006，第15页。

纸。杂志是奢侈品，不是生活必需品。① 故本城期刊唯有依靠内容的系统、深刻这些后发制人的策略与媒体形态的精美方可补充当地报纸，形成独特的蓝海生存区。

当前，本城期刊在质量优化上有三大注意事项。

第一，扩大资讯范围，强化教养内容。

优化质量，首先要讲求议题设置科学。有的本城期刊如《大武汉》资讯范围狭窄，物质消费内容压倒精神消费内容，缺少高质量的精神消费信息。这显然不能充分满足目标读者的接受口味，也未能与同城报纸形成鲜明的差异。域外的本城期刊也不都是吃喝玩乐一类的物质消费信息。香港的《壹周刊》创办于1990年，现在香港、台北各自创办本城期刊两版。该刊每期由各自装订的两册组成：其一专门刊载当地吃喝玩乐等软信息；其二则不然，着重于政治、经济一类新闻资讯的刊发。《壹周刊》不放弃政治、经济内容的主要目的是由社会影响力而获取较佳的市场份额。该刊首期报道怀疑香港首富李嘉诚之妻自杀的消息，引起轰动；2010年7月又在香港版、台北版上分别披露由影星成龙做广告代言的霸王洗发水在香港被检出致癌物的事实、台湾前领导人陈水扁之子陈致中在宣布参选高雄市议员不久后爆出的召妓风波，该刊因此大出风头，赚足眼球。当然，内地不同于香港，但两地本城期刊办刊的总思路应该相同，即优化内容质量，不宜一味刊发吃喝玩乐一类软信息，而应因地制宜，适当开阔视野，注意添加文艺、历史、卫生、宗教甚至政治等话题，有条件地扩大其所占比例。办刊应善于处理引导与满足之间的关系，宜满足中蕴引导，引导中寄满足。期刊不同于报纸，一要特别注意引导而不是一味迁就；二要注意满足目标受众的高端信息需求，善于满足读者在价值观念、思维方式、行为方式与生活方式上的个性化需求。

第二，提高信息层次，强化内容分量。

议题设置既要注意范围，还要讲究深度。忽视信息深度同样不能满足本城期刊目标读者的个性化需求。本城期刊在提高信息层次，强化内容分

---

① 〔美〕萨梅尔·约翰逊、帕特里夏·普里杰特尔：《杂志产业》，王海译，中国人民大学出版社，2006，第47页。

量上应把握如下重点。一是增强信息的系统性和内容的必要深度，追求进步，放眼全球，讲求时代精神，重视人文关怀，弘扬民族大义，大是大非不含糊，善于传播包括与社会主义市场经济相适应的政治文明观。二是强化稿件质量，抓好头条报道、封面故事、封面文章的信息系统性、完整性、知识性与必要的理论性，并在此基础上建构内容深度。从社会主义核心价值体系的建设着眼，本城期刊有许多领域或话题有待开展或深化：培育公共意识，培育公民精神，强化法治观念，培养保护弱者、爱护公物、善待动物的好习惯，树立保护环境、尊老爱幼、低碳生活、健康饮食的好风尚，等等。像《武汉的低碳机会》（总 101 期）这样的封面故事之于《大武汉》还比例偏低。比如，公共汽车缺乏为老人、幼儿乃至孕妇让座的现象在江城武汉比比皆是，相当刺眼，那么，作为本城期刊的《大武汉》自有责任以此做一次封面故事。这样做，其实也是媒体的一种巧妙、高明的公共形象塑造。三是审时度势，善于因应时代潮流适时、适当添加政治信息或在信息中注入一定的政治元素。政治元素是本城期刊适当反媒体非主流化的办刊策略之一，香港《壹周刊》正是因为这个道理才始终坚持要有部分政治、经济稿件的报刊方针。即便是工会维权、司法成本一类多少有些敏感的社会问题，中国内地的本城期刊也不必不分时间，不论场合，完全将之排斥在外。不过，本城期刊传播政治信息必须与社会环境良性互动，注意本土社会环境特点，有理有利有节，讲求适宜性。政治信息，舆论环境宽松，可以多一些，重一些；舆论环境紧张，可以少一些，轻一些，甚至可以取消，也可以拉长刊期间距，如由每期一篇或每月一篇减少到每五六期一篇或每年一两篇。四是适当添加另类信息。另类信息多和新颖甚至创新有关，也有不少事切时代进步。为了打破办刊的沉闷，适当添加另类元素无可厚非。不过，从社会环境与目标读者的承受能力看，本城期刊添加另类信息应：一正确，二合乎时代进步潮流，三不宜泛滥，四宜温和、适度、不走极端。

第三，提升表现能力，强化形态美观。

本城期刊不仅要在内容上，而且在形态上均应与中产阶层这一目标读者的接受口味相协调。目前，本城期刊通取 16 左右开本，彩色铜版印制，图片精美，摊开赏心悦目，其表现有待改进之处主要在稿件的写作形式上：一是文体不丰富；二是文笔欠生动、优美；三是语言文字的毛病多，常中英文夹杂。如《大武汉》的封面故事《恰同学有钱》一文有语如下："这场'Easy MBA'，真的很 easy"？这样的中英文夹杂现象对读者并非好的示范。

本城期刊稿件形式上的具体改进对策如下。

一是为了文体的丰富与地道，适当添加特稿；讲求稿件叙事类与言论类相配合，新闻类与非新闻类相搭配。特稿讲求生动性，善于细节表现，结构巧妙且长于以小见大。如，关于环境保护、低碳生活，可由个人如何洗衣沐浴入手，从居室怎样使用空调的微观切入。西方城市期刊以三种文章为主：一是信息服务性特写，二是人物描写，三是调查性报道。因此，在优化信息服务性特写、人物报道的同时，本城期刊在条件允许时可考虑适当添加调查性报道。

二是认真研究文化期刊的语言个性、语言风格，让文风更轻快，多融入一些流行用语。

三是严格进人制度，严格岗位培训，严格审稿制度，建立采编员工的合格与优良门槛，奖优罚劣，建立必要的奖罚规定与从业人员淘汰机制，尽一切可能削减稿件中的错别字、病句，不因语言问题而败坏了本城期刊目标读者的阅读胃口。

4. 主动出击，耐心等待

本城期刊的成长离不开办刊主体的适时主动出击。既然面向市场办刊，办刊人就不能坐等条件上门，而宜该出手时就出手。办刊主体应认真分析市场，研究读者，研究广告客户，利用政策优惠，根据读者的实际需求设计媒体，并能根据形势的变化适时改版。北京至今尚未有一家真正的本城期刊，尤其是《纽约客》式的本城期刊，分析其原因：一是主办单位缺乏认真的市场调研；二是办刊主体眼界不够开阔；三是编委会理论学习不到位，未能领会关外《纽约客》《壹周刊》等的办刊精髓。主动出击有如下注意事项：一是条件成熟即出击；二是条件成熟到什么程度就主动出击到什么程度；三是创造条件主动出击。

本城期刊的成长离不开办刊主体的耐心。中国具备本城期刊的出版条件时间并不长，这样的条件也仅仅是初备，现在能为本城期刊提供的生存环境谈不上优越，未来出现种种波动的可能性并不小，所以，本城期刊的办刊主体应虑事周全，有长远布局意识与发展眼光，耐心等待就成为不可或缺的选项。耐心等待的主要注意事项如下：一是有长远眼光，不怕短期吃亏，不为一时得失所动。西方专家认为，一份杂志若能维持至少三年，则有可能取得成功。① 二是明晰生存的基本条件与优良条件，密切观察市场变化。三是遵循办刊规律，力避盲目、鲁莽。《成都客》一刊的兴衰值得推敲。该刊编辑思路总体偏向文化，强调地域文化特点，偏重文化类本城期刊成长之路，然总体看其信息走向存在一系列偏颇，如地域特色不突出，文化深度不够，资讯既实用不足，又欠丰富多彩。这自有其办刊实力的局限。《成都客》如此局限与社会环境的制约有关：第一，成都地处西南一隅，经济总量与经济活力均非东部沿海中心城市对手，文化教育也不占优，其中产阶层的总量、质量与广告投入的规模、结构更无法与东部地区的北京、上海、广州相提并论，故近期走文化类本城期刊的道路并不平坦。第二，成都虽为巴蜀文化中心，但巴蜀文化终究是中华文化的一个地域分支，且属于南方凤文化的一支力量，与吴越文化、湘楚文化、岭南文化齐头并进，并无优势；况且重庆在巴蜀文化中占据一席，足以与成都分庭抗礼。成都并无实力以巴蜀文化号令川渝，更不用说华夏神州。因此，成都走《纽约客》式的文化类本城期刊之路的社会条件并不成熟。就成都及其城市圈能够为本城期刊所提供的成长空间来说，《成都客》一类的成都本城期刊实应低开低走，实施消费类本城期刊策略。此即《大武汉》的发展方略。《大武汉》的尚属顺利，《成都客》的颠簸坎坷，究其根源，则在于两刊前述办刊方略的分野。当然，为了强化《成都客》们的个性，《成都客》们完全可以也应该在吃喝玩乐的消费类内容中适当添加巴蜀文化的元素。但是，《成都客》们的文化类本城期刊的雄心至少在当下应小心处置，原因只有一个，即基本的客观条件尚不具备。

本文发表于《河南大学学报》（社会科学版）2011 年第 5 期

---

① 〔美〕萨梅尔·约翰逊、帕特里夏·普里杰特尔：《杂志产业》，王海译，中国人民大学出版社，2006，第 210 页。

关于我国学术期刊收取版面费的思考

近年来，我国的学术期刊广受争议，争论的焦点是学术期刊是否应该收取版面费等。朱向东、刘书生的《学术期刊商品化之忧》等文认为学术期刊收取版面费等行为将学术期刊商品化，助长了学术腐败，[①] 但也有人持反对意见，以为学术期刊是否收取版面费与学术腐败没有必然联系，合理公平，甚至有助于拒绝关系稿。[②] 学术期刊收取版面费是否合理，只有衡之以我国学术期刊的根本属性与我国的社会实际才易明辨是非得失。

笔者以为，我国学术期刊收取版面费等行为弊大于利，亟待认真谋划。

一　公共服务：学术期刊的根本属性

明确我国学术期刊的根本属性，是判断学术期刊收取版面费是非得失的关键。那么，学术期刊，尤其是我国的学术期刊的根本属性是什么？答曰：为公共利益服务。在这一点上，中西皆然，并无例外。所谓学术期刊，是"主要刊载学术论文、研究报告、评论等文章"[③] 的连续出版物，出版周期介于每周一次与一年一次之间。学术期刊的办刊宗旨是传播最新学术研究成果，培养科学精神，开展学术争鸣，推动学术进步，促进科学

---

① 朱向生、刘书生：《学术期刊商品化之忧》，《光明日报》2007 年 1 月 22 日，第 10 版。
② 肖国忠：《非市场化的学术期刊，如何废除版面费》，《光明日报》2006 年 6 月 7 日；陈阳：《关于学术期刊收取版面费问题的研究》，《辽宁警专学报》2008 年第 6 期。
③ 《中国大百科全书·新闻出版》，中国大百科全书出版社，1990，第 235 页。

技术发展，为国家的政治进步、经济发展、文化建设与人民幸福提供强大的原创性智力支持。离开学术期刊，学术研究就无法正常进行，长此以往则难免严重损害国家的综合国力。学术期刊向为学术公器与科研信息沟通平台，其根本属性就是为公共利益服务。

二 学术期刊收取版面费的弊端

所谓收取版面费，指的是学术期刊向在本刊发表学术论文或有关文章的作者方收取发表费用。我国自然科学学术期刊收取版面费始自 1988 年。是年，中国科协出台第 39 号文，建议各学会的学术期刊收取版面费。学术期刊正式收取版面费由此起步。[①] 据介绍，近年我国一篇 4000 字左右的论文版面费，省级以上期刊收费为 800～1200 元，中文核心期刊为 4000～6000 元，而有的学术期刊版面费已突破 8000 元[②]，甚至涨到万元[③]。目前，我国学术期刊"交费发稿"似乎已成为业界的"潜规则"，[④]版面费在学术期刊社的经济总收入中占 36.2%。[⑤]

从学术期刊的根本属性与社会实际看，我国学术期刊以收取版面费为核心的自利行为是弊大于利的。其危害，概而言之主要有如下四点。

第一，严重制约学术期刊的信息制造水准。

我国学术期刊对版面费的收取以背离编辑环节与经营环节必须分离的出版原则为前提。学术期刊收取版面费时，编辑环节与经营环节普遍混杂，编辑工作的健康发展因而不能不受到严重影响。编辑工作的核心是什么？除了制作文化信息，别无其二。编辑部是专事有关信息的生产车间。而媒体经营工作则与编辑工作截然不同，主要由印制、发行、广告等活动与环节组成。那么，在学术期刊的出版活动中，版面费究竟属于媒体的何

① 陈永杰、魏刚：《中国学术期刊版面费调查》，《北京科技报》2008 年 12 月 1 日。
② 朱向东、刘书生：《学术期刊商品化之忧》，《光明日报》2007 年 1 月 22 日；张琰：《"核心期刊"利益链》，《瞭望东方周刊》2006 年第 49 期。
③ 曹建文：《核心期刊不应成为学术研究的唯一评价标准》，《光明日报》2009 年 5 月 14 日。
④ 肖国忠：《非市场化的学术期刊，如何废除版面费》，《光明日报》2006 年 6 月 7 日。
⑤ 方芳、马振文：《文章发表费占学术期刊收入近四成》，《北京日报》2007 年 3 月 21 日。

种工作范围呢？版面费既然与信息的质量无关，那就只能属于期刊社的经营工作。根据笔者的观察与亲历，我国学术期刊普遍由编辑部及其编辑人员直接经手版面费。而如此行为必然推动经营元素侵入编辑工作环节。那么，对于编辑工作，编辑与经营相混淆究竟是好还是坏呢？由于编辑工作范围本应仅围绕信息制造展开，那么结论就唯有后者。中西新闻出版史已充分证明，编辑与经营相混淆只会导致媒体所公开传播的信息质量严重下滑。为此大众传媒业早已行规高悬，那就是采编与经营相分离。学术期刊编辑部直接经手版面费，就使下述后果在我国学术期刊的出版工作中难以避免：经济因素，而不是科学发现、科学发明这些原创性的因素成为稿件是否被采用的必不可少的因素。劣币驱逐良币趋势也因此在学术成果的公开刊发中现身，且理直气壮，愈演愈烈。于是，研究生们为了获得每年高达 4000~8000 元的奖学金而以少量的人民币为代价换取论文的发表就成为必然选择，新闻传播学专业的论文居然发表在"什么计算机杂志或《当代经理人》上去了"[①]。近年来我国优秀的科研成果在刊发上大量外流，则不能说与我国学术期刊在国家投入巨资后办刊质量仍旧平平没有关系。

第二，无益于形成我国期刊业的良性结构。

学术期刊收取版面费与学术期刊商品化息息相关。何为学术期刊的商品化？即学术期刊的编辑工作听任市场这只看不见的手来调节，凡有利于市场交换的学术信息就编辑、出版，否则就压缩甚至取消。学术期刊商品化的要害是唯市场是举，办刊不必再以公共利益为主。在我国当下的社会环境下，这样的处置只会为学术期刊带来格外糟糕的局面。其原因是：（1）学术期刊的受众数量不大，市场稳定，广告来源无法与《时尚》《知音》《读者》《大众软件》等大众化期刊相较。如任凭市场调节，学术期刊，尤其是我国转型时期的学术期刊仅依靠自身的力量，则很难通过商品交换筹足自我生存与发展的资金。（2）不同的学术期刊因内容与市场关联程度的不同，会在商品化过程中出现发展上的严重落差。一般来说，在

---

① 田玲玲：《取消发论文硬指标，研究生咋仍热衷花钱买版面?》，《中国青年报》2006 年11 月 17 日。

生存环境上，偏重应用研究的技术类学术期刊要优于偏重基础理论研究的科学类学术期刊，自然科学类学术期刊总体上优于社会科学类学术期刊。然而，社会的全面发展需要各个学科均衡前进，即便貌似务虚的学科研究亦不可或缺。比如，伦理学研究不能直接创造社会财富，无法为工农业生产提供具体的生产原理、生产方法，似乎是无用之学。但是，任何社会失去社会道德的约束，社会软环境难免恶化，引发社会动荡，社会发展成本剧增。社会发展，离不开包括伦理学研究在内的精神文明建设。（3）我国学术期刊社会环境未充分市场化。其一，在所有制上，我国学术期刊均为公有而没有私有化。其二，在传媒市场上，我国政府并未完全放开，尚未允许外国资本、民营资本进入我国大众传媒市场，对学术期刊还是存在一定的政策保护的。其三，在编辑权力上，我国法律、行政法规与政策均拒绝学术期刊由私人、外国力量控制。因此，我国学术期刊的市场竞争是有限的，是不充分的。（4）最为重要的是，当下我国正处在社会转型尚未真正完成的阶段，因此本可以通过市场途径来实现学术期刊为公共利益服务的可能性，在当下却极容易为别有用心者利用。

第三，存在学术期刊进行权力寻租的隐患。

这是学术期刊收取版面费所带来的更为严重的社会问题。所谓权力寻租，指的是握有公权者以公权为筹码来谋求、获取自身经济利益的一种生产活动。在收取版面费问题上，我国的学术期刊与西方国家不可相提并论：（1）西方国家学术期刊的主流是不收取版面费。据美国科学促进协会发言人郎妮女士等介绍：美国的著名学术期刊《科学》《哥伦比亚新闻评论》不向作者收取任何版面费；社会科学领域的学术期刊基本上不收取版面费；美国学术期刊的主流是不收版面费。[1] 美国西华盛顿大学历史系原主任唐纳德·威森亨特（Donald Whisenhunt）教授介绍：他从未付费发表过论文，而且花钱发论文被认为是非常恶劣之举。[2]（2）西方国家学术期刊对所收取的版面费在使用上有严格规范。如美国医疗类学术期刊大

① 唐勇：《不收版面费是主流》，《人民日报》2007年1月25日，第14版。
② 张晓斌：《国外学术期刊论文收费情况概述》，《出版发行研究》2007年第4期。

多向作者收取版面费，但对所收取的版面费在期刊出版时附带有版面使用的明细表，让作者知道版面费用在了何处。① （3）西方国家科研经费获取较易。由于文化、政治运动洗礼等诸多因素，西方国家社会慈善事业发达，乐善好施观念深入人心，科研经费获取往往非官本位化，普通科研人员亦普遍有较充足的科研经费，因此即便研究人员发表学术成果需要支付版面费也会从来自社会善款等的研究经费内走账，并不需要学者自己付费。（4）西方国家学术期刊对收取版面费的文章在刊发时一般会明示读者要将所收取版面费的文章看作广告。如美国学术期刊"在收费文章的结尾编辑会注明：'本文收了多少版面费，请读者视同广告'"②。这就是说，借助缴纳版面费而发表文章具有经营性质，与非经由版面费而刊发的学术研究成果是有区别的。（5）最为重要的是，西方国家期刊的创办不是为政府限制进入的公权行为，而我国的连续出版物号是一种十分稀缺的公共资源，期刊由政府严格控制，特许经营，属于行政性垄断，而非纯粹的市场之路。③

相反，当前我国学术期刊所收取的版面费常去向不清。据介绍，我国"多数核心期刊收取的版面费，最后都变成了福利费或奖金了。这些福利费和奖金额度很大，要远远超过他们的工资收入。……期刊社编辑们从中收益十分丰厚，他们指望靠版面费来改善生活"④。这样的学术期刊实际是利用国家特别赋予的出版权在与作者方交换打着"版面费"名义的金钱，是典型的权钱交易，属于学术期刊的权力寻租范围，而不是学术期刊商品化。在这种所谓的"版面费"的特殊权钱交易中，来稿质量并未构成期刊社刊发稿件的唯一标准，甚至主要标准。

第四，上述学术期刊权力寻租的隐患与有关行业对不当利益的追逐形成合谋。这种有关的行业，以教育、科研业表现得更让人心惊肉跳。在社

---

① 肖国忠：《非市场化的学术期刊，如何废除版面费》，《光明日报》2006 年 6 月 7 日。
② 郑英隆：《学术期刊的社会责任辨析》，载中国人民大学报刊复印资料《出版工作》2006 年第 9 期。
③ 郑英隆：《学术期刊的社会责任辨析》，载中国人民大学报刊复印资料《出版工作》2006 年第 9 期。
④ 张琰：《"核心期刊"利益链》，《瞭望东方周刊》2006 年第 49 期。

会转型期，我国的教育、科研行业不是世外桃源，触目惊心的问题并不鲜见。科研为表，套取国家的巨额科研经费为里，在其中就相当突出。部分教育、科研工作者不是以科学发明、科学发现为第一要务，不是以国家强大、人民幸福为第一宗旨，而是汲汲于如何钻政策空子获取以经济利益为中心的个人私利。这些坏了学术良知的所谓教研人员，利用种种社会资源获取有关的教学、科研课题之后，不是自家苦心钻研，而是转而成为类似于"包工头"的角色，用极为有限的报酬将具体研究工作交给下属甚至自己的学生去完成。而我们现行教育、科研中存在的一些漏洞，则让一些这样的科研项目以平庸甚至不合格的研究成果形态在项目结题时蒙混过关。而这些平庸甚至不合格的研究成果之所以能蒙混过关，就在于科研项目的主持人在结题时可以拿出用以炫人眼目的"成果"，即通过部分科研资金以"版面费"等名目在学术期刊上公开发表"论文"，并辅之以较为丰厚的评审费。吃小亏占大便宜，那些坏了学术良知的所谓教研人员，就是这样从国家的科研项目中获取不当经济利益的。目前，一些教研人员将个人经济收入的最大部分寄寓在科研经费的获取上并为此相当疯狂。在这样的利益博弈中，通过学术期刊的"论文"刊发，一些教研机构的人员对大笔科研经费的占有得以合法化，学术期刊则获得了丰厚的"版面费"及其衍生利益，双方互为谋取自身物质利益的帮手，并由此形成一波接一波的"合作"。那么，谁从中吃了大亏呢？国家，民族，人民！我国的教育、科研事业乃至政府的公信力因此而蒙羞、受辱。

三 学术期刊收取版面费衍生其他弊端

事物在危害社会时往往会产生连锁反应，学术期刊收取版面费也未能例外。在版面费所衍生的利益链条中，比较突出的一是"赞助费"，二是有关物质实惠。

（一）权力寻租与赞助费

我国学术期刊目前存在收取赞助费的现象，权力寻租也难逃干系。本来学术期刊社获取来自社会的赞助费是件好事，但赞助费现在已经变了味。就我国学术期刊所收取的赞助费来说，一方面，赞助方每年向学术期刊提供一定金额的经济支持；另一方面，学术期刊对赞助方又必有回馈，回馈的是本刊编委、顾问等名称与一定数量的不再另付费的文章刊发版面。如某高校一次向一家学术期刊付出六万元的所谓"赞助费"，该学术期刊则为这一家高校留下了这一年中六篇论文的预发版面。① 赞助费在我国已脱离公益轨道，演变为一种交换：学术期刊用来交换的是手中的特殊公权——出版权，赞助方支付的则是金钱。这里论文发表的"无偿""免费"俱是幌子。如果没有金钱支出，学术期刊是不会向所谓的"赞助方"提供所谓"免费"而迅速发表论文的机会的。因此，这样的赞助费与版面费没有本质区别，不同的仅仅是权钱交易的名称而已。

赞助费还存在特殊的害处。向学术期刊提供经济赞助的一般为大专院校等文化单位。"赞助方"需要发表学术论文用以个人职称晋升、教授晋级、申请科研项目，单位申请学位点，领导获取政绩、升迁等。赞助方由赞助费获取最大好处的常是赞助单位领导：赞助方领导除了可在所"赞助"的学术期刊上免费刊发学术论文之外，还有权指定本单位其他人员在所"赞助"的学术期刊上免费发表论文。因此，由所谓赞助费引发的权力寻租，就同时存在于学术期刊社与赞助方单位的两头。

（二）权力寻租与学术期刊获取物质实惠的其他途径

学术期刊通过其他途径获取物质等世俗实惠同样难免权力寻租之嫌。这里的其他途径，指的是学术期刊通过版面费、赞助费之外的途径来聚敛物质实惠，主要包括学术期刊的主编、副主编与有关编辑到大专院校等文化单位进行讲学、做报告等活动。学术期刊的编辑人员通过这样的活动获取的经济实惠，要远高于一般讲学、做报告的劳动报酬（如某高校支付《××文学》期刊副主编讲课费28000元②），其他好处有昂贵的礼品、到当地名胜旅游、学术期刊编辑人员子女上学优惠等。其中的来往交通、住宿、会务等费用往往由邀约方承担。但是，世上没有免费的午餐，学术期

① 张瑛：《"核心期刊"利益链》，《瞭望东方周刊》2006年第49期。
② 张瑛：《"核心期刊"利益链》，《瞭望东方周刊》2006年第49期。

刊必须向给自己提供物质等实惠的对方回送刊发论文的好处。学术期刊通过其他途径获取物质等实惠为权权交易：双方用来交换的东西，一方是物质等世俗实惠，学术期刊一方则是国家特殊授予的学术信息出版权力。这样的交换方式虽然隐蔽，甚至表现为"温情脉脉"的方式，但其权力寻租的本性依然。

学术期刊的上述权力寻租做法造成了非常恶劣的社会负面影响。它不仅极大地降低了我国学术期刊的编辑、出版水平，引发学术成果在刊发上的劣币驱逐良币趋势，不利于我国学术争鸣与科研进步，成为制造学术腐败的源头之一，而且混淆是非标准，污损社会风气，抹黑国家形象，极大地降低了人民群众对党和政府执政能力的信心，成为一个社会不安定因素的重要策源地。

四　学术期刊不宜实施收取版面费的现实原因

综观国内外的学术期刊，在为公共利益服务上向存公营与民营两途。这似乎为我国学术期刊收取版面费提供了理由，以为收取版面费可以成为我国学术期刊的商品化之路。但中西的国情差异却决定了我国不可照搬西方国家的做法。

通过商品化的途径可否实现学术期刊为公共利益服务的根本目的呢？答曰：可以，但必须以健康的社会环境为基础。

从西方发达国家看，通过市场进行商品交换的学术期刊存在诸多制衡元素。一是行业协会。西方国家的行业协会目前在行使着一些过去由政府实施的管理职能。这些行业协会规范明晰，执行严格，处罚严厉。对行业的害群之马，可以采取永远逐出本行业的惩罚。这就使得各家传媒对自己的违规颇多忌惮，不能不考虑违规所带来的难以承受的巨大代价。二是主流社会价值观。在西方国家，尤其是新教国家，赚钱为上帝的观念深入人心，赚钱之后必须回馈社会已成为社会共识。这样的社会共识软中有刚，形成社会压力，赚钱而不回馈社会的老板只会为全社会所不齿。这是西方国家服务于公益事业的基金会能够兴旺发达、长盛不衰的重要原因。三是法律体系完整。社会各方严格照章办事。当然，西方发达国家走到这一步也是在交了巨额"学费"之后的自我调节，有一个从无序到开始有序直到秩序较为明晰并可根据形势发展予以必要调整的过程。

我国的学术期刊走的是一条与西方国家并不一样的发展道路。

目前，我国的学术期刊仍然仅取公营一途而弃民营。我国学术期刊的公营基本上为国有国营，有严格管制与相对管制之分。被严格管制的学术期刊的主要特点是：（1）学术期刊的所有权属于国家。（2）学术期刊办刊的一切费用悉取自政府拨款。（3）学术期刊的干部由国家选拔、任命。（4）学术期刊的运营由党和国家的具体职能机构负责。党的十一届三中全会以后，我国对学术期刊的管理开始向较为宽松的相对管制方向发展。这具体表现为：在党和政府对学术期刊所有权与管理权的根本权力不变的前提下，给予并逐步扩大学术期刊主管部门、主办部门与期刊社办刊的自主权力。在这样的条件下，我国的学术期刊出现两大变化：一是数量快速扩张。我国的科技期刊 1949 年为 37 种，1966 年为 465 种①，2003 年底为4497 种②。我国 2003 年底期刊总数为 9047 种③，其中的学术期刊近年维持在 7000~8000 种。二是政府对学术期刊办刊经费投入的相对萎缩。这主要指的是在期刊的办刊经费中政府拨款所占的比例下降，学术期刊社的经济收入常不如大众化期刊，普遍感到经费吃紧。

目前，我国的学术期刊一般为商品。我国毕竟处于社会主义初级阶段，社会主义市场经济的现实要求除少数赠刊等外，均应借助市场并通过商品交换来实现科研信息的公开传播。我国的学术期刊可以也应该成为商品。

不过，我国的学术期刊作为商品进行商品交换，目前只适于发行、广告两途，而不适合版面费途径。我国学术期刊出现收取版面费等行为的弊端，究其根本还是来自社会，而不仅仅在于传媒业自身。尚处于社会转型

---

① 苏青等：《中国科技期刊现状分析研究》，载中国人民大学报刊复印资料《出版工作》2006 年第 9 期。

② 新闻出版总署计划财务司编《中国新闻出版统计资料汇编 2004》，中国劳动社会保障出版社，2004，第 5 页。

③ 新闻出版总署计划财务司编《中国新闻出版统计资料汇编 2004》，中国劳动社会保障出版社，2004，第 5 页。

期的中国，目前还缺乏得力的系统工程对学术期刊版面费予以果断的约束与制衡，某些人正是利用有关漏洞来借助版面费发威。所以，在我国社会转型尚未根本完成的情况下，我国的期刊业若照搬某些西方国家的做法或所谓的"国际惯例"，势必东施效颦。我们切不可食洋不化，更要警惕那些打着专家旗号误导我国改革开放大业的"伪专家"甚至于食利的"说客""洋买办"。毫无疑问，如果听任当下学术期刊商品化，我国的科学文化事业必然严重受损，党和国家事业的大局、人民群众的根本利益就会蒙受重大损失。十年树木，百年树人，学术研究事业损毁易，恢复难。作为一种发展路径，学术期刊的商品化模式在当下的我国尚未具备良性的社会条件，对学术期刊的发展弊大于利。

五　关于学术期刊收取版面费的主要对策

关于我国学术期刊收取版面费，人们提出多种解决方案。总的来看，这些方案不乏真知灼见，但也在一定程度上存在脱离国情、脱离新闻出版业实际的倾向与毕其功于一役的急躁情绪。为此，笔者只在这里着力补充，对特别关键的要点加以强调。

第一，端正思想，提高认识。所谓端正思想，就是明确学术期刊的公益方向绝不动摇；所谓提高认识，就是明确在我国社会转型尚未完成的时期，学术期刊收取版面费的商品化之路无益于实现学术期刊的公共利益，而只会有意无意间助长权力寻租闹剧。两利相衡取其重，两害相较取其轻。这种衡量的标准以党和国家事业的大局，以人民群众的根本利益为主，以媒体利益为辅。当媒体利益与党和国家事业的大局、人民群众的根本利益发生冲突，则媒体的利益必须服从于后者的利益。要坚决反对一切借文化体制改革之名，行坏我期刊业江山之实的做法。当下学术期刊收取版面费，必须立刻终结！

第二，坚持党和国家领导的基本格局，调动其他得力力量。所谓坚持党和国家领导的基本格局，指的是目前学术期刊版面费的问题在党和政府可控范围之内，解决问题仍需举国体制，依靠党和政府，依靠广大人民群众。比如，党的纪委系统的垂直领导，显然有益于扼制学术期刊编辑工作与教育、科研工作中的不正之风；学术期刊的办刊资金除了主管机构必须全力支持之外，国家可以每年从来自烟草、电信、石油、金融、税务等垄断性行业的税收等经济收益中提取一定比例的资金作为学术期刊办刊的专项资金。而这些唯有依靠国家力量方可解决。所谓调动其他得力力量，指的是参考其他国家的成功经验，在党的指导下强化期刊协会的行业管理作用，明确行规，如实施"黑名单"制、学术陪审制等，严格执行，建立赏罚分明的领导问责制。

第三，解决学术期刊版面费问题，是个系统工程，需要统筹兼顾，内外配合，长短结合。所谓统筹兼顾，指的是决策、行事应以维护党和人民的根本利益为前提，兼顾各方的合理合法的利益。各个利益主体有自己的利益，这是不以人的意志为转移的客观存在，因此，我们既要正视，又要引导，坚持党和人民的根本利益为主，其他利益主体的利益为辅的方向。这是保证包括收取版面费在内的学术期刊文化体制改革不变味的关键。所谓内外配合，指的是学术期刊的编辑出版工作离不开社会其他各行业与新闻出版业的充分合作。比如，改善学术评价体系，改革职称晋升机制，是解决版面费问题，办好我国学术期刊的重要社会条件。而这已超出新闻出版行业的管理权限。由中国期刊协会主导学术期刊发展基金会，鼓励社会各界对学术期刊予以无偿经济资助。这既需要树立正确的主流价值观，培育良好的社会风尚，又需要国家从税收、社会资源（如民营企业家当选政协委员的参考条件）等方面加以积极的引导、鼓励。媒体对善款的使用也必须透明、阳光，完善行政、财务制度，实施舆论监督。任何举措的正确方向均有赖于相互制约的权力格局，仅新闻出版业一家对此是无能为力的。所谓长短结合，指的是学术期刊的问题不可能一次性根治，而应该实施短期任务与长期目标的有机结合，既坚定不移，又不急躁草率。

第四，明确规范，严格管理。所谓明确规范，就是依法治国，制定明晰的禁止范围，拒绝一切打"擦边球"的行为。所谓严格管理，就是照章办事，绝无例外，不留可以钻的空子。毛泽东同志指出，世界上怕就怕"认真"二字。乱局须用重典，社会主义初级阶段在德治的同时，又必须严格法治，在法治的基础上确立正确的行业规范、习惯。

第五，对于通过收取版面费经营学术期刊的商品化之路可在未来适当考虑。只有当我国的社会条件完全成熟，学术期刊经营的商品化之路无碍编辑工作公共利益的根本目标后方可考虑尝试。任何决策均不可只由少数机构确定，而应该集思广益，充分论证，先试点，后试行，待完全成熟后方可考虑将其作为一种补充模式在一定的条件下适当推行。拍脑袋的孟浪决策模式，必须制止。

本文发表于《中国出版》2009年第9期，中国人民大学报刊复印资料全文转载

儿童文学出版：
呼唤原创，不"炒现饭"

　　走进形形色色的书店，只要稍微用心，便不难发现一种奇怪的现象：书架上虽然摆满了崭新的少儿图书，尤其是儿童文学图书，但大多属于过去曾出版过的老书旧文的改头换面。《古今中外儿童文学名篇拔萃》《中国童话大王》《世界寓言名著大观》等，书名虽然一个个大得吓人，但其内容却大同小异。相形之下，那种首次出版的优秀原创儿童文学图书，却难以在书店内寻觅。

　　这种儿童文学出版中的非原创性的"炒现饭"行为，违背了中国新闻出版工作者的职业道德准则，无益于行业健康发展。这种社会弊病是不可等闲视之的。

　　第一，浪费了宝贵的人力和物力。

　　一本书根据读者的需要适当地重印乃至重版本无可厚非，必要的佳作精选，比如儿童文学佳作年选本的出版，之于广大读者与科学研究必不可少。但是，当原创作品被拒绝出版的同时，曾被大量出版过的旧书旧文等作品，在一个时期内又被众多的出版社视为脔肉，反复编选出版，这就很不正常。比如，《中国寓言大王》《中国寓言精选》等，内容不过是"杞人忧天""守株待兔"那几篇。一本本散发着油墨芬芳的图书，内容却多雷同，貌新实旧。这种重复出版，不符合小读者们的需要，不利于文化积累，势必消耗大量的人力和物力，影响原创作品的面世。对于我们这么一个仍处于发展中的国家而言，这实在太奢侈。

　　第二，不利于广大少年儿童的精神发育。

江泽民同志在全国第六次文代会、第五次作代会上讲话说："文学是民族精神的火炬，是人民奋进的号角。"儿童文学对于培育下一代树立良好的思想情操，具有不可替代的重要作用，对于纠正当前少年儿童教育工作中重智轻德的错误倾向有着独特的积极功能。而儿童文学出版中的"炒现饭"，则造成广大少年儿童精神食粮的严重短缺，孩子们真正可读的优秀儿童文学读本陈旧单调，无法充分满足广大少年儿童的精神渴求。原创出版物的匮乏，为不良出版物侵入孩子们的阅读空间提供了条件，削弱了少年儿童抵御坏书的能力。同时，过去的中外儿童文学作品出版比例过高，也干扰了广大少年儿童对现实生活、时代精神甚至优秀民族文化的关注、接受与交流。如任其发展，则必然是我们这一代人的失职。

第三，不利于激发我国当代儿童文学的创作活力。

出版行为本身体现着党的文艺创作方针、政策，是对作家的创作方向与创作价值的评价。良好的出版行为，有助于激发作家的创作热情与聪明才智，促进文学精品的产生。毫无疑问，中国新时期儿童文学的每一点滴进步，都只能依赖于今人的勤奋，洋人、古人的旧作搬来再多也不会成为我们的创造。厚古厚洋而薄今的"炒现饭"，脱离了时代，也脱离了今日的读者与作者需求，只会严重挫伤当代儿童文学创作者的积极性，影响儿童文学创作的繁荣昌盛，削弱我国儿童文学应对时代挑战的能力。

另外，与"炒现饭"相伴相生的是，其编选人多未取得仍健在的被选作家或其合法继承人的授权，常不付稿酬，侵犯版权所有人的合法权益，这又种下了不利于社会安定团结的根苗。

儿童文学出版亟盼原创！要想不"炒现饭"，真正促进少年儿童文学创作、出版的繁荣发达，笔者以为有如下工作要做。

第一，作家要破除儿童文学"小儿科"的错误观念。儿童文学创作有自己的独特规律，能写出《红楼梦》，却未必写得出并写得好《宝葫芦的秘密》《小兵张嘎》与《卖火柴的小女孩》。儿童文学创作并不低人一等，作家应该坚定社会责任感。打铁还需自身硬，要想砸碎儿童文学出版"炒现饭"这口黑锅，最终还得靠广大作家创作出受孩子们欢迎的优秀儿童文学作品。

第二，出版部门要加强自律，真正把社会效益放在第一位。现在出版界有一句顺口溜："要发财，找小孩"。原创儿童文学出版的"炒现饭"，实际上是一些出版单位为经济利益驱动所致，这与近期中外古典文学名著的出版泛滥如出一辙。时下不少出版社高叫"稿荒"，在笔者看来，那多半是因为他们只把目光盯在一部书稿是否可以当场兑换现钞上。一些出版社还缺乏满腔热情去支持、扶植那些真正有益于人民、民族与社会的儿童文学书稿的选题、创作与出版。

第三，为了促进儿童文学创作与出版的健康发展，国家要出台相应的出版法规，建立、完善包括经济资源在内的系统制度安排，保护知识原创，新闻出版部门要建立切实可行的相应的行业规范。自律的力量毕竟有限，在社会主义新闻出版事业转型之际，还必须大力加强对新闻出版工作的他律。新闻出版单位不能两头好处都占：一方面向国家要政策优惠，在享有政策益处的同时却不讲社会效益；另一方面向市场要经济效益，在享有经济实惠的同时，却很少甚至不肯向国家纳税。他律力度的不足，不利于规范出版行为，势必为一些新闻出版单位与新闻出版工作者因为局部利益打"擦边球"、钻空子制造机会。

第四，要加强对书评工作的组织领导。科学、认真、负责的书评是读者的贴心朋友，有助于引导广大少年儿童及其家长选购选读优秀的儿童文学作品而疏远"炒现饭"读物。为此，有关领导部门要加强对书评工作的支持、组织与帮助，树立书评的科学性、权威性、可读性与可信赖感，引导广大读者明辨何为好书，何为平庸书；指导孩子们在读传世精品的同时，也多读当代儿童文学作品；帮助广大少年儿童在读原创作品时，多读优秀作品，少读平庸之作，不读坏人心术的读物。

党中央非常重视儿童文学。江泽民总书记 1995 年 8 月 28 日在给上海美术电影制片厂的信中说，"少年儿童是中华民族的希望与未来"，"帮助他们从小树立起为中华民族全面振兴建功立业的远大志向，把他们培养成为有理想、有道德、有文化、有纪律的社会主义新人，是文艺工作者的历史责任"。（《文艺报》1996 年 1 月 19 日）儿童文学已经成为当前文艺创作的"三大件"之一，有着新中国成立以来最好的发展时机。因此，为了儿童文学事业的明天，儿童文学出版应该不"炒现饭"，尊重原创。

本文发表于《工人日报》1997 年 6 月 20 日

我国编辑学教科书的出版现状与改进

依笔者目之所及，我国学界关于编辑学研究有一定的探讨，但始终未见关于编辑学教科书出版现状的梳理以及在此基础上进行的对策研究。在关于编辑学研究的探讨，即关于编辑学研究之研究中，主要存在两种力量及其相应的两类研究：一类是依托编辑出版学甚至图书情报学所进行的探讨，另一类是依托新闻学所开展的讨论。这样的研究以前者为主，以后者为辅。前者主要出现在作为一个研究集体的河南大学，代表作有王振铎等《编辑学学科体系已臻成熟——编辑出版学研究 60 年》[《河南大学学报》(社会科学版) 2009 年第 4 期]、姬建敏《编辑学研究 30 年回眸》(全国编辑学研究会第一次会议之会议论文)；后者主要以复旦大学新闻学院刘海贵的相关研究为代表。他在其主编的《中国现当代新闻业务史导论》(复旦大学出版社，2002) 中设专编探讨我国新闻编辑学的研究。不过，关于编辑学教科书出版现状的探讨以及在此基础上进行的对策研究，则不多见。

本文的创新之处主要体现在如下几个方面：一是首度对我国编辑学教科书出版现状以及对策进行较为全面、系统与深入的研究。二是指出我国在此领域内存在的不足，并能够在实事求是的基础上做出分析判断。三是首次探讨了图书情报学之于我国编辑学教科书建设的作用，包括其消极因素。四是实用性突出，改进我国编辑学教科书的建议既新颖，又讲求行之有效，可以对我国编辑学教科书出版的成长产生不容忽视的推进作用。

一 编辑学教科书出版的重要性

编辑学教科书出版的重要性主要体现在教科书的出版分量、编辑学教科书与高等教育之间的关系两大方面。

长期以来，教科书出版一直是我国图书出版的重要组成部分与最大的经济收入来源。2004 年，我国共出版图书 208494 种，总印张 465.59 亿印张，定价总金额 592.89 亿元，与上年相比分别增长了 9.4%、0.7% 与 5.5%。其中，书籍出版 170485 种，总印张 245.05 亿印张，定价总金额 367.84 亿元，与上年相比分别增加 6.7%、−2.73% 与 1.74；课本即教科书或曰教材的出版总数为 36087 种，总印张 219.81 亿印张，定价总金额 221.47 亿元，与上年相比分别增长 25.35%、5.06% 与 12.96%。[①] 教科书在我国图书出版中所占的特殊分量、教科书的发展速度与经济效益由此可见一斑。放眼全球，在各种大众传媒中，图书的学习性最强，图书出版机构也是学习性最突出的大众传媒组织，均与教育业密切相关，唇齿相依。这本属于图书业的一种世界性发展规律。只不过这一规律在我国表现得更为突出。作为文化事业，包括图书、报纸、期刊在内的出版业，无论中西均以社会效益为第一。其区别仅在于，西方发达国家以市场配置作为实现社会效益第一，即公共利益的最佳路径，而我国坚持以党政管理配置为最佳路径。当然，时下我国正在进行的文化体制改革在基于国情的情况下对市场配置的力量有了更多的尊重。同时，党和国家的科教兴国战略与学习型社会的建设，则进一步提升了教科书在我国出版工作中的地位，有益于我国图书业的健康发展。

编辑学教科书的出版工作值得重视。其原因有三：第一，我国高等教育发展迅速，教学用书需求增长快、数量大，高等教育教科书的出版在我国图书出版业中持续看涨。1973 年，美国学者马丁·特罗（Martin Trow）在《从精英教育向大众教育转变中的问题》一文中提出，当高校在校生

[①] 新闻出版总署计划财务司：《二〇〇四年全国新闻出版业基本情况》，《中国新闻出版报》2005 年 8 月 31 日。

占高等教育适龄人口（18~21 岁）的 15% 以下时，为精英型高等教育，占 15%~50% 时，为大众型高等教育，超过 50% 时为普及型高等教育。[1] 我国高中生升大学的比例，1990 年为 27.3%，1995 年为 49.90%，1996 年为 51.06%，2001 年为 78.80%，2003 年为 83.4%，2004 年为 84.5%。[2] 中国高等教育大学生在校率，1980 年为 1%，1990 年为 2%，1999 年为 8%。[3] 我国高等学校在校生总规模，1998 年为 643 万人，2001 年为 1214 万人。[4] 我国高等教育的毛入学率从 1998 年的 9% 上升到 2001 年的 13.3%。有专家认为，2002 年末，当我国高等院校在校生总规模达到 1400 万人时，毛入学率将接近 15%，达到高等教育大众化的标准。[5] 2004 年我国普通本专科在校生 1333.5 万人，成人本专科生为 419.8 万人，网络本专科生 236.6 万人[6]，合计为 1989.9 万人，远远超过 2001 年各类在校生居世界首位的美国的 1420 万人[7]，毛入学率在 19%[8]。是年，我国高等教育已经处于大众型高等教育阶段。2005 年，我国高校在校人数为 2300 万人，毛入学率为 21%，其中在读研究生数量为 9 万人。[9] 2006 年，全国各类高等教育总规模超过 2500 万人，毛入学率为 22%；[10] 2009 年总人数为 2979 万人，毛入学率为 24.2%。[11] 因此，近年来，我国教科书的出版工作重点正从基础教育中小学教科书的独家兴旺，向中小学教科书与大学本专科教科书并重的方向发展，而且硕士研究生用书的出版也开始快速增长。春江水暖鸭先知，一些出版社也开始大力开发高等教育教科书的出版资源，这是我国高等教育发展到一定阶段后的必然选择。

---

① 黄藤：《高等教育大众化探析》，《光明日报》2000 年 12 月 19 日。
② 韩进主编《中国教育统计年鉴（2004）》，人民教育出版社，2005，第 16 页。
③ 刘献君：《中国高等教育的走向》，《光明日报》2000 年 6 月 9 日。
④ 刘继安：《扩招：中国高等教育跨越式发展》，《中国教育报》2002 年 10 月 10 日。
⑤ 刘继安：《扩招：中国高等教育跨越式发展》，《中国教育报》2002 年 10 月 10 日。
⑥ 韩进主编《中国教育统计年鉴（2004）》，人民教育出版社，2005，第 3 页。
⑦ 刘继安：《扩招：中国高等教育跨越式发展》，《中国教育报》2002 年 10 月 10 日。
⑧ 黄文：《高等教育跨入大众化发展阶段》，《中国教育报》2006 年 2 月 27 日。
⑨ 黄文：《高等教育跨入大众化发展阶段》，《中国教育报》2006 年 2 月 27 日。
⑩ 宗河：《2006 年教育事业发展统计公报发布》，《中国教育报》2007 年 6 月 8 日。
⑪ 袁贵仁：《把提高质量作为高等教育改革发展的核心任务》，《中国高等教育》2010 年第 11 期，第 6 页。

第二，我国高等教育中的新闻传播学专业长期属于热门专业，增速超常，极大地拓展了编辑学教科书的购阅市场空间。新闻传播学所在的文学类 2004 年普通本专科在校生为 211.8 万人，网络本专科生为 10.1 万人，成人本专科生为 2.98 万人。① 我国著名新闻传播史专家方汉奇介绍，我国新闻传播学专业的年度在校生，新中国的前 30 年最多时也不超过 400 人，改革开放之初为 500 多人。② 我国有新闻传播学专业的高校，1981 年为 12 家，在校生 987 人，③ 1983 年为 14 家，包括研究生、进修生在内的在校生为 1805 人。④ 而 2005 年，据中国教育学会会长、教育部新闻学科教学指导委员会主任何梓华介绍，我国有新闻传播学专业点的单位为 661 家，在校生 12 万~13 万人，每年的毕业生有 3 万多人，⑤ 年度新闻传播学专业毕业生超过 3 万人。在这种情况下，我国新闻传播学专业的本专科生教学用书增速快，总量相当可观。笔者的《深度报道写作原理》一书由武汉大学出版社 2004 年出版，当年即重印。目前，作为国内几家新闻传播学教育重镇的高校推出的教科书已经成为或正在成为我国新闻传播学图书出版的重要资源，中国人民大学、复旦大学、中国传媒大学、武汉大学、华中科技大学、清华大学、北京大学、四川大学等新闻院系纷纷推出了比较完整的新闻传播学教科书体系。目前，武汉大学出版社正不断完善华中科技大学新闻与信息传播学院的骨干课程教学用书体系。编辑学属于新闻传播学的专业基础课，为专业内各个二级、三级小专业的学生必须学习的课程，故在新闻传播学诸教科书内属于用量大的品种，每年的年级教学用书应该在 3 万册以上。根据笔者的教学经历，2000 年至 2009 年，华中科技大学新闻传播学专业各类在校生保守估计应有 1000 人，最高时当超过 2500 人，这还不算中文系、社会学系、法学院等外专业院系学生对编辑学课程的学习。

---

① 韩进主编《中国教育统计年鉴（2004）》，人民教育出版社，2005，第 35 页。
② 郑兴东等：《报纸编辑学教程》，中国人民大学出版社，2001，第 2 页。
③ 《中国新闻年鉴（1982 年）》，中国社会科学出版社，1982，第 58 页。
④ 《中国新闻年鉴（1984 年）》，人民日报出版社，1984，第 26 页。
⑤ 潘志贤等：《3 年要带 20 名博士，新闻教育研究生"扎堆"?》，《财经时报》2005 年 12 月 1 日。

第三，现已出版的编辑学教科书尚不能充分满足新闻传播学的教学需要。仅举一例，湖北省自学考试大众传播专业"编辑学"一课所指定的教材为吴飞的《新闻编辑学》，浙江大学出版社出版，但教材实际上仅涉及课程规定的一部分内容，市场上至今还找不到一本足以涵盖六大传媒编辑工作内容的教科书甚至图书。

教科书的出版直接关系着国民教育的质量、特色，而编辑学教科书的出版则直接作用于新闻传播学专业人才培养的基本专业素养、专业结构与专业能力，影响着人才培养和人才使用之间的互动，具有日益广阔的市场发育空间，所以，我们应重视编辑学教科书的出版工作，寻找改进对策以努力克服现有的出版缺陷。

二　我国编辑学教科书出版进程的特点

纵览我国编辑学教科书的出版历程，编辑学教科书的出版呈现如下三个基本特点。

（一）起步早，报纸编辑学一枝独秀

我国关于编辑学的图书出版活动起步相当早。中国第一本新闻传播学的图书，是 1919 年由北京大学新闻研究会出版的徐宝璜的《新闻学》，内容是关于编辑工作的论述。1922 年，由上海亚东图书馆出版的任白涛的《应用新闻学》共四篇，其中的第四篇专述新闻编辑工作，但以报纸编辑工作为主。随后在 1926 年出版的周孝庵的《如何编辑新闻》、1928年出版的张九如等的《新闻编辑法》（中华书局版）论述的也是报纸编辑工作。世界上第一本以"编辑学"命名的图书是广州国民大学新闻系李次民撰写的《编辑学》，1949 年 3 月由广州自由出版社出版，但全书内容仍以报纸编辑工作为主。① 中华人民共和国成立后，中国人民大学出版社在 1955 年出版过苏联专家关于书刊编辑课程的讲义，并名之以《书刊编

---

① 邵益文：《高校编辑学专业应有一个大的发展》，《编辑之友》1997 年第 5 期。

辑学教学大纲》。① 1981 年，艾国云的《报纸编辑入门》一书出版，该书是 20 世纪 80 年代以来中国第一本关于编辑学的图书。② 国内出版的第一本有影响的编辑学教科书是 1982 年由中国人民大学出版社推出的郑兴东等人的《报纸编辑学》。自此以后，编辑学教科书开始大量涌现，但其中有影响的并不多，主要有叶春华的《报纸编辑》（福建人民出版社，1985），郑兴东等人的《报纸编辑学教程》、赵鼎生的《西方报纸编辑学》（以上两书由中国人民大学出版社分别出版于 2001 年、2002 年，悉被纳入"21 世纪新闻传播学系列教材"之列）等。

我国编辑学教科书与专著自报纸编辑始并以其为主，有深刻的内在原因。首先，我国的新闻传媒比书刊出版传媒更贴近国家的政治生活与社会运动，更为统治阶级所重视。其次，我国新闻传媒的发展过程是报纸在先，广播电视与网络在后；我国传媒教育的发展过程是以报学为中心的新闻学先行，新闻学内的广播电视网络后行，包括期刊业、图书出版业、网络业在内的传播学再后。最后，长期以来，我国报社数量多，用人量大。当传统的师徒相授无法适应形势发展需要之后，新闻传播学的专业教育就首先兴自报纸工作与报纸的传播活动。

（二）30 年来各类传媒编辑学教科书迎头赶上，齐头并进，百花齐放，渐入佳境

党的十一届三中全会之后，伴随社会主义现代化建设的大规模展开，社会信息量剧增，社会对各类信息的需求也水涨船高，我国传媒业因此也发展迅猛。社会对传媒人才数量需求的扩张、人才质量要求的提升与人才多样化的渴望，推动高校各类大众传媒编辑学教科书依次出现，版本渐丰。

高校各类编辑学教科书的出版概要如下所述。

广播业：陆锡初《广播编辑》，中国广播电视出版社，1989 年；王瑞棠主编的《广播编辑学》1992 年由新华出版社推出。

---

① 王振铎、赵运通：《编辑学原理论》，中国书籍出版社，2004，第 2 页。
② 《中国大百科全书·新闻出版》，中国大百科全书出版社，1990，第 487 页。

期刊业：徐柏容《杂志编辑学》，中国书籍出版社，1991 年；国家教委"八五"规划教材之《期刊编辑学》，徐柏容著，辽宁教育出版社，1995 年。①

图书出版业：张玟等《书籍编辑学简论》与高斯等《图书编辑学概论》1989 年分别由中国书籍出版社、江苏教育出版社出版；国家教委"八五"规划教材之《书籍编辑学概论》由阙道隆等撰写，辽宁教育出版社1995 年出版。另外，阙道隆主编的《实用编辑学》（中国书籍出版社，1986）、俞润生的《实用编辑学概要》（天津人民出版社，1987）、戴文葆主编的《编辑工作基础教程》（东方出版社，1990）实际介绍的均主要是图书编辑工作。

电视业：钟大年《电视编辑艺术》，北京广播学院出版社，1987 年；"电视学系列教材"之《电视编辑学》，任远撰写，北京师范大学出版社，2002 年；何苏六《电视画面编辑》，国家广电部统编教材，中国广播电视出版社，1997 年；黄著诚主编《实用电视编辑》，国家新闻出版广电总局规划专业教材，中国广播电视出版社，2000 年。

网络业：邓炘炘《网络新闻编辑》，中国广播电视出版社，2005 年，陈斌《网络新闻采写编评》，福建人民出版社，2004 年。

伴随电脑的出现与普及，平面传媒的编辑工作已经告别了铅与火，广播电视的编辑设施也不断更新换代，关于纸质传媒电脑编排与广播电视的非线性编辑的教科书也相继出现。主要有：桑金兰《报纸版面创意艺术与电脑编辑》，系"复旦版新闻业务丛书"之一，复旦大学出版社 1999年出版；柳泽花《当代报纸电子编辑与排版》，武汉大学出版社 2001 年出版；岳川编著的《当代报纸电脑编辑基础》，由合肥工业大学出版社2004 年推出。冯锡增主编《非线性编辑应用基础》，为广电部规划教材，中国广播电视出版社 2000 年出版；余胜泉等主编《非线性编辑系统》，北京广播学院出版社 2000 年出版。

此外，港澳台地区也出版了编辑学的教科书，如胡传厚《新闻编辑

---

① 关于期刊编辑工作的图书还有荣开明主编的《期刊编辑的理论与实践》，陕西人民教育出版社，1991。

学》，台北市新闻记者公会 1968 年出版；陈万达《现代新闻编辑学》，扬智文化事业股份有限公司 2001 年出版；余也鲁《杂志编辑学》1965 年由香港海天书楼出版。尤其值得一提的是台湾学者张觉明的《现代杂志编辑学》1980 年由台北商务印书馆出版后，又在 1987 年由中国书籍出版社推出中文简体字版。

与此同时，国外的原版外文教科书也登陆中国。如美国学者布鲁克斯等的《编辑的艺术》（*The Art of Editing*）的英文原版 2003 年授权中国人民大学出版社出版。

（三）分类演化，一实一虚，实为主流

伴随我国关于编辑学研究的渐趋成熟，编辑学教科书乃至图书的出版也分化为两大类：一类为实，即强调编辑学的应用学科性质，着重介绍选题、集稿、审稿、稿件加工、稿件视听表现等编辑工作的流程内容。一类为虚，即着重探讨、传授编辑学的原理部分，如编辑本质论、编辑社会论、编辑文化论、编辑主体论、编辑心理论、编辑传播论等。北京印刷学院提出将理论性的编辑学列为编辑出版学的专业入门理论课程，[①] 其典型出版物有王振铎、赵运通的《编辑学原理论》（中国书籍出版社，1997）、向新阳的《编辑学概论》（武汉大学出版社，1995）。前类属于编辑实务，后类属于编辑理论。从新闻传播学的教学实际情况看，教育部制定的教学大纲已经有新闻学概论、传播学概论一类原理课程，故教学实际、学生更直接的要求仍为新闻出版实务范畴内的编辑工作内容。如此现实，就使得编辑学教科书的出版依实虚两类分类进行，以实为主，重在介绍编辑实务内容。

三　编辑学教科书出版中存在的主要不足

编辑学教科书的出版虽然能够满足我国新闻传播学专业以及相关专业的教学用书需求，为我国新闻传播学专业培育高层次的人才做出一定的贡

---

① 王彦祥等：《编辑出版学核心课程体系的构建》，http://www.media365.com.cn，2006 年 1 月 12 日。

献，但较之于形势的发展与现实的需要还存在明显的差距。近年来，我国编辑学教科书虽没少出版，但相互雷同、内容空洞等问题相当突出。其不足主要有如下几点。

第一，内容缺乏不可替代性和不可复制性。

所谓内容的不可替代性，指教科书内容因独到、唯一而无以替代。而不可复制性，则指教科书的内容难以被其他教科书撰写力量或后来撰写者所模仿。不可替代不等于不可复制，但不可复制，因或许源自唯一，或许得自系统性，或许来自适时更新，故难以被替代。双方相辅相成，成为考察大众传媒信息是否新颖的重要指标。纵览我国近年出版的编辑学教科书，相互借鉴多，独自创新少，故其在内容的不可替代性和不可复制性上尚任重而道远。对于前人的成果，教科书适当借鉴自难以避免，但若著述的基本结构或核心仅为借鉴而没有独创，则不仅出版价值低，而且易陷入抄袭的泥淖之中，无益于我国编辑学的教学和科研工作。

近年我国编辑学教科书的内容缺乏不可替代性和不可复制性，除了体例、内容相互重复之外，还有如下表征：一是书稿在编辑工作实务传授上微观有余，宏观不足，可操作性上技术有余，意识形态和文化的两大安全不足，并进而影响教科书对大众传媒编辑工作的引领能力。综览我国编辑学教科书，内容除了常规学理之外，实务部分对编辑工作的上游还缺乏必要的关注。所谓编辑工作的"上游"，喻指直接关系整个信息生产链条的编辑工作的有关源头工作环节，如传媒设计。当然，有关教科书用了一定的篇幅论述了编辑工作的"策划"等环节。不过，策划不等于源头编辑工作的主要部分，自身也可划入"选题"环节，仍在编辑六艺范围之内。从当前媒体工作的实际需要看，媒体设置、栏目调整、选题策划、稿件审阅等编辑工作的上中游环节，对于传媒编辑工作的全局和质量来说则更为关键，运作也更错综复杂。然而，现有编辑学教科书对前述编辑工作的上中游，尤其是上游，或熟视无睹，不加涉猎，或蜻蜓点水，言不及义，或纸上谈兵，大而无当。我国编辑学教科书实际上仍一如其旧，以传授稿件审稿、加工、校对等编辑工作中下游的基本原则、常见方法为重心。同时，大众传媒本内容为王，但现有编辑学教科书对传媒内容这样的核心编辑工作的探讨依然既难见新意，又乏实用性。而这样的脱离大众传媒编辑工作实际的编辑教学体系，严重影响目前新闻传播学专业毕业生的传媒工作能力的结构与对业界实际的沟通、互动。二是问题意识薄弱，针对性不强。比如，图书编辑工作讲求编辑环节和经营环节之间的互动，而市场条件下的报刊编辑工作则强调采编环节与经营环节相分离。那么，在编辑工作上，图书与报刊之间的这一重大区隔为什么会出现？其合理性、操作的注意事项等又是什么？可惜就笔者所见，这一类事关编辑学发现、掘挖的问题尚少人关注，甚至无人问津。三是来自编辑工作一线的鲜活、系统的案例不足。其一，鲜活不足，即来自大众传媒编辑工作中的一线实际材料严重不足。作为传媒实务教材，编辑学教科书不仅要帮助学生认识世界，还要致力于培养学生改造世界的能力。原理唯有和实际相结合才有助于将问题说清楚。对于教学实际，教科书对编辑学抽象原理的阐述远不如具体实在的一线工作案例管用。但是，时下不少编辑学教科书的编写者却缺乏大众传媒编辑工作打成一片的基本意识或常规能力。因此，这样的教科书由于纸上谈兵而只能成为"伪教科书"。其二，系统不足，即来自编辑工作一线的系统而不是零星的实例不足。教科书唯有既讲授应该怎么做，又说明不能怎么办，才有益于体现编辑工作的丰富性、复杂性与可操作性。相形之下，个案教学法将强化学生解决编辑实际问题的能力置放在书稿内容的中心，有助于知识、理论的能力转化。从这个意义上讲，蔡雯等主编的《新闻编辑案例教程》（中国人民大学出版社，2009）的出现则颇为及时而珍贵，只是这一类的教科书选题太少。

第二，不少编辑学教科书的名称与书稿内容冲突，进而导致书稿出现体例失当的重大缺陷。

上述信息内容与信息名称之间的不协调主要有两种表现。一是教科书的名称大于书稿的内容范围。一些名为"编辑学"的图书或教科书关涉的却只有一两种大众传媒。如阙道隆主编的《实用编辑学》、朱文显等的《编辑学概论》（四川省社会科学院出版社，1988）论述的传媒只有图书，并未探讨所有编辑学的外延范围，如报纸、期刊、广播、电视等。这一类教科书或图书，应在"编辑学"前添补"图书"二字。吴飞的《新闻编辑学》一书先后三版：1995年杭州大学出版社初版，浙江大学出版社2000年第2版，2004年第3版。两次修订版在原来报纸编辑工作内容的基础上陆续增加了电视、广播与网络的新闻编辑工作内容。但是，新闻传媒除了前述四种媒体之外，还包括《瞭望》《南风窗》《中国企业家》《财经》等政经新闻期刊。显然，吴飞《新闻编辑学》的书稿内容范围小于书名"新闻编辑学"实际涵盖的范围。这种不足在各种名为"新闻编辑学"的教科书中几乎均不同程度地存在。如蔡雯的《现代新闻编辑学》（四川人民出版社，1995）仅介绍报纸一种传媒，问题更为严重。该书的准确名称显然应是"现代报纸新闻编辑学"。相形之下，倒是台湾学者陈万达的《现代新闻编辑学》一书，对报刊、广电与网络五大媒体的编辑工作一概论述，无一遗漏（但其涉及的图书编辑工作值得商榷）。二是教科书名称之外的内容进入教科书之内。仍以吴飞的《新闻编辑学》为例。该书第十章为副刊编辑。但是，这一章的副刊内容并不适合进入《新闻编辑学》的体例之内。报纸、期刊、广播、电视与网络均存在大量的非新闻信息及编辑版块。报纸有 1/4～1/2 的版面内容为新闻信息之外的专副刊版面，非新闻信息比例之高，使专副刊在报纸上占据"半壁江山"。①电视节目由新闻、专题与文艺娱乐三大部分组成，非新闻信息所占比例更高，仅文艺节目就占电视节目播出总量的 60%。② 电视新闻不包括电视剧、电视综艺、电视科教专题等节目，报纸新闻也不包括报纸上除新闻专刊之外的专副刊。吴飞《新闻编辑学》介绍的报纸副刊编辑工作显然侵入了报纸的非新闻编辑工作领域。

第三，出版类编辑学教科书与新闻类编辑学教科书之间隔绝过严，缺少沟通。

我国习惯将大众传媒分为新闻与出版两大类，其中报纸、广播、电视被归入新闻传媒，图书、期刊被划入出版传媒。1998 年，在教育部制定的《普通高等学校专业目录》等文件中，新闻传播学被列为一级学科，并下辖新闻学、传播学两个二级学科。在这些规范性的文件中，报纸、广播、电视被归到新闻学，图书、期刊被纳入传播学之下的三级学科编辑出版学。形成如此局面的原因是多方面的。首先，中国编辑学会挂靠在中国

---

① 郑兴东主编《报纸编辑》，武汉大学出版社，2000，第 367 页。
② 时统宇：《电视影响评析》，新华出版社，1999，第 153 页。

出版工作者协会，多年来我国出版编辑学专业教育的最大助力不是来自新闻传播学而是和传媒生产没有直接关系的图书情报学。这些就成为推动出版学，尤其是图书出版以自己为编辑学正宗的重要因素。有学者认为："我国现有专业学院如新闻学院、传播学院等，也有编辑课程设置。但……其编辑学的比重较轻……缺乏普通编辑专业的系统内容。"[1] 其次，新闻学内的诸编辑课程则更多被置入新闻学系统，以为自己与所谓的出版传媒距离很远，不是一家，不属同类，还不屑一顾。我国高等教育的现实使得编辑学教科书分属新闻与出版两大阵营，相互排斥，互不理睬，各吹各的号，各唱各的调。

四 改进我国编辑学教科书出版的建议

我国编辑学教科书在出版上存在的不足集中到一点就是，不能充分适应我国高速发展的编辑学教学及其用书的实际需要，其出版质量要进一步强化，出版特色与竞争个性要进一步优化，内容的实用性要进一步增强。为此，本文提出如下三大改进建议。

（一）整合并强化作者队伍建设，尽早出版足以概括六大大众传媒编辑工作实务的合格乃至优秀的教科书

在编辑学教科书的出版上，我国各种传媒编辑学教科书品种齐全，比较丰富，主要缺少的是概括数种大众传媒，尤其是六大传媒编辑工作实务的教科书。但是，要完成这一出版任务并不轻松，原因就在于作者难以找寻。一个人的经历、能力终究有限，因此，如果说找到既熟悉一两种大众传媒的编辑工作又擅长编辑理论的作者还不算困难的话，那么，目前想落实到一位既懂编辑理论，又懂六大传媒编辑工作实务的作者，恐怕踏破新闻出版单位的铁鞋也未必能够如愿。六大传媒之间的横向差异远大于采访、写作、编辑与评论之间的纵向区隔。显而易见，由一位作者来承担横跨六大传媒编辑学的撰写任务，容易顾此失彼。因此，在确定整合六大传

---

[1] 王振铎、赵运通：《编辑学原理论》，中国书籍出版社，2004，第201页。

媒编辑学教科书书稿的作者时，出版机构无妨步步为营，逐层推进：首先，和中国新闻工作者协会、中国出版工作者协会与新闻传播学教学指导委员会沟通，业界与学界同心协力，挑选六位或三四位擅长一两种传媒编辑工作实务与理论的作者；其次，由几位作者相互讨论、磋商、确定书稿的编写大纲、编写计划；最后，最终推出全书的统稿人，从而实现全书既有综合又有各类的一体局面。

（二）提高新闻编辑学与出版编辑学教科书体例的科学性与多样性

先说体例的科学性。从近些年我国编辑学教科书的编撰情况看，在强化教科书体例的科学性上，有两大重点需要注意：一是名实相符问题。一方面，就新闻编辑学而论，出版物的内容要足以概括报刊广电与网络五大传媒中的新闻编辑工作；另一方面，就非新闻编辑学而论，是类出版物的研究范围必须足以涵盖图书、电影的编辑工作与报刊广电网络传媒中的非新闻信息编辑工作。二是善于依托内容的实用性来建构编辑学教科书体例的科学性。编辑学本着重于世界改造，因此时下的那种打着编辑实务招牌的即仅有空洞理论而缺乏可操作性的编辑学教科书，很难对学生准确领会编辑工作规律，系统掌握编辑技能有什么实质性的帮助。而解决体例的实用性和科学性的水乳交融，则必须切实解决好编辑学师资的这一老大难问题：教师缺乏较为丰富的编辑工作阅历。编辑工作阅历不是合格乃至优秀的编辑学师资、教科书编写者的唯一，但确属必须具备的条件。编辑学教科书的合格，尤其是优秀编写者，离不开由如下元素所构成的编写主体素养基础：除了过硬的政治、思想、品德之外，还既要具备大众传媒的编辑工作阅历，又需编辑理论研习积淀。关于编辑学教科书编写者的阅历，有如下注意事项：第一，教科书编写者应有一定的大众传媒编辑工作阅历。如果编写主体未曾在媒体编辑岗位工作过，则应一边教学，一边拿出一定的时间在媒体编辑工作中集中历练。对于编辑学教科书的编写，编写主体的媒介阅历不可或缺，远重于博士一类的文凭资格。第二，编写者应长期、经常保持和媒体编辑工作的互动，注意丰富、更新编写主体编辑工作的知识、经验。第三，编写者以具备校外大众传媒编辑工作阅历为上。目前，我国编辑学教科书的编写者有不少是拥有高等学校校办且媒体编辑工作经验的教师。对于编辑学教科书的编写者，仅仅拥有高校媒体编辑工作经验是不够的。较之校外媒体编辑工作，学校所拥有的媒体往往种类不多，多为公益类或准公益类，很少直接承担重大或核心的意识形态安全任务，或市场化程度相对偏低，或和社会互动偏弱，其编辑工作也相对简单。若仅在如此媒体阅历基础上打造教科书的撰写，其内容易单薄、片面，很难适应丰富而复杂的大众传媒编辑工作实际。第四，编写者只有具备必要的理论修养，才能善于总结编辑工作实际，归纳编辑工作的基本规律、主要原理和常用方法。时下我国编辑学教科书的隐忧之一，是编写者缺乏深厚的理论修养、精湛的理论能力，以及理论与实践相结合的素养结构，这对教科书的理论深度与内容的科学性不无冲击。

再说多样性。从教学与社会的多样化要求看，编辑学教科书的生产可以出版少数传媒编辑工作的合一版本，如《报刊编辑学》《书刊编辑学》《广播电视编辑学》。鉴于书刊是编辑出版学下辖的两种大众传媒，因此，分别整合新闻诸传媒与出版诸传媒的编辑工作实务可以成为建构普通编辑学的前期准备与重要的基础。由笔者撰写的我国第一本以书刊编辑工作整合为基础的专著《书刊编辑学》2006年由华中科技大学出版社公开出版。

出版编辑学教科书要考虑打破新闻与出版之间的现有界限。将大众传媒分为新闻与出版两大部分是从我国实行计划经济时沿用下来的习惯做法。长期以来，我国所规定的出版物只包括期刊、图书，而将报纸除外。[①] 主要原因是我国的连续出版传媒如报纸、广播、电视与国家的政治生活密切相关，报纸、广播与电视长期被视为党务和国家生活的政治工具。但是，这样的区隔既不合乎世界惯例，也不切合大众传媒编辑工作实际。联合国教科文组织所谓的出版物包括书报刊三家，又内存连续出版物与非连续出版物之分。从市场路径看，因为广告因素，报刊之间关系反比书刊之间关系更为密切。党的十一届三中全会以后，我国的工作重心已经转为经济建设，近年来，由市场经济催生的我国文化体制改革，要求大众传媒，尤其是直面市场的大众传媒，在社会效益第一的前提下实行受众第一方针。毫无疑问，编辑学教科书的现有新闻与出版的二元结

---

① 《中国大百科全书·新闻出版》，中国大百科全书出版社，1990，第63页。

构，不符合社会主义市场经济的基本发展规律。同时，将报纸摈弃于出版之外，将报纸编辑学摈弃于出版学之外，也不利于我国高等教育编辑出版学专业、出版专业硕士教学的发展。目前，我国不少开设了出版编辑学专业的学校，由于受图书情报学的影响等而仍仅将书刊业，尤其是图书业作为人才培养、就业的基本专业、行业区域。这样的思路与方略，不仅极大压缩和模糊了编辑出版学专业学生、出版专业硕士研究生的学习、从业空间和重点，而且有碍大众传媒业发展的基本规律，干扰媒体编辑工作对主流信息领域的引领与信息传播的创新，对于编辑出版学的健康发展有害而无利。因此，在对出版物的认识上，我们应该淡化以往过浓的政治色彩，善于排除图书情报学的不当干扰而向世界标准靠拢。在编辑学教科书的出版上，可以考虑如下尚未出现的选题：一是包括书报刊在内的"印刷传媒编辑学"，二是"电子传媒编辑学"，三是"连续出版物编辑学"。

（三）加强编辑学教科书内容信息规范化与科学性的建设

先说书稿内容的规范化。编辑工作在大众传媒活动中处于传者链的终极，编辑部是信息传播的最关键的把关人，因此，介绍传媒编辑工作科学规律的教科书本身必须做到充分了解、认识、宣传、贯彻国家的硬性规范。然而，这些似乎老生常谈的问题却仍然存在。比如，吴飞的《新闻编辑学》（2004年第3版）在表述时多处使用英文。如，节题"第七节 从SND近年的评选情况看世界报刊设计理念"（第347页）。文中的"SND"是什么意思？作者在后面的表述中才介绍SND是"The Society of News Design"的英文缩写，是前身为"新闻设计协会"的一个组织名称。对这一类的文字表述，《中华人民共和国国家通用语言文字法》第11条规定："汉语文出版物中需要使用外国语言文字的，应当用国家通用语言文字作必要的注释。"一般来说，外文在汉语文出版物中第一次出现时就应加以注释，而且不宜单独使用。《报纸编校质量评比差错认定细则》第31条规定："中文报纸不宜过滥地夹用外文。必须使用外文时，除了人们比较熟悉的（如CT、DNA）以外，外文在文章中第一次出现时，要有相应的汉译。

是括注外文还是括注汉译，全报要一致。"① 报纸如此，教科书更应该规范。吴飞《新闻编辑学》的上述表述显然违法违规。该书还有比上述更严重的违规行为，不少地方甚至连中文的解释说明也一概略去。如在该书第347页的另一句表述："曾任第20届全球最佳新闻设计第一评审组组长的 James Jennings 在谈到评委们决定哪些设计为最佳设计版面的标准时指出……"这是介绍外国的人名。再如第352页的一句话："一家来自德国汉堡的德文报刊——Die Woche。该报……"这是介绍外国的物名。但为什么不将外国人的姓名同时译为中文呢？"Die Woche"究竟是报纸还是期刊？我们的读者能够因此清楚这一份"Die Woche"是什么报刊吗？广大读者能够辨别该报与德国的大报《世界报》(Die Welt)之间的关系吗？这样的表述恐怕只会让广大读者一头雾水。传授编辑学规范的《新闻编辑学》自身却如此违规，说明我们编辑学教科书出版内容的非规范化已经发展到了比较严重的程度，这实在需要大家，尤其是该书的三审编辑人员反思。

再说编辑学教科书内容信息的科学性。目前，我国编辑学教科书总体质量尚好，但体系上仍有待进一步完善，论述也要在准确性上多下功夫，而不是急于跑马占地。仍以吴飞的《新闻编辑学》为例。该书多处出现常识错误，修订版亦存。现举两处：一是该书第289页（第3版）在介绍版式的形状时说："模块往往是规则的'形'，如方块或长方块。"此处的准确表述应该为"模块往往是规则的'形'，如正方体（块）或长方体（块）"，如系平面几何图形，应为"如正方形或长方形"。二是第273页的表述："法国大众化报纸（黄色报纸），不但乐于采用这种版面结构，而且比……"这里将黄色报纸等同于法国大众化报纸也是错误的。所谓的"黄色报纸"以黄色新闻或黄色信息为主，始自19世纪末美国赫斯特的《纽约新闻报》。按照美国新闻史学者莫特的研究，其除了使用大字号的煽动性标题，经常渲染、夸大不重要的新闻之外，还有严重的造假行为，如伪造照片，捏造访问记。[①] 而法国的大众化报纸以《法兰西晚报》最具代表性。但是，这些大众化报纸煽情有之，却不造假新闻，尤其是不刻意造假新闻。三是前述对德国 "Die Woche" 的介绍报刊未分。

综上所述，编辑学教科书的出版直接关系着新闻传播学专业人才培养的基本专业素养、专业结构与专业能力，影响着人才培养和人才使用之间的互动，具有日益广阔的市场发育空间；我国编辑学教科书出版具有的特点：一是起步早，但报纸编辑学一枝独秀；二是改革开放以后的 30 年来各类传媒编辑学教科书迎头赶上，齐头并进，百花齐放，渐入佳境；三是分类演化，一实一虚，实为主流的基本特点。我国编辑学教科书出版的主要缺点：一是内容常缺乏不可替代性和不可复制性；二是不少编辑学教科书的名称与书稿内容冲突，进而导致书稿出现体例失当的重大缺陷；三是出版类编辑学教科书与新闻类编辑学教科书之间隔绝过严，缺少沟通。我国编辑学教科书出版的改进应着重于整合并强化作者队伍建设，尽早出版足以概括六大大众传媒编辑工作实务的合格乃至优秀的教科书，同时完善新闻编辑学与出版编辑学教科书体例的科学性与多样性，并加强编辑学教科书内容信息规范化与科学性的建设。

本文发表于《郑州轻工业学院学报》（社会科学版）2011 年第 1 期

---

① 张允若主编《外国新闻事业史》，武汉大学出版社，2000，第 111 页。

论市场记录在图书编辑工作中的运用

一 市场记录在图书编辑工作中的作用

所谓市场记录，是近期相关因素上同类或相近的图书在市场上的销量或某个作者近期作品的市场作为表现，主要存在于图书的版权页上与大众传媒的图书销售榜中。市场记录的公开传播很重要，只有这样，其他出版单位的编辑才能够合法而自由地使用这些信息。市场记录在图书编辑工作中的重要作用主要有三个。

作用一是为图书编辑进行市场营销提供决策依据。所谓市场营销，指的"是致力于通过交换过程以满足人类需要和欲望的人类活动"，"最重要的市场营销活动是产品开发、研究、沟通、分配、定价和服务"。[①] 而图书出版业的"市场营销，是一个从产品策划到市场运行的全过程，按照图书出版的流程，就是编、印、发，营销应该贯穿编、印、发全过程"[②]。但是，图书"营销的重点在编辑阶段，一本书编辑阶段的营销策划做好了，后面两个阶段就容易多了"[③]。因此，图书编辑进行市场营销工作要抓选题、组稿两个环节，尤其选题环节。

印数与图书出版能否盈利，盈利多少直接相关。图书编辑在选题环节可以利用市场记录进行成本核算，做出符合未来实际的营销决策。按照我

---

① 邝鸿编著《市场学概论》，中央广播电视大学出版社，1986，第 7 页。
② 金丽红：《畅销书与营销策划》，《出版广角》2002 年 11 期。
③ 金丽红：《畅销书与营销策划》，《出版广角》2002 年 11 期。

国图书定价的有关规范，一般来说，一本书一次印刷若低于3000册则容易出现经济亏损。2004年春，武汉某家出版社出版的《深度报道写作原理》一书是国内首部全面、系统而深入地论述深度报道写作原理的专著，同时又可以作为高校新闻传播学专业的教学用书，责任编辑拟首印3000册以上。但出版者仅仅凭"首部"与"教学用书"两点来决定印数难免内心无底儿。那么，编辑此时可以找寻相关市场记录帮助决策。2000年，中国广播电视出版社出版过一本13万字的小册子《深度报道写作》。两书在论述的准确性、深入度、系统性、完整性、新颖性上虽有差异，但论述的都是深度报道的写作问题，双方论述的问题一致。因此，以中国广播电视出版社的那本小书的印数或销售量为基本参数，再衡之以文稿质量、我国新闻传播学高等教育的发展规模等情况，一个可以预期的市场销售量就可以脱颖而出。

作用二是为我国图书编辑工作分层提供技术支持。在计划经济时期，我国出版单位生产什么，不生产什么均由国家统一掌控，教材、教辅书因为事关国民教育，利润在图书出版业内最高而由国家各级行政主管部门根据实际情况予以利益的分配，故长期以来图书出版业实际只有着重于集稿、审稿、稿件加工与发稿的案头编辑。这样的编辑很少深入市场并根据市场需要开发图书生产品种。

但是，时代的巨大变化要求图书出版业必须改变单一编辑类型状况。在市场经济发达国家，图书编辑通常分为两种：高级编辑与案头编辑。高级编辑，又叫组稿编辑（commission editor），专事图书选题与集稿，进行的实际工作是图书生产的产品开发、图书结构的调整与对图书信息内容供给人的选择。高级编辑需要多元化的知识结构，开阔通达的视野，开放的信息渠道，敏锐的市场捕捉能力与丰富的市场营销经验，具有工作上的主动性、经营上的挑战性与经济上的风险性。案头编辑，又叫加工编辑（production editor），主要从事文稿的审定、加工等图书编辑的中后期编辑环节，可以足不出户。两相比较，高级编辑是指挥者、开拓者，案头编辑是执行者、完善者，前者工作的复杂程度、风险远高于后者。近年来，随着社会主义市场经济兴起、中国加入WTO，尤其是2004年春我国新闻出版业开启公司化转制，我国图书出版业面向市场求生存要发展已经成为不可逆转的历史潮流。目前，中国图书出版业面临的最大挑战之一是如何决胜于市场。时代要求图书编辑必须一分为二，大力发展擅长市场营销的高级编辑。而市场记录恰恰可以成为编辑在市场中生存发展的重要帮手。

作用三是帮助图书编辑完成经济指标，进而建构图书出版业的经济基础。图书编辑承担经济任务主要有两个原因：一是图书出版业的两重性。图书出版业一方面要为全社会提供合格的精神文化产品，另一方面又必须通过市场交换获取自己生存发展的物质条件。二是图书出版业盈利只能通过发行，而没有广告的经济手段。这是图书出版与报刊、广播电视不一样的地方。

二 编辑运用市场记录的具体方法

市场记录内容虽然较多，但对编辑面向市场决策有重大参考作用的主要是印数、版次、定价，尤其是印数，实际上，编辑可以运用的市场记录主要是两种五项。在印数记录中，分为题材记录、话题记录、作者记录与体裁记录，加之定价记录，是为五项市场记录。

（一）运用题材记录进行市场营销

所谓题材，是叙事类文稿所反映的现实生活的内容范围。图书编辑如果善于运用题材记录，那么决策就容易准确、合理。华艺出版社拟出版癌症晚期病人陆幼青的《生命的留言——死亡日记》。时任出版社副社长的金丽红在尚未与发行部主任商量的情况下开口将首印册数一锤砸在 10 万册。坚持如此巨大数额是基于金丽红掌握的一个市场记录——《相约星期二》。《相约星期二》讲述的主要故事内容，是一位叫莫里的美国老汉在自己生命的最后 3 个月利用每周二给学生上一次课，深受感动的学生于是将老汉讲课的内容记录下来出版的一本书。而这本名叫《相约星期二》的中译本在我国发行 30 万册。正是由于《生命的留言——死亡日记》与《相约星期二》题材相同，金丽红才会推出看似惊人实则有所保留的印数。《生命的留言——死亡日记》的实际发行量为 43 万册。是题材记录支持编辑决策时多了一份理性与从容，帮助编辑走向市场营销成功。

（二） 运用话题记录进行市场营销

话题记录与题材记录属于同类书记录，不同的是话题记录关涉的内容属于非叙事类而并非叙事类的小说、报告文学、纪实文章、历史故事等。话题是说话者"要研究讨论并加以解决的矛盾、疑难"①。前述《深度报道写作原理》与中国广播电视出版社 2000 年出版的那本薄薄的《深度报道写作》都是围绕深度报道写作问题进行的，所要探讨的无非是深度报道的写作规律、写作方法。正是由于话题一致，后来的出版者才可以借鉴以往出版者的相关记录。

（三） 运用作者记录进行市场营销

所谓的作者记录实际有两种，一是个人作者的市场记录，二是同类作者的市场记录。

先说个人作者市场记录的运用。个人作者市场记录指的是一位作者自己撰写的图书在既往出版中的市场表现。个人作者记录可以帮助编辑决断该作者现有的近似文稿是否值得出版与如何出版。比如，某图书出版社的编辑获取了一位著名女作家的新作《一辆自行车》。那么，此稿是否值得出版，出版社的社领导要求上报图书出版选题的编辑提供该作家近期个人图书出版的市场记录。在这里，出版社的领导，实际是在利用作者个人的市场记录对该作者的这部文稿的可能市场作为与绩效进行评估。目前，余秋雨、王朔、海岩等人的作品之所以会成为国内各个出版社的热选目标，就在于他们的作品近年来保持了良好的市场记录，首印均在 2 万册以上。

再说同类作者的市场记录。依年龄、性别、职业、地域、文化水准、观念等综合起来所形成的大体相当的作者群，即为同类作者。同类作者的市场记录也是帮助编辑进行市场营销的好方法。《陈鲁豫：心相约》是陈鲁豫个人公开出版的第一部书，故在此之前不存在陈鲁豫的个人出版市场记录。不过，鉴于同属香港凤凰电视台的节目主持人，编辑在决定如何出

---

① 《现代汉语词典》，商务印书馆，2002，第 1322 页。

版陈鲁豫这本书时可以参考吴小莉的《足音》一书的市场记录。这就是利用同类作者的市场记录进行市场营销。在销售上，前者为 32 万册，后者为 27 万册，双方市场表现大体相当。这说明同类作者记录颇可以一用。同理说明，如果中央电视台职业主持人鞠萍、董卿出书，图书出版社的编辑同样可以参考北京中央电视台的节目主持人倪萍、敬一丹所著图书出版的市场记录进行经济效益评估。除了电视节目主持人外，偶像型的同类作者还包括歌手、运动员等。

（四）运用体裁记录进行市场营销

所谓体裁，指的是文章反映社会生活、表达思想情感的具体形式。以新闻类文章体裁计，有新闻报道与新闻评论两大类，两大类还可以细分，如新闻报道可以细分为消息、通讯、专访等。出版社若拟出版《南方周末》、《南风窗》与《三联生活周刊》的报道精选本时，可以参考中国林业出版社 1998 年出版的《冰点'98》一书首印 2 万册的市场记录，原因在于前述一报二刊与《中国青年报》的《冰点》栏目均以深度报道见长。利用体裁记录，编辑同样可以制定好的决策。

（五）运用定价记录进行市场记录

所谓定价，就是出版者对一本书销售码洋的确定。图书编辑通过定价记录也能够寻找良性的市场空间。浙江少年儿童出版社的《冒险小虎队》之所以首次印刷 60 万册，出版者除了参照既往引进版畅销书如《谁动了我的奶酪》《富爸爸穷爸爸》的销售量之外，还借鉴了相关的定价记录。在《冒险小虎队》推出之前，同类畅销书在定价上存在两个价位：一是高价位的引进版畅销书，定价在 20 元至 30 元；二是中价位的引进版畅销书，定价在 15 元至 20 元。而畅销书要求定价不低于 10 元，因此，浙江少年儿童出版社的编辑通过市场记录发现，《冒险小虎队》出版之际市场上尚无同类的低价位畅销书。市场表现证明，《冒险小虎队》发行量超过 460 万册，编辑对该书价位空间的切入是成功的。[①]

---

① 郑重：《兵法营销，纵横书市》，《出版广角》2003 年第 11 期。

三 市场记录运用中的注意事项

市场记录运用中的注意事项，择其要端有四。

第一，注意树立重视市场记录的编辑工作理念。目前，市场记录的重要性尚未引起我国图书出版业的足够重视。对市场记录不重视的原因主要有以下几点：相当的图书编辑或还沉溺于计划经济的惯性之中，缺乏对时代巨变的敏感性与自觉性，或虽有所警觉却缺乏应对时代变化进行市场营销的良方。所以，要传播市场记录的重要性，研究、归纳市场记录的内在规律与具体方法，并将规律细化为可以运用的要素与可以操作的复制原则。

第二，综合而不孤立地运用市场记录。图书编辑的市场营销是个系统工程，关涉到诸多方面。其中得失，市场记录仅为一端。同是央视名嘴，白岩松《痛并快乐着》虽然销量高达 61 万册，但较之崔永元《不过如此》104 万册的骄人市场表现，差距实在不能算小。造成双方销量不在一个等级，除了个人魅力等作者类型要素之外，还有文稿内容的个性与水平，读者文化消费的水平与趣味的变化，图书的版式与装帧，定价与宣传的投入等诸多因素。即便是同一个人对读者的号召力在不同的时期也会发生变化，甚至比较大的变化。被朱镕基总理在记者招待会上公开点名表扬的吴小莉，其社会影响力不仅在被点名表扬之前与之后有巨大变化，而且刚刚被点名表扬与被点名表扬之后的七八年时也会存在明显起伏。因此，不要市场记录是错误的，唯市场记录马首是瞻同样不当。

第三，注意区别市场记录与出版记录。所谓出版记录，是出版单位对有关出版情况的公开传播。这些情况可能经过了市场检验，也可能还未经过市场检验。而市场记录是经过市场检验的出版记录。在市场经济成熟的国家，图书出版业进行市场营销时之所以往往用销售量来取代印数，就在于销售量是经过市场检验的市场记录。没有经过市场检验的出版记录存在市场表现甚差的可能性，编辑依靠这样的出版记录进行决策容易造成重大出版失误。

区别市场记录与出版记录，在目前市场经济秩序正在建立之际，编辑除了努力借用有关组织的力量了解、核实之外，还要善于利用图书版权页上的版次记录。如果一个图书品种在出版之后相当长的时期内没有重印或再版，那么，这本书的市场表现就可能不佳。参考如是出版记录必须慎重，即便某书稿一定出版，那么在开印的印数上也以保守为宜。那些首印数量比较大而没有重印或再版的图书，常常具有一定的欺骗性，故编辑要注意仔细核对其市场表现，不要因表面的庞大数字而冲动做出选择。相反，如果一个图书品种多次重印或再版，则往往可以说明该书市场表现较好，较受读者欢迎。对于这样的市场记录，编辑则可以放心使用。

第四，对市场记录的管理，要以政府为主，但行业协会也大有作为。目前，我国图书出版业在市场记录上存在两大问题：一是不少市场记录信息不齐全，主要表现为一些出版单位以商业秘密或其他为由，刻意省去本社图书版权页上的印数内容。二是一些市场记录可信度不高，主要表现为不少公开的市场记录内容有水分。目前，我国的《中国图书商报》《中华读书报》《出版广角》等报刊经常刊发新华书店系统或某些民营书店近期图书销量的排行榜。但是，由于商业利益的冲击，一些公布的市场记录存在失真趋向。即便是图书版权页上公开的印数，也有不少是少于实际印数的。解决我国图书出版业市场记录中的问题，除了出版者的自我约束、社会监督、读者反映等之外，主要靠政府与行业协会的教育与监管。

政府是社会合法的管理公器，故在制定强制性的行业规范时，要明确并细化版权页各项内容的规定与相应的惩处，有法必依，执法必严。同时，国家行政主管部门要以第三者身份或委托中立方聚集市场记录信息并指定传媒专门发布真实而权威的市场记录。行业协会对图书出版业有重要的约束力量。作为行业协会，中国出版工作者协会组织完善，依托政府，协助政府服务读者，在行业自我管理与协调上能力相当强大。除了向国家行政主管部门提出建议之外，还可以制定行业规范，进行行业奖惩，打造行业文明。

本文发表于《科技与出版》2005 年第 3 期

当前我国中小学教科书
中的农民形象研究

　　我国是农耕古国。以农民为主体创造的农耕文明，是人类社会存续最长、内涵颇为丰富的文明形态。在持续 2000 多年的封建主义社会，农民是农耕社会的本体，是社会物质财富的主要创造者与精神文明创造的社会源泉。在近现代社会，农民是反帝反封的主力军，1921 年后在中国共产党的领导下成为工人阶级的天然同盟军，为新民主主义革命取得最后胜利做出不可磨灭的贡献。共和国成立后，农民是社会主义建设的基础性力量，党和政府致力于缩小、消灭城市与乡村、工业与农业、脑力劳动与体力劳动的三大差别，农民、农村与农业是社会主义大业的基础，农民与由农民形成的农民工是社会主义城乡建设的生力军，"三农"问题属于转型期中国的一个工作重点、难点。农民，古往今来始终是中国社会主体，是中华文化绵延不绝的最主要的社会基础，是社会转型中社会变动最大的群体，是当今中国人数最多的社会群体和中国城镇化的重要人口来源。显然，农民问题，始终关系我国经济发展与社会稳定，体现了中国国情的特殊性，始终是中国革命和现代化进程中的一个根本问题。

　　中小学教科书作为学校教育最重要的教育工具和教学手段，是培育国民知识体系、价值体系、主流意识的基础工具，是一种特殊的出版物。一方面，广大青少年群体是中小学教科书的接受对象，处于身心迅速发展、学习能力养成、思想品德和价值观念形成的初始时期和关键时期。另一方面，作为社会新人，教科书又是学生获取知识、认识世界、培养能力、道德养成的重要文化产品。中小学生通过教科书学习，不仅掌握知识，而且在潜移默化中接受出版物中的思想价值体系及其观念。毫无疑问，大众传媒与学校教育的合力，使中小学教科书成为国家意识形态建设的基础平台与主要的文化、知识传播工具。占中国人口大多数的农民在教科书中的媒介呈现，是以知识为中心的客体与主体意识形态体系的有机结合，体现着主流社会的价值观及其代代相传的坚定意志。

中小学教科书在意识形态领域、文化教育中的重要性与农民问题的重要性，决定了中小学教科书中的农民形象研究的重要意义。然而，通过"中文社会科学引文索引（CSSCI）""Journal Storage""Oxford Journals""中国国家图书馆""CNKI中国知网学术文献总库"等国内外大型图书馆和数据库进行检索发现，已有媒介研究集中于讨论电视[1]、报刊[2]、新媒体[3]等大众传播媒介中农民形象，未发现有关于我国教科书中农民媒介形象的研究。因此，本选题具有研究的必要性、迫切性与创新价值。本文拟通过内容分析法获取研究资料，并主要依靠传播学的"培养理论"对此加以分析。

一 研究设计

（一）核心概念界定

1. 农民

农民，泛指务农的人，具体指直接从事耕种、养殖等农业生产的劳动者，有的掌握一定的土地和生产工具，但也有不拥有土地，仅靠出卖劳力

---

① 聂宽冕：《关于春晚27年农民及农民工形象再现的研究》，硕士学位论文，中国社会科学院，2010。卫凤瑾：《大众传媒与农民话语权》，《新闻与传播研究》2004年第2期。

② 方晓红、贾冰：《论〈人民日报〉"农民形象"塑造》，《新闻界》2005年第4期。李艳红：《一个"差异人群"的群体素描与社会身份建构》，《新闻与传播研究》2006年第2期。吴星樾：《〈农民日报〉中的农民形象研究（2005～2015）》，硕士学位论文，广西大学，2016。

③ 李韩旭：《"快手"中的农民形象研究》，硕士学位论文，黑龙江大学，2018。罗竹风主编《汉语大词典》，上海辞书出版社，2007，第5919页。

为生的农民。[①] 封建社会时期，绝大部分的土地等生产资料归地主阶级所有，少部分土地归农民所有，农民主要有雇农、佃农、半自耕农、自耕农等。这些农民依靠土地生存，在生活自给自足的同时面临更多的徭役和税捐，是政治上受压迫、经济上受剥削的群体。半殖民地半封建社会时期，随着农民生活处境的继续恶化以及资本主义生产方式的扩张，大批破产农民进入城市加入工人等群体。这一时期的农民，大量加入军队，是反帝反封力量的重要来源。因此，在新中国成立之前的农民是存在阶级取向的。1949 年以后，伴随社会主义建设，农民的职业属性和阶级属性日渐淡化，更多指居住在农村、户口在农村的人。现在，随着城镇化的不断推进以及农业的改革，农民工日渐增多，直接从事农业生产的农民也在向现代化、职业化的方向发展。

本文研究的农民，既不单指户籍归属"农村户口"的农民，也不是单纯依赖职业属性进行划分的农民，而是职业性质、生存状态、行为规范、思想观念等都有别于城市居民的农民。主要包括以下几种情形：第一，主要从事农业劳动，或生活资料、收入主要来自农业生产的劳动者。这是本质属性上的农民。其涉及的农业，以种植业、养殖业为主，兼及林、牧、渔等副业。第二，世代在农村生活，以他业为本地乡亲服务，有限的农耕土地仅用以获取维持生计的口粮，这样的人也属于农民群体的有机组成部分。比如沈从文的《边城》中翠翠的爷爷，是生活在农耕社会中守着渡口以渡船谋生的船夫。第三，广大农村妇女。我国农耕文明历来崇尚男耕女织，农村妇女参与农业生产，是家庭劳动力的有机组成部分。第四，从乡下进城的务工者。他们未持续从事农业生产，但居住地在农村，行为习惯、思想观念等在性质上仍属于农民群体。比如《阿长与〈山海经〉》中的长妈妈、《祝福》中的祥林嫂等，是从乡下进入城镇做工的底层劳动者，思想、行为均保持农民群体的惯性。

需要说明的是，以下三种类型的形象不属于本研究中农民的范畴，未纳入统计范畴。

第一，生活在农村，协助父母从事少量农业劳动，但不具备劳动能力

---

① 阮智富、郭忠新编著《现代汉语大词典》上册，上海辞书出版社，2009，第 495 页。

的儿童、少年等未成年人。如语文教科书一年级下册《王二小》中的放牛娃王二小，沈从文《边城》一文中十二三岁的翠翠。第二，有些人物虽然从事一定的农业劳动，但其社会地位、行为规范、价值观念、个性特征都与农民有着本质的区别。比如，写有《归园田居》的陶渊明，虽后期辞官归隐，躬耕田垄，但士大夫为其根本性的属性；以农民起义起家的朱元璋，是封建王朝的创建者，尽管一再自我标榜"朕本农民""享我农师"，但属于统治广大农民的帝王。第三，拥有大量土地的地主。他们并不亲自参与农业生产，本质上是以控制生产资料来获取经济收入的非劳动者，就阶级属性、职业属性以及思维习惯等，都不可归属于本文所谓的农民范畴。

2. 教科书

教科书，又名课本，属于狭义的教材①，是根据教学大纲编写的教学用书，是为一定年级的学生掌握某一门学科的基本知识而编写的书籍。②

3. 媒介形象

媒介形象是大众传媒再现事物认知的总和，换句话说，是被传播者在媒介中的呈现状态，"是一种再现形象的认知信息"③。本文所讨论的媒介形象，是一种承载特定意义的媒介再现，着重于被传播者"农民"在教科书中的再现样态与特征。

（二）研究假设

假设一：教科书中的农民形象较多。

假设二：教科书中的农民形象为男性。

假设三：教科书中的农民以我国封建主义社会为主。

假设四：教科书的农民形象以积极为主。

假设五：语文、历史以叙述为主，政治以议论为主。

假设六：教科书的农民形象在表达上比较生硬。

---

① 《中国大百科全书·教育》，中国大百科全书出版社，1985，第144、145页。

② 王道俊、王汉澜：《教育学》，人民教育出版社，1999，第168页。

③ 宣宝剑：《媒介形象》，中国传媒大学出版社，2009，第47页。

（三）设计

1. 样本选择

（1）学段的选择

本研究选取的教科书涵盖我国小学、初级中学、高级中学三个阶段。基础教育，包括学前教育和普通中小学教育。[①] 本文选取的三个阶段，被统称为普通中小学教育，属于基础教育范畴。

（2）教科书科目的选择

中小学阶段的教科书涵盖语文、数学、英语、历史、地理、政治、生物、美术等科目，内容涉及语言文学、数学、人文与社会、科学、技术、艺术、体育与健康、综合实践活动共 8 个学习领域。其中，语文属于语言文学学科，历史、政治属于人文与社会学科，语文、政治、历史所传播的知识以社会价值为中心，意识形态属性鲜明。其间的农民媒介形象，总是与出版主体的思想立场取舍相关。有鉴于此，本研究集中选取语文、政治、历史三科教科书为研究范围。另外，需要说明的是，按照教育部规定，我国小学阶段未开设历史课程，因此本研究的样本无法涉及小学历史教科书。

高中教科书分为必修教材和选修教材，分别为必修课和选修课使用。必修课是指"由国家、地方或学校规定，学生必须学习的课程"[②]，其教学基本工具，即必修教材，重点关注学生基本的科学文化素质，追求知识与技能的基础性、全面性、系统性、完整性，为学生的一般发展奠定知识技能与情感态度基础。"选修课是指学生根据自己的兴趣爱好及需要，有选择的自由，而不是必须学习的课程"[③]。选修教材是对必修教材的深入和拓展，价值在于开拓知识视野，满足学生的兴趣、爱好，培养、发展学生的潜在能力和个性特长。选修教材是对必修教材的补充，供教师选用，故未纳入本文的研究范畴。

[①] 柳海民：《教育原理》，东北师范大学出版社，2006，第 235 页。
[②] 丛立新：《课程论问题》，教育科学出版社，2009，第 256 页。
[③] 丛立新：《课程论问题》，教育科学出版社，2009，第 256 页。

综上，本研究选取的教科书包含中小学语文、政治、历史三科的必修教材（见表1），共54册。

表1　本研究所选取的教材

科目\阶段	语文	政治	历史
小学	语文	品德与生活、品德与社会	无
初中	语文	思想品德	中国历史、世界历史
高中	语文（必修）	思想政治（必修）	历史（必修）

（3）教科书版本的选择

本研究所选取的教科书有义务制教育与高中教育两大类。其中，小学和初中教科书，是由人民教育出版社于2001年根据义务教育课程设置实验方案和各学科课程标准（实验稿）编写的人教版义务教育课程标准实验教材，2001年秋季为全国中小学教材审定委员会审查通过，供全国中小学各年级教学通用。高中教科书，是人民教育出版社于2003年根据教育部颁发的与新的义务教育课程方案相配套的新的普通高中课程计划和各科课程标准（实验稿）编写的普通高中课程标准实验教科书，经全国中小学教材审定委员会审查通过后于2004年秋季逐年推开，供全国高中选用。上述义务教育和普通高中的新课标教材，统称为第10套人教版中小学教材。[1]

自2016年开始，部分省份开始分年级试用部编版教材，即由教育部统一组织编写，人教社出版的新版教材，也称为人教版第11套教材。截至2019年6月，新版部编版教材还未实现全国各年级全覆盖，当前正处于旧版教材向新版教材过渡阶段。[2]为了整体把握教科书中农民形象的特征和背后的意义，本研究选取共和国成立以来，使用时间最长、

---

[1]　人民教育出版社官网，http：//www.pep.com.cn/rjgl/jc/201008/t20100831_843614.shtml。

[2]　据教育部官方网站发布的《教育部办公厅关于印发2019年中小学教学用书目录的通知》（教材厅函〔2019〕3号）：2019年秋季学期，义务教育阶段道德与法治、语文、历史全部使用统编教材。普通高中思想政治、语文和历史教材由国家统一组织编写。《教育部关于做好普通高中新课程新教材实施工作的指导意见》（教基〔2018〕15号）指出，从2019年秋季学期起，全国各省（自治区、直辖市）分步实施新课程、使用新教材。

使用范围最广、影响最为深远的第 10 套人教版教科书。第 10 套人教版教材影响了几代人，所蕴含的价值观体系对当前接受过中小学教育的学生影响最突出。而其间的农民形象，是认识、理解我国教科书出版的重要窗口。

（4）抽样与分析单元

本研究以"单篇课文"为一个抽样单元，即语文、政治、历史教科书中的课文。教科书中的其他板块（如单元导语、课后习题、课后探究等）不纳入抽样范围。需要说明的是，语文教科书中存在寓言两则、古诗两首、短文两篇、日记两则等课文形式，但对这类课文仍按照一课进行统计。当一篇课文出现符合本文概念标准的农民时，该课文即成为本文的考察对象。若一篇课文中出现多个符合要求的农民，则相应记为多个农民形象。

2. 类目建构

贝雷尔森认为内容分析的类目一般可分为"如何说"（how to say）与"说什么"（what is said）类目。前者包含对象、方向、特性、主人公、权威、起源等；后者包括沟通类型、旁白形式、感情强度等内容。[1] 本研究在贝雷尔森的基础上将类目分为形式类目和内容类目。

（1）形式类目

"形式是文章内容由文字符号而表现的外化"[2]，本文根据第 10 套人教版中小学教科书的实际，将形式类目分为符号、表达方式两大部分。

符号。本文的符号指刻画农民形象的内容所使用的信号体系，分为语言符号和非语言符号。其中，语言符号在传播学中分为口头语言和书写语言[3]，非语言符号指"语言、文字以外可通过视觉、听觉、触觉、嗅觉感觉到的姿势、音容笑貌、气味、颜色、图画等概念的总称"[4]。教科书课

---

① Bernard Berelson, *Content Analysis in Communication Research*, New York：Free Press, 1952：147-168.
② 欧阳明：《深度报道作品评析原理》，北京交通大学出版社，2008，第 155 页。
③ 《中国新闻实用大辞典》编委会编《中国新闻实用大辞典》，新华出版社，1996，第 47 页。
④ 《中国新闻实用大辞典》编委会编《中国新闻实用大辞典》，新华出版社，1996，第 47 页。

文的语言符号主要表现为书面语言的文字，非语言符号主要表现为图片。因此，本文将教科书课文呈现农民形象的符号分为"仅文字""仅图片""图文并用"三种。"仅文字"指仅用文字表现农民形象，"仅图片"指仅用图片展现农民形象，"图文并用"指采用图片和文字共同呈现一个农民形象。同时，为了进一步考察语文教科书中文言文和白话文的比例，本文又将"文字"再分为"文言文"与"白话文"。文言文，又名古代汉语，是以先秦口语为基础而形成的上古汉语书面语言以及后来历代作家仿古作品中的语言。① 白话文，即现代汉语，是 1919 年五四运动后汉族的共同语。② 采取现代汉语写作的文章统称为白话文。

表达方式。表达方式是由表达内容与表达目的所决定的使用语言的手段。本文的表达方式有 5 种：叙述，即陈述事实过程；描写，即描绘人物或事物状貌；说明，即解说事实原委、原理；议论，即表达意见，阐明观点；抒情，即抒发感情。若一篇课文出现多种表达方式，只记录其篇幅占据最多、最为主要的表达方式。

（2）内容类目

内容是客观生活通过作者并以一定的符号形式在作品中的呈现，文章作品的内容主要由两大部分构成：一是材料，二是思想。本文着重分析教科书中农民形象的呈现特征及其背后意义，并由此将内容二分为题材与思想。

题材，是教科书在呈现农民形象时所表现的事实范围与领域，包括以下方面。

性别：①男；②女；③综合。

年龄：①老年（60 岁及以上）；②中年（45～59 岁）；③青年（18～44 岁）；④综合（包含两种及两种以上年龄段）；⑤未知（未交代年龄或无法辨识）。

时间：20 世纪 50 年代史学界通常将中国史四分如下——古代（1840 年以前）、近代（1840～1919 年）、现代（1919～1949 年）、当代（共和国

---

① 王力主编《古代汉语·上册》（第一分册），中华书局，1962，第 1 页。
② 武占坤主编《现代汉语》，河北人民出版社，1985，第 3 页。

成立至今）。人教社第 10 套基础教育历史教科书采取新标准，将中国历史分为古代时期（1840 年以前）、近代时期（1840~1949 年）、现代时期（共和国成立至今）。本文的研究对象为中小学教科书，故在农民形象的时间范围界定上采用与教科书统一的历史分期——古代（1840 年以前）；近代（1840~1949 年）；现代（1949 年 10 月共和国成立至今）；未知（没有交代农民所处的年代）。

地理范围：①中国；②外国。

思想指课文所蕴含的对农民形象的价值判断，分为性格特征和身份地位。

性格特征。

积极：①勤劳智慧；②淳朴善良；③坚韧勇敢。

消极：①愚昧；②自私；③胆小；④麻木。

中性：指无褒贬倾向。中性的样本有两种情况，一是样本内容为事实判断，而未评价农民的精神品质；二是样本积极与消极并存，缺乏明显的褒贬倾向。

社会地位。

社会地位是人们在各种社会关系中所处的位置，也即权利和义务的综合。① 生产关系是一切社会关系的基础，在阶级社会中，由生产关系所决定的人的阶级地位是一个人的基本社会地位。本文所指的农民的社会地位分为三种情形：当农民是受重视、受尊重、受到平等待遇的时候，用"平等"表示；当农民是受压迫、受剥削、受奴役、受到不平等待遇的时候，用"不平等"表示；样本未涉及或无法辨识农民形象的社会地位时，用"未涉及"表示。

5. 信度检验

由两位编码员对中小学教科书中的农民形象的样本进行编码，为确保定量分析的客观性，提升准确率，随机抽取五个类目（表达方式、时间、年龄、性格特征、社会地位）对编码员进行信度检验，根据霍斯提公示得出信度值分别为 0.95、0.92、0.92、0.85、0.90，信度较高。

---

① 邓伟志主编《社会学辞典》，上海辞书出版社，2009，第 11 页。

二 研究发现

（一）内容

1. 题材范围

（1）中小学教科书中体现农民形象的课文占课文总数一成多

纳入研究对象的中小学语文、政治、历史三科教科书共计 54 册，共有 1050 课的课文，表现农民形象的课文 138 课，其中语文教材 60 课，政治教材 46 课，历史教材 32 课，共统计出 224 个农民形象。农民形象数量在各学段各科目的分布如表 2 所示：

表 2　各学段各科目样本数量分布

	语文	政治	历史	合计
小学	39	48	—	87
初中	27	18	32	77
高中	9	24	27	60
总计	75	90	59	224

说明："—"表示现有教材体系中不存在该教材。

总体来看，体现农民形象的课数占总课数的 13.14%，接近于 1/7，说明农民形象在中小学教科书中占有较大比例，与假设是一致的。同时，四年级上册语文教材第五单元以"乡下人家"为单元主题，专门描写农村实际和农民生活，说明教科书对农民的议题设置重点突出。以上事实反映了第 10 套人教版中小学语文、政治、历史三科教科书对农民形象的表现范围较广又讲求重点，体现出议题设置上数量与质量的有机结合。

（2）性别与年龄范围：农民主要以群体形式出现，个体农民多取男性

性别为"综合"的农民形象有 119 个，占 53.1%。也就是说，绝大部分农民形象忽视性别特征。在性别明确的农民形象中，男性农民有 72

个，女性农民有 33 个，男、女比例为 2.2：1，女性明显少于男性，男性农民是女性农民形象的两倍。这说明，中小学教科书首先偏向于构建无性别差异的农民群体形象，其次才是构建男性农民形象，说明出版者存在一定的性别盲区，与本文假设存在一定的出入。

从年龄上看，除去年龄"未知"的 33 个（14.7%）农民形象，涉及年龄的 191 个农民形象中，年龄为"综合"的农民形象有 117 个（52.2%），着重于群体面貌。在具有明确年龄的农民形象中，10 个（4.5%）是中年，青年和老年分别为 33 个（14.7%）和 31 个（13.9%）。由此可见，后者占据较高比例，反映了出版者高度关注农民的操劳一生，对建构农民劳动者的媒介形象是有益的。

概而言之，教科书中的农民形象以群体形象为主，通过相对淡化农民的性别、年龄差异，从而走向以男性角色为主的偏向来构建以劳动者身份，以劳苦活动为核心的农民媒介形象总趋向。

（3）时间范围：农民形象以现代为主，比例过半

首先，从总量看，就教科书建构的农民所处的时代，农民形象除去 5 个（2.23%）无法判断时代外，其余以现代为多，其次为古代，最后为近代，样本量分别为 125 个（55.80%）、60 个（26.79%）、34 个（15.18%），与本文假设出现了较大的出入。其次，从科目看，三科有别。其中，语文教科书中，农民形象所处的时代较为均衡，偏向于展现现代、古代的农民，样本量从多到少依次为现代（30）、古代（24）、近代（16），政治判断偏弱。政治教科书中，以现代农民为主，为 81 个，占 90%。历史教科书中，偏向于展现古代的农民形象，样本量从多到少依次为古代（29）、近代（16）、现代（14），即从古至今的农民形象依次减少。三种教科书中农民形象的时间分布与课程特点相关。中小学政治课文的时政性质鲜明，原理系马克思主义的有机组成部分，教学目标锁定直接进行思想道德、国情民情的教育，时代的教学要求内容多选用现代。历史教科书以历史长河为时间范围，漫长的古代史与教学内容的完整性、系统性与科学性决定古代史的农民占多数。语文教科书中的古代农民形象数量居第二位，与居第一位的"现代"差别不大，可以反映出版者对传统文化重要性的认识。现代农民在三科总计中之所以占比居高，主要在于政治教科书的处理。

（4）地理范围：以中国农民为主，存在少量外国农民形象且主要为俄罗斯农民

从地理空间的国别看，中小学教科书以呈现中国农民形象为主，较少关注外国农民。在224个农民媒介形象中，中国人为200个，占样本总量的89.29%。中小学教科书是国民教育的重要载体，以本国学生为教育对象，课文以中国农民为支配地位势在必行。同时，教科书有24位外国国籍农民，占样本总量的10.71%。不过，在这24个外国农民中，俄罗斯农民有13个，占外国农民总量的54.17%，其中语文教科书中3个，历史教科书中10个，政治教科书中为0。

2. 思想

（1）教科书以积极的农民形象为主，负面形象为辅

中小学教科书偏向于展现正面的、积极的农民形象。首先，正面形象占据农民形象的主流。其中，正面农民形象为121个（54.0%），中性的农民形象居次，为85个，占37.9%，与本文假设一致。其次，正面农民形象的题材场域集中于生产领域。数千年来，炎黄子孙扎根在广袤无垠的华夏大地，主要以耕读而不是渔猎、游牧求生存，谋发展，"一分耕耘，一分收获"成为九州农民最朴素的思想。教科书表现农民的中心场景是农夫们在农田里挥汗如雨，日出而作，日落而息，辛勤劳作，从无止息。最后，正面农民形象的积极性质在于精神趋向。教科书着重于展现农民的勤劳智慧、淳朴善良、坚韧勇敢，样本数量分别为46、20、14，表现农民身上的中华传统美德成为聚焦点。

教科书存在一定的负面农民形象。首先，数量不多，共计18位，占总数的8.0%，其中14位来自语文教材，3位来自政治教材，1位来自历史教科书。其次，形象负面的农民多生活在封建主义社会。再次，农民的负面集中体现于人物的精神世界，愚昧、自私、胆小、麻木是这一群体的主要精神缺陷。最后，教科书强调农民群体弱点的深层次原因。其要点有三：一是农民病态心理的社会因素。广大贫苦农民的精神弱点，源自统治阶级的精神愚弄，出版物将重心转向批判封建主义制度与半封建半殖民地社会的落后、社会不公。二是农民精神落后的文化因素。如，鲁迅小说《祝福》（高中《语文》必修3）中的祥林嫂是生活在半封建半殖民地旧中国的农村

劳动妇女的典型，勤劳、善良、顽强，又饱受包括夫权在内的封建主义纲常束缚，其愚昧源自无缘接受教育，在极度痛苦中从封建迷信中寻求精神解脱，是封建主义社会的受辱者、受害者。三是表现农民精神落后的生产力因素。余秋雨的散文《信客》（八年级《语文》上册）讲述一位农村信使的日常生活，与信使的诚实守信品质形成鲜明对比的是乡民的目光短浅、斤斤计较、冷漠。相较于信使的走南闯北、见多识广，广大农民则被深深地束缚在土地上，生活视野的狭窄和生活的重负使其难以获得精神超越，无法成为民主主义革命与社会主义革命的领导者。六年级《品德与社会》上册中的农民受教育水平低，其已有的文化、科学素养不足以应对快速变化的世界，"非典"期间迷信借助鬼神驱除病魔，表现了与时代格格不入的精神弱点，显示出在广大农村强化社会主义现代精神文明建设的必要性、紧迫性。

总体来看，中小学教科书着重构建正面农民形象，赞美其精神品行和历史贡献，又兼顾农民的时代局限性，农民媒介形象较为立体。

（2）教科书着重构建社会地位平等的、无差别的农民

从社会地位来看，多数样本未明。

首先，161个农民形象未涉及农民的社会地位，占样本总数的71.9%。这些课文刻画农民形象淡化阶级背景，重在无阶级落差。其次，涉及社会地位的农民形象63个，其中，有26个（11.6%）农民形象涉及社会不平等，37个（16.5%）农民形象体现了平等的社会追求。总体来看，淡化社会平等语境的农民形象远多于不平等社会环境中的农民形象。再次，不同科目教科书在建构农民形象社会地位的平等上存在较大差异。其中，语文教科书中，社会地位"不平等"的样本量多于"平等"的样本量，为8∶4。政治、历史教科书中，社会地位"平等"的样本量多于"不平等"的样本量。其中，政治教科书仅有3个样本呈现了"不平等"的农民社会地位，历史教科书中的农民社会地位"平等"与"不平等"数量分别为22、15。最后，不同时代的农民形象，其社会地位表现也不一样。1840年以前的封建主义社会中，社会地位为"平等"与"不平等"的样本量分别为5、17；处于1840年至1949年的近代农民中，社会地位为"平等"与"不平等"的样本量分别为9、7；共和国的现代农民，社会地位"平等"与"不平等"的样本量分别为23、2。

（二）形式

1. 符号

（1）中小学教科书主要通过"图文并用"的形式描述农民形象

从符号上来看，中小学教科书中农民形象的呈现大多采用图文并用形式。

首先，图文并用占据数量优势。224 个农民形象中，90 个形象以图文并用形式呈现，占总样本的 40.2%，56 个（25.0%）用"仅图片"的形式呈现，78 个（34.8%）以"仅文字"形式呈现。一用文字、插图，二以文字为主，图片为辅，文图并作、有主有次地刻画农民形象，是第 10 套人教版中小学教科书符号运用上的重要特征。其次，图文并作，相互配合，发挥了符号体系的优势。教科书在表现农民勤劳、智慧时，既有文字，又有图画。"一分耕耘，一分收获"，面朝黄土，挥汗如雨，日出而作，日落而息。语文课文讲求审美观照。如四年级下册课文中南宋诗人翁卷《乡村四月》有文有图："乡村四月闲人少，才了蚕桑又插田。"我国传统乡民经典劳作景观由此宏细交织，并将诗歌中所寄寓的深深体恤具象化为画面，历历在目。而小学政治教科书，文图并茂，田间耕作、种棉花、割水稻、山坡植树、牧羊，河湖捕鱼，涉及粮农、菜农、果农、棉农、渔民、牧民等各类农民生产、生活，场面与细节相交织，场景跳跃而流动，从而使农民的生存状况得以形象而生动地体现出来。教科书在表现形式上的生动性，与本文的假设有出入。

（2）农民形象主要通过白话文呈现

在文字上，教科书各科表现不一。首先，历史、政治两科教科书课文采用白话文。语言教育，不是两课的教学任务，采用国家规定的通用语言合情合理。其次，语文课文文白并用，以白话文为主。在刻画农民形象的 60 篇课文中，白话文为 47 篇（78.3%），文言文为 13 篇（21.7%）。语文教科书刻画农民形象，主要采用白话文，是采取文言文的 3 倍。第 10 套人教版语文教材选文的时代立场鲜明，文字较为通俗易懂，说明出版方对广大的中小学生之于文言文的陌生是尊重的，将语言规范化的重心转向白话文。

2. 表达方式：通过叙述方式表现农民形象超过一半

在表达方式上，教科书有选择，有侧重。首先，语文、政治、历史三科刻画农民形象总体上以叙述为主。其中，以叙述为主导的课文共计73篇，占总课文数的52.9%，以描写、说明、议论、抒情为主的课文分别为 22 篇（16.0%）、13 篇（9.4%）、21 篇（15.2%）、9 篇（6.5%），除描写、议论超过一成半，说明、抒情占比则不足一成。其次，各个科目在表达方式上有差别。语文课文表达方式占比较多的，"叙述"占51.7%、"描写"占31.7%，两者相加超过八成，而"抒情"占优的课文居然高达15%（9篇）。语文着重于美育，选取的课文以文学作品为主，自然离不开叙述，但作品的形象化本质决定作品须青睐描写。而抒情较多与语文教科书不能不收录诗歌相关。相形之下，政治教科书用以建构农民媒介形象的表达方式主要是"叙述"（41.3%）、"议论"（30.4%）、"说明"（26.1%），叙述的活跃程度出乎意料。政治课文一方面要准确表达基本政治原理，自然少不得议论及说明；另一方面说理又要适应中小学生的接受能力，举例有助于课文的通俗性、生动性，而举例势必大量叙述。政治教科书以叙述为主的课文占比居首，说明出版者对学生的接受偏好是高度重视的。历史教科书以"叙述"（71.8%）为主，显然与该科目课文必须讲清楚历史事实密切相关，细思倒在情理之中。

三　讨论与启示

教科书是体现主流社会意志的出版物，农民媒介形象的建构不可能不寄寓一定的立场、思想。总体来看，在内容上，教科书中的农民形象折射了社会"共识"，即主流意识形态与传统文化观；在形式上，出版主体对农民形象的建构则是柔性的，呈现出着重于潜移默化培养的特点。

（一）内容：以主流意识形态与传统文化观为导向

1. 题材分析

在选题上，教科书的议题设置强化农民的群体特征，但在自然因素上有特殊偏好，时间以现代为主，存在一定的性别倾向。

首先，教科书在题材选取上突出农民的群体性，年龄、性别的差异不突出。大众传媒对客观世界的表现，是关于客观世界范围、区域的抉择，不可能将大千世界的所有纳入有限的版面内。而这种关于客观世界范围、区域的选择，放之于大众传媒，就成为媒体的议题设置。大众传媒关注什么，不关注什么，怎么关注，都必然涉及大众传媒的主体站位，无法避免主观取向。作为主流社会的重要精神活动工具与精神文明建设的基础性资源的教科书，其议题设置受制于其特殊的社会功能。以美国 G. 柏格纳为首创建的培养理论（cultivation theory）认为，作为统一的整体，社会的存在和发展需要社会成员达成一种"共识"，即对客观存在事物、重要的事物以及社会的各种事物，各个部分及其相互关系有大体一致或接近的认识。只有在这个基础上，人们的认识、判断与行为才会有共通的基准，社会生活才能实现协调。① 教科书是国民教育的主要工具，将主流社会认知框架先置在孩子们的头脑中势必产生首因效应，影响甚至左右人们未来人生的言行架构。因此，人教社第 10 套中小学教科书在议题设置上赋予农民以重要地位，集聚读者对农民媒介形象关注度及其关注的范围、重心，是农民在中国历史与现实社会上的特殊地位、重要贡献的必然反映，是政府长期高度关注"三农"问题在教科书出版中的自然表现，更是执政党基本政治路线的一种自觉的贯彻、执行。

其次，教科书在建构农民媒介形象中对自然因素存在一定的偏好。其一，在性别上，偏向男性。在教科书中，以直接从事农业生产的男性劳动者为主，承受生活磨难与被迫揭竿而起的农民也以男性为主。这既是生产力低下条件下繁重的农业生产基本由具有体力优势的男性承担媒介的客观反映，又折射出我国耕读传统所积淀、延续的男权社会实际。其二，在时间上，偏爱关注现代农民。教科书中有超五成的农民生活在共和国的蓝天白云之下。这一方面与教材编选者所处的时代相关，编写、出版教科书总是离不开一定的时代实际，另一方面又与科目相关。政治教科书，重视贯彻主流社会的政策与大政方针，讲求及时反映时代潮流，着重于教育未成

① 郭庆光：《传播学教程》，中国人民大学出版社，2011，第 205 页。

年人从小树立正确的世界观、人生观，时新内容较多。政治教科书中丰富的当代农民形象，大大提升了农民形象在三科教科书中整体的比例。其三，在空间性的国籍问题上，以中国农民为主。我国的中小学教材的教育对象是中国的未成年人，目标受众的接近性推动选题贴近国情，以中国农民为主。同时，教科书又存在少量的外国农民媒介形象，但多为邻国俄罗斯。俄罗斯农民形象在我国教科书中占据较大比例主要有两个原因：一是俄罗斯社会发展长期落后于欧美，农业人口比重较大，有独特的村社传统。村社所具有的社会保障功能，使得俄罗斯的农民有不同于西欧与中国的传统社会保障托底，成为生长集体主义的重要社会基础。而表现农奴制下帝俄农民命运与苏俄农村巨变中的农民形象是帝俄、苏俄文学创作的一大优势。二是苏维埃的红色基因。我国教科书中的 13 个俄罗斯农民，大多生活在列宁时期。五四运动之后，中国转而以俄为师，列宁主义及其诞生地俄罗斯是我国意识形态方向的重要来源地。俄罗斯的传统与布尔什维克对中国左翼社会生活的深远影响，促生了我国人教版教科书对俄罗斯农民媒介形象的偏好。

从农民形象在人教社第 10 套中小学教科书中出现的频次和强度来看，说明主流社会在高度重视农民问题上有共识，体现了主流意识形态的意志，所建构的农民媒介形象与传统农业大国、农民占人口多数的实际国情、执政党坚持工农联盟政治路线是相符合的。

2. 思想分析

大众传媒在议题设置时并不是盲目的，而总要受制于一定的思想认识。培养理论认为，大众传媒的培养效果，主要表现在观念的主流上，使传播内容具有意识形态倾向。[①] 教科书对农民媒介的建构，是现实与出版者的认知框架相互呼应的必然结果，不能不体现出一定的思想倾向。这样的思想倾向，主要表现在政治观与文化观两大方面。

（1）政治观：肯定社会贡献，直面历史局限性

教科书着力构建的农民形象在政治上是积极的，但又存在一定的局限性。

---

① 郭庆光：《传播学教程》，中国人民大学出版社，2011，第 208 页。

　　教科书着力构建的农民形象在政治上是积极的。首先，农民始终是创造华夏物质财富与精神财富的主力军。在第 10 套人教版中小学教科书中，广大农民辛勤耕耘，胼手胝足，任劳任怨，是中华文明生发的基本社会存在。其次，中国是一个传统的农业大国，农民是农业生产的主体，长期构成华夏人数最为庞大的社会群体。鸦片战争以前，我国经济结构以小农经济为主，农业人口占总人口的 99%；鸦片战争以后中国走向半封建半殖民地社会，产业工人开始出现、发展，但在共和国成立初期乡村人口仍占总人口的 89.36%；1978 年之后伴随改革开放与城镇化的推进，农村人口呈减少趋势，但在总人口中仍长期占多数。① 最后，农民是推动中国社会进步的重要社会力量。在长期的封建主义社会，饥寒交迫的广大农民揭竿而起，在推翻旧王朝中发挥了重要作用，在新民主主义革命与社会主义建设中，又是革命的生力军与建设的主力军。农民，是中国社会发展与社会变革的基础力量，事关政权坚强与社会稳定。这是农民媒介形象以积极为主的客观基础。

　　教科书构建的农民媒介形象又表现了农民一定的历史局限性。首先，视野狭窄。两千多年间，农民依靠土地生存，靠天吃饭，生活范围不大，流动性弱。生活的封闭性，决定了农民认知的局限性，"务实思想和狭隘的功利观念、团体本位和个性的压抑、坚忍不拔的进取精神和安贫乐道的保守心理、眷恋故土情感和自我封闭观念、强调人际和谐和轻视竞争、均平思想与特权理念共存一体、重义轻利与追求功义并存"②。其次，历史地位。在近现代中国，农民没有演变为先进生产力的创造者。封建主义社会中的广大贫苦农民一次又一次地举行农民起义，推翻了一个又一个封建主义王朝，但始终无法摆脱改朝换代的命运，这是因为农民具有一定的历史局限性。因此，中国进入新民主主义革命，唯有接受中国共产党的领导，结成工农联盟，农民运动才能摆脱封建主义生产力的羁绊，开始生长出社会革命新质。农民的历史局限性，是教科书中农民媒介形象消极面的重要来源。

---

① 国家统计局编《中国统计年鉴 2018》，中国统计出版社，2018，第 8 页。
② 秦兴洪：《中国农民的变迁》，广东人民出版社，1999，第 301~305 页。

英国伯明翰大学霍尔教授在《表征：文化表象与意指实践》一书中指出："表征意味着用语言向他人就这个世界说出某种有意义的话来，或有意义地表述这个世界。"① 显然，人教社第 10 套中小学教科书对农民媒介形象性质的建构，体现了主流意识形态框架内对农民的基本判断。

（2）文化观：传统文化观的传递与传承

教科书中的农民媒介形象，是出版者对农耕文化的一种记忆与讲述，背后的意义贯穿着传统文化的认识。

首先，农民媒介形象贯穿着中国传统文化。教科书中 80% 以上农民形象来自农业生产活动。在以土地为中心的劳作中，广大农民勤劳智慧、淳朴善良、坚忍顽强，忠君、孝亲，是诚、勤、俭、和等中国传统文化价值观的践行者、示范者。其次，农民作为一个阶级出现时，出版物又建构了农民受苦受难的被压迫者形象与敢于反抗的一面。不过，教科书中蒙受阶级压迫的农民形象较少，仅有 11.6% 涉及广大贫苦农民的社会不平等遭遇，且大多出现在语文教科书的文学作品内，并因左翼作家经典作品入围而不能不折射马列主义的阶级观。相形之下，政治和历史教科书倾向于构建缺乏或较少阶级矛盾背景衬托的农民形象。乡村是农民生活的社会背景，涂抹的基调是美好、恬淡、悠闲、质朴。这样的书写来自出版的当代而不是作为材料的古代或近代，既离不开主流意识形态对社会主义初级阶段中国已经脱离阶级、阶级斗争的社会定性，和由此对先进生产力、美好新农村建设的呼唤，对社会平稳转型与他山之石之间良性呼应的追求，又折射了主流社会之于传统农耕文化的集体记忆，包蕴着对"仁""天人合一"等儒家文化的欣赏与自信，受制于新时期出版者的意识形态框架在场。作为学校教育的主要工具与培育学生世界观基本框架的重要渠道，教科书是主流社会强力提供社会共识并进而教化中小学生的得力媒介。教科书的农民媒介形象所折射出来的文化观，是以马克思主义为方向，以儒家学说为中心的传统文化为基础与以西方先进思想为补充的有机融合，而不是不分精华与糟粕地对中国传统文化全盘照收。

---

① 〔英〕斯图尔特·霍尔：《表征——文化表象与意指实践》，徐亮、陆兴华译，商务印书馆，2003，第 15 页。

教科书的思想倾向的存在有其必然性。共和国建立后，执政党始终严格教科书控制。国家权力与教科书之间的关系，集中体现为教科书的四大制度：编审制度、选用制度、出版发行供求制度、评价制度。1986年之前，国家实行的是"编审合一、一纲一本、统编通用"的"国定制"教科书选用制度，教科书选用权在中央政府及地方教育行政部门，或者在中央与地方教育行政部下属的相关职能单位；而1986年至2011年，中国实行的是"编审分离、一纲多本、竞编选用"的"审定制"教科书选用制度；[①] 2012年初，中小学语文、历史、政治三科部编版教科书编写工作启动，中小学教科书再次进入"统编通用"时代。其中的出版环节，除短期出现由具备教科书出版资格的数家国有出版社出版垄断外，大多数由人民教育出版社独家出版。

教科书出版制度的些微变化及其一以贯之的特性，充分反映了国家对于教科书出版活动的严格把控。党和国家领导人历来高度重视中小学教科书建设，明确提出教科书建设是"国家事权"。国家教材委员会委员、德育一体化专家委员会主任韩震认为，中国要培养认同自己的国家、认同自己文化的可靠接班人和合格建设者。国家事权就是体现国家意志。全国政协委员、中国教育学会副会长、史家教育集团校长王欢认为，立德树人的根本任务要落地，使之落地的工具是教科书。[②] 第10套人教版中小学语文、政治、历史教科书中农民媒介形象的内容，均须经过垄断出版环节的合格标准的检验。毫无疑问，教科书中的农民形象内容，只能在社会主流意识形态基本框架内建构。

（二）形式：柔性教育

教科书对农民媒介形象的呈现，在形式上是柔性的。这集中反映在符号和表达方式两大方面。

首先，在符号上，教科书颇具特色。第一，教科书重视文字与图片的搭配。教科书以文字为骨干，但又辅以丰富的插图。插图在图书媒体中主

---

① 李水平：《新中国教科书制度研究》，博士学位论文，湖南师范大学，2014。
② 汪瑞林：《如何发挥好三科教材育人功能》，《中国教育报》2018年3月12日，第4版。

要发挥四种作用：一是用插图展示内容，由符号的形象、直观而将信息具体化；二是补充文字部分，添加文字未提供的信息；三是简化有关须用大量文字方能表述清楚的复杂问题，有益于课文的简洁明快；四是图文并茂，美化版面。① 培养理论认为，大众传媒是现代社会的"故事讲解员"（story-teller），在传播特定的价值时通常放弃说教的方式。② 中小学生处于生理、心理的发育期，社会阅历不足，思想活跃但又视野有限，与理解能力密切相关的逻辑思维等处于持续成长状态，而语言文字是人为符号体系，便于概括、抽象，但不学习则无以掌握，图片则逼肖符号所指，人们借助日常生活经验往往可以理解其语义，但不便于概括、抽象。显然，教科书课文的"图文并茂"有助于农民媒介形象建构的直接与间接相结合，与目标受众的接受偏好存在良性互动的基础。第二，在文字上，以白话文为主体，文言文较少。语文教科书对此表现得最为突出。在建构农民媒介形象的语文教科书中，文言文占课文总量的 21.7%，不及白话文的 1/3。教科书这样处理有其必然性。一方面，即便晚清时期的文言文，终因与当前广大中小学生的日常生活距离远而让目标受众的接受难度增加。另一方面，除了特殊场合，使用白话文是中国的基本语言政策③，作为体现国家意志的教科书必须身体力行。不过，从教科书的功能看，第 10 套人教版中小学教科书课文的文言文偏少。承上启下，传承中华优秀传统文化，是教科书的又一重大功能。习近平总书记在党的十九大报告中指出："中国特色社会主义文化，源自于中华民族五千多年文明历史所孕育的中华优秀传统文化，熔铸于党领导人民在革命、建设、改革中创造的革命文化和社会主义先进文化，植根于中国特色社会主义伟大实践"。④ 源远流长、博大精深的中国传统文化的保存主要依靠文言文，而以互联网为中心的新媒

---

① 章志强：《浅析书籍设计中插图的表现方式》，《文艺生活·文艺理论》2016 年第 5 期。
② 郭庆光：《传播学教程》，中国人民大学出版社，2011，第 206、208 页。
③ 2001 年开始实施的《中华人民共和国国家通用语言文字法》第 3 条规定"国家推广普通话"，而国务院 1956 年 2 月发布的《关于推广普通话的指示》明确普通话"以北京语音为标准音，以北方话为基础方言，以典范的现代白话文著作作为语法规范"。见中国语言文字网，http://www.china-language.gov.cn/fw/zwxxhpt/201704/t20170412_5230.html。
④ 习近平：《决胜全面建成小康社会 夺取新时代中国特色社会主义伟大胜利——在中国共产党第十九次全国代表大会上的报告》，人民出版社，2017，第 41 页。

体的快速成长与新媒体中文不规范表达的持续扩张及其示范作用，客观上加剧了广大青少年对中华传统文化的疏远及由此带来的盲知，不利于国民素养的健康养育。中华人民共和国教育部、国家语言文字工作委员会联合发布的《〈国家语言文字事业"十三五"发展规划〉分工方案》（教语用函〔2016〕6号）第11条规定："强化学校语言文化传承功能，推进各级各类学校开展中华经典诵写讲行动，加强中小学古典诗文教育教学。"从中小学教育的基本功能与时代要求看，中小学教科书，尤其是语文教科书适当提升文言文在课文中的比例，有益于传统文化的传承与发扬光大。

其次，在表达方式上，叙述所占比例最大，议论占比少，描写在个别科目中占优，呈现出柔性教育的性质。所谓柔性教育，是一种适应性教育，其中的教育方式，因势利导，以接受者能够甚至乐于接受的途径、方式传播以世界观为依托的理念、知识及其体系。第10套人教版基础教育教科书在柔性教育上有如下具体表现：第一，叙述总体占比最高。叙述主要用于记叙文，但说明文、议论文在列举材料或提出论据时也必须使用叙述。叙述，着重于交代事实的变化或发展过程，与形象思维关联密切，便于中小学生理解，从而有助于落实出版方的根本出版目的。叙述在政治课教科书中占比最大，可以说明出版者存在尊重受教育者接受偏好的倾向。第二，议论占比少。一方面，议论是议论文最基本的表达方式，在记叙文、说明文中点明主题等时也难免少量采用；另一方面，又与逻辑思维联系密切，便于概括、抽象，故多集中在高中阶段的教科书内。第三，描写在语文教科书中占比较高，绘声绘色。这与语文课文的特点相关。语文课的基本功能是语言教育、审美教育，采取对叙述、描写、抒情运用较为繁密的散文、小说文体有益于落实语文课的教学目的。显然，教科书表达方式上的特点与中小学生的接受偏好及其成长变化是密切相关的，是适应性教育的具体体现。

中小学教科书采取的柔性教育方式在于教科书的特殊功能。表面上看，教科书与教师、学生构成课堂教学的三大基本要素，采取柔性教育方式是教科书的内容与目标受众之间的良性互动使然，但深层动因则在于教科书的根本功能，即立德树人，辅助基础教育对青少年儿童实施核心价值观、基本的普通文化知识与公民基本素养的培育。国家教材委员会委员、德育一体化专家委员会主任韩震认为："教育具有塑造未来的功能，教材是规范教育的最主要的遵循，因此教材必须体现国家意志。"① 人教社社长黄强认为："教育的基本问题是培养什么人、怎样培养人，教材是解决这一根本问题的重要载体。"教材建设"要循序渐进，贴近不同年龄段学生思想、学习、生活实际，将知识、能力、情感、价值观培养有机结合，增强教材的实效性和感染力"。② 而培养理论强调借由媒介提示的"象征性现实"对人们认识和理解现实世界产生巨大影响，同时这种影响不是短期的，而是一个长期的、潜移默化的"培养"的过程。③ 中小学生正处于人生的身心发育阶段，精力旺盛，求知欲强，处于世界观、人生观的形成期，分辨能力偏弱，因此，中小学教科书构建人物媒介形象不应"强制灌输"，而应遵循教育原理、传播规律耐心培养。一方面，尊重中小学生的身心发育特点，因材施教。另一方面，因科目而有同有异。各科之间既有相同之处，如教科书的根本性质、基本功能一致，教育方式的柔性不可或缺，但各科教科书的教学目标又不尽一致，柔性的教学方式又各有侧重。如，教科书要给学生以正确的人生指导，内容须具一定的刚性，其中政治教科书讲求传播基本原理，理论性、时新性较为突出，内容的刚性与抽象相结合，故强化内容的柔性表现有益于目标读者接受，体现了出版者对中小学生的接受特点认识清醒，有助于推动承载意识形态的农民媒介形象走向良性培养方向。历史故事是历史教科书的重要内容，语文教科书以思想准确、情感丰富、形象鲜明、语言精美的文学作品为重点，两科为柔性教育方式的多元化和富有弹性提供了较为宽阔的空间。

由第 10 套人教版中小学语文、政治、历史三科教科书课文的内容分析，本文主要得出以下结论。

一是，农民在教科书中占据较为重要的地位，课文总量较多，农民媒介形象的性质以积极为主，兴奋点集中于农民勤劳智慧的性格。

二是，教科书是意识形态的传递者、塑造者，内容的选择与组织，隐

① 汪瑞林：《如何发挥好三科教材育人功能》，《中国教育报》2018 年 3 月 12 日，第 4 版。
② 黄强：《新时代 新教材》，《中国新闻出版广电报》2018 年 5 月 7 日，第 5 版。
③ 郭庆光：《传播学教程》，中国人民大学出版社，2011，第 205 页。

藏着社会结构的权力分配原则①，体现了出版者的培养与控制意图。教科书在农民身份和材料的选择上同主流意识形态保持一致，是国家意志的体现，践行了出版者的把关职责。

三是，教科书中的农民形象以及农民所主导的农村生活是对中国传统农耕文化的记录与建构，自觉或不自觉地折射出传统文化观，是马克思主义、以儒家学说为中心的传统文化与西方先进思想的有机融合。

四是，教科书出版追求一种柔性教育，贯穿潜移默化原则。其具体表现为三点：一是符号的图文并茂，易于理解。二是语言表达上各科目分工合作。语文多散文、小说课文，重视情感教育，讲求美育；历史重史实，叙述多，语言平实；政治重视思政教育，着重于传播思想政治的基本原理。三是各年级、各科目中的农民媒介形象有同有异。其异同与教育规律和学生身心发展规律密切相关，有助于远离强行灌输。

本文系欧阳明教授与研究生杨晓琴合著，发表在《郑州轻工业学院学报》（社会科学版）2020 年第 3 期

---

① 〔美〕M. 阿普尔、L. 克丽斯蒂安-史密斯主编《教科书政治学》，侯定凯译，华东师范大学出版社，2005，第 320 页。

浅议图书媒体的广告业务

    在我国生机勃勃的媒体广告业务活动中，图书的身影是很难被见到的。在大众传媒业的业界人士心目中，报纸、期刊、电视、广播、互联网与户外的楼宇、车辆等适合投放广告，电影也有做广告载体的资格，而图书和广告不搭界，即图书媒体似乎不便于被投放广告，不少人更以国家工商行政管理局、新闻出版总署 1990 年 3 月曾做出的"出版社可以利用公开发行的年鉴类工具书经营各类广告，其他公开发行的图书只准用来经营书刊的出版、发行广告"① 的规定反对出版单位利用非连续出版的图书从事非书业的广告业务，图书出版业自然也就没有必要从事广告业务活动。图书出版业即便涉及广告，那也是借用本版图书或其他媒体来为本社新书做广告宣传，其广告的客体是图书，如金强《图书广告宣传中的媒体选择刍议》（《现代出版》2011 年第 5 期）所探讨的图书广告指的就是这样的广告活动。这样的广告活动中，图书出版者是广告投放者与付费一方。那么，作为一种大众传媒，图书果真不可以被投放广告吗？反过来说，图书媒体能不能作为广告的载体并依次向广告客户收取广告费用呢？如果答案是肯定的，那么，我国图书出版业为什么不可以通过图书媒体开展广告业务呢？广告投放在图书出版的传统与新变的互动之下又应该如何进行呢？不过，在世界发达国家以及中国台湾地区，是存在图书媒体广告业务活动的。同时，出版业、广告业的变化也迫切需要对图书业与广告活动之间的互动进行认真研究。一方面，前述 1990 年 3 月

---

    ①   公权：《书媒广告，主动权在谁手》，《新京报》2012 年 5 月 7 日。

出台的限制图书业从事广告活动的规定自 2004 年 8 月被国家工商行政管理总局废止后，上海音乐出版社《天才郎朗》等少数图书出版对广告业务已有所涉猎。^① 另一方面，中国出版协会与京华傲博文化传播有限公司建立项目合作伙伴关系，将对图书刊发公共广告提供资金支持，规定出版单位每刊发一册书的封底公益广告，由京华傲博提供 0.06 ~ 0.12 元的补贴。^② 其中，江苏文艺出版社出版的《我的儿子马友友》一书等首刊公益广告。

然而，对于图书媒体广告业务这一问题或现象，笔者始终未见有专文做理论探讨。毫无疑问，进行专门讨论图书媒体的广告业务对我国图书出版业和出版学的健康发展都是大有裨益的。

一　图书媒体开展广告业务的必要性

从图书出版工作看，我国开展图书媒体的广告业务可以一举多得。所谓图书媒体的广告业务，指的是图书出版单位自己或通过专门的广告公司利用公开出版的图书版面向社会公开传播广告客户的有关商品、有偿服务、活动等信息并由此收取一定费用的广告经营行为。在图书媒体的广告业务中，图书媒体是广告的载体，各种有关商品、有偿服务、活动等信息是图书媒体广告的客体，图书出版单位或专门的广告公司为广告业务的主体，广告商是广告业务的服务对象。近年来，我国每年出版图书 30 万种左右，版面众多而多样，但基本不涉及广告业务。图书出版业远离图书媒体的广告业务，主要原因在于相形于报刊广电互联网出版的连续性，图书因自身出版的非连续性而在广告信息的传播上缺乏优势。不过，从图书传媒的特点与出版工作的实际看，图书出版单位利用图书传媒开展广告业务活动是有好处的。其利主要有二：一是有助于充分开掘图书传媒的产业发展潜力。我国图书出版规模巨大，2010 年图书出版已达 32.8 万种、71.4 亿册^③，且

① 公权：《书媒广告，主动权在谁手》，《新京报》2012 年 5 月 7 日。
② 张贺：《新书限折令再度报批，价格战可能成为历史》，《人民日报》2012 年 3 月 26 日。
③ 吴娜：《2010 年新闻出版产业成就显示：数字出版增速最快》，《光明日报》2011 年 7 月 21 日。

近年来每年均有不少短期内销量惊人的畅销书，如刘心武《揭秘〈红楼梦〉》至 2006 年 6 月销售已超过 60 万册，易中天《品三国》开印即达 55 万册，2010 年《共和国的脚步》《公众防灾避险应急手册》《首都市民安全用药知识手册》《防震避震常识》等 32 种书籍印数悉超过 100 万册。如此大的图书销量若不多元开发如适当投放广告则实在可惜。二是开辟、扩大图书出版业的财源。在我国，除了极少数的图书出版社，如北京的人民出版社、盲文出版社、民族出版社属于大力承担公共利益出版责任的出版社之外，其他出版社均属于企业，如湖北省范围内的出版社俱属于企业。企业赢利，天经地义。因此，图书出版业通过广告来赢取经济收入，对于增加行业经济收入，抑制近年来书价的快速乃至畸形上涨，扩大图书销量，增强图书媒体的社会影响力和生命力，改善大众传媒业之间的媒介生态平衡都大有裨益。

从当前图书出版业的现状看，我国图书出版业利用图书传媒适当开展广告业务更有必要。首先，有助于扩展、拓宽图书出版业的产业发展道路。长期以来，我国图书出版工作在赢利上主要依靠一条途径，即将图书的发行收益作为出版单位的主业并以此获取自我生存、发展的主要资金渠道。鉴于互联网、电视等媒体对图书出版业越来越强大的冲击和社会转型所带来的受众接受结构、心态等的巨大变化，我国图书出版业既往仅依凭图书发行来保持生存、发展的模式正面临越来越严峻的挑战。穷则思变，"将鸡蛋放在一个篮子里是危险的"，西谚的这个道理同样适用于图书出版。我国的图书出版业与电视业颇为相似。我国电视业长期以来亦单腿经营，与图书出版业不同的只是其所依赖的对象是广告，即仅依靠广告收入作为电视业生存、发展的经济来源。在这样的情况下，一旦我国经济形势出现巨大波动，电视业势必因发展资金的捉襟见肘而大受影响。为了改变这种过度倚重广告的局面，我国电视业大力拓展资金来源，积极推动收费电视走入千家万户，通过从电视用户那里收取有线电视等收视费用，推动其主要的经济来源由单一演变为"两条腿走路"，即广告与收费并驾齐驱。图书出版业也应进行类似的战略谋划。同时，图书出版业从事出版业之外的经营活动，如将旅游等业外业务作为出版单位的主业之一，就如同钢铁公司大力开展养殖业①，有将其主业钢铁冶炼或图书出版业边缘化之虞。因此，图书出版业适当开展图书广告业务活动有助于扩展、拓宽图书出版业的产业发展道路。

其次，有助于在一定程度上改善图书出版业的发展态势与发展前景。相形于网络、电视等传媒业的发展，图书出版业多年来的前进步态较为缓慢且不稳定。我国图书出版业近年来尽管定价码洋在增长，但图书单本发行量下降，库存增加，发行量起伏不定。2003 年，我国图书总印数为66.7 亿册，较上年度下降了 2.9%。② 2004 年总印数再跌至 64.13 亿册，③再降 3.85%，而 2010 年的 71.4 亿册仍少于 1999 年的 73.16 亿册。书籍的平均印数从 1999 年的 29000 册减至 2009 年的 15800 册。④ 同时，国家对图书出版业行政保护政策的若干调整客观上需要图书出版业在经营上多些手段。比如，国家对每一个省级行政区域内有从事教科书、教辅图书资格的出版单位的严格限制，客观上恶化了部分图书出版机构的生存、发展的社会环境。再如，国家对中小学教科书价格的严格管控在减轻广大中小学学生家庭经济负担和促进社会和谐的同时，又压缩了图书出版业因长期倚重教材教辅出版物而形成的行业利润空间。面对图书出版业的现状，据笔者多位至今仍在出版社编辑一线工作的老同事讲：图书出版已经成为夕阳产业，前景不妙。面对如此严峻的现实，图书出版业若能合理地利用图书的媒体空间开展广告业务活动，就为图书出版业增添了一条经济来源，有助于提振行业信心，对于图书出版业的发展只有收获而没有损失。

最后，有助于优化图书出版业的内部分工和经济结构。仅依靠发行工作来获取图书出版单位自我生存、发展资金的赢利模式存在如下两种突出的缺点：一是往往导致编辑人员介入经营工作，并进而影响图书出版物的产品品质。编辑介入经营活动，势必高度关注、倾向于有良好发行量的图书而降低编辑部对图书社会效益的重视。要避免出现经营方因经济利益诉

① 佚名：《武钢将投资 390 亿元养猪种菜》，新浪财经，http://finance.sina.com.cn/chanjing/gsnews/20120308/111311542710.shtml。

② 佚名：《中国新闻出版统计资料汇编》，中国劳动社会保障出版社，2004，第 1 页。

③ 王利明：《2004 年中国图书市场发展状况分析》，《出版发行研究》2005 年第 11 期。

④ 孔则吾：《秋后的算帐》，《出版广角》2010 年第 10 期。

求而忽视媒体产品质量等过度商业化倾向，采编与经营不分一向为连续性出版的报纸、期刊、广播、电视出版工作中的行业大忌。相形之下，图书出版业通常实行项目制，因一本书一个书号而更强调编辑人员工作的单独作战能力，往往将出版成本等经营元素直接纳入媒体的编辑工作当中，因此包括项目制管理在内的图书编辑工作流程容易出现将经济效益安排在社会效益之上的现象。一本很有社会价值的图书会因为经济回报不高而为图书出版单位放弃，而一本出版价值不大的图书却因市场经济回报高而受到编辑部的热捧。这有违图书出版业的行业宗旨，对图书出版业的健康发展显然是有伤害的。二是由于对发行工作过度依赖，打折销售、商业回扣（如私下给购书大户大量的购书款回扣）现象在图书营销中层出不穷，极大地削弱了图书出版的美誉度。而适度开展广告业务，有助于图书出版业改变发行一腿独撑的主业赢利局面从而推动行业经济结构的优化。

我国图书出版业积极开展图书媒体的广告业务是改善图书出版业经济支撑的战略之举。面对社会主义市场经济大潮，我国所有的大众传媒业除了极小部分的公益性传媒需要施以国家政策保护之外，其余唯有在市场中学会游泳才能够进入自我生存、自我发展的良性循环。在文化体制改革走向深化的今日，居安思危，转变思路，勇于改革，善于探索，扩大自己的生存、壮大空间已经成为我国图书出版业的必然选择。显而易见，图书出版业关心、开展图书媒体的广告业务是不应再被忽视的。

二 图书出版业开展图书媒体广告业务的主要对策

尽管图书出版业大有必要开展图书媒体广告业务，但随之而来的关键性问题是：图书媒体开展广告业务具有可行性吗？总体看，图书出版业开展图书媒体广告业务不仅具有必要性，而且具有可行性。关键是要尊重图书媒体广告业务的科学规律，既要树立信心，态度积极，又要行动谨慎，遵循客观规律，谋划科学思路，讲求正确的方式方法。图书出版业开展图书媒体广告业务的主要对策由信息传播重点、版面实施位置与宣传实施途径三个领域组成。

（一）图书媒体广告业务的信息传播重点

作为一种媒体，图书具有其他平面媒体、电子媒体所不具备的长处与短处。图书传媒有倾向学习、非连续出版、长于文化积淀与传承的特点，因此，图书媒体广告业务应该紧紧围绕图书信息传播的特点，以及出版物的主题与题材范围来选择广告内容，从而强化广告的针对性、有效性。

在信息传播重点上，图书媒体的广告业务应注意如下要点。

一是图书出版信息。一如既往地利用图书的有关版面介绍本社或其他出版单位近期的图书出版信息。好酒也怕巷子深。我国每年新版、重版图书 30 万种左右，图书发行工作最大的困难是出版社不易找到需要购阅此书的读者，想购阅此书的读者又常不知道此书已经出版或不知道如何购买此书。图书出版本身是需要广而告之的。这种将图书作为广告业务客体的图书广告早已有之，不为新辟。

二是投入与本书内容相近的商品广告信息。在各种传媒中，图书传媒受众共同点最为集中。一本图书的受众在兴趣心理、社会地位、经济收入、消费习惯等方面往往相近，故图书媒体广告不能与单本书的内容脱节。比如，教辅类图书可以刊发书包、计算器、学习机、近视眼治疗仪等与学生学习活动相关的商品广告，育儿类图书无妨刊登童车、婴儿食品等儿童用品广告。

三是将常销商品与商品品牌作为广告业务的重点之一。鉴于图书的非连续性出版与读者可以反复阅读的特点，图书媒体广告以选登常销商品广告与突出商品品牌为上，尽量避免登载短期内销售的商品，从而维系图书媒体广告的商业宣传优势。比如，在有关汽车类图书中，刊发广告以长销汽车品牌如捷达、富康、桑塔纳、红旗为宜。

四是商业信息与多种传媒的合作。图书与其他大众媒体之间在广告宣传上相互配合。在有关商业活动信息的广告宣传上，我国图书媒体广告手段贫乏，长期以来多采取工商单位名录手册、电话号码簿等广告书的形式。从广告效果看，这种只有广告信息而没有其他信息的单一媒体广告的广告书，商业宣传效果不及多种媒体短期内一起上阵而形成共振的方式。因此，图书传媒可以通过和报纸、期刊、广播、电视、互联网等的媒体互动互助进行广告宣传。各种媒体之间广告宣传的互动互助，有益于拓展、放大图书媒体广告业务的市场空间与活力，也有助于优化大众媒体广告市场的结构与发展实效。

五是关注公益性广告。作为公共产业之一，图书出版业在相关的图书版面刊发节约能源、保护妇女儿童、依法纳税等公益性广告自属其本分，不容推卸。

（二）图书媒体广告业务的投放位置选择

首先，图书媒体用于广告业务的版面位置选择要慎重。一是图书种类的选取。图书出版分大众出版、教育出版和专业出版三大块。那么，从广告营销看，大众图书出版的广告宣传所适用的商品种类相对广泛，与民生联系较为密切，教育图书出版的广告宣传范围收窄，应以文化教育的商品为主，而利用学术专著等专业图书出版从事广告宣传则宜贴近目标读者的基本面貌及其接受兴趣，所适用的商品广告宣传更讲求集中、精准，如医学领域的专业图书可以进行药品、医疗器材商品的广告宣传。若处置不当，如在宗教研究或石油工业研究的专业图书中投入游戏广告，不仅难以获取所期望的传播效果，反而易适得其反，让读者生发厌恶。二是传统图书版面的选取。所谓传统图书版面，指的是既有的图书版面，主要指书芯、封皮、环衬等图书版面。总体看，图书的封面即封一、内文页面一般不适合刊登广告，尤其是非书广告。图书出版业可以将广告版面安排在固定的版面处，如封二、封三、勒口甚至封底，也可以在书腰、书套安排广告，从而培育广大读者的接受心理定式，有益于增强广告宣传的传播效果。

其次，积极而合理地开发用于广告宣传的图书版面空间。图书媒体广告的空间开发：一是因地制宜地安排广告宣传插页，并在其间置放专门的广告或混合的广告；插页的位置可以在图书中部，也可以安排在封底里即封三之前甚至在条件允许下而安排在封二之后与扉页之前。二是图书的封面如可设计为拉页或折叠式，其首页之外的版面均可以适当安排广告内容。不过，鉴于拉页或折叠式的封面形态新颖、活泼，故多适于面对青少年的图书、畅销书一类偏向大众图书的出版物。当然，这一类广告宣传的成本宜从广告收入中支出，以不提高图书的定价。

（三）图书媒体广告业务的主要宣传实施途径

较之报刊、广播电视和互联网，图书因非连续性出版而用来进行广告宣传会呈现一定的弱势。因此，图书广告应该注意扬长避短，善于通过编辑出版上的处理，化非连续性出版为在一定阶段内的连续性出版。

总体看，图书媒体广告业务的主要实施途径有五条。其中，前三条的核心是如何化图书出版的非连续性为连续性，后两条的关键是丰富图书媒体广告业务的宣传实施路径。其五条途径如下所述。

一是利用系列丛书进行广告宣传。系列丛书在出版上有两种情况：其一是一次性出齐，其二是陆续面世。一次性出齐，宣传声势壮，影响大。不过，利用系列丛书进行广告宣传应将主要精力用在系列丛书的陆续面世上，并善于在"陆续"的时间线上予以组织。通过一定的时间距离来陆续发行系列丛书，有助于突破图书非连续性出版的局限，从而化图书出版的非连续性为连续性，推动系列丛书形成类似于报刊的广告宣传时间形态。不过，由于图书以传播学习、文化积淀与文化传承的信息为主而很少有新闻，故是类广告陆续面世的时间间隔以周、旬、半月、月、双月为宜。如果10本一套的丛书每周推出一本，那么，同一广告的宣传就可持续10周。

二是通过联合打造连续性出版的平台开展广告业务。此即整合本社、本集团内部或联合若干家出版社、集团，将选题相近的若干单行本图书集中在一定的时间段内并按一定的时间间隔先后出版。这同样可以化图书出版的非连续性出版为连续性。联合起来打造连续性出版的平台仅限于出版甚至印刷的方式，而可不必涉及编辑环节。如此举措还可以带来其他好处，如通过增量与减少发行、印刷环节可以节约图书出版的成本，形成本社、本集团或若干家出版社的共赢与做大做强的局面。

三是利用近年图书分册分期出版的新形式进行广告宣传。近年来，我国图书出版开始流行分册分期出版，即一部完整的书稿被分为若干册并间隔一定的时间分头出版。图书分册分期出版有两类：其一是作者分期交稿，出版社随之分期出版，如上海文艺出版社对易中天的《品三国》的出版是 2006 年出版上册，2007 年再出版下册。类似的分册分期图书出版还有余华的小说《兄弟》、章金莱的《六小龄童品西游》等。其二是作者已经将书稿一次交齐，但出版社为了调动读者的购阅热情则采用分册分期出版。如，毕淑敏的小说《女心理师》共 50 万字。在作者将该书稿一次性地交到出版社的前提下，出版社将该书分为 22 万字的上册、28 万字的下册，分别在 2007 年 4 月上旬与下旬出版。① 显而易见，图书出版的这种新方式为图书媒体实施广告业务提供了新的路径与机会。

四是建立图书出版社的本社网站，通过网站既销售本社图书，又经营广告业务。

五是开拓发行渠道，通过多种发行渠道在发行图书的同时来搭售广告。目前，除了新华书店、民营书店之外，中国邮政系统也已经取得了图书总发行的资格。② 图书媒体广告业务主体宜多元化：既可以由出版社的经营机构负责，又可以依法积极尝试委托广告公司负责，还可以与中国邮政系统进行战略合作。不过，鉴于图书媒体的广告业务尚处于起步阶段，故其在从起步始的一个相当长的时期内以图书出版单位的经营机构为主为宜。

三　开展图书媒体广告业务的注意事项

作为一种大众传媒，图书有其自身的特点，图书出版业开展广告业务活动要兼顾大众传媒广告业务活动的共同性与图书广告业务活动的特殊性。因此，图书出版业开展广告业务活动有如下注意事项。

一是图书出版业在主业图书的营利模式上因为图书出版的非连续性特点而应以发行为主，广告为辅。图书的版面首先是用来推销本书，然后才是开展广告业务。广告业务是对图书媒体经营潜力的开掘。而图书出版业的实体信息与实体经济实力还是在于出版物的出版发行售卖，故当图书销

---

① 陈熙涵、李建萍：《吊足胃口姗姗来迟，新书流行分册分期出版》，《文汇报》2007 年 4 月 4 日。

② 王立纲：《2005 传媒年度创新报告》，《青年记者》2006 年第 1 期。

售与广告刊发双方发生冲突时，图书出版业应将图书销售放在第一位。图书出版业若过度重视广告业务，则容易损害实体信息的传播和实体经济的斩获，从而削弱图书出版业的主要社会服务功能，妨碍图书出版业的赢利主流。

二是审时度势，灵活多样，耐心培育。在中国，向图书媒体投入广告，尤其是图书出版信息之外的广告尚属新生事物，大部分人包括图书的作者对之持观望态度是非常正常的，图书媒体的广告业务遭遇一定的阻力也在所难免。为此，图书媒体在积极主动承揽广告业务的同时，又要实事求是，循序渐进，量力而行。在初始阶段，图书出版业开展图书媒体广告业务应着重于广告传播业绩的提升和广告市场的拓展，以微利为主，必要时也无妨减免费用甚至免费。同时，图书不同于报刊的是，作者多为一人，故出版单位在国家未出台明确的图书广告规范之前开展广告业务应和该书的作者进行协商。对图书媒体开拓广告业务活动是需要一定耐心的。媒体经营凭实力说话。只有当图书媒体广告业务做大，图书出版业对图书媒体的广告业务才会拥有不容忽视的支配能量和话语权，有较为开阔的自由王国空间自在飞翔。

三是出版单位依据国家有关法规处理中小学教科书的广告活动，实施中小学教科书广告刊载的特殊准则。其一，教科书不刊发商业广告。《教育部办公厅关于 2018 年中小学教学用书有关事项的通知》（教材厅函〔2018〕5 号）规定："中小学教材中不得夹带任何商业广告或教学辅助资料的链接网址、二维码等信息。"其二，明确图书广告与借助教具、校服、校车等，尤其是小黄帽、红领巾从事商业广告之间的区别，并远离后者。《教育部办公厅关于严禁商业广告、商业活动进入中小学校和幼儿园的紧急通知》（教基厅函〔2018〕77 号）规定："严格按照广告法等相关法律规定，杜绝企业以任何形式发布不利于中小学生和幼儿身心健康的商业广告。"① 我国中小学教科书的出版实行国有出版机构垄断出版制度而不是私有出版机构的市场竞争出版制度，这样的教科书出版规范不同于我

---

① 《教育部办公厅关于严禁商业广告、商业活动进入中小学校和幼儿园的紧急通知》，教育部官网，http://www.moe.gov.cn/srcsite/A06/s7053/201810/t20181012_351283.html。

国台湾地区。从 2004 年开始，我国台湾地区中小学教科书出版全部实行"审定制"。其特点有五：一是出版者为"民间出版业者"，即非公营出版者；二是出版者为企业；三是出版者根据台湾地区教育主管部门的标准组织教科书编写；四是由台湾地区教育主管部门审核并通过方具备出版资格；五是教科书的售价由台湾地区教育主管部门确定。[①] 因此，我国的前述国家关于中小学教科书的广告规范是立足于中国国情而制定与实施的，出版机构应该恪守。

本文发表于《郑州轻工业学院学报》（社会科学版）2013 年第 2 期

---

① 徐升国：《台湾教材由垄断走向竞争》，《出版参考》2002 年第 9 期。

非虚构写作研究

报告文学文体属性的叙事学简析

报告文学是对当代社会所发生的重要事件或人物进行的形象化报道。但是，报告文学的文体属性至今仍不乏争论，有的说它是文学，有的说它属新闻。按照法国《罗伯特法语词典》的定义，叙述学或曰叙事学，是关于叙事作品、叙述、叙述结构以及叙述的理论。[①] 如果将报告文学与叙事文学如小说比较，并证之以叙事理论，结论是明确的：作为边缘文体，报告文学根在新闻，枝入文学，其重心在新闻一方。

首先，报告文学与其他叙事文学在叙事上有真伪之辨。

毫无疑问，文学的叙述是伪陈述，而报告文学的叙述则为真陈述。文学的伪陈述，就在于其所叙述的一切并不等于现实生活中的具体人物或事件，即便是以现实生活中某一原型为"模特儿"的文学作品，如小说《欧阳海之歌》《青春之歌》《敌后武工队》等也异于实际生活，难免事实间的移植、缀合、想象或生发。长篇小说《欧阳海之歌》的作者金敬迈在小说的"附记"里说，"小说只跟随着英雄成长的脚步，描述了他的某些片段。从这个角度来看，书中所反映的事迹基本上都是真实的，是有事实根据的。另一方面，为了更好更集中地表现英雄伟大的一生，以及他在党的哺育下一步步发展成熟的过程，不得不在众多的材料中有所取舍，进行一定的加工，在时间、地点、英雄与周围人物的关系等方面，有所集中和概括。就这个角度来看，这部小说又不能算是严格的英雄生平事迹的记录"[②]。所谓的取舍、加工、集中与概括，就是文学创作必不可少的艺

---

① 张寅德编选《叙述学研究》，中国社会科学出版社，1989，第1页。

② 金敬迈：《欧阳海之歌》，解放军文艺出版社，1966，第444页。

术虚构，无论写实能占几成，只要有虚构，就不能以史实视之，不能以新闻视之。实际上，叙述若实而无虚，就为历史或新闻的记述而只有挥手告别文学。文学不要求处处非虚构。因此，这种包含虚无的叙述就使文学只有叙述意义而没有现实具在的叙述对象，从而成为一种不及物的叙述。而所谓报告文学的真陈述就在于其内容属于新闻，与现实生活直接对接，所叙述的一切是当今或距今未久的实有的具体人、具体事。在报告文学中，无论重大题材（反映著名大事件的，如钱钢的《唐山大地震》，杨匡满、郭宝臣的《命运》，理由的《倾斜的足球场》；反映著名人物的，如鲁光的《中国姑娘》、袁厚春的《省委第一书记》等），还是凡人小事（如肖复兴的《海河边的一间小屋》、乔迈的《三门李轶事》等），一切都有征可查，有据可依。《西游记》那样美丽的想象不属于报告文学。著名女报告文学作家孟晓云在《写我所感觉的和我所爱的》一文中说，"生活本来是什么样，我们就把它写成什么样"，"不加粉饰，摒弃虚伪，更不能有歪曲和捏造"（张德明编《报告文学创作谈》）。报告文学首先要具备现象的真实，其次才有与现象真实融一的本质真实。客观生活现象如时间、地点、人物、结果等的准确到位是报告文学创作的前提，所以报告文学才会有"六分跑，三分想和一分写"①的创作格言。那些不尊重事实、现象真实而任意捏合、选择乃至对事实张冠李戴的所谓"报告文学"，是文学性有余而报告性不足，实际上已是报告文学。因此，报告文学既存在叙述意义，又存在叙述对象，其叙述意义建立在实在的叙述对象之中，是一种及物的叙述。

　　报告文学与文学的相通点根本在于借用了文学的一些表现手法，诸如多样化的结构安排，讲求人物形象的塑造，注重具体形象化的语言表述等。相对于报告文学的生命线——叙述内容的真实、实在，这一切形式上的追求毕竟是第二位的。英文 Reportage 除了可译为"报告文学"之外，又可译为"通讯""新闻报道"，词源上同宗。前人没有将之定格为"文学报告"多少让后生的我辈有些遗憾。名不正则言不顺，后来人们关于

---

① 理由：《谈报告文学的炎凉》，载孟繁华汇编《当代作家谈创作》，中央广播电视大学出版社，1984，第 295 页。

报告文学的文体属性及其真实、想象诸问题的争执，举棋不定，不能不说与此"名"有关。报告文学对被报告者的心理揣摩、把握与描写必须有材料依据，要慎之又慎。文学是在"虚"中求"实"，而报告文学必须忠于作者的所观所听所感所思，在"实"中求"实"，没有任何讨价还价的余地。

其次，报告文学与其他叙事文学在叙述人上也有很大的不同。

由于虚构，叙事文学的作者与文本的叙述人不能同一。《红楼梦》的叙述人是那块神奇非人的"石兄"，茅盾的《腐蚀》的叙述人是女特务赵惠明"我"，《安娜·卡列尼娜》的叙述人是体现了作家人格的隐含作者而非列夫·托尔斯泰，小说《高玉宝》中的叙述人"我"因为想象虚构也仅仅是作家高玉宝的"第二自我"。叙事文学中的叙述人只是作者叙述的工具，只有"纸上的生命"而非"真实的、'活生生的'人"①。

相反，报告文学既然非虚构，因而它的叙述人不是现实世界的实在者，就很难让读者接受其叙述言说的真实可靠。从当前报告文学的创作实际看，绝大多数报告文学的叙述人就是作者，即作者与叙述人同一。文无定法，从生动、创新计，也有少数报告文学作品的叙述人，不是作者，而是与被报告的人物、事实关系相当密切的某个当代社会的实有人物。后一类叙述人有两种情况，一是被报告者，让被报告者自述。如吴芝麟的报告文学《捆不住的金狮》，其叙述人就是那位被报告的西安无笔画家。二是事实的见证人，由被报告者的亲戚、朋友、同事、目击者或其他有关当事人来叙述。如光明日报社记者理由的报告文学《湖滨梦》，其叙述人是前北京市公安局局长冯基平这位被报告者的孩子。总之，报告文学的叙述人必须有现实的生命而绝不是子虚乌有的"木偶"，它可以选择由哪位实在的"谁"来叙述，而不可以杜撰一人来叙述。至于打着"报告小说"旗号的叙述文学，常常有这样或那样的虚构，或虚张声势，或移花接木，或张冠李戴，因而其叙述人也往往虚拟假想，名不副实，与作者之间难免有距离。

---

① 〔法〕罗朗·巴特：《叙述作品结构分析导论》，张寅德编选《叙述学研究》，中国社会科学出版社，1989，第29页。

最后，报告文学与其他叙述文学在叙述视角上也表现得大相径庭。

叙事文学的叙述视角可分为外视角与内视角两类。在外视角中，由于叙述人与被叙述者的不同关系，又可分为全知视角与戏剧视角。这样，叙述视角可以分为全知视角、次知视角（内视角）与戏剧视角。其他叙述文学，比如小说的叙述视角百花齐放，应有尽有，各显神通。小说既有《三国演义》《安娜·卡列尼娜》那样的全知视角，叙事人比人物知道得多，无所不知，无所不晓，又有如鲁迅《孔乙己》、茅盾《腐蚀》那样的次知视角，叙事人与人物知道的一样多，两者同一，也有如海明威《杀人者》《白象似的群山》那样的戏剧视角，叙述人只介绍人物的外在行、言、貌而不洞察其内心和一些叙事人力不能及的言行。

相反，报告文学的叙述视角却有所侧重，全知视角占尽优势，次知视角居于少数，戏剧视角尚属空白。

大量的报告文学创作采用全知叙述视角，由作者夹叙夹议铺染而成。尽管报告文学的作者是人不是神，所知有限，但他却努力将所报道的人物或事件交代得清晰、透明，给人物或事件以一定的理性框架，并作用以一定的作者——叙事人同一的主观情思。报告文学作品尽可以生动，被报道的事实尽可以复杂、曲折，但事实必须充分、清楚，认识必须明确、鲜明。报告文学的这一文化特征，恰恰是其新闻本性的必然规范。在阶级社会，任何新闻都必然体现着一定阶级或集团的实际利益，社会主义的新闻报道也必然要体现党和人民的正义呼声。报告文学除了要传播重要而详尽的新闻信息之外，还要用马克思主义和党的方针政策对所报道的人物事件予以分析评价，指导教育群众，所以，报告文学创作主要采取全知视角就势所必然，其鲜明的政论色彩也是由此而决定的。

近年来，报告文学创作中也出现了一些以第一人称口吻为表征的次知视角叙述。基于全知视角叙述对所叙述人物事件的上帝般的全能、明了，那么，次知视角的叙述在报告文学创作中的运用就可以增强作品的可信性与亲切感。吴芝麟在谈及他创作报告文学《捆不住的金狮》时指出，因为没有机会到西安实地采访画家，手头材料不全，"如果硬写的话，势必会滥用想象的武器，最终导致作品的失实"，相反，"通篇以主人公对我讲述自己的故事的口吻写下来……亲切，自然，容易写出感情，……真是扬长避短"（吴芝麟《报告文学创作谈》）。

报告文学的次知视角一般有两种情况。一是由被报告者自述。除前述的《捆不住的金狮》外，肖复兴的《海河边的一间小屋》的叙述视角，就是被报道者——天津市一家副食品商店会计孙淑兰本人自述她两次让房的家事。二是由与被报告者有亲友、同事、见证人等关系的其他当事人叙述，如理由的《湖滨梦》。理由属于报告文学创作流派中的客观节制派。他反对议论太多，认为："自己的手中有现成的足够生动的情节与细节，可以充分展开行动的描写，又不去担心磕碰了谁，我才不抒情也不议论呢，宁愿一句都不要。那该多么干脆利落！"（理由《报告文学的遐想》）他的报告文学《真正的球迷》报告的是 1985 年北京"5·19"足球骚乱事件，但理由没有直接出面叙事评论，而是采用法庭作证式的叙述，让几位在"5·19"足球骚乱中没有卷入的球迷分别自述，互相参证。这种由几位当事人以次知视角叙述组成的报告文学作品在报告文学创作中还不多见。这种借他人言行来间接表达作者自己的态度与看法的方法，就巧妙多了。但是，报告文学采用次知视角叙述难度也大。鲜明的立场倾向，采访的难度，题材的局限，这些都使次知视角叙述还难以在报告文学创作中普遍使用。也因为同样的因素，笔者目之所及还未见到一篇报告文学作品采用戏剧视角叙述。很难想象一篇报告文学，只交代事件而空缺作者对事件前因后果的介绍、揭示并没有一句评论是个什么样子。报告文学，不属于纯文学，可以留待后人来发现作品的价值。报告文学是现实的反应，其基本价值属于所处的时代，也是离不开同时代的受众的，而不是意在身后的受众。目前，社会还难以接纳作者从报告文学文本中的隐退与非介入，难以接受作者面对报告文学文本中的被报告者的手足无措与无所适从。说到底，报告文学的这些叙述特点是由其新闻本性所决定的。

综上所述，可见报告文学其"本"位在新闻，其"节"展至文学。报告文学边缘文体轻重属性的明确必然宣告报告文学创作的"合理想象"论、"合理虚构"论之类高调的虚幻。对于报告文学，切不可望文生义。

本文发表于《写作》1995 年第 3 期

关于纪实文学的思考

名为"纪实文学"的叙事作品自 20 世纪 80 年代以来日见繁多。现在各种文学期刊或综合性杂志、报纸副刊鲜有拒发纪实文学作品者,不少大众传媒已经把纪实文学视为自己贴近现实、贴近读者乃至占有市场发行份额的重要环节。然而,与纪实文学的蓬勃兴旺形成鲜明对照的是,纪实文学生发的麻烦不少。一是官司多。好评如潮的纪实文学《天网》《法撼汾西》(两书由群众出版社分别出版于 1993 年、1991 年)的作者张平遭讼,这成为 1995 年中国文坛的一件大事。该年 6 月 7~8 日,北京市丰台区人民法院开庭,来自山西省汾西县的 8 名原告状告作者侵犯了他们的名誉权,认为两部纪实文学虚构不少,将一些事写得面目全非,歪曲真相。而张平称,两部纪实文学纯属小说,内含虚构,请勿对号入座。① 很明显,这场争执的胜败关键在于对纪实文学这种文体性质的界定,然而,恰恰在这个关键问题上,"中国文艺理论界尚无经典解释"②。二是垃圾多,即不良作品多。有人借口"纪实文学"打所谓的"擦边球",捕风捉影,生编滥造,格调低下,这些不良文字弄得纪实文学整体形象欠佳。纪实文学当然"仍然会继续存在下去"③,但这个调皮的孩子却不大"规矩"。现实的需求与困顿迫切要求理论界不再观望与漠视,应及时对纪实文学创作

---

① 王晓晖:《〈天网〉、〈法撼汾西〉引出诉讼文学如何与法律牵手》,《文艺报》1995 年 8 月 4 日。
② 王晓晖:《〈天网〉、〈法撼汾西〉引出诉讼文学如何与法律牵手》,《文艺报》1995 年 8 月 4 日。
③ 艾群、吴小龙:《张平,决不搁笔——〈天网〉、〈送撼汾西〉作者答记者问》,《文艺报》1995 年 8 月 4 日。

做出科学的总结与规范，以保证其健康发展，满足广大群众的正常文化需求，促进我国文学与新闻出版业的繁荣昌盛。

一 纪实文学尚不具备独立的文品

目前，纪实文学无论创作还是理论定性都是混乱的。

先说纪实文学创作上的混乱。纪实文学多有明显的议论色彩，叙事上也几乎与反讽、戏拟等曲笔断了往来。但总体看，纪实文学的创作现状在文体走向上明显杂乱，分别依傍以下三种文体。

第一，依傍报告文学。这一类纪实文学，内容属实，所反映的人物、事件、时间、地点、过程等现象事实均言之有据，忠于目击、采访与调查阅卷所得。《作品与争鸣》的评论员在《纪实文学要纪实》一文中说："纪实文学之所以为纪实文学，正在于其特点就是纪实，即写真人真事。纪实文学如果写的是假人真事，或半真半假，乃至三分虚构，七分真实，恐怕就很难叫做纪实文学。"[1] 《中国青年报》记者董月玲《第 50 个春天——"抗战"故地追踪采访记》（《青年文学》1995 年第 8 期）主要介绍中国政府对日本战犯的改造，举凡所述之抚顺战犯管理所所长金源、被赦战犯土屋芳雄等，我们都曾在 1995 年的中央电视台有关新闻节目中有所接触[2]，这一类纪实文学，实际上是时效性略差一些的报告文学，但仍坚持时代性，与名之为报告文学的大鹰《志愿军战俘纪事》（昆仑出版社，1987）没啥两样。因此，邓贤《中国知青梦》以"纪实文学"之名发表在《当代》1992 年第 5 期，有专家却称为"报告文学"[3]。这一类纪实文学实际是当报告文学来写的。

第二，依傍小说。如果说小说既有幻想型的《西游记》，也有"七分实事，三分虚构"[4] 的非幻想型的《三国演义》，那么，有一类纪实文学

---

① 《纪实文学要纪实》，《作品与争鸣》1993 年第 4 期。

② 中央电视台 1995 年 9 月 12 日第一套节目《焦点访谈》，题目为《面对历史的审判》。

③ 雷达：《一代心史——略论〈中国知青梦〉》，《当代》1993 年第 3 期；李炳银：《报告：追随生活》，《光明日报》1994 年 9 月 14 日。

④ （清）章学诚：《丙辰札记》。

则趋向于《三国演义》这一类型。实际上，已经有人在鼓吹纪实文学要"七分真，三分虚"①。这类纪实文学既"有现实依据又有虚构"②（郑伯农语），也就大致同于小说《欧阳海之歌》《高玉宝》乃至钱锺书的《围城》。无独有偶，汪廷煌的《报告小说初探》一文，就认为《林海雪原》《高玉宝》"早已存在于创作实践之中，只是没有冠以'报告小说'的名称而已"③。《围城》中的方鸿渐也被认为"七真三假"④。这类纪实文学实际是按非幻想型的小说来操作的。既然被告与原告都肯定两文内存有虚构，那么，《天网》《法撼汾西》当属此类纪实文学，是取材于现实而少幻想的小说。

第三，依傍散文。这一类纪实文学写的是个人的见闻、感受。如张洁《世界上最疼我的那个人去了》，在《十月》1993年第6期上以"纪实文学"之名发表，但在《文艺争鸣》1994年第4期第55页"张洁作品目录"栏内却赫然标为"长篇散文"。1994年8月13日《文艺报》将《世界上最疼我的那个人去了》与同写亲情的项小米的散文《伊甸之子》相比较，除了字数有差距外，很难发现两者有什么文体上的根本差异。这类纪实文学实际是按散文写的。

纪实文学到处依傍，却没有自己独据的文体根据地。这说明，纪实文学尚不具备独立的文品，所谓"纪实文学"属于伪名。

再说纪实文学理论上的混乱。这种混乱突出表现在对纪实文学文体属性的认定上。一方面，纪实文学常与纪实小说、报告小说乃至传记文学、报告文学混称，纪实小说与报告小说也混称。《天网》在《啄木鸟》1993年第1期和第2期上以"纪实小说"名义发表，到了1993年由群众出版社出版时又变为"纪实文学"。刘心武的《五·一九长镜头》在《人民文学》1985年第7期上发表时名为"纪实小说"，但也被人称为"报告小说"⑤，

---

① 姚文泰：《疯狂的文学　危险的倾向》，《作品与争鸣》1988年第7期。
② 王晓晖：《〈天网〉、〈法撼汾西〉引出诉讼文学如何与法律牵手》，《文艺报》1995年8月4日。
③ 汪廷煌：《报告小说初探》，《写作》1986年第3期。
④ 胡河清：《钱钟书论》，《当代作家评论》1994年第4期。
⑤ 游孟宪：《"报告小说"不是什么"新品种"——评〈报告小说初探〉》，《写作》1987年第1期。

余文秀在《面对报告小说的反思——兼说近十年报告文学之短长》一文中认为"报告小说"或称"纪实小说"①。巴桐的《中国大团圆前奏曲》以"纪实文学"见于《作品与争鸣》1988 年第 10 期,同期张炯《向中华民族发出呼唤》一文却称之为"报告文学"。更有意思的是,由湖南《新创作》杂志社主办的《纪实文学选刊》1987 年第 10 期刊发的诸文分别名为报告文学、传记文学、法制文学、纪实文学、纪实小说、报告小说等,由春风文艺出版社主办的《纪实文学》1987 年第 1 期到第 4 期除刊有报告文学、人物传记、纪实小说、口述实录文学、历史纪实之外,《空中之梦》一文竟名为"冒险纪实"。随意命名,似乎沾点"纪实"即可入围,"纪实文学"成了极少约束限制的大杂烩。另一方面,又有人认为这些文体名称之间并不是并列的关系。郑清和《〈无冕皇帝〉:纪实小说的再度崛起》一文认为:"在纪实文学中,有纪实小说、报告文学、传记文学、口述实录文学、特写等文学样式。"② 鲍昌也持此说。③ 雷达《由书摊引发的思考——纪实文学的现状和未来》一文说:"广义的纪实文学,也就是把报告文学、狭义的纪实文学、传记文学混在一起的那种泛纪实文学。"④ 何为"狭义的纪实文学"?在笔者有限的视野里,从未见雷达或他人对此有所界定。从《纪实文学》《纪实文学选刊》刊发的诸文中也难以明断,大约是指那种"七真三虚"的小说。这样,纪实文学又被看成一种文类,是包含少量虚构与非虚构的诸叙事文体的总称。这实在值得商榷。

创作的伪名生发理论的混乱,理论的混乱加剧甚至纵容了创作的混乱,一系列文内文外的问题也就源源不断出现。

二 纪实文学混乱的局面害处大

"纪实"本来自新闻报道,今仍可常见,如新闻特写《横锁长江之

---

① 余文秀:《面对报告小说的反思》,《写作》1986 年第 11 期。
② 郑清和:《〈无冕皇帝〉:纪实小说的再度崛起》,《作品与争鸣》1988 年第 11 期。
③ 鲍昌:《从纪实小说〈无冕皇帝〉谈开去》,《作品与争鸣》1988 年第 11 期。
④ 雷达:《文学活着》,人民文学出版社,1995,第 79 页。

战——葛洲坝截流纪实》①，中经报告文学而转用于"七真三虚"的叙事作品。纪实文学的这种虚构与非虚构不分的混乱现象害处大，其副作用大致表现为如下几个方面。

第一，混乱的纪实文学剥夺了读者阅读的主动权。

一篇纪实文学是否纪实？实在哪里？虚在何处？由于文体特性混乱，其解释权被作者牢牢把握，读者没有插嘴的余地。本来，由于材料的陌生，广大的普通读者已难辨其真伪，倘若个别读者较起真来，作者关于作品事实内容虚实与否的一个"不"或"是"字，就足以让读者上下不得，吃亏的只能是读者。对于纪实文学的事实真伪，读者永远是不知情者，只能顺着作者。既然连事实真伪都不清楚，那么读者的一切评判，就只能依赖作者的眼光、个人修养。读者看似有嘴实无嘴，发言权已被剥夺。这就导致纪实文学没有文法可依，不利于有关行政部门对纪实文学在写作、发行上进行监督、管理。

第二，混乱的纪实文学制造了作者的"上帝宝座"。

由于纪实文学混于报告文学、小说与散文之中，纪实文学的作者就具有将其作品在这三种文体间随时滑动并选择的钥匙。作家张平在打官司之前称，"事情是完全真实的，人名除了刘郁瑞外，其他人都是拟名"②，这就是说，事实完全属实，人物也实有其人，只是名字用了假名，现实对应是明确的，但到了开庭之日，张平却说两篇纪实文学"在很多地方都进行了艺术加工和再创造，有些事并不是在汾西县发生的"③。这又说明，作品实际上有不少虚构。如果作者一开始就将其作品定为报告文学、小说或散文之一而不改口，那么，我们就不会看到作者对同一纪实文学作品的不同说法与解释上的矛盾。纪实文学文体属性的混乱赋予了作者以无限的自由，任由作者指鹿为马就无法避免。同时，纪实文学文体属性混乱不利于作者规范运用写作方法，创作取向是不严肃的。纪实文学如果属于新闻报道或历史故事范畴，作者必须依据相应的文体规范，认真采访，或阅读

---

① 《新华文丛1981》，新华出版社，1983，第42~45页。
② 苏正：《再见张平》，《山西日报》1994年8月20日，第4版。
③ 王晓晖：《〈天网〉、〈法撼汾西〉引出诉讼文学如何与法律牵手》，《文艺报》1995年8月4日。

历史文献、身处考古现场，是不能够利用自己的揣度代替科学、辛勤的劳动的。显然，一种文体缺乏必要的文体法规，单靠作者的自我约束就太危险了。失去必要的"紧箍咒"，作者便可以随时自我膨胀，以"虚"充"实"，胡编滥造，以主观取代客观，利用"纪实文学"名头兜售谎言、暴力、色情，歪曲伟人形象乃至发泄私愤，"地摊文学"对纪实文学的格外垂青不能不说与纪实文学作者的"霸主"地位息息相关。作者的上帝化，既不能形成纪实文学作者与读者之间的平等关系，也有悖于纪实文学倡导者为避免越写越虚，"企盼着现实主义作品回归"① （张平语）的初衷。

第三，混乱的纪实文学难以调整好作者与写作对象之间的关系。

由于纪实文学文体属性的混乱，作者与写作对象或有关当事人之间因为切实利益容易发生矛盾。真实的人名、地名等有强烈的现实所指或影射，而纪实文学属性的混乱则不能理直气壮地阻断写作对象、有关当事人乃至读者对七分实的认定、对号入座或不满乃至控诉。《杨沫的初恋》就被作家杨沫本人自我对号入座，受到其批评。② 围绕《天网》等两部作品的诉讼，原告与被告各自所依的法规不同。原告认为，"纪实文学必须坚持事实真实的基本原则"③，这实际认为纪实文学等同于报告文学，张平则认为"这两部作品都是小说作品、文学作品，希望人们不要把作品中的人物和自己有关的人与事联系起来"④。这明示了该纪实文学为小说，要用文学而不是新闻的规则处理。由于对纪实文学缺乏科学的权威规范，则原告与被告双方的争论颇有点关公战秦琼式的荒诞，法院对于判决也会感到棘手。

同时，写作对象对关涉自己的纪实文学保持沉默也不尽是好事。有的纪实文学实事求是，有的则难免夸大其词，人为拔高，往写作对象脸上贴

① 艾群、吴小龙：《张平，决不搁笔——〈天网〉、〈送撼汾西〉作者答记者问》，《文艺报》1995年8月4日。
② 郑清和：《〈无冤皇帝〉：纪实小说的再度崛起》，《作品与争鸣》1988年第11期。
③ 刘砚田：《我们为啥要状告张平》，《武汉晚报》1995年8月26日。
④ 王晓晖：《〈天网〉、〈法撼汾西〉引出诉讼文学如何与法律牵手》，《文艺报》1995年8月4日。

金扑粉，成为变相的不实广告，极端者甚至颠倒是非、无中生有、混淆视听。

第四，混乱的纪实文学也难以调理其内部。

在文体上，虚构与非虚构水火不容。坚持虚构就不会非虚构，反之亦然。因此，依傍各自不同文体的"亚纪实文学"必然排斥异己，造成纪实文学内部纷争不已。《世纪末的佛风》一书的编者坚持"社会纪实的本质是实录社会真实，因而它实质上是属于新闻的"[①]，"拒绝使用'纪实文学'这个骑墙的概念，而将我们的论说对象定位于'社会纪实'"。[②] 纷争导致决裂。赵潜茹在《理论家的理论与实践》一文中也公开宣称："我是一个'纪实小说'、'报告小说'、'实话文学'的取消论者。"[③] 纷争导致取消。另外，我国所谓的纪实文学也不同于西方社会的新新闻。新新闻（New Journalism），又译为新新闻主义，成型于20世纪60年代。新新闻主要的兴盛区域在美国，代表人物有盖伊·塔利斯（Gay Talese）、汤姆·沃尔夫（Tom Wolfe）、诺曼·梅勒（Norman Mailer）、杜鲁门·卡波特（Truman Capote）等，代表作有塔利斯的《国王与权力》、沃尔夫的《电冷却酸性实验》（1969年）、卡波特的《冷血》（1965年）、梅勒的《夜行军》（1968年）等。新新闻直面公共问题，以为认知即现实，认为新闻报道的客观原则是伪客观，主张深度采访，以真实事件为基础，讲求通过作者身临其境确保新闻信息的真实性，有时作者也成为新闻报道事件中的人物，创造出以作者的强烈的个性与观点为特征的纪实性散文。新新闻实际是用文学的技法翔实报道新闻事实，不属于虚构。

纪实文学一团混乱从哪个方面讲也不能说是好事。关于纪实文学的萌生与近年走红，笔者同意如下看法：那"是对社会生活若干方面的欠缺之外的'乘虚而入'。比如我们的新闻机构及其运转机制还不够健全，新闻职能的发挥也远不够有力"[④]。如果不是由于某种封锁，邓贤的《中国

---

① 郝在今等编《世纪末的佛风》，中共中央党校出版社，1993，第368页。

② 郝在今等编《世纪末的佛风》，中共中央党校出版社，1993，第369页。

③ 赵潜茹：《理论家的理论与实践》，《作品与争鸣》1988年第10期。

④ 何志云：《当代女性的命运与历史印记》，载《中国女性系列》，辽宁人民出版社，1988，第161页。

知青梦》所披露的历史事实就不会在刊发时具有新闻价值，很难因二十年后一见天日而赢得如同注视出土文物般的目光与喝彩。正是事实披露的时间点在当下，这样的事实才会成为新闻事实而不仅仅属于历史事实。同时，也不排除某些纪实文学作品包含策划者的商业动机。然而，随着中国社会的日趋进步、中国新闻改革与民主法制建设的深入持久，这种留给纪实文学的新闻真空与商业投机余地必将走向萎缩，企图浑水摸鱼，以此造成文学之外的社会轰动必然缺乏充分的腾挪空间。到那时，纪实文学将凭什么本事来与新闻报道、报告文学或其他文体分庭抗礼呢？没有自己的立身之地，"纪实文学"必然难以繁荣发展乃至生存。

三　对纪实文学健康发展的几点主张

纪实文学如何健康发展？雷达主张"为了研究读者的需求，我们还是先不忙界定概念吧"①。这种听之任之的做法无助于问题的解决，纪实文学的现实窘境已经充分证明雷达放任说的穷困与社会危害。对于纪实文学，笔者以为当务之急在于立法，区分界限，即在现实、文化、传播的网络中对纪实文学进行实事求是的文体定位，疏浚道路，从而协调好纪实文学与生活、作者、读者及其自身内部之间的关系，促进社会主义文化事业的发展繁荣。

第一，纪实文学不宜搅入报告文学。

报告文学实际是文学的报告，即用文学的有关手法如多样化的结构、形象化的语言来报道反映有新闻价值的真人真事，追求深度，讲究艺术，但新闻性为其根本，文学化仅为手段。报告文学不得有丝毫虚构内容，现已得到学术界公认，笔者也曾专文对此进行技术求证。② 在非虚构的叙事文体内，新闻报道的消息、通信，报告文学均各就各位，各司其职，在报告文学这块领地上再挤入纪实文学，势必叠床架屋，只会添乱，纯属多余。同时，报告文学也不宜被拉入纪实文学。报告文学与那些不乏虚构的

① 雷达：《文学活着》，人民文学出版社，1995，第 79 页。
② 欧阳明：《报告文学文体属性的叙述学简析》，《写作》1995 年第 9 期。

纪实小说、报告小说水火不容，大杂烩必然会抹杀事物间的必要界限而麻缠百结。

那些名为"纪实文学"而实为非虚构叙事的作品当"物归原主"，重返旧队，不宜再名之为"纪实文学"。其中今日题材的应回报告文学队列。而历史题材的非虚构叙事作品，除了因为种种因素未能被公开披露而现在首次公开而具有新闻价值的历史事实及其叙说可划入报告文学及其报道对象外，其余则可划入历史故事之中。

第二，在"七实三虚"的大前提下界定纪实文学。

"纪实文学"一词的中心语是"文学"，郑伯农称纪实文学"是一种纪实风格的，有现实依据又有虚构的文学形式"[①]，这就明确了纪实文学的虚构性，明确纪实文学是文学而不是其他。由于艺术虚构，具体到一篇纪实文学的纪实程度是否是七分，谁也没法子用卡尺度量，而只能立足于文学的立场明其大概，知其虚构紧密依托着现实生活也就行了。但是，这样的虚构是有界限的：其一，是关于人物主观世界的虚构。这就是说，纪实文学虚构的领域仅为人物的主观世界。其二，要交代文章规范。作者在作品中，要依据文章的"游戏规则"，明确告诉受众，作品中关于人物内心世界的虚拟仅来自作者的猜测，尚无确切的信源可以证实，即不等于事实本身。其三，是作者精神的时代性。这就是说，作者立足于时代潮流，叙述事实，把握人物心理，表达作者的是非善恶美丑判断，故作者的叙述是有立场的，议论、抒情是有倾向性的。与其他叙事文学相较，纪实文学虽然实多虚少，但表达的仍是作者心目中的一段现实生活，同样高扬着浓浓的主体意识。比如，张建伟的长篇纪实文学《温故戊戌年》（《青年文学》1995年第10期）写的是我们大家都熟知的那段晚清的"百日维新"旧事，人是历史上的真人，事也有历史文献依据。但作者并非为旧而旧，而是意欲通过对昨日改革败因的寻绎来为今日的改革拓宽思路，提供一点可资参考的方案。由于这篇纪实文学另辟蹊径，意欲考察历史当事人的心理性格与行为逻辑之于历史走向的作用，因此其间的一段历史与几位历史

---

① 王晓晖：《〈天网〉、〈法撼汾西〉引出诉讼文学如何与法律牵手》，《文艺报》1995年8月4日。

人物就很难具备严格的史学品质，就难以归入历史学的叙述。在对历史人物的行为动机与心理活动的把握上，作者常常放弃勇敢，承认自己是在猜测历史而不对历史本真打包票。在作品中，作者明确关于历史人物心理活动的介绍来自作者的猜测，是没有历史文献或考古材料依据的。然而，文学是人学，猜测即幻想，即虚设，充分复活历史人物的喜怒哀乐只有在文学艺术的天地里才有可能。在作者看来，戊戌变法维新运动败在光绪帝的幼稚急躁与康有为的毫不妥协上，否则戊戌变法本可以成功。通过重温百日维新，作者呼吁改革历程中的必要妥协与弥足珍贵的斗争机智，认为革命行为不能永远创造胜绩。这里的历史是主观的、当代的，染有新文化保守主义时代思潮的浓重色彩。法国作家大仲马说："什么是历史？那仅是一颗让我悬挂我的小说的钉子。"① 纪实文学作品中的历史，仅仅构成一个框架以便于作者思索、撼意乃至泄愤。纪实文学在文章属性上可以走入文学，对此，大家尤其是理论界应当头脑清楚，达成共识并做出文法上的承诺。

明确纪实文学的文章属性与根本特征，具有突出的现实意义。如果有人因对号入座打官司，纪实文学就有充分的理由走上法庭，无外乎一起重温鲁迅的《阿Q正传》、杨沫的《青春之歌》、曲波的《林海雪原》的旧例，让大家借法庭再上一次文学课，法官也好判决。规范纪实文学的文章属性，有利于保障作家创作权益，保护公民名誉权及其他合法权益。有利于文化市场管理，打击、遏制纪实文学中的低俗病态的创作倾向，有利于读者与作者平起平坐，进行正常的文艺批评活动。

必须强调的是，规范后的纪实文学也要慎用真实的事实要素，如真实的时间、地点、单位名称尤其是真人真名。《中华人民共和国宪法》第38条规定："禁止用任何方法对公民进行侮辱、诽谤和诬告陷害。"纪实文学创作要在国家法律和社会公德的范围内操作。因此，倘用真名，要注意核准相关事实，注意征求当事人、知情人及其继承人、代理人或权威组织的意见。即便是文学作品也要慎重。若干年前，福建某女作家曾因自己的

---

① 郭华榕：《法兰西文化的魅力——19世纪中叶法国社会寻踪》，生活·读书·新知三联书店，1992，第1页。

笔墨吃了一场官司，被判坐牢，原因就是她在自己的一篇小说里，将一位她认识并结怨的人的真实姓名用在了一头由人变成的牛的身上。① 创作自由从来都不是无限的。纪实文学因易与现实生活存在较多瓜葛，当格外小心。

第三，纪实文学不妨成为一种文类。

由纪实文学来统辖所有大致三分虚、七分实的叙事文学作品不仅实事求是，而且有许多便利。

一是结束群龙无首的局面。"七实三虚"的叙事文学作品也有不同种类，且写法各异。一些纪实散文夹叙夹议，并有一定的政论色彩，这与纪实小说显然不同。建立纪实文学文类，那些既写实又虚构的小说类（如纪实小说、报告小说）、散文类（如抒情式或调查式的纪实散文）则可归其麾下。口述实录文学倘允虚构，也可以入其彀中。那些已经出现或可能出现的"七实三虚"的戏剧剧本、电影文学剧本、电视文学剧本亦能入围。

二是请走异木异草或铲除杂木杂草。建立纪实文学文类，其内部的每一种文体的确立也就有了统一的标准。传记文学，倘为文学的传记，即不许有丝毫的虚构，则必须排除在纪实文学之外。"法制文学""冒险纪实"等名称均不规范。前者如果是非虚构叙事则不属于纪实文学，如果有虚构则应为"法制纪实文学"；后者"冒险纪实"不是文体名称，赘疣当去。

三是占据独立领地。由于过去对涵盖所有"七实三虚"的叙事文学作品从未有文体统称，因此建立纪实文学文类也使纪实文学找到自己独立存在的文域或依据。

本文发表在《中南民族学院学报》（哲学社会科学版）1996 年第 3 期

---

① 魏永征、吴元栋主编《新闻官司》，百家出版社，1993，第 33~47 页。

斯诺《西行漫记》的叙事艺术简析

对于美国著名作家、新闻记者埃德加·斯诺和他的长篇报告文学《西行漫记》的研究，以笔者目之所及大致分为三类：一是作者研究，如研究作者斯诺的生平、思想；二是作品的内容研究，如分析作品的思想意义、历史价值；三是作品的形式研究。在笔者看来，已有的研究存在明显的不足：一是常常割裂作品的内容与形式之间的水乳交融关系，往往分析内容就不会涉及形式研究，研究形式就不会同时分析内容；二是对作品形式的研究还办法不多，思路欠广，形式研究仅仅着眼于作品的语言、细节、结构，至多思考到形象而止，因此论文说艺往往罗列现象，泛泛而论，既老生常谈，又难免肤浅而破碎。"滥调起于生命的干枯，也就是虚伪的表现。"① 一句话，关于斯诺及其《西行漫记》的研究，作者研究突出，作品研究薄弱；作品的所指研究隆起，作品的能指研究凹陷，对作品尤其是对作品的艺术表现还缺少深入、系统、细致的分析。学界对此已有所注意，如穆雷、刘祎《关于斯诺及其研究的评述》② 一文就有所指点。因此，本文将主要采用叙事学的理论与方法对《西行漫记》进行文本研究，并祈望抛砖引玉，既深化对斯诺的《西行漫记》的研究，又为非虚构叙事文本，尤其是非虚构叙事文学的研究，探索一条切实可行的技术分析之路做一点有益的尝试。

---

① 朱光潜：《谈美》，安徽教育出版社，1997，第 147 页。
② 穆雷、刘祎：《关于斯诺及其研究的评述》，《海南大学学报》（人文社会科学版）1993年第 3 期。

一　两个面临的问题

本文分析的进行依赖于两个问题的解决：第一，《西行漫记》是否具有叙事的艺术性；第二，《西行漫记》可否进行叙事分析。关于第一个问题。什么叫艺术性？按照《辞海》的解释，艺术性是"文艺作品通过形象反映生活、表现思想感情所达到的准确、丰富、生动以及形式、结构、表现技巧的完美程度。……作品的艺术性和思想性联系密切，两者相互制约，相互依存，但又有相对的独立性"①。《新编美学辞典》将艺术性的标准三分：一是是否有生动感人的艺术形象；二是是否有真挚的感情；三是是否有完美而独创的艺术形式。② 作者斯诺以坦诚的态度在自己的著作《西行漫记》中记叙了 1936 年的陕北苏区军民的生活与精神状貌，勾勒了以毛泽东为代表的中国共产党人的光辉形象。根据《中华人民共和国著作权法》第 5 条，《西行漫记》因为作者的独创性而不属于不受著作权保护的时事新闻之列。鉴于斯诺的国籍，《伯尔尼保护文学和艺术作品保护公约》（1886 年 9 月 6 日签订，1979 年 10 月 2 日更改）与《世界版权公约》（1971 年 7 月 24 日修订于巴黎）保护的客体均指"文学、科学和艺术作品"，《美国版权法》（修正至 1987 年 9 月 30 日止）也只"对于固定于任何有形的表现媒介中的作者的独创作品予以版权保护"③。《西行漫记》可作为版权保护客体的事实，证明其具有包括叙事技巧在内的独创性。

关于第二个问题。《西行漫记》属于叙事类作品而不是说理性的文章。法国学者热奈特说："把'所指'或叙述内容称作故事，……叙事、叙事话语之所以成为叙事、叙事话语，是因为它讲述故事，不然就没有叙述性（如斯宾诺莎的《伦理学》）。"④《西行漫记》采用顺时序的结构行

---

① 《辞海》（三卷本），上海辞书出版社，1989，第 1455 页。
② 张锡坤主编《新编美学辞典》，吉林人民出版社，1987，第 91 页。
③ 《中外版权法汇编》，北京师范大学出版社，1993，第 227 页。
④ 〔法〕热拉尔·热奈特：《叙事话语　新叙事话语》，王文融译，中国社会科学出版社，1990，第 7~9 页。

文，记叙了斯诺 1936 年 6 月至同年 10 月间共 4 个月的时间在中国陕北苏区的历程，与逻辑性相反，时间的"线性"故事构成了《西行漫记》叙事文本的基础。

上述所面临的两个问题的解决，则使本文关于《西行漫记》的叙事技术分析成为可能。

二　叙述的作者与故事的作者的关系

在非虚构类的叙事文本之中，作者与叙述人是同一的，这是其与虚构类叙事文本的一大不同。《西行漫记》也概莫能外，它的作者是斯诺，叙述人也是斯诺，斯诺晚年之所以能将《西行漫记》中的现在时态尽力改为过去时态凭借的就是这种同一性。但是，因为读者所面临的是隐含作者，而不是我们无法接触的隐含作者之后的作者，所以，在不违背写实的前提下，《西行漫记》使叙事人与隐含作者在同一基础上又有所差异。

《西行漫记》的叙述人是叙述的作者。胡愈之在中文重译本序中说：斯诺"他回到北平时，正是西安事变爆发前夕。他在北平首先为英美报刊写了许多篇轰动一时的通讯报道，然后汇编成一本书，书名是《红星照耀中国》"①。斯诺在《复活之旅》中说："七七"事变"之前的数日我写完了《红星照耀中国》的最后一章"②。这说明《西行漫记》的叙述人大致是 1936 年 11 月至 1937 年 6 月间的斯诺。而故事的作者，按照《西行漫记》的说明则为 1936 年 6 月至 10 月间冒险进入陕北苏区采访与生活的斯诺（关于叙述的作者和故事的作者也可见《埃德加·斯诺生平、著述简表》③）。如果说故事的作者构成《西行漫记》的所指，那么，叙述的作者则构成作品的能指。

《西行漫记》的叙述作者与故事作者间的同异杂糅表现为以下几点。

---

① 〔美〕斯诺：《西行漫记》，董乐山译，生活·读书·新知三联书店，1979，第 2 页。
② 《斯诺文集》第一卷，新华出版社，1984，第 224 页。
③ 刘力群主编《纪念埃德加·斯诺》，新华出版社，1984，第 515~519 页。

第一，在对故事的叙述中，真伪时间共同使用。

叙述人叙述斯诺在刚刚过去的几个月内在陕北苏区的见闻与经历多采用过去时态。如写"我"初遇邓发：

> He put his face close to mine and grinned and fixed his sharp, burning eyes on me and held my two arms tightly in that iron grip, and then wagged his head and comically screwed up his mouth-and winked! "Look at me!" he whispered with the delight of a child with a secret, "Look at me! Look at me! Do you recognize me?"[①]

> 他把脸凑近我，露出笑容，锐利的眼光紧紧地盯着我，把我的两条胳膊紧紧地握在他的那双铁爪子中，然后摇摇脑袋，滑稽地撅起了嘴，向我眨着眼！"瞧瞧我！"他低声说，好像一个有什么秘密的孩子一样高兴。"瞧瞧我！瞧瞧我！你认出我来了吗？"[②]

在这种过去性的时态的叙述中，叙述人的视角与言说在 1936 年至 1937 年之间，是事后摹仿故事的作者的作者。

但是，艺术的创造性与特殊的表达效果常表现在对实录的反叛。《西行漫记》正如斯诺在 1968 年的再版自序中所承认的，在 1937 年的伦敦英文初版本中大量"采用现代时"[③]，因此，这种过去性时态与现代性时态的混用具有特殊的叙事修辞的效果。如：

> I spent the night on a clay k'ang, in a filthy hut at Lochuan, with pig and donkeys quartered in the next room, and rats in my own, and I'm sure we all slept very little. Next morning, a few miles beyond that city, the loese terraces rose higher andmore imposing, and the country was weirdly transformed.[④] （Edgar snow: Red star ovor China, pelican

---

① Edgar Snow, *Red Star Over China*, Pelican Books, England, 1972, p. 65.

② 〔美〕斯诺：《西行漫记》，董乐山译，生活·读书·新知三联书店，1979，第 22 页。

③ 〔美〕斯诺：《红星照耀中国》，李方准等译，河北人民出版社，1992，第 3 页。

④ Edgar Snow, *Red Star Over China*, Pelican Books, England, 1972, p. 68.

Books，1972，p.68）

  那天晚上，我在洛川一间肮脏的茅屋里的土坑上过了一夜，隔壁屋里关着猪和毛驴，我自己屋里则有老鼠，我现在可以肯定地说，这闹腾得大家都睡不了多少觉。第二天早上刚出城数英里，那片黄土地面便逐屋升高，险峻起来，地势古怪地变了样。

  在这里，叙述视角可谓过去时，叙述言说可谓现代时。几个月前的经历，被现在时的言说拉到当下，突出了肮脏、杂乱的环境对过去一直生活在良好环境中的外国记者斯诺的强烈刺激；当下的感受，被过去时的视角推入几个月前大睁双眼，凸显了斯诺对中国贫困山村生活起居的第一次亲身体验。叙述视角与叙述言说的今往互渗带来了叙事言语的张力。

  更为复杂的真伪时间混用，则是如叙述人在第四篇叙述毛泽东个人经历过程中的关于李立三故事的插叙：

  我在这里要冒昧，打断一下毛泽东的叙述，对李立三提供一些令人感到兴趣的情况。李立三是湖南人，法国留学生。……①

李立三的故事讲完叙述人又说：

  "现在话归原处。"②

  "我"的叙述行为本身当然属于现在时态，但问题是毛泽东的叙述按前面的规定应属于过去，叙述者"我"如何打断已经逝去的历史时空发生的事实呢？因此，现代的"我"要打断过去的毛泽东的叙述在交代叙述"我"的叙事处理而不是故事（Story）或又"本事"本身，则是一种善意的混淆。现在时态的运用把我们读者拉入已逝的年月，或者说是把已逝的年月拉到叙述人叙述的当下时光，仿佛故事正随着叙述人的叙述同步

① 〔美〕斯诺：《西行漫记》，董乐山译，生活·读书·新知三联书店，1979，第151页。
② 〔美〕斯诺：《西行漫记》，董乐山译，生活·读书·新知三联书店，1979，第152页。

发生，似乎叙述人叙述的同时正面对毛泽东而记录一场对话。这是一场仿效。这种关于现在时的仿效是伪时间的叙述。作为非虚构的文字叙事文本，一切叙述都是回忆性的，因此也就只能是过去时的。《西行漫记》关于1936年6月到10月间斯诺经历的叙述也大体属于一种事后的追忆。所以过去性的时态的叙述是真时间叙述，采用现在时的叙述则是叙述时间上的伪装。

真时间的叙述是一种摹仿式的叙述。但实际上，摹仿而不创造是笨拙的，因此，摹仿只是叙事其间的一种策略而不能构成叙述的本体。《西行漫记》对伪时间的叙事采用，一方面使二度叙事的毛泽东的叙述现代时化，另一方面又使制造二度叙事的一度叙事即叙述人斯诺的叙述也现代时化，这就造成了叙事的现场感与形象化，使叙述的内容历历在目，人物的气息似乎也喷到了读者的脸上。但是，这种伪时间的叙述因为叙事文本的非虚构性，并不能剥夺叙述人1936年11月至1937年6月间的真时间立场。真伪时间的穿插运用是《西行漫记》叙事艺术的有机组成部分，既模糊了故事与叙述行为之间的界限，也突出了斯诺陕北苏区的经历刚刚结束的亲历状态。相反，斯诺在1968年修订版中说，"I have widely altered former present-tense verbs to past tense in order to eliminate many seeming anachronisms and make the story more accessible to contemporary rea ders."[1]（"我大体上把书中的时态由原来采用的现代时改为过去时，以便更适合今日读者阅读。"[2]）则使作品趋向历史文献。这剥夺不了初版本的原始史料价值，反在突出叙事摹仿性的同时难免有碍叙事的生动。因此，从叙事学的立场看，这种改动实无必要。

第二，亲历与转述并用。

作为当时为资产阶级报纸服务并初次进入陕北苏区的记者，作为第一个进入中国苏区的外国记者，斯诺的陕北苏区之行，是他个人，也是被国民党政府封锁的外界之于陕北苏区的首次亲历。对于共产党领导下的苏维埃地区，一个外国记者可以采取两种不同的叙事态度：一个是将见闻与叙

---

[1] Edgar Snow, *Red Star Over China*, Pelican Books, England, 1972, p. 21.

[2] 〔美〕斯诺：《红星照耀中国》，李方准等译，河北人民出版社，1992，第3页。

事分离，叙述的一切所指背离个人的感官所及；另一个则是叙述与见闻合一，叙述的一切忠于个人的感官所及。前者违背非虚构叙事的真实性原则，后者则走向主客体相统一的真实性原则。

斯诺在《西行漫记》的叙事中，忠实于个人的见闻与心理感受，看见什么说什么，不把目睹与非目睹混为一谈，他说："我只报道了自己亲眼看到的事实或来源可靠的消息。"① 心里想什么说什么，不言不由衷，也不让后来的思想冒充以前的认识而李代桃僵。因此，斯诺对自己在陕北苏区感知的一切，采用了叙述与感知同一的叙事方针。斯诺在1938年中译本作者序中说："从严格的字面上的意义来讲，这本书的大部分也不是我写的，而是毛泽东、彭德怀、周恩来、林伯渠、徐海东、徐特立、林彪这些人——他们的斗争生活就是本书描写的对象——所口述的"②，"我所要做的，只是把我和共产党同在一起的这些日子所看到的、所听到而且所学习的一切，作一番公平的、客观的无党派之见的报告"③。这种态度保证了叙事所指的现象真实，为内容的真实性奠定稳固的物质基础。所谓真实包括两个方面：一个是现象真实，一个是认识真实。现象真实是见闻的真实，倾向于物质的真实，认识真实是解释的真实，倾向于主观的真实。因此，现象真实是真实性的前提，认识真实见仁见智，其真伪深浅是在诸解释的比较中而存在的。一个作家或记者，要在忠于现象真实并立足于现象真实以探寻认识真实之中去追求非虚构叙事的真实性。美国作家赛珍珠说："斯诺对他所报导的事件了如指掌，因为他到过现场。当他报道一个事件时，他一定目睹过它。"④《西行漫记》记述斯诺的亲历，并忠实于作者亲历的感官感受，这就从叙事策略上使《西行漫记》具有了为保护真实性贞操而反抗国内外资产阶级偏见对真实故事歪曲的可能性与现实性。

在叙述亲历的同时，《西行漫记》又大量地交叉使用转述。一个记者的能力毕竟有限，转述的运用可以克服个人因时空局限而带来的叙事内容

---

① 阿尔登·惠特曼：《毛泽东和周恩来所敬重的美国作家埃德加·斯诺逝世》，载刘力群主编《纪念埃德加·斯诺》，新华出版社，1984，第198页。

② 〔美〕斯诺：《西行漫记》，董乐山译，生活·读书·新知三联书店，1979，第7页。

③ 〔美〕斯诺：《西行漫记》，董乐山译，生活·读书·新知三联书店，1979，第7~8页。

④ 刘力群选编《斯诺通讯特写选》，新华出版社，1985，第2页。

的不稳定性。《西行漫记》转述使用最突出的是对毛泽东、周恩来、彭德怀、徐海东、贺龙、林彪等共产党高级干部阅历的介绍。在这些介绍中，少数以一般间接引语为主，如对周恩来，但多数转述采用一般直接引语。在一般直接引语的运用中，有时是让人物自己述自己，如对毛泽东的经历介绍，有时是让他人转述所要介绍的人物经历，如由李长林来转述贺龙的相关言行，这后一种是转述的转述。

转述的好处有如下四点。

第一，保证了叙述事实的准确、可靠，增添读者的信任感。

第二，增添了叙事的现场感与形象化。

第三，开拓报道范围，纠正个人错误。四个月的陕北红军经验，仅仅揭开了中国共产党领导下的革命根据地的一角，对于一些重要的人物故事如红军总司令朱德，斯诺因为条件所限无法接触，因此，他就通过转述韦尔斯女士《续西行漫记》（生活·读书·新知三联书店 1991 年出版了陶宜等的中译本）中关于朱德的亲历记载来纠正个人过去错误的陈述。

第四，转述的运用使《西行漫记》多处处于双重叙事层面，在统一的叙事盒子中置放了一枚枚第二层叙事的小盒子，这使《西行漫记》具有了比较复杂、恢宏的叙事结构。

毫无疑问，亲历与转述的并用保证了《西行漫记》内容的真实可靠，也有助于长篇叙事话语避免叙事上的单调乏味。

三　探险式的叙事文本

《西行漫记》接近于美国的探险式小说。其原因有以下三个方面。

第一，写历险经验的叙事文体，尤其是小说在欧美文学中源远流长。远至十六七世纪西班牙的《堂吉诃德》《小癞子》，德国的《痴儿西木传》等流浪汉小说，中至十八世纪笛福的《鲁滨孙漂流记》、斯威夫特的《格列佛游记》，近到美国马克·吐温的《汤姆·索耶历险记》《哈克贝利·费恩历险记》，都以个人游历、探险为主，其间充满传奇、怪异的人与故事。而美国是一个移民国家，开发、屯垦、争斗、历险是早期美国人民的重要生活内容，这些也培育了他们迥异于欧陆祖先的勇敢、乐观、豁达的集体性格，作为"精神化石"的本土文学就不能不记录下民族精神的变迁。比如，马克·吐温的《哈克贝利·费恩历险记》等创造了美国社会的童年神话，在推动民族平等等民主意识发展的同时，也表达了美国人民的精神追求。

第二，斯诺本人喜欢冒险的性格。斯诺在《美国大学生浪迹远东》一文中说：美国的年轻大学生们"无忧无虑，年轻好动，有游荡的癖好。……他们有一个众所周知的主张：先见世面后立业"①。斯诺本人二十出头时也向往并开始"到世界各地漫游冒险"②，1928 年他作为"雷奥诺尔号"的船员③初到中国，原本也只准备作六周探险式的旅游。"《鲁滨孙漂流记》、《瑞士家庭鲁滨逊》以及《金银岛》等一类的小说可能使我产生了想看看异国风情的欲望。"④ 即便后来在中国当了多年记者也改变不了他的这种喜欢冒险的性格。他之所以不想去《先驱论坛报》当小头目，是因为"我还要有到处走动的自由，去见见世面，写我感兴趣的事。……我得多出去旅行"⑤，以至于欣赏他的高级记者汤姆·密勒要斯诺丢下"你的旅游癖"⑥。

第三，斯诺的文学修养。斯诺是个作家型的记者，他的追求很明确。他在《复始之旅》中说："我已经出版了几本小说，我认为我可靠写小说、文章和其他的书来维持生计。"⑦ 在上海，"我曾同鲁迅多次见面，我们计划把一些现代白话短篇小说译成外文，结集出版"⑧，"我愿意终生当个抢发最新消息的记者吗？……在报联社，我的工作非常特殊。我把日常报道的任务交给助手，自己则随意进行阅读和研究，从我感兴趣的事件中发掘新闻。而我感兴趣的主要是人，各种各样的人，他们想些什么？说些

① 刘力群选编《斯诺通讯特写选》，新华出版社，1985，第 8 页。
② 〔美〕斯诺：《复始之旅》，载《斯诺文集》第一卷，新华出版社，1984，第 1 页。
③ 《斯诺文集》第一卷，第一幅照片的文字说明。
④ 〔美〕斯诺：《复始之旅》，载《斯诺文集》第一卷，新华出版社，1984，第 35 页。
⑤ 〔美〕斯诺：《复始之旅》，载《斯诺文集》第一卷，新华出版社，1984，第 38 页。
⑥ 〔美〕斯诺：《复始之旅》，载《斯诺文集》第一卷，新华出版社，1984，第 38 页。
⑦ 〔美〕斯诺：《复始之旅》，载《斯诺文集》第一卷，新华出版社，1984，第 148 页。
⑧ 〔美〕斯诺：《复始之旅》，载《斯诺文集》第一卷，新华出版社，1984，第 157 页。

什么？如何生活？"① 而人物恰恰是保证文学形象性特征的核心要素。为了不当抢发最新消息的记者，他拒绝了美联社的聘用。斯诺的第一任妻子海伦·斯诺说：斯诺"到东方来也想当个作家"②。斯诺有深厚的欧美文学修养，"马克·吐温是斯诺最倾心的美国作家。斯诺在密西西比河——'马克·吐温之河'沿岸长大，他为此而感到骄傲。无论到哪儿，斯诺总是与人们切磋交流马克·吐温的名言"③。他面对陕北的黄土高原，竟喻为英国意识流大师"乔伊斯的长句"④。他是在《每日先驱报》负责他在陕北苏区的全部费用并由兰登姆出版社约稿、付少量稿酬的情况下西行的。他追求叙事的深度与生动，是以一个记者兼作家的双重目光看待陕北苏区的。欧美历险记小说构成斯诺采写《西行漫记》的重要文化背景。

《西行漫记》有比较鲜明的马克·吐温式的历险文本色彩。这表现在以下几点。

第一，以第一人称的叙述为线索，在介绍他人故事的同时，也表现了叙述人自我的成长。

《哈克贝利·费恩历险记》以小学生哈克贝利"我"为中心线索，叙述了美国南北战争前南方蓄奴洲的生活状态，表现了黑人被奴役的悲惨命运与他们善良、质朴的美好品质。小说通过哈克的逃学与帮助黑奴吉木的逃亡历险活动，刻画哈克贝利自身的心理成长。

《西行漫记》中"我"与哈克贝利在对未来的好奇上是近似的。《西行漫记》也以"我"为叙述人，并通过"我"在陕北苏区的经历串连起中国共产党的几位领袖与一些普通的士兵、民众。在对探险式经历的记述中，《西行漫记》也记录下体现在陕北苏区领袖与民众身上的那种中国人民最可贵的脊梁精神的发现、介绍与肯定。他们正直、诚实、善良、勇敢，《西行漫记》的叙述人充满童贞的真纯，他解剖中国的新旧两个社会

① 〔美〕斯诺：《复始之旅》，载《斯诺文集》第一卷，新华出版社，1984，第147页。
② 萧乾：《海伦·斯诺如是说》，载刘力群主编《纪念埃德加·斯诺》，新华出版社，第97页。
③ 玛丽·希思科特：《斯诺教育了我们》，载刘力群主编《纪念埃德加·斯诺》，新华出版社，1984，第267页。
④ 〔美〕斯诺：《西行漫记》，董乐山译，生活·读书·新知三联书店，1979，第55页。

区域，解剖自己身后的欧美文化背景，也解剖自己。《西行漫记》在写出斯诺对中华民族精神的发现与思索的同时，也写出了"红色中国"对他的刺激、教育，写下了他思想发展的轨迹。

第二，讲求"悬念"的叙述技巧。新闻报道讲求开门见山，一般不追求迂回曲折的悬念式写法。悬念式写法是文学尤其是探险式小说的常用手法。《汤姆·索耶历险记》最让读者牵挂的是汤姆等孩子关于山洞财宝的发现与和强盗的遭遇。相形之下，非虚构叙事的《西行漫记》讲求悬念的设置倒多少出乎笔者的阅读经验。

《西行漫记》的悬念技巧首先表现在悬念的设置与安排上。作品开篇即由叙述人给自己也给读者提出了关于陕北红军的"一些未获解答的问题"，在随后的第二节"去西安的慢车"中，一个青年与一个花白胡子老人关于红军杀人的争执更加重了这一阐释性的符码的分量。这些问题集中到一点，即红军是不是土匪，陕北苏区是好地方还是坏地方。这些未获解答的问题就构成了作品的谜面，吊起了读者牵挂的心肠，而随后的文本则是一个通过探险而解谜的过程。

其次，这种悬念的技巧还表现为预叙、倒叙等的虚实相间。《西行漫记》既有"事先讲述或提及以后事件的一切叙述活动"[①]的预叙，也不乏"对故事发展到现阶段之前的事件的一切事后追述"[②]的倒叙。比如，关于斯诺"我"初入陕北苏区遭遇白匪一事的叙述，叙述人先在前面的第一篇"探寻红色中国"的末尾进行预先提示："在前面等待着我的是一场险遭不测的事件，以致后来谣传我被土匪杀掉了。"随后的"遭白匪追逐"一节也先讲"我"如何在一个"坐落河湾上的小村庄"就宿，第二天贫民会的刘龙火又提醒我早起早走以免遭遇白匪，这就如武松手中的哨棒，被施耐庵手中的叙述人在《水浒传》中一再提及而助长紧张氛围一样。然而紧接的叙述讲的却是"我"如何在沿途的小潭旁，"我遇见了第一个红军"与由他带路到安塞县的过程，一路风和日丽，平安无事。正

---

① 〔法〕热拉尔·热奈特：《叙事话语 新叙事话语》，王文融译，中国社会科学出版社，1990，第 17 页。
② 〔法〕热拉尔·热奈特：《叙事话语 新叙事话语》，王文融译，中国社会科学出版社，1990，第 17 页。

当到了安塞县城，我们对斯诺遭遇白匪的期望落空时，突然跑来的一位刚打走白匪的赤卫队长则带来空转，倒叙交代"我"过去的一天被白匪追踪的惊险。但叙述人讲述给我们的却是一切虚惊，反宿命情节成为《西行漫记》综合运用预叙、倒叙的时间倒错的一大艺术特色，也揭示了谁是真正白匪的答案，宣告了资产阶级宣传机构以往对红军诬陷的破灭。这种反宿命情节的预叙与倒叙的综合运用使紧张与轻松交叉而错位，该紧张处不让你紧张，该轻松时反要吓你一跳。时间倒错的虚实相间使一处叙事摇曳多姿，曲水兴澜。

第三，叙事话语与非叙事话语的并用。

所谓非叙事话语，指的是叙事作品中以评论为主的其他非叙事的成分。《哈克贝利·费恩历险记》的一大特色是夹叙夹议，叙事的那个小孩子"我"颇为饶舌，沉不住气，又是叙述，又是议论，自己的心里话都哗哗地往外倒。《西行漫记》也具有这种无保留的夹叙夹议的叙事特点。从叙事艺术的发展趋势看，要求放弃议论成分而仅仅叙述事实的主张占据主导地位。这一强势的主张始自福楼拜，他说："依我看，一个小说家没有权利说出他对于人事的意见。在他的创作中他应该模仿上帝，这就是说，制作，然而沉默。"① 列夫·托尔斯泰也说："叙述、描写，可不要议论。"② 契诃夫说："艺术家不应当做自己的人物和他们所说的话的审判官，而只应当做它们的不偏不倚的见证人。"③ 不过，马克·吐温的《哈克贝利·费恩历险记》并没有违背以福楼拜为代表的这一叙事要求。美国文艺理论家利昂·塞米利安说："以第一人称写正面人物，不如以第一人称写反面人物，让坏蛋自我暴露，用他自己的语言，谴责自己。"④ 哈克贝利即"我"当然不是坏孩子，但他一边帮助黑奴吉木逃脱奴隶主的追捕，一边又自我忏悔，认为自己帮助奴隶是犯罪，这种反话正说同样构成叙事曲笔。由于哈克贝利从年龄、阅历、思想等各个方面都无法等同于作家马克·吐温，因此，哈克贝利"我"的夹叙夹议也是一种叙事的技术。

---

① 段宝林编《西方古典作家谈文艺创作》，春风文艺出版社，1980，第398页。
② 段宝林编《西方古典作家谈文艺创作》，春风文艺出版社，1980，第529页。
③ 〔苏〕契诃夫：《契诃夫论文学》，汝龙译，人民文学出版社，1958，第87页。
④ 〔美〕利昂·塞米利安：《现代小说美学》，宋协立译，陕西人民出版社，1987，第57页。

相形之下，《西行漫记》与《哈克贝利·费恩历险记》之间在夹叙夹议的运用上却是表同而质异，术一而本别。叙述人斯诺在阅历、思想各个方面毫无疑问地等同于写作《西行漫记》时的作者。因此，《西行漫记》之叙，因为非虚构材料的限制，叙述人就不能通过想象力去选择去留，去张冠李戴，去移花就木，一句话不能进行艺术性的虚构，这就使得叙述的故事缺乏事件的完整性与细节的丰满性。《西行漫记》之论，因为作者与叙述人的同一，则助叙事的形态清廓，人物的性格思想明确，析他析己两用，除了本也属于非叙事话语的词语间的偶一讥诮外，也都实实在在，不成折意。由于虚构与非虚构之间的界限，非叙事话语的运用效果各异。对此，笔者取自由的态度而不论各自的高下。美离不开真，非叙事话语的不同用法，只要能够表现各自文类之真，那么，它们也就应该具有美的前景。

本文发表于《新闻学探讨与争鸣》1997 年第 4 期

能人式的叙述者：在细敲历史、想象本真中把握历史

——评长篇纪实文学《温故戊戌年》

1898 年的重大历史事件——戊戌变法已青苔斑驳，经过百年来一代代国人的反复咀嚼、消化与努力，早成一座巍峨的大厦。改革时代新事多，巨浪翻腾，百年历史，重新评说，继《大清王朝的最后变革》之后，《中国青年报》记者张建伟又推出纪实文学力作《温故戊戌年》（《青年文学》1995 年第 10 期）。这是一次拆旧厦立新屋之壮举。

《温故戊戌年》（以下简称《温》）消解旧论，倡立新说，言之成理，实属不易。故事的叙述者细敲历史，想象本真，虽非神非帝，却又胆识过人，才华横溢，是位高手。从叙事得失看，《温》的成功抑或失算均操自这位能人式的叙述者。

一　细敲历史有名堂

《温》的成功在于运用史实推导出令人信服的新见解。无可否认，由于历史的局限，我们过去对戊戌变法的考量基本上停留在政治层面，其中也不乏庸俗政治观的判决，因此，旧有历史观还未能全面、完整地把握这件惊心动魄的重大历史事件。然而，这种政治范式化的历史却借助权威成为中心权力话语，垄断着对一段历史的言说，并凭依影视文学而普注于民间。

《温》的崛起，"破"字当头，意欲消解旧史学与影视文学中的历史政治化定论，其摧毁对手的策略是细敲历史，即通过重新拷打史实破坏旧

说从而重建历史。这种细敲历史的具体方法有二：一是利用旧有史实推翻旧的结论，二是利用新得史料证伪旧的判决。

先说利用旧有史实推翻旧的结论。当使用与敌方相同的材料却推导出另外的确凿结论，则必然以子之矛攻子之盾而一破旧说。比如，袁世凯告密与慈禧政变的关系。权威教科书①认为："袁世凯告密，是政变发生的直接原因。"② 而《温》利用同样的史料却成功地把袁世凯告密排除在引发政变的导火索之外：慈禧政变行为实施在先，袁世凯告密信息传递在后。新说成立，旧说必然顷刻间土崩瓦解。叙述者的这种出色表述能力在文中有多处表现。

再说利用新史料证伪旧的判决。当新史料的运用证明了旧史料之不实，也就是同时证伪了建立在旧史料之上的判断。比如，在慈禧政变之前，光绪帝是否呼吁康梁"锢后杀禄"，先下手为强，将变法演化为政变呢？权威史书③据光绪帝密谕认定有此事。《温》依史料不仅指出该帝谕系康有为伪造，而且据20世纪80年代初新发现的维新党人毕永年的亲历日记即《诡谋直纪》拨云驱雾，让人们恍然大悟：原来将变法演化为政变的是康有为的谋算而根本不是光绪帝的密诏。叙述者对新旧史实的如上开掘、推敲、思辨抑或考据，顿使旧史学与影视文学破绽百出，难以自圆，确实厉害。

破旧也是立新。既然旧的历史言说问题成堆，那么真正的历史是个什么样子的呢？《温》的这种立新道有两途，其一是多角度地审视历史。复杂的历史一果众因，一因众果，多因多果，如果只从一个方面理解历史，要想避免片面性就不可能。《温》不满足于只从政治的旧轨打量历史，而是改作立足于大背景，用人物心理、文化意识、社会制度等多重交叉的目光考核戊戌变法。比如，甲午海战败自何因？帝师翁同龢为何变法初始遭黜？史家普遍认为，慈禧擅挪军款修建颐和园为己做寿，从而导致北洋水师装备落后、弹药匮乏而不胜大战；罢免翁同龢"是慈禧太后阴谋之一，

---

① 翦伯赞主编《中国史纲要》下册，人民出版社，1983，第467页。
② 张建伟：《温故戊戌年》，《青年文学》1995年第10期。
③ 范文澜：《中国近代史》上册，人民出版社，1955，第321页。

目的是剪除光绪维新改革的臂膀"①。影视文学也持此说。《温》则利用史实证明如上判断荒谬，真实历史异常复杂：慈禧并不守旧，同治年间的洋务改革乃至其后的戊戌变法均得自慈禧的襄助，慈禧真正看重的唯有如何弄权；翁同龢也非谦谦君子，甲午海战的直接败因与他公报私仇有关，为了让李鸿章出丑，竟利用手中的财权一次次扣压海军军费，是个十足的小人。康有为也概莫能外。他虽然代表历史的进步力量，但其内驱力却是个人野心，"改革的个人目标是柄持朝政"②；"一钱不值莫风流"，其非政治的私生活方面也同样现出为人的品行不端。以上历史人物的政治行为莫不受个人的利益驱动。无论进步还是反动，大家在这一点上扯平了。《温》文这种立足于中国文化背景多角度地审视历史，既写出了历史人物的丰满性格，也表现了历史的复杂面貌，还原了由人所完成的历史必不可免要打上的鲜明个人性格戳记。无论破旧还是立新，叙述者均有杰出的表演。

二 想象历史究要源

一段历史可以为人类乃至个人穷尽吗？叙述者的回答是否定的。历史不可重复，已逝的历史既会留下一些足迹，也会在有意无意间隐瞒乃至毁灭大量的人证物证，留下难解甚至无解的谜团。人类不可能百分之百地复原一段历史。那么，无法穷尽的那部分历史该如何把握呢？《温》的回答是想象历史。这既是其立新的另外一途，又是文学把握历史的手段。

所谓想象历史，是根据现有的史料按照一定的情理逻辑去揣测把握我们力不能及的那部分历史状态。《温》正是这样去把握有关的历史动因的。比如，既然慈禧发动政变不是由于袁世凯告密，那么其真正的动机到底是什么呢？叙述者大胆断言那是因为光绪帝接见了日本明治维新领袖伊藤博文，西太后怕因此引入"外国人对她的朝政干涉"③ 而使自己丧失权

---

① 张建伟：《温故戊戌年》，《青年文学》1995 年第 10 期。
② 张建伟：《温故戊戌年》，《青年文学》1995 年第 10 期。
③ 张建伟：《温故戊戌年》，《青年文学》1995 年第 10 期。

力，地位一落千丈。这是撼人的立新，但是根据呢？"光绪皇帝接见伊藤博文而触发政变的说法，也只能存疑"①。哦，原来根据就是揆情度理的揣测。《温》对有关人物心理活动的把握也来自想象。当康有为指使他人弹劾许应骙，康有为"觉得，乘着皇帝喜欢他的热乎劲儿，先让朝廷腾出一个适宜他当官的地方，而且又能报当年的私仇，正是一箭双雕的事情"②。对康有为内心世界的这种把握有什么史实依据吗？没有，只有合理的猜想而已。但是人心从来难测，合理却未必符实，所以叙述者在猜测的同时，又立刻声明："也许，这样猜测一个'伟大改革者'的用心有失公允"③，为自己留足余地。当慈禧谋算如何重新"训政"，"她肯定这样想着：我就是夺权，也不能只听你们这几个老朽的摆布。而且，军权在我，人权在我，我怕什么？"④ 对慈禧的这种具体心理活动的把握同样来自合理想象，因为无法证实，叙述者才用"肯定"一词为盾防御他人可能的质疑，这是个性化的历史，力求通过心理逻辑探索历史本真。作者坚信事实如此，但又让如影随形的叙述者质疑自己的断言，这种叙事战术就把平常合一的作者、叙述者拉开了一点间距，意在说话活泛，使作者能够伸缩自如。《温》对不少人物心理活动的表达也自成特点：内心世界属人物，话语形式却融入或属于叙述者。比如，慈禧在变法伊始却发了三道谕旨，叙述者对人物的心理是这样揣度表达的："你可以有进行改革的'事权'，这不是你发牢骚时要的吗？那好，给你。但人权在我的手里。'事'是'人'办的。你办你的'事'，我管你的'人'，你办的事还能翻了天？……想借助改革把全部权力收归己有，把扶着你走了十年之久的老太后扫地出门？没门！"⑤像这样的心理揣摩即便内容猜中，但其话语形式却恐怕属于我们这个时代的叙述者，百年前的古人居然懂得"没门""改革"这些现代词语，这当然难以让人置信。因此，《温》不仅通过想象的内容，而且也通过想象的话语形式，将虚构悄悄地植入纪实文学作品之

---

① 张建伟：《温故戊戌年》，《青年文学》1995年第10期。
② 张建伟：《温故戊戌年》，《青年文学》1995年第10期。
③ 张建伟：《温故戊戌年》，《青年文学》1995年第10期。
④ 张建伟：《温故戊戌年》，《青年文学》1995年第10期。
⑤ 张建伟：《温故戊戌年》，《青年文学》1995年第10期。

内。叙述者的所谓想象本真，实际上表达的是他自己心中的一段历史。

无论细敲历史，还是想象本真，都有一个灵魂在这块历史的工地上徘徊。戊戌变法为什么失败？说一千道一万，《温》讲的只是一句话：激进不当，妥协合理，如果不是康有为的毫不妥协与光绪帝的急躁稚嫩，戊戌变法本可以成功！这一结论，彻底否定了我们所熟悉的史学与影视文学的结论：戊戌变法败自维新党人的软弱与脱离群众。不过，这种标新立异并不陌生。《解放军报》记者钱钢的报告文学《海葬》（《解放军文艺》1989 年第 1 期）开新中国成立以后为洋务派领袖李鸿章张目之先河。学者马勇在《辛亥革命：现代化的主观意图与客观效果》（《近代史研究》1995 年第 1 期，《新华文摘》1995 年第 4 期转载）一文中认为，如果辛亥革命时期实施康梁立宪党人的渐进改良，而不是孙中山的暴力革命，那么共和主义就可能早日实现，中国近代的社会走向一定要圆满得多。的确，当社会的经济基础与民众意识远未破旧立新，这时革命往往只能改朝换代，革命甚至成为实现个人野心的工具，而无法实现社会制度的根本变革。上述两文都肯定改良或反对一味暴力。《温》的中心话语实际上反映了一种时代的新思潮。

《温》的叙述者在如上细敲历史与想象本真的同时，充分显示了其所采取的有限全知视角的叙事策略。一方面，叙述者是全知的。一边叙述，一边分析，通过精细的史实考据推敲与合情合理的揣度思辨，叙述者砸碎旧说，引导读者突破表象，深入历史，令读者叹为观止。另一方面，叙述者的全知又是有限的，只能在规定的现实范围内大展宏图，至于相信还是不相信，只能听取读者随意选择了。叙述者甚至还保留空缺，比如，光绪帝为何始终未给康有为加官？叙述者收回想象，乐于存疑，突出表现出全知视角叙述的现实局限、叙述者的优异才干，使之具备引导读者的权威；叙述者是人不是神的约束，使其既要尊重大众传媒只能自愿接受的现实特性，采取与读者平等的民主立场，又认可纪实文学难免内含虚构的文体特征。承认纪实文学无法达到百分之百非虚构，这实际就是明示纪实文学不属于历史学或新闻学的范畴，并在一定意义上构成文学对历史的反抗。《温》只是一篇实多虚少的叙事文学作品。《温》文对一段历史的破旧立新果真可以成立吗？这一切可不能由文学说了算。对戊戌变法历史本真的定夺，只能由历史学负责，所以，我们估计《温》对历史把握的价值，必须站在文学的立场上去理解。《温》叙述的是作者心中的戊戌变法，主体性、当代性都很强。比如，《温》文的叙述者的心中话就可以讨论。史学要求康梁发动群众维新自强，固然脱离了历史的可能性，但谁也无法否认，康有为如果有打人民战争的本钱，其激进的改良必胜无疑。而谁又真敢打包票，妥协能逢凶化吉，果真赢得戊戌变法的全胜而归呢？又比如，《温》文热衷于后党或主张妥协维新党人的材料，对康有为自录他初见光绪帝的谈话内容这一现存的孤证材料，叙述者就疑云重重。对《温》的这种个性鲜明的表现，我们不宜过分拘泥。作为叙事文学，《温》不应该也不可能就史论我。法国作家大仲马说："什么是历史？那仅是一颗让我悬挂我的小说的钉子。"① 现实生活，包括过去与现代，都只是为文学提供一种想象的框架，比如池莉的小说《以沙漠为背景的人与狼》（《长城》1944 年第 6 期），即以一桩真实事件来安置自己的文学思考。《温》实际意在以史鉴今，用一种精神来启悟现实：呼吁我们自己今日的改革健康有序地持续下去，强调社会主义改革是一种自我完善！笔者以为这才是《温》的立文初衷。

三 《温故戊戌年》的不足

《温》的不足，主要有三个方面：

第一，彻底否定激进值得商榷。

变法改革总要触动既得利益者，政变以后，除京师大学堂外，戊戌新法俱坏。因此，将激进完全排除在变法之外，就像将妥协完全排除在变法之外一样危险，前车之鉴亦不为少。何时激进，何时妥协，关键在于审时度势，适可而止，把握好度。日本明治维新，俄国彼得大帝新政均引入暴力，不足与过火同样败事。只强调问题的一个方面，不仅是形而上学的表现，也容易带来消极的社会影响。

---

① 郭华榕：《法兰西文化的魅力——19 世纪中叶法国社会寻踪》，生活·读书·新知三联书店，1992，第1页。

第二，注意防止将历史进步人物小人化的倾向。

比如，对康有为这个历史风云人物，《温》在展示康有为利用群情、变法来实现个人权力欲望与其非政治生活中的不良品性方面，是充分而成功的，但对康有为的英雄一面却笔墨吝啬，甚至语断"怪人""几近精神失常"①，失之偏颇。甲午战败，大清王朝割地赔款，列强虎视眈眈，瓜分中华日炽，国势危若累卵，那么，天下兴亡，匹夫有责，无论基于民族文化抑或个人血性，康有为都不可能视而不见，听而不闻，只有私欲，没有公心与义愤。同样，《温》把光绪帝变法图强仅仅定位为"要通过改革得到他应有的权力"②，这同样是片面的。承认历史进步人物有私心并不等于承认他们只有私心。只看到进步的历史风云人物的平凡乃至卑劣、疯狂的一面而忽略其公心公德与伟大、高尚的一面，就很容易演化为将历史进步人物小人化的恶劣倾向，成为对人物的丑化，这与将反面人物一律白脸化一样，都是对他们的曲解与一孔之见。恩格斯在《诗歌和散文中的德国社会主义》一文中评价著名作家歌德时说："歌德有时非常伟大，有时极为渺小；有时是叛逆的、爱嘲笑的、鄙视世界的天才，有时则是谨小慎微、事事知足、胸襟狭隘的庸人。"③ 列宁在《列夫·托尔斯泰是俄国革命的镜子》一文中也说：托尔斯泰"一方面，是一个天才的艺术家，不仅创作了无与伦比的俄国生活的图画，而且创作了世界文学中第一流的作品……另一方面，是一个发狂地笃信基督的地主。一方面，他对社会上的撒谎和虚伪作了非常有力的、直率的、真诚的抗议；另一方面，是一个'托尔斯泰主义者'，即是一个颓唐的、歇斯底里的可怜虫"④。想象历史要有节制，革命领袖对伟大人物性格中崇高与渺小的辩证把握，今天仍值得我们认真领会，有助于启发我们如何防止矫枉过正。

第三，细敲史实有小瑕疵。

《温》对史实的推敲总体上是成功的，但也存在细部的失算。比如，既然慈禧政变不起因于袁世凯告密，那么，慈禧政变时对光绪帝怒喝

---

① 张建伟：《温故戊戌年》，《青年文学》1995 年第 10 期。
② 张建伟：《温故戊戌年》，《青年文学》1995 年第 10 期。
③ 《马克思恩格斯全集》第 4 卷，人民出版社，1958，第 256 页。
④ 《列宁选集》第 2 卷，人民出版社，1995，第 370 页。

"康有为叛逆、图谋于我"[1] 的根据又来自何处呢？很明显，《温》中慈禧是把康有为的"叛逆"与"图谋"于自己作为她政变的理由或借口的。但是，除袁世凯告密外，我们还无法从全篇中找到其他根据能够证明慈禧发动政变时已经从他处获悉康有为正"图谋叛逆"。对这个问题的含混、模糊，必然会极大地干扰叙述人所主张的"政变起因于伊藤博文访华"说，千里之堤，也可溃于蚁穴。

---

[1]　张建伟：《温故戊戌年》，《青年文学》1995 年第 10 期。

立足当代，报告历史

——评张建伟长篇历史报告文学《世纪晚钟》

李一氓在《再论古籍和古籍整理》一文中说："在古籍整理和历史研究上，我以为更应该着重清史。"（《解放日报》1983 年 5 月 4 日）李一氓这里所指的清史，笔者以为重在清末。为什么？1840 年第一次鸦片战争以来，中国遭遇了中华几千年的文明史上前所未有之变局，中华民族所面临的挑战已不止于改朝换代。中华民族的文化之根是否会被西方文明从九州大地上连根摧拔才是问题的要害。空前的民族危亡中有多少经验可资今人审鉴啊！《中国青年报》记者张建伟的《世纪晚钟》（国际文化出版公司，1995）就是这样一部令人警醒的长篇报告文学。

《世纪晚钟》写的是清末意在救亡图存的两次改革：一是 19 世纪末的戊戌变法，一是 20 世纪初的立宪改革。讲究思想的含金量是报告文学不同于一般史书的一个重要特征。今天，我国的改革已经进入攻坚阶段，戊戌变法已过去百年，因此，立足时代，报告历史，对改革况味的别在心头就既如一根红线贯穿报告文学始终，又对我们有着既来自历史又不限于历史的思想启迪。

《世纪晚钟》不限于历史的思想启迪主要有以下两点。

第一，改革不仅需要热情、勇敢，还需要理智、策略。戊戌变法为什么失败？过去普遍认为源自顽固派的过于强大、维新派的害怕群众与中国无产阶级的尚未登上政治舞台。这对不对？当然不错。但这样的解释还不全面。由于皇权背后是慈禧的黑手在操纵，变法者先天软弱，因此，"一百多天的改革，一百多道改革令"，平均每天 1.7 条，最多的 9 月 12 日有

11条，这对于干部队伍远未成型的光绪帝而言，又有多少能落到实处？再如，天津废弑密谋一说是否可信？大权在握的慈禧秋天跑到天津借阅兵来废光绪帝岂非多此一举？况且，如果确有其事，康有为、梁启超则何以能知道如此军机？康梁一再鼓吹的慈禧天津废弑密谋，恐怕不仅在于康梁的猜测、恐惧，而且也是康梁为了使自己的密谋"锢后杀禄"能顺理成章，得道多助。但以康梁的实力，这岂不是授敌以口实从而加速变法运动的遭封杀？光绪的年轻，康梁的书生气，这些也是戊戌变法落败的重要因素，不能不加以考虑。其实，无论维新派的"锢后杀禄"，还是保守派的囚帝废法，变法后期的斗争核心已转入最高权力之争。没有权力固然不能变法，但权力在手谁又敢保证运动一定不会误入歧途？民国以后的专制独裁未必弱于清末，但其中有不少人却打着革新或革命的旗号甚至本身还真的不无革新或革命的动机、理想。今天，我们的跨世纪改革早以跃过了要不要改革的阶段；如何改革才能保证改革少走弯路，才是当今改革面临的关键问题。现代化是个复杂的系统工程，其实质是必须经历一个由低级而高级的改革历程，从而实现由传统社会向现代文明的转变。改朝换代不等于变法。很明显，对于中国的现代化来说，急功近利是要避免的。所以，我们赞赏改革的激情与勇敢，但我们也同样赞赏改革的理智与策略。《世纪晚钟》为我们敲响了理性的警钟。

第二，改革中存在私欲并不可怕，可怕的是不能将私欲用于社会进步。立宪改革为什么失败？旧说评价不高，以为那只是清政府为了抵制革命，拉拢资产阶级上层所采取的政治措施，无法不败。这话也不错，但同样不全面。立宪改革有一幅奇怪的历史画面：当年出卖维新党人的袁世凯大叫"救亡非立宪不可"，提出了一个"较彻底的官制改革方案"，俨然一位改革的旗手；而曾经三次向清廷保荐康有为的军机大臣瞿鸿禨却站在保守阵营一边，反对立宪改革。袁、瞿之间之所以会发生政治角色的历史错位，主要在于个人欲望的拨弄：袁世凯一方"从来不关注改革与非改革的是与非，他只关注改革与非改革的利与害"，较彻底的官制改革由内阁总理制取代操掌实际权柄的军机制，不仅可以送袁达到炙手可热的内阁副总理的高位，而且一经立宪，权归总理，光绪帝即便在慈禧死后重握王权也修不得戊戌前怨。瞿鸿禨一方则"一半为了权力，一半为了复仇"，瞿氏官制方案使军机处四去二余，瞿鸿禨的权力由此得以更上层楼，同时王权保留，又助同党岑春煊复当年官场被算计之仇。灿烂的阳光下还隐藏着阴暗的角落。因此，袁世凯倡废科举固然顺应了时代要求，但也是为了摆脱他连个秀才也没考上的尴尬。其实，只要不是神，人总有这样或那样的私欲。因此，改革中存在私欲并不可怕，可怕的是当私欲成为目标而改革却成为手段之后所带来的改革运动的变味。那么，如何建立起一种将个人的欲望、利益调动到为社会进步服务上的机制，则既是决定改革成败的一个不可或缺的重要环节，也是改革的一项重要任务，不容回避。这怕是《世纪晚钟》的另一个发人深思的提示。

说《世纪晚钟》有不限于历史的思想启迪并不等于这篇报告文学不在历史之内。它在史实上是真实的。《世纪晚钟》的史学保证主要有以下四点。

第一，作者为写这部报告文学耗力多年，占有大量的第一手史料，叙有所据。比如，《世纪晚钟》的参考文献《诡谋直纪》现藏于日本外务省外交史料馆，20 世纪 80 年代才由日本抄入，见于由中国社会科学院近代史研究所组编的《近代史资料》第 63 号（中国社会科学出版社，1986）。

第二，依托史家为学术后盾。《世纪晚钟》史料真伪的权威核定人是南开大学专治中国近代史的陈振江教授，读者可以放心。

第三，史学的前沿科研动态了然在胸，择一而从。比如，慈禧发动政变的导火索是什么？史家大多认为是袁世凯的告密，并视袁世凯的日记为自我辩护而不屑一顾。但也有史家另有看法。房德邻的《戊戌政变史实考辨》以不落俗套的史实考证否定了传统的袁氏告密导致慈禧政变说。台湾学者黄彰建在《戊戌变法史研究》中也持此调。对慈禧发动政变的直接动因，苏继祖在《清朝戊戌朝变记》中认为："八月之变，幽禁皇上，株连新党，翻改新政，蓄此心固非一日，而籍口发难，实由于伊藤之来也。"在诸说中，张建伟采纳了"光绪见伊藤"说也符合史家的学术规范。需要指出的是，当张建伟的关于戊戌变法的历史报告文学刚刚问世时，一些报刊在转载转介时将"房德邻说""苏继祖说"判为记者张建伟首创是不正确的。

第四，关于历史人物内心世界的表现。相形于行为，历史人物的心理史实存留很少，其可信性也更费考订，因此，历史专著一般放弃对历史人物内心世界的细致掘挖与传达。但是，见事难见人显然有悖于报告文学的文体个性。因此，《世纪晚钟》有不少关于历史人物内心世界的具体刻画。不过，这种心理刻画大多是作家的揆情度理的猜测。那么这种揆情度理的心理刻画是否有悖于历史史实的真实呢？这关键要看作者是以假为假，还是以假为真。报告文学《世纪晚钟》的作者在文本内明确告诉读者他对历史人物的心理刻画只是猜测，这当然没有以假做真，比如，慈禧在立宪改革免去了庆王奕劻的儿子载振御前大臣等差使后的内心活动是怎样的呢？报告文学认为"在缺乏因果的史料之间，只有史家有猜测的特权。大胆考证，小心求索，……很有成果，尽管依据的是推测"。这就讲明随后对慈禧内心世界的具体刻画只是猜测，当然不属于虚构。因此，《世纪晚钟》对历史人物的内心刻画并没有违背历史史实的真实性。笔者过去曾因此否定张建伟历史报告文学的文体属性（拙文《能人式的叙述者》，《通俗文学评论》1996 年第 1 期），今日看来怕要修正。

或许由于投入的精力有限，《世纪晚钟》也存在明显的不足。比如，报告文学对慈禧倡导的改革与光绪推行的改革之间的本质区别还缺乏清醒的认识。关于这一点，倒是康有为在《自编年谱》中讲得更好："所谓变法者，须自制度法律先为改定，乃谓之变法。今所言变者，是变事耳，非变法也。"这里说的对变法的不同认识也正是维新派与洋务派的政治分水岭。《世纪晚钟》的其他不足，笔者曾在《能人式的叙述者》中有述，不赘。

本文发表于《通俗文学评论》1996 年第 1 期

大众传媒教育
与学术研究

关于我国新闻传播学专业
教育改革的浅见

与西方发达国家相比，中国新闻传播学专业教育进行适度改革确已势在必行。中国新闻传播学专业教育所面临的困境，不独由互联网所加，原即存在的问题本有日愈添重之虞，互联网的勃兴不过是对原有传媒格局搅动的雪上加霜而已。相形之下，已有的相关探讨如融合说等虽不无真知灼见，但不少脱离中国国情，存在纸上谈兵之嫌，尚未真正触及新闻传播学专业教育改革的要害，故有专文探讨新闻传播学专业教育改革及人才培养新规律之必要。

一　改革的内在因素：新闻传播学专业
教育现存的主要弊端

目前，我国新闻传播学专业教育所存在的弊端是较为严重的。其表现主要有以下三点。

一是当下新闻传播学专业毕业生就业艰难。首先，新闻传播学专业除博士毕业生因全国博士授予单位远少于其他专业，就业状况尚差强人意之外，不单本专科毕业生就业难，而且硕士研究生也未能幸免，有相当的比例面临毕业即失业。新闻报道《140万考研大军创下10年新高》介绍：云南财经大学新闻学专业应届本科毕业生杜静因为不好就业选择考研，她说："我这个专业找工作很困难，所以压力特别大。如果今年没考上，明年还会再考。"① 作为专业教师，笔者对此感受颇深。其次，新闻传播学的本专科毕业生、硕士研究生即便得以就业，所从事的工作也绝大多数在传媒之外，尤其是报纸、期刊、广播、电视这些具备采访权的新闻出版媒体与真正的主流大众媒体（含图书）之外，换句话说，就是就业的专业不对口。比如，笔者所指导的2009届新闻学专业硕士研究生就业领域皆在前述媒体之外。这样的情形不仅造成新闻传播学教育资源的极大浪费，也是对学生及其家长的不尊重，并成为社会不稳定因素的策源地之一。某具有新闻传播学一级学科博士授予权的985高校的新闻传播学专业，2009年10月底在校内文科各个专业中就业率处于倒数第二位，仅次于社会学专业。实际上，新闻传播学毕业生的就业难，已经成为新闻传播学专业由既往的热门专业转为非热门专业的重要原因。时任教育部部长袁贵仁在2010年全国普通高等学校毕业生就业工作网络视频会议上的讲话中指出："高校毕业生就业……不仅关系到学生的切身利益，而且关系到怎么看待高等教育的规模、结构、质量、效益；关系到怎么看待近些年来高等教育的工作以及对形势的判断。"② 新闻传播学专业毕业生的就业难，直接关乎我们对我国新闻传播学专业教育既往的判断和未来工作指导方针的明确。

二是新闻传播学专业毕业生所掌握的知识与技能与媒体的实际要求存在较大的距离。换句话说，就是新闻传播学专业的毕业生不太适合媒体的实际工作需要。不止一家媒体总编辑表示：自家需要的是新闻传播学之外专业的毕业生。笔者本人也曾在媒体工作过。若让笔者站在原来所在媒体的立场上来挑选毕业生，同样会将大多数岗位交给非新闻传播学专业的毕业生，而原因只有一点，即学校所培育的"产品"——学生未能适销对路。

三是新闻传播学，尤其是新闻学专业的教研活动在整体上与业界的实际需求明显脱节。第一，专业教学，无论内容，还是环节，多难以切合业

---

① 《140万考研大军创下10年新高》，《人民日报》2010年1月11日，第12版。
② 《深入学习实践科学发展观　不松懈不动摇　全力以赴做好2010年普通高校毕业生就业工作》，《中国教育报》2009年11月23日，第1版。

界对于专业人才的基本要求，人才培养方式常遭业界人士私下轻蔑、奚落。第二，教育机构的专业研发能力与业界的需求常不相关，学界自说自话，自恋倾向较为突出。比如，新闻传播学的专业研究虽离不开一定的基础研究，但现有的专业基础研究方向值得深刻反思。其一，与定性研究乏力形成鲜明比照的是，专业研究深陷于定量研究崇拜的怪圈之内。关于新闻出版广播电视实务的研究被学界视为非学术，有术无学，实务研究的积极性为此备受打击，研究品格飘忽，研究动力疲软。其二，实务研究常乏问题意识，成果多抓不住问题要害，不痛不痒，学术性也往往不强，缺乏对业界的智力启迪与专业的精准方向引领。同时，研究的行政化趋势加重了专业研究的上述缺陷。比如，某具有新闻传播学一级学科博士授予权的985高校，将新闻传播学专业的专业期刊分为权威、核心与一般；在权威期刊中，又内分为A、B、C、D四档，其中，权威期刊一篇A类论文等于两篇B类论文，四篇C类论文，八篇D类论文，且不得逆行计算，如100篇权威期刊D类论文也抵不上一篇权威期刊A类论文或B类论文或C类论文。在其权威期刊目录上，《新闻与传播研究》为A类，《现代传播》《新闻大学》《国际新闻界》为B类，《中国出版》等六刊为D类，而在业界享有盛誉的《新闻战线》仅被列入核心期刊。由于将在权威期刊A、B两类共四大专业期刊上发表学术论文，定作教师评聘、竞岗等涉及教师核心利益的研究关键，研究者的研究热情、方向与成果的产出就不能不受到制约。在上述新闻传播学的四刊中，除《现代传播》之外，其余基本仅刊传播学理论、方法，理论新闻学、历史新闻学、互联网方面的论文。这样一来，应用新闻学研究在前述四大学术期刊的发表空间就极为有限，不能不打压学者们关于大众传媒实务研究的积极性。长此以往，新闻传播学学界对来自纳税人的科研经费没少用，但研究成果则鲜见瞄准业界实际的现实针对性，自然始终难以得到业界的基本尊重。在这样的情况下，学界和业界又怎么能够不处于貌合神离的两张皮状态呢？第三，相当数量的专业师资根本不懂大众传媒实际，教学基本在外行领域之内游走。最后一点虽属老生常谈，但学界始终未及根治，尤其是应用新闻学的研究难以做到实用性与学术性的有机统一。

我国新闻传播学专业教育所存在的较为严重的缺陷，与专业教育的自我完善之间形成无以弥合的冲突，并构成新闻传播学专业进行教育改革的主要内在因素，呼唤专业教育的渐进改革过程必须找寻重点突破。毫无疑问，对新闻传播学专业教育施以大刀阔斧的得力改革已如箭在弦，不得不发。

二　新闻传播学专业教育改革的外在环境：专业教育服务对象的实际

新闻传播学专业教育具备独特的专业教育特点。毋庸置疑，新闻传播学专业教育致力于为我国大众传媒业培养专门人才。因此，作为专业教育的服务对象，我国大众传媒业的历史与现实，就构成框限新闻传播学专业教育守成与改革之间互动的关键性外在因素。专业教育服务对象由综合、广泛、意识形态、文化等元素所构成的行业特殊性与敏感、高危性，使其极为鲜明地有别于其他各行各业。大众传媒业的特殊性、重要性致使新闻传播学专业教育呈现出既不同于基础学科如文史哲的通用性学科特点，又不同于其他应用性学科如经济学、法学的专门指向而呈现出综合、包容的色彩，具有一种融应用性、通用性于一体的鲜明的政治功用信息沟通的特殊实用趋向。毫无疑问，与社会政治、经济、文化等外层客观环境相较，大众传媒业的实在已经构成环绕新闻传播学专业教育改革的内层客观环境，成为社会与专业教育之间互动的中介。

总体看，时下逼迫我国新闻传播学专业教育大力改革的内层客观环境因素，主要有以下两点。

一是我国大众传媒业的快速发展实际。现在，中国大众传媒业发展繁荣：广播电台 257 座，电视台 322 座，[①] 电视剧年度生产近 1.45 万集（2008 年），连续多年稳居世界第一；电视机、收音机的社会拥有量分别达到 4 亿台和 5 亿台，广播电视综合人口覆盖率分别达到 95.96% 和 96.95%，接近世界发达国家水平；全国有线电视用户达 1.63 亿户。电影

---

① 《2008 年国民经济和社会发展统计公报发布》，http://www.citvc.com/20090924/104550.shtml。

观众近 20 亿人次，拥有城市电影院线 34 条、主流影院 1500 家，年生产电影故事片 406 部，是世界上第三大电影大国。[①] 2009 年 6 月 30 日，网民规模 3.38 亿人，其中宽带网民 3.2 亿人，占网民总数的 94.7%，网民数量、宽带网民数、国家顶级域名注册量三项指标稳居世界第一，互联网普及率已达 25.5%。[②] 有报社 1943 家，期刊 9549 种，出版社（含副牌社）580 家，音像出版单位 378 家。[③] 新闻出版总署柳斌杰署长介绍，中国图书、报纸、电子出版物的品种、总量已连续 5 年稳居世界第一位。[④] 不过，我国虽迈入世界大众传媒大国行列，但远非大众传媒业强国，在信息制造的质量、范围、形态、进出及其引领上，尚存广阔空间。

二是我国文化体制改革的紧迫变动实际。我国始自 2003 年 6 月的文化体制改革虽历经六年，也取得一些重要成绩，但文化体制改革的根本目的尚未实现，这就是彻底打破计划经济体制下形成的旧格局，解放和发展文化生产力，从总体上转变旧有的管理模式、运行方式和发展方式。[⑤] 为此，国家新闻出版总署在 2009 年 4 月根据中央意见出台《关于进一步推进新闻出版体制改革的指导意见》，决心重构大众传媒业的出版传播格局，建立党委统一领导，政府大力支持，党委宣传部门调控有力，行政主管部门具体实施，有关部门密切配合的大众传媒体制改革的领导体制和工作机制，真正形成党委领导、政府管理、调控有力、监管到位，依法行政、服务人民的宏观管理体制。为此，文化体制改革以功能定性质，以性质定体制，以体制定机制，坚持重点，区别对待，分类指导，稳步推开。在这样的文化体制改革中，一方面，一手抓公益性大众传播事业，建立以

---

① 《广电总局新闻发言人朱虹谈新中国成立 60 年中国广播影视的成就》，http://www.citvc.com/20090924/104550.shtml。

② 《我国网民数量达 3.38 亿 未受经济危机影响》，搜狐 IT，http://it.sohu.com/20090716/n265267860.shtml。

③ 王保纯、吴娜：《发展是新闻出版工作的永恒主题——新闻出版总署署长柳斌杰就〈新闻出版总署关于进一步推动新闻出版产业发展的指导意见〉答记者问》，《光明日报》2010 年 1 月 6 日，第 3 版。

④ 王保纯、吴娜：《发展是新闻出版工作的永恒主题——新闻出版总署署长柳斌杰就〈新闻出版总署关于进一步推动新闻出版产业发展的指导意见〉答记者问》，《光明日报》2010 年 1 月 6 日，第 3 版。

⑤ 柳斌杰：《中国出版业的重构与展望》，《东岳论坛》2009 年第 5 期。

政府为主导，以财政为支撑，以公益性大众传媒出版传播单位为主体的出版传播与公共服务体系，适时公布公益性大众传媒机构名单；另一方面，一手抓经营性大众传播产业，全面完成所有面向市场的经营性大众传媒转制任务，加快转企改制进程，实现股份制改造，完善法人治理结构，建立现代企业制度，打造真正独立经营的市场主体。按照中央的"路线图"与"时间表"，中国媒体涉及较深层次的文化体制改制正在进行，其中，面向市场的经营性图书、音像制品、电子出版物的出版单位在 2010 年前将全部转制为企业，同时制定经营性报刊转制方案，推动经营性报刊出版单位实行转制。依据中央部署，我国内地纸媒业的文化体制改革将在2012 年前全部完成。

毫无疑问，我国大众传媒业的历史发展与现状凸显了新闻传播学专业教育缺陷的严重性，强化了新闻传播学专业教育改革的必然性、紧迫性。

总之，我国新闻传播学专业教育现存的主要弊病和大众传媒业的快速发展、文化体制改革的重任已合力形成巨大压迫，充分彰显出新闻传播学专业教育适度而有力改革的必要性、重要性与迫切性。显而易见，抓住要害，理性改革，已经成为当下我国新闻传播学专业教育满足社会需要、行业要求以进行自我完善求生存、谋发展的中心瓶颈。

三　新闻传播学专业教育改革的基本思路

既然我国新闻传播学专业应该实施必要的改革，那么这一切又当怎样择取，如何进行呢？笔者个人的主要想法如下所述。

（一）密切联系媒体实际，善于遵循业界的基本需求加以培育

大众传媒业的文化体制改革要求新闻传播学的专业教育应面向业界实际，埋头扎实办学。从媒体的用人实际看，媒体不是不需要专业人才，而是需要当下迫切需要的人才，如特殊人才、专门人才、复合型人才、高级人才而不是常规人才，现有的教育机构尚难以培育。这就是说，我国的新闻出版广播电视业采编岗位的入行门槛较之既往抬高明显。然而，教育界时下能够为媒体提供的新闻传播学专业的毕业生，绝大多数属于常规人

才，起码未能适销对路。

那么，新闻传播学的教育界应如何按照媒体的实际需要培养人才呢？

第一，强化动脑能力，而不是单纯地重视学生的动手能力——尤其是摆弄计算机、摄像机、照相机的能力。媒体所从事的是精神文明建设，生产的核心在信息内容。这是书报刊广电媒体行业不同于物质文明建设行业的根本之处，因此，新闻传播学高等教育单位若一味强调新闻传播学专业学生的动手能力而忽视其动脑能力，势必避重就轻，丢掉从事媒体工作所需的基本功。目前，我国内地新闻传播学教育对学生动脑能力的漠视集中表现为：一是过分重视所谓的校内实验室建设；二是忽视对学生进行世界观、人生观教育或让这种教育脱离实际；三是在学生人文社科教育与专业基础教育上存在偏差。当前，我国内地新闻传播学院系对实验室建设特别上心，相互比拼之下，实验室越来越豪华，越来越奢侈，花费越来越高昂。然而，这些摆满冰冷器具的并非完全无用的实验室果真能够对学生的内容制造产生根本作用吗？答案只能是否定的。究其原因，实际上是忽视了精神文明建设的特殊性，轻视了新闻传播学教育的复杂性，漠视了大众传媒工作的灵魂所在，冷淡了我国的特殊国情，实际上是在用"手"技能的速成来取缔"脑"素养的培育，用理工科的所谓"技术"教育在阉割新闻传播学教育的人文社科属性的这一本体。

第二，强化媒体在新闻传播学教育中的特殊作用。采编人才的培育之路在哪里？学生内容制造能力的获取在何处？媒体自是其中不可或缺的特别一环。新闻传播学属于应用型文科，故脱离媒体仅采取课堂教学，则无论花样怎样翻新都不可能达到新闻传播学的真正专业教育目的。中国传媒大学苏志武校长介绍：该校的育人理念、模式是"校园大课堂、传媒大舞台"。这样的育人理念、模式体现了对新闻传播学应用学科归属的清醒认识，说明本专业基础研究的真正目的还在应用。这同时意味着，专业教育不是教育机构一家的事业，传媒业应在新闻传播学专业学生的培育上勇于承担，肩负其不可或缺的职责。在强化媒体之于新闻传播学专业教育的特殊作用上有两点值得特别提出：一是科学实习。纸上得来终觉浅，绝知此事要躬行，深入媒体，按照专业人才培养规律循序渐进，进行较为丰富的确保质量的实习，是新闻传播学专业培育合格毕业生的一个不可或缺的教育环节。时下，我国新闻传播学专业教育虽普遍实施学生实习，但实习的数量、结构、规模乃至质量参差不齐，尚需根据学科的基本要求、业界的基本标准与形势的重大变化科学论证，制定既有理论性又有操作性的专业教育体系，而不能只凭经验靠感觉吃老本，不负责任地滥用来自国家、社会的资金。二是科学入行。所谓科学入行，指的是为了新闻传播学专业毕业生进入大众传媒从事采编工作能够合乎行业的基本要求，相关方必须对之在毕业后至就业前施以合乎学科要求、行业标准的基本甄别、培育。为此，国家应该从中央到地方遴选若干家报社、期刊社、图书出版社、广播电台、电视台、互联网单位，尤其是主流媒体、骨干媒体作为毕业生入行的培育机构，对他们按照行业规范实施一年左右的基本入行培训。无此培育环节，毕业生则无入行的基本资质。这样做的目的之一，既是统一行业人才教育标准，将不合格的专业毕业生剔出去，又有助于增强教育机构人才培养的质量意识，焕发大众传媒业的责任意识，提高我国对新闻传播学专业人才培养特殊性、复杂性的认识水平。不过，鉴于大众传媒不归教育部直接领导，党中央、国务院与有关党组织、政府对此显然应予以必要协调，统一调度，通过建章立制为新闻传播学专业学生科学实习与科学入行提供条件，创造环境，真正推动教育单位与业界的互动，而不是让教授们做媒体自我宣传的花瓶。同时，教育部与地方教育主管机关也应与党委宣传部、新闻出版总署、国家广电总局乃至地方大众传媒主管机关互动，为新闻传播学专业合格人才的培育设置基本的国家行业标准。

第三，将复合型人才的培养模式纳入新闻传播学专业教育。我国现有的新闻传播学专业教育主要适宜培养时政、娱乐等内容信息制造的专业人才，而对其他专业如经济学、法学等文科，医学、电气工程等理工科往往鞭长莫及。对于现有新闻传播学专业无法独自培养的人才，可以考虑从现有新闻传播学专业教育单位中选取少量教学点为基地，依复合型人才的培育模式加以培养，如从校内非新闻传播学专业的大三学生中招生，从而由新闻传播学之外的专业培育学生的内容制造基础能力，由新闻传播学专业培育学生从事媒体工作所必备的媒体内容制造能力与媒体内容表现能力。这也有助于加强办学单位的办学特性，强化办学单位人才培养的竞争力。

第四，在文科教育规律的基础上强化新闻传播学的专业基础教育。现在，在新闻传播学教育中存在一种根据某媒体如湖北电视台的具体需求进行教育改革的教育举措。应该说，这样做出发点虽好，却不合乎实际。各类媒体，各家媒体个性互异，千差万别，丰富多彩。个性化是一家媒体得以生存、发展的重要条件。因此，新闻传播学教育永远也难以满足个性互异的每家媒体的具体要求，永远也难以适用各家媒体的快速变化。长江日报社媒体发展研究所副所长鲍风说得好："新闻学专业出身的学生应该是一块好钢板，到媒体来，各个岗位都能胜任。新闻院系是钢铁公司，不是自行车厂，不是拖拉机厂，不能像自行车厂生产的自行车那样一出去就只能是自行车，不能搞别的了。"[1] 新闻传播学专业教育的一个要害，是为学生的未来打下扎实的思想基础、专业基础乃至人生基础。新闻传播学专业教育者应该明白，在对学生的培育上，自己的能力是极为有限的，不可能包办一切，尤其是不能替代媒体在新闻传播学专业教育中的独特功用，应在有所不为的基础之上有所作为。因此，新闻传播学专业教育唯有抓住专业教育的基本框架，才能够以不变或有限的变化适应媒体的各种变化。

（二）多元化培育人才

传媒采编人才培育事涉多元。与医生为病人看病，发电厂工程师操控机器这些着力于物质变动的活动不一样，传媒工作直面社会与人的精神活动。传媒工作的综合性、复杂性决定了传媒采编人才培养的特殊性。采取多元途径有利于新闻传播学专业人才的顺利成长，恰为遵循新闻传播学教育规律的重要举措之一。因此，在夯实新闻传播学专业学生的基础上，有两点是值得特别强调的。

首先，媒体的采编工作以意识形态与文化为主，因此新闻传播学专业教育就应该注意夯实毕业生今后工作所必备的人文社会科学理论基础。鉴于媒体工作与社会政治生活联系密切，事关国家意识形态安全与文化安全，故新闻传播学专业教育尤应注意强化学生关于如下两大学科的学习：

---

① 涂俊超、王婷：《新闻史教学如何贴近时代》，《新闻前哨》2009 年第 7 期。

一是政治学，这事关意识形态安全；二是文化学，这事关文化安全。至于管理学、心理学乃至社会学知识则不必强求。需要指出的是，正是无碍于国家的意识形态安全和民族的文化安全，故现为新闻传播学学界所高度青睐的社会学知识之于新闻传播学专业毕业生从事大众传媒采编工作其实并非不可或缺，并不在关键范围之内。

其次，新闻传播学专业教育应该注意强化学生对新闻传播史论课程的学习。新闻出版广播电视实务能力的掌握、提高，不能急功近利，除了媒体实习一途之外，唯有打牢新闻传播学专业学科的基础与人文社科学科的核心基础，毕业生才有可能具备长远的发展潜质。而这些则恰为教育机构所擅长。

（三）适度发展，控制新闻传播学高等教育的规模

目前，我国新闻传播学专业的教育规模远远超出了大众传媒对专业人才数量的实际需求。2006年底，我国共有新闻传播学专业教学点661个，在校生13万人，[①] 年度新闻传播学专业毕业生超过30000人。而截至2006年11月，全国经核准颁发新版记者证的记者总人数也只有18万余人，其中在编人员还不到15万人[②]；广播电台、电视台、报社、期刊社、出版社、音像出版单位总计13000家出头。这就与其他行业，尤其是从事物质财富创造的行业形成巨大的反差。以电力行业为例，2009年济南全国运动会开幕式主持人介绍，我国现有电力职工240万人，《2009年中国电力行业企业名录》显示中国内地从事电力工作的企事业单位为5.8万家[③]。国家电网公司2008年底有员工153.7万人[④]，中国南方电网员工总数27.3万人[⑤]；电力工业的骨干由电源生产与电力输送两大领域构成。而电气工程及其自动化与热能工程及其自动化两大专业则着重面向电力工

---

① 孙正一、柳婷婷：《2007：中国新闻业回望》，《新闻与传播》2008年第4期。
② 周凯、张琦：《高校新闻类专业泛滥，学生把范长江认作潘长江》，《中国青年报》2007年8月1日。
③ http：//industry. emagecompany. com/electricity/electricpower. html。
④ 来自国家电网公司网站，http：//www. sgcc. com. cn/gsjs/gsjj/default. shtml。
⑤ 《中国南方电网公司简介》，https：//www. csg. cn/company/gs. aspx？ ItemCode＝001003000000 ＆catalog_type＝2＆id＝10＆name＝。

业的前述两大领域培育专业人才。仅以电气工程及其自动化专业为例，据电气工程及其自动化专业教学指导分委会 2009 年 7 月公布的《1998 年以后我国高等教育电气工程专业发展状况调查》：2009 年 7 月我国有超过 200 所大学设有主要面向国家电网、南方电网输送人才的电气工程及其自动化专业。① 因此，在人才的供求关系上，与电气工程及其自动化、热能工程及其自动化之于电力行业比较，新闻传播学专业数量之于媒体行业需求显然已经远远地供过于求。

新闻传播学专业之于媒体行业的人才供过于求会产生严重的负面作用。首先，造成新闻传播学专业教育的浪费。其次，给学生及其家长带来消极影响，并进而影响社会稳定。最后，容易出现新闻传播学专业毕业生就业中的劣币驱逐良币现象。所谓新闻传播学专业毕业生就业中的劣币驱逐良币现象，指的是来自办学实力较弱，生源总体质量较差教学单位的毕业生（尽管其间不乏个别的较为优良的毕业生）在媒体就业实际中，优先于那些来自办学实力较强，毕业生总体质量较好教学单位的毕业生。如果完全按照人才市场竞争规律办事，事情倒也简单：谁家的毕业生水平高，口碑好，就录用或多录用谁家的。当毕业生难以就业时，市场会自动调节：一是办学单位必须按照人才市场要求，舍得必要的投入，扎实办学。二是优胜劣汰，毕业生难以就业的教学单位最终只宜选择关门大吉。然而，时下新闻传播学专业毕业生的就业情况颇为复杂。在就业问题上，办学实力、用人单位局部利益等混在一处发酵，千差万别，不一而足。因此，在大众传媒业人才远远供大于求的情况下，劣币驱逐良币则在所难免。既然彻底走人才市场之路行不通，那就应该加入政府调节一途，而不宜各行其是，缺乏调控。需要指出的是，市场不是资本主义专利，计划也不为社会主义独有，20 世纪 30 年代美国罗斯福新政的关键就是添加政府对市场的干预，凯恩斯主义为其经济纲领，10 年后的社会责任论为其大众传媒业的思想方针。

---

① 中国教育和科研计算机网站，http：//www.edu.cn/dybg＿8251/20090710/t20090710＿390589.shtml。

对当前我国新闻传播学专业高等教育规模加以控制的具体对策主要有以下两点。

第一，教育部与新闻出版总署、国家新闻出版广电总局及时沟通，相互协调，针对新闻传播学专业的招生规模、结构等每年按需制订计划，宏观调控，尤其是将专业招生规模控制在无碍社会稳定的基础之上。

第二，统筹兼顾，各司其职，主次分明。首先，统筹兼顾。若对现有的新闻传播学专业教学点贸然裁撤一批，势必造成本不应为此负责的相当数量的教师下岗，从而旧债未除反给社会增添新的不稳定因素。因此，当前一个时期内对现有的新闻传播学专业各教学点，应在兼顾国家、教师、学生等多方利益的前提下根据传媒业实际需要与国家政策大力压缩招生规模。其次，各司其职。目前，我国新闻传播学专业办学点大体可以分为四种情况：一是教育部直属的985、211高校新闻传播学院系与个别省级政府直属高校具备新闻学或传播学博士授予权的新闻传播学院系。这些新闻传播学院系办学实力相对强大，拥有新闻传播学博士学位授予权的院系尽在其间。二是多数省级政府直属的综合性大学的新闻传播学院系。三是单科性高等院校的新闻传播学院系。四是二级学院。这四类新闻传播学院系之间在教育资源、办学实力、办学个性、生源质量上是存在明显不同的。因此，国家与行业管理机构应引导不同类型的新闻传播学院系凝练优势，扬长避短，分层发展，并建立退出机制，创造条件引导其中部分办学实力弱难以提升的单位相机退出新闻传播学专业教育领域。最后，主次分明。国家应该既注意强化优质办学机构的实力，形成专业教育基地，满足国家的基本专业人才需求，又善于对相对较弱的办学机构加以引导，帮助学校找准自己的生存道路，并提供渠道为后进赶先进甚至超先进创造条件。

（四）适度改革，尽力避免大起大落

我国新闻传播学专业教育的改革并不是要将过去的一切全部否定，全盘推翻，而是扬弃，既往长处仍须尊重、保留、恪守。

我国新闻传播学专业教育的改革要适度。水至清则无鱼，世界上从无十全十美的事情，过多、过勤的变化是专业教育不成熟的一种表现。在改革的适度性把握上，新闻传播学专业应注意以下几点：第一，不将过去全部推翻，每次改革应控制必要的比例、范围。第二，循序渐进，增量改革。专业教育即便需要改革，也应依据条件，审时度势，注意顺势而为，小步走，不停步，不一定非要毕其功于一役。第三，认真思考，全面规划，缜密推敲，长短结合，急缓得当，先试点，待成功后再逐步推向全局。

新闻学专业硕士研究生
培养的困局与转变

　　近年来，我国新闻学专业在人才培养上遭遇困难：原本供不应求的新闻学硕士研究生而今媒体难入，就业形势每况愈下，较之同专业的本科生已无明显优势，甚至还出现了硕士研究生就业不若本科生的硕本倒挂现象。2008年，人民日报社到武汉某所具有新闻传播学一级学科博士学位授予权的全国重点大学新闻学院遴选人才，结果入围初选的仅为本科生，研究生反而全军覆没。新闻学专业硕士研究生媒体求职所遭遇的尴尬，在一定程度上说明新闻学硕士研究生目前在培养上存在严重缺陷。对此，学界、业界均有察觉，有学者在论文中有一定的触及，但笔者检索包括中国人民大学报刊复印资料《新闻与传播》2003～2008年6月间"索引"在内的文献，尚未发现有专门的学术论文系统研究，更不用说切实可行的治理对策。本文拟结合实际、作者的教学体会与问卷调查来探讨我国新闻学专业硕士研究生培养的困局与转变问题。

一　新闻学专业硕士研究生培养的困局

　　目前，我国新闻学专业硕士研究生教育存在严重的与实际脱节的倾向。为了解我国新闻学专业硕士研究生的研究情况，我们在2008年3月到5月间对华中科技大学、湖南大学、湖南师范大学与湖北大学四所高校的新闻院系2007级新闻学硕士研究生进行了问卷调查。其中，华中科技大学、湖南大学为教育部直属211工程重点建设高校，湖南师范大学为省属 211 工程重点建设高校，湖北大学为省属综合性大学。在学位点的分布上，华中科技大学具有新闻传播学一级学科博士学位授予权，湖南大学、湖南师范大学、湖北大学具有新闻传播学一级学科硕士学位授予权。在调查中，我们发放问卷 146 份，回收 146 份，有效问卷 136 份。通过我们的问卷调查了解我国，尤其是两湖地区新闻学专业硕士研究生的有关教育情况，还是有一定参考价值的。调查显示，在读硕士研究生将毕业后拟从事的理想职业定为记者、编辑的仅占 27.9%，不足三成。新闻学专业学生不热爱新闻工作的比例如此之高原因复杂。近年来，我国记者、编辑的劳动强度增长较快，工作岗位的不稳定性有所扩大，工作环境有恶化的趋向。然而，这毕竟不能成为新闻学专业毕业生大面积脱离新闻工作的理由。与西方国家相比，我国记者、编辑的社会地位较高，经济收入在各行业中居于中上游，而硕士研究生教育属于精英教育层次，因此新闻学专业硕士研究生有 2/3 拒选新闻工作为自己的理想职业，这对当下的新闻学专业教育就不能不构成莫大的讽刺。

当前我国新闻学专业硕士研究生为什么会出现就业困难，甚至硕本求职倒挂的现象呢？问题虽然表现在学生的产出环节，但根子则在生产即培育环节。现有的人才培养模式已严重落后于形势的发展。只有从人才培养的内因着手探索原因，才有助于增强研究的现实针对性。

首先，新闻业对人才的需求已经出现转变。目前，我国新闻学专业人才培养规模过大，已远远超过新闻出版业的用人需求。2006 年底，我国共有新闻学专业教学点 661 个，在校生 13 万人[①]，年度新闻传播学专业毕业生超过 30000 人，而截至 2006 年 11 月，全国经核准颁发新版记者证的记者总人数也只有 18 万余人，其中在编人员还不到 15 万人。[②] 不过，供过于求不等于新闻单位对人才没有渴望。新闻学专业人才供给的过剩使得新闻业在用人上出现深刻的变化。这种变化的特点是着重于人才质量，具体表现为常规人才供过于求，中高级人才、特殊人才供不应

---

① 孙正一、柳婷婷：《2007：中国新闻业回望》，《新闻与传播》2008 年第 4 期。

② 周凯、张琦：《高校新闻类专业泛滥，学生把范长江认作潘长江》，《中国青年报》2007 年 8 月 1 日。

求。所以，我们才会看见一方面是大量的本科生、硕士研究生求职困难，另一方面则是新闻单位求贤若渴，招聘启事高悬，而足以揭榜胜任的新闻学专业的毕业生人数则极为有限。那么，什么是当下新闻单位迫切需要的中高级人才、特殊人才呢？主要是指从事采编工作的骨干业务人员，以专家型、学者型、作家型或三型兼备的人员为主，特殊人才主要是指具有新闻传播学专业与其他专业背景的复合型人才或其他有关专门要求的人才。我国新闻学专业硕士研究生的培养，应根据新闻单位对人才需求的变化而变化。

其次，我国新闻教育对人才的培养也出现了转变。新时期以来的一段相当长的时间内，我国的新闻学教育以本科生、硕士研究生为主，博士生的培养规模很小。1978 年，我国在"文化大革命"后始进行硕士研究生教育，年度招生总人数 97 人。1982 年，全国新闻学专业教学点 16 个，在校本专科生 1482 人，硕士研究生 103 人。我国新闻传播学的博士研究生教育始于 1985 年。1996 年 1 月，全国本科生 6186 人，双学士生 274 人，新闻传播学硕士教学点 20 个，在校生 332 人，新闻传播学博士教学点 2 个，在读博士研究生 30 人。[1] 在这样的情况下，我国的新闻教育形成了本科生以面向媒体培养应用型人才为主，硕士、博士研究生以面向大专院校、科研院所培养教学研究型人才为主的基本格局。然而，进入 21 世纪之后，我国新闻传播学教育发展速度特别快，其本科教学点"从每年增加 10 个，到每年增加 70 个，再到一年增加 200 个"[2]，但每年新闻出版业用人数不超过 1 万人。我国新闻传播学高等教育的整体规模已远远超过新闻出版业对专业人员的用人需要。截至 2007 年 12 月，我国共有新闻传播学博士学位授予权一级单位七家，其中包括华中科技大学，而北京大学、四川大学、浙江大学、厦门大学、暨南大学、上海大学、南京师范大学等高校具有新闻传播学的二级学科博士学位授予权。目前，我国新闻学的高等教育体系完备，人才培养链条完整，但不同层次的人才培养目标

---

[1] 李建新：《中国新闻教育史论》，新华出版社，2003，第 233、264、235~237 页。

[2] 中国新闻教育学会会长、教育部新闻学科教学指导委员会主任何梓华语，据周凯、张琦《中国高校新闻类专业泛滥》，《中国青年报》2007 年 8 月 1 日，第 6 版。

与分工并不十分清楚。本科生、博士生的培养目标明确、可行。前者面向媒体与社会培养初具新闻实务工作能力的应用性人才,后者则面向教研单位以培养教研性人才为主。人才培养目标上有问题的在硕士研究生层面。我国新闻学专业硕士研究生的培养模式至今并无根本变化的写照,目标仍然定位在双吃:既为媒体培养应用型人才,又为教研机构培养研究型人才。这种教学模式的具体表现有二:一是人才培养以课堂教学为主。以华中科技大学新闻与信息传播学院为例,新闻学专业 2008 级《硕士研究生课程学分调整》方案中未见新闻实践环节,学分无新闻实习项目。在这样的情况下,学生是否到媒体实习、怎样实习则完全取决于学生或导师的个人意愿。二是课堂的专业教学以史论为主,应用新闻学所占份额很小。如华中科技大学 2008 年秋季开始实施的新闻学专业硕士研究生的教学计划,必修课中除一门新闻实务课程之外,其余均为非新闻实务课程(见表1)。

表 1 华中科技大学 2008 级新闻学硕士研究生新闻学专业必修课课程

课程类别	课程名称与学分	课程名称与学分	课程名称与学分	课程名称与学分
一级学科专业基础课	新闻理论专题研究,2分	传播理论研究,2分	中西比较新闻传播史论,2分	传播研究方法论,2分
专业核心课	新闻传播思想史研究,2分	中西新闻业务(写作、评论)比较研究,2分		

现在新闻学专业硕士研究生的培养脱离实际,质量堪忧。目前在很多高校,尤其是教育部直属 211 工程重点建设高校新闻学专业硕士研究生在学时间多由 3 年转为 2 年。然而,新闻学专业教育与其他专业的一大不同,则是跨专业的考生数量多。两年制的硕士研究生第一年忙着上课、考试、交课程论文,第二年则忙着毕业论文的开题、撰写、修改、答辩与找工作,很难静下心来观察新闻界风云、读书。如此培养的新闻学专业硕士研究生,尤其是跨专业的学生,往往面对新闻现场采写恐慌,不明如何下手,研究也一知半解,言不及义,大多尚处于半生不熟的半制成品状态即被打上"合格"的印章推向就业市场。其根本问题是脱离实际,而学制的缩短则是雪上加霜。其结果,一方面是数量可观的硕士研究生被不问实际加以培养,去媒体找工作只能频吃闭门羹,无奈纷纷转行,造成大量的人力、财力、物力的浪费;另一方面

则误人子弟。因此，控制招生规模，改变培养模式，提升培养质量，已经成为我国新闻学专业硕士研究生教育工作的当务之急。

二 新闻学专业硕士研究生培养模式的转型

我国新闻学专业硕士研究生的现有培养模式必须转型。天气转冷，须快速更衣；时令入暑，要及时着单。环境变化要求当事主体审时度势，顺时应变。办学亦当如此。我国新闻单位用人要求与新闻教育体系所发生的重大变化，使新闻学专业硕士研究生的教育环境斗转星移。既然生存环境有了根本性的变化，那么，转变培养模式就成为新闻学专业硕士研究生教育的必然选择。新闻学专业硕士研究生教育为教研单位培养人才，在博士生面前已无优势；为媒体培养人才，又达不到媒体的用人要求。那么，目前正处于博士研究生与本科生的上挤下压的双重压力之下的新闻学专业硕士研究生教育，应该如何转型呢？概而言之，这种人才培养的结构性转变，应由现在的教研型向应用型转变，由初级应用型人才向中高级应用型人才、特殊人才转变。其中，新闻学专业硕士研究生的培养目标由教研型向应用型转变，意在与博士生相区别；由初级应用型人才向中高级应用型人才、特殊人才转变，意在与本科生相区别。新闻学专业硕士研究生培养模式的转型，目的在于使新闻学专业的本、硕、博三级教育各司其职，互不相扰，各得其所，互相促进。新闻人才的培养唯有从实际出发，定位准确，方案科学，措施得力，所培养的人才才能适销对路，广受用人单位欢迎，有宽广的成长空间。总之，我国新闻学专业硕士研究生教育必须转型，中高级应用性人才、特殊人才的培育应成为教育模式转型的核心诉求。

三 新闻学专业硕士研究生培养模式的转型核心与基点

新闻学专业硕士研究生培养模式转型后培育的中高级人才应是什么样子？其基本特征如下：第一，政治素养较为扎实，政治嗅觉较为灵敏，能较好地适应并借用我国的政治生态环境。第二，学养较为深厚，思想视野较为开阔。第三，具有一定的社会经验与社会活动能力。第四，语言运用娴熟，文字功夫较为老到。第五，除了常规新闻，还能够从事高品质新闻作品的采编工作，如可以从事深度报道采写，能够单独胜任主流新闻或深受广大读者欢迎的新闻资讯版面的编辑工作，可以撰写直接刊用及以上水准的新闻言论。中高级新闻人才在解释性报道、调查性报道、典型性报道与精确性报道当中，起码可以熟练地操作一二；报道人物不单准确，而且能够抓住特点、要害，进入人物的内心世界，行文准确、简洁，具备一定的生动性、可读性；能够独立完成栏目、版面的编辑工作，胜任从选题、策划、组稿到审稿、稿件加工、言论撰写的整个编辑工作流程；能够根据上级要求、受众需求、市场变化及时开辟或调整栏目、版面，具有一定的打造名栏目的潜质。毫无疑问，这样的新闻人才，现阶段在我国不是多了，而是远远不足。

那么，这种新闻中高级应用性人才应该如何培养呢？人才培养是个系统工程，既要全面，又要抓住重点。笔者以为，转型后的新闻中高级应用性人才的培养模式应由一个核心、四个基点构成。一个核心是实践，四个基点是理论知识、时间、生源与师资。

新闻高级应用型人才培养的核心是实践。仅凭理论与课堂教学环节是培养不出来媒体所需的应用型人才的。能力只能通过干中学，经验只有由实践累积。我们的问卷调查显示，硕士研究生认为课堂教学失灵的占24.3%，认为作用一般的占67.6%，两项相加超过90%。导师对研究生到媒体实习态度不重视的占13.2%，态度平淡的为43.4%，两项相加超过50%。这些调查数据既说明课堂教学在新闻学专业人才培养上作用有限，又说明对现有新闻学专业教学结构进行重大调整的必要性。脱离实践培养人才事倍功半甚至劳而无功。此外，新闻中高级应用型人才的培养核心转为实践，并不影响学生以后攻读博士学位。

新闻学专业硕士研究生应用型人才培养体系的转型有如下改革要点。

第一，大力增添有针对性的新闻实务教学内容在课堂教学所占的比例。既然人才培养目标由教研型转为应用型，那么培养方案也应随之调整。在增加新闻实务课程课时总量的同时，还应增强教学的现实针对性。

由表2可知，中国人民大学新闻学院新闻学专业硕士研究生的教学方案突出新闻实务内容，基本合乎当前我国新闻学专业的教育方向，值得重视。

表2　中国人民大学 2006 级新闻学硕士研究生新闻学专业必修课课程

方法课	新闻传播学研究方法
	媒介统计学
	媒体研究设计与论文写作
学科基础课	新闻理论研究
	新闻传播史研究
	传播理论研究
专业课	新闻采访写作研究
	新闻编辑学研究
	新闻评论研究
	广播电视新闻研究
	新闻摄影研究

第二，增加硕士研究生的实习环节。纸上得来终觉浅，绝知此事要躬行，因此，硕士研究生不仅在学期间必须到媒体实习，而且实习要制度化并落到实处。其要点如下：①实习纳入教学环节。没有修满实习分数，研究生不能毕业甚至不能参加毕业论文答辩。按照新闻中高级应用型人才的培育要求，中国人民大学新闻学院关于硕士研究生在媒体实习不能少于2个月的规定也嫌偏少。②实习生不仅须完成一定数量的实习作品，而且质量应明显强于本科生。③教学单位分派在职教师指导研究生实习。④为研究生在媒体选聘第二导师。第二导师的思想道德、业务水准较高，负责任，能够胜任培育要求。⑤按照媒体对中高级应用型人才、特殊人才的要求，对硕士研究生的实习成果严格考评。⑥媒体实习实现种类多元化。在以报纸、电视、广播、期刊四大媒体其一实习为主的同时，硕士研究生还应到其他种类媒体中实习。研究生新闻实习应既专又博，努力尝试媒体采编工作的多种环节，为自己就业提供更多的机会。⑦实习地域应有一定的代表性。目前，我国的新闻媒体大致可以分为三类：一是地处北京的中央媒体。我国的中央主流媒体大多驻京，地位高，任务重，权威性格外突出。二是地处岭南的广东省媒体，尤其是省会所在地广州的媒体。广东省

地处我国改革开放的前沿地带，社会环境在全国最为宽松，媒体新锐、有朝气，编辑思想解放，体制改革走在全国的前列，市场化程度高，其中以广州媒体最具代表性。三是京、广之外的其他地区媒体。我们的问卷调查显示，两湖地区四所高校新闻院系硕士研究生实习地点，广州以外的省会城市占58.7%，地市及其以下地区占21.5%，以上两项占八成；相形之下，广东为9.1%，北京为7.49%，上海为3.3%。其中湖南师范大学、湖北大学两校在京沪两地的实习人数为零。显然，硕士研究生实习具有明显的当地化倾向，外地高校在京沪两地实习机会甚微。硕士研究生实习过于当地化，对人才的培养质量有负面作用。硕士研究生属于精英教育，因此，即便省属高校的新闻学专业硕士研究生到京、沪、穗实习后回本省就业，其眼界大开也必将推动当地媒体采编水准的提高。无论部属高校还是省属高校，都在为国家培养人才。我国的媒体与教育事关社会主义精神文明建设，党管国办，因此，中央与地方有关职责部门无妨统一筹划，为新闻学专业硕士研究生跨省级地域实习提供政策支持与行政帮助。

第三，设立稳定与来源广泛的新闻实习基地。问卷调查显示，硕士研究生联系实习单位很难的占12.2%，有些难的占61.2%，两项相加在七成以上；而且研究生联系实习单位的途径靠亲友、个人的分别占35.9%、38.5%，学校作为不明显的占25.6%，有放任自流的倾向。既然实践出真知，因此，密切校社合作，由学校出面组织建立稳定而广泛的实习基地不仅有助于调动研究生的实习积极性，而且有益于人才培育质量的稳定性。

新闻中高级应用性人才培养有理论知识、时间、生源与师资四个基本点。

先看理论知识。新闻中高级应用性人才的较为深厚的学养、开阔的思想视野与扎实的政治素养，离不开书香的熏陶，需要研究生在学期间的系统研习。那么，新闻学专业硕士研究生在理论知识上应该如何系统学习呢？有共同方案与个性方案之分。在共同方案中，除了新闻传播学，有关人文社会科学甚至必要的自然科学的理论知识之外，政治学应首先被列入学习重点。古今中外新闻传播史证明：新闻工作与政治生活联系最为密切。因此，放弃对政治学的修习，新闻学专业研究生的政治素养、政治敏锐就提升较慢，不易自觉拒绝庸俗甚至落后的政治生活对新闻工作的侵蚀。其次，对社会学的修习要适可而止。传播学深受社会学影响。伴随传播学在中国内地的成长，以社会学为底里来增强、改造新闻传播学学术性的主张颇有市场。然而，社会学不能取代新闻学，将社会学的理论、方法的范式视为新闻传播学的学术基础不合乎实际，无益于新闻应用型人才的培养。新闻中高级应用性人才的培养也要贯彻新闻专业主义精神，按照新闻人才的成长规律办事。在个性方案中，对于那些意在经济、法律、自然科学等专门领域的采编工作内大展身手的硕士研究生因材施教，另有强调；鼓励学生并创造条件让学生兼修经济学、法学或自然科学，面向新闻单位的实际需求大力培育新闻学专业的复合型人才、特殊应用性人才。

再看时间。新闻学专业硕士研究生培养目标的特殊性，决定新闻学专业硕士研究生的两年制培养方案在时间上对多数学生来说是不够的，三年制的培养方案也应根据培养实际适当调整。总体看，新闻学专业硕士研究生以三年制或两年半制为上。在三年制中，第一学年以课堂教学为主，第二学年以媒体实践教学为主，第三学年以理论与实践相结合并结合毕业论文的撰写为主。在研一的教学中，应注意配置一定的政治学内容，并通过选修课等方式帮助部分学生兼修经济学、法学或自然科学的有关学科；在以课堂教学为主的同时，应充分利用本地新闻媒体资源，将媒体人到校讲学，学生到媒体短期实习穿插到有关的新闻实务课堂中去。在研二的教学工作中，应要求硕士研究生到媒体进行深度实习，中间可以穿插少量时间如一个月让学生回到课堂，前店后厂，充分实现理论与实践的互动。在研三的教学活动中，着重于培养学生的主动而独立的学习能力。对于那些跨专业的学生，可以考虑通过适当增加学时促其基本掌握新闻学专业本科生的学习内容与相关专业能力。西方国家硕士研究生的学习时间多为一至两年，但是中西国情不同，新闻出版业更是差异颇大，故我国的新闻学专业教学不可食洋不化，削足适履，徒增东施效颦之憾。

三论把好生源入口关。揽天下英才而育之，是教育的一大快事。近年来，我国有不少单位特别强调对人才第一学历即本科教育背景的考察。这种做法尽管有其不妥之处，但又有着深厚的现实土壤。一部分第一学历出身于非名牌大学的学生，确有将接受研究生教育视为个人摘下非名牌高校毕业生帽子再戴上名校毕业生之帽路径的动机。这种想法、做法本身无可厚非，但问题是部分汲汲于通过考研来改变个人学习背景的考生既因在本科学习阶段一门心思考研而往往未能打好新闻学专业的本科基础，入学后又因考研动机平庸而缺乏学习的主动、积极与刻苦。在一些考生眼里，研究生，尤其名校的研究生是装饰自己、自抬身价的敲门砖。同时，随着社会财富的快速增长与长期的和平生活，目前有不少新闻学专业的研究生缺乏远大理想，怕苦怕累。其实，新闻工作的根本目标在公共利益，新闻工作的最大幸福是在吃苦中收割事业的成果。那种仅仅满足于个人短期利益而厌倦社会奉献的人，是不适合从事新闻工作的。然而，在学生的选拔过程中，无论初试、复试还是录取环节，笔者根据自身经历深感导师尚缺乏真正的选择权。在一对一比例的录取环节，为了完成工作量甚至获取经济收入，导师有时明明知其不堪培养也只能接纳。培养精英人才的第一步，是选好苗子。因此，教学培养单位应采取得力措施提升导师对考生的选择权重。比如，可以在复试环节增加导师打分项目：为选报自己的考生打分，并将这样的分数带入录取的总分之中。

后论师资。俗话说得好，名师出高徒。在教与学这一对矛盾中，教处于矛盾的主要方面，因此，研究生指导教师的遴选就成为新闻中高级应用型人才培育中的一个特别重要的因素。近年来，我国遴选研究生导师存在日益严重的唯学历论趋势。我国高校年轻教师现多数从中小学校门入大学校门，直到完成博士生教育获取博士学位开始教书，往往对火热的中国社会并不熟悉。这样的师资，担任培养新闻学专业应用性人才的导师并不是特别合适。不熟悉中国国情，不熟悉中国社会基层状况，没有在新闻业内摸爬滚打过，则很容易与工农产生隔膜，对新闻业雾里看花。新闻学专业的师资，尤其是从事新闻实务教研的师资应该实行工程化，即采取得力措施使教师具备新闻出版工作的实践经验并与业界保持较为密切的联系。研究生导师的遴选有如下要点：首先，重实际工作能力，告别唯学历学位论。强调导师的学历学位本身没有错，但教师的专业能力应比教师的学历学位更重要。能否胜任工作，关键在于能力而不是文凭。对于那些没有博士学位的教师，可以通过科研成果、实践能力的环节予以考核，严格标准，不拘一格降人才。其次，导师遴选要重视品德，讲求学风建设。俗话说得好，严师出高徒，但是，入门困难出门易的现实对硕士研究生的培育质量有一定的伤害。一些研究生指导教师，尤其是担任了领导职务的导师未能认真指导并严格要求学生，常满足于学生指导的数量，甚至意在由此获取经济收入。同时，对于研究生指导教师工作中存在的重要问题，目前尚缺乏实事求是、与人为善的批评与自我批评的风气。以笔者的经历，有的硕士研究生的毕业论文明明存在器质性的缺陷，甚至达不到硕士研究生的毕业水准，然而如果有哪位老师实事求是地指出，那么，有关指导教师则大发雷霆，以为是与自己过不去，让自己出丑，同事关系为此变得颇为紧张；如果受到批评的导师又担任着重要的领导职务，那么本单位敢于发表不同意见的评委有时还会因此受到打击、排挤。久而久之，你好我好、阿谀奉承之风必将盛行，而不少根本没有达标的研究生却拿着学历学位证书堂而皇之地步入社会。由此受到损失的不仅是学生本人、用人单位，而且还包括我国新闻学专业硕士生教育的公信力。为此，笔者建议推广硕士研究生毕业论文的盲评制与硕士研究生的中期筛选制，对于培育质量不合格的研究生可以通过制度建设与得力措施加以解决，如延长学习时间，推迟毕业，直至退学处理。

当然，新闻学专业硕士研究生的培养成本难免因此大幅上升，但这种成本的增加是必要的。与其培养大量不合乎媒体迫切需要的平庸人才甚至不合格的毕业生，不若强化质量意识，为新闻单位培养留得下，用得着，干得好的人才。新闻学专业的人才培养要放弃粗放式的培育理念与方式，按照培养目标严保质量，坚决反对顶着高学历、高学位甚至再加一顶名牌大学的帽子却名不副实的教育行为，坚决拒绝"注水"式教育，坚决打击用高学历来蒙人骗世吓唬人的不良教育倾向。为此，学校要舍得投入，媒体应积极促进，党委、政府加强宏观管理，微观指导，根据社会需求控制培养规模，加强动态考核，进行必要的优胜劣汰。

本文发表于《中国出版》2009年第4期

传媒从业经历不能包办一切新闻教育

——也谈新闻教育师资的从业经历问题

近来，从事新闻教育的教师是否应该有媒体从业经历成为新闻界的关注热点之一。何志武的《新闻教育面临的几大困惑》（《新闻知识》2006年第3期）等文要求从事新闻教育，尤其是从事新闻采访、写作、编辑、评论与摄影等新闻业务教育的教师要有传媒工作经历。要求从事新闻教育，尤其是新闻业务教育的教师应该有传媒工作经历这样的主张本不新鲜，类似的主张早已见诸一些教科书与论文，有的还要求从事新闻业务教学的教师必须有不少于8年甚至10年的媒体工作经验。[①] 早在20多年前，中国写作学会就呼吁教授写作的老师自己必须"下水"，只有自己善于写作才能够教学生学习写作。其实，这些提出新闻教育师资要有媒体从业经历的呼吁仅仅反映了一个现实问题，即目前正有大量的从未在媒体工作过的教师在大学课堂上向学生教授如何从事新闻工作，尤其是如何进行新闻采编工作。如复旦大学新闻学院只有2位教师从新闻单位调入。[②] 从事新闻教育的教师以具有一定的媒体工作经验为上。但是，从业经历不能代替新闻教育。中国人民大学有一位女老师从未在媒体工作过，但新闻编辑课却教授得颇受学生欢迎。[③] 因此，要求教师要有媒体经历仅仅反映出新闻教育的表象而不是实质。

[①] 陈中原：《割席分座——美国新闻教育面临的挑战》，《国际新闻界》1999年第2期。

[②] 马良柱：《记者性格与新闻工作》，新浪博客，http://blog.sina.com/myblog/article/article_print.php?blog_id=475d33e9010000s0。

[③] 《蔡雯自述：寻求多重角色间的平衡》，人民网，http://www.people.com.cn/GB/14677/22100/26506/26507/1920920.html。

　　新闻教育对合格师资的要求绝不能仅仅止于拥有媒体的从业经历。首先，新闻教育是综合的，事涉多元。做一位合格的记者、编辑，除了要有新闻实践经历，还离不开各种各样的素质与能力：一个合格的新闻工作者能够没有坚定的政治立场吗？能够没有社会理想与职业理想吗？能够缺乏正确的道德观与社会责任感吗？能够没有扎实而广泛的知识积淀吗？能够缺少与同事的沟通与合作能力吗？目前新闻院系培养的学生写文章错别字、病句满篇。新闻教育如果连学生的文字关都解决不好，更遑论其他！新闻工作事关社会的政治、经济、法律、科学、文化等，一个人进入新闻大门而必须学习的东西实在不少。其次，新闻教育是系统的，事涉多头。从事新闻教育，除了师资，还需要教材、教室、实验室（应该包括校内的实验室与校外的媒体），更重要的是离不开教育的接受者——学生。学生的个人情况千差万别，每个人在思想、性格、经历、知识等方面均会存在差异。教育是教与学的有机结合。离开教，固然难以学；但脱离学，教必然无的放矢，只能够成为空谈。而这些对新闻教育的要求显然已经超出媒体从业经历。

　　那么，现实对新闻教育合格师资的关键要求应该是什么呢？答曰：了解新闻工作，熟悉新闻工作。熟能生巧，只有了解、熟悉新闻工作，才懂得新闻工作的关键与有关细节，为教好学生如何从事新闻工作，如何进行新闻采访、写作、编辑、评论与摄影创建一个重要的基础。那么，我们怎样才能够了解、熟悉新闻工作呢？最好的办法当然是进入媒体内部进行工作。但是，最好不是唯一，通过与媒体保持密切的联系，到媒体内经常进行新闻实务操作学习也可以达到目的。中国人民大学的那位女教师走的其实就是后面的这条路。

　　既然了解、熟悉新闻工作是从事新闻教育工作的重要基础，那么，在笔者看来，当前我国新闻教育有两大重要缺陷亟须消除。

　　一是教师自大狂。目前，新闻教育无所不能的思想颇有市场，以为只要教师有媒体经验，有硕士、博士等学位头衔就可以培养出合格的师资，以为只要教师有了新闻媒体工作经历，媒体就会放弃对我国现有新闻教育隔膜的印象。其实，教师不过是学生的引导者。好的老师应该能够帮助学生树立正确的人生观与职业理念，激发学生的专业热情、职业兴趣与学习热忱，调动学生的新闻实践动力，能够准确地指导学生实习并解决新闻实践中遇见的专业困难。教师并不能够包办一切，优秀的新闻工作者更多的受益是来自自身的新闻工作。新闻国政工作需要悟性。我国历来有"熟读唐诗三百首，不会作诗也会吟""《文选》烂，秀才半"的经验之谈。我们应该高度重视阅读、体验在培养学生采编能力中的作用，充分调动学生学习的主动性，教育学生从读报、读刊、听广播、看电视与新闻实习中学习如何采编，培养学生的自学习惯，向学生授之以"渔"而不仅仅是"鱼"。教师的媒体从业经历并不能够包办新闻教育。

二是课堂自大狂。新闻教育无所不能的思想还表现为，只要教师有媒体工作经验，有硕士、博士等学位头衔就可以培养出合格的新闻人才。其实，一个人即便在媒体工作 10 年以上，但只要离开媒体一两年，也会与飞速发展的新闻工作有所隔膜。因此，新闻教育的关键不在于师资有无媒体工作经历，而在于我们的新闻教育是否与新闻工作紧密相连。我国的一些新闻院系将新闻采写变成了两门课，采访、写作、编辑、评论与摄影每一门课课堂讲授竟然均达 48 课时之多，有的还要加上 20 学时的实验课。于是，我们只看到老师脱离火热的新闻现场在课堂上喋喋不休地大谈新闻业务？这不是闭门造车又是什么呢？这样的教育又怎么能够不事倍功半呢？课堂上怎么能够培养出合格乃至优秀的新闻工作者呢？理想的新闻教育应该"前店后厂"：老师简单地讲授新闻工作的要害，然后让学生赴新闻一线采编，回头再结合学生的新闻工作实际如实习归纳工作要点与细节。2006 年 7 月，《中国记者》期刊编辑部一位姓文的女编辑在与笔者进行电话沟通时说：大学老师写的论文太复杂，期刊的记者、编辑读者看不懂。新闻业务工作重在实践，道理是朴素的。当前我国新闻教育的一大问题是教师脱离新闻现场，对如何采编新闻讲得太多，做得太少，有纸上谈兵、夸夸其谈之嫌。同时，我国的新闻教育还无法满足社会对多样化、专业化新闻人才的渴求。为什么不少媒体不愿意接收新闻传播学专业的毕业生呢？原因虽然众多，但与新闻工作的范围宽广是息息相关的。从事经济报道的记者、编辑，我们现有的新闻院系能够单独培养吗？不能。新闻院系现在无法大规模培养的新闻人才还有许多，如从事法律、自然科学领域报道的记者、编辑。显而易见，培养出适合我国传媒的合格专业人才需要新闻院系与其他专业教育机构、传媒共谋合育。当前新闻教育的重点应该放在对复合型的新闻人才的培养上，少招本科生，从各个非新闻专业的高年级学生中选拔人才到新闻专业学习，扎扎实实地搞好硕士研究生教育；培养记者、编辑要让学生多到新闻单位实习，课堂讲授时间最好不超过一年。

造成我国新闻教育与新闻单位的新闻工作出现脱节的主要有主观、客观两大因素。就学校的主观而论，现有的教育评价系统要求从事新闻教育工作的教师必须源源不断地生产高水平的学术论文。这样的教育"游戏规则"对形而下的新闻业务论文是排斥的，有丰富媒体经验的教师在现有教育体制下往往会活得比较累，个人价值难以充分实现。另外，教学单位往往将课堂教学限定在教室，新闻现场教学容易被管理机关断为教学事故。而那些根本不懂新闻工作的教师却可以通过传播学一类的量化研究活得有滋有味。就客观因素而论，目前我国新闻教学单位与新闻单位之间在关系上并不平等。新闻单位拥有远较教学单位多得多的社会资源。实际情况是，为了学生的新闻实践等，往往是教学单位有求于新闻单位而不是相反。新闻教学单位还难以在新闻单位兼职，如出任报社、广播电台、电视台编委会的编委。因此，目前我国新闻教育的贫困有着非常复杂的社会因素，根本不是教学单位自己能够解决得了的，也不是教师有媒体从业经历所能够予以根治的。

本文发表于《中国新闻出版报》2007年2月14日

出版专业硕士研究生教育
面临的困局与解困

2011 年 9 月，我国首批出版专业硕士研究生（以下简称"出版专硕"）经过国家教育行政主管部门所集中主持、组织的选拔性考试，合格后正式步入我国高等教育的神圣殿堂。此前，国务院学位办公布了 2010 年全国硕士专业学位授权审核结果，北京大学、华中科技大学、南京大学、河北大学、河南大学等 14 所高校成为我国首批出版硕士专业学位授权点，列入 2011 年全国研究生统一招生专业目录进行招生，华中科技大学、南京大学等高校随即开始出版专业硕士研究生的招生工作①，并在翌年初秋迎来新生。这是新中国成立以后，也是中国有史以来正式进入国家研究生教育序列的头一批出版学硕士研究生，标志着我国出版学教育终于跨过本专科阶段步入历史发展的新起点，对今后我国包括学术型硕士、博士在内的出版学研究生教育大局势必产生深远影响。顺便纠正一下，那种关于截至 2011 年 4 月 1 日华中科技大学已招收编辑出版学一类博士研究生的判断②是不合乎实际的。实际上，直至 2021 年 1 月，华中科技大学从未有招录编辑出版学或出版学的博士研究生的计划，且自 2021 年开始停止招收出版专硕，即 2020 年恐为华中科技大学招收的最后一届出版专硕。与此同时，党的十七届六中

---

① 中国编辑学会教育专业委员会（筹）、中国编辑杂志社：《开拓资源，创新模式，促进编辑人才培养》，《中国编辑》2011 年第 3 期。

② 中国编辑学会教育专业委员会（筹）、中国编辑杂志社：《开拓资源，创新模式，促进编辑人才培养》，《中国编辑》2011 年第 3 期。

全会在 2011 年 10 月 18 日做出的《中共中央关于深入文化体制改革推进社会主义文化大发展大繁荣若干重大问题的决定》在我国研究生教育的正式名录中至今尚无出版学学术硕士研究生教育类型与博士生教育层次的背景下，因出版业在社会主义文化大发展大繁荣格局中的特殊地位与强大功用而将出版学高级人才的教育也推向国家生活全景的舞台中心，极大地强化了我国起步未久的出版专硕教育的社会价值分量。不过，出版学学术积淀的单薄和学科建设的不无粗陋，出版业的业界与出版学的学界之间协调、合作的颇多不到位，则让呱呱坠地未久的出版专硕教育难免要多些磨难。上述不足，尤其是有关的关键性缺失逼迫我们必须直面实际，深入调研，开动脑筋，积极探寻有效对策，以推动来之不易的出版专硕教育早日进入稳定而成熟的发展阶段，为社会主义文化大发展大繁荣多做贡献。为此，作为华中科技大学新闻与信息传播学院出版专硕办学点的骨干教师核心必修专业课的主讲教授，笔者拟根据自己的观察与体会谈一谈关于我国出版专硕教育的粗浅认识。

一　我国出版专业硕士研究生教育
现存的主要不足

起步未久的出版专硕教育的发展并非孤立的，而是与编辑出版学、编辑学等交织构成出版学学科，与新闻传播学、图书情报学、语言文学等学科的发展变化息息相关，甚至互为表里。因此，探讨出版专硕教育的得失应充分考虑其所处的具体学科建设环境。

纵观我国出版专硕教育，其现存的主要不足有四。

（一）师资总体质量难以满足出版专硕教育的主要需求

出版专硕总体师资质量，与出版专硕教育的实际需求是存在较大落差的。这主要体现为师资的质量并集中反映在两处。

第一，从事出版专硕教育的师资队伍在专业综合素养上是存在结构性缺陷的。这种缺陷集中表现为师资队伍的出版实务能力整体上呈严重欠缺状态，除了从事出版史论的师资基本不具备出版工作阅历之外，更为严重的是从事出版实务教研的师资，其问题表现在三大方面。一是队伍结构失衡。据调查，构成我国出版专硕主要教学力量的编辑出版学师资，承担理论课和实务课的比例为 9：1，而西方国家的这个比例为 1：1。[①] 如某高校出版专硕教学点从事出版专硕实务教学的专职教师仅有两位，一些出版实务必修课需临时外聘教学人员。同时，由于博士学位往往成为众多高校招聘教师的必备条件，现实条件导致新进从事出版专硕教育的年轻教师有博士学位，却往往从无出版业的从业经历；又因我国博士研究生教育目录上尚无出版学，故引入教师所具有的博士学位，往往来自管理学、历史学、哲学等与新闻传播学尤其是出版学无涉的学科。而这样的师资，即无出版业从业经历且博士学位教育背景与出版学无关的师资，对于出版专硕教育工作就很难呈现恰适的状态。二是队伍不稳定。不少具有一定的出版工作经验的从事出版实务教学的教师并不在教师岗位，多为兼职，难以全身心地投入专业教学工作当中。三是具有一定出版工作经历的教师的内在素养构成有明显的单一倾向：从事实务教研的教师往往出版史论的系统储备有欠，影响实务能力与史论知识储备之间的良性互动；从事实务教研工作的教师多来自高校出版社，常半路出家，由学校行政或其他专业教学岗位转入出版行业，且经验往往限于图书甚至教材或高校学报的出版实践经验。某高校出版专硕教学点第二学期教授出版实务课程的教师大多仅为在本校书刊社从事教材或学报出版工作的专职或兼职者。这就不能不影响教学主体的眼界和对出版业的完整把握，对出版业变化的及时领悟，使其出版实务能力单一甚至单薄，难以支撑出版专硕教育核心与关键部位的重压，让出版专硕教育因中心环节塌陷而面临巨大风险。

第二，出版专硕师资队伍的专业核心素养存在明显的结构性缺陷。首先，缺陷在学科构成上。目前，我国出版专硕师资的学科背景、专业出身多单一而多样。说其单一，指师资仅有一门学科专业背景，如出身汉语言文学、图书情报学、工程科学专业却未接受过出版学的系统专业教育，不符合出版工作复合型知识结构特征对出版专硕专业师资学科素养的要求。

---

① 李建伟：《媒介融合趋势下的编辑出版专业人才培养模式探索》，《河南大学学报》（社会科学版）2011 年第 3 期，转见中国人民大学复印报刊资料《出版业》2011 年第 9 期。

说其复杂，指出版学师资队伍内部成员所具有的单门学科专业背景并未集中指向某学科，而是五花八门，或汉语言文学，或图书情报学，或历史学，或新闻传播学，等等。据调查，出版学教育中编辑出版学教师的专业背景以文学为主，占受调查人数的1/3。[①] 前述师资专业背景若兼备新闻传播学及编辑出版学教育经历，让教师专业素养呈现复合型学科结构本不是坏事，然而问题的关键恰恰在于从事出版学，尤其是出版实务教育的师资常在不具有新闻传播学教育背景的同时又无系统接受包括出版学在内的新闻传播学的国民教育经历。这就造成因学科、专业隔膜而妨碍教研主体领悟出版学教研的要谛与精髓，难以向学生予以专业的授之以"渔"。而师资出版业阅历的贫乏、行业隔膜加剧了出版专硕师资队伍专业核心素养欠缺的严重性。其次，缺陷在知行关系上。其一，出版学与新闻学一样，俱属于应用学科而不在基础学科的范围之内。因此，出版学的教育体系若不能向学生传授改造世界的专业技能，势必导致学科教研的失重与空心化，专业教研的疲于应付、难以招架也就成为众多出版专硕教育的无奈现实。其二，与学术型硕士研究生教育不同的是，专业型硕士研究生教育的要害、重点全在学科的应用性及其学术训练上，在于教学与行业间的直接而密切的互动。专业与学科的不一，在于专业除了与学科分类有关，还直接与职业分工对应。[②] 这就进一步强化了出版专硕教育对专业技能传授实用性、针对性和有效性的渴求，并反衬出版专硕教育在应用性上所存在的不足。

按照出版学教育基本标准，出版专硕师资队伍专业核心素养所存在的上述结构性缺陷则不能不让人为我国出版专硕教育的现状担忧，比如，有的办学点是否会向社会和出版业大量输送具有合法毕业文凭却与出版工作的基本要求还距离尚远的学生？我们对此恐怕不能不打一个大大的问号。

（二）教学内容狭窄

出版专硕及前期出版学教研力量所积累的编辑出版学在教学内容环节

---

① 中国编辑学会教育专业委员会（筹）、中国编辑杂志社：《开拓资源，创新模式，促进编辑人才培养》，《中国编辑》2011年第3期，转见中国人民大学复印报刊资料《出版业》2011年第9期。

② 《中国大百科全书·教育》，中国大百科全书出版社，1985，第568页。

上同样存在明显不足，学科建设、专业教育自我约束不当，探讨、触及的大众媒体种类狭窄，可谓其间的集中体现。

出版专硕教育的学科、专业成长中的不当自我束缚和由此带来的教学内容狭窄，主要表现在教学单位将培养目标集中在图书出版业传统与非传统出版物的出版工作上。全国出版硕士专业学位教学指导委员会与14家首批出版专硕培养单位常常如此确立自己的专业培养目标，对西方国家一律视为出版业有机组成部分的期刊、报纸或无视或漠视，甚至采取拒之门外的基本态度与立场，以为出版业即图书出版业。在某首批出版专硕学位授权点院校的一次会议上，笔者目睹了如下场面：一位硕士研究生站起来，满脸天真地向在场的媒体领导和专家开口提问自己怎样才能在出版社获取一个音乐图书编辑的岗位。笔者无论如何也没有想到，出版硕士研究生的职场规划竟如此狭隘！其实，我国内地的图书出版社近年仅有573家[①]，加之作者队伍一般在社外，其他大众传媒的冲击和印刷业人才需求的偏重工程科学，使得眼下我国编辑出版学培养的毕业生数量之于图书出版业的需求远远供过于求。在这样的社会背景下，问题重重的出版专硕毕业生不仅就业前景很难明朗，而且会极大地挤压正源源不断地走向社会的编辑出版学本专科毕业生本已相当逼仄的就业空间，不利于出版专硕教育的发展，容易让整个出版学教育形成恶性循环局面。

（三）专业教研机构不稳定

良好的教研组织单元是出版专硕教育顺利运行、健康发展的重要物质保证。然而，我国出版专硕的教研机构却呈现不稳定的状态。其主要表现在如下两大方面。

第一，出版专硕教研缺乏具有强大凝聚力的学科支持。一是教研组织的学科配置分散。所谓学科配置分散，指的是出版专硕的教研机构缺少统一的学科组织资源。据调查，出版专硕或编辑出版学教育所依托的编辑出版学院系，设置在新闻传播学院的占40%，设置在文学院的占30%，其余的分别设置在：以图书情报学为核心学科的信息管理学院，如作为出版

---

① 欧阳明编著《书刊编辑学》，华中科技大学出版社，2006，第16页。

学专业教育重镇的南京大学、武汉大学；以经济学为核心学科的商学院或学院下以图书情报学为核心学科的信息资源管理系，如同为首批出版硕士专业学位授权点的南开大学；[①] 以历史学为核心学科的历史文化学院，如辽宁大学。[②] 在这些从事出版学教育院系的所属学科中，新闻传播学、汉语言文学虽同属文学门，但终究为门下两个并列的一级学科，图书情报学、经济学、历史学与新闻传播学相距更远，分别属于其他学门的管理学、经济学和历史学。而截至目前，出版学尚不为一级学科。这样一来，从事出版学教研的学界与有关社会力量的互动，无论是与出版业之间，还是与国家学位办之间，就均没有一个独此一家、心无旁骛的学科主体。以目前对出版专硕教育最为热心的南京大学、武汉大学为例，其出版专硕所在院系第一学科、专业所对应的行业是图书馆业，而不是出版业。谁都关心，就颇易谁都不关心；有好处则沾边的学科会蜂拥而至，没好处就易一哄而散。而这样的学科现状对我国包括出版专硕在内的出版学教育实现根本利益、长远发展并无真正的好处。这应该引起国家、业界、学界的高度重视。二是有的出版硕士专业学位授权点并无一个独立的教研实体。一些出版硕士专业学位授权点所成立的出版研究所、出版研究中心无一位专职的教职人员，有的授权点仅有的两位教师的人事编制在本院其他系，其整支教学队伍不过是由学校内部各个单位临时拼凑的，翌年若不能延续则只能再次外聘。另外，有的任课教师走上讲台之前既未有出版业的从业经历，又没有接触过出版学的教研。如此教研队伍的教学效果不难想象，是难以让学生基本满意的。

第二，在所处院系关系着学科、专业发展重要因素的话语权、决策权上常常处于弱势，甚至被边缘化。依托出版学的出版专硕的教研机构及其教研人员，在学校，尤其是那些拥有相对优渥教学资源的985、211高校的各自院系内，无论在新闻传播学院系，还是语言文学院系、图书情报学院系往往处于被支配的地位，在人力、物力、财力方面能够获取的资源一

---

① 见南开大学商学院网站，http：//ibs. nankai. edu. cn/teacher/teacherlist. php？id＝01008。

② 中国编辑学会教育专业委员会（筹）、中国编辑杂志社：《开拓资源，创新模式，促进编辑人才培养》，《中国编辑》2011年第3期，转引自中国人民大学复印报刊资料《出版业》2011年第9期。

般是走弱的。在一些出版专硕办学点，出版专硕教育成为所在院系经济创收的着力点、成长点，成为同一院系内部其他学科发展的经济支援所在，其中心任务是上交金钱，用自己的母乳养他人的孩子。至于对出版专硕教育发展至为重要的学科发展资源，如科研课题、教改课题、教授设岗、科研基地、实习基地等实实在在的资源的获取常常是极为艰难的。比如，某出版专硕办学点内被委以学科带头人的教师在学院建构出版学专业师资标准上从未被征求过意见。再如，同一学校内部的专业硕士研究生教育，新闻与传播专硕的实务课程师资一律学界、业界兼备，且各承担每一课程教学工作量的50%，出版专硕则无法获此配置，学生向上反映也没有什么实质性的积极回应，以至于这些出版专硕的学生愤愤地说：我们是学校的"二等公民"。

因学科专业教研机构的不稳定而导致的出版专硕教育及其学科基础出版学的被人为弱化甚至边缘化，使当前我国出版专硕师生教、研、学的积极性普遍不高：教师缺乏学科科研、专业教学的坚定性、稳定性、计划性，学生缺乏专业学习的自豪与快乐。而一些来自其他专业生源的调剂，则加重了出版专硕学生的专业心理失落。

（四）入学考试待斟酌

从2010年9月开启的出版硕士专业学位研究生入学考试的专业考试科目需要推敲。

首先，专业考试科目的学科定位、专业定位存在不够明晰甚至准确和行业错位的缺陷。全国出版专业学位研究生教育指导委员会2010年9月提出的指导意见将"出版专业综合素质与能力""出版专业基础"指定为统一笔试的两门专业考试科目。然而，这两门考试科目在考试内容的设计上却未严格遵循出版学的学科规范。如，《出版专业基础》中达40分分值的"出版信息检索"内容本属图书情报学的学科范围和图书馆的工作环节，应放在图书情报学硕士研究生入学考试的专业试卷内；印刷工程技术内容更切合工程科学和印刷工业学科。毫无疑问，这样的内容是难以打铸出版专硕学生今后求职与职场生涯专业工作岗位上的核心竞争力的。相反，一些本属于出版学和出版工作的有机组成部分如期刊、报纸在出版专硕两门专业考试科目的"考试大纲"中却无专门考量。出版专硕的专业考试科目考试内容恐怕应引起我们的深刻反省。

其次，专业考试科目的学科范围与专业重心存在不合乎出版专硕考试人才选拔实际需求的问题。这一问题集中反映在"出版专业综合素质与能力"中。此考试科目的考试内容相当庞杂，可谓应有尽有：除了汉语语言文学，还上有天文，下有地理；知识点既包括人文社会科学各科，又囊括了自然科学。其特点好听点说是"综合性"，难听点说是"大杂烩"。如此设计的初衷或许基于出版业，尤其是编辑工作对专业人才综合知识素养的特殊要求。然而，期望通过入学统一笔试科目的门槛来考查考生专业综合知识素养，则只能是因舍本逐末。出版专硕现在的统一笔试考试科目规划，在人才选拔的针对性、有效性上是存在明显漏洞的。

二　出版专业硕士研究生教育现存不足的主要原因

造成出版专硕教育现存不足的原因是多元的，但又有主有次。其中的主因既与教育主体综合素养尚不完善相关，又和出版专硕教育开办时间未久、出版学的学术积淀还非常单薄相切，但归其宗当为若干学科对出版学的撕扯，在于由此建构出版专硕兴趣、参与的不同而形成的落差，以及这种落差对学科的发展、专业的生长所产生的推动与阻滞间的互动。换句话说，缺乏主体学科的独家支撑以及多学科的介入而造成了出版专硕教育学科力量、专业组织的去中心化。

考察出版学的学科发展与出版专硕以及出版编辑学的专业教育，可以发现一种为其他学科、专业所罕见的反常现象，这就是出版学学科，即出版专硕教育、编辑出版学教育与本学科之外的学科间所形成的逆向反差。所谓学科的逆向反差，指的是新闻传播学对旗下出版学学科，即出版专硕教育、编辑出版学教育的冷落与管理学学门旗下的图书情报学对文学学门下出版学学科、出版专硕教育以及编辑出版学教育的热心，并由此形成出版学教育的一种爹不亲、娘不爱与路人亲、旁人爱之间的对比、落差。

那么，对于出版专硕以及编辑出版学教育，为什么会受到一级学科新闻传播学的冷落，而又会受到本与此缺乏直接关联的图书情报学的异常热衷呢？概而言之，是专业安排而形成的利益大格局使然。

首先，看新闻传播学学界。新闻传播学在我国长期处于热门专业，生源较为丰富，学生入学质量相对优良，学科本身现已跃升为显学，有四大本专科专业，硕士、博士教育体系完整，一派勃勃生机。新闻院系，尤其是其间的教研重镇更是无须为自身的生存、发展担忧。编辑出版学虽早已被纳入国家新闻传播学本科教育的正式名录，但就业局面相形于一级学科内的其他三个本专科专业总体处于劣势，出版学教育长期无名正言顺的硕士、博士教育层次。出版学教育能够给新闻传播学学界提供的资源，相对于新闻传播学内的其他学科是单薄的，因而面对新闻传播学学界的眼界就难以避免一定的斜视。在这样的情况下，新闻传播学学界对出版学教研较为冷淡自不足为奇。

其次，看图书情报学学界。我国的图书情报学学界整体师资齐整，实力雄厚，学科较为成熟，学术积淀厚重而发展稳健，但近年因学生就业市场较为狭小，职场经济回报、社会回报相对单薄，市场经济对传统价值观的冲击等，导致难以成为广大考生所青睐的热门专业。而图书出版业的用人市场，尤其是图书出版工作者由社会地位、经济收入等构成的社会形象相形于图书馆业则更易为广大考生心动、接受。在这样的背景下，图书情报学学界在扩大教研领域的过程中就颇易循本学科研究客体向上伸展，并跨界将教研行为伸入按现有学术、教育规则本应划入新闻传播学旗下的出版学教育领域，继开设编辑出版学本专科专业后再正式进入出版专硕教育范围，但又不能不注重图书情报学主业。

出版专硕教育和其所依托的出版学学科所遭遇的学科逆向反差，对学科发展、专业教育成长均有明显的弊端。这种弊端集中表现为出版专硕和出版学在新闻传播学、图书情报学乃至汉语言文学等各学科、专业中悉遭去中心化，如资源配置弱势，教研机构的决策权力走软甚至被边缘化。而这不能不严重影响出版专硕教育与出版学对我国出版业应有的贡献，并进而干扰社会主义文化大发展大繁荣的整体格局。

三 改进出版专业硕士研究生教育的基本原则

社会主义文化大发展大繁荣的客观要求与出版专硕教育正式面世所形成的学科、专业的利益增长点，俱对出版专硕教育与出版学的学科发展提供了前所未有的利好局面。获准的首批出版专硕教育 14 家授权点中，不乏既往对出版学学科发展和出版学教育投入均相对单薄的院校及其旗下的新闻院系。这就说明，出版专硕教育在为我国出版业培育人才上具有为新闻传播学学术型硕士教育、新闻与传播专业硕士教育所缺乏的独特优势，出版学学科与出版学教育已引起新闻传播学学界越来越多的重视。而改进我国出版专硕教育工作是项系统工程，既需要原则指引，又离不开策略落实。唯有高屋建瓴的原则与具体踏实的策略相辅相成，方有助于我国出版学学科与出版学教育的健康成长。

改进我国出版专硕教育的基本原则，概而言之有三：

第一，面向出版业和我国出版工作实际，依托出版学办学。首先，面向出版业和我国出版工作实际办学。出版专硕教育不同于文史哲这些基础学科教育，也不同于新闻传播学的学术型硕士研究生教育，而以应用型教育为宗旨和终极追求，故一切教育内容、手段与环节，无论大局谋算、教学计划、教学内容、教学方式，还是生源遴选、师资培养，均应紧紧依靠以出版实务为中心，以出版史论为基础的出版学学科。在出版专硕以复合型为主导的培养模式中，教育既要紧紧围绕出版学进行课堂教学、实习环节教学，又应善于利用本专业课外空间发展学生本学科之外另一学科的系统专业素养。其次，依托出版学办学。作为出版学体系内的出版专硕教育，教学要面向出版业实际，尊重出版业内容为王，媒体形态、媒介业态为辅的行业、产业发展规律，牢牢抓取当前出版实务这一教学薄弱环节，潜心科研攻关，在出版学学科建设的基础上推进出版专硕教育健康、稳步成长。

第二，尊重出版工作实际，学科建设有主有次。这里的有主有次，由两大部分组成：一是尊重出版工作的上中下的工作链、产业链实际，尊重工作链、产业链各个环节的分工、重点、特点与相互合作，在出版实务的学科建设领域，以编辑工作为主，以印制、发行、营销等为辅。二是尊重出版业的传统业态与新兴业态间的矛盾、合作等互动，合理安排传统的纸媒出版物与非传统的电子出版物、在线出版物之间的互动对出版学学科建设的影响。此外，出版学的学科建设还肩负出版学学术硕士研究生类型和博士研究生教育层次正式降生的重任。

第三，认真调查研究，尊重学科教育基本规律。首先，认真调查研究。办好我国出版专硕教育和一切出版学的高等教育都要求教育的组织者、领导者和主要实施者必须谙熟出版业的基本规律，熟悉出版工作的基本要求，深谙出版学教育的个中三昧。唯有扎实而系统地调查研究，才能完整而准确地掌握出版业与出版学教育的基本原理、发展规律，为办好出版学教育提供开阔、准确而必要的视野与判断。其次，尊重出版学的教育规律。出版专硕教育的顺利与否，与办学主体是否尊重出版学教育规律直接相关，因此有关出版专硕的合法办学力量在出版专硕教育的相关领域、环节、阶段与全局均忌自以为是、好大喜功、唯我独尊和草率孟浪，而应持必要的敬畏和稳扎稳打态度。

在认真调查研究，尊重学科教育基本规律上，出版专硕的相关合法教育力量有如下要点值得认真对待：一是包括出版专硕在内的出版学教育的重大谋划、决策、推行与落实应以出版学为学科基础，既紧紧依靠广大的专业教师与出版工作者，又建构一支将出版学学科骨干学者、行家基本纳入的保有必要数量的专家队伍，集思广益，忌局限在一个小圈子里，仅由少数几个人来行使专家、行家的角色。二是强化责任意识，建立追究机制，重要决策中应多考虑实施中可能遭遇的基本困难、主要障碍，主动设防，积极收集、研讨反馈，不将问题作为专业教育改进的主要动力。三是发现问题积极面对，及时处理。出现问题并不可怕，可怕的是出现问题后的漠视、回避、推诿、视而不见。四是善于调动与出版工作密切相关的新闻传播学的学科力量，认真探讨、把握出版学与新闻学、传播学之间的合理的学科关系，为我国的出版业，为我国各种大众传媒业的健康成长提供科学、到位和及时的智力支持。

四 改进出版专业硕士研究生教育的主要对策

如何改进当前我国出版专业硕士研究生教育？合理的对策多元而系统，而如下数策善于紧扣问题要害，相形之下呈现突出的针对性。

第一，在学科、专业上，将出版专硕教育的学科转移到出版学，一级学科转移到新闻传播学。

首先，出版学与一级学科的新闻传播学是出版专硕科学或法定的学科基础与学科定位的理性而现实的选择。出版学、新闻传播学之间具有学科的根本共同点与基本的集聚点。行为受认识支配。新闻传播学的基本研究客体是大众传媒的生产、交流，这就紧扣住了出版业作为行业、产业的基本特征和对学科所提出的基本智力标准。在新闻传播学、出版学之间，双方的合理关系格局是：其一，新闻信息属于文化信息的有机组成部分；新闻信息的采编、制作、发行（或播放）、营销不过是文化信息采编、制作、发行（或播放）、营销的一部分，故新闻学无妨纳入出版学范畴之内。其二，文化信息传播在由传播主体、传播客体、传播工具、传播内容、传播效果五个环节所组成的传播过程中而形成的人与人之间、个人与组织之间、组织与组织之间、个人与大众之间、组织与大众之间、大众与大众之间的信息互动则以纳入传播学的范畴为宜。而如此打理，学科定位明确，功能结构分明，应更有益于我国当前正在进行的文化体制改革，有益于捋顺新闻出版行政管理机关、新闻出版业及其学界之间的相互关系。

其次，准确认识图书情报学与出版学之间的学科关系，妥善处理出版学教育与图书情报学之间专业教育的关系，为出版专硕教育提供一个科学的学科发展环境。其一，图书情报学及其学界对出版学教育的生存、发展产生过重大的积极作用。无论对于出版专硕教育，还是对于编辑出版学教育，图书情报学学界都是特别的助产婆与推进者。在这一点上，出版学的学界必须葆有清醒的认识与感激。其二，在出版学教育面对社会主义文化大发展大繁荣的社会重任面前，图书情报学及其学界是力不从心的。图书馆学（Library science）是研究图书馆事业的发生发展、组织管理以及图书馆工作规律的科学，情报学（Information science）是研究情报的产生、传递、利用规律和用现代化信息技术、手段使情报流通过程、情报系统保持最佳效能状态的科学。① 双方因都研究文献情报源、实际工作都利用文献情报而学科内容重复，关系十分密切。② 毫无疑问，图书情报学与出版学以及出版业有关系，但又有本质的区别。说有关系，在于图书情报学的研究客体图书馆业、科学情报业属于出版业的主要服务对象。换句话说，出版业以图书馆业、科学情报业为自己的主要客户之一，出版学与图书馆学、情报学也因而让各自的基本研究客体形成一个由上游到下游的相互联系又相互区隔的学科完整链条。说有本质区别，在于出版学在研究领域上以信息的生产、发行、营销为主，而图书情报学则以信息的消费，即信息的收藏、使用③为主。显而易见，出版学教育，尤其是出版专硕教育面向出版业培育人才，为出版业培育信息采编以及物化制作、发行、营销的人才为己任，图书情报学教育以面向图书馆业、科学情报业培育资料员等专业人才为己任。历史已经证明，图书情报学学界在出版学实务教育上是捉襟见肘的。因此，一旦出版学教育因应社会迫切要求与重任而需较快拓展、科学发展时，图书情报学面对出版学教育就难免因学科之间的冲突而出现更多的不适应甚至生发更为严重的妨碍、干扰。

第二，在专业教育性质上，出版专硕教育应以出版物信息的精神生产为根本，以出版物信息的物化生产、发行、营销为辅；面向书报刊培养人才。

首先，出版物的文化信息性质与属性决定出版物信息传播的性质、质量的根本规定性，制约着出版物信息的物化生产、发行与营销。出版物信息精神生产的基本人力资源为采编人员，出版物信息物化生产、发行与营销的基本人力资源为印刷厂的印制人员、发行机构的发行人员、营销环节的营销人员。在整个出版工作中，采编为上游，印制、发行与营销为中下游，因此离开出版物的采编工作，出版物的印制、发行与营销工作尽管会

---

① 《中国大百科全书·图书馆学 情报学 档案学》，中国大百科全书出版社，1993，第1、13页。

② 《中国大百科全书·图书馆学 情报学 档案学》，中国大百科全书出版社，1993，第11、19页。

③ 《中国大百科全书·图书馆学 情报学 档案学》，中国大百科全书出版社，1993，第8页。

反作用于采编工作，但终究会成为无源之水，无本之木。

其次，出版物的信息生产、制作、发行、营销工作之间的复杂程度有别，各自的人力培养成本存在差异。总体看，出版物信息的精神生产，即采编工作直属精神文明建设，工作更复杂，人才培育成本往往高于出版物化的诸工作环节。

最后，出版专硕教育要面向图书业、报纸业、期刊业培养传统与非传统人才。其一，将报纸业排除在外是计划经济而非市场经济的产物。在计划经济中，大政府，小社会，商品交换的社会作用被有限使用与严格控制，大众传媒出版物基本被视作教化产品，在重视各类出版物精神文明建设功用的同时，忽视或漠视出版物经由市场路径和社会广大受众接触的重要性、必要性，于是报纸因多传播新闻信息而被视作统治者的政治工具，书刊因多传播文化信息而被主流社会视作教育工具。而在市场经济中，政府相对小，社会相对大，出版物的精神文明建设功用基本经由市场路径来落实。在这样的社会环境里，既然书报刊都是商品，都要经由市场交换，那么就都属于出版物，也就全属于出版业，属于出版学的研究客体。对此，英国学者保罗·理查森在《英国出版业》一书中有明确的表述。① 其二，高度重视并强化期刊，尤其是杂志在出版专硕教育中的地位与作用。图书业仅仅是出版业的重要组成部分之一而远不是全部，也不是唯一的重点。期刊业在社会主义精神文明建设中具有其他大众传媒无法取代的特殊而重要的社会功能，行业经济总量不俗，在我国的产业增长空间广阔。其中，学业期刊在国家八类的科学进步上居功至伟，为其他媒体无以取代。而面向大众的内容倾向通俗易懂的杂志（Magazine）更应引起我们的特别关注。杂志市场反应及时、密集，具有不同于 Journal 的专业期刊、学术期刊的特别精神文明建设功用和经济成长能量，人才需求灵活、多样且数量巨大，更适合非复合型人才从业。

第三，在师资上，出版专硕教育对专业师资的要求以教育主体具备出版工作经验为主。首先，出版学的应用学科性质决定出版专硕教育应以出版实务环节为中心，并因而决定出版工作经验是出版专硕师资队伍建设的

---

① 〔英〕保罗·理查森：《英国出版业》，袁方译，世界图书出版公司，2006，第4页。

第一条件与不可或缺的底线。尽管出版学教育离不开出版史论这些知识型的师资队伍，但更为关键与紧迫的专业师资素养还是在出版实务环节。显而易见，出版专硕教育缺乏合格的出版实务教学内容势必导致专业教育的方向迷失和格局崩盘。其次，出版专硕教育不同于学术硕士研究生教育的专业型性质强化了出版专硕教育对专业应用型师资的根本依赖。对出版实务教学的特别倚重，构成出版专硕教育不同于出版学学术型教育的特殊性。从出版专硕教育的实际教学需求看，从事出版实务教研的教师以专门的出版工作经历不少于 3 年为上。因此，出版专硕教育的师资来源以业界向学界输送为上，以学界教师到业界挂职积累阅历为次。

另外，鉴于高校书刊社的相对自我封闭，故出版专硕教育机构引进、配备的专业师资队伍，多来自校外党委宣传部系统、政府新闻出版局系统的书报刊社方属妥当。

第四，在人才选拔上，出版专硕入学考试的两门专业课以大众传媒业中的出版业为基本范围。

首先，鉴于教育面向出版业培养人才的实际，故选拔性的出版专硕统一入学笔试唯有将专业学科知识，技能的储备、运用能力作为考查的基本目标，方有助于专业教育生源的鉴别与挑选。对与此没有实质性关联的学科内容，如出版物的信息检索等图书情报学的知识点，以一律从考试范围内删削为妥。其次，新闻传播学，尤其是出版学之外的其他学科的百科基础知识以很少纳入甚至不纳入为宜。出版业人才专业素养结构复合型的特点，仅凭现有考试大纲、由国家组织统一笔试环节的两份试卷是很难基本测量到位的。在一份选拔性入学试卷中，什么都考，对出版人才选拔而言就等于什么都没考，不能见出考生对在新闻传播学，尤其是编辑出版学之外的学科体系储备的系统、完整程度。因此，对应试者复合型专业结构素养的鉴别、考查以置入考生的报名环节为上。只要应试者的第一学历来自新闻传播学，尤其是编辑出版学之外，学业合格甚至优良，那么这样的应试人员就具备了复合型人才培养的学科教育标准前提。各个培养院系在招生简章中可以根据自己的教育特色预告对非新闻传播学专业第一学历在录取人数总量中的比例要求。

第五，在教研组织上，专事包括出版专硕教育的出版学教研机构以并入新闻传播院系或单独建制为宜。

无论按照学科属性、专业特征，还是国家的学科教研规划，出版学毕竟在新闻传播学旗下，出版专硕教育终究以为出版业而不是图书情报业培养高级应用型人才为办学宗旨。不是一家人，不进一家门，将从事出版专硕教育的出版学教研机构置放在新闻传播院系，有助于形成院系内部诸专业教研过程的相互启发、激励、扶持与合作，有益于学科整体氛围的协调、浑融。不过，在新闻传播院系内，从事出版学教育的教师、研究人员应单独组建教研单位，如出版学系、出版学教研室或属于实体的出版学研究所、研究中心。当然，从事出版专硕教育的出版学教研机构也可以成为学校行政直属的单独建制院（系、所、中心）。但作为独立建制的出版学院（系、所、中心），应与校内同样作为独立教研机构的新闻传播院系形成良好的学科、专业互动机制，如传播学的教师如无特别情况可由校内的新闻传播院系教师承担，以免造成师资建设的重复与浪费。

本文发表于《出版广角》2009 年第 4 期

后　记

这本个人文集即将面世，有必要简要说明，也有益于读者明了。

文集的源起，推力主要在所供职的学院。学院基于学科建设布局等思量提出出版规划，有益于学林与社会。

先说一下自己对新闻传播学学科发展的未必恰当的认识。新闻传播学在中国发展至今，有这么几个特点：第一，新闻传播学已经成为显学。新闻传播学在中国进入显学行列，比如已有几篇新闻传播学的学科专业论文见刊于中国社会科学研究领域的最高综合性学术期刊平台《中国社会科学》，值得庆贺。但重要的不是新闻传播学这一学术共同体是否已经具有了非凡的学术研究能力，更多恐怕还是拜现实生活所赐。放眼而今的华夏，大众传媒已经浸入中国人生活的方方面面，角角落落。中国人，无论个人生活，还是公共生活，都缺不得大众传播活动，都离不开大众传媒，线上线下一体化日益紧凑。这就是说，我们的生活已经媒介化，无以摆脱，无关爱憎。正是大众传媒的强劲社会渗透力、影响力将新闻传播学推向显学的位置。否则，这个学术共同体现在已经真有这般造化了吗？我是怀疑的。所以，谦虚，冷静，勤奋，智慧，不可少。

第二，学科的独立性远未具备。新闻传播学的很多学人不甘文学研究的附庸是合理的，但一头扎入社会学的怀抱就有出息吗？有社会学专家当面发牢骚："你们怎么跑到我们学科来啦？"学科缺乏明确的研究客体，就不可能有学科的真正独立，自然也就谈不上学科成熟，成就不了真正的显学。我以为，新闻传播学无以替代的研究对象是媒介，紧紧抓住大众传媒，也就抓住了谁也无法取代的要害。抓住大众传媒研究，也就抓住了新闻传播学的学科根本。

第三，学科学术共同体的建设任重而道远。学术襟怀要宽大，目光要高远。科学研究只要自圆其说，就要允许人家存在。科学探讨不是教科书的撰写。不能自以为是，老子天下第一，老虎屁股摸不得。排斥学术自由，回避学术争鸣，是低能的表现，无益于新闻传播学走向成熟。

第四，批评与自我批评之风不盛。学术世界应该保持学术独立，维护科研纯净，以追求真理为根本，要好处说好，坏处说坏，要允许实事求是，与人为善的批评与自我批评。那种捧场、势利眼般的讨论与学术研究无关，而且败坏学术风气，无益于学科进步。

第五，学阀现象值得警惕。如果任由少数人垄断学术权力，排斥百家争鸣，不利于新闻传播学的学科进步，也会助长不正之风，滋生腐败，败坏学术空气与社会风气。新闻传播学界要向社会提供健康的精神文明成果，而不是精神鸦片。我已经步入职业生涯的尾声，故借此机会表达个人的一点观察感受。

随后说一下文集的有关情况。首先，文集的内容是不完备的。我从语言文学学习起步，其研究至今已有30多年，转入新闻传播学也有20多年，个人的习性偏向散漫、随意，论文发表后往往将样刊随手置放，时过境迁，寻找不易，手稿更是顺手搁置，2000年前后的磁盘早已消磁，电脑数度更新，故文集收录的文章仅为部分。不过，一个人的能力有限，谁也无法不朽，顺其自然好了。其次，现在呈现给诸君的个人文集已不是当初送交出版社的文档，内容、字数、篇幅都少于当初。为了保护原貌，本文集仍持上下册，也可以保留历史的印痕。这要感谢出版社的理解与宽容。再次，文集稿件的整理工作主要由我的研究生杨晓琴完成，她现今生活在杭州，应无法与我同时空吸吮油墨芳香。文集中的部分稿件系我和自己的研究生教研合作成果，也都在文末说明。最后，感谢责任编辑周琼女士的辛劳与体谅。

欧阳明

2022 年 11 月 1 日

图书在版编目（CIP）数据

传媒符号世界的波动与恒定：新闻传播与大众传媒
现象观察：上下卷／欧阳明著. -- 北京：社会科学文
献出版社，2023.3

（喻园新闻传播学者论丛）

ISBN 978-7-5228-1469-8

Ⅰ.①传… Ⅱ.①欧… Ⅲ.①新闻学-传播学 Ⅳ.
①G210

中国国家版本馆 CIP 数据核字（2023）第 031817 号

喻园新闻传播学者论丛

传媒符号世界的波动与恒定

——新闻传播与大众传媒现象观察（上下卷）

著　　者／欧阳明

出 版 人／王利民
责任编辑／周　琼
文稿编辑／韩欣楠
责任印制／王京美

出　　版／社会科学文献出版社·政法传媒分社（010）59367126
　　　　　地址：北京市北三环中路甲 29 号院华龙大厦　邮编：100029
　　　　　网址：www.ssap.com.cn
发　　行／社会科学文献出版社（010）59367028
印　　装／三河市东方印刷有限公司

规　　格／开　本：787mm×1092mm　1/16
　　　　　印　张：41.75　字　数：653 千字
版　　次／2023 年 3 月第 1 版　2023 年 3 月第 1 次印刷
书　　号／ISBN 978-7-5228-1469-8
定　　价／168.00 元（上下卷）

读者服务电话：4008918866